Kohlhammer

Konfession und Gesellschaft

Beiträge zur Zeitgeschichte
Begründet von Anselm Doering-Manteuffel, Martin Greschat,
Jochen-Christoph Kaiser, Wilfried Loth und Kurt Nowak †

Herausgegeben von Wilhelm Damberg, Andreas Holzem,
Jochen-Christoph Kaiser (geschäftsführender Herausgeber),
Frank-Michael Kuhlemann und Wilfried Loth

Band 41

Daniel Bormuth

Die Deutschen Evangelischen Kirchentage in der Weimarer Republik

Verlag W. Kohlhammer

Meinem Vater

Diese Dissertation wurde gedruckt mit Unterstützung
der Evangelischen Kirche von Kurhessen-Waldeck,
der Evangelischen Kirche in Deutschland (EKD),
und des Deutschen Evangelischen Kirchentags.

Umschlag: Data Images GmbH
Reproduktionsvorlage: J.-Chr. Kaiser und K. Ott mit
L^AT_EX 2_ε, Vers. MiKTeX 2.4
Gesamtherstellung:
W. Kohlhammer Druckerei GmbH + Co. KG, Stuttgart
Printed in Germany

ISBN 978-3-17-019968-2

Inhaltsverzeichnis

Vorwort

Die vorliegende Arbeit „Die Deutschen Evangelischen Kirchentage in der Weimarer Republik" ist die geringfügig für den Druck überarbeitete Fassung meiner gleichlautenden Dissertation, welche im Wintersemester 2005/2006 vom Fachbereich Evangelische Theologie der Philipps-Universität Marburg angenommen wurde.

Den entscheidenden Anstoß, mich mit diesem Thema zu beschäftigen, gab mir mein Doktorvater Prof. Dr. Jochen-Christoph Kaiser. Dafür wie auch für seine stetige und konstruktive Begleitung dieses Projektes möchte ich ihm herzlich danken. Aufgrund seiner Fürsprache wurde meine Arbeit zudem in die Reihe „Konfession und Gesellschaft" aufgenommen. Mein Dank gebührt an dieser Stelle auch Herrn Dr. habil. Rolf-Ulrich Kunze, der mit großer Selbstverständlichkeit das Korreferat übernahm und es mit hoher Sorgfalt und historischem Scharfsinn erstellte. Die Durchführung dieser Arbeit wäre ohne die finanzielle Hilfe durch das Bischof-Vellmer-Stipendium ‚meiner' Landeskirche von Kurhessen-Waldeck sicherlich nicht denkbar gewesen. Ihr wie auch meiner lieben Frau Bettina Bormuth sei von Herzen gedankt. Durch ihren Beruf als Musikerin ermöglichte sie mir während der Dauer meiner Promotion ebenfalls ein ungestörtes und kontinuierliches Arbeiten am Thema.

Die Beschäftigung mit den Quellen und primären Dokumenten aus der Zeit der Weimarer Republik führte mich in zahlreiche kirchliche Archive. Stets bin ich dort mit großer Freundlichkeit aufgenommen und beraten worden. Ein besonderer Dank gebührt den Damen und Herren des Evangelischen Zentralarchivs in Berlin für ihr zuvorkommendes Verhalten mir gegenüber während der vielen Wochen meiner Recherchen in ihrer Einrichtung. Danken möchte ich auch der freien Lektorin Katrin Ott, die diese Arbeit für die endgültige Drucklegung fertiggestellt hat.

Gewidmet ist diese Arbeit meinem Vater Karl-Heinz Bormuth. Er hat mich auf unzähligen Wegen während meiner Schul- und Studienzeit begleitet und gefördert. Ihm und meiner Mutter Lotte Bormuth verdanke ich sehr viel, nicht zuletzt das Entstehen und den Abschluss der hier vorliegenden Arbeit.
Matthäus 6,4b

Bad Zwesten, im Juni 2007
Daniel Bormuth

Einleitung

1 Hinführung zum Thema

Mit dem Begriff ‚Kirchentag' verbindet man im allgemeinen die seit 1949 bis in die Gegenwart reichende Großversammlung evangelischer Laien, die sich zunächst jährlich, dann im zweijährigen Turnus als sogenannte ‚Einrichtung in Permanenz' in verschiedenen Metropolen Deutschlands trifft.[1] Davon zu unterscheiden sind allerdings zwei weitere, im kirchenhistorischen Bewusstsein bislang nur wenig verankerte protestantische Bewegungen des 19. und 20. Jahrhunderts, welche ebenfalls so bezeichnet wurden. Hinsichtlich ihrer personellen Zusammensetzung, Funktion und Aufgabenbestimmung weisen diese Vorgängereinrichtungen jeweils ganz eigene Charakteristika auf. Gemeinsam ist ihnen der enge Bezug zu den protestantischen Einigungsbemühungen, welche um die Mitte des 19. Jahrhunderts einsetzten. Ihre wesentlichen Impulse empfingen diese Bestrebungen bezeichnenderweise stets von außen, durch die anstehende Veränderung politischer Verhältnisse, von denen dann auch die Staat-Kirche-Beziehungen mitbetroffen waren. Diejenige Bewegung, welche sich zuerst den Namen Kirchentag gab, formierte sich im Zuge der deutschen Märzrevolution von 1848. Ihr Ende im Jahre 1872 fiel beinahe zeitgleich mit der deutschen Reichsgründung unter Bismarck zusammen.[2] Obwohl grundsätzlich jeder evangelische Christ an ihr teilnehmen konnte, blieben die insgesamt 16 Kirchentage im 19. Jahrhundert weithin eine Notabelnversammlung, auf der sich die kleine Schar der theologischen und ‚Laien'-Führungselite des deutschen Protestantismus versammelte. Ursprünglich mit dem Ziel angetreten, in Reaktion auf die 1848 vom Frankfurter Vorparlament beschlossene Trennung von Staat und Kirche auf eine Intensivierung der interlandeskichlichen Beziehungen, mithin auf einen „Kirchenbund",[3] hinzuarbeiten, widmete man sich jedoch schon bald statt der Erörterung verfassungsmäßig-struktureller Fragen theologischen Spezialthemen ohne kirchenpolitische Brisanz. Der daran erkennbare Bedeutungsschwund führte schließlich dazu, dass die Kirchentage in dieser Gestalt übergroßer Pastoralkonvente unter Einbeziehung gebildeter ‚Laien' beinahe unbemerkt ausliefen.

---

[1] Zur Entstehung dieser Bewegung unter den Bedingungen eines geteilten Deutschlands vgl. neuerdings die Studie von Dirk Palm, *„Wir sind doch Brüder": Der Evangelische Kirchentag und die Deutsche Frage 1949–1961*, Göttingen 2002.

[2] Auch hierzu ist bereits eine Untersuchung erschienen: Werner Kreft, *Die Kirchentage von 1848–1872*, Frankfurt/M. et al. 1994. Der Verfasser beschränkt sich in seiner Darstellung jedoch zu sehr auf die theologische Debattenlage auf den Kirchentagen. Der Mangel eines integrativen methodischen Zugriffs führt dazu, dass die gesellschaftlichen Rahmenbedingungen dieser protestantischen Zusammenschlussbestrebung weitgehend ausgeblendet werden.

[3] Der offizielle Name der Kirchentage lautete auch zunächst: „Versammlung für Gründung eines deutschen evangelischen Kirchenbundes".

Im markanten Unterschied zu den konferenzähnlichen Versammlungen im 19. Jahrhundert, die – ein Hauptgrund für ihr Scheitern – jeglicher rechtlichen Autorisierung
oder überhaupt einer offiziösen Form von Kooperation mit den landeskirchlichen Behörden entbehrten, waren die Kirchentage in der Weimarer Republik eine kirchenamtliche Angelegenheit. Der Deutsche Evangelische Kirchenausschuss (DEKA), seit
1903 rechtlich anerkanntes Vertretungsorgan der Landeskirchen, berief zu den offiziellen Kirchentagen in den Jahren 1924 (Bethel-Bielefeld), 1927 (Königsberg) und
1930 (Nürnberg) jeweils 210 Delegierte, mehrheitlich aus den Landessynoden, daneben aus den Verbänden, den theologischen Fakultäten und der evangelischen Religionslehrerschaft. Zu den vorläufigen, durch die erst 1922 verabschiedete Kirchenbundesverfassung rechtlich noch nicht autorisierten Kirchentagen von 1919 (Dresden) bzw. 1921 (Stuttgart) waren insgesamt 320 Abgeordnete geladen. Der Deutsche
Evangelische Kirchenbund war im wesentlichen ein Zweckverband der Landeskirchen zur Wahrung gemeinsamer Interessen, der allerdings nur während der Weimarer
Republik Bestand hatte. Kurze Zeit nach der nationalsozialistischen Machtergreifung
wurde er im Juli 1933 – zugunsten einer wie erhofft effizienteren landeskirchlichen
Gesamtvertretung – in die Deutsche Evangelische Kirche überführt.[4] Während der
gerade einmal elf Jahre seines Bestehens baute er sich auf zwei Organen auf: dem
Deutschen Evangelischen Kirchenbundesrat als kirchenbehördlichem Nachfolgegre-
mium der bereits seit 1852 bestehenden Deutschen Evangelischen Kirchenkonferenz
und dem Deutschen Evangelischen Kirchentag, der das ‚Kirchenvolk‘ repräsentierte.
Ein aus beiden Bundesorganen paritätisch zusammengesetztes Exekutivorgan war der
Deutsche Evangelische Kirchenausschuss. Wie der Kirchenbundesrat stellte auch er
keine institutionelle Neuschöpfung dar, weil er im Vergleich zu seiner ursprünglichen
Zusammensetzung von 1903 lediglich um die Hälfte durch die nicht zum behördlichen
Kirchenregiment zählenden Mitglieder des Kirchentages erweitert worden war. Einzig
die Konstituierung des Kirchentages, seit dem fortschreitenden Aufbau von synodalen
Vertretungskörpern in den Landeskirchen zumindest ansatzweise nach 1900 erwogen,
kann als eine solche angesehen werden. Mit gewissem Recht wird diese Dauerinsti-

---

[4]   Nicht von ungefähr machten die Ereignisse des Jahres 1933 dem komplizierten bürokratischen Ge-
      bilde des Kirchenbundes und seiner einzelnen Verfassungsorgane rasch ein Ende. Im Wettlauf mit
      der revolutionären Bewegung der ‚Deutschen Christen‘, die vehement eine im Volkstum verankerte
      und dem nationalsozialistischen Staat unterstellte Reichskirche forderte, und unter erheblichem poli-
      tischen Druck suchte auch der Kirchenausschuss, das Exekutivorgan des Kirchenbundes, denselben
      durch eine straffere und einheitlichere Organisationsform der Landeskirchen zu ersetzen. Die am
      11. Juli 1933 von den Vertretern der Landeskirchen einstimmig angenommene Verfassung der Deut-
      schen Evangelischen Kirche machte den nach im Februar desselben Jahres gefassten Beschluss des
      Kirchenausschusses, den nächsten Kirchentag 1934 in Lübeck abzuhalten, endgültig gegenstands-
      los. Der Auflösungsprozess des Kirchenbundes und seine Überführung in die Deutsche Evangelische
      Kirche sind bereits ausführlich von der Forschung behandelt worden und werden daher in dieser
      Studie nicht eigens thematisiert. Verwiesen sei hier vor allem auf Klaus Scholder, „Die Kapitulati-
      on der evangelischen Kirche vor dem nationalsozialistischen Staat. Zur kirchlichen und politischen
      Haltung des Deutschen Evangelischen Kirchenausschusses vom Herbst 1932 bis zum Rücktritt Bo-
      delschwinghs am 24. Juni 1933", in: ZKG 81. 1970, 182-206, sowie auf die Arbeit von Horst Kater,
      *Die Deutsche Evangelische Kirche in den Jahren 1933 und 1934. Eine rechts- und verfassungsge-
      schichtliche Untersuchung zu Gründung und Zerfall einer Kirche im nationalsozialistischen Staat*,
      Göttingen 1970.

tution in der Weimarer Republik auch als „eine Art Synode" bezeichnet,[5] welche alle Gruppierungen des kirchlichen Protestantismus in Deutschland zusammenzufassen suchte.

Hauptursache ihrer Gründung war der politische Umbruch in Deutschland, hervorgerufen durch die Abdankung des deutschen Kaisers am 9. November 1918 und die gleichzeitige Ausrufung der Republik. Der Sturz der Fürstenhäuser beendete zugleich die seit den Tagen der Reformation bestehende enge Verbindung zwischen den Landeskirchen und der staatlichen Obrigkeit, die ihren rechtlichen Ausdruck im sogenannten landesherrlichen Kirchenregiment und dem Summepiskopat gefunden hatte. Damit war den evangelischen Landeskirchen die Notwendigkeit, aber auch die Freiheit aufgegeben, über ihre eigene Verfassung zu beschließen und darüber hinaus eine ernsthafte Veränderung ihrer Gesamtstruktur in Angriff zu nehmen. Zugleich sahen sie sich unweigerlich mit der Frage nach ihrer Stellung zu den neuen, demokratisch-legitimierten Regierungen auf Länder- und Reichsebene konfrontiert. Deren Beantwortung beeinflusste die Gestaltung der inneren Verhältnisse, insbesondere der gemeinschaftlichen kirchlichen Organisationsformen wesentlich mit.[6] Anhand des Kirchentages als eines gesamtprotestantischen Repräsentativorgans lässt sich dieser Zusammenhang wie bei kaum einer anderen kirchlichen Institution der Weimarer Zeit verdeutlichen. Denn in einem solchen Gremium sind das Meinungsspektrum und die Meinungsbildungsprozesse der in der Kirche vertretenen Gruppen besser zu erfassen als in den kleinen Zirkeln der vornehmlich aus Juristen und Geistlichen sich zusammensetzenden Leitungs- und Exekutivorgane. Die Gründung des Kirchentages im September 1919, die zweifellos einen unmittelbaren Reflex auf die gravierenden Veränderungen auf staatlichem Gebiet darstellt, gibt daher einen guten Einblick in die spannungsvollen Interdependenzen von Kirche und Gesellschaft.

2 Forschungsstand

Zum Stand der Forschung ist grundsätzlich darauf hinzuweisen, dass die Aufarbeitung der Geschichte des kirchlichen Protestantismus in der Weimarer Republik nach 1945 lange Zeit im Schatten der Diskussion über den Kirchenkampf in den Jahren der nationalsozialistischen Machtergreifung stand. Die auch für die evangelische Kirche so entscheidenden Jahre der Weimarer Republik stärker in den Fokus der kirchlichen Zeitgeschichte einzubeziehen, ist erst gegen Ende der fünfziger Jahre ein immer bedeutsameres Anliegen geworden, was sich anhand der „small but growing monogra-

---

5   So Peter Steinacker, Art. „Kirchentage", in: *TRE* XIX, 101.

6   Darin folgt der Verfasser dieser Arbeit der Auffassung des Rechtsgelehrten Rudolf Smend, nach welcher die „charakteristische evangelische Haltung zur Revolution ... nicht kirchen-, sondern staatspolitisch" bestimmt war. Dies besagt, dass alle nach 1918 eingeleiteten kirchenorganisatorischen Maßnahmen zur institutionellen Sicherstellung der Kirche ihre eigentliche Spitze in einem staatspolitischen Aspekt hatten, nämlich in der im deutschen Protestantismus dieser Zeit überwiegenden Weigerung, sich dem neuen demokratisch-parlamentarischen Staat zu öffnen. Vgl. dazu R. Smend, „Protestantismus und Demokratie", in: *Krisis. Ein politisches Manifest*, Weimar 1932, 182-193; wiederabgedruckt in: Ders., *Staatsrechtliche Abhandlungen und andere Aufsätze*, Berlin [2]1968, 297-308.

phic literature" zu diesem Thema zeigt.[7] Wegweisend wirkte hier zunächst die Studie Gottfried Mehnerts, *Evangelische Kirche und Politik 1917–1919. Die politischen Strömungen im deutschen Protestantismus von der Julikrise 1917 bis zum Herbst 1919* (Düsseldorf 1959). Der Verfasser fragt, wie sich die Ideen von Demokratie, Parlamentarismus, Sozialismus und Völkerbund, die 1917/18 als politische Mächte auf den Schauplatz traten, auf den deutschen Protestantismus in der revolutionären Übergangszeit ausgewirkt haben. Der Blick richtet sich dabei vor allem auf leitende kirchliche Persönlichkeiten, die wichtigsten freien Vereine und die meinungsbildenden evangelischen Presseorgane. Mehnert kommt zu dem Ergebnis, dass sich der Protestantismus aufgrund seiner engen ideellen und organisatorischen Verbundenheit mit dem deutschen Kaiserreich den gesellschaftspolitischen Umwälzungen mehrheitlich verweigert hat. Was die Diskussionen über einen demokratischen innerkirchlichen Neubau angeht, so hält der Verfasser diese mit dem Dresdener Kirchentag für weitgehend abgeschlossen.

In den sechziger Jahren erschien dann eine Reihe weiterer Arbeiten, die zu grundsätzlichen Problemen, die das Verhältnis von Staat und Kirche, von Kirche und Politik in der Weimarer Republik betreffen, wichtige Aufschlüsse vermittelt haben. In chronologischer Reihenfolge ist hier zunächst zu nennen: Karl-Wilhelm Dahm, *Pfarrer und Politik. Soziale Position und politische Mentalität des deutschen evangelischen Pfarrerstandes zwischen 1918 und 1933* (Köln – Opladen 1965). Unter konsequenter Einbettung in einen sozialhistorischen Rahmen gelingt es dem Verfasser, das gewöhnlich als ,Pastorennationalismus' bezeichnete Phänomen eines ausgesprochen politischen Konservatismus der protestantischen Geistlichkeit als Ausdruck von „Positionsunsicherheit und Krisenmentalität" zu deuten.[8] Die Arbeit von Herbert Christ, *Der politische Protestantismus in der Weimarer Republik. Eine Studie über die politische Meinungsbildung durch die evangelischen Kirchen im Spiegel der Literatur und Presse* (Bonn 1967) konstatiert ein im Unterschied zur zentrumnahen katholischen Bevölkerung „spezifisch evangelisches Unbehagen an der Republik" und führt die entsprechenden Ursachen dafür auf.[9] Die evangelischen Landeskirchen hätten dadurch verhängnisvolle Wirkungen in der Politik 1918–1933 ausgeübt. Das Vorhandensein eines durchgängigen Spannungsverhältnisses zwischen Republik und evangelischer Kirche bestreitet allerdings Claus Motschmanns Studie, *Evangelische Kirche und preußischer Staat in den Anfängen der Weimarer* Republik (Lübeck 1969). Den Fokus auf Preußen in den Jahren unmittelbar nach 1918 richtend, erblickt Motschmann vielmehr „gute

---

[7] So Daniel R. Borg, *The Old-Prussian Church and the Weimar Republic. A study in Political Adjustment, 1917–1927*, Hannover – London 1984, IX.

[8] K.-W. Dahm, *Pfarrer und Politik*, 12 f.

[9] H. Christ, *Der politische Protestantismus in der Weimarer Republik*, 51. Zu den Gründen zählt Christ vor allem den Untergang der Monarchie sowie den verlorenen Krieg im Zusammenhang mit dem Versailler Friedensvertrag. Zur Kritik an Christs stark schematisierender Gegenüberstellung zwischen evangelischer und katholischer Konfessionszugehörigkeit vgl. Reinhard Gaede, *Kirche – Christen – Krieg und Frieden. Die Diskussion im deutschen Protestantismus während der Weimarer Zeit*, Hamburg 1975, 13 f.

Möglichkeiten einer Verständigung und Zusammenarbeit bei der Lösung gemeinsam interessierender Probleme",[10] die allerdings nicht voll ausgeschöpft worden seien. Gewissermaßen zur Standardliteratur evangelischer Kirchengeschichtsschreibung zur Weimarer Epoche zählen die folgenden vier Arbeiten aus den siebziger bzw. achtziger Jahren. Die Untersuchung von Jonathan R. Wright, *„Über den Parteien"*. *Die politische Haltung der evangelischen Kirchenführer 1918–1933* (Göttingen 1977, englische Erstausgabe Oxford 1974) stützt sich hauptsächlich auf den Evangelischen Oberkirchenrat. Der Autor kommt aufgrund der Analyse dieses Exekutivorgans der altpreußischen Kirche zu dem Schluss, dass die Bemühungen der Kirchenführer um eine Annäherung an den Weimarer Staat zur Ausbildung eines konservativ-bürgerlichen Vernunftrepublikanismus führten. Zugleich deckt Wright den fragwürdigen kirchlichen Anspruch auf ‚Überparteilichkeit' in seiner Nähe zu restaurativen Staats- und Gesellschaftsauffassungen auf. Jochen Jackes Studie, *Kirche zwischen Monarchie und Republik. Der preußische Protestantismus nach dem Zusammenbruch von 1918* (Hamburg 1976) thematisiert vor allem den Gesichtspunkt der Bestandswahrung und -sicherung der evangelischen Kirche nach der Revolution von 1918 als Hauptmotiv kirchlichen Handelns. Ferner sei erwähnt der erste Band von Klaus Scholders materialreicher Arbeit, *Die Kirchen und das Dritte Reich. Vorgeschichte und Zeit der Illusionen 1918–1934* (Frankfurt – Berlin – Wien 1977). Unter schwerpunkthafter Berücksichtigung von Anfangs- und Endphase behandelt Scholder die Geschichte der Kirchen in der Weimarer Republik aus dem Blickwinkel des Jahres 1933 lediglich als Vorspiel. Der Verfasser kommt zudem über die Darstellung des binnenkirchlichen Bereichs kaum hinaus, so dass die Rahmenbedingungen, unter denen die Kirche als integraler Bestandteil der Gesellschaft immer schon existiert, weitgehend unberücksichtigt bleiben. Den kirchlichen Protestantismus der Weimarer Zeit in seiner Gesamtheit beschreibt die Arbeit Kurt Nowaks, *Evangelische Kirche und Weimarer Republik. Zum politischen Weg des deutschen Protestantismus zwischen 1918 und 1932* (Göttingen 1981). Seine als Rahmenskizze konzipierte Studie bietet einen Überblick über die politisch-soziale Vorstellungswelt von Kirchenleitungen, Verbänden sowie kirchlichen Presseorganen. Der Autor kommt zu dem Ergebnis, dass die kirchlichen und theologischen Defizite in der Bewältigung durch die Herausforderung eines modernen, säkularen Staats- und Gesellschaftssystems zu groß waren, um zu einer realistischen Einschätzung des kirchlichen Handlungsspielraums und der politischen Gegebenheiten im Weimarer Staat zu kommen.

Zu den neueren Titeln zählt die Studie des katholischen Historikers Heinz Hürten: *Die Kirchen in der Novemberrevolution. Untersuchung zur Geschichte der deutschen Revolution 1918/19* (Regensburg 1984). Hürten befasst sich mit dem Ausmaß der religionspolitischen Maßnahmen der revolutionären Übergangsregierungen in den einzelnen Ländern. Bezüglich der Kultur- und Religionspolitik stellt er das geläufige Bild eines ‚Attentismus' der Volksbeauftragten, d. h. ihrer Weigerung, in der Phase revolutionären Umbruchs die Möglichkeiten sozialdemokratischer Reformpolitik ent-

---

[10] C. Motschmann, *Evangelische Kirche und preußischer Staat*, 138. Kooperationsfelder sieht der Verfasser in der Wiederherstellung der öffentlichen Ordnung, in der Regelung der Trennungsfrage sowie hinsichtlich der Abtretungsbestimmungen des Versailler Vertrages.

schlossen auszuschöpfen, in Frage. Schließlich ist auf die Arbeit von Daniel R. Borg zu verweisen, *The Old-Prussian Church and the Weimar Republic. A study in Political Adjustment, 1917–1927* (Hannover – London 1984). Für die größtenteils ablehnende Haltung zahlreicher führender Repräsentanten der altpreußischen Landeskirche gegenüber dem weltanschaulich neutralen republikanischen Staat macht Borg in überzeugender Weise das Fortbestehen des ekklesialen Leitbildes ‚Volkskirche' verantwortlich. Dieses habe, verstärkt zunächst durch eine restriktive staatliche Kultur- und Religionspolitik, zu einer weitgehenden ideologischen Abschottung des evangelischen Kirchentums, mithin zur Ausbildung einer „closed-front church",[11] gegenüber Staat und Gesellschaft geführt. Wie unten zu erwähnen ist,[12] soll diese These am Beispiel der Kirchentage eingehend erörtert werden.

Denn hinsichtlich der Analyse des kirchlich-institutionellen Weges des deutschen Protestantismus in der Weimarer Republik bleibt auch unter Berücksichtigung der oben dargestellten Arbeiten immer noch Entscheidendes zu tun. Ein differenziertes Gesamtbild der evangelischen Kirche im Weimarer Staat verlangt neben einer Untersuchung kirchlicher Exekutivorgane eine gründliche Analyse der zentralen synodalen Selbstverwaltungsgremien.[13] Vor allem die kontroverse Debattenlage kann anhand solch repräsentativer Versammlungen ungleich besser eingeholt werden als auf der Grundlage der nur aus wenigen Personen bestehenden kirchlichen Vollzugsorgane. Der Kirchentag als oberste synodale Dauereinrichtung des deutschen Protestantismus ist hier an erster Stelle zu nennen. Dies liegt vor allem an der Repräsentativität dieses Forums mit seinen 210 Mitgliedern aus Synoden, Verbänden, theologischen Fakultäten und anderen evangelischen Gruppierungen. Seine institutionelle Struktur sowie sein geistiger Ort in der damals neuen, demokratisch verfassten Ordnung bedarf daher weiterer Präzisierung.[14]

3 Konzeptioneller Ansatz

Um ein möglichst präzises und vollständiges Bild der Deutschen Evangelischen Kirchentage 1919–1930 rekonstruieren zu können, muss das oben bereits angesprochene Wechselverhältnis von Kirche und Gesellschaft angemessen ausgelotet werden. Sinnvoll, ja sogar unerlässlich ist deshalb die Wahl eines integrativen Ansatzes, der unterschiedliche historiographisch-methodische Zugriffsweisen miteinander verbindet. Die grundlegende konzeptionelle Zugangsweise dieser Studie lässt sich umfassend

---

[11]   D.R. Borg, *The Old-Prussian Church and the Weimar Republic*, 76.

[12]   S.u. den 4. Abschnitt „Problemkonstellation und Fragestellung", Seite 20.

[13]   Eine Regionalgeschichtlich-landeskirchliche Pilotstudie bietet in dieser Hinsicht bereits Erika Eschebach, *Volkskirche im Zwiespalt. Die Generalsynoden der Evangelischen Kirche der altpreußischen Union 1925–1933*, Frankfurt – Bern – New York – Paris 1991.

[14]   Einen Eindruck von der Entstehung der Kirchentage aus der Sicht des Verbandsprotestantismus bietet zumindest die Arbeit von Jochen-Christoph Kaiser, *Sozialer Protestantismus im 20. Jahrhundert. Beiträge zur Geschichte der Inneren Mission 1914–1945*, München 1989. Der Verfasser arbeitet besonders die alten Spannungen zwischen dem evangelischen Vereinsspektrum und den sich nach 1918 neu formierenden Landeskirchen heraus, die sich nicht zuletzt in der Verfassungs- und Statutenfrage abbildeten.

als sozialgeschichtlich beschreiben.[15] Der enorme Bedeutungszuwachs der Sozialgeschichte seit Anfang der 1960er Jahre verdankte sich der Erkenntnis, „dass die Geschichte nicht in dem aufgeht, was die Menschen wechselseitig intendieren (J. Habermas), dass die Umstände mindestens ebenso die Menschen wie die Menschen die Umstände machen (K. Marx) und dass sich Geschichte nicht zureichend als Zusammenhang von Ereignissen, Erfahrungen und Handlungen begreifen lässt".[16] Diese Einsicht gilt es auch, auf die Kirchentage in der Weimarer Republik anzuwenden und zu verifizieren. Denn mit ihnen wird der Fokus der historiographischen Forschung unweigerlich auf evangelisches Kirchentum als Institution und Sozialgestalt, mithin auf Kirche als Teil der Gesellschaft, der unter dem Einfluss der ‚Umstände' steht, gerichtet. Hinsichtlich der Akzeptanz solcher sozialgeschichtlichen Fragestellungen wies die Kirchengeschichte im Gegensatz zur Allgemeingeschichte, der mitunter fälschlich sogenannten ‚Profangeschichte', allerdings lange Zeit einen erheblichen „wissenschaftstheoretische[n] Rückstand" auf.[17] Die 1983 von Rudolf von Thadden erhobene programmatische Aufforderung, „Kirchengeschichte als Gesellschaftsgeschichte" zu betreiben,[18] welche sich an Historiker beider Zünfte gleichermaßen richtete, fiel gerade im Bereich der kirchlichen Zeitgeschichte schließlich auf fruchtbaren Boden.[19] Seitdem ist die Sozialgeschichte als festes Thema in der kirchengeschichtlichen wissenschaftstheoretischen Debatte etabliert.

Obwohl die Rechtmäßigkeit, sozialgeschichtliche Methoden anzuwenden, von keinem Kirchenhistoriker ernsthaft in Zweifel gezogen wird, besteht nach wie vor die Befürchtung, in diesem Falle Kirche zu profanisieren und damit das theologische An-

---

[15] Nach Jürgen Kocka beschäftigt sich Sozialgeschichte im engeren Sinne mit der Geschichte sozialer Strukturen, Prozesse und Handlungen, mit der Entwicklung der Klassen, Schichten und Gruppen, ihrer Bewegungen, Konflikte und Korporationen. Sie steht dabei gewöhnlich im Verbund mit der Wirtschaftshistoriographie. In einer sehr viel weiteren Definition des Begriffs, der sich auch der Verfasser dieser Arbeit anschließt, dient sie als Integrationswissenschaft, die ganze Gesellschaften hinsichtlich des Einflusses von ökonomischen, politischen und kulturellen Faktoren in den Blick nimmt. In diesem Sinne wird sie auch als Gesellschaftsgeschichte bezeichnet, wobei mit dieser Wendung häufig eine eigene besondere Theorie verbunden ist. Daher soll hier der Begriff Sozialgeschichte im Sinne eines grundsätzlich offeneren Modells bevorzugt werden. Vgl. Jürgen Kocka, *Sozialgeschichte. Begriff – Entwicklung – Probleme*, Göttingen ²1986, 82 ff. Zur Definition von Gesellschaftsgeschichte vgl. ebd. 97 ff.

[16] Vgl. J. Kocka, *Sozialgeschichte im internationalen Überblick*, Darmstadt 1989, 6, zit. nach Martin Greschat, „Die Bedeutung der Sozialgeschichte für die Kirchengeschichte. Theoretische und praktische Erwägungen", in: Anselm Döring-Manteuffel/Kurt Nowak (Hgg.), *Kirchliche Zeitgeschichte. Urteilsbildung und Methoden*, 105.

[17] Norbert Brox, „Fragen zur ‚Denkform' der Kirchengeschichtswissenschaft", in: *ZKG* 90. 1979, 1.

[18] Rudolf von Thadden, „Kirchengeschichte als Gesellschaftsgeschichte", in: *GuG* 9. 1983, 598-614; wiederabgedruckt in: Ders., *Weltliche Kirchengeschichte. Ausgewählte Aufsätze*, Göttingen 1989, 11-28.

[19] Beispielhaft für diese positive Rezeption etwa die Feststellung Joachim Mehlhausens von 1988, zu dieser Zeit noch Vorsitzender der Evangelischen Arbeitsgemeinschaft für kirchliche Zeitgeschichte der EKD: „Die kirchliche Relevanz der Zeitgeschichtsforschung steht und fällt mit deren konkretem Gesellschaftsbezug". Ders., „Zur Methode kirchlicher Zeitgeschichtsforschung", in: *Evangelische Theologie* 48. 1988, 518.

liegen zu vernachlässigen, wenn nicht gar zu verraten.[20] Hinter diesen Vorbehalten gegenüber einer auf Sozialgeschichte fixierten Kirchengeschichte steht zumeist die Prämisse einer „außerhistorischen Schöpfung von Kirche".[21] Diese hat zwar als Glaubensaussage uneingeschränkte Berechtigung, ist jedoch auf der Ebene der kirchenhistoriographischen Forschung mit deren methodischem Instrumentarium schlichtweg inkompatibel. In diesem Sinne kann kirchliche Zeitgeschichtsforschung nicht anders denn als Bestandteil der allgemeinen Zeitgeschichte aufgefasst werden.[22] In bezug auf ihre Eigenschaft als theologische Disziplin im Kontext der Wissenschaft bleibt grundsätzlich mit Kurt Nowak festzuhalten, dass Kirchengeschichte und kirchliche Zeitgeschichte immer nur „auf einer Grenze" zwischen Theologie und Geschichtswissenschaft betrieben werden können.[23] Sie sind damit ebensowenig „die unentbehrliche Hilfswissenschaft der exegetischen, der dogmatischen und der praktischen Theologie" (so Karl Barth),[24] wie sie in einer theologielosen Historik aufgehen. Eines aber sollte unbestritten sein, und dies wird auch von Kurt Nowak in aller Deutlichkeit gesagt: ihre methodischen Anleihen entnimmt die ‚Grenzdisziplin' Kirchengeschichtsschreibung „ganz und gar" der Allgemeinhistorie.[25]

---

[20] So fordern der Kirchenhistoriker Gerhard Besier und der Erlanger Theologe Hans G. Ulrich zwar keinen Rückzug auf lediglich theologische bzw. theologiegeschichtliche Positionen, wohl aber ein stärkeres Maß an „Unterscheidung zwischen Zentrum und Peripherie". Eine neue „Superdisziplin Geschichtswissenschaft" oder ein gelehrter „Flickenteppich" kulturgeschichtlicher Beobachtungen verliere leicht an „theologischem Profil". Stattdessen habe kirchliche Zeitgeschichtsschreibung wieder neu nach „der Verkündigung und ihrer Geschichte in den Zeiten" zu fragen. G. Besier/H.G. Ulrich, „Von der Aufgabe kirchlicher Zeitgeschichte – ein diskursiver Versuch", in: *Evangelische Theologie* 51. 1991, 169-182; Zitate auf Seite 171 bzw. 177. Kurt Nowak bezeichnet ein solches Konzept, das darum bemüht ist, die Historie zu re-theologisieren, zurecht als „neo-orthodox". Unter den Bedingungen der neuzeitlichen Geschichtsschreibung und ihrer Methodik sei es „nicht möglich, Glaubensaussagen am Material der Historie dingfest und demonstrabel machen zu wollen". Vgl. Ders., „Allgemeine Zeitgeschichte und kirchliche Zeitgeschichte. Überlegungen zur Integration historiographischer Teilmilieus", in: A. Doering-Manteuffel/K. Nowak (Hgg.), *Kirchliche Zeitgeschichte. Urteilsbildung und Methoden*, Stuttgart – Berlin – Köln, 65.

[21] Richard van Dülmen, „Religionsgeschichte in der Historischen Sozialforschung", in: *GuG* 6. 1980, 36-59. Zitat auf Seite 36.

[22] So auch das Programm des sich aus Kirchen- und Allgemeinhistorikern zusammensetzenden Herausgeberkreises der 1988 gegründeten Reihe *Konfession und Gesellschaft. Beiträge zur Kirchengeschichte*. Vgl. vor allem den Band *Kirchliche Zeitgeschichte. Urteilsbildung und Methoden*, A. Doering-Manteuffel/K. Nowak (Hgg.), Stuttgart – Berlin – Köln 1996. S.o., Anm. 20.

[23] Vgl. dazu den programmatischen Aufsatz von Kurt Nowak, „Wie theologisch ist die Kirchengeschichte? Über die Verbindung und die Differenz von Kirchengeschichtsschreibung und Theologie", in: Ders. *Kirchliche Zeitgeschichte interdisziplinär. Beiträge 1984–2001*, hg. von Jochen-Christoph Kaiser, Stuttgart 2002, 464-473. Zitat aus Seite 473.

[24] Karl Barth, *Kirchliche Dogmatik I, 1*, Zürich 1932, 3, zit. nach Kurt-Victor Selge, *Einführung in das Studium der Kirchengeschichte*, Darmstadt 1982, 4.

[25] K. Nowak, *„Wie theologisch ist die Kirchengeschichte? Über die Verbindung und die Differenz von Kirchengeschichtsschreibung und Theologie"*, 473. Nowak plädiert in diesem Zusammenhang auch mit Recht für eine dem „Pluralismus der Lesarten" (Habermas) verpflichtete Methodensynthese. Jede Methode sei überdies hinsichtlich ihrer theologischen Aussagekraft prinzipiell gleich geeignet bzw. ungeeignet. „Mit jeder Methode kann man dem Proprium Kirche entweder näherkommen oder es verfehlen." (Ebd., 472).

In Anbetracht des eingangs erwähnten, möglichst anzustrebenden integrativen Ansatzes erscheint allerdings eine zu einseitige Betonung sozialgeschichtlicher Aspekte unter Suspendierung theologiegeschichtlicher Zugriffsweisen als eine konzeptionelle und methodische Engführung.[26] Eine der Sozialgeschichte verpflichtete Kirchengeschichte kann keine „mechanisch vom Kopf auf die Füße gestellte Geistesgeschichte der Kirche" sein,[27] die sich darauf beschränkt, statt einzelner theologischer Ansätze nur noch deren personellen Träger samt ihrer sozialen Herkunft zu untersuchen. Ein derart verengter sozialgeschichtlicher Ansatz läuft unweigerlich Gefahr, Religion lediglich als Reflex gesellschaftlicher Zustände zu begreifen und darüber deren „zeitlosen anthropologischen Eigenwert" unberücksichtigt zu lassen. Reduziert man die Betrachtung religiöser Instanzen wie den Kirchentag auf rein kirchlich-interessenpolitische Aspekte und vernachlässigt darüber das dahinterstehende theologisch-ekklesiologische Profil, gerät aus dem Blick, dass dessen Geltung primär nicht von strukturell-lebensweltlichen Bedingungen abhängig, sondern im Kontext von Theologie und Kirche gewissermaßen selbstevident ist, kurzum dass ekklesiale Leitbilder jeweils „ihre eigene, von der sozialen Realität ‚abgehobene' Plausibilität" haben.[28] Worauf es daher entscheidend ankommt ist eine „Multiperspektivität unter Respektierung und Einbeziehung auch der genuin theologischen Anliegen".[29] Denn kirchlich institutionalisierter Protestantismus kann seinem eigenen Anspruch nach weder bloßes Spiegelbild seines gesellschaftlichen Umfeldes sein noch eine völlig auf sich gestellte, autonome Instanz. Das Profil der eigenen religiösen Sendung *und* die gesellschaftspolitischen Bedingungen, unter denen es sich verwirklicht, sind als jeweilige Korrelate gemeinsam in Rechnung zu stellen. Es gilt, „die Strukturen und institutionellen Ausformungen der Kirchen in ihrem jeweiligen Bezug zu denen der

---

[26] Auf eine in der gegenwärtigen Kirchengeschichtsschreibung möglicherweise bestehende Schieflage zuungunsten theologiegeschichtlicher Fragestellung geht jüngst der Leipziger Kirchenhistoriker Klaus Fitschen ein. Er fordert dazu auf, neben der interdisziplinären Weitung, wie sie sich in der Anwendung und qualitativen Gleichordnung historiographischer Methoden ausweist, den elementaren Bezug zur Theologie als disziplinäres Charakteristikum der Kirchengeschichte nicht zu vernachlässigen. Vgl. Klaus Fitschen, „Aktuelle Methodendebatten in der protestantischen Kirchengeschichtsschreibung", in: Wolfram Kinzig/Volker Leppin/Günther Wartenberg (Hgg.), *Historiographie und Theologie: Kirchen- und Theologiegeschichte im Spannungsfeld von geschichtswissenschaftlicher Methode und theologischem Anspruch*, Leipzig 2004, 39-52. Unterstützung erfährt Fitschen interessanterweise durch die Allgemeingeschichte. So schärft der Frankfurter Historiker Ulrich Muhlack in demselben Sammelband ein, dass es eben dieser theologische Eigenbeitrag sei, den die Geschichtswissenschaft von der Kirchengeschichte erwarte. Vgl. Muhlacks Aufsatz, „Theorie der Geschichte. Schwerpunkte in der gegenwärtigen Diskussion der Geschichtswissenschaften", ebd., 19-38.

[27] R.v. Thadden, „*Kirchengeschichte als Gesellschaftsgeschichte*", 603.

[28] Werner K. Blessing, „Kirchengeschichte in historischer Sicht. Bemerkungen zu einem Feld zwischen den Disziplinen", in: A. Doering-Manteuffel/K. Nowak (Hgg.), *Kirchliche Zeitgeschichte. Urteilsbildung und Methoden*, 44 f.

[29] Jochen-Christoph Kaiser, „Kirchliche Zeitgeschichte. Ein Thema ökumenischer Kirchengeschichtsschreibung", in: Bernd Jaspert (Hg.), *Ökumenische Kirchengeschichte. Probleme – Visionen – Methoden*, Paderborn 1998, 209.

profanen Gesellschaft zu erörtern und dabei nicht weniger nach der kircheneigenen Prägekraft dieser Strukturen und Ausformungen zu fragen".[30]

4 Problemkonstellation und Fragestellung

Für eine solche Zusammenschau muss daher zum einen nach den grundlegenden ekklesialen Leitvorstellungen und volkskirchlichen Konzeptionen gefragt werden, die nach 1918 im deutschen Protestantismus existierten. Hier gab es eine ganze Bandbreite von Programmen, die sich insbesondere in der Einschätzung, welcher Einfluss den politischen Veränderungen auf die Neugestaltung der Volkskirche einzuräumen sei, zum Teil erheblich unterschieden.[31] Jedes Modell war im gewissen Sinne immer auch ein Politikum, und seine jeweiligen Träger ließen sich – trotz einiger markanter Ausnahmen wie z.B. der Gemeinschaftsbewegung – dementsprechend einfach hinsichtlich ihrer Nähe oder Distanz zu den staatstragenden Weimarer Parteien zuordnen. Für den organisatorischen Aufbau und die Zweckbestimmung des Kirchentages war es von entscheidender Bedeutung, welche volkskirchliche Programmatik im Vorfeld seiner Konstituierung beherrschend wurde und die entsprechend breite Zustimmung unter den Mitgliedern dieses gesamtprotestantischen Repräsentativorgans fand.

Daran kann zum anderen das Gewicht der Anpassungstendenzen abgelesen werden, die der gesellschaftspolitische Umbruch im kirchlichen Protestantismus und seiner Dauerinstitution Kirchentag ausgelöst hat. Anhand der Kirchentage steht zur Debatte, ob sich der deutsche Protestantismus mehr analog zur Gesellschaft der Weimarer Republik oder eher abweichend von ihr organisiert und positioniert hat. Affirmative Neigungen gab es im deutschen Protestantismus ebenso wie auch Ansätze, evangelisches Kirchentum als kritisches Gegenüber, ja als bewusste Alternative zur parlamentarischen Demokratie Weimars zu verankern.

Beide Varianten sind in bezug auf ihre faktische Durchsetzungskraft im Ringen um die Struktur und inhaltliche Ausformung der Dauerinstitution Kirchentag zu prüfen. Ausgangspunkt der Untersuchung ist die in der Forschung als opinio communis vertretene Einschätzung, dass in der weichenstellenden Umbruchzeit von 1918/19 letztlich nicht die Stunde der Reformer, sondern der sachkompetenten Kirchenleitungen schlug. Dies berücksichtigend muss die Untersuchung zeigen, inwiefern der im Kirchentag repräsentierte deutsche Protestantismus überhaupt noch Schritt halten konnte mit dem Ausmaß der rasanten gesellschaftlichen Entwicklung der Weimarer Zeit.[32]

---

[30]   R.v. Thadden, *„Kirchengeschichte als Gesellschaftsgeschichte"*, 604.

[31]   Vgl. dazu Kurt Meier, „Die zeitgeschichtliche Bedeutung volkskirchlicher Konzeptionen im deutschen Protestantismus zwischen 1918 und 1945", in: Ders., *Evangelische Kirche in Gesellschaft, Staat und Politik 1918–1945. Aufsätze zur kirchlichen Zeitgeschichte*, hg. von Kurt Nowak, Berlin (Ost) 1987, 16-39.

[32]   Nach Detlef J.K. Peukert wurden in den knapp 14 Jahren des Bestehens der Weimarer Republik „nahezu alle Möglichkeiten der modernen Existenz durchgespielt". Damit markiere diese Epoche zweifellos den „Höhepunkt" der klassischen Moderne, die jedoch zugleich von unübersehbar krisenhaften Symptomen begleitet worden sei. Detlef J.K. Peukert, *Die Weimarer Republik. Krisenjahre der Klassischen Moderne*, Frankfurt/M., 1987, 266. Grundsätzlich zum Phänomen der Moderne und ihrer ambivalenten Entwicklung in Deutschland Thomas Nipperdey, „Probleme der Moderni-

Das bedeutet auch, den 1918 einsetzenden Modernisierungsschub als einen, wenn auch nicht als einzigen Prüfstein für die Zukunftsfähigkeit gemeinsamer evangelischer Verwaltungsstrukturen und deren positioneller Bestimmtheit zu verwenden.[33]
Aus dem bisher Dargestellten ergibt sich folgender Fragenkatalog, der zugleich den Beurteilungs- und Kriterienrahmen der vorliegenden Studie bereitstellt:

1. Der grundlegende Fragenkomplex dieser Arbeit lautet: Welchen Beitrag leisteten die Kirchentage 1919–1930 für die Modernisierung gesamtprotestantischer Verfassungsstrukturen? Inwiefern gelang durch diese synodale Dauerinstitution eine „Umsetzung der Republikanisierung in die Strukturen der Kirche hinein"[34], wie sie besonders von liberaler Seite gefordert wurde? Zu einer solchen wirklichkeitsangepassten Modernität demokratischer Organisation gehörte auch die partielle Überwindung eines bis dahin extremen landeskirchlichen Föderalismus. Was trugen demnach die Kirchentage für die organisatorische Straffung des landeskirchlich zersplitterten deutschen Protestantismus aus? Agierten sie als handlungsfähiges Bundesorgan der einzelnen Gliedkirchen? Konnten sie dadurch das viel beschworene ‚evangelische Allgemeinbewusstsein', das nach zeitgenössischem Urteil „immer noch unter der Eigenbrötelei und der Kirchtumspolitik des Territorialkirchentums" litt,[35] nachhaltig fördern?

2. Nach dem oben dargestellten Zusammenhang von ekklesialen Konzepten und innerkirchlichen Strukturen ergibt sich zugleich folgende Frage: Wie verhielt sich die nach 1918 dominante Vorstellung von Aufgabe und Sendung der Volkskirche zum Aufbau und zur Zweckbestimmung des gesamtprotestantischen Repräsentativgremiums Kirchentag? Denn die These, dass sich die beharrenden Kräfte in der Kirchentagsfrage behaupteten, während die basisdemokratisch orientierten Liberalen zurückstehen mussten, ist nur dann ein vollständiger Erklärungsversuch, wenn auch die zeitgenössischen kirchenstrategischen Erwägungen wie grundsätzliche theologisch-konfessionsbezogene Argumente, welche dem defensiv-hinhaltenden Kurs der Kirchenbehörden zugrunde lagen, hinreichend beleuchtet sind.

3. Diese Frage zu stellen, heißt auch, den Spielraum für alternative Vorgehensweisen im Hinblick auf die Entwicklung des Kirchentages und seiner Stellung im Kirchenbund angemessen auszuloten. Wie groß war der Zwang, sich als Volkskirche in der weltanschaulich neutralen Republik zu behaupten, welcher den Konservativen von vornherein ein Übergewicht gab? Inwiefern wirkten sich „konkrete Alltagserfahrun-

---

sierung in Deutschland", in: Ders., *Nachdenken über die deutsche Geschichte: Essays*, München 1986, 44-59, zu Weimar vgl. vor allem 58. Ferner sei erwähnt zur Doppelgesichtigkeit der Moderne unter besonderer Berücksichtigung einer spezifisch protestantischen Anfälligkeit für Modernisierungskrisen der Aufsatz von Peter Reichel, „Prophetie und Protest vor 1933. Fundamentalistische Strömungen und die Suche nach irdischen Paradiesen", in: *Merkur* 46. 1992, 763-781.

[33]   Kurt Nowak ist von daher prinzipiell zuzustimmen, wenn er feststellt: „Der Kirche jener Zeit war durchaus so viel historisches Lagebewusstsein abzuverlangen, dass sie zu den aufgeklärten Staats-, Gesellschafts- und Politikmodellen im Gefolge der Französischen Revolution durchstieß und sie theologisch bewältigte, ohne ständig in ideologische und theologische Abwehrreaktionen zu verfallen." Ders., *Evangelische Kirche und Weimarer Republik*, 15.

[34]   Manfred Jacobs, „Religion und Partei. Zur Frage der Positivierungen in der Weimarer Zeit", in: Richard Ziegert (Hg.), *Die Kirchen und die Weimarer Republik*, Neukirchen 1994, 85.

[35]   Walter Bülck, *Begriff und Aufgabe der Volkskirche*, Tübingen 1922, 70.

gen mit Demokratisierung",[36] ausgelöst durch rigide kirchenpolitische Maßnahmen sozialistischer Länderregierungen, hemmend auf die innerkirchliche Reformbereitschaft aus? Welche Anhaltspunkte boten der republikanische Staat, seine Verfassung und politische Entwicklung dafür, dass die Konzeption von Volkskirche als einer umfassenden religiös-sittlichen und kulturellen Erziehungsmacht mit solch außerordentlicher Vitalität und Wirksamkeit zum quasikirchenoffiziellen Leitbild in der Weimarer Zeit avancierte?[37]

4. Um dies angemessen zu beantworten, muss aber auch die prinzipielle Kompatibilität dieses vorherrschenden Konzeptes von Volkskirche mit dem weltanschaulich neutralen, pluralistisch ausgerichteten Gesellschaftsmodell der Weimarer Verfassung kritisch hinterfragt werden. M.a.W.: Wie weit war der deutsche Protestantismus imstande, unter den Bedingungen einer modernen, sich ausdifferenzierenden Gesellschaft auf seine angestammte Rolle als kulturelle Hoheitsmacht wenn nicht zu verzichten, so doch diese immerhin zu modifizieren? Trugen die Kirchentage mit dazu bei, dass evangelisches Kirchentum seine eigene Position neu definierte, oder verstärkten sie vielmehr die Tendenz, kirchliche Absolutheitsansprüche weiterhin aufrechtzuerhalten und sich damit ideologisch weitgehend abzuschotten?

5. Hinter diesen Überlegungen steht die Frage, ob und wenn ja, in welchem Maße die Kirchentage zur Formierung des protestantischen Milieus, zu einer evangelischen Lagerbildung beitrugen. Nach Jochen-Christoph Kaiser kann man von einer Herausbildung einer spezifischen „protestantischen Gruppenidentität" für den evangelischen Bereich nämlich erst seit 1918 sprechen.[38] Kaiser führt dies auf die veränderte Lage des deutschen Protestantismus in der Weimarer Republik im Vergleich zur Kaiserreichszeit zurück. Trotz großzügiger verfassungsmäßiger Garantien, die den beiden Großkirchen nach wie vor einen privilegierten Status einräumten, fühlten sich viele Protestanten vor allem in Ermangelung einer wirkungsvollen parteipolitischen Vertretung, wie es beispielsweise das Zentrum für den deutschen Katholizismus in den Jahren 1919–1933 bedeutete, „an den Rand des Geschehens gedrängt".[39] Dies führte innerhalb der Kirche zur Ausbildung einer regelrechten ‚Wagenburgstimmung', weshalb man „faktisch kaum", wie Martin Greschat konstatiert, „über die Sammlung und

---

[36] Karl Dienst, „Synode – Konsistorium – Demokratie. Zu Problemen des demokratischen Charakters der neuen Kirchenverfassungen der Weimarer Zeit", in: R. Ziegert (Hg.), *Die Kirchen und die Weimarer Republik*, 121.

[37] Der profilierteste Vertreter dieses Leitbildes in der Weimarer Republik war zweifelsohne der Kurmärkische Generalsuperintendent Otto Dibelius. Sein auflagenstarkes Buch „Das Jahrhundert der Kirche. Geschichte, Betrachtung, Umschau, Ziele" (Erstausgabe 1926) verhalf der sogenannten neurealistischen Kirchlichkeit endgültig zum Durchbruch. Im Rahmen dieser Arbeit wird daher wiederholt darauf Bezug genommen.

[38] Vgl. Jochen-Christoph Kaiser, „Die Formierung des protestantischen Milieus. Konfessionelle Vergesellschaftung im 19. Jahrhundert", in: Olaf Blaschke/Frank-Michael Kuhlemann (Hgg.), *Religion im Kaiserreich: Milieus – Mentalitäten – Krisen*, s. besonders 283 ff. Unter Milieubildung ist ein übergreifender gemeinschaftsbildender Prozess zu verstehen, der sich aus identischen unausgesprochenen oder auch reflektierten ideologischen, religiösen, kulturellen und politischen (Dis-)Positionen speist, und im Falle des Weimarer deutschen Protestantismus zu einer erheblichen Politisierung führte.

[39] Ebd., 283.

Stabilisierung von Gleichgesinnten hinausgelangen" konnte.[40] Im Rahmen dieser Studie muss sich zeigen, ob diese in der Forschung geläufige Interpretation des Weimarer deutschen Protestantismus auf den Kirchentagen 1919–1930 seine Bestätigung findet.

5 Methodische Überlegungen

Eine Auseinandersetzung mit dem Untersuchungsgegenstand ‚Kirchentag' setzt in methodischer Hinsicht einen kritischen Begriff von Institution voraus. Ein solcher Begriff muss in Entsprechung zu dem hier vertretenen integrativen Ansatz „die unfruchtbare Antithetik von geistes- und sozialwissenschaftlichen Kategorien" überwinden helfen.[41] Er ist dann gewonnen, wenn man den Kirchentag strukturanalytisch als vermittelnde Instanz von theologisch-ekklesiologischer und sozialer Realität begreift. Das bedeutet: kirchlich-institutionelle Strukturen sind niemals nur äußerliches Gehäuse, das theologischen Programmen und ihrer sie stützenden Klientel einen angemessenen Betätigungsraum bietet, sie sind vielmehr selber Ausdruck dieser geistigen und sozialen Wirklichkeit, deren Zusammenhalt sie in nicht unerheblichem Maße konstituieren und gewöhnlich über Zeitschwellen hinweg auch unvermindert prolongieren. Dieser grundlegende institutionstheoretische Sachverhalt verleitete Ernst Troeltsch zu dem äußert kirchenkritischen Urteil: „Die Kirchen sind Schalen, welche allmählich den Kern verholzen, den sie schützen."[42] Ob und wenn ja, in welchem Umfang auch die Kirchentage zu einer solchen ‚Verholzung' beigetragen haben, muss im Rahmen dieser Studie anhand des folgenden methodischen Dreischritts geklärt werden. Dieser setzt ein bei der Analyse der vorfindlichen Strukturen des Kirchentages, untersucht anschließend den sozialen und gesellschaftlichen Hintergrund der sie vornehmlich tragenden Kräfte und fragt drittens nach der Positionierung des Kirchentages, also nach der inhaltlichen Füllung seiner Strukturen.

Um zunächst also im Sinne einer Strukturanalyse die verfassungsmäßige Stellung des Kirchentages innerhalb des Kirchenbundes zu erheben, sind im Verlauf der Arbeit vor allem folgende vier Leitfragen zu beantworten: Auf welcher demokratischen Basis stand der Kirchentag? Welche gesamtprotestantischen Zuständigkeiten fielen ihm zu? Was sagte ferner die Tagungs- und Verhandlungsordnung des Kirchentages über seinen institutionellen Charakter aus? Glich er eher einem Parlament mit offenen Debatten und umkämpften Abstimmungen oder einem paradeförmig inszenierten pro-

---

40 Martin Greschat, „Die Nachwirkungen des Stoeckerschen Antisemitismus in der Weimarer Republik", in: Ders., *Protestanten in der Zeit. Kirche und Gesellschaft in Deutschland vom Kaiserreich bis zur Gegenwart*, hg. von Jochen-Christoph Kaiser, Stuttgart – Berlin – Köln 1994, 97. Auch wenn Greschat in diesem Zusammenhang nicht explizit von Milieu- und Lagerbildung spricht, beschreibt er doch wie Kaiser dasselbe Phänomen. Ähnlich auch Daniel R. Borg, „Vokskirche, „Christian State", and Weimar Republic", in: *Church History* 35, 1966, 186–206. Borg spricht diesbezüglich von der Formierung einer „closed-front church". S.o. Seite 16.

41 Rudolf von Thadden, „Wahrheit und institutionelle Wirklichkeit der Geschichte", in: Ders., *Weltliche Kirchengeschichte. Ausgewählte Aufsätze*, Göttingen 1989, 31.

42 Ernst Troeltsch, „Religion und Kirche", in: *Preußische Jahrbücher* 81. 1895, 242, zit. nach R.v. Thadden, *„Kirchengeschichte als Gesellschaftsgeschichte"*, 604.

testantischen Parteitag nach dem Vorbild der Katholikentage im 19. Jahrhundert?[43] Daran schließt sich als zweites die Untersuchung der geschlechtsspezifischen, sozialen und politischen Zusammensetzung dieses Gremiums an. Hier zeigt sich, welche Teile des Kirchenvolks in ihm repräsentiert waren und welche nicht oder nur unzureichend. Im Fragehorizont einer kirchlichen Zeitgeschichte als Bestandteil der allgemeinen Zeitgeschichte heißt dies zu fragen, welche Kräfte der gesellschaftspolitischen Entwicklung die Kirchentagsbewegung in der Weimarer Republik in sich aufnahm und welchen sie sich verschloss, ob sich also auch in dieser Dauerinstitution ein offenbar vorhandenes protestantisches „Milieuproblem" widerspiegelte.[44] Es geht dabei letztlich um „die Frage nach der Mächtigkeit oder Schwäche religiöser Kräfte und Kreise innerhalb des genannten Kontextes" [in diesem Falle: der Weimarer Zeit].[45] Die auf den Kirchentagen vorherrschenden sozialen Wertvorstellungen und politischen Leitgedanken erscheinen dann im hohen Maße anfechtbar, wenn dieses synodalähnliche Selbstverwaltungsorgan im Grunde genommen lediglich „eine Sekte der Bürgerlichen"[46] darstellte, in ihm also nur noch ein sehr reduzierter Ausschnitt der Gesellschaft als Ausdruck überkommener Sozialverhältnisse vertreten war, während breite Interessengruppen aus dem Blickfeld der selbsternannten Volkskirche gerieten. Ob und inwieweit der deutsche Protestantismus der Weimarer Zeit sich noch immer, wie Kurt Nowak konstatiert, in einem „Prozeß fortschreitender Isolierung von den geistesgeschichtlichen Hauptströmungen der Moderne sowie den soziologischen Trägerschichten des Emanzipationsprozesses" befand,[47] klärt sich nicht zuletzt drittens anhand einer Auswertung der offiziellen Beschlüsse und Verlautbarungen der Kirchentage. Vorausgesetzt ist ein enge Verflochtenheit zwischen Strukturen und personeller Aufstellung kirchlicher Institutionen einerseits und ihren inhaltlichen Ausformungen auf der anderen Seite. Thematisch haben die insgesamt fünf Kirchentage eine beachtliche Palette an kirchlich wie politisch relevanten Zeitfragen abgedeckt, so u.a. den verfassungsmäßigen Neuaufbau der Landeskirchen, den Versailler Friedensvertrag, das in der Weimarer Zeit besonders umkämpfte Feld der Schule und des Religionsunterrichtes, die soziale Frage und die Stellung zur vaterländischen Bewegung wie zum republikanischen Staat. Dass den einzelnen Stellungnahmen – in Entsprechung zu den Mehrheitsverhältnissen auf den Kirchentagen – ein überwiegend konservatives, nationalprotestantisches Kolorit anhaftet, gilt in der Forschung

---

[43] Die Verbindung zwischen den Katholikentagen als einer religiösen Großkundgebung und dem 1870 gegründeten Zentrum war im 19. Jahrhundert so eng, dass sie sogar den Beinamen „Herbstparaden" der Partei bekamen – die Partei nutzte die Zusammenkünfte nämlich gleichzeitig als jährlichen Parteitag. Vgl. dazu Marie-Emanuelle Reytier, „Die Fürsten Löwenstein an der Spitze der deutschen Katholikentage: Aufstieg und Untergang einer Dynastie (1868–1968), in: Günther Schulz/Markus A. Denzel (Hgg.), *Deutscher Adel im 19. und 20. Jahrhundert*, Büdingen 2004, 463.

[44] Vgl. Jochen Jacke, *Kirche zwischen Monarchie und Republik*, 316.

[45] Martin Greschat, *„Die Bedeutung der Sozialgeschichte für die Kirchengeschichte. Theoretische und praktische Erwägungen"*, 105.

[46] So die Befürchtung Martin Rades, Herausgeber der liberal-protestantischen Zeitschrift *Die Christliche Welt* (CW), auf dem Dresdener Kirchentag 1919. Vgl. *Verhandlungen des Deutschen Evangelischen Kirchentages 1919, Dresden 1.–5. September 1919*, hg. vom Deutschen Evangelischen Kirchenausschuß, Berlin-Steglitz o.J., 227 f.

[47] *Evangelische Kirche und Weimarer Republik*, 79.

als unumstritten. Darum kann es auch hier nicht einfach darum gehen, den Vertretern dieser Richtung schlichtweg Ignoranz gegenüber dem Neuen zu bescheinigen. Vielmehr sind die dahinterstehenden ideologischen Zielvorstellungen zu erörtern, vor allem die auch nach 1918 auf den Kirchentagen weitverbreitete Denkfigur ‚christlicher Staat‘, die – in Fortführung der geistig-ideellen Verbindung von Thron und Altar – in enger Korrelation zur Volkskirchenprogrammatik stand. Besonderes Augenmerk verdient hier die Frage, inwiefern und aus welchen Gründen sich diesbezüglich im Verlauf der Kirchentage Verschiebungen in Richtung einer Annäherung an die Republik abgezeichnet haben.

6 Quellenlage

Quellengrundlage für diese Arbeit sind primär die gedruckten Verhandlungsprotokolle der einzelnen Kirchentage 1919–1930. Alle maßgeblichen Vor- und Begleitakten zu den einzelnen Versammlungen wurden im Evangelischen Zentralarchiv in Berlin (EZA) recherchiert. Das zusätzlich in hohem Maße herangezogene Aktenmaterial, welches die Arbeit des Deutschen Evangelischen Kirchenausschusses in diesem Zeitraum dokumentiert, findet sich ebenfalls im EZA. Ein ähnlich enger Bezug zu den Sitzungsprotokollen der Deutschen Evangelischen Kirchenkonferenz, die jeweils zeitlich und örtlich parallel zu den Kirchentagen zusammentrat, stellte sich nach gründlicher Durchsicht der Akten für die Darstellung als wenig weiterführend heraus, da sich die Konferenz nicht mit organisatorisch-strukturellen, sondern beinahe ausschließlich mit liturgisch-theologischen Spezialfragen (Gesangbuch, Agende, Pfarrerausbildung etc.) beschäftigte. Der Anteil der protestantischen Verbände an Genese und Entwicklung der Kirchentage lässt sich mithilfe der ungedruckten Materialien des Archivs des Diakonischen Werkes der EKD in Berlin-Dahlem (ADW) dokumentieren. Unerlässlich war ferner die Hinziehung ausgewählter Landeskirchen, auf deren Gebiet einzelne Kirchentage stattfanden. In ihren Archiven fanden sich noch reichhaltige Bestände zu den organisationspolitischen Hintergründen des jeweiligen Kirchentages sowie den Reaktionen der lokalen Presse auf dieses Ereignis. Zu nennen sind hier das Landeskirchliche Archiv Stuttgart, das Hauptarchiv der v. Bodelschwinghschen Anstalten Bethel und das Landeskirchliche Archiv Nürnberg. Das Archiv des Evangelisch-Sozialen Kongresses in Leipzig bewahrt zudem wichtiges Quellenmaterial zur Entstehungsgeschichte der Vaterländischen Kundgebung (Königsberger Kirchentag 1927) auf. In weitem Maße greift die Studie daneben auf zeitgenössische Zeitschriften wie *Die Christliche Welt* oder das kirchenkundliche zeitgenössische Standardwerk *Kirchliches Jahrbuch* zurück. Neben der oben dargestellten Sekundärliteratur, welche die Geschichte des evangelischen Kirchentums in der Weimarer Republik wesentlich in der Breite darstellt, bildeten Einzelmonographien zu zentralen Themenbereichen wie dem Versailler Vertrag oder der sozialen Frage den Hintergrund dieser Arbeit. Auf sie wird im Zusammenhang stets verwiesen wie auch auf die bislang erschienenen biographischen Studien zu herausragenden kirchlichen Persönlichkeiten dieser Zeit.

7 Gliederung

Aus den oben dargestellten methodischen Zugriffsweisen ergibt sich für den inneren Aufbau der insgesamt neun Kapitel umfassenden Arbeit eine Einteilung in folgende drei Sinnabschnitte.[48] Der erste, einführende Abschnitt (Kapitel 1) ist eine im wesentlichen der Sekundärliteratur entnommene Hinführung zum eigentlichen Thema der Arbeit, den Kirchentagen in der Weimarer Republik. Er skizziert zunächst die hauptsächlichen politisch-gesellschaftlichen und kirchlich-konfessionellen Ursachen der protestantischen Zusammenschlussbestrebungen im 19. Jahrhundert, bevor anschließend deren Verlauf bis zum Ersten Weltkrieg relativ ausführlich beschrieben wird. Im Blick sind dabei vor allem die Initiativen, welche diesbezüglich von Seiten des ‚Freien Protestantismus‘ ausgingen und die im Unterschied zur Entwicklung nach 1918 in weitgehender Unverbundenheit zu den Maßnamen der noch unter landesherrlicher Oberhoheit stehenden Kirchenbehörden erfolgten. Die darauf fußende zweite thematische Einheit (Kapitel 2 – 4) beschäftigt sich mit dem Prozess der Konstituierung des ersten Kirchentages in Dresden 1919, seiner personellen Zusammensetzung und Debatten um den innerkirchlichen Neuaufbau sowie der weiteren verfassungsrechtlichen Entwicklung bis zur Kirchenbundgründung 1922. Ein Resümee, welches insbesondere nach dem Beitrag des Bundesorgans Kirchentag an dem damit erreichten Ausbau gesamtprotestantischer Strukturen fragt, schließt diesen gedanklichen Duktus ab.

Ausgehend von dem oben erwähnten Zusammenhang von institutionellen Strukturen, den dazugehörigen Trägerkreisen und deren weltanschaulicher Positionierung widmet sich der dritte Teil dieser Studie (Kapitel 5 – 9) eingehend den Referaten, Verhandlungen und Kundgebungen der verbleibenden vier Weimarer Kirchentage in dem Zeitraum von 1921 bis 1930. Inhaltlich ist dieser Abschnitt zu dem vorhergehenden dadurch verbunden, dass immer wieder nach dem ekklesialen Selbstverständnis gefragt wird, welches Klima und Strategie der Kirchentage in der Weimarer Republik maßgeblich bestimmte. Methodisch werden die Hauptverhandlungsthemen der einzelnen Kirchentage dabei relativ nahtlos mit der entsprechenden politischen und gesellschaftlichen Entwicklung in der Weimarer Republik verknüpft.

So wenig die Epoche der ersten deutschen Republik kirchengeschichtlich lediglich als Vorspiel zum sogenannten ‚Kirchenkampf‘ in den Jahren 1933/34 angesehen werden kann, erscheint es dennoch geboten, ein dermaßen repräsentatives Gremium wie den Kirchentag im Kontext seiner Debattenlage nach der ideologischen Gesamtdisposition des deutschen Protestantismus zu befragen, die ihn in mancherlei Hinsicht besonders anfällig für die ‚Nationale Revolution‘ machte. Diesem Ziel dient innerhalb des dritten Sinnabschnitts vor allem das ‚Politikkapitel‘ 6. Auch um inhaltliche Redundanz zu vermeiden, werden in ihm die Stellung des Kirchentages zur Schulfrage bzw. zum Versailler Friedensvertrag geschlossen behandelt. Beide Problematiken waren nämlich nicht zufällig Dauerthemen auf allen Tagungen 1919–1930. In genauer Entsprechung zu dem in Punkt 4 der Einleitung (Problemkonstellation und Fragestellung) formulierten Beurteilungs- und Kriterienrahmen dieser Studie sollen

---

[48]   Vgl. o. die Seiten 23 ff.

in der abschließenden Zusammenfassung ebenso in fünf Abschnitten die wichtigsten Ergebnisse benannt werden. Ein kurzes Nachwort bündelt diese noch einmal und gibt einen Ausblick auf eine mögliche gegenwärtige Relevanz der mit den Kirchentagen 1919–1930 verbundenen Fragestellung.

1 Einigungsbestrebungen im deutschen Protestantismus von 1846–1918

Die Einigungsbestrebungen der deutschen evangelischen Landeskirchen, die nach der Novemberrevolution von 1918 mit der Gründung des Deutschen Evangelischen Kirchentages als einer Dauerinstitution 1919 und des Deutschen Evangelischen Kirchenbundes 1922 einen ersten vorläufigen Höhepunkt erreichten, nahmen auf institutioneller Ebene ihren Ausgang etwa in der Mitte des 19. Jahrhunderts. 1846 fand in Berlin die Deutsche Evangelische Kirchenkonferenz statt, auf der sich Abgeordnete von 26 Kirchenregierungen erstmals auf eine – wenngleich bescheidene – pragmatische kirchenpolitische Zusammenarbeit verständigten. Aus dieser von amtlicher Seite getragenen Initiative ging die seit 1852 im regelmäßigen zweijährigen Turnus zusammentretende sogenannte 'Eisenacher Konferenz' hervor, die offiziell den schon 1846 angenommenen Namen Deutsche Evangelische Kirchenkonferenz trug. Gemeinsam mit dem 1903 ins Leben gerufenen Deutschen Evangelischen Kirchenausschuss bildete sie die Grundlage des späteren Kirchenbundes. Neben diese amtlichen Bestrebungen traten im Gefolge der Märzrevolution 1848 freie kirchliche Initiativen, die auf eine Einigung des deutschen Protestantismus drängten. Ihr Forum waren die Kirchentage von 1848 bis 1872.

Diese praktischen Realisationsversuche kirchlicher Einheit hatten zuerst durch die Freiheitskriege wesentlichen Auftrieb bekommen.[49] Zusammen mit der religiös untermauerten nationalen Aufbruchsstimmung, welche die Freiheitskriege hervorgerufen hatten,[50] entstand in den Jahren 1813–15 eine nationalkirchliche Bewegung. Die Propagandisten des neuen Nationalismus, Jahn, Fichte, Arndt und auch Schleiermacher, fanden mit ihrer Forderung nach einer vom Nationalen her zu einenden und im Nationalen geeinten, überkonfessionellen Kirche vor allem unter den Studenten ein überragendes Echo.[51] Seit dem Anbruch der Restaurationszeit ebbte jedoch der national-christliche Enthusiasmus erheblich ab. Erst mit der französischen Forderung der Rheingrenze 1840, die im Deutschen Bunde einen nationalen Entrüstungssturm ausgelöst hatte, wurden bald auch wieder nationalkirchliche Wünsche in Entsprechung zu den politisch-nationalen Einheitsparolen offen proklamiert.[52]

---

[49] Vgl. Hans-Walter Krumwiede, *Geschichte des Christentums III. Neuzeit: 17. bis 20. Jahrhundert*, Stuttgart – Berlin – Köln – Mainz 1977, 124.

[50] Vgl. dazu Gerhard Goeters, „Religiöse Züge der vaterländischen Erhebung 1813–1815", in: Gerhard Goeters/Rudolf Mau (Hgg.), *Die Geschichte der Evangelischen Kirche der Union, Bd. 1. Die Anfänge der Union unter landesherrlichem Kirchenregiment (1817–1850)*, Leipzig 1992, 67-77.

[51] So endete das Wartburgfest der Burschenschaft 1817, das Luthers Thesenanschlag und die Leipziger Völkerschlacht zugleich feierte, mit einer gemeinsamen Abendmahlsfeier, an der die Studenten ohne Rücksicht auf konfessionelle Gebundenheiten teilnahmen.

[52] Kennzeichnend dafür sind Publikationen wie etwa die des sächsischen Theologen Heinrich Scheuffler, *Die äußere Einheit der protestantischen Kirchen, vermittelt durch die Synodalverfassung, der*

Nationalkirchliche Gedanken mussten dabei an der Vielzahl der einzelnen Landeskirchen als der praktischen Lebensform des deutschen Protestantismus anknüpfen.
Diese Ausgangssituation ließ einen Zusammenschluss im Grunde nur in Form einer lockeren Konföderation der Regierungen bzw. der kirchenleitenden Organe der
Landeskirchen als möglich erscheinen. Zugleich liegen gerade in dieser Konstellation auch die hauptsächlichen Ursachen, die im 19. Jahrhundert das Bedürfnis nach
einem engeren Zusammenschluss der evangelischen Landeskirchen geweckt haben:
sie waren politischer Natur und nahmen ihren Anstoß an einem sich in zunehmendem Maße wandelnden Selbstverständnis des Staates in Richtung auf eine moderne
Staatsgewalt: einerseits war er bestrebt, die Kirchen in den Staatsaufbau weitgehend
einzugliedern, d.h. die Vereinigung von kirchlicher Leitung und staatlicher Verwaltung durchzuführen, andererseits konnte er aus Rücksicht auf das gleichzeitige Bestehen unterschiedlicher Konfessionen in seinem Territorium nicht länger eine einseitig
konfessionsgebundene Kirchenpolitik ausüben. Die Zeit des reinen Staatskirchentums
war vorüber, was eine innere Sonderung von Staat und Kirche nach sich zog und die
Landeskirchen dazu nötigte, zur eigenen Selbstbehauptung ihre Abgeschiedenheit zu
überwinden und Fühlung miteinander aufzunehmen. Zur Neuformierung aller evangelischer Kräfte trug daneben ein erstarkender Katholizismus bei, der das protestantische Konfessionsbewusstsein über alle kirchenparteilichen Gräben hinweg wiedererwachen ließ. Schließlich hielten die vielfältigen Unionsschlüsse im 19. Jahrhundert
sowie die Gründung überregional-tätiger evangelischer Vereine das protestantische
Einheitsbewusstsein lebendig. Einer zunehmend national empfindenden Zeit musste die territoriale Zersplitterung der evangelischen Kirchentümer ohnehin als obsolet
erscheinen.

1.1 Ursachen der kirchlichen Einigungsbemühungen

Evangelisches Kirchentum hat infolge der politischen Verhältnisse der Reformationszeit nur als Summe von unabhängigen Einzelkirchen, den sogenannten Landeskirchen, existieren können. Eine lockere Verbindung bestand seit 1653 innerhalb des
deutschen Reichstages in der Form des Corpus Evangelicorum. Es war die amtlichen Vertretung der deutschen evangelischen Stände, die ihre Gesandten zu einem
politischen Kollegium zusammentreten ließen und gewissermaßen eine „Reichstags-
partei" bildeten.[53] Angesichts der Kirchenhoheit der Fürsten und Städte konnte das
Corpus Evangelicorum zwar kaum Einfluss auf die innerkirchlichen Verhältnisse nehmen, aber zumindest eine politische Koordination ermöglichen. Mit dem Ende des
Reiches 1806 entfiel es. Seitdem hatten die deutschen evangelischen Kirchen keinerlei Fühlung mehr miteinander. Die Bundesakte von 1815 überließ die Regelung

---

Weg zur inneren Einheit, Grimma 1840, oder die des liberalen badischen Theologen Johann Jakob
Kromm, Die evangelisch-protestantische Nationalkirche Deutschlands, Pforzheim 1843.

[53] Alfred Adam, Nationalkirche und Volkskirche im deutschen Protestantismus. Eine historische Studie, Göttingen 1938, 25. Zu den religionspolitischen Hintergründen der Entstehung des Corpus
Evangelicorum s.auch Wolf-Dieter Hauschild, Lehrbuch der Kirchen- und Dogmengeschichte, Bd.
2. Reformation und Neuzeit, Gütersloh 1999, 584.

der Kirchenfragen ganz den einzelnen Bundesstaaten und begründete damit das Landeskirchenprinzip in den Grenzen von 1815 neu. Eine Wiederherstellung des Corpus Evangelicorum unterblieb indessen; einzelne in der Folgezeit unternommene Versuche, es dennoch wiederzubeleben, scheiterten.[54] Dieser Mangel einer Verbindungsinstanz zwischen den Landeskirchen wirkte sich für den deutschen Protestantismus umso verhängnisvoller aus, als sich das Verhältnis von Staat und Kirche in der Zeit der Restauration erheblich gewandelt hatte.

1.1.1 Der paritätische Staat

Die einzelnen konfessionellen Territorialstaaten wurden einerseits zu christlich-paritätischen Staaten mit einem zunehmend säkularen Selbstverständnis, andererseits sollten die Kirchen ihm weiterhin als ideologisch-volkspädagogisches Bollwerk gegen einen politischen und sozialen Umsturz dienen.[55] Ausgangspunkt dieser Entwicklung war die politische Neugestaltung Deutschlands nach dem Wiener Kongress 1815.

---

[54]　Bereits 1817 hatte der Göttinger Kirchenhistoriker Gottlieb Jakob Planck vergeblich eine zentrale Vertretungsinstanz der evangelischen Kirchenregierungen am Ort der Bundesversammlung gefordert. Planck fürchtete, dass der in zahlreiche Landeskirchen zersplitterte Protestantismus andernfalls „immer, besonders der katholischen Kirche gegenüber in den sichtbarsten Nachteil" gesetzt sei. Vgl. Gottlieb Jakob Planck, *Über die gegenwärtige Lage und Verhältnisse der katholischen und der protestantischen Partei in Deutschland und einige besondere, zum Teil von dem deutschen Bundestage darüber zu erwartende Bestimmungen*, Erfurt 1817, 175. Weitere Anregungen solcher Art ergingen 1826 wegen der Konversion des Anhalt-Köthener Herzoghauses zum Katholizismus und 1830 wegen einer angeblich neuaufgelebten Schirmvogtei des Kaisers von Österreich über die katholische Kirche in Deutschland. Der katholische Weimarer Regierungsrat Alexander Müller trug in seiner Schrift: *Über die Notwendigkeit der Reorganisation des Corpus Evangelicorum auf dem Bundestage der Teutschen* (Leipzig 1830) öffentlich Preußen den Vorsitz an. Doch Preußen lehnte dieses Ansinnen wie bereits 1826 mit der Begründung ab: Jedes evangelische Bündnis schüre das Misstrauen der katholischen Bundesstaaten Bayern und Österreich. Zudem wolle man sogar unter den evangelisch regierten Bundesstaaten den Verdacht, durch die Initiative Preußens politisch bevormundet zu werden, nicht erregen. Als Preußen jedoch 1837 über die Mischehenfrage mit der katholischen Kirche in einen schweren Konflikt geriet, änderte sich die Lage. Nun suchte man die Verständigung mit anderen evangelisch regierten Bundesstaaten der oberrheinischen Kirchenprovinz. Württemberg, Baden und die beiden Hessen lehnten aber die Teilnahme an einer Konferenz 1838 ab, da ihnen zu dieser Zeit an einer Konfrontation mit der katholischen Kirche nicht gelegen war. Vier Jahre später wiederholte sich dieses diplomatische Wechselspiel mit umgedrehtem Vorzeichen. Jetzt stritt Württemberg mit der katholischen Kirche um die Durchsetzung staatlicher Aufsichtsrechte und fühlte im April 1843 wegen einer Inanspruchnahme der Rechte und Befugnisse des Corpus Evangelicorum in Berlin vor. Der preußische König Friedrich Wilhelm IV., der gerade seinen Frieden mit der katholischen Kirche geschlossen hatte und die Stabilität des Deutschen Bundes nicht unnötig aufs Spiel setzen wollte, winkte jedoch ab. „Damit war der Gedanke an eine Erneuerung des Corpus Evangelicorum endgültig begraben." Alfred Adam, *Nationalkirche und Volkskirche im deutschen Protestantismus*, 29.

[55]　Das folgende nach Martin Heckel, „Die Neubestimmung des Verhältnisses von Staat und Kirche im 19. Jahrhundert", in: Ders., *Gesammelte Schriften, Bd. 3*, Tübingen 1997, 441-470. Vgl. auch Martin Friedrich, „Die Anfänge des neuzeitlichen Kirchenrechts: Vom preußischen Allgemeinen Landrecht (1794) bis zur Paulskirchenverfassung (1848/49)", in: Günter Brakelmann/Norbert Friedrich/Traugott Jähnichen (Hgg.), *Auf dem Weg zum Grundgesetz: Beiträge zum Verfassungsverständnis des neuzeitlichen Protestantismus*, Münster 1999, 13-29. Bzw. Godehard Josef Ebers, *Staat und Kirche im neuen Deutschland*, München 1930.

Aus der Fülle ehemals selbständiger Territorien samt ihren Kirchen wurden 38 souveräne deutsche Staaten. Durch diese territoriale Umschichtung kam es zu einer Verschiebung und Vermischung der Bevölkerung auch in konfessioneller Hinsicht. Die territoriale Abgeschlossenheit der einzelnen deutschen Staaten namentlich auf kirchlichem Gebiet hörte auf.[56] Der alte Grundsatz von 1555 „cuius regio eius religio" wurde somit hinfällig, denn der einzelne Staat hatte sich nun mit mehreren christlichen Hauptkonfessionen zugleich zu befassen. Dies nötigte ihn, wenn er einen permanenten Religionsstreit vermeiden wollte, zur konfessionellen Toleranz und Parität. Sie wurde wirksam bei der Zulassung zu Ämtern, der Niederlassungsfreiheit oder Einrichtung von protestantischen Kirchen in katholischen Städten wie katholischen in protestantischen Städten.[57] Damit waren dem reinen Staatskirchentum, das auf der Einheit von Staat und der territorial jeweils dominierenden Kirche beruhte, die Grundlagen endgültig entzogen.

Dennoch hielt der Staat, in dem Fall von Ebers als „Polizeistaat" bezeichnet,[58] an diesem System trotz der grundsätzlichen Anerkennung der Verschiedenheit von Staat und Kirche nach wie vor fest. Von einer größeren Selbständigkeit der Kirchen, die sich aus der prinzipiellen Neutralität und Weigerung des Staates, sich mit einer der sogenannten Religionsgesellschaften innerhalb seines Staatsterritoriums zu identifizieren,[59] eigentlich ergeben musste, konnte keine Rede sein. Vielmehr sollten die Kirchen als Mächte, die doch das soziale Leben und den sozialen Frieden noch prägten und trugen, den Gesetzen des neuen Staates unterworfen werden.[60]

---

[56] So waren beispielsweise dem vormals rein katholischen Bayern mit den fränkischen Gebieten rund ein Drittel lutherischer Untertanen zugefallen; umgekehrt hatte das lutherische Württemberg in Oberschwaben rund ein Drittel katholischer Bürger hinzugewonnen.

[57] Als einzige Bestimmung in Religionsangelegenheiten schrieb Artikel 16 der Bundesakte dementsprechend die bürgerliche Gleichberechtigung der drei christlichen Hauptkonfessionen fest: „Die Verschiedenheit der christlichen Religionsparteien kann in den Ländern und Gebieten des Deutschen Bundes keinen Unterschied in dem Genusse der bürgerlichen und politischen Rechte begründen." Vgl. Ernst Rudolf Huber/Wolfgang Huber, *Staat und Kirche im 19 und 20. Jahrhundert. Dokumente zur Geschichte des deutschen Staatskirchenrechts, Bd. I. Staat und Kirche vom Ausgang des alten Reiches bis zum Vorabend der bürgerlichen Revolution,* Berlin ²1990, 115.

[58] G. J. Ebers, *Staat und Kirche,* 20.

[59] Martin Heckel wertet den Übergang vom konfessionell-christlichen zum paritätisch-christlichen Staat als „eine *tiefe Säkularisierung des Staatskirchenrechts".* „Der Staat gab sein bisher vornehmstes Staatsziel auf, den wahren Glauben gegen den Unglauben zu schützen und durchzusetzen, also Toleranz nur notgedrungen im Notstand nach Notrechtsargumenten einzuräumen ... Staatszweck war nicht mehr das ewige Heil, sondern der irdische Friede und Wohlstand der Untertanen." M. Heckel, *„Die Neubestimmung des Verhältnisses von Staat und Kirche",* 459.

[60] Zwar konnte nicht geleugnet werden, dass die Regelung der inneren Angelegenheiten Sache der Kirche sei, aber diese wurden auf rein geistliche Gegenstände wie Lehre und Kultus beschränkt. Dagegen wurden alle weltlichen oder wenigstens gemischte Angelegenheiten, die neben religiösen Zwecken auch das Allgemeinwohl zu fördern schienen, als sacra externa erklärt und damit ausschließlich dem Staat unterstellt. Darunter fielen vor allem die kirchliche Vermögensverwaltung und die Besetzung von Kirchenämtern. Gemeinhin galten ferner alle kirchlichen Anordnungen als genehmigungspflichtig. Vgl. G. J. Ebers, *Staat und Kirche,* 21 f.

Diese Entwicklung führte auf evangelischer Seite im Unterschied zum Katholizismus jedoch nur selten zu offenen Konflikten.[61] Die Ursachen dafür liegen vor allem in der Lehrtradition und Herkunft der evangelischen Landeskirchen aus dem Staatskirchentum der Reformationszeit.[62] Begünstigt wurde diese Einstellung zudem durch die theoretische Unterscheidung zwischen dem Kirchenregiment als einem innerkirchlichen Rechtstitel, der die eigentliche Kirchenleitung, die iura in sacra, umfasste und dem Landesherr kraft seines Amtes als Summepiskopus der evangelischen Kirche zustand, und der Kirchenhoheit als eines staatlichen Rechtstitels, der die allgemeinen Aufsichtsrechte des Staates, die iura circa sacra, umfasste und vom Landesherren als Träger der Staatsgewalt über alle Religionsgesellschaften auf seinem Gebiet wahrgenommen wurde. Die interne Kirchenleitung wurde durch landesherrliche Konsistorien als besondere, wenn auch noch immer staatliche Behörden, übernommen, während die Wahrung der staatlichen Hoheitsrechte über die evangelische wie über die katholische Kirche allgemeinen Verwaltungsbehörden unter dem Kultus- und Staatsministerium überwiesen wurde. Mit dieser Ressorttrennung suchte man nicht nur die gleichberechtigte Behandlung der beiden Hauptkonfessionen mit der Aufrechterhaltung des landesherrlichen Kirchenregiments über die evangelischen Territorialkirchen zu vereinbaren, sondern auch protestantischen Wünschen nach größerer Autonomie zumindest formell entgegenzukommen.[63]

Diese grundsätzliche und für die protestantischen Kirchen zugleich organisatorische Unterscheidung, die den ersten entscheidenden Schritt zur Lockerung der früheren engen Verbundenheit des Staates mit seiner Landeskirche bedeutete, machte jedoch das Grundproblem der evangelischen Kirchen, ihre „Verfassungsnot",[64] umso offenkundiger. Denn die Regenten hielten Kirchenaufsicht und Kirchengewalt nach wie vor fest in ihren Händen und waren aufgrund ihrer prinzipiellen Ablehnung jeglicher konstitutionell-demokratischer Elemente zu Zugeständnissen gegenüber kirchlichen Autonomiewünschen kaum zu bewegen.[65] Nach dem Wegfall des Corpus Evange-

---

[61]   Eine Ausnahme bildete der sogenannte Kniebeugestreit der 1840er Jahre. Hintergrund war die Verfügung des bayerischen Königs 1839, dass Soldaten, katholische wie evangelische, zu Gottesdiensten befohlen werden können und vor dem Allerheiligsten auf die Knie zu fallen haben. Erst nach erregtem Protest in ganz Deutschland hat der König widerwillig diesen paritätsverletzenden und verfassungswidrigen Erlass aufheben müssen. S. Uwe Riske-Braun, *Zwei-Bereiche-Lehre und christlicher Staat*, Gütersloh 1993, 100-109.

[62]   Nach Ernst Troeltsch hat das landesherrliche Kirchenregiment als geschichtliche Existenzbedingung evangelischen Landeskirchentums wesentlich zur staatsloyalen Gesinnung des deutschen Protestantismus beigetragen und in Verbindung mit der Aufklärung die Herausbildung eines starken Staates entscheidend gefördert: „Der aufgeklärte bevormundende Absolutismus preußischen Stiles wächst aus dem protestantischen Patriarchalismus heraus." Ernst Troeltsch, *Die Bedeutung des Protestantismus für die Entstehung der modernen Welt*, München-Berlin 1911, 55, zit. nach M. Friedrich, *„Die Anfänge des neuzeitlichen Kirchenrechts"*, 20.

[63]   „Die Durchführung dieses staatskirchlichen Systems stieß bei den protestantischen Kirchen auf keine Schwierigkeiten, um so weniger, als es Wünschen des vordrängenden Kollegialsystems auf Verselbständigung in etwa entgegenkam." G. J. Ebers, *Staat und Kirche*, 24.

[64]   Friedrich Michael Schiele, *Die kirchliche Einigung des Evangelischen Deutschland im 19. Jahrhundert*, Tübingen 1908, 11.

[65]   Die synodale Verfassungsidee war nach Ansicht der konservativen Herrschaftseliten ein „Zwillingsbruder des politischen Parlamentarismus". Vgl. Kurt Nowak, *Geschichte des Christentums in*

licorum weitgehend ohne jede Repräsentation blieben die Landeskirchen organisatorisch ein Teil des Staates und damit unter der einengenden Kontrolle des Landesherren und der landesherrlichen Konsistorien.[66]

1.1.2 Der erstarkende Katholizismus

Der Mangel an kirchlichen Selbstverwaltungsorganen zementierte jedoch nicht nur die Abhängigkeit vom Landesherren; sie wirkte sich auch im Gefühl der Imparität gegenüber einer erstarkenden katholischen Kirche aus. Obwohl die Kräfteverhältnisse im Deutschen Bund für den Protestantismus günstig waren,[67] blieb die Furcht, gegenüber einem zunehmend ultramontan ausgerichteten Katholizismus konfessionell und politisch ins Hintertreffen zu geraten, nach 1815 stets gegenwärtig.[68] Dass diese Sorge gerade angesichts der eigenen institutionell-organisatorischen Schwäche eines fürstlich-absolutistisch regierten und landeskirchlich zersplitterten Protestantismus allzu berechtigt war, spiegelt der Aufstieg der katholischen Kirche im 19. Jahrhundert eindrucksvoll wieder.[69]

Die Auflösung der geistlichen Fürstentümer und die Säkularisierung des Kirchengutes seit 1803 brachten die alte, feudale katholische Reichskirche endgültig zum Einsturz. Damit hörte die katholische Kirche nicht nur auf, Adelskirche zu sein, sondern es vollzog sich zugleich die entscheidende Wende zu einer universalkirchlich orientierten Politik, die Gewicht und Macht zugunsten des Papstes und der Kurie neu verteilte: „Der alte Episcopalismus wird vom neuen ‚Papalismus‘, dem römischen Zentralismus, dem päpstlichen ‚Absolutismus‘ verdrängt; die katholische Kirche wird

---

Deutschland. Religion, Politik und Gesellschaft vom Ende der Aufklärung bis zur Mitte des 20. Jahrhunderts, München 1995, 79. Diese Verwandtschaft beeinflusste dann auch ihr weiteres Schicksal in der Restaurationszeit. Die zaghaften Ansätze der Reform, beratende Provinzialsynoden bestehend aus Geistlichen, wurden seit den 1820er Jahren in Preußen nicht weiterentwickelt. Stattdessen dominierten staatlich-bürokratische und bischöfliche, hierarchische Prinzipien: Den landesherrlichen Provinzialkonsistorien standen Generalsuperintendenten in jeder Provinz zur Seite, die selbstverständlich vom König in ihr Amt berufen wurden. Vor 1848 erreichten die evangelischen Kirchen nirgends eine Selbstregierung durch Synoden. Im besten Fall kam es zu Mischformen von Konsistorial- und Synodalverfassung wie in den preußischen Westprovinzen Rheinland und Westfalen.

[66] Es muss dabei schon als Fortschritt gewertet werden, wenn in einigen Landeskirchen ein Schutz gegen die Ausübung der Kirchengewalt durch einen nicht-evangelischen König eingebaut war. Vgl. E. R. Huber/W. Huber, *Staat und Kirche, Bd. I.*, 143 (Württemberg 1819). 149 (Kurhessen 1831; hier war statt dessen eine Beteiligung der Kirche durch eine Synode zugesichert). 156 (Sachsen 1831). 164 f (Hannover 1840).

[67] Von den 38 Bundesfürsten waren nur sieben katholisch. Im katholischen regierten Bayern waren mit der Pfalz sogar etwa ein Drittel der Einwohner Protestanten. Nach einer Konfessionsstatistik von 1840 standen insgesamt 17,5 Millionen Protestanten 10,5 Millionen Katholiken gegenüber. Selbst unter Einbeziehung der 5 Millionen Katholiken Deutsch-Österreichs wurde numerische Parität nicht erreicht. Vgl. Julius Wiggers, *Kirchliche Statistik oder Darstellung der gesamten christlichen Kirche nach ihrem gegenwärtigen äußeren und inneren Zustand*, II, Hamburg – Gotha 1843.

[68] Ein Ausdruck dieser Furcht sind die unter Anmerkung 54 aufgeführten Schriften Plancks und Müllers sowie die unterschiedlichen, wenngleich erfolglosen Initiativen des preußischen bzw. württembergischen Regenten zur zeitgemäßen Erneuerung des Corpus Evangelicorum.

[69] Das folgende nach Thomas Nipperdey, *Deutsche Geschichte 1800–1866. Bürgerwelt und starker Staat*, München 1988 (Broschierte Sonderausgabe), 403-422. Vgl.auch Heinz Hürten, *Geschichte des deutschen Katholizismus 1800-1960*, Mainz 1986, 11-108.

mehr Papstkirche, weniger Bischofskirche, mehr internationale Kirche und weniger regional-national."[70] Dazu kam, dass die katholische Kirche gegenüber den Souveränitätsansprüchen der deutschen Territorien dringend den Rückhalt der Kurie benötigte, die sich auf der Ebene der Kirchenorganisation mit einer gewissen Unausweichlichkeit als Schutzmacht des kirchlichen Lebens anbot.[71] Die Neuordnung und Konsolidierung der äußeren kirchlichen Verhältnisse nahm der Papst mit dem Instrument von Konkordaten und konkordatsähnlichen Abmachungen in Angriff, ohne zunächst jedoch die Geltungsansprüche der territorialen Kultusbürokratien vollkommen abschütteln und die katholische Kirche aus der staatlichen Umklammerung lösen zu können.[72]

Dieser Kampf um die Freiheit der Kirche ging im Katholizismus mit deren geistlicher Erneuerung Hand in Hand. Anstöße dazu waren vor und nach 1815 aus Österreich gekommen, wo der fürstliche Absolutismus Josephs II. (1780–1790) die katholische Kirche vollständig in das System des aufgeklärten ‚Wohlfahrtsstaates‘ eingeordnet hatte. Im Kreis um den Redemptoristen Clemens Maria Hofbauer pflegte man eine bewusste katholische Kirchlichkeit, die sich stark an Rom anlehnte und sich zugleich konsequent gegenüber Aufklärung, Protestantismus und Staatskirchentum abgrenzte.[73] Weitere Bestrebungen hingegen, die im Gegensatz zu Hofbauer den Katholizismus mit bestimmten Tendenzen der Zeit zu verbinden und dadurch zu erneuern suchten, konnten sich auf Dauer nicht behaupten und blieben in ihrem Einfluss weitgehend auf Kreise des katholischen Bildungsbürgertums beschränkt.[74]

---

[70]   T. Nipperdey, *Deutsche Geschichte 1800–1866*, 407.

[71]   So betont Kurt Nowak mit Recht: „Wer anders als der Papst besaß die Kraft, den deutschen Katholizismus aus dem Griff der territorialen Staatskirchensysteme zu lösen? Und wer war in der Lage, die Reihen der Geistlichen in einem Geist zu erneuern, der nicht mehr von gefährlichen nationalkirchlichen Ideen durchtränkt war!" Ders., *Geschichte des Christentums*, 73 f. Insofern ist der Aufstieg des Papsttums im 19. Jahrhundert durch den Aufstieg des modernen Staates am Beginn des Jahrhunderts entscheidend vorangetrieben worden. S. T. Nipperdey, *Deutsche Geschichte 1800–1866*, 407.

[72]   Das zähe Ringen zwischen Staat und Kirche belegen die entsprechenden Abmachungen auf Schritt und Tritt: Das Konkordat mit Bayern 1817 wurde 1818 als Anhang zum staatlichen Religionsedikt veröffentlicht. Das sogenannte ‚Plazet‘, die staatliche Genehmigung kirchlicher Anordnungen und Veröffentlichungen, und der ‚Recursus ab abusu‘, die Anrufung der weltlichen Gewalt bei Grenzüberschreitungen der geistlichen Gewalt, wurden erneuert. Dadurch wurde die im Konkordat zugesicherte Freiheit und Monopolstellung der katholischen Kirche nachträglich erheblich eingeschränkt. Ähnlich verfuhren Preußen mit der päpstlichen Zirkumskriptionsbulle von 1821 und die Länder des deutschen Südwestens (Baden, Württemberg, Hessen-Darmstadt, Kurhessen und Nassau) mit der Festlegung für die Oberrheinische Kirchenprovinz, welche die katholische Kirche zu besonders weitgehenden Zugeständnissen gegenüber den staatlichen Aufsichts- und Eingriffsrechten nötigte. Vgl. E. R. Huber/W. Huber, *Staat und Kirche, Bd. I*, 169 ff.

[73]   Clemens Maria Hofbauer (1751–1820), der „Apostel Wiens", scharte so berühmte Leute um sich wie den norddeutschen Konvertiten Friedrich Schlegel sowie den einst Luther verherrlichenden Dichter Zacharias Werner. Zeitweilig stießen auch Franz von Baader, Clemens Brentano und Joseph von Eichendorff zu dem Hofbauerschen Kreis. Um das Wiedererstarken des Papsttums zu fördern, stand der Hofbauerkreis in engem Kontakt zu dem päpstlichen Kardinal Ercole Consalvi, dessen ultramontan orientierte Politik sich auf dem Wiener Kongress gegenüber nationalkirchlichen Bestrebungen entscheidend durchsetzen konnte.

[74]   Charakteristisch für diese Vermittlungsbemühungen war etwa der Moral- und Pastoraltheologe Johann Michael Sailer (1751–1832). Er wollte durch eine Synthese von katholischer Spiritualität und

Entscheidend für die katholische Bevölkerung wurde der sogenannte Ultramontanismus. Diese anfangs wie auch späterhin sehr deutungsoffene Parole bildete einen Sammelpunkt für eine schroffe und polemische Wendung gegen die Zeit: den modernen Staat, die moderne Gesellschaft und den Liberalismus, den man auf katholischer Seite auch zunehmend mit dem Protestantismus in eins setzte. Streng wurde der Klerus in der Folgezeit auf das Festhalten an katholischen Normen und Traditionen verpflichtet. Der Kirchenapparat wurde straff zentralistisch organisiert, die Jurisdiktionsgewalt wie die geistliche Macht des Papstes konsequent ausgebaut. In Verbindung damit standen eine ausgeprägte und ungeheuren Aufschwung nehmende Kirchen- und Andachtsfrömmigkeit, die durch die besonders ‚romtreuen‘, antimodernen Orden wie Jesuiten und Redemptoristen gezielt gefördert wurde, sowie häufig Intoleranz gegenüber Andersdenkenden.[75] Die ultramontane Umformung von Kirche und Religiosität verband sich zudem mit der Mobilisierung großer katholischer Volksteile. Unterstützt durch ein in den 1830er/40er Jahren sich ausbreitendes kirchliches Pressewesen bildeten sich – vornehmlich im Zuge der Märzrevolution von 1848 – die katholischen Vereine; der sogenannte Verbandskatholizismus entstand.[76] Die erneuerte katholische Kirche konnte sich trotz der generellen Tendenz zur Klerikalisierung und trotz der führenden Rollen der Geistlichen in vielen der Vereine fortan auf die breite Basis des Kirchenvolks stützen. Die Vereine festigten ein eigenes konfessionell-katholisches Milieu und wurden daher von den Bischöfen gern als „populäre pressure groups" für politische Forderungen nach konfessioneller Gleichbehandlung in den Dienst genommen.[77]

klassischem aufgeklärtem Humanismus die Entfremdung zwischen Katholizismus und deutscher Kultur überwinden. Da er kirchenpolitisch zwischen Febronianismus und Kurialismus einen Mittelweg suchte, gelangte er erst in hohem Alter zu kirchlichen Würden: 1829 wurde er zum Bischof von Regensburg geweiht. — Sailers Einfluss zu verdanken ist die Berufung von Joseph von Görres (1776–1848) an die 1826 neugegründete Universität München. Görres, stark von der Romantik und der nationalen Begeisterung während der Befreiungskriege beeinflusst, wurde in München zum Mittelpunkt eines Kreises, der vor allem publizistisch für eine staatsunabhängige Kirche kämpfte. Andere bedeutsame Versuche, den Katholizismus mit dem Zeitgeist zu versöhnen, unternahmen etwa der Bonner Theologe Georg Hermes (1751–1831), der in Anlehnung an Kants Erkenntnistheorie der Vernunft eine nicht mehr an das kirchliche Lehramt gebundene Kompetenz zubilligte, sowie der Tübinger Professor Johann Adam Möhler (1796–1838). In seiner „Symbolik" (1832) bestimmte er das Verhältnis der Konfessionen neu zueinander und betrachtete den Katholizismus als die umfassendste Gestalt des Christentums in der Geschichte, in der alle Gegensätze wahrhaft versöhnt sind.

[75] Der Ultramontanismus ist anfangs in den 1820er und 30er Jahren zunächst eine innerkirchliche Kampfbewegung, die gegen Vermittlungstheologen und Modernisierer wie gegen Episcopalisten und Anhänger einer Nationalkirche gleichermaßen restriktiv vorgeht. Der Kampf richtet sich vor allem gegen die Universitäten, von denen liberalem Einfluss man die künftigen Geistlichen abzuschotten versucht und sie stattdessen an geschlossenen Priesterseminaren ausbildet. Der Mainzer Bischof Joseph Ludwig Colmar (1760–1818), der 1805 in Mainz ein tridentinisches Priesterseminar gründete, betrieb diese Rückzugspolitik besonders rigide.

[76] Auslösendes Moment vieler katholischer Vereinsgründungen war die Minderheitenposition, in die der Katholizismus in Folge der Gebietsverschiebungen durch den Wiener Kongress vor allem in Preußen geraten war. Ein Überblick über den Verbandsprotestantismus findet sich bei Jochen-Christoph Kaiser, „Konfessionelle Verbände im 19. Jahrhundert. Versuch einer Typologie", in: Helmut Baier (Hg.), *Kirche in Staat und Gesellschaft im 19. Jahrhundert. Referate und Fachvorträge des 6. Internationalen Kirchenarchivtags Rom 1991*, Neustadt an der Aisch 1992, 187-209.

[77] Michael Häusler, Art. „Vereinswesen/Kirchliche Vereine (kirchengeschichtlich)", in: *TRE* XXXIV, 650.

Es war schließlich nur eine Frage der Zeit, wann der zunehmend selbstbewusste und um seine Selbstbehauptung kämpfende Katholizismus mit dem spätabsolutistischen Kirchenregiment der protestantischen Staaten in Konflikt geraten würde. Der Kölner Mischehenstreit von 1837 bis 1841, der häufig als vorweggenommener Kulturkampf bezeichnet wird, veranschaulicht die politische Brisanz und das hohe Konfliktpotential, die in dem Aufeinandertreffen staatlicher Souveränitäts- und Rechtsansprüchen mit dem sozialen Gestaltungs- und Öffentlichkeitsanspruch der Kirche steckten.[78] Das ‚Kölner Ereignis‘, bei dem sich der preußische Staat schließlich geschlagen geben musste und der katholischen Kirche weitgehende Selbstbestimmungsrechte einräumte,[79] führte in konfessioneller Hinsicht zu einem wesentlich verschärften Klima zwischen Katholiken und Protestanten. Die polemisch-pointierte Streitschrift ‚Athanasius‘ des ultramontan gesonnenen Joseph Görres, die den Mischehenkonflikt zu einer Grundsatzfrage zwischen Kirche und Staat, Katholizismus und Protestantismus stilisierte, sorgte nicht nur für eine breite Solidarisierung der katholischen Bevölkerung; mit ihr begann der Katholizismus sich zugleich als eine politische Partei zu formieren. Auf der Gegenseite war es zwar nicht die Gesamtheit, wohl aber die Mehrheit der protestantischen Konservativen und Liberalen, die auf der Seite des Staates standen.[80] Vom evangelischen Standpunkt aus gesehen bedeuteten die unglücklichen Maßnahmen der Regierung in ihrer Folgewirkung zudem eine erhebliche Bedrohung der Parität der beiden Konfessionen. Sie verhalfen dem Ultramontanismus zu einem kirchenpolitischen Sieg, der sich in einem „Maximalprogramm der Kirchenfreiheit" auszahlte,[81] und begünstigten die Entstehung des politischen Katholizismus in Deutschland. Die sich immer deutlicher abzeichnende Frontstellung gegenüber der katholischen Kirche verstärkte einerseits das Konfessionsbewusstsein: „die irenischen ‚Evangelischen‘ werden wieder ‚Protestanten‘, liberal antiautoritär oder orthodox, aber beide mit antikatholischem, antirömischen Affekt".[82] Andererseits war sie Wasser auf den

---

[78] Der Konflikt setzte mit einer königlich-preußischen Kabinettsorder vom 17. August 1825 ein: Sie dehnte das Geltungsrecht der staatlichen Mischehenregelungen, nach der die Kinder der Konfession des Vaters angehören sollten, auch auf die mehrheitlich katholischen preußischen Westprovinzen aus. Die Unnachgiebigkeit des Kölner Erzbischofs Clemens August Freiherr von Droste-Vischering (1773–1845), der als strenger Verfechter des kanonischen Eherechts auch die bis dahin praktizierte Kompromisslösung zwischen Staat und Kirche ablehnte, ließ 1837 mit seiner Verhaftung die Wogen der Erregung erst richtig anschwellen. Als Friedrich Wilhelm IV. 1840 die preußische Regierung antrat, brach er den aussichtslosen Kampf sofort ab. Droste Vischering kehrte zwar nicht nach Köln zurück, erhielt aber mit Johannes von Geissel (1796–1864) einen gleichgesinnten Nachfolger. Zum Mischehenkonflikt vgl. Dietrich Meyer, „Die Kraftprobe des Staates mit der katholischen Kirche in der Mischehenfrage (1837) und die Rückwirkung auf den Protestantismus", in: Gerhard Goeters/Rudolf Mau (Hgg.), *Die Geschichte der Evangelischen Kirche der Union, Bd. 1: Die Anfänge der Union unter landesherrlichem Kirchenregiment (1817–1850)*, Leipzig 1992, 256-269.

[79] U.a. wurde eine eigene katholische Abteilung innerhalb des preußischen Kultusministeriums eingerichtet, der uneingeschränkte Verkehr der Bischöfe mit Rom zugelassen und das staatliche Plazet eng begrenzt. Vgl. E. R. Huber/W. Huber, *Staat und Kirche, Bd. I*, 434 ff.

[80] Vgl. D. Meyer, „*Die Kraftprobe des Staates mit der katholischen Kirche in der Mischehenfrage (1837)*", 267 ff.

[81] K. Nowak, *Geschichte des Christentums in Deutschland*, 77.

[82] T. Nipperdey, *Deutsche Geschichte 1800–1866*, 431. Die wachsende Spannung zwischen beiden Konfessionen deutete sich bereits 1817 an, als die Protestanten den Thesenanschlag Luthers so laut-

Mühlen derjenigen, die schon länger die Zersplitterung des landeskirchlichen Protestantismus beklagt und auf eine Zusammenfassung aller evangelischen Kräfte gedrängt hatten.[83]

1.1.3 Die Gründung des Gustav-Adolf-Vereins und der Unionsgedanke

Einen weiteren starken Impuls erhielten diese Forderungen durch die Gründung des Gustav-Adolf-Vereins 1842, der die evangelische Diaspora in den katholischen Gebieten unterstützen sollte.[84] Mit lokalen Zweigvereinen, Hauptvereinen in Ländern und Provinzen sowie einem Zentralvorstand in Leipzig war er hierarchisch straff organisiert und als erster evangelischer Verein über die Grenzen des Landeskirchentums hinweg tätig. Diese Entwicklung entsprach ganz der Absicht seines Gründers Zimmermann, der sich von Anfang an über den eigentlichen diakonischen Zweck hinaus auch eine Stärkung des protestantischen Einheitsbewusstseins von der grenz-

---

stark feierten, als ob sie wieder in die Tonart der Reformationszeit zurückgefallen wären. 1830 wurde das Jubiläum der Confessio Augustana, das eigentlich das allgemeine Verständnis für die Union in Preußen fördern sollte, noch dezidierter ‚protestantisch‘ begangen. Angesichts der stark angewachsenen protestantischen Ressentiments gegenüber der katholischen Kirche sah sich Friedrich Wilhelm III. genötigt, bereits im Vorfeld des Jubiläums ein ausdrückliches Verbot anti-katholischer Polemik zu verhängen. Vgl. Andreas Lindt, „Das Reformationsjubiläum 1817 und das Ende des ‚Tauwetters‘ zwischen Protestantismus und Katholizismus im frühen 19. Jahrhundert", in: Bernd Jaspert (Hg.), *Traditio, Krisis, Renovatio aus theologischer Sicht, FS Winfried Zeller*, Marburg 1976, 347-356. Zum Phänomen der Konfessionsspaltung und -spannung im Verlauf des gesamten 19. Jahrhunderts s. Olaf Blaschke, „Das 19. Jahrhundert: Ein zweites konfessionelles Zeitalter?", in: GuG 26, 2000, 38-75. Kritik an Blaschkes These eines zweiten konfessionellen Zeitalters übt Martin Friedrich, „Das 19. Jahrhundert als ‚Zweites Konfessionelles Zeitalter‘? Anmerkungen aus evangelisch-theologischer Sicht", in: Olaf Blaschke (Hg.), *Konfessionen im Konflikt. Deutschland zwischen 1800 und 1970: ein zweites konfessionelles Zeitalter*, Göttingen 2002, 95-112. Friedrich sieht das 19. Jahrhundert zutreffender als eine „Epoche der Kirchwerdung" charakterisiert.

[83]   Der Berliner Vermittlungstheologe Carl Immanuel Nitzsch (1787–1868) forderte angesichts des Ausgangs der Kölner Ereignisse, „dass wir jetzt den Beruf zur inneren protestantischen Union auf keinerlei Weise verläugnen dürfen". Ders., „Die letzten drei Jahrzehnte, eine kirchengeschichtliche Betrachtung", in: *Monatsschrift für die ev. Kirche der Rheinprovinz und Westphalens 1842*, 105, zit. nach Dietrich Meyer, *„Die Kraftprobe des Staates mit der katholischen Kirche in der Mischehenfrage (1837)"*, 269.

[84]   Zur Entstehung des Gustav-Adolf-Vereins vgl. Hermann Wolfgang Beyer, *Die Geschichte des Gustav Adolf-Vereins in ihren kirchen- und geschichtlichen Zusammenhängen*, Göttingen 1932. Bereits im Jahr 1832 anlässlich der Zweihundertjahrfeier des Todes Gustav Adolfs, des „Retter[s] der evangelischen Kirche und der deutschen Freiheit" (C.G.L. Großmann, zit. nach Beyer, *Die Geschichte des Gustav-Adolf-Vereins*, 3), hatte sich auf Initiative des Leipziger Superintendenten Christian Gottlob Leberecht Großmann eine „Gustav-Adolf-Stiftung" mit gleicher Zielsetzung gebildet. Aufgrund des Stiftungscharakters blieb sie allerdings außerhalb des Königreiches Sachsens weitgehend unbekannt. Eine Ausweitung auf ganz Deutschland erfuhr sie erst durch den am Reformationstag 1841 veröffentlichten und von der bisherigen Entwicklung völlig unabhängigen Aufruf des Darmstädter Hofpredigers Karl Zimmermann, „einen Verein für die Unterstützung hilfsbedürftiger protestantischer Gemeinden" zu gründen (s. Beyer, *Die Geschichte des Gustav-Adolf-Vereins*, 21 ff). Der Aufruf stieß auf ein so bedeutendes Echo, dass sich ein knappes Jahr darauf der sächsische und der neu entstandene hessische Kreis auf einer Generalversammlung am 16. September 1842 in Leipzig auf die Begründung des „Evangelischen Vereins der Gustav-Adolf-Stiftung" verständigten.

überschreitenden Vereinstätigkeit erhofft hatte.[85] Dass die Sache des Gustav-Adolf-Vereins bald zu einem Anliegen des gesamten deutschen Protestantismus wurde, resultierte vor allem aus der bewussten Gegenüberstellung zu einem wiedererstarkten und zunehmend selbstbewusst auftretenden Katholizismus. Er diente gewissermaßen als ein negatives Integrationsmuster, welches das protestantische Zusammengehörigkeitsgefühl stärkte und lutherisch-reformierte Konfessionsgegensätze zurücktreten ließ.[86] Dazu kamen praktische Koordinationsbedürfnisse der Diasporaarbeit, die innerhalb des Gustav-Adolf-Vereins als einer gesamtdeutschen Organisation dogmatische Unterschiede überlagerten. Die überregionale Form der Zusammenarbeit, die mit dem immer stärker voranschreitenden Prozess der Nationwerdung, der zunehmenden wirtschaftlichen und politischen Vereinigung der deutschen Territorialstaaten

---

[85] Angesichts der mangelnden Geschlossenheit, die dem Protestantismus von Seiten der katholischen Kirche vorgeworfen wird, nennt Zimmermann in seinem erwähnten Aufruf die Einheit der evangelischen Kirche als erste der von der Vereinsgründung erwarteten ‚Segnungen': „Aber bei aller Verschiedenheit der Glaubensansichten doch Eins sein, doch von dem großen heiligen Bande Eines Strebens sich umschlingen lassen, wahrlich, ein großes Ziel! Und dies würde erreicht werden durch die Gründung eines Vereins, wie der beantragte". Karl Zimmermann, *Der Gustav Adolf-Verein. Ein Wort von ihm und für ihn*, Darmstadt-Leipzig [6]1862, 24 f. Indem Zimmermann die kirchliche Einheit unter bewusster Umgehung der Lehrfragen durch freie Vereinstätigkeit, die sich für ihn in der „Einheit des Strebens" bzw. der „Liebe" darstellt, realisieren will, schreibt er dem sich formierenden evangelischen Verbandsprotestantismus eine zentrale Funktion für die kirchlichen Zusammenschlussbemühungen zu. Die Errichtung eines übergeordneten Vertretungskörpers der Inneren Mission in Form des Central-Ausschusses auf dem Wittenberger Kirchentag 1848 sowie die späteren Gründungen des Protestantenvereines 1863 bzw. des Evangelischen Bundes 1886 setzten diese Linie fort.

[86] K. Nowak sieht in der Gründung des Gustav-Adolf-Vereins eine doppelte Intention verwirklicht: „eine Initiative zur Straffung des Protestantismus und zugleich ein Bollwerk gegen den Katholizismus". Ders., *Geschichte des Christentums in Deutschland*, 116. Aufgrund dieser anti-römischen Zielsetzung war der Gustav-Adolf-Verein in Bayern zeitweise verboten. Der bayerischen Regierung erschien der Verein als „Störer des kirchlichen Friedens und der Einheit in Deutschland". Vgl. Bayerischer königlicher Kabinettsbefehl vom 10. Februar 1844, zit. nach K. Zimmermann, *Der Gustav-Adolf-Verein*, 39. Bereits der Name des Vereins ließ den katholischen Regenten nicht zu Unrecht an eine evangelische „Parteiverbindung" (K. Zimmermann, ebd.) denken. Darüber hinaus berief man sich auf eine Verlautbarung aus dem Halleschen Hauptverein von 1843, „dass die Gustav-Adolf-Stiftung eine freie, über die Grenzen und Sonderinteressen der einzelnen Länder hinausgehende Assoziation aller Protestanten zur Bildung einer allgemeinen protestantischen Kirche und zur gemeinsamen Vertretung der Interessen ... gegenüber der katholischen Kirche sei und von dem ehemaligen Corpus Evangelicorum nur dadurch sich unterscheiden solle, dass sie nicht mehr in einer Vereinigung der Fürsten und ihrer Gesandten, sondern der Völker bestehe" (K. Zimmermann, ebd. 39 f). Diese bayerische Beschränkung der Vereinsarbeit wurde erst fünf Jahr später aufgehoben; in Österreich blieb der Gustav-Adolf-Verein sogar bis 1860 verboten.

einherging,[87] förderte ein gesamtkirchliches Verständnis: das Bewusstsein, „der evangelischen Kirche" anzugehören.[88]

Dass die gesamtprotestantische und theologische Schulen übergreifende Ausrichtung des Gustav-Adolf-Vereins auf starke Resonanz in den Gemeinden stieß, ist nicht zuletzt auch auf die vielfältigen landeskirchlichen Unionsbildungen im ersten Drittel des 19. Jahrhunderts zurückzuführen.[89] Der betont unionistische Gustav-Adolf-Verein fand hier den geistigen Nährboden für seine rasche Verbreitung. Von Pietismus und Aufklärung mit ihren verschiedenen, konfessionelle Unterschiede nivellierenden Ansätzen der praxis pietatis bzw. der Vernunftreligion vorbereitet, kam es nach 1815 zu zahlreichen Unionsschlüssen: vorwiegend im südwestdeutschen Raum,[90] wo eine

---

[87] Ein wesentlicher Schritt auf dem Weg zur Bildung eines (klein-)deutschen Nationalstaates war die Gründung des Deutschen Zollvereins 1834. Bis 1842 waren ihm 28 der 39 Bundesstaaten beigetreten. Sein Zustandekommen verdankte sich vor allem der Initiative Preußens, das sich durch die Aufhebung von Handelsschranken vor allem eine wirtschaftliche Brücke zu seinen westlichen Provinzen erhoffte. Auch wenn der Zollverein von den Regierungen nicht aus ‚nationalem' Interesse oder aus politischen Motiven, sondern vornehmlich aus rein fiskalischen Gründen gegründet wurde, musste er objektiv den nationalen Zusammenschluss unter preußischer Vorherrschaft fördern. Die allmähliche Herausbildung gesamtkirchlicher Strukturen in den 1840er Jahren ist durch das entstehende Gegenüber zum deutschen Nationalstaat entscheidend mitbedingt worden. So konnte der liberale Heidelberger Theologieprofessor Carl Ullmann (1796–1865) 1843 fragen: „Wir haben einen deutschen Zollverein: könnten und sollten wir nicht auch eine deutsche Kirche haben?" Ders., „Die Bedeutung des Nationalen im religiösen Leben, mit besonderer Beziehung auf die Gegenwart" in: *Deutsche Vierteljahrsschrift 1843, 1. Heft*, 173 f, zit. nach Joachim Cochlovius, *Bekenntnis und Einheit der Kirche im deutschen Protestantismus 1840-1850*, Gütersloh 1980, 141.

[88] Bezeichnender Weise spricht Zimmermann in seinem „Aufruf" durchgehend von „der evangelischen bzw. protestantischen Kirche" als einer geistlichen Realität, deren innere Einheit es weiterhin zu fördern gilt. Konsequent bittet er, ohne Unterschied zu machen, alle evangelische Denominationen und Kirchenparteien um Unterstützung: „Protestanten, Lutheraner, Reformierte, Unirte, Anglicaner und welche Namen Ihr führen möget, Glieder der protestantischen Kirche, welches auch Eure besondere Glaubensansicht sei, ob Ihr Supranaturalisten oder Rationalisten, oder Vermittelnde seid, ob man Euch Altlutheraner oder Neuevangelische, Pietisten oder Mystiker oder noch anders nennt, Protestanten – ich fasse das Wort im weitesten Sinne – . . ." Vgl. Ders., *Der Gustav Adolf-Verein*, a.a.O., 24. Die damit seit 1841 bewusst offen gebliebene Bekenntnisfrage wurde allerdings bereits sechs Jahre später im Sinne einer vermittelnd-konservativen Unionstheologie, wie sie Carl Immanuel Nitzsch auf der 6. Hauptversammlung am 21./22. September 1847 vertrat, gelöst. Anlass war der Streit um die weitere Mitgliedschaft des Freigemeindlers Julius Rupp im Königsberger Hauptverein. Die Mehrheit der Delegierten teilte die Position Nitzschs und stellte sich damit im unionistischen Sinne auf die reformatorischen Bekenntnisse. Zum Verständnis der kirchlichen Einheit im Gustav-Adolf-Verein, s. J. Cochlovius, *Bekenntnis und Einheit der Kirche*, 211-217.

[89] Zu den Unionsschlüssen in der ersten Hälfte des 19. Jahrhunderts vgl. vor allem Gerhard Goeters/Rudolf Mau (Hgg.), *Die Geschichte der Evangelischen Kirche der Union, Bd. 1. Die Anfänge der Union unter landesherrlichem Kirchenregiment (1817–1850)*, Leipzig 1992, sowie die übersichtliche Studie von Martin Friedrich, *Von Marburg bis Leuenberg. Der lutherisch-reformierte Gegensatz und seine Überwindung*, Waltrop 1999.

[90] Die erste Union wurde im Herzogtum Nassau gebildet. Zunächst von einer reformiert-lutherischen Synode beraten, wurde sie vom nassauischen Herzog in einem Unionsedikt vom 11. August 1817 dekretiert. Das Edikt stellte eine vollständige Vereinigung beider Konfessionen in Bezug auf Verwaltung, Liturgie und Bekenntnis her. In ähnlichen Formen wie in Nassau sind in den Jahren 1818–1822 durch das staatliche Kirchenregiment weitere unierte Landeskirchen geschaffen worden, namentlich in der Pfalz 1818, in Baden 1821, Rhein-Hessen 1822, Hanau 1818, Waldeck-Pyrmont 1821 und Anhalt-Bernburg 1820.

starke, irenisch ausgerichtete, reformierte Tradition die Beseitigung der innerprotestantischen Konfessionsspaltung wesentlich begünstigte, und auch in Preußen, dem größten protestantischen Staat.

Im Unterschied zu den südwestdeutschen Kirchenunionen, die von Beginn an neben einer verwaltungsmäßigen Zusammenlegung auch gemeinsame Lehrvereinbarungen und Gottesdienstordnungen für beide protestantische Konfessionen vorsahen, war die Union in Preußen zunächst nur „auf einen *Weg* von Sakraments- und Parochialgemeinschaft hin angelegt".[91] Diese ursprünglich auf eine dynamisch sich entwickelnde Einheit ausgerichtete Union von Lutheranern und Reformierten, die Friedrich Wilhelm III. anlässlich des Reformationsjubiläums am 31. Oktober 1817 unter großer Zustimmung der evangelische Bevölkerung Preußens ausrufen ließ,[92] wurde jedoch bald Gegenstand heftiger Kontroversen. Infolge der unglücklichen Vermengung von Unions- und Agendenfrage forderte ihr eigener Begründer nicht nur die strengen Lutheraner zur Separation heraus, sondern verlieh vor allem dem entschiedensten Gegenspieler der kirchlichen Einigung, dem neuerwachten Konfessionalismus, kräftigen Auftrieb. Indem der preußische Regent die iura in sacra konsequent für sich in Anspruch nahm, setzte er die Union frühzeitig schwersten Belastungen aus.

Trotz seiner kirchenregimentlichen Fehler, die sich mit der Gewaltanwendung gegen die schlesischen Unionsgegner in den 1830er Jahren fortsetzten, blieb die Union in ihren verschiedensten Ausprägungen ein „letztlich unangefochtenes Modell kirchlicher Einheit".[93] Alle Versuche nach 1830 die Union wieder aufzulösen bzw. auf eine Verwaltungsunion zu reduzieren, selbst als diese Versuche zeitweise vom König selbst

---

[91]   Gerhard Goeters, „Die Anfänge der Union unter landesherrlichem Kirchenregiment (1817–1850). Einleitung", in Ders./Rudolf Mau (Hgg.), *Die Geschichte der Evangelischen Kirche der Union, Bd. 1,* 27 (Hervorhebung vom Vf.). Der ursprüngliche Charakter der preußischen Union ist präzise als eine *latente* Konsensusunion zu bestimmen, da die Übereinstimmung des lutherischen und reformierten Bekenntnisses in der Unionsurkunde vom 27. September 1817 nicht explizit beschrieben ist. Als Voraussetzung dieser Vereinigung betrachtet die Unionsurkunde vielmehr die „Einigkeit der Herzen", die den lutherisch-reformierten Konsens in allen wichtigen Fragen des Glaubens bezeichnen soll. Die allgemeine Erwartung war, dass diese Übereinstimmung in den essentials durch die Union in dem Maße zunehmen werde, wie auf der Gegenseite die dogmatischen Subtilitäten der Bekenntnisschriften immer mehr an Bedeutung verlieren werden. Zum theologischen Selbstverständnis der Unionsurkunde s. Klaus Wappler, „Reformationsjubiläum und Kirchenunion 1817", in: Gerhard Goeters/Rudolf Mau, Die *Geschichte der Evangelischen Kirche der Union, Bd. 1,* 93-115, bes. 102 ff.

[92]   Das Reformationsjubiläum war für den König ein willkommener Anlass, um die Union zu begründen. In der Hochstimmung nach den Befreiungskriegen gestaltete sich der 31. Oktober 1817 zu einem unerwartet großen Fest, bei dem man die Befreiung vom Papsttum durch Luther ebenso feierte wie die Befreiung von Napoleon, an der man selbst beteiligt gewesen war. „Angesichts dieser Manifestation des deutsch-evangelischen Gemeinschaftsgefühls hatte der König Protest gegen seinen Aufruf kaum zu erwarten. Dieser fand vielmehr begeisterte Aufnahme." K. Wappler, „*Reformationsjubiläum und Kirchenunion 1817"*, 101.

[93]   J. Cochlovius, *Bekenntnis und Einheit der Kirche,* 19. Nach K. Wappler gehört es sogar zu den „großen Denkwürdigkeiten der Kirchengeschichte", dass die Union den Belastungen durch das Kirchenregiment Friedrich Wilhelms III. während ihres gesamten Bestehens standgehalten hat. Ders., „*Reformationsjubiläum und Kirchenunion 1817",* 114.

unterstützt wurden, erwiesen sich als undurchführbar.[94] Neben dem genuinen Luthertum konnte sich im Verlauf des 19. Jahrhunderts die Überzeugung von einem Konsens der reformatorischen Bekenntnisse durchaus behaupten. Von daher ist der Behauptung , die preußische Union sei „fürs ganze [sc. 19.] Jahrhundert das schwerste Hindernis der deutschen Kircheneinigung" gewesen,[95] nur partiell Recht zu geben. Richtig daran ist, dass die heikle Bekenntnisfrage den Vorstellungen eines engen kirchlichen Zusammenschlusses, der über eine rein pragmatische kirchenpolitische Kooperation der einzelnen Landeskirchen hinauswies, von vornherein enge Grenzen setzte. Die darin zugrundeliegende Furcht, durch eine gesamtkirchliche Union einem reduktionistischen Rationalismus innerhalb der evangelischen Landeskirchen Tor und Tür zu öffnen, war zudem häufig begleitet von politischen Vorbehalten gegenüber einer vermeintlichen preußischen Suprematie, derer man sich zumindest im Raum der Kirche erwehren wollte. Dennoch ließ das Weiterbestehen der Union in Preußen sowie in einem nicht unbeträchtlichen Teil des deutschen Protestantismus im südwestdeutschen Raum erkennen, dass „Gemeinsamkeit des Lebens und des Dienstes zwischen Lutheranern und Reformierten innerhalb ein und derselben Kirche möglich und sinnvoll" war.[96]

Auch die Wirklichkeit des Gustav-Adolf-Vereins in den 1840er Jahren verdeutlicht, dass in weiten Teilen des deutschen Protestantismus unterschiedliche Bekenntnisse nicht mehr als ein unüberwindbares Hindernis für ein gemeinsames kirchliches Handeln empfunden wurde. Die Stärke des Unionsgedankens, der sich in diesem Diasporawerk spiegelte, und der Gegensatz zum Katholizismus hielten das Bewusstsein für die Existenz ‚der evangelischen Kirche‘ als einer geistlichen Einheit jenseits aller landeskirchlichen Zersplitterung und der innerprotestantisch-konfessionellen Gegensätze lebendig.[97]

---

[94] Um den Widerstand vor allem auf lutherischer Seite gegen die preußischen Union zu besänftigen, erging am 28. Februar 1834 eine königliche Kabinettsorder, die erstmals den Zusammenhang von Agende und Union lockerte. Die Union bezwecke kein Aufgeben des bisherigen Glaubensbekenntnisses, durch den Beitritt zu ihr werde „nur der Geist der Mäßigung und Milde ausgedrückt, welcher die Verschiedenheit einzelner Lehrpunkte der anderen Konfession nicht mehr als Grund gelten lässt, ihr die äußerliche kirchliche Gemeinschaft zu versagen" (zit. nach M. Friedrich, *Von Marburg bis Leuenberg*, 174). Damit wurde von der Aussage des Unionsaufrufs von 1817, alle trennenden Bekenntnisschranken sollten als „Parteimeinungen" durch die Union aufgehoben werden, deutlich abgerückt. Die Fortexistenz der beiden protestantischen Konfessionen innerhalb der preußischen Unionskirche war anerkannt. Die Union wurde damit zwar ein „blutarmes und blasses Gebilde" (Gerhard Besier, *Preussische Kirchenpolitik in der Bismarckära. Die Diskussion in Staat und Evangelischer Kirche um eine Neuordnung der kirchlichen Verhältnisse Preußens zwischen 1866 und 1872*, Berlin 1980, 23.); aber dennoch gab es zu diesem Zeitpunkt bereits eine große Zahl von Gemeinden, die sich bewusst als uniert betrachteten und ihren Standpunkt nicht aufgeben wollten. So kam es zu einem Nebeneinander von unierten, lutherischen und reformierten Gemeinden innerhalb der preußischen Union: ein Zustand, der der preußischen Unionskirche seitdem eigentümlich geblieben ist.
[95] F. M. Schiele, *Kirchliche Einigung*, 7.
[96] K. Wappler, *„Reformationsjubiläum und Kirchenunion 1817"*, 101.
[97] Nicht zu unrecht wurde der Gustav-Adolf-Verein daher auch als „Modell einer deutschen Nationalkirche" bezeichnet. Vgl. Willibald Beyschlag, „Das Bedürfnis einer engeren Verbindung der protestantischen Landeskirchen", in: *DEBl*, 1899, 439, zitiert nach Theodor Karg, *Von der Eisenacher Kirchenkonferenz zum Deutschen Evangelischen Kirchenbund*, Bayreuth 1961, 9. S. auch Karl von

1.1.4 Die Entwicklung eines volkskirchlichen Gesamtbewusstseins

Resümierend lässt sich für die Zeit des Vormärz, also für die Epoche der deutschen Geschichte, die durch die beiden großen Zäsuren des Wiener Kongresses 1815 und der Märzrevolution 1848 umgrenzt ist,[98] festhalten, dass sich in ihr allmählich auf protestantischer Seite ein volkskirchliches Gesamtbewusstsein herausbildete. Evangelisches Kirchentum wurde nicht mehr bloß in verbindungslos nebeneinander existierenden Einzelgemeinden, den sogennanten Kirchen – ‚vereinen‘ oder – ‚gesellschaften‘ des preußischen Allgemeinen Landrechts,[99] wahrgenommen, sondern – in Ansätzen zumindest – als eine reale geistliche Größe. Die Kirche als Thema nicht mehr allein in dogmatischer Hinsicht, sondern in verfassungsmäßig-institutioneller Zuspitzung als Frage nach ihrer Gestaltung und organisatorischen Vereinheitlichung wurde nach 1815 von protestantischer Seite zunehmend als größte Herausforderung der Zeit empfunden.[100] Den hauptsächlichen Anstoß für diese „Wende zur Kirche" hatte – einmal mehr – die politische Entwicklung gegeben,[101] die bereits erwähnte territoriale Neugliederung Deutschlands infolge des Reichsdeputationshauptschlusses von 1803 und des Wiener Kongresses von 1815. Von ihr waren die Kirchenstrukturen und die religiöse Kultur unmittelbar betroffen.

Das in den 38 Bundesstaaten, die an die Stelle der knapp 300 Herrschaftsgebiete in Deutschland getreten waren, geltende Paritätsprinzip, d.h. die gleichzeitige Anwesenheit verschiedener Konfessionen in einem Staatsgebilde, stellte die Frage nach der eigenen Identität als evangelischer Kirche neu. Vor diesem Hintergrund lassen sich auch die unterschiedlichen innerprotestantischen Unionsbestrebungen als ein Versuch verstehen, den bislang vorherrschenden einzelgemeindlichen Partikularismus in Entsprechung zur politischen Ereignisgeschichte zu überwinden und stattdessen ein gemeinsames protestantisches Kirchenbewusstsein zu entwickeln. Die im Zuge der Stein-Hardenbergschen Reformen bereits 1808/1809 in Preußen durchgeführte Neustrukturierung und verwaltungsmäßige Zusammenfassung der kirchenregimentlichen Organe hatte mit dem Aufschwung religiösen Sinnes und nationalkirchlichen Bewusstseins

---

Hase, „Die evangelisch-protestantische Kirche des deutschen Reiches", in: Ders., *Protestantische Reden und Denkschriften*, Leipzig 1892, 649.

[98] Zur Begriffsgeschichte wie zur umstrittenen Epochenabgrenzung vgl. Christian Albrecht, Art. „Vormärz", in: *TRE XXXV*, 291-301.

[99] Zur Begriffsbestimmung des preußischen Allgemeinen Landrechts vgl. M. Friedrich, *„Die Anfänge des neuzeitlichen Staatskirchenrechts: Vom preußischen Allgemeinen Landrecht (1794) bis zur Paulskirchenverfassung(1848/49)"*, 18.

[100] Vgl. C. Albrecht, *„Vormärz"*, 293. Der wohl am stärksten vorwärtsweisende, praktisch orientierte ekklesiologische Entwurf der Vormärzzeit stammte von dem preußischen Diplomaten Carl Josias von Bunsen (1791–1860): *Die Verfassung der Kirche der Zukunft. Praktische Erläuterungen zu dem Briefwechsel über die deutsche Kirche, das Episkopat und Jerusalem*, Hamburg 1845. Bunsens Schrift wendet sich gegen eine reine evangelische Geistlichkeitskirche und fordert vom allgemeinen Priestertum der Gläubigen her den konsequenten Aufbau einer Presbyterial- und Synodalverfassung, ohne jedoch das episkopale Moment ganz außer Acht zu lassen. Für die protestantischen Einigungsbestrebungen sollte sich als besonders zukunftsträchtig in Bunsens Konzept die zentrale Rolle der vereinsmäßig organisierten Diakonie herausstellen.

[101] K. Nowak, *Geschichte des Christentums*, 77.

nach den Befreiungskriegen auch ein innerkirchlich verändertes Klima geschaffen.[102]
Die Forderung nach einer in Organisation, Lehre und Liturgie sichtbaren Realisation
kirchlicher Gemeinschaft von Lutheranern und Calvinisten stand nach 1815 unwider-
ruflich auf der Tagungsordnung binnenkirchlicher Reformdebatten. Die Auseinandersetzungen um Union und Agende ließen vor allem in den reformiert und kirchlich
aktiv geprägten preußischen Westprovinzen Rheinland-Westfalen ein gemeinsames
Bewusstsein der Gläubigen neben den selbstverständlich vorhandenen dogmatisch-
ekklesiologischen Entwürfen der Universitätstheologie ansatzweise aufkommen.

Zur allmählichen Durchsetzung eines volkskirchlichen Gesamtbewusstseins trug
schließlich nicht zuletzt die im Vormärz bereits entstehende und sich dann 1848 breitenwirksam etablierende sogenannte Vereinskirche als Ensemble freier, individueller
Zusammenschlüsse bei.[103] Als Ergänzung zu den verkrusteten und für die kirchliche
Arbeit oftmals hinderlichen staatskirchlichen Strukturen entfaltete sie ihre einheits-
stiftende Wirkung durch die bewusste Überwindung landeskirchlich-territorialer und
konfessioneller Grenzen. Die Zusammenschlussbestrebungen, die dann im Vor- und
Umfeld der Märzrevolution im deutschen Protestantismus einsetzten, zeigten jedoch,
dass sie – unabhängig davon, ob sie von amtlichen oder von freien Kräften getragen wurden – in der Realität kirchen-politischen Handelns von dem vereinskirchlich
anvisierten Modell volkskirchlicher Einheit noch weit entfernt blieben.

1.2 Vorbereitungen zu einem kirchlichen Zusammenschluss im Umfeld der deutschen Märzrevolution (1846–1852)

Die seit etwa 1845 begonnenen Einigungsversuche lassen sich auf zwei Grundkonzep-
tionen zurückführen: Einmal auf eine pragmatisch-orientierte, kirchenpolitische Kooperation der Landeskirchen. Dabei wurde die Errichtung einer staatenbundähnlichen
Konföderation der Landeskirchen, einer lockeren Kirchenverbindung mit bloßem Be-
ratungsauftrag und entsprechender Wahrung der Selbständigkeit der einzelnen Gliedkirchen in Betracht gezogen. Zum anderen erwachte vor allem mit der Märzrevolution
1848 von neuem die Idee einer Überwindung des Partikularismus durch eine gesamt-

---

[102] Zur staatsbürokratischen Arbeit an den Kirchenstrukturen vgl. Gerhard Goeters, „Die Reorganisation der staatlichen und kirchlichen Verwaltung in den Stein-Hardenbergschen Reformen: Verwaltungsunion der kirchenregimentlichen Organe", in: Gerhard Goeters/Rudolf Mau (Hgg.), *Die Geschichte der Evangelischen Kirche der Union, Bd. 1*, 54-58. Unter dem Gesichtspunkt einer modernen Verwaltungsvereinheitlichung und -vereinfachung wurden auch die bisher bestehenden kirchlichen Oberbehörden, das lutherische und reformierte Oberkonsistorium, 1809 aufgehoben. Kultus-
und Kirchensachen ressortierten nun beim Innenministerium in der ‚Sektion für den Kultus und den
öffentlichen Unterricht'. Durch diese Verstaatlichung aller kirchenleitenden Behörden erwuchsen
aus dem Konglomerat von Landeskirchen in Preußen eine protestantische Landeskirche mit einer
gemeinsamen und gleichartigen Kirchenorganisation für beide evangelische Konfessionen.

[103] Neben dem Gustav-Adolf-Verein war es die Innere Mission, welche eine Vorreiterrolle bei der
Gründung überregional tätiger evangelischer Vereine übernahm. Eine vergleichende Entstehungsgeschichte beider Vereine bietet Norbert Friedrich, „Innere Mission und Gustav-Adolf-Verein
– der Verbandsprotestantismus im Vormärz", in: Martin Friedrich/Norbert Friedrich,/Traugott
Jähnichen/Jochen-Christoph Kaiser (Hgg.), *Sozialer Protestantismus im Vormärz*, Münster – Hamburg – London 2001, 57-66.

deutsche Nationalkirche, die sich aus einem nach bundesstaatlichem Modell gestalte-
ten Kirchenbund mit zentraler Bestimmungsmacht und weitgehender Einschränkung
landeskirchlicher Autonomie entwickeln sollte. Eine Verbindung jener Grundkonzep-
tionen erwies sich als nicht durchführbar.

Während das erste Modell in der Hauptsache von amtlicher Seite getragen wurde,
namentlich von der 1852 gegründeten Eisenacher „Konferenz deutscher evangelischer
Kirchenregierungen", wurde eine nationalkirchliche Einigung von liberalen und den
freien kirchlichen Kräften protegiert. Zu ihnen zählten die Kirchentage, die von 1848
bis 1872 abgehalten wurden, sowie das protestantische Vereinswesen. Maßgebend
wurden die amtlichen Bestrebungen, denn die Kirchenregierungen waren vor allem
aufgrund ihrer behördlichen Stellung und ihres kirchenpolitischen Einflusses allein
dazu imstande, die Einigung praktisch zu fördern.

1.2.1 Die Berliner Kirchenkonferenz 1846

Bei den kirchenregimentlichen Annäherungsversuchen waren es wiederum Preußen
und Württemberg, welche die Initiative ergriffen. Beide waren protestantisch regierte
Länder und in ihrer Tradition und im Bewusstsein ihrer Bevölkerungsmehrheit ganz
von dieser Konfession geprägt. Zugleich besaßen beide Staaten aber auch ein Drittel
an katholischen Bürgern und hatten es mit einer wiedererstarkten katholischen Kirche
zu tun. Ihre wechselseitigen Bemühungen, das Corpus Evangelicorum als ein anti-
katholisches Schutz- und Trutzbündnis zu erneuern, waren bisher ergebnislos verlaufen.[104] Obwohl es bis 1843 zu keinen vereinbarten Schritten gegenüber der katholischen Kirche kam, trugen die preußisch-württembergischen Fühlungnahmen ein Jahr
später in dem Sinne Früchte, dass man zumindest eine Verständigung der evangelischen Fürsten untereinander bejahte.

Vorausgegangen war eine anfangs streng geheimgehaltene Denkschrift des württembergischen Geheimen Rats Christian Friedrich von Pistorius „Betrachtungen über die
Interessen der protestantischen Kirchen in der jetzigen Zeit".[105] Ihr zufolge bedurfte
es dringend einer Aufhebung der innerprotestantischen konfessionellen Spaltung, um
einerseits den „ultramontanen Tendenzen" der katholischen Kirche begegnen zu können und andererseits das gemeindlich-evangelische Leben in Deutschland zu verein-
heitlichen und dadurch zu fördern. Freie kirchliche Vereine könnten dies allein nicht
bewerkstelligen. Pistorius fordert daher eine „Vereinigung der protestantischen Kirchen selbst zu einer evangelischen Kirchengemeinschaft, welche dies in Bekenntnis,
Kirchenordnung und Gottesdienst in den wesentlichen Punkten wäre". Im Sinne einer
Konsensus-Union wird eine „Verbrüderung der bestehenden Kirchen ... auf den von
allen anerkannten Glaubenslehren" vorgeschlagen. Die altbewährte und daher beizu-
behaltende Konsistorialordnung solle möglichst durch presbyterial-synodale Strukturen ergänzt werden, um „das Bewusstsein lebendiger Gemeinschaft von Christen"

---

[104] Zu den gescheiterten Wiederbelebungsversuchen des Corpus Evangelicorum s.o. Seite 22, Anm. 54.

[105] Original im *EZA*, 1/A1, Nr. 2, zusammengefasst bei Hermann von Zeller, *Die Berliner Kirchenkonferenz 1846: ein Grundstein zum Deutschen Evangelischen Kirchenbund*, Stuttgart 1930, 65-68. Alle
folgenden Zitate aus der Denkschrift nach Zeller, ebd..

zu erhalten. Sache der Landessynoden sei die Prüfung und Mitbestimmung bei Kirchengesetzen und Gottesdienstordnungen. Ein eigenes Initiativ- und Verfügungsrecht solle ihr jedoch nicht eingeräumt werden. Ziel sei „eine Annäherung der deutschen Landeskirchen" unter dem Schutz ihrer fürstlichen Patrone.

Diese Denkschrift wurde bereits vor ihrer Verwendung am Stuttgarter Hof dem preußischen Kultusminister Johann Albert Friedrich Eichhorn (1779–1856),[106] einem Verwandten von Pistorius, übermittelt. Als überzeugter Unionspolitiker bejahte er deren Grundsätze. Obwohl in seiner politischen Grundhaltung konservativ geprägt und einem kirchlichem Konstitutionalismus zurückhaltend gegenüberstehend, hinderte ihn dies nicht daran, die Notwendigkeit eines gewissen Maßes an kirchlicher Eigenständigkeit einzusehen.[107] Eichhorn regte nun eine württembergische Initiative an. Zu ihrer treibenden Kraft wurde der Stuttgarter Hofprediger Karl Grüneisen. Er ließ die Denkschrift zunächst von der württembergischen Kirchenbehörde begutachten und legte sie im Januar 1845 Wilhelm I. vor. Der württembergische König konferierte daraufhin mit dem preußischen Landesherrn, der sich zu einer vorläufigen Besprechung zwischen einem preußischen und einem württembergischen Abgesandten bereit fand. Gemeinsam mit dem Berliner Oberhofprediger Snethlage kam Grüneisen zu einer vom 2. Juni 1845 datierten „Übereinkunft über die zweckmäßige Entwicklung des Kirchenwesens in den beiderseitigen Ländern".[108] Sie fußt auf den Überlegungen von Pistorius und konkretisiert diese. Plädiert wird für eine „Verständigung der deutschen Fürsten zur Förderung des christlichen Lebens ihrer evangelischen Unterthanen

---

[106] Zur Amtszeit von Eichhorn vgl. Martin Friedrich, *Die preußische Landeskirche im Vormärz. Evangelische Kirchenpolitik unter dem Ministerium Eichhorn (1840–1848)*, Waltrop 1994.

[107] Das beste Beispiel für Eichhorns prinzipielle Offenheit gegenüber kirchlichen Belangen ist die preußische Generalsynode von 1846, deren Einberufung König Friedrich Wilhelm IV. wesentlich auf Betreiben seines Kultusministers veranlasste. Angeregt vor allem durch die positiven Erfahrungen mit der Rheinisch-Westfälischen Kirchenordnung von 1835, die zu einer Hebung des kirchlichen Leben in den preußischen Westprovinzen geführt hatte, ermutigte Eichhorn im Jahre 1843 seinen Regenten dazu, auf die in den Ostprovinzen Preußens immer stärker werdenden Forderungen nach einer Einführung presbyterial-synodaler Verfassungsmomente endlich einzugehen. Zu diesem Zweck schlug der Minister zunächst vor, die alten Kreis- und Provinzialsynoden der Pfarrer wieder einzuberufen. Nach der auf diesen Versammlungen lebhaft geführten innerkirchlichen Reformdiskussion war die erstmalige Einberufung einer Generalsynode für die preußische Kirche beinahe unausweichlich geworden. 1846, also im gleichen Jahr, in der auch die Berliner Kirchenkonferenz zusammentrat, beriet die sich paritätisch aus Geistlichen und Laien (je 37 Abgeordnete) zusammensetzende Generalsynode über Bekenntnisbindung und Verfassung. Mit deutlicher Mehrheit verständigte man sich auf ein gemeinsames Unionsbekenntnis, das für den Bereich der preußischen Kirche offiziell den Status einer Konsensusunion eingeführt hätte. Auch in der Verfassungsfrage kam man darin überein, das Prinzip einer Vereinigung von Konsistorial- und Presbyterialsynodalverfassung auf die gesamte preußische Landeskirche auszudehnen. Die Ausführung dieser Beschlüsse scheiterte jedoch am Widerstand des Königs. Auf seiner grundsätzlichen antidemokratischen Haltung beharrend und von seinen konservativ-konfessionalistischen Beratern gedrängt, vertagte Friedrich Wilhelm IV. die Generalsynode auf unbestimmte Zeit, um sie schließlich nie wieder zu eröffnen. Vgl. dazu M. Friedrich, *Die preußische Landeskirche im Vormärz*, 266 ff, sowie Wilhelm H. Neuser, „Landeskirchliche Reform-, Bekenntnis- und Verfassungsfragen. Die Provinzialsynoden und die Berliner Generalsynode von 1846", in: Gerhard Goeters/Rudolf Mau (Hgg.), *Die Geschichte der Evangelischen Kirche der Union, Bd. 1*, 342-366.

[108] Text bei H. v. Zeller, *Die Berliner Kirchenkonferenz 1846*, 68-78.

durch gleichartige Einrichtungen und Maßregeln bei ihren prot. Landeskirchen". Dazu sollen regelmäßige Beratungen stattfinden, an denen zunächst nur konsistoriale Abgeordnete in Vertretung der Fürsten als der eigentlichen Inhaber der Kirchengewalt teilzunehmen haben. Später seien auch Delegierte der Landessynoden zu den Versammlungen zuzulassen, um zu einem „Concilium im evangelischen Sinn" zu gelangen. Da diese Beratungen lediglich im Sinne einer „unverbindlichen Verständigung der von einander unabhängigen Landeskirchen" aufzufassen seien, könne die Vorstellung einer deutschen Einheitskirche allerdings nicht als Ziel dieses Unternehmens in Betracht gezogen werden. Als Beratungsgegenstände werden genannt Bekenntnis, kirchliches Amt, Gottesdienst und Verfassung. Nachdrücklich wird in diesem Zusammenhang die rheinisch-westfälische Presbyterial- und Synodalverfassung empfohlen. Auf der Grundlage dieser Denkschrift wandte sich der württembergische Landesherr in vertraulichen Gesprächen an die süddeutschen Staaten, der preußische Regent warb bei den norddeutschen Staaten um Unterstützung des gemeinsamen Vorhabens, das meist gute Aufnahme fand. Von besonderer Bedeutung waren die Verhandlungen mit den lutherischen Kirchen Norddeutschlands, die Snethlage mit seinem von Hannover autorisierten Kollegen Dr. Rupstein führte. Mit ihm erzielte Snethlage eine Übereinkunft, die in den sogenannten „Loccumer Artikeln" vom 28. August 1845 ihren Niederschlag fand und den einzelnen Länderregierungen zugeleitet wurde.[109] Sie nehmen die Vorschläge der Denkschrift von Grüneisen und Snethlage im wesentlichen auf, betonen aber noch stärker als diese die „autonomischen Ansprüche[n] jeder einzelnen Landeskirche". Ausdrücklich wird festgehalten, dass bei der Einrichtung eines gemeinsamen Beratungsgremiums „von einer Verschwisterung der Landeskirchen nicht die Rede sein könne". Außerdem wird die Einführung von Presbyterien und Synoden lediglich zur Erwägung gestellt. Damit war der Verhandlungsspielraum einer einzuberufenden Konferenz der Kirchenregierungen von vornherein sehr eng abgesteckt.

Schließlich fand nach den intensiven Vorbereitungen Preußens und Württembergs, die durch die Schrift Carl Ullmanns „Für die Zukunft der evangelischen Kirche" noch publizistisch begleitet wurden,[110] eine Konferenz obrigkeitlicher Beauftragter unter dem offiziellen Namen „Deutsche Evangelische Kirchenkonferenz" vom 4. Januar bis zum 13. Februar 1846 in Berlin statt. Sie vereinte 30 Delegierte von 26 deutschen evangelischen Kirchenregierungen. Außer den mehrheitlich katholischen Staaten Bayern

---

[109]   Text bei H. v. Zeller, *Die Berliner Kirchenkonferenz 1846*, 79-84.

[110]   Ullmanns Schrift wurde – wie von Snethlage und Grüneisen beabsichtigt – „das populäre Manifest der protestantischen Einheitsbewegung". Vgl. J. Cochlovius, *Bekenntnis und Einheit der Kirche*, 152. Auch der preußische König Wilhelm IV. war mit ihr „im ganzen sehr zufrieden" (A. Adam, *Nationalkirche und Volkskirche*, 67). Inhaltlich ist sie abgesehen von ihrer offenen Kritik am Luthertum nahezu deckungsgleich mit der Stuttgarter Übereinkunft. Wie diese empfiehlt sie als derzeit einzig mögliche Art der Vereinigung die Konferenzform: „Auf diesem Wege bleiben die kirchlichen Rechte des Landesherrn ungeschmälert, jede Landeskirche behält ihre volle Selbständigkeit und die Möglichkeit, das Gute, was sie besitzt, in unverkümmerter Freiheit und Eigenthümlichkeit zu entwickeln; und doch sind zugleich die Mittel gegeben, dass jede Landeskirche sich die Vorzüge der übrigen aneigne und durch brüderliche Verständigung und Vereinbarung mehr und mehr ein Zustand freier Übereinstimmung in Lehre, Cultus und kirchlichen Einrichtungen herbeigeführt werde." Carl Ullmann, *Für die Zukunft der evangelischen Kirche Deutschlands. Ein Wort an ihre Schutzherren und Freunde*, Stuttgart 1945, 54.

und Österreich hatten nur die Hansestädte, Frankfurt a.M. und Oldenburg eine Beteiligung abgelehnt.[111] Der Vorsitz der Konferenz wurde dem Bonner Universitätskurator und Rechtsgelehrten August von Bethmann-Hollweg und Karl Grüneisen übertragen. Hauptverhandlungspunkt war die Frage, inwieweit eine Übereinstimmung der vertretenen Kirchen in den kirchlichen Ordnungen und Verfassungen herbeigeführt werden könne. Eine amtliche Publikation der Beratungen oder auch nur eine Zusammenfassung scheiterten am Widerstand kleinerer Landeskirchen.

Ohnehin nahmen sich die Beschlüsse der Konferenz bescheiden aus. In Fragen des Gottesdienstes regte man eine Kommission an, die einen verbindlichen Grundstock von Gesangbuchliedern und agendarischen Formen erstellen sollte. Hinsichtlich der Kirchenverfassung sprach sich die Konferenz mit großer Mehrheit für die Beibehaltung der Konsistorialverfassung aus, es sei denn, dass auf kirchlichem Boden das Bedürfnis nach stärkerer Mitwirkung der Gemeinde bemerkbar sei. In Sachen des Bekenntnisses erklärte man die Landeskirchen weiterhin für allein zuständig. Als wichtigstes Ergebnis wurde in einem Schlussresümee betont, dass eine „äußerliche Verbindung aller deutschen evangelischen Landeskirchen, die schon durch die Nationalität auf einen Anschluß hingewiesen sind … zu wünschen" sei.[112] In Übereinstimmung mit dem Duktus der Loccumer Artikel war aber an ein lediglich beratendes Gremium gedacht, das aus Delegierten der Kirchenregierungen bestehen und von Zeit zu Zeit zum Erfahrungsaustausch zusammentreten sollte.[113] Es konnte keinerlei wirksame Beschlüsse fassen und entbehrte zudem einer rechtlichen Autorisierung. Mit diesem Entschluss wurde nicht nur, wie zu erwarten war, der Gedanke an eine Nationalkirche verworfen, sondern auch ein über ein bloßes Beratungsgremium hinausgehendes Vertretungsorgan der Landeskirchen nicht einmal in Erwägung gezogen. Stattdessen setzte sich der Gedanke einer pragmatischen Koordination der Landeskirchen vor allem in Fragen des Kultus durch. Die Anregung, einen Zusammenschluss der Landeskirchen auf einer Vereinheitlichung von Gesangbuch und Liturgie aufzubauen, sollte sich angesichts der unüberbrückbar scheinenden Gegensätze hinsichtlich Verfassung und Bekenntnis für die Zukunft als günstig erweisen.[114]

Die Berliner Kirchenversammlung wurde von allen Teilnehmern als ein „erster entscheidender Schritt zum Zusammenrücken und zur Gemeinsamkeit der deutschen Landeskirchen" positiv gewürdigt.[115] Zwei Jahre später war eine erneute Zusammenkunft in Stuttgart geplant, deren Zustandekommen jedoch durch die politischen Um-

---

[111] Zu den Gründen im einzelnen vgl. H. v. Zeller, *Die Berliner Kirchenkonferenz 1846*, 33 ff.

[112] H. v. Zeller, *Die Berliner Kirchenkonferenz 1846*, 42.

[113] Der liberale Kirchenhistoriker Karl von Hase bezeichnete dieses Gremium daher spöttisch als „Hofkirchenconferenz". Ders., „*Die evangelisch-protestantische Kirche*", 648.

[114] Neben Bekenntnis und Verfassung war es das weiterhin fortbestehende landesherrliche Kirchenregiment, das der Schaffung eines Kirchenbundes im Wege stand. Preußens Vorstoß zu einem festeren Zusammenschluss wurde auf der Konferenz vor allem von den kleineren Staaten abgelehnt, die den Verlust ihrer Kirchenhoheit und eine preußische Vorherrschaft auch in kirchenregimentlichen Fragen fürchteten. Vgl. H. v. Zeller, *Die Berliner Kirchenkonferenz 1846*, 51 ff.

[115] Gerhard Goeters, „Nationalkirchliche Tendenzen und Landeskirchen. Gustav Adolf-Verein und Berliner Kirchenkonferenz (1846)", in: Ders./Rudolf Mau (Hgg.), *Die Geschichte der Evangelischen Union, Bd. 1.*, 341.

wälzungen vereitelt wurde. Eine Kirchenversammlung fand im September 1848 dennoch statt, freilich in ganz anderer Art: der Wittenberger Kirchentag.

Bereits 1846 hatte sich ein ungenannter Berichterstatter in seiner Schrift „Die Resultate der Berliner Konferenz" eindringlich über das Staatskirchentum seiner Zeit beklagt.[116] Obwohl er die Beratungen an sich begrüßte, beanstandete er die mangelnde Beschluss-kompetenz der Konferenz, die fortbestehende Selbständigkeit der Landeskirchen und das Mehrheitsvotum für die Beibehaltung der Konsistorialverfassung. Vehement trat er für den Ausbau von Synoden und Presbyterien ein, um dem Kirchenvolk Mitbestimmungsrechte zu gewähren und die Kirche volkstümlicher zu gestalten. Ohne eine bewusst politische Tonart anzuschlagen, nahm die Schrift trotzdem deutliche volks- und nationalkirchliche Tendenzen auf, die unter dem Eindruck der Revolution dann umso energischer auflebten.

1.2.2 Der Wittenberger Kirchentag 1848

Die deutsche Märzrevolution von 1848 mit ihren Grundforderungen eines konstitutionellen Verfassungsaufbaus und der Berufung eines deutschen Parlaments zur Gründung eines deutschen Nationalstaates wirkte sich unmittelbar auch auf die kirchlichen Verhältnisse aus.[117] Der Verfassungsstaat und der Grundsatz parlamentarischer Gesetzgebung beschränkten die Monarchie wesentlich und stellten das landesherrliche Kirchenregiment, jedenfalls dessen territorialistische Begründung, in Frage. Wurden die damit zusammenhängenden liberalen Hauptforderungen der Paulskirchenverfassung: die individuelle Glaubens- und Gewissensfreiheit, die Gleichberechtigung der christlichen Konfessionen sowie vor allem die in § 147 der Verfassung vorgesehene Trennung von Staat und Kirche verwirklicht, so mussten die bisherigen Staatsreligionen bzw. Staatskirchen entfallen.[118]

Problematisch war jedoch nicht der Grundsatz der Selbständigkeit und Eigenständigkeit der Kirche als solcher, der schon seit längerem erörtert und von unterschiedlichen kirchlichen Kreisen durchaus begrüßt wurde.[119] Viel schwerer wog die tiefgreifende

---

[116]   (Anonym), *Die Resultate der Berliner Kirchenkonferenz*, Leipzig 1846, zit. nach G. Goeters, ebd.

[117]   Zur Vorgeschichte der Märzrevolution vgl. Helmut Talazko, „Märzrevolution und Wittenberger Kirchentag", in: *Die Macht der Nächstenliebe. Einhundertfünfzig Jahre Innere Mission und Diakonie 1848–1998*, Katalog zur Ausstellung, i.A. des Deutschen Historischen Museums und des Diakonischen Werkes der Evangelischen Kirche in Deutschland, Ursula Röper/Carola Jüllig (Hgg.), Berlin 1998, 58-67, bes. 58 f.

[118]   Zum Staatskirchenrecht der Frankfurter Reichsverfassung vgl. Ernst Rudolf Huber/Wolfgang Huber, *Staat und Kirche im 19. und 20. Jahrhundert. Dokumente zur Geschichte des deutschen Staatskirchenrechts, Bd. II. Staat und Kirche im Zeitalter des Hochkonstitutionalismus und des Kulturkampfes 1848–1890*, Berlin 1976, 32 ff.

[119]   Neben der paritätischen Behandlung der beiden Hauptkonfessionen durch einen sich zunehmend säkular verstehenden Staat war es vor allem folgende durch Schleiermacher und die Erweckungsbewegung vermittelte Grunderfahrung, die den Forderungen nach kirchlicher Eigenständigkeit Auftrieb verlieh: Religion könne nicht durch obrigkeitliche Maßnahmen geweckt oder erhalten werden. Vielmehr entzünde sich Religion nur an Religion. Im Gefolge Schleiermachers bestanden viele seiner Schüler auf einer sich selbst verwaltenden, vom Staat unabhängigen Kirche. Nur unter diesen Umständen könne sich die Kirche wie jede andere menschliche Gemeinschaft sinnvoll entfalten. Vgl. Johannes Hilbert/Joachim Mehlhausen, „Religions- und Kirchenkritik in der öffentlichen Dis-

Veränderung des kirchlichen Verfassungswesens, die der Wegfall des landesherrlichen Kirchenregiments bedeutete. Nachdem die Landeskirchen seit Jahrhunderten nur unter landesherrlich-konsistorialer Leitung als Landeskirchen bestanden hatten, sollten sie sich jetzt unvermittelt selbst regieren. Darauf waren sie nicht vorbereitet.[120] Dazu kam, dass die Landeskirchen mit der möglicherweise bevorstehenden Trennung nicht nur dem Staat, sondern auch der katholischen Kirche oder anderen gesellschaftlichen Kräften auf sich selbst gestellt gegenüberstanden. Innerhalb des Paulskirchenparlaments war es etwa im Unterschied zu den Katholiken nicht zu einer eigenständigen protestantischen Gruppenbildung gekommen.[121] Um ihre Interessen weiterhin wirksam vertreten zu können, blieb ihnen unter den gegebenen Umständen gar nichts anderes übrig, als aus ihrer starren Abgeschlossenheit herauszutreten.

Von Bedeutung waren nicht zuletzt die freiheitlichen und nationalen Tendenzen, die sich auf politischem Gebiet mit der Revolution Bahn brachen. Auf evangelischer Seite verstärkten sie die ohnehin schon bestehenden Forderungen nach einer Selbstverwaltung der Kirchen ohne staatliche Einmischung und den Wunsch nach einer größeren, einflussreicheren Kirchengemeinschaft der Protestanten unter Mitwirkung der einzelnen Christen. Die bisher von der Territorialgestaltung abhängige landeskirchliche Organisation der evangelischen Kirchen bot den von der nationalen Freiheitsbewegung erfassten und mehrheitlich liberalen Protestanten den nötigen Ansatzpunkt für ihr Streben nach einer evangelischen Nationalkirche.

Stellte sich im Sog der nationalen Einigung die Frage nach der kirchlichen Einheit des deutschen Protestantismus umso dringlicher, so waren die Auffassungen über den Aufbau und die Verfassung einer vereinigten evangelischen Kirche nach der bevorstehenden Ablösung des landesherrlichen Kirchenregiments ganz gegensätzlich. Liberale, unierte Synodale und konfessionelle Legitimisten hielten in der ersten Hälfte des Jahres 1848 zahlreiche kirchliche Konferenzen ab, auf denen die Zeitlage erörtert und entsprechende Beschlüsse über einen Zusammenschluss des deutschen Protestantismus gefasst und veröffentlicht wurden.

Am 26. April 1848 kamen in Köthen freigemeindliche ‚Lichtfreunde‘ und liberale Landeskirchler zusammen,[122] um über die Erneuerung der Kirche zu beraten und

---

kussion des Vormärz“, in: Gerhard Goeters/Rudolf Mau (Hgg.), *Die Geschichte der Evangelischen Kirche der Union, Bd. I*, 315.

[120] Vgl. F. M. Schiele, *Kirchliche Einigung*, 18 f.

[121] Unter den 585 Abgeordneten des Frankfurter Honoratiorenparlaments gab es lediglich 22 evangelische Theologen, zumeist aus dem liberalen Südwestdeutschland. Ohne bedeutende Persönlichkeiten in den eigenen Reihen spielten sie keine nennenswerte Rolle. Viel stärker und geschlossener war der katholische Klerus mit ca. 60–70 Abgeordneten vertreten, eine gut organisierte und damit einflussreiche Gruppe. Vgl. Christian Homrichhausen, *Evangelische Christen in der Paulskirche 1848/49. Vorgeschichte und Geschichte der Beziehung zwischen Theologie und politisch-parlamentarischer Aktivität*, Frankfurt/M. – Bern – New York 1985, 257 ff bzw. 307.

[122] Angestoßen durch ein kirchenbehördliches Lehrzuchtverfahren gegen den Magdeburger Pfarrer Wilhelm Franz Sintenis, der das ad personam Jesu gerichtete Gebet für unevangelisch erklärt hatte, solidarisierte sich mit ihm eine Gruppe, die sich den Namen ‚Protestantische Freunde‘ gab und für die Erhaltung von Glaubens- und Lehrfreiheit innerhalb der Kirche eintrat. Wegen ihrer stark an der Aufklärung orientierten Vernunftfrömmigkeit bald ‚Lichtfreunde‘ genannt, brachte diese vorwiegend im provinzsächsisch-anhaltinischen Raum vertretene Bewegung den Rationalismus als theologisches

einen Kirchenverfassungsentwurf zu erstellen.[123] Dieser sah eine sich aus weitgehend autonomen Einzelgemeinden konstituierende Nationalkirche vor, in der gewählte Kreis-, Provinzial,- und Landessynoden nur beratende, vermittelnde und repräsentative Funktionen wahrnehmen sollten. Die verbleibenden gemeindeübergreifenden Aufgaben des Kirchenregiments seien vom Superintendentenamt und den Konsistorien auf die Synodalausschüsse zu übertragen. Die Gesamtkirche sollte durch eine Nationalsynode vertreten werden, die von Abgeordneten der einzelnen Landessynoden zu beschicken sei. Durch einen von ihr gewählten Dreierausschuss würde die Kirche am Bundestag repräsentiert. Diesem Modell von Kirche als „eine Gemeinde von Gemeinden, belebt vom Geiste Christi",[124] wurden von dem bedeutenden liberalen Jenenser Kirchenhistoriker Karl von Hase (1800–1890),[125] der ebenfalls an der Versammlung teilgenommen hatte, gravierende Mängel vorgehalten. Er hielt die Minimalisierung der kirchlichen Organisation angesichts „der geschichtlich wirklichen Kirche" für undurchführbar.[126] Eine für Pfingsten geplante weitere Versammlung auf der Wartburg, an der sich auch die Süd- und Westdeutschen beteiligen sollten, kam nicht mehr zustande. „Das kirchliche Interesse der liberalen Hauptagitatoren wurde vom politischen bald ganz verschlungen."[127]

Bedeutungsvoller war das Reformprogramm der unierten Synodalen, dessen Hauptvertreter der Bonner Vermittlungstheologe Isaak August Dorner (1809–1884) und sein Universitätskollege August von Bethmann-Hollweg (1795–1877), ehemals Vorsitzender der Berliner Konferenz, waren.[128] Dorner schlug in seinen Sendschreiben an sei-

---

Programm öffentlich zur Geltung. Als sich ihre kritische Sichtung der altkirchlichen und reformatorischen Bekenntnisse auch auf das Schriftprinzip selber ausdehnte, ging man 1845 kirchlicher- und staatlicherseits gegen namhafte Vertreter der Bewegung vor. Neben theologischen spielten dabei auch politische Motive eine maßgebliche Rolle. Man sah in ihnen vorrangig ein Sammelbecken der demokratischen Opposition und verfuhr entsprechend mit ihnen. Den Lichtfreunden blieb als einziger Ausweg nur die Bildung von freireligiösen Gemeinden, deren Bedeutung innerhalb der preußischen Landeskirche jedoch marginal war. Als mit der Regentschaft Prinz Wilhelms von Preußen im Oktober 1858 eine Wende in dem kirchlichen und staatlichen Verhalten gegenüber den freiprotestantischen Gemeinden eintrat, hatten die Lichtfreunde ihre Ausstrahlungskraft bereits eingebüßt. Zu dieser protestantischen Dissidentenbewegung wie zu ihrem katholischen Pendant vgl. Helmut Obst, „Lichtfreunde, Deutschkatholiken und Katholisch-apostolische Gemeinden", in: Gerhard Goeters/Rudolf Mau (Hgg.), *Die Geschichte der Evangelischen Kirche der Union, Bd. 1*, 317-332.

[123] Entwurf bei C. Homrichhausen, *Evangelische Christen in der Paulskirche*, 598-604.

[124] So der Wortlaut aus der Präambel des Köthener Verfassungsentwurfs. Vgl. C. Homrichhausen, *Evangelische Christen in der Paulskirche 1848/49*, 598.

[125] Zu Person und Werk Karl von Hases vgl. Kurt Nowak, „Karl von Hase – Liberales Christentum zwischen Jena und Rom", in: Ders., *Kirchliche Zeitgeschichte interdisziplinär. Beiträge 1984–2001*, hg. v. Jochen-Christoph Kaiser, Stuttgart 2002, 80-100.

[126] K.v. Hase, „*Die evangelisch-protestantische Kirche*", 650.

[127] F. M. Schiele, *Kirchliche Einigung*, 23. Der freigemeindliche Prediger Uhlich, Leiter der Köthener Versammlung, wurde wenig später Abgeordneter der preußischen Landesversammlung; ein weiterer Wortführer der Versammlung, der Hallenser Privatdozent der Theologie Karl Schwarz, zog später in das Paulskirchenparlament ein. Vgl. C. Homrichhausen, *Evangelische Christen in der Paulskirche 1848/49*, 307 f.

[128] Die beiden Hauptschriften: Isaak August Dorner, *Sendschreiben über Reform der ev. Landeskirchen im Zusammenhang mit der Herstellung einer evangelisch-deutschen Nationalkirche an Herrn D. C. I. Nitzsch in Berlin u. Herrn D. Julius Müller in Halle*, Bonn 1848, bzw. August von Bethmann-Hollweg, *Manuscript für Freunde zum April 1848 verschickt. Vorschlag einer evangelischen Kir-*

ne Gesinnungsfreunde, die Theologieprofessoren Carl Immanuel Nitzsch in Berlin und Julius Müller in Halle, eine erweiterte Kirchenkonferenz in Stuttgart 1848 vor. Diese sollte auf der Grundlage eines zeitgemäßen Bekenntnisses eine beschlussfähige evangelisch-deutsche Kirchenversammlung, gewissermaßen eine Nationalsynode gründen und rechtlich autorisieren.[129] Denn angesichts der bevorstehenden Trennung von Staat und Kirche könne nur ein gemeinsames, synodales Repräsentativorgan die protestantischen Interessen gegenüber dem Staat wirksam vertreten.

Unmittelbar vor Dorners Initiative im April 1848 hatte bereits Bethmann-Hollweg in Rundbriefen an ihm vertraute Personen für seinen „Vorschlag einer evangelischen Kirchenversammlung" geworben. An ihr sollten Lutheraner, Reformierte, Separierte und Unierte, Herrnhuter, Mennoniten, ja selbst Lichtfreunde und Freigemeindler teilnehmen, „insofern sie evangelische Christen sein wollen und sich als Glieder an dem unsichtbaren Kirchenhaupte, Jesu Christo, wissen"[130]. Bethmann-Hollweg fasste wie Dorner eine erweiterte Kirchenkonferenz im Sommer 1848 ins Auge. Beratungsgegenstände sollten die Rechtstellung der Kirche gegenüber dem Staat und Kirchenverfassungsfragen sein. Verbindliche Beschlüsse habe diese erste Gesamtdarstellung des deutschen Protestantismus zwar nicht zu treffen, aber sie sollte zumindest durch anregende Vorschläge im Sinne von Resolutionen der evangelischen Kirche helfen, „den Segen der Katholicität sich [sc. zu] bewahren".[131]

Die Antworten auf Bethmann-Hollwegs Vorschlag fielen überwiegend zustimmend aus. Bedenken wurden allerdings hinsichtlich der Realisierbarkeit einer solchen Kirchenkonferenz geäußert. Die größte Sorge bestand darin, dass durch das Aufeinandertreffen der verschiedenen Richtungen die vorhandenen theologischen Unterschiede im Licht der Öffentlichkeit umso deutlicher zu Tage treten und die Gräben zwischen den sich formierenden kirchlichen Parteien nur noch tiefer aufgerissen würden. Der Versuch, durch das persönliche Christusbekenntnis als einzige Teilnahmevoraussetzung möglichst alle konfessionellen und theologischen Richtungen auf der geplanten Kirchenversammlung zu integrieren, könne sich schnell ins Gegenteil verkehren: „statt mehr Zusammenhalt könnte am Ende mehr Trennung stehen".[132]

---

chenversammlung im laufenden Jahr 1848, Bonn 1848. Bethmanns Schrift ist abgedruckt bei Werner Kreft, Die Kirchentage von 1848–1872, Frankfurt/M. et. al. 1994, Anlage 1, XVII-XXIX.

[129] Dorner plädierte für den auf der preußischen Generalsynode von 1846 festgestellten evangelischen Konsensus, den von Nitzsch ausgearbeiteten Vorschlag eines Ordinationsformulars. Er sollte der preußischen Union die seit 1817 mangelnde theologische Begründung verleihen, stieß jedoch auf allgemeine Kritik. Der Vermittlungsversuch des „Nitzschenums" war in den Augen der Liberalen zu biblisch-traditionell, während er den Maßstäben der konservativ-bekenntnistreuen Fraktion ebenso wenig genügen konnte. Dem König fehlte der ausdrückliche Bezug auf die altkirchlichen Symbole. Vgl. Wilhelm Neuser, „Landeskirchliche Reform-, Bekenntnis- und Verfassungsfragen. Die Provinzialsynoden und die Berliner Generalsynode von 1846", in: Gerhard Goeters/Rudolf Mau (Hgg.), Die Geschichte der Evangelischen Kirche der Union, Bd. I, 342-365. Vgl.o. Seite 38, Anm. 107.

[130] A. Bethmann-Hollweg, Manuscript für Freunde, zit. nach W. Kreft, Die Kirchentage von 1848–1872, Anlage 1, XVIII.

[131] A. Bethmann-Hollweg, Manuscript für Freunde, zit. nach W. Kreft, Die Kirchentage von 1848–1872, Anlage 1, XXVI.

[132] W. Kreft, Die Kirchentage von 1848–1872, 13. Ausführlicher zu den Reaktionen auf Bethmann-Hollwegs Rundbrief u.a. von Nitzsch und dem konfessionellen Lutheraner Theodor Kliefoth bei W. Kreft, Die Kirchentage von 1848–1872, ebd.

Einen weiteren Versuch, um seinen Plan zu verwirklichen, unternahm Bethmann-Hollweg auf einer Pastoralkonferenz in Bonn am 11. Mai dieses Jahres, auf der sich mehr als 100 Teilnehmer aus der Rheinprovinz versammelt hatten. Seine Vorschläge, die er der Konferenz unterbreitete, wurden zwar wohlwollend aufgenommen und durchaus begrüßt, gleichzeitig lehnte man jedoch seinen Antrag ab, die württembergische Landeskirche zu bitten, die Kirchenkonferenz von 1846 in seinem und Dorners Sinne als eine allgemeine deutsche Generalsynode im Sommer 1848 neu einzuberufen.[133]

Fast zur gleichen Zeit am 3. Mai 1848 unterbreiteten der Wiesbadener Gymnasialdirektor Philipp Wackernagel und seine Freunde auf der mehr pietistisch-erwecklichen Sandhofkonferenz ihre Vorschläge einer kirchlichen Einigung.[134] Angesichts der bevorstehenden Trennung von Kirche und Staat riefen sie zu einem engen Zusammenschluss aller treuen Kirchenglieder auf, um gemeinsam „ein Schutz- und Trutzbündnis in Tagen der Gefahr wider den in die Kirche einbrechenden Weltgeist" zu bilden.[135] Die einzelnen Landeskirchen sollten aufgelöst werden und in einer das ganze Volk einschließenden Konfessionskirche aufgehen. Um diese noch sehr wagen Vorstellungen zu präzisieren und weiter voranzutreiben, plante man eine neue erweiterte Zusammenkunft nach Pfingsten, die von einer Kommission von sieben gewählten Mitgliedern vorbereitet werden sollte.

Dank der Kooperation mit Dorner und Bethmann-Hollweg sowie der Unterstützung durch prominente Befürworter der kirchlichen Einigung wie den Gründer des Gustav-Adolf-Vereins Karl Zimmermann und die liberal-vermittelnden Heidelberger Theologieprofessoren Karl Bernhard Hundeshagen und Carl Ullmann trat diese Konferenz am 21. Juni 1848 zusammen, wiederum auf dem Sandhof. Mit großer Mehrheit verständigten sich die 88 Konferenzteilnehmer darauf, eine freie Versammlung zur Beratung der Zeitlage und der ihr entsprechenden kirchlichen Erfordernisse einzuberufen. In offenkundiger Abgrenzung zu der Köthener Tagung sollte diese Zusammenkunft „auf dem Grunde des evangelischen Bekenntnisses" erfolgen.[136] Pfarrer Siegmar Richter aus Praunheim prägte in diesem Zusammenhang den Begriff ‚Kirchentag', der dem Begriff ‚Bundestag', der volkstümlichen Bezeichnung der Delegierten-

---

[133] Während nach dem Selbstzeugnis Bethmann-Hollwegs die Bonner Versammlung sich nicht dazu entschließen konnte, seinen Antrag zu unterstützen, schrieb der anonyme Verfasser der Schrift, *Entstehung und bisherige Geschichte des deutschen ev. Kirchentages* (Berlin 1853) allerdings genau das Gegenteil. Vgl. zu diesem Widerspruch W. Kreft, *Die Kirchentage von 1848–1872*, ebd.

[134] Schon seit Jahren trafen sich auf dem Sandhof, einem Gut bei Frankfurt am Main, halbjährlich etwa 50 bis 60 Geistliche und Laien aus der Umgebung Frankfurts zur gemeinsamen Beratung der kirchlichen Verhältnisse.

[135] Anonym, *Entstehung und bisherige Geschichte des deutschen ev. Kirchentages*, 6, zit. nach W. Kreft, *Die Kirchentage von 1848–1872*, 14.

[136] So der Wortlaut des Einladungsschreibens für die Kirchenversammlung vom 28. August 1848, zit. nach Kreft, *Die Kirchentage von 1848–1872*, 17. Abgelehnt wurden die Anträge zum Bekenntnistitel „die bekenntnistreuen Glieder der ev. Kirche" (Kommission), „die lutherischen Symbole" (Wilhelm Löhe), „Apostolikum" (Wackernagel), „Augustana" (Wilhelm Hengstenberg), bzw. „auf dem Grunde *der* ev. Bekenntnisse". Das Apostolikum war zu unbestimmt, die Augustana zu eng gefasst, *die* ev. Bekenntnisse ließen offen, ob die verschiedenen Bekenntnisschriften als gleichberechtigt anerkannt waren. Ausführlich behandelt J. Cochlovius (*Bekenntnis und Einheit der Kirche*, 68 ff) die Bekenntnisfrage im Umfeld des Kirchentages.

versammlung des Deutschen Bundes, entliehen war und von der Konferenz sofort
begeistert aufgenommen wurde. Der Kirchentag wurde für September 1848 termin-
lich anberaumt. Die Entscheidung für Wittenberg als Tagungsort sollte zeichenhaft
sein und wurde auch so aufgefasst.[137]

Die Siebenerkommission unter Wackernagel erließ am 28. August einen Aufruf zur
Teilnahme am Kirchentag, den 42 führende Persönlichkeiten aus den Kirchenregi-
menten, Universitäten und christlichen Werken mitunterzeichnet hatten.[138] Als Ziel
des Kirchentages wurde anstelle der zeitgenössischen Forderung einer Nationalkirche
die Gründung eines Kirchenbundes angegeben. Er sollte „eine zeitgemäße Erneuerung des ehemaligen Corpus Evangelicorum" darstellen.[139] Als Verhandlungsvorlage
waren der Einladung Leitsätze über die Grundlagen, Zuständigkeiten und eine vorgesehene weitere Gründungsversammlung des Kirchenbundes beigefügt.

Ebenfalls am 21. Juni 1848, am Tag der zweiten Sandhofkonferenz, erläuterte der konservative Staatsrechtler und Oberkonsistorialrat Friedrich Julius Stahl (1802–1861)
einer Pastoralkonferenz in Berlin seine Anschauungen über einen kirchlichen Zusammenschluss.[140] Ein äußerlich sichtbares Band der Einigung sei notwendig geworden,
nachdem Liberalismus und Rationalismus auf politischem Gebiet die Oberhand gewonnen hätten. In den Versuchen Dorners und Bethmann-Hollwegs, kirchliche Einheit durch die Neuformulierung eines gemeinsamen Bekenntnisses bzw. durch den
Rückbezug auf ein persönliches Christusbekenntnisses herzustellen, erblickte Stahl
jedoch nur eine unzulässige Nivellierung und Reduktion des kirchlichen Bekenntnisses. Eine geeinte evangelische Kirche dürfe nicht auf dem Wege der Union gebildet werden. Vielmehr müsse eine Konföderation der unterschiedlichen evangelischen
Landeskirchen Ziel des Zusammenschlusses sein, und zwar „eine Verbindung, in welcher jeder Teil seine volle Selbständigkeit und die Integrität seiner inneren Verhältnisse behält".[141] Stahl ging von drei Konfessionen aus, der lutherischen, der reformierten und der aus dem Konsensus der beiden bestehenden unierten. Alle drei seien als
gleichberechtigte Konfessionen nebeneinander anzuerkennen.

---

[137] Abermals vorgetragene Bedenken, eine große Wittenberger Kirchenversammlung könnte die Spannungen innerhalb der evangelischen Christenheit für die Öffentlichkeit sichtbar machen und die
Zersplitterung des deutschen Protestantismus fördern, konnten von Wackernagel und Bethmann-
Hollweg weitgehend ausgeräumt werden. Sie verwiesen auf den drohenden zunehmenden staatlichen Einfluss, der durch dissidentische Abgeordnete in den Parlamenten auf die Kirche ausgeübt
werden könnte. Dagegen sei ein festes Bündnis aller Evangelischen zu errichten. Zudem bestand die
Furcht, dass die streng konfessionellen Lutheraner an einem auf später aufgeschobenen Kirchentag
nicht mehr teilnehmen würden, da sie bereits angefangen hatten, sich ihrerseits zu sammeln, und
sich womöglich ganz absondern könnten.

[138] Abgedruckt mit der Liste der Mitunterzeichner bei W. Kreft, *Die Kirchentage von 1848 – 1872*,
Anlage 3, XXXIII-XXXV. Ebenso wie die Liberalen hatten allerdings auch viele konfessionelle
Lutheraner ihre Unterschrift verweigert.

[139] Vgl. W. Kreft, *Die Kirchentage von 1848–1872*, Anlage 3, XXIV. In der Beschlussfassung des Kirchentages verzichtete man allerdings auf diese Zweckbestimmung. Ein zeitgemäßes Corpus Evangelicorum erschien vielen Teilnehmern kirchenpolitisch wohl zu exponiert, zu sehr als ein offener
Affront gegenüber der katholischen Kirche, den man tunlichst vermeiden wollte.

[140] Der Vortrag erschien im Wortlaut abgedruckt in Hengstenbergs Evangelischer Kirchenzeitung: *EKZ*,
Nr. 43, 1848, 561-571.

[141] *EKZ*, Nr. 43, 1848, 564.

Stahl, der während seiner Erlanger Gelehrtenzeit zunächst von der bayrisch-fränkischen Erweckung ergriffen war und sich in der Folgezeit zu einem gemäßigten Verfechter des Luthertums wandelte, verschaffte dieser Position des konföderationsbereiten, konfessionellen Legitimismus bei den abschließenden Vorberatungen für den Wittenberger Kirchentag umfassend Geltung. Am 20. September 1848, dem Vorabend des Wittenberger Kirchentages, setzte er gegenüber den Verfechtern eines Unionsmodells wesentliche Änderungen in der früher versandten Beratungsvorlage durch. Sie legten den Charakter des Kirchenbundes als einer Konföderation fest, definierten und begrenzten zugleich die Bekenntnisstände, die dem Kirchenbund beitreten konnten, in einem neu hinzugefügten 3. Grundsatz: „Der evangelische Kirchenbund umfasst alle Kirchengemeinschaften, welche auf dem Grunde der reformatorischen Bekenntnisschriften stehen, namentlich die lutherische, die reformierte, die unierte und die Herrnhutische Brüdergemeine."[142]

Außerdem wurde die Autonomie der Landeskirchen in ihrem Verhältnis zum Staat und in ihren inneren Ordnungen des Bekenntnisses, des Gottesdienstes und der Verfassung besonders unterstrichen. Auf Betreiben Johann Hinrich Wicherns wurde schließlich noch das Thema der „Inneren Mission" als eigener Verhandlungsgegenstand unter den Tagungsordnungspunkt „Aufgaben des Kirchenbundes" aufgenommen.

Vom 21. bis 23. September 1848 kamen schließlich ca. 500 Teilnehmer, zumeist Theologen, in Wittenberg zusammen.[143] Ferngeblieben waren viele Liberale, die sich durch die Nennung des evangelischen Bekenntnisses im Einladungsaufruf ebenso wie die Lichtfreunde und Freigemeindler ausgeschlossen fühlten. Die strengeren konfessionellen Lutheraner um August von Harless (1806–1879), Theodor Kliefoth (1810–1895) und Wilhelm Löhe (1808–1872), die selbst eine Konföderation ablehnten, hatten ihre Teilnahme am Kirchentag von vornherein abgesagt.[144] Die separierten Lutheraner Preußens hielten zur gleichen Zeit ihre Synode in Breslau ab.

Durch Akklamation bestimmten die Teilnehmer Stahl und Bethmann-Hollweg zu Präsidenten. Die bereits im Vorfeld des Kirchentages heftig geführten Auseinandersetzungen um den konfessionellen Charakter des Kirchenbundes setzten sich dann im Verlauf der Wittenberger Versammlung fort.[145] Die Idee, alle gläubigen Kirchenglie-

---

[142] *EKZ*, Nr. 43, 1848, 802, geänderte Fassung ebenfalls abgedruckt bei J. Cochlovius, *Bekenntnis und Einheit der Kirche*, 285 f.

[143] Obwohl im Prinzip jeder evangelische Christ zur Teilnahme berechtigt war, hatte sich in Wittenberg doch nur die geistliche und nichtgeistliche protestantische Führungselite versammelt. Neben der beinahe erdrückenden Mehrheit von Pfarrern, Konsistorialräten und Theologieprofessoren waren zu einem kleineren Teil noch Justiz- und Verwaltungsbeamte sowie Gutsbesitzer und Offiziere vertreten. Zur Zusammensetzung aller Kirchentage im 19. Jahrhundert vgl. W. Kreft, *Die Kirchentage von 1848–1872*, 50-53.

[144] Sie kamen stattdessen zu einer ‚Konferenz von Gliedern und Freunden der lutherischen Kirche' in Leipzig am 30/31. August 1848 zusammen, auf die sie die Vorbereitung einer lutherischen Nationalkirche anstrebten. Vgl. *Abdruck der von der Conferenz von Gliedern und Freunden der luther. Kirche Deutschlands am 30ten und 31ten August 1848 in Leipzig angenommenen Sätze*. 1. Mittheilung, Leipzig 1848. Aus Anlass der Annexion lutherischer Gebiete durch Preußen 1866 schuf sich das deutsche Luthertum 1868 schließlich in der Allgemeinen Evangelisch-Lutherischen Konferenz ein wirksames Instrument zur Einigung. S.u. Seite 63.

[145] Vgl. Christian Friedrich Kling, *Die Verhandlungen der Wittenberger Versammlung für Gründung eines deutschen evangelischen Kirchenbundes im September 1848*, Berlin 1848.

der im Stile der Evangelical Alliance zu sammeln, wie sie bereits der Sandhofkonferenz vorgeschwebt hatte, trat schnell zurück gegenüber der Position der konfessionellen Legitimisten. Ihr Wortführer Stahl plädierte nachhaltig für eine Konföderation von Kirchen, in der Bekenntnisstand, Kultusfragen und Verfassung der einzelnen gleichberechtigt nebeneinanderstehenden Gliedkirchen unangetastet bleiben sollten.[146] Dadurch könne zweierlei erreicht werden: Einmal werde die Union anders als innerhalb der preußischen Landeskirche nicht zum beherrschenden Prinzip der gesamten evangelischen Kirche Deutschlands erklärt, sondern nur als eine eigene Konfession und eine dritte Kirche neben der lutherischen und reformierten. Zum anderen könne ein föderalistischer Kirchenbund neben den Landeskirchen auch andere konfessionelle Kirchengemeinschaften aufnehmen, etwa die separierten Lutheraner Preußens oder die Herrnhuter Brüdergemeine. Die an Stahls Wortbeitrag anschließende hitzige Debatte verdeutlichte, dass die Unions- und Bekenntnisfrage „das Kernproblem jeder kirchlichen Einigung" war.[147]

Der Kirchentag verwarf schließlich mehrheitlich den Gedanken einer Union und stimmte dem bereits in der Verhandlungsvorlage formulierten Grundsatz zu, eine Konföderation der evangelischen Kirchen unter Wahrung des geltenden Bekenntnisstandes vorzubereiten. Man kam überein, dass der Kirchenbund sich durch eine erste rechtmäßige Kirchenversammlung konstituierte, auf der von den Kirchenregierungen zu wählende Abgeordnete aller deutschen Landeskirchen vertreten sein würden. In Verfolg dieses Zieles sollte ein 12köpfiger Arbeitsausschuss mit den Kirchenregierungen in Verhandlung treten, da deren Einstellung für das weitere Vorgehen wesentlich erschien. Des weiteren billigte die Versammlung eine Anregung Hengstenbergs,[148] aus Anlass der revolutionären Wirren einen kirchlichen Bußtag, am Sonntag nach dem Reformationsfest, einzurichten.[149] Von Wicherns Auftreten am zweiten Verhandlungstag ist weiter unten zu sprechen.

---

[146] Zur Erläuterung seines Konföderationsverständnisses verwendete Stahl Analogien aus dem Staatsrecht: Kirchenbund analog zum Staatenbund, im Unterschied zur engeren Verbindung in einem Bundesstaat. Vgl. C. F. Kling, *Verhandlungen der Wittenberger Versammlung 1848*, 26 f.

[147] Gerhard Goeters, „Der Wittenberger Kirchentag und die Innere Mission (1848/49)",in: Ders./Rudolf Mau (Hgg.), *Die Geschichte der Evangelischen Kirche der Union*, Bd. I, 397. Die Zusammenfassung der Debatte ebenso bei G. Goeters, ebd..

[148] Ernst Wilhelm Hengstenberg (1802–1869), Theologieprofessor in Berlin und Herausgeber der konservativen Evangelischen Kirchenzeitung, war strenger Verfechter einer bekenntnisgebundenen Rechtgläubigkeit. Um ihm angestrebte kirchliche Erneuerung durchzusetzen, nutzte er die Restaurationspolitik unter Friedrich Wilhelm IV. und förderte die Einheit von Thron und Altar.

[149] Der öffentliche Aufruf bei C. F. Kling, *Verhandlungen der Wittenberger Versammlung 1848*, 129-131. Abgelehnt wurde hingegen ein Antrag Ludwig von Gerlachs, des Mitbegründers der ultrakonservativen „Kreuzzeitung", die Märzereignisse förmlich zu verurteilen. Obwohl man Gerlachs Position mehrheitlich teilte, hielt man eine solche offenkundige Parteinahme des Kirchentages angesichts der weiterhin unklaren politischen Verhältnisse für nicht ratsam. Zur überwiegend antidemokratischen und monarchischen Ausrichtung der Kirchentagsversammlung 1848 vgl. K. v. Hase, „*Die evangelisch protestantische Kirche*", 663 f. S.auch Martin Greschat, „Die Revolution von 1848/49 und die Kirchen", in: Helmut Baier (Hg.), *Kirche in Staat und Gesellschaft im 19. Jahrhundert. Referate und Fachvorträge des 6. Internationalen Kirchenarchivtags Rom 1991*, Neustadt an der Aisch 1992, 67-82, bes. 79 f.

Da der Wittenberger Kirchentag abgesehen von einer gewissen Sachbefugnis keine Legitimation hatte, blieb seine Arbeit weitgehend auf der Ebene allgemeiner Diskussion.[150] So blieb er aufgrund seiner fehlenden kirchlichen Vollmacht auf die amtlichen Vertreter der Kirchenregierungen zur Umsetzung seiner Konföderationspläne angewiesen. Diese reagierten jedoch mit Ausnahme Württembergs sehr zurückhaltend auf die Kirchentagsbeschlüsse. Nachdem die politische Krise allmählich abgeflaut war und offenbar wurde, dass eine Verwirklichung der Trennung von Staat und Kirche in weite Ferne rückte, hielten die Kirchenregierungen eine allgemeine kirchliche Vertretung nicht mehr für erforderlich. Diese Einstellung übertrug sich auch auf die folgenden Kirchentage. Dazu kam, dass die führenden Lutheraner Harless, Kliefoth u.a. weiterhin jede Mitwirkung in den wichtigen vorbereitenden Gremien ausschlossen aus der Besorgnis, die Konföderation könne in eine Union im falschen Sinne umschlagen. Der Kirchenbundesplan wurde daher immer weniger realisierbar und verlor schnell an Bedeutung.[151]

Bis 1872 blieben die Kirchentage bestehen. Die insgesamt 16 Versammlungen bekamen besonders nach dem Ende der prägenden Präsidentschaft Bethmann-Hollwegs und Stahls 1858 immer mehr „Ähnlichkeit mit übergroßen Pastoralkonferenzen",[152] auf denen anstelle kirchenpolitisch brisanter Zeitfragen theologische Sonderthemen verhandelt wurden. Ein unmitelbar auf die gesamtkirchliche Organisation zurückwirkendes Ergebnis haben die Kirchentage nicht gehabt. Ihre bloße Existenz hat die Landeskirchen zunächst nicht zu einem engeren institutionellen Zusammenschluss bewegen können. Die Tatsache aber, dass man 1919 wieder an die alte Idee der Kirchentage anknüpfte, belegt, dass sie durchaus ein protestantisches Gemeinschaftsbewusstsein fördern konnten.[153]

1.2.3 Die Begründung des Central-Ausschusses für die Innere Mission 1848/49

Weitaus stärker jedoch wurde die kirchliche Einigung durch die seit 1849 jeweils im Anschluss an die Kirchentage stattfindenden ‚Kongresse für die Innere Mission der Deutschen Evangelischen Kirche' vorangetrieben. Ihr Initiator war der Theologe Johann Hinrich Wichern (1808–1881), dessen berühmte Stegreifrede auf dem Witten-

---

[150] Das erklärte Bethmann-Hollweg bereits in seiner Eröffnungsansprache, indem er betonte: „Wir sind hier versammelt ohne rechtliche Macht und rechtliches Ansehen, wir sprechen als nichtlegitimierte Versammlung ... Wir fassen vielleicht Meinungsäußerungen in der Form von Resolutionen und bieten diese den gesetzlichen Organen an". C. F. Kling, *Verhandlungen der Wittenberger Versammlung 1848*, 1.

[151] Schon auf der vierten Tagung in Elberfeld 1851 wurde auf den ersten offiziellen Namen „Versammlung für Gründung eines deutschen evangelischen Kirchenbundes" verzichtet, das Thema Kirchenbund verschwand von der Tagesordnung und man gab sich den Namen „Kirchentag".

[152] W. Kreft, *Die Kirchentage von 1848–1872*, 347. Eine Übersicht über alle auf den Kirchentagen 1848–1872 verhandelten Themen findet sich im Inhaltsverzeichnis von Krefts Studie auf den Seiten IX ff.

[153] Vgl. W. Kreft, *Die Kirchentage von 1848*–1872, 350. Zu korrigieren ist daher H.-W. Krumwiedes Einschätzung, dass die Kirchentage im 19. Jahrhundert gänzlich „ohne nennenswerte Ergebnisse" verlaufen seien (H.-W. Krumwiede, *Geschichte des Christentums*, 126).

berger Kirchentag 1848 den Stein ins Rollen brachte.[154] Theologisch von Erweckung und Luthertum geprägt, hatte Wichern durch seine Sonntagsschularbeit in seiner Heimatstadt Hamburg das soziale Elend verarmter Massen kennengelernt. 1833 gründete er das ‚Rauhe Haus‘, das sich als Erziehungsanstalt für verwahrloste Kinder bald zu einer Musteranstalt entwickelte. Drei Jahre später ergänzte er es durch sein ‚Gehilfeninstitut‘, eine Ausbildungsstätte für christliche Erzieher und Sozialarbeiter, und begründete damit die Anfänge der männlichen Diakonie.

1843 findet sich bei Wichern zum erstenmal die Bezeichnung „Innere Mission", die er zunächst für die verschiedenen Arbeitszweige der Gehilfen des Rauhen Hauses verwendete, um durch eine zusammenfassende Benennung eine Verbindung zwischen ihnen herzustellen. In seinen ‚Fliegenden Blättern‘ veröffentlichte Wichern seit 1844 Mitteilungen über alle dem Gedanken der Inneren Mission bereits verpflichteten Bestrebungen, Vereine und Anstalten, um in diesen das Zusammengehörigkeitsbewusstsein zu wecken und „das Bedürfnis nach einer umfassenderen und tieferen Einigung" anzuregen.[155] Im weiten Sinne verstand Wichern unter Innerer Mission alle sozialdiakonische und missionarische Arbeit an den Getauften, die sich der Kirche entfremdet hatten. Dazu war es nach Wichern dringend vonnöten, die Zersplitterung des deutschen Protestantismus zu überwinden.[156] Seine Vision richtete sich daher auf die Einigung der gesamten gläubigen Gemeinde zum Wiederaufbau des Reiches Gottes über die landeskirchlichen Grenzen hinweg. Den nötigen Einigungspunkt erblickte er jedoch nicht in dem Bemühen, einen dogmatischen Konsens in Lehr- und Bekenntnisfragen herzustellen, sondern allein in einer „gesunde[n] Praxis".[157] Der Wittenberger Kirchentag 1848 bot Wichern nun die Chance, seinem anvisierten Ziel näher zu kommen.

Wichern, der die Einladung zum Kirchentag unter der Bedingung, dass die Innere Mission als Verhandlungsgegenstand mit aufgenommen wurde, unterzeichnet und in seinen Fliegenden Blättern bekannt gemacht hatte, verfolgte in Wittenberg zwei konkrete Absichten: Die Anerkennung der Inneren Mission durch die verfasste Kirche und die Schaffung einer tragfähigen, institutionalisierten Verbindung zwischen allen Werken der evangelischen Liebes- und Sozialtätigkeit. Nachdem Wichern zweimal daran erinnert hatte, wurde am 22. September 1848 nachmittags die Innere Mission unter den Aufgaben des künftigen Kirchenbundes schließlich auf die Tagungsordnung gesetzt.[158] Wichern ergriff diese Gelegenheit zu einer fünfviertelstündigen im-

---

[154] Das folgende nach Helmut Talazko, „Einheit für den Dienst", in: *IM* 63. 1973, 347-365. Vgl. auch Ders., „Johann Hinrich Wichern", in: Martin Greschat (Hg.), *Gestalten der Kirchengeschichte 9/2*, Stuttgart – Berlin – Köln – Mainz 1985, 44-63.

[155] Peter Meinhold (Hg.), *Johann Hinrich Wichern: Sämtliche Werke I*, Berlin – Hamburg 1962, 76, zit. nach H. Talazko, „*Wichern*", 54.

[156] Pointiert wird Wicherns Anliegen von Hans-Walter Krumwiede wiedergegeben: „Das Elend ist weder partikularistisch noch konfessionell, sondern universal, darum muß auch die Rettung universal sein." H.-W. Krumwiede, „Die Unionswirkung der freien evangelischen Vereine und Werke als soziales Phänomen des 19. Jahrhunderts", in: Karl Herbert (Hg.), *Um evangelische Einheit. Beiträge zum Unionsproblem,* Herborn 1967, 172.

[157] P. Meinhold, *Wichern. Sämtliche Werke I*, 107, zit. nach H. Talazko, „*Einheit für den Dienst*", 349.

[158] Vgl. C. F. Kling, *Verhandlungen der Wittenberger Versammlung 1848*, 32 u. 58.

provisierten Rede.[159] Sein entschiedenes Eintreten für die Innere Mission stellte der nationalen Einigungsbewegung der Zeit eine christlich-sozial motivierte an die Seite. Die Versammlung nahm seine praktische zukunftsweisende Botschaft begeistert auf.[160] Sie beschloss, die „Förderung christlich-sozialer Zwecke, Vereine und Anstalten, insbesondere der inneren Mission", in den Aufgabenkatalog des Kirchenbunds aufzunehmen.[161]

Am folgenden letzten Verhandlungstag erreichte Wichern auch noch die Entscheidung, dass der geschäftsführende Arbeitsausschuss des Kirchentages einen ‚Central-Ausschuss' (CA), wie ihn Bethmann-Hollweg nannte, bilden sollte. Als eine übergeordnete Vertretungskörperschaft der Inneren Mission sollte er sich im Blick auf bestehende Einrichtungen und Werke lediglich auf organisatorische und koordinierende Aufgaben beschränken, nicht jedoch Leitungs- und Weisungsbefugnisse für sich beanspruchen. Wichern, der sich bereits strikt gegenüber einer möglichen Einflussnahme des Hamburger Stadtstaates auf die Entwicklung des Rauhen Hauses verwahrt hatte, war daher sehr an der Freiheit der Betätigung auch im innerkirchlichen Bereich gelegen. Durch die dezentralisierte Organisationsstruktur konnte Wichern auch der heiklen Bekenntnisfrage ausweichen und den Central-Ausschuss dem föderalistischen Aufbau des angestrebten Kirchenbundes angleichen.[162]

Ein vorläufiger Central-Ausschuss mit zunächst sechs Mitgliedern wurde bereits am 24. September 1848 in Wittenberg gebildet. Am 11./12. November konstituierte er sich dann definitiv und erweiterte sich auf insgesamt 10 Mitglieder. Sein erster Präsident Bethmann-Hollweg und der Vizepräsident Stahl repräsentierten die Verbindung zur Kirchentagsleitung. Der Sachse Dr. Karl Großmann, ebenfalls Mitglied im Central-Ausschuss, stellte den Zusammenhang zum Gustav-Adolf-Verein her, dessen Organisationsstruktur als Vorbild diente. Wichern war und blieb jedoch „die Seele des Ganzen".[163] Er konnte erreichen, dass Hamburg neben Berlin als Sitz des Ausschusses

---

[159] Vgl. C. F. Kling, *Verhandlungen der Wittenberger Versammlung 1848*, 67-78. Als Wurzel von Aufruhr und Kommunismus führte Wichern seinen Zuhörern den Atheismus der Gebildeten und die Entkirchlichung breiter Massen vor Augen. Das missionarische Wirken unter den getauften, aber dennoch kirchenfernen Gliedern sei Sache aller Gläubigen, der Einsatz von Laien nicht Konkurrenz, sondern Ergänzung des kirchlichen Amtes. Primär auszurichten habe sich die Arbeit der Inneren Mission an den vielfältigen Notlagen und Bedürfnissen des sozialen Lebens. Ziel sei eine Neugeburt des Volkes aus dem Geist des Christentums. Dieser solle sich – gemäß der klassischen lutherischen Dreiständelehre – in den Bereichen des Staates, der Familie und der Kirche wirksam entfalten.

[160] Zu den Gründen für dieses positive Echo vgl. Stephan Sturm, „Soziale Reformation: J.H. Wicherns Sozialtheologie als christentumspolitisches Programm", in: Martin Friedrich/Norbert Friedrich/Traugott Jähnichen/Jochen-Christoph Kaiser (Hgg.), *Sozialer Protestantismus im Vormärz*, 67-93.

[161] Vgl. „Beschluß der Wittenberger Versammlung über den Deutschen Evangelischen Kirchenbund", abgedruckt bei: E. R. Huber/W. Huber, *Staat und Kirche, Bd. II*, 292 f.

[162] Durch eigens bestellte Agenten und freiwillige Korrespondenten war der Central-Ausschuss in den einzelnen Bundesländern bzw. Provinzen vertreten und wirksam. Unter den Vereinen und Anstalten gleichartiger Ausrichtung fungierten Konferenzen als Fachgremien. Hauptorgan wurden die jährlichen Kongresse von Central-Ausschuss, Agenten und Vertretern von Konferenzen, Vereinen und Anstalten. Dieses offizielle Diskussionsforum sollte Grundsatz- und Fachfragen klären sowie neue Arbeitsanregungen vermitteln.

[163] G. Goeters, „*Wittenberger Kirchentag und Innere Mission*", 401.

trat. Seine Fliegenden Blätter wurden das Publikationsorgan des Central-Ausschusses. Im April 1849 veröffentlichte er schließlich seine schon auf dem Kirchentag angeregte und vom Central-Ausschuss eigens in Auftrag gegebene programmatische Schrift: ‚Die innere Mission der deutschen evangelischen Kirche. Eine Denkschrift an die deutsche Nation'. Mit einfacher Überzeugungskraft fasste Wichern in dieser Schrift noch einmal sein Verständnis von Innerer Mission breitenwirksam zusammen.[164]

In den im Januar 1849 von Wichern entworfenen und von Bethmann-Hollweg redigierten ‚Statuten des Central-Ausschusses für die innere Mission der deutschen evangelischen Kirche' war in § 11 festgelegt worden, dass der Central-Ausschuss jährlich einen ‚Kongreß für die innere Mission' veranstalten und dieser sich nach Möglichkeit räumlich und zeitlich an den Kirchentag anschließen sollte.[165] Denn für Wichern gehörten Kongress und Kirchentag wesensmäßig zusammen. Durch ihre organisatorische Verbindung sollte zum Ausdruck kommen, dass der Central-Ausschuss als Leiter des Kongresses „die innere Mission in ihrer Gesamtheit nur als ein Werk der Gesamtkirche kennt".[166] Zudem ist der in den Jahren bis 1872 stets mit dem Kirchentag gemeinsam veranstaltete Kongress der Inneren Mission ein weiterer Beleg für „das essentielle Interesse des Verbandsprotestantismus sozialer Ausprägung als treibender Kraft an einer kirchlichen Einigung".[167]

Während die zweifelsohne moderat formulierten Kirchenbundpläne des Kirchentages von 1848 schnell im Sande verlaufen sind, erwies sich Wicherns Programm einer kirchlichen Einigung als wesentlich lebenskräftiger. Allmählich konnte Wichern auch den Widerstand der lutherischen Landeskirchen überwinden und zwischen allen Werken der Inneren Mission eine zunächst zwar lockere, aber dauerhafte Verbindung herstellen.[168] Sein Central-Ausschuss und die wandernden Kongresse haben

---

[164]   Näheres zu Wicherns Denkschrift bei H. Talazko, „*Wichern*", 55-60.

[165]   P. Meinhold (Hg.), *Wichern. Sämtliche Werke I*, 363, zit. nach H. Talazko, „*Einheit für den Dienst*", 352.

[166]   P. Meinhold (Hg.), *Wichern. Sämtliche Werke II*, 325 f, zit. nach H. Talazko, „*Einheit für den Dienst*", ebd..

[167]   Jochen-Christoph Kaiser, *Sozialer Protestantismus im 20. Jahrhundert*, 23.

[168]   Dank der theologischen Überzeugungskraft Wicherns war es dem Central-Ausschuss gelungen, Mitarbeiter der Inneren Mission selbst in konfessionell-lutherische Landeskirchen zu ihrem Dienst zu entsenden. Den Vorwürfen des Unionismus und der fehlenden Bekenntnisgrundlage begegnete Wichern auf dem 9. Kirchentag in Stuttgart 1857 mit dem Argument, dass die Linderung sozialer Not an jedem Ort erfolgen könne, ohne dabei Bekenntnis und Lehre einer Kirche zu beeinträchtigen. Wicherns Kernsatz über die notwendige Integration von Innerer Mission und Kirche lautete: „Wenn in etwas, so ist seit den letzten Jahrzehnten ein wesentlicher Fortschritt der innern Mission gerade darin erkennbar, dass sie die innere Einheit und Zusammengehörigkeit der Nöte, die unser Volksleben belasten, zur Anerkennung gebracht hat … Gerade dass die innere Mission allzeit ein Werk der Kirche ist, das gibt ihr diesen universellen und zugleich einheitlichen Charakter." Vgl. Wicherns Zwölf Thesen über „Die Innere Mission als Aufgabe der Kirche innerhalb der Christenheit", abgedruckt in: P. Meinhold (Hg.), *Wichern. Sämtliche Werke III*, 195-215, Zitat 205. Die in den 1860er Jahren einsetzende Dezentralisierung und Regionalisierung der Inneren Mission schien Wicherns Idee, den deutschen Protestantismus gleichsam von innen her kirchlich zu sammeln und in den Werken der Liebe zu einen, erneut zu durchkreuzen. Vor allem die 1865 gegründete Südwestdeutsche Konferenz für Innere Mission beharrte auf ihrer Unabhängigkeit gegenüber dem Berliner Central-Ausschuss. Wicherns geistliche Autorität und sein großes Verhandlungsgeschick sorgten jedoch nach dem Ende des Krieges von 1866, der eine Zusammenarbeit zwischen den Freunden der Inneren Mission nörd-

dem deutschen Protestantismus über alle Bekenntnis- und landeskirchlichen Verfassungsschranken hinweg „das Bewusstsein tätiger Gemeinsamkeit" nachhaltig vermittelt.[169]

1.2.4 Die Gründung der Eisenacher Kirchenkonferenz 1852

Trotz Wicherns unbestreitbarer Verdienste blieb es den Organen der verfassten Kirche vorbehalten, durch die Etablierung der Eisenacher Konferenzen der Deutscher Evangelischer Kirchenregierungen die maßgebliche Rolle in der Frage der kirchlichen Einigung zu übernehmen. Dieses gemeinsame kirchenregimentliche Arbeits- und Beratungsorgan stellte ein halbes Jahrhundert lang „die einzig sichtbare Verbindung zwischen den evangelischen Landeskirchen" dar.[170] Nachdem der Versuch, einen Kirchenbund von unten her zu etablieren, sich als aussichtslos herausgestellt hatte, kamen bereits 1850 anlässlich des Stuttgarter Kirchentages Angehörige der Kirchenregierungen zu ersten vertraulichen Gesprächen zusammen. Vor allem die sich abzeichnende Festigung des landesherrlichen Kirchenregiments nötigte die Teilnehmer der Gespräche dazu, enger miteinander zu kooperieren. Mit der Aufnahme von Verbindungen zwischen den Kirchenregierungen wollte man deutlich machen, dass die Grenzen der evangelischen Kirche sich nicht mit denen des betreffenden Territoriums deckten. Angesichts der Kritik an allen Kirchenbundesplänen entschied man sich für „ein anspruchslos-praktisches Vorgehen".[171] Durch unverbindlichen Austausch über wichtige kirchliche Fragen und gemeinschaftliche Grundsätze suchte man einander näher zu kommen. Weitreichende Pläne bestanden nicht.

In Verfolg dieses Ansinnens verständigten sich die Vertreter von acht Kirchenregierungen am Rande des Elberfelder Kirchentages 1851 auf eine „Geschäftsordnung für eine Abhaltung wiederkehrender Konferenzen von Abgeordneten der obersten Kirchenbehörden im evangelischen Deutschland".[172] Ziel dieser Konferenz sollte sein, „auf der Grundlage des Bekenntnisses wichtigere Fragen des kirchlichen Lebens in freiem Austausch zu besprechen und unbeschadet der Selbständigkeit jeder einzelnen Landeskirche, ein Band ihres Zusammengehörens darzustellen und die einheitliche Entwicklung ihrer Zustände zu fördern".[173] Außerdem wurde die Herausgabe

---

lich und südlich der Mainlinie zeitweilig völlig still gelegt hatte, dafür, dass eine kontinuierliche Fühlungnahme mit den Vertretern der süddeutschen Verbände wieder aufgenommen wurde.

[169] G. Goeters, „*Wittenberger Kirchentag und Innere Mission*", 401. Der Kieler Kirchenrechtler Günther Holstein hat bereits 1928 mit Recht festgestellt: „Die kirchliche Einheit Deutschlands ist zunächst in der Form christlicher sozialer Caritas, erst um vieles später auch in verfassungsmäßiger Form, Gestalt geworden." Ders., *Die Grundlagen des evangelischen Kirchenrechts*, Tübingen 1928, 363.

[170] F. M. Schiele, *Kirchliche Einigung*, 44.

[171] W.-D. Hauschild, „*Evangelische Kirche in Deutschland*", 658.

[172] Es handelte sich um Abgeordnete folgender Kirchenregierungen: Preußen, Württemberg, Sachsen, Hannover, Baden, Hessen-Darmstadt, Nassau und Oldenburg.

[173] Geschäftsordnung vom 18. September 1951, abgedruckt in: *Allgemeines Kirchenblatt für das Evangelische Deutschland* 1852, 195 f.

eines kirchenoffiziell-gesamtevangelischen Publikationsorgans zur Information über die landeskirchlichen Gesetze und Verordnungen vereinbart.[174]

Auf dieser Grundlage, die zweifelsohne nur ein „schwacher Widerhall auf den Ruf nach einer nationalkirchlichen Einigung" war,[175] trat am 3. Juni 1852 in Eisenach erstmals die Konferenz der deutschen evangelischen Kirchenregierungen zusammen. Offiziell trug sie den schon 1846 angenommenen Namen „Deutsche Evangelische Kirchenkonferenz". Sie versammelte sich seit 1855 alle zwei Jahre in der Woche nach Pfingsten in Eisenach, weshalb sie üblicherweise als Eisenacher Konferenz bezeichnet wird. Sie besaß keine rechtliche Grundlage, sondern beruhte allein auf der freiwilligen Entsendung bevollmächtigter Vertreter der Kirchenbehörden von zunächst 24, später dann – mit Ausnahme einer thüringischen Landeskirche Reuß ä.L. – aller deutscher Staaten.[176] Ohne Beschlussvollmachten ausgestattet, konnte die Eisenacher Konferenz lediglich Empfehlungen an die Landeskirchen aussprechen.[177]

Um die Konferenzarbeit nicht durch den Widerstand der Landesherren zu gefährden, verzichtete man auf die Beratung von Kirchenverfassungsfragen; Anregungen einzelner Abgeordneter auf eine weitere Verstärkung der Presbyterial- und Synodalelemente in den Landeskirchen wurden abgelehnt oder vertagt.[178] Hemmend wirkte ferner, dass ein Teil der obersten staatlichen Behörden das Recht in Anspruch nahmen, die Empfehlungen der Konferenz vor deren Weitergabe an die Kirchenregierungen ihres Landes zu prüfen. Missbilligten sie diese Anträge, so erklärten sie kurzerhand die Einberufung der Tagung für nicht „zeitgemäß".[179] Auch konfessionelle Gründe wirkte mit. So ließ 1857 das Herzogliche Lutherisch-Lauenburgische Konsistorium verlautbaren, dass es wegen der konfessionell gemischten Zusammensetzung an der Konferenz vorläufig nicht mehr teilnehmen werde.[180]

---

[174] Von 1852 bis 1936 bildete das „Allgemeine Kirchenblatt für das evangelische Deutschland" (AKED) das einzige gemeinsame Veröffentlichungsorgan der Landeskirchen.

[175] J.-C. Kaiser, *Sozialer Protestantismus im 20. Jahrhundert*, 24.

[176] Die Landeskirchenregierungen, die bereits 1852 durch ihre Abgeordnete auf der Konferenz vertreten waren, sind namentlich aufgeführt in: *AKED* 1852, 199 f. Darunter war auch Österreich, das selbst nach dem preußisch-österreichischem Krieg 1866 seine Mitgliedschaft aufrechterhielt.

[177] Die Konferenz hat sich selbst als „nur zu freien unverbindlichen Besprechungen berufene Versammlung" bezeichnet (*AKED* 1855, 429). Das ergibt sich auch daraus, dass die beteiligten Regierungen jederzeit fernbleiben oder ausscheiden konnten. Otto Dibelius bezeichnet sie daher mit gewissem Recht als „geistvolles, sachkundiges, aber praktisch wenig fruchtbares Stelldichein der Kirchenregierungen". Ders., *Das Jahrhundert der Kirche. Geschichte, Betrachtung, Umschau und Ziele*, Berlin 1927, 72.

[178] Nach F. M. Schiele blieb die Verfassungsfrage für einzelne Kirchenregierungen noch lange nach 1848 ein „Rühr mich nicht an". Ders., *Kirchliche Einigung*, 44.

[179] Aus diesem Grund fand z.B. die für das Jahr 1854 vorgesehene Tagung nicht statt. Später verweigerten noch einzelne Staaten wie Sachsen-Coburg (1859) und Bayern (1859 und 1861) die Teilnahme.

[180] *AKED 1857*, 253. Dass man infolgedessen vielfach die Hoffnung auf das Zustandekommen einer kirchlichen Einigung aufgab, und beispielsweise schreiben konnte: „Lassen wir die deutsche evangelische Gesamtkirche bei den Toten, zu denen sie von allen Seiten gelegt worden ist, ... die einzelnen Landeskirchen stehen wieder in ihrem vollen Partikularismus da", ist nur allzu verständlich. S. Josef Edmund Jörg, *Geschichte des Protestantismus in seiner neuesten Entwicklung, Bd. 1*, Freiburg 1858, 178, zit. nach T. Karg, *Eisenacher Kirchenkonferenz*, 31.

Trotz derartiger Rückschläge wirkte die Konferenz langfristig in der Stille. Das turnusmäßige Zusammenkommen der Kirchenregierungen und ihr pragmatisches Vorgehen förderte ein allmähliches Zusammenwachsen der Landeskirchen. Die Arbeit der Konferenz konzentrierte sich dabei – auch mangels Alternativen – auf eine Vereinheitlichung des Kirchenwesens vor allem im liturgisch-gottesdienstlichen Bereich.[181] Die Angleichung der kirchlichen Praxis, an der sich auch konservative Landeskirchen beteiligten, war zu dem ein Beitrag, dem Anwachsen der Entkirchlichung zu begegnen.[182] Von nicht zu unterschätzender Bedeutung für eine Annäherung der Landeskirchen waren schließlich die persönlichen Kontakte zwischen den leitenden Kirchenmännern, die sich aus den regelmäßigen Treffen ergaben. Die Vorbereitung und Durchführung der Konferenz erledigte ein geschäftsführender Vorstand. Seinen Vorsitz, der in mehr oder weniger regelmäßigen Abständen wechselte, hatte bis 1868 Grüneisen, der Mitinitiator der Berliner Konferenz 1846, inne.

1.3 Kirchliche Einigungsbestrebungen im Zuge der Reichsgründung (1863–1872)

Die Jahre 1866/67 lösten tiefgreifende politische Veränderungen in Deutschland aus, die sich angesichts der herrschenden staatskirchlichen Verhältnisse auch auf das evangelische Landeskirchentum auswirken mussten. Der ‚Deutsche Krieg‘ zwischen Preußen und Österreich brachte die militärische Entscheidung über die politische Vormachtstellung in Deutschland. Preußens Sieg führte 1866 zunächst zur Auflösung des Deutschen Bundes und damit zum endgültigen Ausscheiden Österreichs aus dem deutschen Staatenverband. Die von Bismarck anvisierte kleindeutsche Lösung wurde durch die preußische Annexion von fünf Staaten im Norden und die Gründung des von Preußen dominierten Norddeutschen Bundes 1867 zielstrebig angegangen. Es war schließlich nur eine Frage der Zeit, wann die Staaten südlich der Mainlinie dem norddeutschen Staatenbund unter preußischer Hegemonie beitreten würden, um die deutsche Einigung zum Abschluss zu bringen.[183] So bildete die Kaiserproklamation in Versailles 1871 lediglich den Schlusspunkt in dieser Entwicklung, die sich seit 1866 unaufhaltsam angebahnt hatte.

---

[181]   Zu den wichtigsten Konferenzbeschlüssen, die der Reform und Vereinheitlichung des kirchlichen Lebens dienten, gehörten die „Eisenacher Perikopenordnung" und die Revision der Lutherbibel. Ein Überblick über alle Maßnahmen findet sich bei Hermann von der Goltz, Art. „Konferenz, evangelisch-kirchliche", in: RE[3] X, 662-670.

[182]   Die im Zuge der Industriellen Revolution einsetzende Fluktuation der Bevölkerung hatte nämlich zur Folge, dass sich viele an ihrem neuen Wohnort in Anbetracht der fremden gottesdienstlichen Gebräuche in der Kirche nicht länger heimisch fühlten. Als Antwort auf die neue soziale Mobilität konnte die Vereinheitlichung des kirchlichen Lebens allein nicht genügen. Zu mehr war die Konferenz freilich nicht imstande.

[183]   Bereits 1867 hatten der Norddeutsche Bund Schutz- und Trutzbündnisse mit den süddeutschen Staaten abgeschlossen. Diese militärpolitische Verbindung wurde flankiert durch das neugeschaffene Zollparlament, in das Abgeordnete aus allen deutschen Staaten gewählt wurden. Zum Prozess der Reichsgründung vgl. Thomas Nipperdey, *Deutsche Geschichte 1866–1918, Bd. II: Machtstaat vor der Demokratie*, München 1992 (Broschierte Sonderausgabe), 11-84.

Durch diesen nationalen Einigungsprozess gewann die Frage nach einer kirchlichen Einigung erneut an Dringlichkeit. Die gegensätzlichen Auffassungen der kirchlichen Parteien trafen bereits in voller Schärfe unmittelbar nach 1864/66 aufeinander, als die Frage der kirchenpolitischen Integration von acht Landeskirchen der annektierten Gebiete auf der Tagungsordnung stand. Die konfessionellen Lutheraner Großpreußens, die Befürworter der Union, die Partei der sogenannten Positiv Unierten, und die liberalen Kräfte des deutschen Protestantismus standen sich – ähnlich wie bereits 1848 – unversöhnlich gegenüber.

1.3.1 Nationalkirchliche Bestrebungen des Deutschen Protestantenvereins

Die politischen Spannungen zwischen Preußen und Österreich im Bundesrat 1864 riefen die liberalen Kräfte des deutschen Protestantismus unter Führung des Schweizer Juristen und Politikers Johann Caspar Bluntschli auf den Plan.[184] Schon ein Jahr darauf fand in Eisenach der erste ‚Protestantentag‘ statt. Er hatte seinen Ursprung in einer von freisinnigen Männern im November 1859 nach Durlach in Baden einberufenen protestantischen Konferenz.[185] Dieser protestantisch-liberale Aufbruch, der sein Zentrum zunächst in Südwestdeutschland hatte, war dabei Teil eines umfassenden national-liberalen Aufbruchs seit Ende der fünfziger Jahre. Unter der Sogkraft dieser politischen Bewegung der Zeit entstand auf den regelmäßig stattfindenden Durlacher Konferenzen der Gedanke, alle reformwilligen Protestanten unter dem Ziel einer „deutschen evangelischen National- und Volkskirche" in einem Verein zusammenzufassen.[186] Am 30. September 1863 wurde der ‚Deutsche Protestantenverein‘ – bezeichnenderweise in Frankfurt am Main – gegründet.[187] Er betrachtete sich selbst als eine Stufe auf dem Wege hin zur protestantischen Volkskirche, gewissermaßen als ein Übungsfeld für gemeindliche Selbstverwaltung und Mitbestimmung durch Laien. 1865 kam es dann zur Eisenacher Tagung, auf der schließlich auch der preußische kirchliche Liberalismus, der seit 1848 im ‚Verein für evangelische Kirchengemeinschaft‘, später abgekürzt der ‚Unionsverein‘ genannt, organisiert war, dem Deutschen Protestantenverein beitrat.[188]

---

[184] Vgl. Paul Lechler, *Der deutsche evangelische Kirchenbund*, Gütersloh 1890, 30.

[185] Zu den Anfängen des kirchlichen Liberalismus nach 1848, s. die umfassende Studie von Claudia Lepp, *Protestantisch-liberaler Aufbruch in die Moderne. Der deutsche Protestantenverein in der Zeit der Reichsgründung und des Kulturkampfes*, Gütersloh 1996, 23 ff.

[186] Der Begriff fällt im Einladungsschreiben für die Gründungsversammlung 1863 in Frankfurt am Main. Er ist abgedruckt bei Daniel Schenkel, *Der Deutsche Protestantenverein und seine Bedeutung in der Gegenwart nach den Acten dargestellt*, Elberfeld 1862, 10, zit. nach C. Lepp, *Protestantisch-liberaler Aufbruch*, 43.

[187] Am 15./16. September 1859 hatte bereits der ‚Deutsche Nationalverein‘, mit dem der Protestantenverein personell und ideell eng verflochten war, in Frankfurt am Main seine Gründungsversammlung abgehalten. Zur Verbindung des Protestantenvereins mit dem politischen Liberalismus und den Beweggründen liberaler Politiker, sich in dem Verein zu engagieren, vgl. C. Lepp, *Protestantisch-liberaler Aufbruch*, 360 ff.

[188] Die institutionelle Zusammenfügung des südwestdeutschen und des preußischen kirchlichen Liberalismus war bereits durch die Gründung eines gemeinsamen Publikationsorgans mit dem Titel: „Protestantische Kirchenzeitung für das evangelische Deutschland" (PKZ) im Jahre 1853 in Gang gebracht worden. Ihren kirchenpolitisch bedeutsamen Abschluss fand sie dann zwölf Jahre später

In einem Eisenacher Grundsatzprogramm wurde der „Ausbau der deutschen evangelischen Kirche auf der Grundlage des Gemeindeprinzips, sowie eine Anbahnung einer organisatorischen Verbindung der Landeskirchen" beschlossen.[189] Ein Jahr nach
Gründung des Norddeutschen Bundes auf dem 2. Protestantentag 1867 proklamierte
der agile Anführer der südwestdeutschen Liberalen, der Heidelberger Theologieprofessor Daniel Schenkel, von nationaler Begeisterung erfasst bereits eine „deutsche
protestantische Nationalkirche".[190] Auf dem 4. Protestantentag 1869 in Berlin wiederholte Schenkel seine Vision einer geeinten evangelischen Kirche Deutschlands,
deren Errichtung allerdings durch die preußische Verzerrung der Kirche Christi zur
Konsistorial- und Pastoralkirche bislang verhindert worden sei.[191]

Der Berliner Protestantentag markierte eine entscheidende Zäsur in der Geschichte des kirchlichen Liberalismus in Deutschland. Der Elan im Kampf um eine liberale
Verfasstheit der Landeskirchen und deren nationaler Zusammenschluss ließ nach 1869
spürbar nach, allen weiteren Bemühungen in dieser Richtung blieb ein nachhaltiger
Einfluss versagt.[192] Zwei Gründe sind dafür ausschlaggebend gewesen. Zum einen
blieben die nationalkirchlichen Pläne des Protestantenvereins angesichts des Spagats
zwischen Gemeindeautonomie und nationalkirchlicher Einheit im Detail doch sehr
vage. Um sich vor dem Vorwurf einer preußisch-liberalen Einheitskirche zu schützen, hielt man zwar an der „Gesammtgemeinde", und das hieß unter den gegebenen
Verhältnissen am landeskirchlichen Verband, fest und versicherte, im Sinne des Prinzips der „Decentralisation" ein föderatives, kirchliches Eigenleben zu wahren.[193] Zu-

---

in Eisenach. Ausführlich zu diesem Zusammenschluss. Joachim Mehlhausen, „Der kirchliche Liberalismus in Preußen", in: Joachim Rogge/Gerhard Ruhbach (Hgg.), *Geschichte der Evangelischen
Kirche der Union, Bd. 2. Die Verselbständigung der Kirche unter dem königlichen Summepiskopat
(1850–1918)*, Leipzig 1994, 120-151, bes. 137-146.

[189] *Der Protestantenverein. Seine Statuten, die Ansprachen seines engern und weitern Ausschusses
und die Thesen seiner bisherigen Hauptversammlungen in übersichtlicher Zusammenstellung. Für
Freunde und Gegner*, Dessau 1874, 1, zit. nach J. Mehlhausen, „Kirchlicher Liberalismus", 146.

[190] *Der zweite Deutsche Protestantentag, gehalten zu Neustadt a. d. Haardt am 26. und 27. September
1867*, Elberfeld 1867, 18, zit. nach G. Besier, *Preussische Kirchenpolitik*, 186. Bereits in der Eröffnungspredigt hatte der Mannheimer Stadtpfarrer Schellenberg von der Kanzel herab verkündet:
„Sodann haben die Ereignisse des vorigen Jahres näher und dringender den politischen Gedanken
der deutschen Nationalkirche gebracht. Auf einige umfassende deutsche evangelische Volkskirche
geht der Zug des Geistes hin." *PKZ*, Nr. 14, 1867, 907.

[191] Dieser Charakter der preußischen Kirche wird auch durch die Einführung von Provinzialsynoden
nach Meinung Schenkels nicht grundsätzlich verändert. Diese seien ohnehin nichts anderes als eine
„bloße Scheinconcession an das Gemeindeprincip" *Der vierte Deutsche Protestantentag, gehalten
zu Berlin am 6. und 7. Oktober 1869*, Elberfeld 1869, 104, zit. nach G. Besier, *Preussische Kirchenpolitik*, 194.

[192] Vgl. Walter Nigg, *Geschichte des religiösen Liberalismus. Entstehung – Blütezeit – Ausklang*,
Zürich-Leipzig 1937, 221: „Nach diesem Ereignis [sc. auf dem 4. Protestantentag] begann ein merk-
liches Erlahmen, wenn nicht von einem direkten Abstieg gesprochen werden soll." Nigg stützt sich
bei seinem Urteil auf die Bemerkungen des zeitgenössischen Beobachters und Historiographen des
Protestantenvereins, Wilhelm Hönig, der im Jahr 1869 den Abschluss der Aufbruchperiode des
Vereins erblickt. Vgl. Wilhelm Hönig, *Der deutsche Protestantenverein*, Bremen 1904, 11.

[193] Das Prinzip der „Decentralisation" bezog sich zunächst auf die Binnenstruktur des Protestantenvereins, dessen lokale (landeskirchliche) Untergliederungen auf diese Weise größere Freiheit zur
Ausgestaltung ihrer eigenen Organisationsformen erhalten sollte. Dadurch sollte vermieden werden,
dass von der Leitung des Vereins ein Druck zur Uniformierung des liberalen Protestantismus aus-

dem war man realistisch genug, um zu erkennen, dass durch eine Auflösung der Landeskirchen in voneinander unabhängige Einzelgemeinden ein nationalkirchlicher Zusammenschluss und ein gesamtgesellschaftlicher Einfluss einer evangelischen Volkskirche aussichtslos sein würde. Trotzdem blieb aber die Zuordnung der Kompetenzen und Befugnisse zwischen den unterschiedlichen Leitungsgremien auf gemeindlicher, landeskirchlicher und nationalkirchlicher Ebene in der Kirchenverfassungs-Diskussion bis 1869 und darüber hinaus weitgehend ungeklärt. So war die Nationalkirche liberaler Prägung letztlich nicht mehr als „ein utopisches Fernziel ohne allzu scharfe Konturen, ein kirchenpolitisches Schlag- wort, auf das man jedoch kein Monopol besaß".[194]

Die zweite Ursache für die ergebnislos verlaufenden Reformversuche des Protestantenvereins lag an dem mangelnden Rückhalt, über den der kirchliche Liberalismus in der sozialen Trägergruppe, aus der er sich vornehmlich rekrutierte, dem städtischen Bildungsbürgertum, verfügte.[195] Die Erwartung, durch die allmähliche Einführung synodaler Ordnungen das kirchlich distanzierte Bürgertum für die eigene Sache zu gewinnen und dadurch mehr kirchenpolitischen Einfluss ausüben zu können, wurden zudem enttäuscht. Vielmehr begünstigte die vorherrschende liberale Zurückhaltung nur die konservativen Mehrheiten in den Synoden, und diese Mehrheiten verstärkten wieder solche Zurückhaltung. Der Protestantenverein konnte seinen Einflussbereich daher kaum über die Grenzen des Deutschen Nationalvereins hinaus erweitern. Diese waren, kirchlich betrachtet, sehr eng gezogen.

1.3.2 Die kirchliche Oktoberversammlung 1871

Vom 10. bis 12 Oktober fand eine kirchliche Großversammlung in der Berliner Garnisonkirche statt, zu der mehr als 1300 Teilnehmer aus unterschiedlichen konfessionell-kirchenparteilichen Lagern erschienen waren.[196] Ihre Hauptinitiatoren waren Wichern vom Central-Ausschuss sowie der Berliner Hofprediger Wilhelm Hoffmann und Dorner als Mitglied des preußischen Oberkirchenrates. Die Reichsgründung bot den geistigen Vätern der Idee eines möglichst alle einbeziehenden evangelischen Forums eine willkommene Gelegenheit, über die dem Nationalstaat am meisten gemäße kirchliche Neuordnung zu verhandeln.

---

gehe. Vgl. J. Mehlhausen, „*Kirchlicher Liberalismus*", 144 f. S.a. C. Lepp, *Protestantisch-liberaler Aufbruch*, 70 ff.

[194] C. Lepp, *Protestantisch-liberaler Aufbruch*, 151.

[195] Die soziale Zusammensetzung des Protestantenvereins wird differenziert dargestellt bei C. Lepp, *Protestantisch-liberaler Aufbruch*, 91 ff. Die Autorin kommt zu dem Ergebnis (Seite 107): „Das liberale gebildete Bürgertum stellte zwar nicht die Mehrheit der Mitglieder des Deutschen Protestantenvereins, als Vordenker und Wortführer prägte es aber trotz regionaler Unterschiede nachhaltig den Charakter des Gesamtvereins."

[196] Das folgende nach Gerhard Besier, „Die Oktoberversammlung 1871 und die nationalkirchliche Einheit", in: Joachim Rogge/Gerhard Ruhbach (Hgg.), *Die Geschichte der Evangelischen Kirche der Union*, Bd. 2, 181-195. Vgl.auch Ernst Bammel, „Die Oktoberversammlung des Jahres 1871", in: „*. . . und fragten nach Jesus". Beiträge aus Theologie, Kirche und Geschichte. Festschrift für Ernst Barnikol zum 70. Geburtstag*, Berlin 1964, 251-267, und Andreas Uecker, *Die kirchliche Oktoberversammlung 1871 zu den Aufgaben der Zeit*, Diss. theol. masch.schr., Greifswald 1991.

Dennoch war die Oktoberversammlung mehr als lediglich Folgeerscheinung der nationalstaatlichen Einigung. Ihr eigentlicher Anlass lag nach Wicherns Darstellung „in der seit langen Jahren gemachten schmerzlichen Erfahrung, dass durch den theologischen Zank und Widerstreit … alles gemeinsame Bekenntnis des Glaubens und alles einheitliche Handeln und Wirken zum Schaden der Kirche und unseres Volkes in beklagenswertester Weise verhindert wird".[197] Konkret spielte Wichern auf die Vorkommnisse auf dem Kieler Kirchentag 1867 an, auf dem dessen Präsident, der Göttinger Jurist Emil Herrmann (1812–1885), glühender Anhänger einer unierten deutschen Nationalkirche unter preußischer Führung, die Notwendigkeit partikularistischer Kirchenregierungen in den annektierten Territorien in Zweifel gezogen hatte. Herrmanns Vorstoß, der durch eine Denkschrift des Oberkirchenrates vom 23. Februar 1867, die von den neupreußischen Kirchen die Anerkennung des Oberkirchenrates als oberste Kirchenleitung forderte, von kirchenoffizieller Seite unmissverständlich unterstützt worden war, bewirkte genau das Gegenteil von dem, was er bezwecken sollte.[198] Unter Anführung des Holsteinischen Bischofs Dr. Wilhelm Koopmann verließen die Lutheraner unter Protest die weiteren Kirchentagsverhandlungen. Der Kirchentag geriet zunehmend in den Verdacht, den Herrschaftsansprüchen der Positiv Unierten zu dienen und ein bloßes Werkzeug preußischer Kirchenpolitik zu sein. Um dieser standhalten zu können, schuf sich das Luthertum aus Anlass der Annexion lutherischer Gebiete durch Preußen schließlich 1868 in der Allgemeinen Lutherischen Konferenz ein wirksames Instrument der inneren Einigung und zugleich der Blockade überkonfessioneller, nationalkirchlicher Zusammenschlussbestrebungen.[199]

Wichern, der die Vorbehalte gegen Preußen und die Union sah, konnte es schließlich durchsetzen, den ursprünglich für 1871 vorgesehenen Kirchentag und den Kongress für Innere Mission nicht nach Berlin einzuladen. Stattdessen sollte „eine freie kirchliche Versammlung evangelischer Männer aus dem Deutschen Reich" abgehalten werden,[200] die nicht von dem engeren Ausschuss des Kirchentages, sondern von einem

---

[197] *Die Verhandlungen des sechzehnten deutschen evangelischen Kirchentages und Congresses für die innere Mission zu Halle vom 1. bis 4. October 1872*, Halle/S. 1872, 78 f, zit. nach H. Talazko, „Einheit für den Dienst", 357.

[198] Zu Herrmanns Vortrag „Wieweit bedürfen in der Gegenwart die evangelischen Sonderbekenntnisse zu ihrer Sicherung und gedeihlichen Wirksamkeit einer selbständigen kirchlichen Ausgestaltung!" sowie zur Denkschrift des preußischen Oberkirchenrates vgl. G. Besier, *Preussische Kirchenpolitik*, 117 ff. Zusätzliches Öl ins Feuer goss der Berliner Hofprediger Wilhelm Hoffmann mit seiner Schrift *Deutschland Einst und Jetzt im Lichte des Reiches Gottes*, Berlin 1868. In Entsprechung zum gerade entstehenden Nationalstaat erblickte Hoffmann die geschichtliche Sendung der preußischen Unionskirche darin, den ganzen deutschen Protestantismus in einer Kirche zu umfassen, die von einer großen bischöflichen Synode vertreten werden sollte.

[199] Die Allgemeine lutherische Konferenz bildete die Vorstufe zur Gründung der Vereinigten Evangelisch-Lutherischen Kirche Deutschlands, die wiederum Mitglied im Lutherischen Weltbund ist. Vgl. W.-D. Hauschild, *„Evangelische Kirche in Deutschland"*, 660: „Den nationalkirchlichen Konzeptionen verschiedener Prägung trat im Luthertum zunehmend die Konzentration auf das spezifisch Kirchliche entgegen, so daß hier nicht eine überkonfessionelle Nationalität, sondern eine übernationale Konfessionalität zum Leitbild wurde."

[200] *Die Verhandlungen der kirchlichen October-Versammlung in Berlin vom 10. bis 12. October 1871*, Berlin 1872, Vorwort, V.

größeren Kreis ausgehen sollte, um auch diejenigen Liberalen und Lutheraner, die bisher dem Kirchentag ferngeblieben waren, zur Teilnahme zu gewinnen.[201]

Diesem Ansinnen entsprachen auch die bewusst vage formulierten Zielvorstellungen der Versammlung, die deren Initiatoren im eigentlichen Einladungsschreiben vom August 1871 anführten: „Die Zukunft Deutschlands, die Zukunft unserer Kirche fordert es, dass die Gerichte und die Gnadenführungen Gottes nicht unerkannt bleiben, sondern für Glauben und Leben unseres Volkes Frucht bringen."[202] Dabei gelte es, „weder die confessionelle noch die landeskirchliche Stellung ihrer Mitglieder irgendwie [sc. zu] beeinträchtigen oder [sc. zu] präjudizieren".[203] Vielmehr sei es darum zu tun, den kirchlichen Parteikampf zu überwinden sowie Radikalismus und Romanismus abzuwehren. Dem Einladungsschreiben war eine Liste von 233 Unterzeichnern beigefügt, darunter befanden sich auch der entschiedene Lutheraner und Berliner Missionsdirektor Theodor Wangemann und der liberale Vermittlungstheologe und spätere Gründer des Evangelischen Bundes Willibald Beyschlag (1883–1900). Die lutherische Kirchenpresse ließ es sich jedoch nicht nehmen, im Vorfeld der Versammlung heftig gegen deren inhaltliche Unbestimmtheit und personell-kirchenparteiliche Ausgewogenheit zu polemisieren, die sie als „Mischmasch-Natur" bezeichnete.[204] Hinter ihr verberge sich nur das wahre Ziel der Kirchenversammlung, die preußische Union auf ganz Deutschland auszudehnen.

Trotz dieser ungünstigen Vorzeichen war die Teilnehmerzahl der Oktoberversammlung, die unter der Präsidentschaft Bethmann-Hollwegs stand, überwältigend. Am 10. Oktober hielten der Leipziger Pfarrer Friedrich Ahlfeld, der trotz seines dezidiert lutherischen Standpunktes die Gefahren eines Machtkampfes zwischen Konfessionalisten und Union der Versammlung eindringlich vor Augen führte, und ein gemäßigter Vertreter der Positiv-Unierten, der Berliner Garnisonpfarrer Emil Frommel, die Einführungsreferate zur Bekenntnis- und Verfassungsfrage. Nach diesem gleichsam von beiden kirchenparteilichen Richtungen dargebotenen Präludium stand am zweiten Verhandlungstag ein Vortrag von Bruno Brückner, Generalsuperintendent und Propst von Berlin, über „Die Gemeinschaft der evangelischen Landeskirchen im Deutschen Reiche" auf dem Programm. In diesem Thema erblickte man nicht zu Unrecht den „eigentlichen Kern der ganzen Verhandlungen",[205] da es das ursprüngliche Anliegen des Kirchentages, die Schaffung eines Kirchenbundes, erneut zur Debatte stellte. In bewusster Mäßigung beschränkte sich Brückner hinsichtlich eines Zusammenschlusses

---

[201] Daher ist die in abwertender Absicht gebrauchte Bezeichnung „verkappter Kirchentag" (AELKZ 1871, 529 f) für die Oktoberversammlung nur insofern zutreffend, als die Initiatoren der Oktoberversammlung Männer des Kirchentages waren. Von der ursprünglichen Idee her betrachtet, ist die kirchliche Oktoberversammlung des Jahres 1871 jedoch als ein Versuch aufzufassen, den Kirchentag gerade nicht unter veränderten Vorzeichen fortzusetzen, sondern durch eine Versammlung abzulösen, welche stärkere Integrationskraft besaß als dieser. Dennoch nahmen die liberalen Linken als Vertreter des Protestantenvereins nicht an der Versammlung teil. Grund war die Ausladung der liberalen Theologen Karl von Hase und Adalbert Lipsius, die auf Veranlassung der konfessionellen Lutheraner vom Präsidium der Oktoberversammlung erfolgt war.

[202] Die Verhandlungen der kirchlichen October-Versammlung, Vorwort, V.

[203] Die Verhandlungen der kirchlichen October-Versammlung, Vorwort, VI.

[204] So Ludwig Harms, zit. nach NEKZ 1871, 579.

[205] AELKZ 1871, 785.

der Landeskirchen, der über die bereits bestehende Verbindung in der Eisenacher Konferenz hinausging, auf zwei Vorschläge: Gewährung der Abendmahlsgemeinschaft unter allen evangelischen Konfessionen und die Bildung einer Kirchenkonvokation, die sich gleichmäßig aus Vertretern der Kirchenregierungen und der Landessynoden, soweit diese bereits errichtet waren, zusammensetzen sollte. Die Kirchenkonvokation, die einmal jährlich einzuberufen sei, bildete nach Brückner den Grundstock einer angestrebten Konföderation der Landeskirchen. Ein ständiger Ausschuss würde dazu bestimmt sein, ihrer Arbeit zusätzlich Kontinuität zu geben. In gewissen Grenzen erkannte Brückner ihren Beschlüssen für die einzelnen Gliedkirchen Verbindlichkeit zu. Ihre Zuständigkeit erstrecke sich gleichwohl nicht auf Lehr- und Bekenntnisfragen als vielmehr auf äußerliche Angelegenheiten und das Verhältnis zum Staat. Denn – so Brückners Schlussworte – „Einigkeit im Geist ist uns nötiger als Einheit in der Form".[206]

Diese moderaten und überaus diplomatisch ausgeführten Vorschläge konnten durchaus mit breiter Unterstützung rechnen. Die Stimmung drohte jedoch umzuschlagen, als im Anschluss Wangemann sein Korreferat hielt. Er nutzte das Forum der Kirchenversammlung zu einem eindringlichen Protest gegen die angebliche Unterdrückung der preußischen Lutheraner durch den Oberkirchenrat und forderte diesen auf, die Existenz einer evangelisch-lutherischen Kirche in Preußen anzuerkennen. Andernfalls werde ein Zusammenschluss der Landeskirchen nicht möglich sein.[207]

Nun erwies es sich als folgenreich, dass in der Versammlung – durchaus im Sinne ihrer Urheber – eine starke Minderheit von Lutheranern vertreten war. Aus Furcht, die Versammlung könnte diese Zerreißprobe nicht überstehen, unterblieb nach Wangemanns Ausführungen eine zunächst beabsichtigte Abstimmung über Brückners Konvokationspläne.[208] „Die Oktoberversammlung hatte also gerade dadurch, dass sie sich auch jenen öffnete, welche dem Kirchentag mit Misstrauen begegnet waren, deutlich sichtbar gemacht, dass die Unterschiede zwischen den kirchlichen Gruppen damals noch zu groß waren, um einen engeren Zusammenschluss zu ermöglichen."[209] Von einer

---

[206] *Die Verhandlungen der kirchlichen October-Versammlung*, 66.

[207] Gegenüber dem das Bekenntnis nivellierenden preußischen „Prinzip des Unionismus" hob Wangemann ebenso selbstbewusst wie polemisch hervor: „Die Reformation in Deutschland ist eben ihrem innersten Charakter nach eine lutherische, und was in Deutschland gläubig ist, hat fast ohne Ausnahme bis auf diesen Tag ein entschieden lutherisches Gepräge." *Die Verhandlungen der kirchlichen October-Versammlung*, 75.

[208] „Die Atmosphäre war freilich durch den Vortrag Wangemanns völlig vergiftet. Die Peinlichkeit der Situation wurde nur dadurch aufgehoben, dass das Präsidium nun auf eine Abstimmung der Brücknerschen Vorschläge verzichtete und damit die sonst unausweichliche Spaltung vermied." E. Bammel, *„Oktoberversammlung"*, 262. Der Berliner Hofprediger Hoffmann konnte lediglich erreichen, dass sich jeder einzelne in einer Zustimmungsliste für dieses Vorhaben erklären konnte. Es unterschrieben immerhin 563 Teilnehmer der Versammlung. Ihre Namen sind abgedruckt bei Bruno Brückner, *Die Gemeinschaft der evangelischen Landeskirchen im Deutschen Reich*, Berlin 1872, 23-32.

[209] H. Talazko, *„Einheit für den Dienst"*, 356.

Wiederholung dieses Unternehmens – von Friedrich Engels spöttisch als „Mucker-kongress" bezeichnet –[210] nahm man konsequenterweise rasch Abstand.[211]

1.3.3 Das kirchenpolitische Scheitern paralleler Anstrengungen

Auch zwei weiteren Unternehmungen dieser Jahre, den Zusammenschluss der Landeskirchen auf institutioneller Ebene zu fördern, blieb der Erfolg versagt. Unter den freien Kräften war es der 1872 zum letzten Mal abgehaltene Kirchentag, welcher den Brücknerschen Vorschlag einer Konvokation wenn auch in modifizierter Form wiederaufleben ließ. Von kirchenamtlicher Seite aus setzte sich der preußische Evangelische Oberkirchenrat dafür ein, das bislang einzige gemeinsame Organ der Landeskirchen, die Eisenacher Konferenz, durch die Hinzuziehung von Synodalen zu erweitern. Die Tatsache des Scheiterns beider Bemühungen unterstreicht noch einmal die enormen Barrieren, welche es auf dem Weg einer interlandeskirchlichen Einigung weiterhin zu überwinden galt.

Der Kirchentag in Halle 1872 und das Ende der Kirchentagsbewegung

Nach dem vorangegangenen Fehlschlag der Oktoberversammlung griff ein Jahr später noch einmal der Kirchentag den Konvokationsplan auf, gleichwohl unter der Bedingung, weder die strittige Unionsfrage wiederum zu verhandeln noch den rechtlichen und konfessionellen Bestand einer Landeskirche, gedacht war an die preußische, zur Disposition zu stellen. Den wenigen konfessionellen Lutheranern, die auf den Kirchentagen bisher vertreten gewesen waren, erschien eine weitere Teilnahme unter dieser Voraussetzung inakzeptabel.[212] Da auch die Teilnahme der liberalen Protestanten wie zur Oktoberversammlung weiterhin unerwünscht blieb, verwundert es nicht, wenn dieser Kirchentag einer „Parteiversammlung der Positiv Unierten" glich.[213]
Das Hauptreferat hielt der greise Bethmann-Hollweg, der einstige Präsident der Berliner Kirchenkonferenz 1846 und Initiator des Kirchentages, über das Thema: „Die Aufgabe des deutschen evangelischen Kirchentages in der Gegenwart". Neben einer verstärkten synodalen Selbstorganisation der Landeskirchen unter Aufrechterhaltung des landesherrlichen Summepiskopats forderte Bethmann-Hollweg, den Kirchenbundplan im Zuge der nationalen Einigung endlich zu verwirklichen. In einer mit überwältigender Mehrheit angenommen Resolution, in der die beiden Hauptpunkte

---

[210] Ohne Angabe der originalen Belegstelle zit. von Thomas Nipperdey, *Religion im Umbruch. Deutschland 1870–1918*, München 1988, 87.

[211] Eine gleichermaßen aus Unionsanhängern und konfessionellen Lutheranern gebildete Kommission, die die Vorschläge Brückners weiter vorantreiben sollte, kam zum letzten Mal am 18. März 1872 zusammen. Sie vertagte sich einstweilig für unbestimmte Zeit in der längst illusorisch gewordenen Hoffnung, dass es doch noch „bald" zu einer Neuauflage der Oktoberversammlung in Dresden kommen werde. Zur Zusammensetzung der Kommission vgl. W. Kreft, *Die Kirchentage von 1848–1872*, 315.

[212] Vgl. *AELKZ 1872*, 701: „Kirchentag anstatt Oktoberversammlung – das heißt doch trotz der allgemein gehaltenen Einladung für jeden, der die Geschichte mit offenen Augen durchlebt: wir wollen die Lutheraner nicht."

[213] G. Besier, *„Oktoberversammlung"*, 195.

des Vortrages knapp zusammengefasst waren, richtete der Kirchentag an die Landesherren als Inhaber des evangelischen Kirchenregiments „die ehrfurchtsvolle und dringende Bitte … eine sämtliche territoriale und provinzielle Abteilungen der evangelischen Kirche des Deutschen Reichs vertretende Versammlung" einzuberufen.[214] Für „den alten überlebten Kirchentag" bedeutete dieser Appell sein Ende,[215] gewissermaßen auch sein Testament. Dass es erst 50 Jahre später durch die Gründung des Deutschen Evangelischen Kirchenbundes vollstreckt werden konnte, lag nicht nur an der Vielzahl der kirchlichen Parteien, welche die Aussicht auf einen engeren Zusammenschluss des deutschen Protestantismus von vornherein sehr gering erscheinen ließ, sondern vor allem an der bereits nach 1850 einsetzenden politisch wie kirchlich reaktionären Entwicklung. Die damit einhergehende Konsolidierung des landesherrlichen Kirchenregiments wirkte sich insofern lähmend auf die Kirchentage aus, als diese bei ihren Einigungsbemühungen stets darauf bedacht waren, nichts ohne, geschweige denn gegen die Landesherren als summi episcopi und deren Kirchenregierungen zu unternehmen. Deren „fortbestehende[r] landeskirchliche[r] Egoismus",[216] bei dem sich besonders infolge der preußischen Annexionen theologische und politische Motive zunehmend verzahnten,[217] ließ sich jedoch durch devote Bitten wie zuletzt 1872 nicht überwinden; erst recht nicht, wenn diese von einer freien kirchlichen Versammlung gestellt wurden, die mit den amtlichen Trägern des Kirchenregiments in keinerlei organisatorisch-institutioneller Verbindung stand.[218] Die Annahme, der nationale Einigungsprozess, der die seit der Reformationszeit bestehende politische Struktur Deutschlands grundlegend veränderte, werde sich ebenso selbstverständlich auf die von dieser bestimmten Gestaltung der evangelischen Kirche auswirken, erwies sich somit als Trugschluss der Kirchentagsführer.[219] Die Unterschiede in kirchenpolitisch-verfassungs-rechtlicher wie auch in konfessioneller Hinsicht waren eben doch schwerwiegender, als es die Mittelgruppe der Positiv Unierten wahrhaben wollte.

---

[214] *Die Verhandlungen des sechszehnten deutschen evangelischen Kirchentages und Congresses für die innere Mission zu Halle vom 1. bis 4. October 1872,* Halle/Saale 1872, 4 f.

[215] Willibald Beyschlag, *Aus meinem Leben, Bd. 2,* Halle/Saale 1899, 339.

[216] Joachim Rogge, „Kirchentage und Eisenacher Konferenzen", in: Joachim Rogge/Gerhard Ruhbach (Hgg.), *Die Geschichte der Evangelischen Kirche der Union, Bd. 2,* 54.

[217] Um die preußische Übermacht abzuwehren, hielten die Landesherren an ihrer ungeschmälerten Kirchenhoheit fest, während die Kirchenführer auf den Bekenntnisdifferenzen bestanden.

[218] Die 1852 durch die Kirchenregierungen gegründete Eisenacher Konferenz lehnte die Aufnahme näherer Beziehungen zu den Kirchentagen mit der Begründung ab, dass jede der beiden Einrichtungen, da sie auf völlig verschiedener Grundlage beruhten, auch selbständig ihren Weg gehen solle. Ein kirchenoffizielles Organ, das in gewissem Sinn den bis 1872 größtenteils noch fehlenden Synoden entsprochen hätte, konnten die Kirchentage daher niemals darstellen.

[219] Bezeichnenderweise spielte das in diesem Zusammenhang von lutherischer Seite vorgebrachte Gegenargument, der kirchliche Einigungsprozess könne nicht lediglich aufgrund politisch-nationaler Interessen erfolgen, überhaupt keine Rolle. „Ohne das theologische Gewicht dieses Einwurfs zu bedenken, tat man ihn als Ausdruck eines engstirnigen lutherischen Parteiurteils ab und stellte den für allzu selbstverständlich gehaltenen inneren Zusammenhang von Kirche und Nation nicht in Frage." G. Besier, „*Oktoberversammlung*", 196. Zum zurückgewiesenen Einspruch des Lutheraners Johann von Hoffmann vgl. *Die Verhandlungen der kirchlichen October-Versammlung,* 82 f.

Die Initiativen des Preußischen Oberkirchenrats

Ebenso vergeblich wie der Kirchentag bemühte sich schließlich der preußische Evangelische Oberkirchenrat darum, die Eisenacher Konferenz im Sinne einer Konvokation auszubauen.[220] Bereits auf der zehnten Eisenacher Konferenz am 16. Mai 1870, also noch vor der Reichsgründung, hatte die oberste evangelische Kirchenbehörde den Antrag gestellt, neben Vertretern des Kirchenregiments auch Landessynodale zur Konferenz zuzulassen.[221] Auf der nächsten Eisenacher Konferenz im Juni 1872 wurde dieser Antrag erneut vorgebracht. Mit dem Hinweis auf die mittlerweile veränderten politischen Verhältnisse in Deutschland wurde die Notwendigkeit, „das in der Eisenacher Conferenz gegebene Organ einer einheitlichen Action der evangelischen Landeskirchen in seinem Gewicht thunlichst zu stärken",[222] zusätzlich untermauert. Nachdem einige Landeskirchen schwere Bedenken gegen diesen preußischen Vorstoß geäußert hatten,[223] entschloss sich die preußische Kirchenleitung, einen modifizierten Antrag auf der nächsten Eisenacher Konferenz 1874 zur Abstimmung zu stellen. In Abwesenheit von sieben Landeskirchen wurde dieser schließlich mit 13 gegen 5 Stimmen angenommen. Als sich daraufhin jedoch Bayern und Mecklenburg-Schwerin von der Konferenz zurückzogen, hielt man diesen Zustand für so unerträglich, dass die Konferenz 1880 ihren Beschluss von 1874 als „erledigt" ansah. Da man sich nicht über ihn hätte einigen können, sei ihm keine weitere Folge zu geben.[224] Daraufhin nahmen die bayerischen und mecklenburgischen Kirchenregierungsvertreter seit 1882 bzw. 1884 wieder an den Sitzungen teil.[225]
Diese Vorkommnisse lassen erkennen, dass die Eisenacher Konferenz die Teilnahme von Mitgliedern aller Landeskirchenregierungen einer Ergänzung durch Synodalvertreter eindeutig vorzog. Die Gründe für das endgültige Scheitern der stark abgemilderten Konvokationspläne sind jedoch weniger in der grundsätzlichen Abneigung gegen Hinzuziehung von Abgeordneten der gerade erst im Aufbau befindlichen Synoden zu suchen als vielmehr in der tonangebenden Rolle der preußischen Kirchenleitung,

---

[220] Vgl. hierzu u. zum folgenden G. Besier, *Preussische Kirchenpolitik,* 174 ff.

[221] Dabei dachte man jedoch zu keinem Zeitpunkt daran, den rechtlichen Charakter der Konferenz durch die geplante Erweiterung – etwa im Sinne einer Reichssynode – zu verändern. Gegen F. M. Schiele, *Kirchliche Einigung*, 52.

[222] *Protokolle der deutschen evangelischen Kirchen-Conferenz 1872*, Stuttgart o.J., 87, zit. nach G. Besier, *Preussische Kirchenpolitik*, 175.

[223] So hatten Bayern und Mecklenburg-Schwerin gegen den preussischen Antrag angeführt, dass der Charakter der Konferenz als Kirchenregierungstreffen durch die Annahme dieser Empfehlung verändert werde (vgl. die abgedruckten Konferenzprotokolle in *AEKD* 1872, 438) Dies traf durchaus zu, da nur einige Synoden bereits kirchenbehördlichen Charakter hatten, z. B. die Synoden Badens, Braunschweigs und Hannovers.

[224] Vgl. *AKED* 1880, 407.

[225] Dennoch blieb das Bemühen des preußischen EOK nicht ganz ergebnislos. In bewusster Aufnahme der Beschlüsse der Kirchenkonferenz von 1874 bekräftigte die Preußische General-Synodal-Ordnung deren Konvokationspläne, wenn sie in § 19 ausdrücklich festhielt: „Die Generalsynode nimmt Kenntnis von den Beziehungen der Landeskirche zu den übrigen Theilen der Deutschen evangelische Kirche, beschließt über die der weiteren Entwickelung ihres Gemeinschaftsbandes dienenden Einrichtungen und betheiligt sich durch von ihr gewählte Abgeordnete an etwaigen Vertretungskörpern der Deutschen evangelischen Kirche." Vgl. E. R. Huber/W. Huber, *Staat und Kirche*, *Bd. II*, 948.

die dieses Projekt von vornherein erheblichen Vorbehalten und starkem Misstrauen aussetzte.

Mit Skepsis, wenn nicht gar mit beißendem Spott beurteilten es viele Konferenzteilnehmer, dass ausgerechnet Preußen, das im Hinblick auf seine Synodaleinrichtungen im Vergleich mit anderen Landeskirchen längst nicht so weit fortgeschritten war, die Vorreiterrolle übernehmen sollte.[226]

So wirkte sich die Reichsgründung von 1871 anders als die vergleichbaren geschichtliche Umbrüche in Deutschland 1848, 1918, 1933 und 1945 zunächst nicht unmittelbar auf den Prozess der kirchlichen Einigung aus. Die begründete Furcht vor einer zu starken preußischen Vorrangstellung bildete zweifelsohne das größte Hindernis auf dem Weg zu einem Kirchenbund.[227] Erst der Kulturkampf brachte, wenn auch nur indirekt, die Zusammenschlussbestrebungen der Landeskirchen einen weiteren entscheidenden Schritt voran.

1.4 Kirchliche Einigungsbestrebungen vom Kulturkampf bis zur Gründung des Deutschen Evangelischen Kirchenausschusses 1903

Obwohl auch die evangelischen Landeskirchen von den staatlichen Kulturkampfmaßnahmen in gleicher Weise mitbetroffen waren, insbesondere in der Schul- und Ehefrage,[228] lösten diese nachteiligen Rückwirkungen keinerlei unmittelbare Bemühungen aus, sich untereinander enger zusammenzuschließen. Aus Furcht, einzelne Landeskirchenregierungen zu kompromittieren,[229] wurden die durch den Kulturkampf aufgeworfenen Fragen innerhalb der Eisenacher Konferenz nur ganz am Rande thematisiert. Ähnliche Situationen wie 1874 wollte man gar nicht erst entstehen lassen und vermied es daher, in Zukunft heiße Eisen anzufassen.

Freilich hat der Kulturkampf entscheidend auf die *Motive* der protestantischen Einigungsbestrebungen eingewirkt. Treibende Kraft waren nun weder die nationale Einigung Deutschlands noch das vermittlungstheologische Anliegen einer Bekenntnisunion oder das Bemühen um eine weitgehende kultische und kirchenrechtliche Uniformierung. So sehr diese Anliegen auch weiterhin wirksam blieben, traten sie doch gegenüber dem Gedanken der Abwehr ultramontaner Politik deutlich in den Hintergrund. Zu Beginn des Kulturkampfes in Preußen waren vor allem die Konservativen

---

[226] Vgl. hierzu F. M. Schiele, *Kirchliche Einigung*, 52.

[227] So zu Recht W.-D. Hausschild, *„Evangelische Kirche in Deutschland"*, 660.

[228] Mit dem preußischen Schulaufsichtsgesetz vom 11. März 1872, das die Wahrung der Staatshoheit gegenüber der Kirche bekräftigte, trieb der Staat den Prozess der Verweltlichung der Schulaufsicht entschieden voran. Die Einführung der Zivilehe in Preußen und im Reich 1874/75 führte zunächst – zumal im protestantischen Bereich – zu einem starken Rückgang der kirchlichen Trauungen. S. E. R. Huber/W. Huber, *Staat und Kirche, Bd. II*, 528 ff. bzw. 630 ff. Zu den Auswirkungen des Kulturkampfes auf die Landeskirchen insgesamt vgl. Ernst Bammel, *Die evangelische Kirche in der Kulturkampfaera. Eine Studie zu den Folgen des Kulturkampfes für Kirchentum, Kirchenrecht und Lehre von der Kirche*, Diss. theol. masch.schr., Bonn 1949.

[229] Vgl. z.B. die Verhandlungsprotokolle von 1875, Beschluss IV,4 abgedruckt in: *AKED* 1875, 731.

aus den Reihen der Positiven Union noch hin- und hergerissen zwischen preußisch-protestantischer Staatsraison einerseits und der nicht unbegründeten Sorge andererseits, dass die Maßnahmen des preußischen Kulturministers Adalbert Falk nur den Anfang einer neuen liberalen Großoffensive gegen das Christentum und seine Anwälte, die Kirchen, einleiteten.[230] Als jedoch Bismarck durch seine Friedensgesetze 1886/87 den Konflikt zwischen dem Staat und der katholischen Kirche endgültig beilegte, steigerten sich auch unter ihnen bereits vorhandene Ressentiments zu einem ausgeprägten Antikatholizismus. Dieser bezog seine Schärfe aus der gemeinprotestantischen Furcht vor einer offenen Benachteiligung des evangelischen Volksteils aufgrund der einseitigen staatlichen Konzessionen an die katholische Kirche. Der Umstand, dass das landesherrliche Kirchenregiment und die Regierungen infolge der weiter voranschreitenden Entflechtung von Kirche und Staat nicht länger imstande und willens waren, als Schutzmächte tätig zu werden, verstärkte im Protestantismus die eigentümliche Sorge, trotz seiner Modernität und seiner ideologischen Nähe zum Reich der römisch-katholischen Kirche in zunehmendem Maße machtlos gegenüberzustehen. Im ‚Evangelischen Bund zur Wahrung der deutsch-protestantischen Interessen‘, 1886/87 im Ausgang des Kulturkampfes gegründet, verfestigte sich schließlich dieser durch das Gefühl der konfessionellen Unterlegenheit gespeiste Antikatholizismus organisatorisch.

1.4.1 Die Gründung des Evangelischen Bundes 1886/87

Der Evangelische Bund gilt als die einzig nennenswerte institutionell sichtbare Nachwirkung des Kulturkampfes auf die protestantischen Einigungsversuche.[231] Der Erfolg seiner Gründung stellte rasch alle bisherigen evangelischen Bewegungen in den Schatten.[232] Bis zum Beginn des 20. Jahrhunderts wuchs er auf mehr als eine halbe Million Mitglieder an und war damit die größte evangelische Vereinsorganisation in Deutschland. Sein Hauptinitiator, der liberale, mittelparteilich-orientierte Theologieprofessor Willibald Beyschlag, nahm aus Anlass „der schlimmsten Niederlage des protestantischen Staatsgedankens in Deutschland" die nach 1871/72 weithin zum Stillstand gekommenen Zusammenschlussbestrebungen entschlossen wieder auf.[233]

---

[230] Vgl. Gerhard Besier, „Der Kulturkampf in Preußen und die Landeskirche", in: Joachim Rogge/Gerhard Ruhbach (Hgg.), *Die Geschichte der Evangelischen Kirche der Union, Bd. 2*, 196-216. Nach K. Nowak (*Geschichte des Christentums*, 154) waren diese zunächst bestehenden konservativen Reserven gegenüber den kirchenpolitischen Maßnahmen des Staates nur von marginaler Bedeutung. Die überwältigende Mehrheit der Protestanten habe – entsprechend „der Logik des konfessionellen Konkurrenzdenkens" – die Auffassung vertreten, „was den Katholiken schade, nütze den Evangelischen und letztlich auch dem Kampf um Freiheit, Individualität und Sachlichkeit".

[231] Vgl. T. Karg, *Eisenacher Kirchenkonferenz*, 53.

[232] Zur Gründung des Evangelischen Bundes, die 1886/87 in mehreren Stufen erfolgte, vgl. Armin Müller-Dreier, *Konfession in Politik, Gesellschaft und Kultur des Kaiserreichs. Der Evangelische Bund 1886–1914*, Gütersloh 1998, 55-72. S.a. Gottfried Maron, „Willibald Beyschlag und die Entstehung des Evangelischen Bundes", in: Ders. (Hg.), *Evangelisch und ökumenisch. Beiträge zum 100jährigen Bestehen des Evangelischen Bundes*, Göttingen 1986, 19-44.

[233] Vgl. Ders., „Das Bedürfnis einer engeren Verbindung der evangelischen Landeskirchen", in*: DEBL* 1899, Heft 7, 437 ff.

Sein Ziel war es, die Kräfte des gesamten deutschen Protestantismus unter Rückstellung aller innerprotestantisch-konfessionellen oder kirchenparteilichen Sonderinteressen in einem freien Verein zu bündeln als Gegengewicht gegenüber den mächtigen römischen Organisationen.[234] Die gemeinsame Frontstellung gegen den Romanismus, durch den man nicht nur den Bestand der evangelischen Kirche als Volkskirche, sondern auch die Einheit des preußisch-deutschen Nationalstaates ernsthaft in Gefahr sah, hatte besonders in Anbetracht einer zunehmenden innerprotestantischen Polarisierung und Politisierung der theologischen Positionen in den 1880er Jahren eine hohe Integrationskraft.[235] Im Unterschied zu religiös-theologischen Auseinandersetzungen konnten der Antikatholizismus und seine nationale Überprägung in der protestantischen Bevölkerung im Kaiserreich des ausgehenden 19. Jahrhunderts noch ein vitales religiös-politisches Potential darstellen.[236]

Dieses gelte es sich zunutze zu machen, um „eine gemeinsame und dadurch eindruckmachende Vertretung" zu erreichen.[237] Eine engere Verbindung zwischen den Landeskirchen hielt man daher für dringend erforderlich. Nachdem die Eisenacher Konferenz diesem Ziel nach Auffassung der Gründungsväter des Evangelischen Bundes bisher nicht genüge getan hatte,[238] sollte es durch den Evangelischen Bund vorangebracht werden.[239] Bis zur endgültigen Überwindung des landeskirchlichen Partikularismus müsse er subsidiär die Aufgabe protestantischer Interessenwahrung übernehmen. Als eine Art protestantische „pressure group" bildete der Evangelische Bund gemäß dieser Zielvortellung eine – interimistische – „Notgemeinschaft, eine Aktion zur evangeli-

---

[234] Die von Beyschlag entworfene Denkschrift anlässlich der konstituierenden Gründungsversammlung rief entsprechend zu einer „Zusammenfassung aller, welche unser Volk lieb haben und das Heil desselben durch das reformatorische Erbe bedingt erkennen, zu einem deutsch-protestantischen Schutz- und Trutzbunde gegen Rom" und zu einer „zeitgemäßen Erneuerung des deutsch-evangelischen Kirchentages nach dessen ursprünglicher weitherziger Idee" auf; außerdem wollte man „zur Minderung der päpstlich-jesuitischen Herrschaft über das katholische deutsche Volk" beitragen. Der Text der Gründungsdenkschrift ist abgedruckt in: Willibald Beyschlag, *Zur Entstehungsgeschichte des Evangelischen Bundes*, Berlin 1926, 16-26.

[235] Der Streit zwischen historischer und dogmatischer Methode in der Theologie artete nach K. Nowak nach 1880 immer mehr zu einer grundsätzlichen Auseinandersetzung um die Fundamente der staatlichen Ordnung und die Ziele des gesellschaftlichen Fortschritts aus. Während die ‚Modernen' im Geruch standen, eine umstürzlerische Theologie zu betreiben, haftete den ‚Positiven' das Odium des Reaktionären an. Vgl. Ders., *Geschichte des Christentums*, 162.

[236] Vgl. Thomas Nipperdey, *Religion im Umbruch*, 81.

[237] So die Gründungsdenkschrift, vgl. W. Beyschlag, *Entstehungsgeschichte*, 18.

[238] Nach Richard Bärwinkel, Superintendent und von Anfang an Mitglied des Zentralvorstandes des Evangelischen Bundes, hatte die Eisenacher Kirchenkonferenz „außer der Anregung zu einer allgemeinen Diaspora-Kollekte und zu einem allgemeinen deutschen Militärgesangbuch noch nicht viel zustande gebracht". Ders., *Der Evangelische Bund zur Wahrung der deutsch-protestantischen Interessen. Seine Berechtigung und seine Aufgaben*, Halle/S. 1887, 24., zit. nach A. Müller-Dreier, *Konfession*, 46 f.

[239] Man berief sich in den eigenen Gründungstatuten dabei ausdrücklich auf den § 19 der altpreußischen Generalsynodalordnung. Vgl. § 5 der Satzung des Evangelischen Bundes, abgedruckt in: W. Beyschlag, *Entstehungsgeschichte*, 34. Wie wichtig den Gründungsvätern der Gedanke eines engeren Zusammenschlusses der Landeskirchen war, zeigt die Tatsache, dass zeitweilig die Bezeichnung „Deutscher Evangelischer Kirchenbund" für die zu gründende Organisation vorgesehen wurde. Vgl. W. Beyschlag, *Entstehungsgeschichte*, 32-36.

schen Selbsthilfe gegenüber dem versagenden Staat".[240] Denn die protestantischen Staaten im Reich, vor allem Preußen, das durch seine „Kanossapolitik" und das starre Festhalten am Paritätsprinzip die evangelische Kirche einseitig benachteiligt hätte,[241] seien wieder neu auf die Bewahrung des reformatorischen Erbes zu verpflichten. Nur so könne zudem vermieden werden, dass „die ultramontane Gefahr", die Beyschlag für „eine chronische" hielt,[242] weiterhin zersetzend auf das evangelische Christentum wie das Deutschtum wirke.[243]

Diese Verbindung aus gemeinprotestantischer und nationaldeutscher Gesinnung mit stark antirömischer Stoßrichtung traf während des Kaiserreichs exakt die Stimmungslage weiter bürgerlich-liberaler Kreise. Trotz lebhafter Opposition aus dem Lager der Positiven Union und heftiger Angriffe durch die römisch-katholische Tagespresse zählte der Bund im Sommer 1887 schon 10000 Mitglieder, darunter 30% Pastoren.[244] Damit war es dem Bund bereits im Anfangsstadium seiner Entwicklung gelungen, die herkömmliche berufständische Trennung zwischen Geistlichen und Laien weitgehend aufzuheben. Die zweckmäßige dezentrale Organisationsstruktur, die durch ihre Gliederung nach Haupt-, Zweig- und Ortsvereinen sowie einem Zentralvorstand als ständigem Organ dem Beispiel des Gustav-Adolf-Vereins folgte, ermöglichte es zudem, regionale Grenzen zu überwinden, ohne jedoch landeskirchlich-partikularistische Gegenströmungen dadurch zu fördern. Kirchlich und kirchenpolitisch repräsentierte der Evangelische Bund vor allem die Mittelpartei. Dagegen gelang die Integration konservativer und links-liberaler Strömungen in die neue Organisation trotz aller Kompro-

---

[240] G. Maron, *„Beyschlag"*, 40.

[241] W. Beyschlag, *Leben, Bd. II*, 579. Das ganze Kapitel seiner Selbstbiographie, das die Beilegung des Kulturkampfes schildert, trägt das Motto „Unter'm Kanossagang". Vgl. ebd. 530-620, achtes Kapitel.

[242] W. Beyschlag, *Leben, Bd. II*, 639.

[243] Vgl. W. Beyschlag, *Leben, Bd.* II, 607.

[244] Am schärfsten unter den Evangelischen verurteilte der Berliner Hofprediger und spätere Gründer der Christlich-Sozialen Arbeiterpartei, Adolf Stoecker (1835–1909), neben dem Hofprediger Kögel unbestrittener Führer der Positiven Union, die Gründung des Evangelischen Bundes. Seine Angriffe richteten sich vor allem gegen Beyschlag, dem ausgewiesenen Gegner der Kleist-Hammersteinschen Kirchenanträge. 1886 hatten nämlich die beiden der rechtskonservativen Gruppierung um die ‚Kreuzzeitung' angehörigen preußischen Abgeordneten Wilhelm Freiherr von Hammerstein und Hans Hugo von Kleist-Retzow gemeinsam mit Stoecker ein Gesetz eingebracht, das auf Lockerung des Verhältnisses zwischen Kirche und Staat zielte. Vom preußischen Staat verlangte man die Bereitstellung ausreichender finanzieller Mittel, um die angestrebte Loslösung realisieren zu können. Diese auch von der preußischen Generalsynode mehrheitlich befürworteten Pläne verfehlten allerdings im preußischen Landtag wie im Herrenhaus die erforderliche Majorität. Stoecker warf Beyschlag daher nicht zu Unrecht vor, mit der Gründung des Evangelischen Bundes den Selbständigkeitsbestrebungen in der altpreußischen evangelischen Kirche den Wind aus den Segeln nehmen zu wollen. Um die Freiheit der theologischen Lehre vor einer autonomen, klerikal-orthodoxen Mehrheitskirche aufrechterhalten zu können, hielt der Hallenser Theologieprofessor wie weite Teile der von ihm geführten Mittelpartei nämlich trotz erheblicher Vorbehalte am Staatskirchentum ihrer Zeit weiterhin fest. Zu den kirchlichen Selbständigkeitsbestrebungen vgl. E. R. Huber/W. Huber, *Staat und Kirche im 19. und 20. Jahrhundert. Dokumente zur Geschichte des deutschen Staatskirchenrechts, Bd. III. Staat und Kirche von der Beilegung des Kulturkampfs bis zum Ende des Ersten Weltkriegs*, Berlin 1983, 545 ff. Zur Polemik Stoeckers vgl. den *Reichsboten* vom 03.12.1886, u. *DEBL* 1887, 63 f; 136 f u. 287. Zur Reaktion auf die Gründung insgesamt s. A. Müller-Dreier, *Konfession*, 72-77.

missbereitschaft der Gründungsväter und ihres Bemühens um Überparteilichkeit nur teilweise.[245] Dazu waren die bestehenden theologisch-politischen Gräben innerhalb des deutschen Protestantismus bereits zu groß.

Der nachhaltige Einfluss des Evangelischen Bundes auf die kirchlichen Einigungsbestrebungen wurde jedoch durch das Übergewicht der Mittelpartei nur wenig geschmälert. Freilich konnte der Evangelische Bund ohne amtliches Ansehen nicht als ein Vertretungskörper der Landeskirchen betrachtet werden. Dazu fehlten ihm die Voraussetzungen. Als protestantische Massenorganisation mit hohem Organisationsgrad, die die bereits bestehenden kirchenparteilichen Strömungen zumindest partiell integrieren konnte, stellte der Bund – ähnlich wie bereits der Gustav-Adolf-Verein – ein Modell kirchlicher Einigung dar. Mit einigen Abstrichen kann er auch aufgrund seiner liberal-protestantischen und nationalen Grundtendenz sogar als „ein Spiegelbild des gesamten evangelischen Deutschland" bezeichnet werden.[246] Als „größte[r] evangelische[r] Laienbewegung" kam dem entschiedenen Auftreten des Bundes in der Öffentlichkeit zweifelsohne erhebliches Gewicht zu.[247] Seine Anregungen gegenüber maßgebenden Stellen sollten die Einigungsbestrebungen noch erheblich voranbringen.

1.4.2 Die Gründung des Deutschen Evangelischen Kirchenausschusses (DEKA)

Das Gegenüber zu dem aus dem Kulturkampf gestärkt hervorgegangenen Katholizismus steigerte auch unter den Landeskirchen das Bedürfnis nach einem gemeinsamen Organ, das sie auch nach außen hin handlungsfähig machte. Während die katholische Kirche im Reichstag durch die Zentrumspartei ihr politisches Gewicht geltend machte und seit 1867 über die Fuldaer Bischofskonferenz, bzw. die von München und Freising zu einem abgestimmten Vorgehen gelangt war, hatten die evangelischen Kirchen bislang nichts Gleichartiges entgegenzusetzen. Die Eisenacher Konferenz war dazu nicht imstande, da sie ohne Organcharakter nur intern wirken konnte, ebenso nicht die Landeskirchen als einzelne. Dazu kam, dass auch den Landesherren die Errichtung eines gemeinsamen Organs der Landeskirchen zur Wahrnehmung der evangelisch-

---

[245] Immerhin wurden einzelne Persönlichkeiten aus der Gruppierung der Positiven Union wie der Barmer Missionsinspektor Gustav Warneck und der Superintendent und spätere Schriftführer des Bundes, Leopold Friedrich Witte, sogar in den Zentralvorstand gewählt. Als Vertreter der konfessionellen Richtung gehörte diesem außerdem der Münsterer Pfarrer und Konsistorialrat August Niemann an. Aus Furcht, die kirchlichen Rechte zu provozieren, verzichtet man allerdings darauf, Vertreter des Protestantenvereins in des Vorstandsgremium einzubeziehen. Erster Präsident wurde der freikonservative Reichtagsabgeordnete Wilko Levin Graf von Wintzingerode-Bodenstein, der Bismarcks Revision der Maigesetzgebung entschieden abgelehnt hatte. Kirchenpolitisch nahm er gegenüber Liberalen wie Vertretern der Positiven Union eine kompromissbereite und vermittelnde Haltung ein, was sich in der schwierigen Gründungszeit als besonders wertvoll erweisen sollte. Vgl. die Personenliste abgedruckt in W. Beyschlag, *Entstehungsgeschichte*, 69-76.

[246] K. Nowak, *Geschichte des Christentums*, 161.

[247] Gerhard Besier, „Die Beilegung des Kulturkampfs und die Gründung des Evangelischen Bundes (1878–1886)", in: Joachim Rogge/Gerhard Ruhbach (Hgg.), *Die Geschichte der Evangelischen Kirche der Union, Bd. 2*, 257.

kirchlichen Interessen „nicht ungelegen" war.[248] Auf diese Weise entgingen sie weiteren Rollenkonflikten, die sich aus ihrer Stellung als oberste Bischöfe der evangelischen Landeskirchen einerseits und dem Grundsatz der Parität andererseits im Zusammenhang des Kulturkampfes ergeben hatten. Die Notwendigkeit einer stärkeren Zusammenarbeit zwischen den Landeskirchen machte sich ferner nach der Erweiterung der deutschen Kolonialgebiete bemerkbar. Die Verantwortung für die in ihnen bestehenden deutschen Gemeinden hatte zunächst nur die preußische Landeskirche in weitem Umfang stellvertretend wahrgenommen.[249]

Treibende Kraft der landeskirchlichen Bemühungen wurde der preußische Oberkonsistorialrat Theodor Braun.[250] Auf der 1898 stattfindenden Versammlung der Eisenacher Konferenz, deren Vorsitz Braun seit 1897 inne hatte, trat er dafür ein, das föderative Band zwischen den Landeskirchen zu stärken, indem die Eisenacher Konferenz zu einem handlungsfähigen, ständigen Organ mit erweiterter Zuständigkeit ausgebaut würde.[251] Damit versuchte Braun die praktisch einzige Möglichkeit für die Kirchenregierungen auszuschöpfen, im damaligen Zeitpunkt eine weitere Einigung zu erreichen. Die Konferenz nahm diese Anregung auf und beauftragte den Leiter des Hannoveranischen Landeskonsistoriums und späteren Präsidenten des preußischen Oberkirchenrats, Bodo Voigts (1844–1920), eine Kommission zu bilden, die bis zur nächsten Tagung in zwei Jahren der Konferenz konkrete Vorschläge unterbreiten sollte.

Am 20. Juni 1900 legte Voigts als Berichterstatter der Kommission der Kirchenkonferenz nahe, den § 3 der Geschäftsordnung mit einem Zusatz zu versehen. Danach sollte eine ‚Ständige Kommission' der Konferenz zur Unterstützung ihrer Arbeit errichtet werden.[252] Der Ausschuss sollte aus sechs von der Konferenz gewählten Mitgliedern bestehen.[253] Da der Charakter der Konferenz durch die Kommission nicht geändert werde sollte, verzichtete man nach längerer Diskussion darauf,[254] diese mit weitreichenderen Befugnissen zu betrauen. Ihre Hauptaufgabe bestand in der Koordination der Konferenzarbeit und der kontinuierlichen Fühlungnahme mit den Kirchenregierungen. Dennoch war mit ihrer Einsetzung „der erste Schritt zu einer größeren Einheit getan".[255]

Parallel zu diesen kirchenoffiziellen Bestrebungen richtete der Evangelische Bund auf seiner Generalversammlung 1899 aufgrund von Anregungen des Gothaer Studienra-

---

[248] T. Karg, *Eisenacher Kirchenkonferenz*, 73 f.

[249] Vgl. Carl Mirbt, „Die Preussische Landeskirche und die Auslandsdiaspora", in: *Deutsch-Evangelisch im Auslande* 1907, 54-68 u. 101-123.

[250] Das folgende nach Hartmut Sander, „Der Deutsche Evangelische Kirchenausschuß (1903)", in: J. Rogge/G. Ruhbach (Hgg.), *Die Geschichte der Evangelischen Kirche der Union, Bd. 2*, 355-373. S.a. T. Karg, *Eisenacher Kirchenkonferenz*, 60-75.

[251] Vgl. den Präsidialbericht Brauns, abgedruckt in: *AKED 1898*, 57.

[252] Die Geschäftsordnung ist abgedruckt in: *AKED 1902*, 351.

[253] Unter ihnen waren auch Voigts und Braun. Vgl. H. Sander, „*Kirchenausschuß*", 362.

[254] Vor allem der Präsident des württembergischen Konsistoriums Freiherr von Gemmingen hatte sich dafür eingesetzt, die Kommission mit umfassenden Rechten auszustatten und ihr als Vertretungsorgan der Kirchenregierungen die Vollmacht zu erteilen, mit den Kirchen- und Staatsbehörden unmittelbar in Verbindung zu treten. Vgl. T. Karg, *Eisenacher Kirchenkonferenz*, 61.

[255] H. Sander, „*Kirchenausschuß*", 362.

tes Albert von Bamberg eine Petition an die Kirchenkonferenz.[256] Diese solle bei ihrer nächsten Zusammenkunft eine Lösung herbeiführen, „ob und wie die deutschen evangelischen Landeskirchen enger miteinander verbunden werden könnten, um ihre gemeinsamen Interessen und Aufgaben wirksamer als bisher zu wahren und zu fördern".[257] Die Konferenz, die durch eine derartige Eingabe ihre Kompetenzen überschritten sah, beschloss auf Anraten der Ständigen Kommission, sie den Kirchenregierungen zur weiteren Veranlassung zu übermitteln.[258] Damit schloss sich die Konferenz der vom altpreußischen Oberkirchenrat vorgegebenen Marschrichtung an, die weitere Initiative für einen engeren Zusammenschluss der Landeskirchen den einzelnen Kirchenregierungen zu überlassen. Der Eindruck einer preußischen Vorreiterrolle in der Einigungsfrage sollte gar nicht erst entstehen und ein mögliches Misstrauen nicht heraufbeschworen werden.[259]

Einen weiteren entscheidenden Anstoß erhielten die Einigungsbemühungen 1901 durch eine Ansprache Kaiser Wilhelms II. aus Anlass des 300jährigen Geburtstages Ernst des Frommen von Sachsen-Gotha. In ihr bezeichnete der Kaiser die Vereinigung der Evangelischen Deutschlands als „ein hohes Ziel" seines Lebens.[260] Die erklärte Absicht der kaiserlichen Rede, die durch die Eingabe des Evangelischen Bundes bereits in Gang gebrachte Diskussion über einen kirchlichen Zusammenschluss zu verstärken, zeigte sehr bald Auswirkungen.

Das Sachsen-Coburg-Gothaische Staatsministerium reagierte als erste Kirchenregierung offiziell auf den Beschluss der Eisenacher Konferenz zum Antrag des Evangelischen Bundes. Am 1. Mai 1902 stellte es den förmlichen Antrag auf Schaffung eines ständigen Vertretungsorgans an die Konferenz, nachdem sich auch die sächsische Landessynode einstimmig für ein weiteres Vorgehen in der Sache ausgesprochen hatte. Das zu errichtende Gremium sollte sich unter dem Namen ‚Deutscher Evangelischer Kirchenverband' aus 15 Mitgliedern zusammensetzen und aus seiner Mitte den Vorsitzenden und dessen Stellvertreter wählen. Beschlüsse sollten mit Mehrheit gefasst werden. Dem Kirchenverband obliege die Aufgabe, die gemeinsamen Interessen der Landeskirchen nach außen zu vertreten, und zwar gegenüber anderen Kirchen- und Religionsgesellschaften sowie hinsichtlich der kirchlichen Versorgung der Evan-

---

[256] Vgl. Bambergs Schrift: *Der Deutsche evangelische Kirchenbund*, Berlin 1898, in der sich der Verfasser für eine kirchliche Einigung nach dem Vorbild der Gründung des Deutschen Zollvereins ausspricht. Aufgrund seiner Verdienste hinsichtlich eines engeren Zusammenschlusses der Landeskirchen wurde Bamberg, Schwiegersohn Emil Herrmanns, gar als „geistiger Testamentsvollstrecker seines Schwiegervaters" bezeichnet. Vgl. a. Müller-Dreier, *Konfession*, 59, Anm. 314.

[257] Vgl. *Protokolle der XXIV. Deutschen Evangelischen Kirchen-Konferenz 1900*, Stuttgart 1900, 214.

[258] Vgl. *AKED 1903*, Kirchenkonferenzprotokolle, 24 f.

[259] Als der Präsident des preußischen Oberkirchenrats, Friedrich Wilhelm Barkhausen, in einer Unterredung mit Kaiser Wilhelm II. vom 21. März 1900 diesen über den Antrag des Evangelischen Bundes in Kenntnis setzte, erklärte der Kaiser, dass an sich ein engerer Zusammenschluss der evangelischen Kirchenkörper Deutschlands nur mit Freude begrüßt werden könne. Von preußischer Seite sei aber äußerste Zurückhaltung solchen Anträgen gegenüber geboten, jedenfalls sei alles zu vermeiden, was als Drängen oder Locken aufgefasst werden könne". Vermerk Barkhausens v. 21. März 1900, zit. nach H. Sander, „*Kirchenausschuß*", 360.

[260] Zit. von Generalsuperintendent Kretschmar aus Gotha auf der 25. Kirchenkonferenz am 31. Mai 1902. Vgl. *Protokolle der XXV. Deutschen Evangelischen Kirchen-Konferenz 1902*, Stuttgart 1902, 106.

gelischen in den deutschen Schutzgebieten. Darüber hinaus sollte es die staatliche Gesetzgebung beobachten und gegebenenfalls bei den entsprechenden Reichs- oder Länderbehörden im gemeinsamen Interesse der Landeskirchen intervenieren. Unter besonderen Umständen seien auch öffentliche Kundgebungen zu veranstalten. Für Bekenntnisstand, Lehre und innere Einrichtungen einzelner Landeskirchen sei das Gremium hingegen nicht zuständig.[261]

Sämtliche Vertreter der Kirchenregierungen stimmten am 31. Mai 1902 für die Einsetzung einer aus 13 Mitgliedern zu bildenden Sonderkommission der Kirchenkonferenz, der alle Entwürfe zur weiteren Beratung überwiesen werden sollten. Der Ausschuss konstituierte sich am 3. Juni 1902 und wählte den EOK-Präsidenten Barkhausen zum Vorsitzenden. Als Gegengewicht zur preußischen Kirchenleitung ernannte man Oberkonsistorialrat Kelber aus München zu dessen Stellvertreter. Hauptstreitpunkte bildeten die Fragen, ob sich eine Fortentwicklung im Anschluss an die Kirchenkonferenz oder unabhängig von dieser vollziehen müsse – für Letzteres setzte sich besonders Bayern ein – sowie die Abgrenzung der Befugnisse des neuen Organs. Weitere Unstimmigkeiten erzeugten die Fragen der Wahl des Vorsitzenden und des Sitzes des Ausschusses. Die Einbeziehung synodaler Elemente in den Ausschuss lehnte man unter den gegebenen Verhältnissen hingegen einstimmig ab. Über dessen Bezeichnung als ‚Deutscher Evangelischer Kirchenausschuss‘, wie sie Schwarzenburg-Sondershausen vorgeschlagen hatte, kam man ebenfalls schnell überein.[262]

Vom 11. bis 13. Juni 1903 kamen schließlich Abgeordnete sämtlicher Landeskirchen mit Ausnahme von Reuß ältere Linie auf einer außerordentlichen Tagung der Kirchenkonferenz zusammen, um über die im März dieses Jahres fertiggestellten Vorschläge der Sonderkommission abzustimmen. Deren Empfehlungen gingen dahin, die Kirchenkonferenz durch eine Umgestaltung ihrer Ständigen Kommission zu ergänzen. Der neue ‚Deutsche Evangelische Kirchenausschuss‘ sollte sich aus 15 Mitgliedern zusammensetzen.[263] Als seinen dauerhaften Sitz schlug man Berlin vor, als Vorsitzenden den Präsidenten des preußischen Oberkirchenrats.[264] Als Organ habe er die

---

[261] Zum Antrag Sachsen-Coburgs vgl. *AKED 1902*, 411 (Protokolle: Beilage G, Unteranlage 1). Ähnliche Vorschläge unterbreiteten auch die Kirchenregierungen von Braunschweig und Schwarzburg-Sondershausen. Vgl. H. Sander, „*Kirchenausschuß*", 364 f.

[262] Zu den Verhandlungen der Sonderkommission vgl. T. Karg, *Eisenacher Kirchenkonferenz*, 67.

[263] Zu ihnen sollten gehören: der Vorsitzende der Eisenacher Konferenz, drei Mitglieder der Konferenz aus dem Kirchengebiet der älteren, zwei aus dem Kirchengebiet der neuen Provinzen Preußens, je eins aus den Kirchengebieten Bayerns, Sachsens und Württembergs, der Rest aus den übrigen Landeskirchen nach gegenseitiger Verständigung ihrer Abgeordneten. Ein Überblick über die Besetzung der kirchenleitenden Ämter in den größeren Landeskirchen für die Zeit von 1890 bis 1918 findet sich bei E. R. Huber/W. Huber, *Staat und Kirche, Bd. III*, 867 ff.

[264] Ausdrücklich hatte Barkhausen bereits zuvor betont (*Protokolle Kirchenkonferenz 1902*, 29), dass man sich allein aus praktischen Gesichtspunkten für Berlin entschieden habe. Die kirchenpolitisch unabdingbare Präsenz des Gesamtprotestantismus in der Reichshauptstadt gebiete es zudem, dass der Präsident des preußischen Oberkirchenrats die Geschäfte des Kirchenausschusses führen müsse, da er freien Zugang zu den höchsten Staatsbehörden habe. Im übrigen müsse „es für die deutschen evangelischen Interessen als Gewinn erscheinen, wenn die der Stellung des Geschäftsleiters eignende Bedeutung durch die Verbindung dieses Amtes mit dem obersten kirchenregimentlichen Amte der größten deutschen Landeskirche potenziert wird". Der Ausschussbericht Barkhausens ist vollständig abgedruckt in: *Deutsche Evangelische Kirchen-Konferenz 1903*, Stuttgart 1903, 24-34.

Aufgabe, die landeskirchlichen Interessen nach außen zu vertreten und die Betreuung der evangelischen Diasporagemeinden zu übernehmen, sofern diese noch nicht in einer besonderen Verbindung zu einer deutschen Landeskirche getreten seien. Eine unmittelbare Bindung der Kirchenregierungen an die Ausschussbeschlüsse bleibe nach wie vor nicht vorgesehen. Den Bekenntnisstand und angestammte landesherrliche Rechte wolle man unverändert beibehalten.

Die einzig erwähnenswerten Proteste gegen diese moderat gehaltenen Vorschläge kamen aus Bayern und wandten sich gegen die geplante Regelung über Sitz und Präsidium des Kirchenausschusses. Um diese antipreußischen Vorbehalte gegen einen befürchteten Berliner Zentralismus zu entkräften, verständigte man sich darauf, eine endgültige Klärung über Sitz und Vorstand auf fünf Jahre auszusetzen. Solange blieb die provisorische Regelung in Kraft, dass der Vorsitzende von der Konferenz zu bestimmen sei und sich der Sitz des Ausschuss nach dessen Dienstort zu richten habe.[265] Nach diesen Modifikationen an der Vorlage der Sonderkommission nahm die überwältigende Mehrheit der Kirchenkonferenz die Satzung des Kirchenausschusses am 13. Juni 1903 an.[266] Damit hatte die Eisenacher Konferenz ein jederzeit handlungsfähiges Organ aus ihren eigenen Reihen gebildet. Das Statut der Kirchenkonferenz wurde dabei unverändert beibehalten.

Der Gründungsbeschluss wurde anschließend den Kirchenregierungen zugeleitet und von ihnen im Laufe des Sommers 1903 gebilligt. Nur Mecklenburg-Strelitz beharrte auf seiner ablehnenden Haltung. Am 10. und 11. November 1903 trat der Deutsche Evangelische Kirchenausschuss in Dresden, dem Amtssitz des Konferenzvorsitzenden, des Oberhofpredigers Oskar Ackermann, zu seiner ersten Sitzung zusammen und konstituierte sich förmlich. Am 23. November erließ er bereits seine erste Kundgebung an das deutsche evangelische Volk.[267] Auf seiner zweiten Sitzung am 18. und 19. Dezember 1904 gab er sich eine Geschäftsordnung und wählte Voigts, den neuen Präsidenten des Evangelischen Oberkirchenrats in Berlin, zum Vorsitzenden des Kirchenausschusses und Oberkonsistorialrat Kelber zu seinem Stellvertreter.[268] Die Bemühungen einer vom DEKA eingesetzten Rechtskommission um den Erwerb der Rechtsfähigkeit des Ausschusses führten bereits ein Jahr später zum Ziel:[269] Durch

---

[265] Vgl. Ziffer V des Beschlusses vom 13. Juni 1903; abgedruckt in *AKED 1903*, 589 f. Zur Satzung des Kirchenausschusses s.a. Ernst Rudolf Huber/Wolfgang Huber, *Staat und Kirche, Bd. III*, 564-568.

[266] Das Stimmenverhältnis war 42:3. Nur die Abgeordneten aus Mecklenburg-Strelitz, Sachsen-Meiningen und Schwarzburg-Rudolfstadt stimmten gegen die Satzung.

[267] Bezeichnenderweise nannte der DEKA als erste seiner Aufgaben die Beobachtung der Reichsgesetzgebung und verband sie mit der Abwehr katholischer Angriffe: „Wenn künftig wieder ein Reichsgesetz beschlossen werden soll, das auch für religiös-sittliche Fragen nicht ohne Bedeutung ist, so soll es nicht nur unter dem gewichtigen Einfluß der anderen Kirche zustande kommen, während die große evangelische Mehrheit des Volkes ohne gemeinsame Vertretung bleibt. Auch wir werden im gegebenen Augenblick unseren Mund auftun und an maßgebender Stelle die Interessen der evangelischen Kirche wahrnehmen." Vgl. E. R. Huber/W. Huber, *Staat und Kirche, Bd. III*, 569-571, Zitat: 570.

[268] Vgl. das Sitzungsprotokoll, in: *EZA* 1/A2/11.

[269] Mitglieder des Rechtsausschusses waren: Braun (Berlin), von Gemmingen (Stuttgart) und Giese (Schwerin).

königlich-preußischen Erlass vom 23. Januar 1905 wurde der DEKA als Körperschaft des öffentlichen Rechts anerkannt.[270]

Die Gründung des DEKA gilt zurecht als „eine markante Zäsur in der Verfassungsgeschichte der evangelischen Kirche Deutschlands".[271] Während sich die bisherige Konferenzarbeit auf rein binnenkirchliche Probleme konzentrierte, bedeuteten die Aufgaben des DEKA einen entscheidenden Schritt zur politischen Interessenvertretung gegenüber dem Reich, der Öffentlichkeit und dem Katholizismus. Der DEKA konnte eigenständig Kundgebungen an die gesamtdeutsche Öffentlichkeit richten, stand im ständigen Verkehr mit den Reichsbehörden und übernahm die Koordination der einzelnen Kirchenregierungen für ein abgestimmtes Vorgehen. Wirksamer als zuvor konnte sich der deutsche Protestantismus als Einheit artikulieren und präsentieren. Dazu trat die Fürsorge für die deutschen Gemeinden im Ausland und den deutschen Schutzgebieten, die im Zusammenhang der deutschen Kolonialpolitik als eine Gemeinschaftsaufgabe immer größere Relevanz bekam.[272]

So hatte sich mit der Einsetzung des Kirchenausschusses das Schwergewicht von der Kirchenkonferenz notwendigerweise mehr auf ihn verlagert. Obwohl der DEKA nach außen entsprechend mehr Kompetenzen als die Kirchenkonferenz hatte und folgerichtig nicht die Aufgaben der Konferenz als deren Vertretung, sondern als seine Aufgaben im eigenen Namen erfüllte, war er keine von der Kirchenkonferenz völlig unabhängige, lediglich an diese angeschlossene kirchliche Oberbehörde.[273] Denn er hatte der Konferenz regelmäßig Bericht zu erstatten und blieb ihr verantwortlich.[274] Förderlich für sein Ansehen war die dauerhafte Verbindung mit dem preußischen EOK, die die Kirchenkonferenz am 18. Juni 1908 beschloss: Wie ursprünglich von der Sonderkommission vorgeschlagen, blieb der Sitz des DEKA in Berlin, und die Leitung der Geschäfte wurde dem Präsidenten des EOK übertragen.[275]

Die kirchlichen Einigungsbestrebungen waren jedoch mit der Gründung des DEKA noch längst nicht abgeschlossen. Sowohl die Eisenacher Konferenz als auch der DEKA, in denen allein das konsistoriale Element vertreten war, das synodale hingegen fehlte, waren nur „ein Torso".[276] Durch die Hinzuziehung von synodalen Abgeord-

---

[270] Beglaubigte Abschrift in: *EZA* 1/A2/10.

[271] W.-D. Hauschild, *„Evangelische Kirche in Deutschland"*, 661.

[272] Außer der Rechtskommission wurde daher bereits 1904 eine Diasporakommission gegründet, zu der auch der einflussreiche Vizepräsident des EOK, Hermann Freiherr von der Goltz, gehörte. Vgl. H. Sander, *„Kirchenausschuß"*, 369 f.

[273] Dies behauptet allerdings v. Bamberg; vgl. Ders., „Die Deutsche-Evangelische Kirchenkonferenz und der engere Zusammenschluß der deutschen evangelischen Landeskirchen Deutschlands", in: *Das Evangelische Deutschland 1906*, 158 ff.

[274] In den einzelnen Tätigkeiten des DEKA kommt dessen nationalprotestantische Orientierung deutlich zum Vorschein, etwa in der Kundgebung von 1904 gegen die Aufhebung von § 2 des Jesuitengesetzes, der Denkschrift von 1906 zum Gesetzentwurf über die Freiheit der Religionsausübung oder im „Hausbuch für Deutsche im Ausland" von 1907. Während des Ersten Weltkrieges kam die Arbeit des DEKA fast zum Erliegen und gewann erst mit der Revolution von 1918/19 schlagartig neue Bedeutung. Zur Tätigkeit des DEKA bis 1918 vgl. die Zusammenfassung bei: T. Karg, *Eisenacher Konferenz*, 83-87.

[275] Vgl. *AKED* 1908, 767. Bodo Voigts, der bereits seit 1904 den Ausschussvorsitz innehatte, übte diesen bis 1919 weiterhin aus.

[276] Vgl. T. Karg, *Eisenacher Kirchenkonferenz*, 71.

neten wären beide Organe nicht nur erweitert, sondern in ihrer Eigenschaft als Institutionen der Kirchenregierungen verändert worden. Dies wollte man aber nicht. Die Kirchenleitungen teilten einmütig die Auffassung der Sonderkommission, dass eine derartige Änderung gegen den Willen der Landesherren nicht durchzusetzen und daher von vornherein ausgeschlossen sei.[277] So erwies sich das Staatskirchentum einmal mehr als „größtes Hindernis für eine stärkere Einheit der Kirche".[278] Auch in der Frage der Verbindlichkeit gemeinsamer Beschlüsse war mit der Gründung des DEKA keine wesentliche Änderung erreicht. Sie mussten von den einzelnen Kirchenregierungen nicht beachtet werden; diese konnten sogar wie bisher der Konferenz oder dem DEKA fernbleiben oder ihren Austritt erklären.[279] Eine entgegengesetzte Regelung hätte unter Umständen die landesherrlichen Bischofsrechte verletzt oder das Selbständigkeitsrecht der Landeskirchen in Fragen von Bekenntnis und Verfassung berührt.

Eine Möglichkeit zu einem engeren Zusammenschluss war unter den bestehenden Verhältnissen nicht gegeben. Die Kirchenregierungen hatten den einzig gangbaren Weg beschritten, das unmittelbar aus der Eisenacher Konferenz entstandene neue Organ auf die Wahrung der gemeinsamen protestantischen Interessen zu beschränken und alle Konfliktpunkte wie die oberste Kirchengewalt des Landesherren oder den Bekenntnisstand unberücksichtigt zu lassen. Die zu erwartenden Widerstände von den verschiedensten Seiten hätten jedes andere Vorgehen zunichte gemacht. Dennoch blieb die Idee einer deutschen evangelischen Nationalkirche lebendig. Bedingt durch die am Beginn des Krieges zutage tretende nationale Begeisterung fand sie zunehmend publizistische Befürworter.

1.5 Einigungsversuche während des Ersten Weltkriegs

Der Ausbruch des Ersten Weltkrieges gab den konkreten Zusammenschlussbestrebungen der deutschen Landeskirchen zwar keinen nennenswerten weiteren Auftrieb, ließ aber erneut Pläne aufkommen, die auf eine Vereinheitlichung teils mit dem Ziel einer evangelischen Reichskirche abzielten.[280] Die Urheber dieser Ideen zählten zum

---

[277] Alle Versuche vor 1918, Kirchenkonferenz und -ausschuß durch Ergänzung synodaler Delegierter zu einer Vertretung der Landeskirchen als ganzer zu machen, blieben daher erfolglos. Sie scheiterten an dem Interesse der deutschen Einzelstaaten, ihren direkten Einfluss nicht abzuschwächen. Nach F. M. Schiele (*Kirchliche Einigung*, 66) waren den Landesherren beide Organe „zum guten Teil ein Mittel, der Schmälerung ihrer Rechte auf geordnete Weise vorzubeugen". Zu den vergeblichen Bemühungen um synodale Ergänzung seitens der preußischen Generalsynode, der badischen Landessynode und des Wormser Synodaltages 1904/06 vgl. T. Karg, *Eisenacher Kirchenkonferenz*, 76-82.

[278] W.-D. Hauschild, „*Evangelische Kirche in Deutschland*", 662.

[279] Die kleinen thüringischen Landeskirchen Reuß ä.L. und Meiningen waren vorübergehend bis 1910 bzw. 1917 förmlich aus der Konferenz und dem DEKA ausgetreten.

[280] Vgl. Heinrich Weinel, „Die Deutsche Reichskirche", in: *Der Kunstwart und Kulturwart* 28, 1914/15; 129-137. Ders., „Warum keine Reichskirche?", in: *Der Kunstwart und Kulturwart* 30, 1916/17; 171-176.213-217. H. Jahn, *Eine Reichskirche?*, Leipzig 1916. Wilhelm Thümmel, *Volksreligion oder Weltreligion? Landeskirche oder Bekenntniskirche?* o.O., 1916; Martin Rade, *Die Kirche nach dem Kriege*, Tübingen 1916.

liberalen Flügel des deutschen Protestantismus, der in den kirchenleitenden Gremien wie in den meisten Synoden völlig unterrepräsentiert war. Allein dieser Umstand ließ ihre unitarischen Bestrebungen von vornherein wenig aussichtsreich erscheinen. Den gemeinsamen Hintergrund ihrer Publikationen bildeten abermals die gesellschaftspolitischen Verhältnisse, denn sie alle trugen mehr oder weniger deutlich die Züge des nationalen Einheitserlebnisses am Beginn des Krieges, das von vielen Pfarrern und Theologen in den Bereich des Religiös-Kirchlichen übertragen wurde.[281]

1.5.1 Heinrich Weinels Idee einer Reichskirche

Unter die 1915/16 herausgegebenen Publikationen, die am deutlichsten an die nationalkirchlichen Bestrebungen des 19. Jahrhunderts neu anzuknüpfen versuchten,[282] gehörte der Beitrag des Jenaer Neutestamentlers Heinrich Weinel. Sein im September 1915 als Flugschrift des Dürer-Bundes erschienener Aufsatz mit dem markanten Titel „Die Deutsche Reichskirche" fand innerhalb des deutschen Protestantismus teilweise erbitterten Widerspruch. Das veranlasste ihn, einen weiteren Aufsatz – „Warum keine Reichskirche?" – zu verfassen und diesen ebenfalls im *Kunstwart*, dem Publikationsorgan des Dürer-Bundes, im Dezember 1916 zu veröffentlichen.

Ergriffen von der im Kriege beschworenen Einheitsmentalität sprach Weinel die Hoffnung aus, „dass unsere Tage, da im Wetter des Weltkrieges Deutschland von neuem geboren wird, uns wenigstens auch die evangelische Kirche des Deutschen Reiches bringen werden".[283] Weinel berief sich dabei auf Fichte und Jahn, von denen in der Zeit der Befreiungskriege die ersten Anregungen zur Bildung einer Nationalkirche ausgegangen waren, und auf Karl von Hase. Dieser habe im Zuge der Märzrevolution 1848 „das bestdurchdachte und maßvolle Programm für ‚Die evg. protestantische Kirche des Deutschen Reiches'" verfasst; sein eigenes Programm sei Hases Ideen „ganz ähnlich".[284] Unter Anlehnung an politische Verfassungsverhältnisse plädierte Weinel für eine Ergänzung des Kirchenausschusses – der nach seiner Ansicht etwa die Stellung eines Bundesrats einnahm – durch einen „Reichskirchentag". Dieser solle als eine Art Reichssynode durch Urwahlen vom Kirchenvolk einberufen werden und die Reichskirche konstituieren.[285] Wesentliche Aufgaben des Kirchenausschusses habe dieser auf die den Landeskirchen gegenüber mit größeren Kompetenzen ausgestattete

---

[281] „Die nationale Begeisterung der Augusttage 1914, das überwältigende Erlebnis der Einigkeit aller Volksschichten, schien zugleich die Züge einer religiösen Erweckung zu tragen, von der sogar betont unkirchliche und antikirchliche Schichten ergriffen waren. Die Gotteshäuser füllten sich wieder, und in der Kirche glaubte man, eine neue Hinwendung zur Kirchlichkeit unter dem Eindruck der nationalen Gefahr zu erleben." Gottfried Mehnert, *Evangelische Kirche und Politik 1917–1919*, 30. Zu den offiziellen Verlautbarungen der evangelischen Kirchen bei Ausbruch des Krieges s.auch E. R. Huber/W. Huber, *Staat und Kirche, Bd. III*, 808 ff.

[282] S.o. die Seiten 20 ff.

[283] H. Weinel, „*Die Deutsche Reichskirche*", 129.

[284] Vgl. H. Weinel, Art. „Reichskirche", in: *RGG* [2]IV, 1828 f

[285] H. Weinel, „*Die Deutsche Reichskirche*", 135 f.

Reichskirche zu übertragen.[286] Ein solcher Verfassungsumbau sei angesichts der dem Kirchenausschuss zuwachsenden Arbeiten dringend erforderlich, zumal diesem jegliche Verbundenheit mit den Gemeinden fehle. Durch einen demokratisch legitimierten Reichskirchentag werde die evangelische Kirche wieder zur Volkskirche, die den deutschen Protestantismus auch nach außen hin mit größerer Geschlossenheit breitenwirksam vertreten könne. Eine Reichskirche werde vor allem dem Katholizismus in Deutschland besser gewachsen sein.[287]

So einleuchtend diese Argumente Weinels auch waren, sie gingen doch an der Realität landeskirchlicher Autonomie vorbei: „Die Landeskirchen hätten unter den damaligen Verhältnissen um einer Reichssynode willen auf ihre bisher so erfolgreich verteidigte Selbständigkeit auch nicht teilweise verzichtet."[288] Am entschiedensten von ihnen lehnten, wie kaum anders zu erwarten, die lutherischen Landeskirchen Weinels Pläne ab. Ihr bedeutendster Vertreter Hermann von Bezzel (1861–1917), seit 1909 Präsident des Oberkonsistoriums in München, zugleich stellvertretender Präsident des Kirchenausschusses und Vorsitzender der Eisenacher Kirchenkonferenz, brachte seine Kritik auf die programmatische Formel: „Nicht Nationalkirche als Zweckverband, sondern Internationale als Bekenntnisgemeinschaft."[289] Er verwarf damit Weinels Reichskirchenvision trotz dessen ausdrücklicher Versicherung, die Formulierung eines allgemeinverbindliches Unionsbekenntnisses sei „ebenso unevangelisch wie aussichtslos".[290] Nach Auffassung Bezzels lief sie dennoch zwangsläufig darauf hinaus, das lutherische Bekenntnis inmitten des konfessionellen Pluralismus zu relativieren, d.h. es nur als einen unter verschiedenen möglichen theologischen Standpunkten zur Geltung zu bringen. Selbst unter den liberal gesonnenen Theologen fand Weinel nirgends ungeteilte Zustimmung. Auch sie lehnten solche Ideen als mit dem Wesen und der Tradition der evangelischen Kirchen unvereinbar ab.[291] Sie hatten sich längst den Standpunkt der Kirchenregierungen wie der früheren Kirchentage zu eigen gemacht, nur einen föderativen Zusammenschluss als Ziel ins Auge zu fassen.[292] Weinels Idee einer deutschen Reichskirche blieb daher ein Vorschlag; einen nachhaltigen Einfluss übte sie indessen nicht aus.[293]

---

[286] Weinel dachte dabei vor allem an die deutschen Auslandsgemeinden und die Mission, deren Unterstützung er – hier machte sich wieder die Situation der ersten Kriegsjahre bemerkbar – für ein nationales Anliegen ersten Ranges hielt.

[287] H. Weinel, „*Warum keine Reichskirche?*", 216.

[288] T. Karg, *Eisenacher Kirchenkonferenz*, 88.

[289] Hermann von Bezzel, „Neujahrsbetrachtung", in: *Neue Kirchliche Zeitschrift* (NKZ), Nr. 27, 1916, 11.

[290] H. Weinel, „*Die Deutsche Reichskirche*", 133.

[291] Vgl. Ernst Schubert, *Die deutsch-evangelischen Einheitsbestrebungen vom Beginn des 19. Jahrhunderts bis zur* Gegenwart, Berlin 1919, 40. Zu den Reaktionen auf Weinels Schrift vgl.a. G. Mehnert, *Evangelische Kirche und Politik 1917–1919*, 215 f.

[292] Martin Rade (1857–1940), Professor für Praktische Theologie in Marburg und Herausgeber der liberalen ‚Christlichen Welt', entgegnete Weinels unitarischen Ideen mit der apodiktischen Feststellung: „Unser Reich ist ein Bundesstaat. Die Landeskirchen sind durch Geschichte und Verfassung Kirchen der Einzelstaaten." Ders., *Die Kirche nach dem Kriege*, 35, zit. nach G. Mehnert, ebd..

[293] Weinels persönliche Einschätzung erscheint überzogen, wenn er in der Gründung des Deutschen Evangelischen Kirchenbundes 1922 seine in Anlehnung an Hases aufgestellten Forderungen „im wesentlichen" erfüllt sieht (Art. „Reichskirche", 1829), sofern er damit behaupten will, die entschei-

1.5.2 Die Konferenz Deutscher Evangelischer Arbeitsorganisationen von 1916

Während der Ruf nach einer Reichskirche im Jahre 1915 wirkungslos verhallte, führten die Kriegsjahre dennoch zu einem praktischen Erfolg für die Einigungsbestrebungen. Im Februar 1916 schlossen sich insgesamt 31 evangelische Vereinigungen, darunter die Großorganisationen des Evangelische Bundes, des Gustav-Adolf-Vereins und der Inneren Mission sowie sämtliche Gesellschaften der Äußeren Mission, zu einer einheitlichen Vertretung des freien Protestantismus in der Konferenz Deutscher Evangelischer Arbeitsorganisationen (KDEAO) zusammen.[294] Indem man die KDEAO gründete, schuf man eine Möglichkeit, dass sich der deutsche Protestantismus als Kirchenvolk auf Verbandsebene sammeln konnte. Dies stand in gewisser Opposition zu den vorangegangenen Einheitsversuchen, die lediglich von kirchenleitender Ebene aus – durch die Eisenacher Konferenz und ihren Ausschuss – unternommen worden waren; denn bei diesen hatte man den nicht am Kirchenregiment beteiligten Gliedern aus Rücksichtnahme auf die Landesherren jedwede Rechte zur Mitwirkung beharrlich verweigert. Im Krieg, der eine besondere Situation darstellte, schuf sich die in den Verbänden vertretene kirchliche ‚Basis‘ mit der KDEAO konsequenterweise ein eigenes Organ, um ihren Wunsch nach kirchlicher Einigung zu artikulieren.

Den Anstoß für dessen Bildung gab der praktische Theologe Friedrich Mahling, der am 9. Februar 1915 vor dem Central-Ausschuss für Innere Mission ein ausführliches Referat über die Frage hielt: „Können wir das wiedererwachte religiöse Leben in unserem Volke pflegen, und auf welche Weise soll es geschehen?".[295] Unter Hinweis auf entsprechende Gedanken Wicherns entwickelte Mahling seine Idee von der Kirche der Zukunft. Als eine ‚johanneische Kirche‘ sollten in ihr die konfessionellen Unterschiede überwunden sein und alle ihre Glieder im Geist brüderlicher Liebe und Eintracht miteinander leben. Kirchenrechtliche, organisatorische und politische Fragen müssten in ihr eine völlig untergeordnete Rolle spielen. Das gegenwärtig von theologischem Gezänk bestimmte kirchliche Leben bedürfe daher einer völligen Umgestaltung, insbesondere auf sozialem Gebiet erwarte die christliche Gemeinde eine immense Aufgabe, die nur gemeinsam zu bewältigen sei. Zudem sei angesichts des seit Kriegsbeginn erwachenden christlichen und nationalen Bewusstseins eine gründliche Analyse der kirchlichen Zeitlage vonnöten, die nicht von einzelnen allein geleistet werden könne. Mahlings Überlegungen gipfelten in dem Vorschlag, eine auf der Initiative des Central-Ausschusses beruhende Einrichtung zu schaffen, die diese Arbeit umfassend in Angriff nehme. Dafür sei der organisatorische Zusammenschluss der bedeutende-

---

denden Impulse seien von ihm ausgegangen. Das von Weinels Vorschlag erheblich abweichende Wahlrecht des Kirchentages und die vergleichsweise minimalen Kompetenzen aller Bundesorgane lassen, wie noch zu zeigen sein wird, in Weinels Urteil zudem eine beträchtliche Realitätsferne erkennen.

[294] Eine genaue Übersicht über die Mitglieder der Konferenz findet sich im *Kirchlichen Jahrbuch für die evangelischen Landeskirchen Deutschlands,* 1916, 157 ff. Das folgende nach J.-C. Kaiser, *Sozialer Protestantismus im 20. Jahrhundert,* 25-47.

[295] Vgl. die Darstellung der Protokolle der CA-Sitzung vom 9. Februar 1915 bei J.-C. Kaiser, *Sozialer Protestantismus im 20. Jahrhundert,* 27 f.

ren evangelischen Arbeitsorganisationen in einem entsprechenden Spitzengremium in Betracht zu ziehen.

Mahlings praktische Anregungen, nicht so sehr seine nebulös bleibende theologische Vision einer johanneischen Kirche, wurden innerhalb der Inneren Mission mit großer Zustimmung aufgenommen. Zugleich war sich der Central-Ausschuss im klaren darüber, dass er damit „ein sehr heißes Eisen" anfasste und entsprechend vorsichtig vorgehen musste.[296] So vereinbarte man, den Bericht über Mahlings Referat nur den Mitgliedern des geschäftsführenden Ausschusses vertraulich zugänglich zu machen und die Protokolle über die Sitzungen des Central-Ausschusses am 9. März, 11. Mai und 10. Juni 1915, in denen über diese Angelegenheit weiter beraten worden war, erst im Juli des Jahres zu veröffentlichen. Eine inzwischen gebildete Vorbereitungskommission hatte mit ihrem Schreiben vom 12. Juni 1915 zehn größere kirchliche Gruppen, die ein breites theologisches Spektrum des evangelischen Vereinslebens repräsentierten,[297] zu einer ersten Besprechung eingeladen. Diese Besprechung fand am 5. Juli des Jahres statt,[298] und zwar in der Berliner Privatwohnung des CA-Präsidenten Friedrich Albert Spiecker (1854–1936).[299]

Die Anwesenden beschlossen, ihren Organisationen die Bildung einer deutschen evangelischen Arbeitsgemeinschaft vorzuschlagen. Ferner sollte ein großer evangelischer Volkstag nach dem Vorbild der Katholikentage nach dem Kriege stattfinden, durch den man die Einheit der evangelischen Kirche entscheidend fördern wollte, wie CA-Präsident Spiecker noch einmal hervorhob. Für die weiteren Planungen wurde erneut ein Vorbereitungs- und Verständigungsausschuss eingesetzt, der sich am 7. Oktober 1915 konstituierte.

Trotz der vereinbarten Vertraulichkeit blieb das ganze Vorhaben nicht unbemerkt. Nachdem das lutherisch-konfessionelle Lager Wind von der Sache bekommen hatte, regte sich schnell lebhafter Widerspruch. Die AELKZ, einflussreiches publizistisches Organ der Allgemeinen Evangelisch-Lutherischen Konferenz, beanstandete am 17. September des Jahres die ‚semi-konspirativen' Bedingungen, unter denen die Bera-

---

[296] H. Talazko, „*Einheit für den Dienst*", 358.

[297] Als Vertreter des linksliberalen Flügels war der Evangelisch-Soziale Kongress geladen, daneben sein sozial-konservatives Gegenstück, die Freie Kirchlich-Soziale Konferenz. Ferner handelte es sich um die Konferenz für Evangelische Gemeindearbeit, den Evangelisch-Kirchlichen Hilfsverein, den Verband Deutscher Evangelischer Pfarrervereine, den Gustav-Adolf-Verein, die Deutsche evangelische Missionshilfe und den konservativ-erwecklich ausgerichteten Deutschen Verband für evangelische Gemeinschaftspflege und Evangelisation (Gnadauer Verband) sowie den Deutschen Evangelischen Volksbund, das konservative Pendant zum mehrheitlich nationalliberal orientierten Evangelischen Bund, der als größte evangelische Vereinsorganisation selbstverständlich ebenfalls berücksichtigt wurde. Vgl. die Protokolle der CA-Sitzungen vom 9. März, 11. Mai und 10. Juni 1915, angeführt bei J.-C. Kaiser, *Sozialer Protestantismus im 20. Jahrhundert*, 29, Anm. 16.

[298] Bis auf den Evangelisch-Kirchlichen Hilfsverein waren sämtliche Vertreter der geladenen Verbände erschienen. Vertreter des DEKA waren nicht eingeladen worden. Auf Nachfrage des DEKA rechtfertigte die Vorbereitungskommission ihre Entscheidung damit, dass dies in Anbetracht des noch unverbindlichen Charakters der Besprechung „unbescheiden" gewesen wäre. Vgl. das Sitzungsprotokoll, angeführt bei Kaiser, *Sozialer Protestantismus im 20. Jahrhundert*, 30, Anm. 18.

[299] Zu Spiecker vgl. Jochen-Christoph Kaiser, „Friedrich Albert Spiecker. Eine Karriere zwischen Großindustrie und freiem Protestantismus", in: Francesca Schinzinger (Hg.), *Christliche Unternehmer*, Boppard 1994, 161-206.

tungen zustande gekommen seien.[300] Vertreter des konfessionellen Luthertums seien dabei im Gegensatz zu liberalen oder mittelparteilichen Gruppierungen wie dem Evangelisch-Sozialen Kongress oder dem Evangelischen Bund bewusst übergangen worden. Sie erklärte: „ Wir verstehen das Verlangen nach größerer Einigkeit, aber dann müsste man doch nicht mit Bestreitern der Offenbarung anfangen und Vertreter der Offenbarung von vornherein ausschließen." Auch die Delegiertenversammlung der verbündeten lutherischen Vereine für Innere Mission beschäftigte sich am 20./21. Oktober des Jahres mit den Plänen des Central-Ausschusses und hielt sie für undurchführbar. Eine innerliche Arbeitsgemeinschaft hielt man nur bei gleicher Glaubensgrundlage möglich.[301]

Um beruhigend auf die Gegner der Neugründung einzuwirken, unterstrich der Vorbereitungsausschuss in seinen Sitzungen vom 7. Oktober und 3. November 1915 den unverbindlichen Charakter der entstehenden Konferenz Deutscher Evangelischer Arbeitsorganisationen.[302] Geplant sei kein neuer Verein, sondern lediglich ein lockerer Zusammenschluss des Verbandsprotestantismus. Unter Umständen wolle man sogar ohne Statuten im vereinsrechtlichen Sinne auskommen.[303] Die Konferenz werde sich zudem ausschließlich auf praktisch-sittliche und soziale Aufgaben beschränken, da auf diesem Feld im Unterschied zu kirchenpolitischen Zielsetzungen ein weitgehender Konsens unter den einzelnen beteiligten Verbänden am ehesten zu finden sei. Der Ausschuss sprach sich allerdings mehrheitlich gegen die Hinzuziehung der umstrittenen Gruppierungen aus, um die Konferenz durch mögliche Konfliktherde in den eigenen Reihen nicht von vornherein einer Zerreißprobe auszusetzen.

Auf der traditionellen Novemberkonferenz der Inneren Mission 1915 wurde die lebhafte Kontroverse trotz der vorangegangenen Beschwichtigungsversuche fortgesetzt.[304] Der Berliner Systematiker und spätere Präsident des Central-Ausschusses Reinhold Seeberg (1859–1935), der gemeinsam mit Mahling zu den eigentlichen Initiatoren des Projektes gerechnet wurde, wies die Vermutung zurück, hinter dem Unternehmen stecke eine andere Größe als der Central-Ausschuss, etwa das Kirchenregiment, eine theologische Gruppierung oder die preußische Mittelpartei. Ferner beklagte er an der evangelischen Kirche die Überbewertung des Theoretischen und sprach sich für eine verstärkte Zusammenarbeit auf praktischem Gebiet aus, durch die eine engere Verbindung der verschiedenen kirchlichen Gruppen herbeigeführt werde. Die Kritik, die überwiegend von lutherischer Seite geäußert wurde, richtete sich vor allem

---

[300] *AELKZ* 48, 1915, 905 f.

[301] Vgl. die „Entschließung der Delegierten-Konferenz der verbündeten lutherischen Vereine für Innere Mission … Hannover betreffend die Konferenz Deutscher Evangelischer Arbeitsorganisationen" , angeführt bei J.-C. Kaiser, *Sozialer Protestantismus im 20. Jahrhundert*, 32 f, Anm. 24.

[302] Vgl. die Protokolle der entsprechenden Sitzungen des vorbereitenden Ausschusses, angeführt bei J.-C. Kaiser, *Sozialer Protestantismus im 20. Jahrhundert*, 33, Anm. 25 u. 26.

[303] Diese Klarstellung erschien den Verantwortlichen vor dem Hintergrund des im September 1915 veröffentlichten Aufruf Weinels zum Bau einer Reichskirche umso dringlicher. Der Vorstoß des Jenaer Neutestamentlers schien alle Befürchtungen der Konferenzgegner gegenüber dem Verbandsprotestantismus zu bestätigen und sorgte für zusätzlichen Zündstoff in dieser Kontroverse. Vgl. J.-C. Kaiser, *Sozialer Protestantismus im 20. Jahrhundert*, 33-38.

[304] Vgl. das Protokoll der Novemberkonferenz vom 9. 11. 1915, angeführt bei J.-C. Kaiser, *Sozialer Protestantismus im 20. Jahrhundert*, 35, Anm. 31.

gegen das unabgestimmte Vorgehen des Central-Ausschusses, der die Landes- und Provinzialvereine erst nach der Besprechung vom 5. Juli verständigt hatte, so dass diese außerstande waren, ihn zurückzuhalten. Von dem geplanten evangelischen Volkstag solle der Central-Ausschuss tunlichst Abstand nehmen, da er eine vermeintliche kirchliche Einheit nur vortäusche. Eine Konferenz der Arbeitsorganisationen könne die Einheit der evangelischen Kirche ebenso wenig zum Ausdruck bringen. Dennoch sei in ganz konkreten praktischen Fragen durchaus ein gemeinsames Handeln wünschenswert. Die Befürworter einer Arbeitsgemeinschaft der Verbände fassten letzteres als Zugeständnis der Konfessionellen auf und bekräftigten, dass kirchliche Einheit nur auf dem Wege gemeinsamer christlich-sozialer Tätigkeit erreicht werden könne. Diese könne auch auf der Grundlage unterschiedlicher lehr- und bekenntnismäßiger Prägungen geleistet werden.

Um die Schärfe aus der Auseinandersetzung zu nehmen,[305] sah der CA davon ab, auf die Veranstaltung eines großen evangelischen Volkstages nach Kriegsende hinzuwirken. Diese Konzession an das konfessionelle Lager hinderte ihn jedoch nicht daran, mit den anderen Verbänden die angestrebte Verbindung einzugehen. Mitte Dezember bestimmte der Vorbereitungsausschuss den Termin für die Gründungsversammlung der Arbeitsgemeinschaft und gab dieser den endgültigen Namen 'Konferenz Deutscher Evangelischer Arbeitsorganisationen'.[306] Darüber hinaus entwarf er ein vorläufiges Programm, welches bewusst unverbindlich gehalten war und mit umso größerer Zustimmung rechnen konnte.[307]

Obwohl die Kritik seitens des lutherischen Konfessionalismus weiterhin anhielt,[308] kam es wie geplant am 22. Februar 1916 zur Gründungsversammlung der Konfe-

---

[305] Wie hitzig die Debatte geführt wurde, dokumentiert die Äußerung des Herrnhuter Unitätsdirektors Bauer, der sich wenige Tage nach der Novemberkonferenz besorgt an den geschäftsführenden Sekretär des Central-Ausschusses Steffen wandte und ihm mitteilte, diese Sache könne „dem Central-Ausschuss den Hals kosten oder ihm eine neue legendenreiche Stellung geben". Schreiben Bauers an Steffen vom 13. November 1915, zit. nach H. Talazko, *„Einheit im Dienst"*, 359.

[306] Vgl. das Protokoll der Verhandlungen des vorbereitenden Ausschusses vom 15. Dezember 1915, angeführt bei J.-C. Kaiser, *Sozialer Protestantismus im 20.* Jahrhundert, 37, Anm. 40. Die KDEAO sollte sich danach am 22. Februar 1916 konstituieren. Die Namensgebung beruhte auf dem Vorschlag des Präsidenten des Gustav-Adolf-Vereins, Franz Rendtorff, der ebenso für das Programm der KDEAO maßgeblich verantwortlich zeichnete.

[307] „Die Konferenz deutscher Evangelischer Arbeitsorganisationen verfolgt das Ziel, die größeren, mit ihrer Arbeit über den Umkreis einzelner Landeskirchen hinausreichenden Vereinigungen, die deutsches evangelisches Leben in unserem Volke zu wecken, zu fördern und zu vertiefen bestrebt sind, derartig miteinander in Fühlung zu bringen, dass sie über ihr gedeihliches Zusammenarbeiten an der Verwirklichung dieser Aufgabe in regelmäßig wiederkehrenden Verhandlungen Verständigung suchen." Im Entwurf war ursprünglich von „wiederkehrenden vertraulichen Verhandlungen" die Rede. Zitat nach J.-C. Kaiser, *Sozialer Protestantismus im 20. Jahrhundert*, 37, vgl. bes. ebd. Anm. 41.

[308] Die gewichtigste Kritik von lutherischer Seite stammte von Hermann von Bezzel (s.o. Seite 83). In seiner „Neujahrsbetrachtung" zum Jahreswechsel setzte er den Gründungsplänen der KDEAO, die er auch indirekt mit Weinels Reichskirchenplänen in Beziehung setzte, sein grundsätzliches Verdikt entgegen: „Arbeitsgemeinschaft ohne Glaubensgemeinschaft ist Selbstbetrug" (Ders., „Neujahrsbetrachtung", in: *NKZ*, Nr. 27, 1916, 12 f). Da Bezzel seine Kritik nur in seinem Namen und nicht stellvertretend für die Eisenacher Konferenz, den DEKA oder die bayerische Landeskirche geäußert hatte, blieb sie ohne nachhaltigen Einfluss auf die Gründung der KDEAO. An dieser wollte man das Kirchenregiment vorerst ohnehin nicht beteiligen.

renz.[309] Die überwältigende Mehrzahl der in Frage kommenden Organisationen hatte dem Gründungsaufruf Folge geleistet und damit ihren Willen, dem freien Protestantismus mehr Geschlossenheit zu verleihen, eindrucksvoll bekundet.[310] Nachdem Rendtorff der Versammlung nochmals versichert hatte, dass zu den Aufgaben der Konferenz weder reichskirchliche Forderungen, kirchenpolitische Stellungnahmen noch theologische Richtungsstreitigkeiten gehörten, stimmten die Anwesenden dem Programmentwurf zu und konstituierten damit förmlich die Konferenz.[311]

Wie kaum anders zu erwarten, löste die Gründung der Konferenz eine Vielzahl publizistischer Reaktionen positiver wie negativer Art aus.[312] Kaum eine andere Aktion des Central-Ausschusses hat vorher oder nachher ein stärkeres Echo gefunden. Sehr schnell aber wurde es danach still um die KDEAO, die sich im weiteren Verlauf des Krieges – ihrer Programmatik gemäß – ausschließlich auf sittlich-soziale Aufgaben konzentrierte.[313] Ihre größte Bedeutung erlangte die Konferenz erst im Jahre 1918, als das landesherrliche Kirchenregiment endgültig aufgehoben wurde. Nun brachen sich die Forderungen nach einem umfassenden kirchlichen Verfassungsneubau und einer adäquaten Beteiligung der Laien am Kirchenregiment vehement Bahn. Die Gelegenheit, nach dem Zusammenschluss der Verbände auch die Einheit der Landeskirchen zu erreichen und diese auf eine breitere Grundlage des Kirchenvolks zu stellen, erschien im Zuge der Novemberrevolution günstiger denn je. Nun sollte sich herausstellen, wie wichtig es war, dass es neben dem Kirchenausschuss und der Eisenacher Konferenz auch ein gemeinsames Organ der freien evangelischen Verbände gab, dessen rechtliche Legitimation durch die revolutionären Umwälzungen nicht infrage gestellt war.

---

[309] Dass sie stattfinden konnte, hing vor allem mit „den realen Machtverhältnissen innerhalb des Verbandsprotestantismus" zusammen: „Solange die Großorganisationen Ev. Bund, Gustav-Adolf-Verein und Innere Mission unerschütterlich zu ihrem Vorhaben standen, hatten die Kritiker wohl beschränkte Einwirkungsmöglichkeiten auf die programmatische Entwicklung; die Entscheidung für die KDEAO rückgängig zu machen, vermochten sie indessen nicht." J.-C. Kaiser, *Sozialer Protestantismus im 20. Jahrhundert*, 39.

[310] Zur Teilnehmerliste s. das gedruckte Protokoll: *Konferenz Deutscher Evangelischer Arbeitsorganisationen. Bericht über die Begründungsversammlung am 22. Februar 1916 zu Berlin*, Berlin 1918. Nur der Gnadauer Verband, der Lutherische Gotteskasten – das konfessionalistische Pendant zum Gustav-Adolf-Verein – und die Allgemeine Evangelisch-Lutherische Konferenz waren nicht erschienen.

[311] Ebd., 24 f. Zur programmatischen Festlegung, die Rendtorff im Dezember formuliert hatte, s.o. Seite 88, Anm. 307.

[312] Vgl. den Überblick in der Chronik der Zeitschrift *Christliche Welt*, 1916, 173 f. 254 ff.

[313] Im Vordergrund stand der Kampf um die ‚sittliche Reinheit' des Volkes, die man durch Alkoholismus, Prostitution und außereheliche Geschlechtsverkehr bedroht sah. S. im einzelnen J.-C. Kaiser, *Sozialer Protestantismus im 20. Jahrhundert*, 43 ff.

2 Der Weg bis zur Konstituierung des ersten Kirchentages in Dresden

Der erste Kirchentag während der Weimarer Republik wurde vom DEKA für die Zeit vom 1. bis 5. September 1919 nach Dresden einberufen; er war eine späte Nachholung der 1872 ebenfalls für Dresden in Aussicht genommenen Oktoberversammlung. Freilich handelte es sich nun bei dieser Zusammenkunft im Unterschied zu deren Vorgängerveranstaltungen im 19. Jahrhundert um eine offizielle kirchenamtliche Angelegenheit. Sie vereinte zum ersten Mal Vertreter der Kirchenleitungen, Synoden und freien Arbeitsverbände aller deutschen Landeskirchen mit führenden kirchlichen Persönlichkeiten. Die Beratungen zielten darauf, den Kirchentag neben den bereits bestehenden gemeinsamen Organen, der Eisenacher Konferenz und dem Kirchenausschuss, als neue dauerhafte Einrichtung zu gründen. Damit war die Hoffnung verbunden, die gemeinsamen Organe des deutschen Protestantismus auf eine breitere Grundlage als bisher zu stellen. Die Debatten von 1918 und 1919 über eine interlandeskirchliche Einigung erweckten zunächst sogar den Anschein, als könnte der Zusammenschluss der Landeskirchen in einem Kirchenbund maßgeblich vom Kirchentag als einer Art gesamtprotestantischer Synode vorbereitet und aufgebaut werden.

Dass ein solches Vorhaben im Zuge der Novemberrevolution erneut auf die Tagungsordnung kam, bestätigt einmal mehr das, was die Skizzierung der Vorgeschichte der Weimarer Kirchentage und des Kirchenbundes bis 1918 gezeigt hat: protestantische Zusammenschlussbestrebungen erwachten stets im Zusammenhang mit einschneidenden politischen Veränderungen und traten gewissermaßen als deren begleitende Symptome auf. So erschien der durch die Initiative der KDEAO und des Freien Protestantismus veranlassten ,Vorkonferenz zur Vorbereitung eines allgemeinen deutschen evangelischen Kirchentages' – die dann allerdings unter der Federführung des DEKA in Kassel Ende Februar 1919 stattfand – dieser Schritt „durch die gegenwärtigen Zeitverhältnisse geboten".[314] Das Besondere der ,gegenwärtigen Zeitverhältnisse' im Vergleich zum 19. Jahrhundert ergab sich aus der Tragweite der Probleme, die der Zusammenbruch des monarchischen Systems für den deutschen Protestantismus in seiner landeskirchlichen Gestalt aufgeworfen hatte. Das abrupte Ende des seit vier Jahrhunderten bestehenden landesherrlichen Kirchenregiments machte nicht nur eine Neuordnung der Beziehung der Kirche zum republikanischen Staat erforderlich, sondern steigerte auch die Entschlossenheit derer, die der Überzeugung waren, man dürfe die Stunde der äußeren Umwälzungen nicht ohne entschiedene innerkirchliche Reformen tatenlos verstreichen lassen. Denn mit der Abdankung des Monarchen war den leitenden Kirchenbehörden, Einrichtungen und Amtsträgern, die ihre rechtlichen Befugnisse bisher aus der Ernennung durch den früheren Summus Episcopus abgeleitet

---

[314] *Verhandlungen des Deutschen Evangelischen Kirchentages 1919*, 5 (Vorwort).

hatten, kirchenrechtlich gleichsam der Boden entzogen. Positiv gewertet bestand nun die „vermutlich einmalige Gelegenheit einer radikalen Umgestaltung evangelischer Kirchlichkeit",[315] und zwar in weitgehender Autonomie und ohne den Druck, auf unmittelbare staatlich-politische Herrschaftsinteressen Rücksicht nehmen zu müssen.

Das Leitmotiv, das sich mit der Neuordnung der landeskirchlichen Verfassungen wie auch mit der Gründung eines gesamtprotestantischen synodalen Vertretungskörpers verband, war durchweg der Begriff der ‚Volkskirche'. Gleichwohl blieb dieses populäre Schlagwort äußerst vieldeutig und konnte mit sehr unterschiedlichen, geradezu gegensätzlichen Vorstellungen verbunden werden.[316] Für die Vertreter des liberalen Protestantismus beinhaltete die Forderung nach einer Volkskirche vor allem eine bestimmte Verfassungskonzeption von Kirche: die Ersetzung bürokratisch-konsistorialer Strukturen durch eine von den Gemeinden her bestimmte demokratisch-synodale Ordnung. Zur kirchlichen Neuordnung gehörte für viele Liberale auch die Überwindung des Konfessionspartikularismus. Der zuvor nur noch wenig beachtete und für unrealistisch erklärte Ruf nach einer unitarischen protestantischen Reichskirche, an deren Spitze der Kirchentag als eine Art Reichssynode stehen sollte, erlangte im Zuge der politischen Umbrüche erneut Aktualität.

Im Gegensatz zur Revolutionseuphorie liberaler Protestanten signalisierte der Begriff Volkskirche für das überwiegend konservative Spektrum der alten Kirchenleitungen und Synoden kein positives Verhältnis zur Demokratie, sondern eine defensive Einstellung zu dieser. Durch eine anfangs sehr restriktive bis religionsfeindliche Kulturpolitik der sozialistischen Übergangregierung, welche die Trennung von Staat und Kirche ursprünglich auf dem Verordnungswege, also außerhalb des beeinflussbaren, regulären Gesetzgebungsverfahrens vollziehen wollte, sah man den religiös-sittlichen Öffentlichkeitseinfluss der Kirche ernsthaft in Gefahr. Mit dem kirchenoffiziellen Leitbild ‚Volks-kirche' wollte man vor allem dem Abbau der kirchlichen Privilegien wehren und sich vor einer Abdrängung in den privaten Bereich schützen. Es diente im Grunde als ein „Funktionsbegriff",[317] wodurch man herausstellen wollte, dass die Kirche nach wie vor berechtigt sei, ihren Einfluss im öffentlichen Leben ungeschmälert geltend zu machen. Kirchliche Erneuerung bedeutete in diesem Kontext vor allem eine stärkere Mobilisierung des Kirchenvolkes gegen die äußere Bedrohung, um im öffentlichen Leben die eigenen politischen Interessen wirksamer vertreten zu können.[318]

---

[315] J.-C. Kaiser, *Sozialer Protestantismus im 20. Jahrhundert*, 65.

[316] Zum differenten Spektrum volkskirchlicher Modelle vgl. Kurt Meier, „*Die zeitgeschichtliche Bedeutung volkskirchlicher Konzeptionen im deutschen Protestantismus zwischen 1918 und 1945"*, 16-39 (s. auch Seite 20, Anm. 31).

[317] Vgl. Wolf-Dieter Hauschild, „Volkskirche und Demokratie. Evangelisches Kirchenverständnis und demokratisches Prinzip im 20. Jahrhundert", in: Dieter Oberndörfer/ Karl Schmitt (Hgg.), *Kirche und Demokratie*, Paderborn 1983, 42.

[318] Die gegensätzliche Stellung zur Revolution und die daraus sich ergebende unterschiedliche Verwendung des Schlagworts Volkskirche werden prägnant von Otto Dibelius auf den Punkt gebracht: „Da kam der 9. November 1918 ... Und in den Herzen derer, die an ihrer Kirche hingen, blitzte die Überzeugung auf: nun ist auch für die Kirche neue Zeit! Nun muß aus dem unvolkstümlichen Bau der früheren Tage endlich, endlich eine wahre, freie, kraftvolle Volkskirche entstehen! Zweierlei wirkte zusammen. Bei denen, die die Revolution als den Anbruch freierer, besserer Tage begrüßten,

Etwaige Zugeständnisse auf organisatorischem Gebiet gegenüber liberalen Forderungen einer demokratischen Volkskirche wurden nur unter der Bedingung gemacht, dass sie die politische Aktivierung der Gemeinden unterstützen. Dem Zwang zu einer verfassungsmäßigen Neuorientierung setzte man von Seiten des Kirchenregiments weithin das Maximalziel entgegen: Kontinuität ohne Bruch, um nach dem Ende des Summepiskopats als rechtlich weiterhin legitimierter und privilegierter Träger und Sachwalter des evangelischen Kirchenvolkes ungehindert fortwirken zu können. Für die Einigungsbestrebungen bedeutete diese Maßgabe den Verzicht darauf, die Landeskirchen in ihrem überkommenen Bestande entscheidend zu verändern, d.h. ihre Organisation, ihre Regierung und ihren konfessionellen Charakter anzutasten. Die Kompetenzen des geplanten Kirchentages sollten sich im wesentlichen darauf beschränken, als sichtbares Band der evangelischen Landeskirchen und ihres Kirchenvolkes den geistlichen und moralischen Anliegen des deutschen Protestantismus in der neuen Republik Gehör zu verschaffen.

In diesem Sinne wird in der Forschungsliteratur der Dresdener Kirchentag für gewöhnlich als Endstation der innerkirchlichen Reformdebatte bezeichnet.[319] Diese Sichtweise ist jedoch dahingehend zu korrigieren, dass bereits auf der Kasseler Vorkonferenz Ende Februar 1919 die entscheidenden Weichen gestellt wurden für den rechtlichen Rahmen, in dem der organisatorische Zusammenschluss der Landeskirchen und die Gründung des gesamtprotestantischen Repräsentativorgans ‚Kirchentag‘ erfolgen sollten. Zu diesem frühen Zeitpunkt war der Höhepunkt der vielfältigen, vom Lager des liberalen Protestantismus sowie der pietistisch geprägten Gemeinschaften initiierten Volkskirchenbewegung bereits überschritten. So konnte Otto Dibelius (1880–1967), zu dieser Zeit Vorsitzender des Vertrauensrates der preußischen Landeskirche, bei seiner Bilanzierung der Ereignisse im März 1919 mit Recht festhalten, der „wichtigste Gewinn für das kirchliche Leben in den ersten Monaten nach der Revolution" sei nicht „etwa eine neue Führung der Gemeinden und der Kirchen durch freie volkskirchliche Organisationen gewesen, sondern im Gegenteil eine Neubelebung der organisierten Kirche, unabhängig von der volkskirchlichen Bewegung in ihren mannigfaltigen Formen".[320] Mit anderen Worten: die verfassungspolitische Revolution war in der Kirche nicht nachgeholt worden. Der Dresdener Kirchentag vom Spätsommer 1919 sollte daher nur das bestätigen, was sich auf dem Weg zu seiner Konstituierung bereits abgezeichnet hatte.

---

der Gedanke: auch die Kirche muß teilhaben an dem Geschenk des neuen Geistes! Wie im Staat, so muß auch in der Kirche von unten her das Neue kommen! Wir dürfen die Frühlingsstunde, die unwiederbringliche, nicht verschlafen! Bei den anderen, die in der Revolution einen Verrat an der deutschen Vergangenheit, eine furchtbare Gefahr für die deutsche Zukunft sahen, führte entgegengesetzte Besorgnis zu dem gleichen Ziel: wir müssen die Kirche retten vor der Zerstörung durch den neuen Geist! Und nur dann werden wir sie retten, wenn wir uns Mann für Mann und Frau für Frau um unsere Kirche scharen, wenn das Volk seine Kirche wiederfindet und die Kirche ihr Volk. Um das Erbe der Vergangenheit zu wahren, müssen wir eine Volkskirche haben!" Otto Dibelius, „Volkskirchenräte, Volkskirchenbund, Volkskirchendienst", in: Friedrich Thimme/Ernst Rolffs, *Revolution und Kirche. Zur Neuordnung des Kirchenwesens im deutschen Volksstaat*, Berlin 1919, 203.

[319] Beispielhaft dafür ist, dass G. Mehnert seine Abhandlung *Evangelische Kirche und Politik 1917– 1919* mit der Darstellung des Dresdener Kirchentages abschließt (213 ff).

[320] O. Dibelius, „*Volkskirchenräte, Volkskirchenbund, Volkskirchendienst*", 208.

2.1 Landesherrliches Kirchenregiment und Trennung von Staat und Kirche

Das Jahr 1918 bedeutete einen tiefgreifenden Einschnitt in der Geschichte der evangelischen Landeskirchen. Mit der Ausrufung der Republik am 9. November dieses Jahres durch Philipp Scheidemann hatte eine sozialistische Übergangsregierung, der sogenannte Rat der Volksbeauftragten, unter Reichskanzler Friedrich Ebert die Macht übernommen. Kaiser Wilhelm II. und mit ihm die übrigen Länderfürsten dankten unter dem Druck der neuen politischen Verhältnisse ab und beseitigten mit ihrem Rücktritt die letzten verbliebenen monarchischen Verfassungselemente, die nach der parlamentarischen Verfassungsreform unter dem Interimskanzler Prinz Max von Baden noch in Geltung waren. Der Sturz der monarchischen Staatsspitze bedeutete zugleich das Ende des landesherrliche Kirchenregiments. Alte, rund 370 Jahre bestehende Bindungen an Herrscherhäuser und staatliche Organe entfielen plötzlich bzw. gewannen eine neue Qualität. Auf die damit entstehende Lücke nicht nur hinsichtlich der organisatorischen, sondern auch der sachlichen Verbindung zwischen Staat und Kirche waren die Landeskirchen nicht eingestellt.[321] „Die Revolution traf die institutionelle Kirche unvorbereitet."[322] Hatte schon der unerwartete Ausgang des Krieges weithin wie ein Schock gewirkt, so fürchtete die Kirche jetzt, dass es zu einer radikalen Trennung von Staat und Kirche kommen könnte, obwohl die Vorboten der politischen Umwälzungen von protestantischer Seite aus durchaus sensibel registriert worden waren.[323] Erst mit einer gewissen zeitlichen Distanz und dem Gefühl der Genugtuung über die für die Kirchen unerwartet günstig ausgefallenen Weimarer verfassungsrechtlichen Garantien konnte dieses Ereignis als natürliches Ende eines schleichenden Entfrem-

---

[321] Die *organisatorische* Verbindung zeigte sich in dem keineswegs nur nominell ausgeübten Recht des Monarchen als Summus Episkopus auf die Berufung führender Kirchenmänner, die Einberufung der Synoden und der Billigung des synodalen Kirchenrechts. Die *sachliche* und gewissermaßen ideelle Verknüpfung der kaisertreu gesonnenen evangelischen Kirchen zu ihrem Oberhaupt gründete in dem Idealbild eines von der Autorität des Kaisers getragenen ‚christlichen Staates'. Nach konservativer protestantischer Staatslehre waren ein solcher Staat als Ordnung des sittlichen Miteinanderlebens und die Kirche als Trägerin ziviler Religion in den Grundwerten eng verbunden.

[322] H.-W. Krumwiede, *Geschichte des Christentums III*, 192.

[323] Zu evangelischen Reaktionen auf die Verfassungsreform unter Reichskanzler Prinz Max von Baden vgl. Daniel R. Borg, *The Old-Prussian Church and the Weimar Republic*, 53 ff.

dungsprozesses zwischen Staat und Kirche, der eng mit dem unaufhaltbaren Trend zur Demokratisierung des öffentlichen Lebens verbunden war,[324] aufgefasst werden.[325] Zunächst jedoch war im Herbst 1918 völlig ungewiss, wie sich das Ende des Staatskirchentums auf die Zukunft der evangelischen Landeskirchen in ihrer volkskirchlichen Gestalt auswirken würde. Dieser Schwebezustand brachte schwerwiegende Fragen mit sich: Wie sollte man die Verfassungen ausgestalten? Sollten sie grundsätzlich auf dem demokratischen Prinzip beruhen? Wer sollte jetzt Träger der obersten Kirchengewalt werden und diese ausüben? Wie war es um die äußere Lage der Landeskirchen bestellt? Würde ihnen der privilegierte Status einer öffentlich-rechtlichen Körperschaft, der sie über die Stellung privater Vereine hinaushob und ihnen das so wichtige Recht zur Steuererhebung bei ihren Mitgliedern gewährte, weiterhin zuerkannt werden? Welche finanziellen Möglichkeiten verblieben ihnen, wenn die bisher bewilligten Staatsdotationen eingeschränkt oder gänzlich aufgehoben würden? Würde der kulturellen Bedeutung der beiden großen Konfessionskirchen für Schule und Erziehung weiterhin Rechnung getragen werden wie bisher?

Angesichts der nun völlig neu verteilten Machtverhältnisse im Staat warteten die Kirchenleitungen mit Sorge darauf, ob die sozialistische Übergangsregierung auf der Linie ihres Erfurter Programms von 1891 mit seiner „Erklärung der Religion zur Privatsache" die Trennung von Staat und Kirche rigoros umsetzen werde.[326] Die drastischen Erlasse des preußischen Kultusministers Adolph Hoffmann, eines radikalen Freidenkers vom linken Flügel der USPD, bestätigten schlagartig alle Befürchtungen.[327] Auch in den anderen deutschen Einzelstaaten, in denen eine sozialistische

---

[324] Einen Höhepunkt erreichte dieser Trend mit der Osterbotschaft Kaiser Wilhelms II. im April 1917, in der er die Beseitigung des Dreiklassenwahlrechts für Preußen zugesagt hatte. Diese Reform ließ für die Zukunft eine Herrschaft der sozialistischen und bürgerlichen Parteien im Abgeordnetenhaus erwarten, die das bisherige Verhältnis von Kirche und Staat, insbesondere den Kultusetat und die geistliche Schulaufsicht nicht unangetastet lassen würde. Um für die damit in den Bereich des Möglichen gerückte Trennung von Kirche und Staat gerüstet zu sein, verlangte der EOK eine verfassungsrechtliche Garantie für die wichtigsten Elemente des kirchlichen Besitzstandes. Diese sollte nur durch eine Zweidrittelmehrheit des Landtags aufgehoben werden können. Den anderen sich bietenden Ausweg aus den bevorstehenden Problemen, nämlich eine Umgestaltung der Kirchenverfassung in eine vom Staat unabhängige preußische Landeskirche, wie sie von einigen Kreissynoden vorgeschlagen wurde, wählte man seitens der Kirchenleitung bezeichnenderweise nicht. Vgl. zu diesem Vorgang Heinz Hürten, *Die Kirchen in der Novemberrevolution*, 10 f.

[325] Der Präsident des EOK, Reinhard Moeller (1855–1927), bezeichnete es im Jahre 1926 als den entscheidenden Schritt der Weimarer Reichsverfassung, dass sie die Kirche von staatlichen Bindungen gelöst habe: „Es war zugleich im gewissen Sinn der Abschluß eines langsamen, aber unaufhaltsam sich vollziehenden Prozesses seit der Umwandlung des preußischen Staates zunächst in einen konstitutionellen, dann paritätischen Staat mit immer stärkerem und entscheidenderem Einschlag des interkonfessionellen, kirchlich und religiös grundsätzlich neutralen, um nicht zu sagen indifferenten Landtags. Nach dem Wegfall des Hemmnisses, welches früher noch im landesherrlichen Kirchenregiment vorlag, war die ‚sogenannte Trennung von Kirche und Staat' die einzige Lösung." Aus der Denkschrift Moellers vom 22. Dezember 1926, zit. nach Jonathan R. Wright, *„Über den Parteien"*, 10.

[326] Vgl. *Programme der deutschen Sozialdemokratie von 1863 bis 1925*, Remscheid o.J. (1958), 19.

[327] Bereits am 16. November 1918 ließ Hoffmann verlautbaren, dass die Trennung von Staat und Kirche unverzüglich und zwar auf dem Verordnungswege durchzuführen sei. Die Staatszuschüsse sollten spätestens am 1. April 1919 eingestellt werden. Am 13. Dezember wurde die rechtliche Erleichte-

Regierung am Ruder war, wurde in den Wochen des revolutionären Umbruchs die Trennung von Kirche und Staat in dem Sinne angestrebt, dass alle institutionellen Verbindungen zwischen Staat und Kirche gelöst und die Kirchen programmgemäß auf den Bereich des ‚Privaten' begrenzt werden sollten.[328]

Die kulturelle Marginalisierung der Kirchen, ihre Zurückdrängung aus dem öffentlichen Leben, um einer alternativen Arbeiterkultur Platz zu schaffen, war das erklärte Ziel sozialistischer Trennungspolitik. Auf *dieser* Ebene lag der eigentliche Dissens zwischen der Kirche und dem sozialistischen Staat. Denn darin bestand auch in den progressiven Kreisen in der Kirche Einigkeit, dass der Anspruch der Kirche als einer Volkskirche auf allgemeine Geltung der von ihr vertretenen und verwalteten Religion nicht aufgegeben werden dürfe.[329] Ein Ende des Staatskirchentums sah man dabei für die Erfüllung der eigenen Sendung durchaus als förderlich an. Es wurde auch von kirchlicher Seite und zwar keineswegs nur von liberalen, sondern auch von konservativen kirchlichen Kreisen begrüßt.[330] Bot eine Trennung vom Staat doch die einmalige Gelegenheit, das Odium der Staatshörigkeit, das äußere Erscheinungsbild als „schwarze Polizei" und „ideelle Schutztruppe der herrschenden Klasse" endlich abzustreifen,[331] um selbständig und frei nach innen und außen agieren zu können.[332]

---

rung des Kirchenaustritts per Gesetz dekretiert. Für die Schule verfügte er am 15. November die Befreiung vom Zwang zur Teilnahme am Religionsunterricht für Kinder dissidentischer Eltern, und am 27. November hob er die geistliche Ortsschulaufsicht in Preußen auf. Der einschneidendste Erlass erging am 29. November; er verbot gemeinsame religiöse Feiern in den Schulen und erklärte den Religionsunterricht generell zum Wahlfach. Zu den Erlassen im einzelnen vgl. Ernst-Rudolf Huber/Wolfgang Huber (Hgg.), *Staat und Kirche im 19. und 20. Jahrhundert. Dokumente zur Geschichte des deutschen Staatskirchenrechts, Bd. IV. Staat und Kirche in der Zeit der Weimarer Republik*, Berlin 1988, 3 ff u. 59 ff. Ausführlich zur Kirchentrennungspolitik in Preußen vgl. die oben auf Seite 14 erwähnten einschlägigen Monographien von C. Motschmann und J. Jacke.

[328] Neben Preußen hatten Sachsen und Braunschweig ausschließlich sozialistische Regierungen. In Bayern bedeutete die Mitgliedschaft eines Parteilosen und eines Vertreters des Bauernbundes in der Regierung Eisner kein ernsthaftes Hemmnis für eine sozialistische Kulturpolitik, die jeden Attentismus abgelegt hatte. In den Hansestädten Hamburg und Bremen erregten die stark unter radikalem Einfluss stehenden Arbeiter- und Soldatenräte durch ihre kulturpolitischen Anordnungen weites Aufsehen. Einen Überblick über die Ereignisse bietet Heinz Hürtens Studie, *Die Kirchen in der Novemberrevolution*, 37–73.

[329] So erklärte der liberale Protestantenverein in einer Resolution vom 27. November 1918 gleichsam an die Adresse des preußischen Kultusministeriums gerichtet: „Der Deutsche Protestantenverein erwartet von jeder Regierung in Deutschland die Anerkennung der Tatsache, dass deutsches Geistesleben von Anbeginn und auf allen seinen Höhepunkten eine Lebens- und Kraftquelle in der christlichen Religion gehabt hat. Die Nichtachtung dieser Tatsache müsste die schwerste Schädigung des Volkslebens und der Arbeit der Regierung haben ... Die geschichtlich gewordenen Landeskirchen als Träger des evangelischen Christentums sind in ihrem Besitz und in ihren Rechten unter allen Umständen zu schützen."Resolution des Deutschen Protestantenvereins zur Trennung von Staat und Kirche. Vom 27. November 1918", *Protestantenblatt*, Nr. 51, 1918, 596 f, abgedruckt bei: E. R. Huber/W. Huber, Staat und Kirche, Bd. IV, 20.

[330] So meinte beispielsweise die *Kreuzzeitung* vom 25. Dezember 1918: „Wir haben von diesem Tag [sc. dem der Trennung von Staat und Kirche] nicht nur viel zu fürchten, sondern auch viel zu hoffen."

[331] Ernst Troeltsch, „Der Religionsunterricht und die Trennung von Staat und Kirchen", in: F. Thimme/E. Rolffs (Hgg.), *Revolution und Kirche*, 308.

[332] Klassisch die Formulierung bei Otto Dibelius, *Jahrhundert der Kirche*, 75 f: „Einem republikanischen Staat gegenüber konnten die Rücksichten nicht mehr gelten, die auf den König genommen werden mussten ... Ihre Verfassung konnte sie selbst gestalten, ihre Behörden selber bilden. Auf

Von daher erhoffte man sich von einer kirchenfreundlichen Lösung der Trennungsfrage, die vor allem die weitere finanzielle Alimentierung der Kirche durch staatliche
Dotationen in sich schloss,[333] gerade eine Stärkung des kirchlichen Einflusses im öffentlichen Leben.

Als jedoch die neuen Machthaber zunächst den entgegengesetzten Weg nach fran-
zösischem Vorbild konsequent einschlugen,[334] rief dies den kirchlichen Widerstand
hervor. Der Zwang, sich im öffentlich-staatlichen Leben selbst zu behaupten, gab daher den protestantischen Einigungsbestrebungen neuen Auftrieb. Es wurde auch sehr
schnell klar, dass ein Zusammenschluss der Landeskirchen nicht mehr nur Sache des
Kirchenregiments sein konnte, sondern auch die freien Verbände und die Gemeinden als Kirchenvolk einschließen musste. Zu diesem Schritt nötigte nicht nur der mit
der Revolution auch im Bereich der Kirche nicht länger zu ignorierende Demokrati-
sierungsschub, sondern auch und vor allem die eigene, institutionelle Schwäche.[335]
Das Fehlen eines direkten staatlichen Rückhalts nach dem Untergang der Monarchie
und einer wirkungsvollen parteipolitischen Vertretung in den Weimarer Parlamenten
musste durch Mobilisierung und Beteiligung *aller* zur Verfügung stehender protestantischer Kräfte kompensiert werden. Die Einberufung eines Kirchentages als synodales
Repräsentativorgan war unter diesen Ausgangsbedingungen nur eine Frage der Zeit.

2.2 Interlandeskirchliche Einigungsinitiativen zur Kirchentagsgründung

Die Bestrebungen um einen engeren und auf breiterer Grundlage beruhenden Zusammenschluss der Landeskirchen wurden mit der Revolution neu belebt, sie hatten aber

---

wechselnde Strömungen in der staatlichen Politik brauchte sie Rücksichten nicht mehr zu nehmen
... Eine Kirche ist geworden. Eine selbständige evangelische Kirche."

[333] Das Geldproblem war nach G. Mehnert (*Evangelische Kirche und Politik 1917*–1919, 217) auch der
Hauptgrund dafür, dass man in allen kirchlichen Lagern an der Volkskirche festhielt und den mit der
Trennung eigentlich naheliegenden Gedanken einer freikirchlichen Gestaltung abwies. Die Bildung
einer Freikirche war vor allem für die Vertreter der Amtskirche gleichbedeutend mit der Preisga-
be der volksmissionarischen Sendung der Kirche: „Ihn [sc. Jesus] jammerte seines Volkes, und er
wollte Arbeiter senden in die große Ernte. Das muß auch unser Geist sein! Wir sind gebunden im
Gewissen, dem ganzen Volk, in das wir gestellt sind, den Dienst des Glaubens zu tun. Nicht eine
Sekte, sondern eine Volkskirche sollen wir sein." O. Dibelius, „*Volkskirchenräte, Volkskirchenbund,
Volkskirchendienst*", 212. Für Julius Kaftan (1848–1926), Berliner Theologieprofessor und geistlicher Vizepräsident des EOK, war der Gedanke einer Freikirche als einer „Kirche, die als Verein im
Volk existiert, wie andere Vereine auch" schlichtweg ein „Horror". Vgl. Schreiben J. Kaftans an T.
Kaftan vom 17. Oktober 1920, in: Walter Göbell (Hg.), *Kirche, Recht und Theologie in vier Jahr-
zehnten. Der Briefwechsel der Brüder Theodor und Julius Kaftan. Zweiter Teil 1910-1926,* München
1967, 737.

[334] Die französische Trennungsgesetzgebung von 1904/05 beraubte die Kirche ihres öffentlich-
rechtlichen Charakters und unterwarf sie dem Privatrecht. Sämtliche staatliche Subventionen für
die Kirche wurden eingestellt, die kirchlichen Gebäude zum Staatseigentum erklärt und der Kirche zum Nießbrauch überlassen. Vgl. dazu Axel Freiherr von Campenhausen, *Staat und Kirche in
Frankreich*, Göttingen 1962.

[335] Darauf verweisen nachdrücklich K. Nowak, *Evangelische Kirche und Weimarer Republik*, 74 ff,
sowie J. Jacke, *Kirche zwischen Monarchie und Republik*, 328 ff.

schon in der Endphase des Krieges ihren Anfang genommen. Die gelegentlich anzutreffende Auffassung, dass jene Bemühungen ausschließlich von den freien kirchlichen Kreisen ausgegangen seien,[336] ist allerdings nur bedingt richtig, wenn diese auch den Anstoß dazu gaben. Auch auf kirchenleitender Ebene konnten die ‚Zeichen der Zeit‘, die in Aussicht stehende Parlamentarisierung der Politik im Reich und in Preußen und der zunehmende Einfluss der Mehrheitsparteien von SPD, Zentrum und Linksliberalen im Reichstag, nicht länger ignoriert werden, zumal sich im deutschen Protestantismus seit dem Frühjahr 1918 immer deutlicher die Stimmen regten, welche die politische Wandlung und ihre Auswirkung auf die evangelischen Kirchen vorausahnten.[337]

2.2.1 Kirchenregimentliche Beratungen

Bereits am 11./12. Juni 1918 beriet der DEKA über einen Bericht seiner Rechtskommission zur „Frage der etwaigen weiteren Ausgestaltung der Deutschen Evangelischen Kirchenkonferenz".[338] Vorausgegangen waren Forderungen des Verbandes der Deutschen Pfarrervereine nach Bildung einer Reichssynode als zentralem, vom Kirchenvolk getragenem Organ eines neu zu schaffenden Corpus Evangelicorum. Der Vorsitzende des Pfarrervereins, Dekan Dr. K. Deißmann, hatte einen solchen weitreichenden organisatorischen Umbau angesichts der sich abzeichnenden, dramatisch veränderten politischen Machtkonstellation für dringend erforderlich erklärt: „Die evangelische Kirche in dem zu zwei Drittel evangelischen Deutschland ist für das öffentliche Leben zu einer Null geworden, mit der niemand, weder Bekenner noch Gegner mehr rechnet." Bei einer drohenden Trennung der Kirche vom Staat sänken die Landeskirchen unweigerlich zu einer „Schar zerbröckelnder Sekten" herab, während „Rom und die übrigen unevangelischen und unchristlichen Mächte" ihren Einfluss umso schrankenloser entfalten könnten.[339]

Wie kaum anders zu erwarten, ging der Kirchenausschuss auf diese weitgehenden Forderungen nach einer Reichssynode nicht ein, wenngleich er die Besorgnis, die aus ihnen sprach, durchaus teilte. EOK-Vizepräsident Reinhard Moeller, zugleich Vorsitzender der Rechtskommission des Kirchenausschusses, riet selber von einer synoda-

---

[336] So z.B. G. Mehnert, *Evangelische Kirche und Politik 1917–1919*, 213. Differenzierter hingegen K. Nowak, *Evangelische Kirche und Weimarer Republik*, 63 ff., der auch die „gemäßigten Reformer" auf kirchenbehördlicher Seite erwähnt.

[337] Vgl. als markantestes Beispiel die *Predigten in der Revolutionszeit* (Tübingen 1919) des liberalen Kieler Professors für Praktische Theologie und Vorsitzenden des Ev.-Sozialen Kongresses, Otto Baumgarten (1858–1934). Dieser Band enthält bereits eine Pfingstpredigt vom Frühjahr 1918, die zum „Vertrauen" darauf aufruft, dass „der starke, vordringende, fordernde Geist neue Formen und Ordnungen schaffen" wird, „in denen sich leben läßt" (16). Wer allerdings das Vertrauen Baumgartens auf den „fortgehenden Geist" und seinen Kulturoptimismus nicht uneingeschränkt teilte, mochte dem Wandel der Welt mit Skepsis und Sorge gegenüberstehen.

[338] Vgl. Verhandlungsprotokoll vom 11./12. Juni 1916, in: *EZA* 1/A3/43.

[339] Vgl. *Evangelisch-Kirchlicher Anzeiger*, Nr. 16 vom 19. April 1918. Zur Demonstration des wachsenden politischen Einflusses der antiprotestantischen Kräfte verweist Deißmann u.a. auf die päpstliche Friedensnote von 1917, den Rücktritt des evangelischen Gemeinschaftschristen Georg Michaelis als Reichskanzler und die Einsetzung des Zentrumpolitikers Graf von Hertling an seiner Stelle.

len Ausgestaltung des Kirchenausschusses, und zwar „aus grundsätzlichen Erwägungen" ab. Andernfalls werde die Handlungsfähigkeit dieses Organs entscheidend geschwächt. „Im Hinblick auf die gewaltigen Aufgaben der evangelischen Kirche nach dem Kriege und die ihr von Ultramontanismus und Radikalismus drohenden Gefahren" empfahl er dem Kirchenausschuss, zumindest die Erweiterung der Eisenacher Kirchenkonferenz unbeschadet der unangetastet zu lassenden völligen Selbständigkeit der Landeskirchen eingehend zu prüfen und einen Ausschuss zu gründen, der eine praktische Lösung anvisieren sollte.

Ein solcher wurde dann bestellt und ihm aufgetragen, auf der nächsten Sitzung dem Kirchenausschuss zu berichten.[340] Intern hat dieser Ausschuss bereits damals erwogen, einen allgemeinen Kirchentag einzuberufen.[341] Das Jahr ging aber zu Ende, ohne dass man sich zu der um diese Zeit turnusmäßig stattfindenden Ausschusssitzung traf, da die unruhigen politischen Verhältnisse dazu zwangen, die Besprechungen zu verschieben. Im Herbst 1918 waren es dann die freien kirchlichen Kreise, die den Faden wieder aufnahmen und die Initiative für eine umfassende kirchliche Einigung ergriffen. Den amtskirchlichen Vertretern blieb nichts anderes übrig, als zu reagieren und die aufbrechende Volkskirchenbewegung in möglichst geordnete, d.h. für sie günstige Bahnen zu lenken.

2.2.2 Die Volkskirchenbewegung

Während die Ungewissheit über den Lauf der Revolution und Rücksicht auf die Kontinuität kirchlicher Fortentwicklung die Kirchenleitungen dazu veranlassten, in der Frage eines verfassungsmäßigen Neubaus der Landeskirchen äußerste Zurückhaltung zu üben, regte sich auf Vereins- und Gemeindeebene der lebhafte Wille, die kirchliche Neuordnung aktiv mitzugestalten. Dieser Partizipationswille formierte sich in der sogenannten Volkskirchenbewegung, die nach der Revolution in nahezu allen deutschen Landeskirchen in Erscheinung trat. Der Begriff ‚Volkskirche' umschrieb die zweifache Zielsetzung der in sich keineswegs einheitlichen Bestrebungen dieser einzelnen, spontan entstandenen Gruppierungen: Einmal verfolgte man die Absicht einer volksnahen Neuordnung der Kirche auf demokratischer Grundlage, die dem allgemeinen Priestertum Rechnung trug. Mit diesen Demokratisierungstendenzen verband sich vereinzelt auch die Forderung nach Überwindung des landeskirchlichen Partikularismus und dem Aufbau einer Reichskirche. Zum anderen implizierte der Begriff die Absage an eine radikale Trennungspolitik, welche die Kirche in ihrer volkskirchlichen Gestalt beseitigen und das öffentliche Leben weitgehend entkonfessionalisieren

---

[340] Der Ausschuss setzte sich aus sieben Mitgliedern zusammen, den drei Mitgliedern der Rechtskommission, drei Theologen sowie dem sächsischen Konsistorialpräsidenten und stellvertretenden DEKA-Vorsitzenden Franz Böhme. Die Ernennung Böhmes, „eines entschiedenen Verfechters landeskirchlicher Autonomie" (W.-D. Hauschild, *„Evangelische Kirche in* Deutschland", 663) zum Ausschussvorsitzenden brachte die von Moeller bereits vorgegebene kirchenregimentliche Maxime, den Bestand der Landeskirchen in keiner Weise anzutasten, auch personell zum Ausdruck.

[341] Vgl. das Einführungsreferat des Schweriner Oberkirchenrats Giese auf der Kasseler Vorkonferenz; *Niederschrift der Verhandlungen der Vorkonferenz zur Vorbereitung eines allgemeinen deutschen evangelischen Kirchentages. Cassel-Wilhelmshöhe den 27. und 28. Februar* 1919, Berlin 1919, 50.

wollte. Je nach Akzentsetzung entwickelten sich unterschiedliche Richtungen innerhalb der Volkskirchenbewegung.

Die eher konservativen, gouvernemental gerichteten Kräfte sammelten sich im ‚Berliner Volkskirchendienst 1918', der sich am 15. November in unmittelbarer Reaktion auf das staatliche Trennungsprogramm konstituiert hatte. Er stand unter dem Vorsitz des Kirchenrechtlers und DVP-Politikers Wilhelm Kahl (1849–1932), der in der altpreußischen Generalsynode führend in der mittelparteilichen ‚Evangelischen Vereinigung' tätig war. Diese Vereinigung stützte sich zu einem guten Teil auf Mitglieder des Arbeitsausschusses der KDEAO.[342] Neben dieser Verbindung zum Verbandsprotestantismus bestand eine enge personelle Verflechtung mit dem wenig später berufenen ‚Vertrauensrat' der preußischen Landeskirche,[343] einem dem EOK beigeordneten Gremium aus führenden evangelischen Vertretern aller kirchenparteilichen Richtungen, das die kirchlichen Interessen gegenüber der sozialistischen Übergangsregierung in Preußen umfassender wahrnehmen konnte. Der Volkskirchendienst, der mit seinen sieben Unterausschüssen das gesamte Spektrum kirchlichen Lebens abdeckte,[344] verfolgte hauptsächlich das Ziel, die Kirche in ihrem Selbstbehauptungskampf zu unterstützen. Sein besonderes Augenmerk galt dabei der Erhaltung des Religionsunterrichts als ordentliches Lehrfach. Hinsichtlich einer innerkirchlichen Neuordnung vertrat er weitgehend den defensiv-hinhaltenden Kurs der offiziellen Kirchenleitung, was aufgrund seiner personellen Besetzung nicht verwunderlich war.

Einen weniger offiziösen Charakter hatte der ‚Bund für evangelisches Leben', der sogenannte Volkskirchenbund, der auf Betreiben des liberalen, aber zugleich streng kirchlich gesinnten Theologieprofessors Arthur Titius (1864–1936) am 18. November 1918 in Göttingen gegründet wurde. Vorrangiges Ziel war es, die Stimmen der evangelischen Christen zu mobilisieren und sie gegen die Bedrohung von außen einzusetzen. Die an zahlreichen Orten entstehenden Vereinigungen sollten „als plebiszitäres Instrument im vorparlamentarischen Raum" den Forderungen der Kirche Nachdruck verleihen und die politischen Parteien vor den anstehenden Wahlen zur Nationalversammlung verstärkt zu einer Berücksichtigung kirchlicher Belange bewegen.[345] Demgemäß lautete Titius' erster Programmpunkt: „Vertretung des evangelischen Christentums im

---

[342] Insgesamt waren sieben Mitglieder des KDEAO-Arbeitsausschusses im Volkskirchendienst. Zweiter Vorsitzender des Volkskirchendienst war der Professor für Praktische Theologie Mahling, CA-Präsident Spiecker, der Vorsitzende des Arbeitsausschusses, fungierte als Schatzmeister. Vgl. J.-C. Kaiser, *Sozialer Protestantismus im 20. Jahrhundert*, 50 f.

[343] In beiden Gremien vertreten waren u.a. Kahl, Mahling, Spiecker, der Senatspräsident Max Berner, Otto Everling (Ev. Bund), Alfred Fischer (Protestantenverein) und Reinhard Mumm (Kirchlich-Sozialer Bund). Vgl. J. Jacke, *Kirche zwischen Monarchie und Republik*, 54 f (Anm. 90). Zur Gründung des Vertrauensrates vgl. ebd., 46 ff.

[344] 1. Verhältnis von Kirche und Staat 2. Kirchliche Verfassungsfragen, 3. Religionsunterricht, 4. Belebung der Einzelgemeinden, 5. Soziale Wohlfahrtspflege, 6. Volkstümliche Verkündigung des Evangeliums, 7. Internationale, interkonfessionelle und politische Beziehungen der evangelischen Kirche. Vgl. Protokolle, Berichte und Schriftwechsel des Berliner Volkskirchendienstes 1918, in: *EZA* 1/A3/42.

[345] J. Jacke, *Kirche zwischen Monarchie und Republik*, 96. Als flankierende Maßnahmen zur Gründung des Volkskirchenbundes erwog Titius, vor den Wahlen umfassende Befragungen bei den Kandidaten durchzuführen und diese auf ihren wohlwollenden Standpunkt gegenüber der Kirche zu prüfen. Ferner empfahl er, eine Versammlung christlicher Delegierter parallel zur Nationalversammlung tagen

öffentlichen Lebens, insbesondere Überleitung der bestehenden in staatsfreie Kirchen ohne Gefährdung des kirchlichen Lebens".[346] Mit dieser politischen Einflussnahme waren zugleich Reformen im Inneren verbunden: Einmal die „Ausgestaltung der Kirchen zu wahren Volkskirchen und die Pflege des kirchlichen Lebens" sowie die sich an Wicherns Konzept der Inneren Mission anlehnende „Bekämpfung der Kirchenfeindschaft und öffentliche Mission an den Entfremdeten".[347]

Dieses Programm einer mittleren Linie, das den Wünschen nach einer stärkeren Beteiligung des Kirchenvolks am kirchlichen Leben Rechnung trug, in erster Linie aber auf die Selbstbehauptung der Kirche im öffentlichen Leben zielte, fand breite Unterstützung. Etwa drei Monate nach Beginn der Bewegung waren bereits über 500.000 Gemeindechristen in Volkskirchenbünden organisiert; sogar in sozialdemokratischen Hochburgen fand sie unerwartet hohen Zulauf.[348] Dieser auch aus kirchlicher Sicht überraschende Erfolg demonstrierte eindrücklich, dass innerhalb der Bevölkerung immer noch eine Bindung an den Protestantismus als Kultur- und Ordnungsmacht bestand, die sich angesichts kirchenfeindlicher Regierungsmaßnahmen in massenhafte Zusammenschlüsse und religionspolitische pressure groups überführen ließ.[349]

Wirklich ‚revolutionär' waren innerhalb der Volkskirchenbewegung nur die Forderungen des Chemnitzer Pfarrers Bernhard Gay und des Marburger Theologieprofessors Martin Rade, der als Herausgeber der Christlichen Welt, einem „Gemeindeblatt für Gebildete aller Stände", Symbolfigur des liberalen Protestantismus war.[350] In der Ausgabe vom 28. November veröffentlichten sie einen Aufruf zur Bildung von „Volkskirchenräten", dem entsprechende „Grundlinien" beigefügt waren.[351] Dar-

---

zu lassen und diese mit programmatischen Stellungnahmen des evangelischen Volkes zu konfrontieren. Vgl. *CW*, Nr. 50/51 vom 12. Dezember 1918, 487.

[346] Ebd., 487.

[347] So lauteten der zweite und dritte Programmpunkt. Zur Ausgestaltung wahrer Volkskirchen gehörte es nach Titius auch, dass ausschließlich Laien die Führung innerhalb der Volkskirchenbünde übernehmen sollten. Hinsichtlich der Frage einer demokratisch-ausgerichteten Neuordnung orientierte sich der Volkskirchenbund jedoch zweifellos am Gedanken der Rechtskontinuität zu den alten Landeskirchen. Bezeichnend für die gemäßigte Reformbereitschaft von Titius ist sein im Januar 1919 verfasster Aufsatz „Über den Zusammenschluss der deutschen evangelischen Landeskirchen", in: F. Thimme/E. Rolffs (Hgg.), *Revolution und Kirche*, 213-222, in dem er dem Gedanken einer Reichskirche eine klare Absage erteilt und für einen Kirchentag als synodale Ergänzung der bisher bestehenden gemeinsamen Organe Kirchenkonferenz und Kirchenausschuss plädiert. Genau in diesem Sinn wurde 1922 der Kirchenbund gegründet.

[348] So Klaus Scholder, *Die Kirchen und das Dritte Reich, Bd. 1*, 12.

[349] Otto Baumgarten, *Meine Lebensgeschichte*, Tübingen 1929, 367, bemerkt dementsprechend mit Genugtuung: „Man hat auf Seiten der Revolutionäre doch offenbar die Anhänglichkeit weitester Volkskreise an die Kirche oder doch die Religion unterschätzt." Daniel R. Borg (*The Old-Prussian Church and the Weimar Republic*, 73) stellt in diesem Zusammenhang fest, dass die Idee der Volkskirchenbünde, durch gemäßigte Reformen im Inneren das Kirchenvolk zu aktivieren und in kirchlichen Zusammenschlüssen die Kräfte zu bündeln, auch die Kirchentagsgründung entscheidend beeinflusst habe. Borg spricht von der „prevading mentality of closing church fronts against external threats", die sich in Titius' Programm ebenso wie in den Kirchentagsplänen der beharrenden Kräfte zeige.

[350] Zu Rade s.auch die biographische Studie von Anne Christine Nagel, *Martin Rade – Theologe und Politiker des Sozialen Liberalismus. Eine politische Biographie*, München 1996.

[351] Vgl. *CW*, Nr. 48/49 vom 28. November 1918, 466. Namhafte Unterzeichner des Radeschen Aufrufs aus dem Spektrum des liberalen Protestantismus waren u.a. die Theologieprofessoren Otto Baum-

in wird die gleichberechtigte Mitbestimmung aller Kirchenglieder im Sinne des allgemeinen Priestertums proklamiert. Punkt 5 erklärte darüber hinaus: „Indem sie [sc. die ev. Kirche] von jetzt an ihre Geschicke selbst in die Hand nimmt, schafft sie sich ihre Organe (Presbyterien, Synoden, Behörden, Pfarrer) selbst." Schließlich wurde unter Punkt 7 der Zusammenschluss des deutschen Protestantismus in einer Reichssynode gefordert, die aus Urwahlen hervorgehen solle. Um die Gunst der Stunde zu nutzen, drängte Rade vehement darauf, die radikale Umstellung der kirchlichen Verfassung unverzüglich anzugehen: „Jetzt oder nie mag die Pastorenkirche der Laienkirche, die Konsistorialkirche der Gemeindekirche weichen ... Mag es draußen in der Welt wunderlich zugehen, unser armes Deutsches Reich in allen Fugen zittern, für uns ist Hoffnungszeit, Bauzeit: greift zu, faule Hände müssen ein böses Jahr haben!"[352]
Im Vergleich mit den Volkskirchenbund nahm sich der Erfolg dieses Aufrufs weitaus bescheidener aus. Volkskirchenräte bildeten sich nur sehr vereinzelt in den sozialistisch geprägten Industriezentren Mitteldeutschlands. Zudem war die kirchliche ‚Avantgarde' im Umfeld Rades, die dieses Vorhaben unterstützte, hoffnungslos in der Minderheit. Von kirchenleitender Seite wurde Rade vorgeworfen, durch die Bildung von neuen demokratisch-legitimierten Vertretungskörpern die Einheit der evangelischen Kirchen zu gefährden und das Bemühen um Wahrung des Rechtsverhältnisses gegenüber dem Staat zu unterlaufen.[353] Rade selbst zeigte sich von diesem Widerspruch zunächst unbeeindruckt. Gemeinsam mit seinen Marburger Freunden richtete er seit dem 9. November 1918 unermüdlich sein Bemühen darauf aus, einen Neubau der Kirche unter Beseitigung ihrer hierarchischen Strukturen voranzubringen. Eine Zusammenfassung aller volkskirchlichen Bestrebungen und die baldige Einberufung eines Kirchentages nach dem Vorbild der Wittenberger Versammlung von 1848 erschienen ihnen in dieser Situationen daher das Gebot der Stunde zu sein.

2.3 Vermittlungsbemühungen der KDEAO bis zur Kasseler Vorkonferenz

Als geeignete Instanz für diese Aufgaben bot sich in der Umbruchssituation von 1918 die KDEAO an, die als eine Art Dachverband der freien kirchlichen Verbände im

---

garten, Rudolf Otto, Heinrich Weinel sowie markante kirchliche Einzelgänger wie Johannes Herz als Vorsitzender des ESK, der religiöse Sozialist Emil Fuchs und der DDP-Politiker Friedrich Naumann.

[352] Vgl. *CW*, Nr. 52 vom 26. Dezember 1918, 497-501.

[353] In den „Mitteilungen des Vertrauensrates" hatte Dibelius alle Pfarrer nachdrücklich vor einer Unterstützung der Volkskirchenräte gewarnt: „*Ein solches Vorgehen verstößt gegen die beiden Grundsätze, von denen die kirchliche Arbeit dieser Tage unbedingt beherrscht sein muß: Wahrung der kirchlichen Einheit und Wahrung des Rechtszusammenhanges zwischen dem Neuen und dem Alten!* ... Wer eigenmächtig etwas Neues schafft, gibt einem Staat, der sich von der Kirche trennen will, die willkommene Waffe in die Hand: Die neue Kirche ist die alte nicht mehr, gegen die ich Verpflichtungen eingegangen war; die neue Kirche ist die alte nicht mehr und hat daher kein Recht mehr auf den kirchlichen Besitz; mein ist alles, was bisher der Kirche war! ... Eine Kirche, die sich auf eine klare Rechtsgrundlage stützt, wird im Kampf mit einem kirchenfeindlichen Staat nicht so leicht unterliegen. Wer ihr diese Waffen aus der Hand schlägt, gefährdet den gesamten Besitz der Kirche." Vgl. *Mitteilungen*, Nr. 3 vom 30. Dezember 1918.

Unterschied zu den Kirchenbehörden bisher in keiner engen Verbindung zum Staat gestanden hatte.[354] Am 15. November trat Rade deshalb an den Arbeitsausschuss der Konferenz zunächst mit der Bitte heran, die unterschiedlichen volkskirchlichen Reformbestrebungen zu koordinieren. Denn es seien nun Leute vonnöten, „die nur nicht belastet sind durch die Vergangenheit".[355] Kurze Zeit danach sollte Rade die KDEAO zur Durchführung eines noch viel umfangreicheren Vorhabens, der Einberufung eines Kirchentages anhalten. Damit erfuhr dieser ursprünglich aus den Reihen der KDEAO stammende Plan, von dem man im Jahre 1915 aufgrund des Widerstands der konfessionellen Kräfte bis auf weiteres Abstand genommen hatte,[356] eine unerwartete Neuauflage.

2.3.1 Die Anstöße Martin Rades und einleitende Koordinierungsmaßnahmen durch die KDEAO

Der Arbeitsausschuss erklärte sich auf seiner Sitzung am 22. November grundsätzlich mit dem Ansinnen Rades einverstanden, die unterschiedlichen Stränge der Volkskirchenbewegung organisatorisch zu vernetzen. Dennoch konnte man seine distanzierte Haltung gegenüber radikaleren Forderungen wie denen Rades nicht verhehlen. Es wurde beschlossen, die eigene Geschäftsstelle vorerst nur für Anfragen und Auskünfte zur Verfügung zu stellen, „um die über ganz Deutschland sich erstreckende, durch die Sorge für die Erhaltung und den Aufbau der Volkskirche hervorgerufene Bewegung vor Zersplitterung und Doppelarbeit zu bewahren und um ihren einheitlichen Charakter nach Möglichkeit zu fördern".[357] Die Absicht, die kirchliche Einheit zu wahren und ‚Doppelarbeit', d.h. parallele Organisationsstrukturen, die aus Sicht der Kirchenleitung durch die Bildung von Volkskirchenräten als Gegenüber zu den bisherigen Gemeindevertretungskörpern zu entstehen drohten, unbedingt zu vermeiden, entsprach ganz der kirchenregimentlichen Direktive. Angesichts der personellen Durchdringung des Arbeitsausschusses mit Personen aus dem Vertrauensrat und dem Berliner Volkskirchendienst erscheint diese Übereinstimmung des Zentralorgans des Verbandsprotestantismus mit dem Kurs der ‚Amtskirche' jedoch nur folgerichtig. Nicht einmal vier Wochen später, am 2. Dezember 1918, trat Rade erneut an den Arbeitsausschuss heran und forderte diesen dazu auf, gemeinsam mit einem in Bildung begriffenen ‚Marburger Ausschuss zur Vorbereitung eines Kirchentages' möglichst rasch, noch vor Einberufung der Nationalversammlung im Frühjahr 1919, einen Kirchentag herbeizuführen.[358] Dieser solle auf „breitester Grundlage" im Hinblick auf

---

[354]   Zur Rolle der KDEAO bei den kirchlichen Reform- und Einheitsbestrebungen 1918/19 ausführlich J.-C. Kaiser, *Sozialer Protestantismus im 20. Jahrhundert*, 47 ff.

[355]   Schreiben Rades an den Missionsdirektor August Wilhelm Schreiber (1867–1945), den Geschäftsführer der KDEAO, vom 15. November 1918, in: *EZA* 623/52 (NL Schreiber). Schreiber war zudem von 1919–1924 Mitglied des DEKA, bevor er 1925 als Oberkonsistorialrat ins Kirchenbundesamt wechselte, wo er 1933 auf eigenen Wunsch in den Ruhestand versetzt wurde.

[356]   S.o. die Seiten 86 ff.

[357]   Protokoll der Arbeitsausschusssitzung vom 22. November 1918, in: *ADW*, CA 165 IV.

[358]   Schreiben Rades an Schreiber vom 2. Dezember 1918, in: *EZA* 623/52 (NL Schreiber). Dem Marburger Ausschuss gehörten außer Rade theologisch so unterschiedlich geprägte Personen wie der konservative Theologieprofessor Karl Bornhäuser, der mehr liberale Systematiker Horst Stephan

die bevorstehende Neuordnung des öffentlichen Lebens die gemeinsamen protestantischen Interessen vertreten. Der Arbeitsausschuss reagierte auf das Vorpreschen und Drängen des Marburger Ausschusses wiederum zurückhaltend, ohne dessen Anliegen jedoch übergehen zu können. Er entschloss sich, eine ‚Freie Konferenz zur Besprechung der kirchlichen Lage' am 8. Januar 1919 in Berlin einzuberufen. An ihr sollten Vertreter der KDEAO, der Volkskirchenbewegung und weitere führende kirchliche Persönlichkeiten teilnehmen.[359] Zur Begründung teilte Schreiber Rade mit, dass die gegensätzlichen Vorstellungen über eine kirchliche Neuordnung erst in gemeinsamer Aussprache aller an der Diskussion Beteiligten geklärt werden müssten, bevor man einen Kirchentag einberufen könne.[360]

Aus praktischen Erwägungen wurde diese Freie Besprechung jedoch auf Ende Februar verschoben. Bereits am 3. Januar 1919 sollte nämlich in Elberfeld eine Konferenz stattfinden, die das Ziel verfolgte, die unterschiedlichen volkskirchlichen Bestrebungen zu bündeln und gemeinsame Grundsätze für die künftige Gestaltung der Kirche zu beschließen. Ihre Initiatoren waren die führenden Vertreter der Gemeinschaftsbewegung in Rheinland-Westfalen, der Essener Pfarrer Joseph Gauger als Herausgeber des neupietistischen Presseorgans ‚Licht und Leben' und Pfarrer D. Walter Michaelis aus Bielefeld als Vorsitzender des Deutschen Verbandes für Gemeinschaftspflege und Evangelisation,[361] sowie die Münsteraner Theologieprofessoren Otto Schmitz und Karl Heim. Beide Theologen hatten mit ihrem Aufruf „Für eine freie evangelische Volkskirche" nicht nur innerhalb der Gemeinschaftsbewegung große Aufmerksamkeit gefunden,[362] sondern waren auch in den Kreisen um Martin Rade und beim Göttinger Volkskirchenbund auf breite Zustimmung gestoßen. Man verabredete untereinander,

---

sowie der dem Neupietismus zuzuordnende Leiter des Gemeinschafts-Diakonissenhauses Pfarrer Ludwig Thimme an.

[359] Vgl. das Protokoll der Arbeitsausschusssitzung vom 5. Dezember 1918, in: *ADW*, CA 165 IV. Einladungen an kirchliche Persönlichkeiten in leitender Funktion ergingen an die Generalsuperintendenten Wilhelm Zoellner (Westfalen), Paul Blau (Posen), Wilhelm Reinhard (Westpreußen), Theodor Kaftan (bis 1917 Schleswig) sowie an Friedrich Winckler, den Vorsitzenden der altpreußischen Generalsynode. Um dem kirchenregimentlichen Misstrauen zu begegnen, versicherte Schreiber, dass die KDEAO als Veranstalter der Besprechung mit dieser keine kirchenpolitischen Pläne verfolge, sondern lediglich eine gemeinsame Diskussionsplattform für die unterschiedlichen Reformbestrebungen bieten wolle. Vgl. Einladungsschreiben Schreibers an die oben genannten Generalsuperintendenten vom 13. Dezember 1918, in: *EZA* 623/52 (NL Schreiber).

[360] Vgl. das Schreiben Schreibers an Rade vom 7. Dezember 1918, in: *EZA* 623/52 (NL Schreiber).

[361] Zu Walter Michaelis vgl. Jochen-Christoph Kaiser, „Walter Michaelis (1866–1953) – ein westfälischer Pfarrer zwischen Kirche und Gemeinschaftsbewegung", in: *Jahrbuch für westfälische Kirchengeschichte* 88. 1994, 252-276.

[362] Am 1. Dezember 1918 hatten Schmitz und Heim ihren Aufruf „Für eine freie evangelische Volkskirche" in der Zeitschrift Licht und Leben (Jg. 30, Nr. 48, 575 ff) veröffentlicht. Sie forderten darin eine reichsweite Volkskirche, die auf dem Grundbekenntnis zu Jesus Christus als dem Herrn basierte. In ihr sollte das Priestertum aller Gläubigen stärker als bisher üblich gepflegt und auch Minderheitsrechte umfassender berücksichtigt werden. Sie sollte reichsweit synodal organisiert sein mit einem Reichskirchentag und einem Reichskirchenausschuss als obersten Leitungsorganen. In bestimmten Bereichen könne der einzelnen Landeskirche Entscheidungsfreiheit gewährt und besondere Traditionen berücksichtigt werden, allerdings nur „soweit sie [sc. die einzelne Landeskirche] sich dem Ganzen einfügt" (576).

am Rande der Elberfelder Zusammenkunft auch die Pläne zur Vorbereitung eines Kirchentages konkret weiter zu verfolgen.

Um das Heft nicht völlig aus der Hand zu geben, blieb dem Arbeitsausschuss der KDEAO in Berlin kaum eine andere Wahl, als der Aufforderung Rades nachzukommen, „sich mit uns Provinzlern [zu] verständigen" und ebenfalls Abgeordnete nach Elberfeld zu entsenden.[363] Die Vorschläge von Schmitz und Heim und erst recht die Volkskirchenräte Rades lehnte man von Seiten der KDEAO überwiegend ab, da sie auf den Grundsatz der Rechtskontinuität zu wenig Rücksicht nähmen.[364] Um die eigene Position in Elberfeld klarzustellen, verabschiedete man sieben von Schreiber aufgestellte Leitsätze. Sie heben noch einmal in wesentlicher Übereinstimmung mit dem kirchen-regimentlichen Standpunkt hervor, „dass bei der Neuordnung der kirchlichen Verhältnisse die Wahrung der Kontinuität und Legalität nur durchführbar ist, wenn sie unter Leitung der bisherigen Träger des Kirchenregiments, der Kirchenbehörden und der Synoden, erfolgt". Dementsprechend sei die Einberufung eines gemeinsamen Kirchentages allein dem DEKA vorbehalten. Mahnende Stimmen innerhalb des Arbeitsausschusses zeigten sich indessen darüber besorgt, dass die Wucht der volkskirchlichen Bestrebungen von den Kirchenleitungen unterschätzt würde. Der rege Partizipationswille des Kirchenvolkes sei bislang nicht ausreichend zur Geltung gekommen und die weitgehend im Stillen vollzogene Neuordnung der Landeskirchen erwecke bereits jetzt in weiten Kreisen den Eindruck: „Wir werden nicht gefragt, wir werden nicht gehört."[365] Umso mehr hielt der Arbeitsausschuss an seinen Plänen einer Freien Besprechung fest, um den spontanen Kräften die Möglichkeit zur Aussprache zu geben. Dennoch wurden die erwähnten Leitsätze des in Verfahrensfragen äußerst versierten August Wilhelm Schreiber, der neben Gerhard Füllkrug, dem Direktor des Central-Auschusses der Inneren Mission, der zweite Delegierte der KDEAO in Elberfeld war, vom Arbeitsausschuss einstimmig gebilligt. In ihnen tritt die Absicht deutlich hervor, die unmittelbar bevorstehende Zusammenkunft dazu zu benutzen, radikale Forderungen abzumildern und die volkskirchlichen Bewegungen, die aufgetreten waren, zur Zusammenarbeit mit den vorhandenen kirchlichen Behörden zu veranlassen.[366] Der weitere Verlauf der Ereignisse zeigte, dass diese Vermittlungsversuche der KDEAO, die darum bemüht waren, möglichst jeden Konflikt mit den alten, provi-

---

[363] Vgl. Schreiben Rades an Schreiber vom 17. Dezember 1918, in: *EZA* 623/52 (Nachlass Schreiber).

[364] Vgl. das Protokoll der Arbeitsausschusssitzung vom 30. Dezember 1918, in: *ADW,* CA 165 IV.

[365] Neben dem Vorsitzenden Spiecker hegten auch Füllkrug vom Central-Ausschuss und Schneemelcher vom Evangelisch-Sozialen Kongress dieselben Befürchtungen. Vgl. das Protokoll der Arbeitsaus-schusssitzung vom 30. Dezember 1918, ebd..

[366] Diese Absicht teilt Schreiber dem Generalsuperintendenten Westfalens, Wilhelm Zoellner (1860–1937), in einem vertraulichen Schreiben vom 27. Dezember 1918 mit. Darin heißt es: „So gewinnt diese Besprechung [sc. die Elberfelder Konferenz] eine nicht geringe Bedeutung als erste Berührung der verschiedenen Kreise, die zur Kirchenfrage das Wort genommen haben. Ich begrüsse diese Fühlungnahme vor allem in der Hoffnung, dass es gelingt, D. Rade und namentlich D. Titius von ihren viel zu weit gehenden Plänen zurückzuhalten. Die Bestrebungen, an das Vorhandene anzuknüpfen, wie es der EOK und der Vorstand der westfälischen Provinzialsynode getan haben ... schienen mir richtiger." *EZA* 623/52. Warum Schreiber in diesem Zusammenhang allerdings ausgerechnet den gemäßigten Reformer Titius erwähnt und gegenüber Rade sogar hervorhebt, bleibt unklar.

sorisch weiterhin regierenden Kirchenleitungen zu vermeiden, die Kirchentagspläne wesentlich beeinflusst haben.

2.3.2 Die Elberfelder ‚Besprechung zur Herbeiführung eines Kirchentages‘

Auf der Elberfelder Konferenz stellten zunächst die Professoren Schmitz und Heim ihre ‚Grundsätze für die Umgestaltung unserer Landeskirche zu einer staatsfreien evangelischen Volkskirche‘ vor rund 100 Teilnehmern zur Diskussion.[367] In bewusster Abschwächung ihres ersten Aufrufes stellten sich beide Theologen nun unmissverständlich auf den Standpunkt der Rechtskontinuität und betonten, dass die bestehenden Landeskirchen nur als „geschlossene Verwaltungs- und Vermögenseinheiten" in eine gesamtkirchliche Neuordnung überführt werden dürften. Von vorzeitigen kirchlichen Neubildungen sei daher abzusehen. Eine Zusammenarbeit der Volkskirchenbewegung mit den provisorisch weiter amtierenden Kirchenbehörden erfolge „am besten Hand in Hand".[368] Die sich daran anschließende Rückfrage von Michaelis, ob man denn weiterhin am Ziel „*einer* Volkskirche in *ganz* Deutschland" festhalten solle, blieb unbeantwortet. Schmitz verwies lediglich auf die Möglichkeit, dass sich ein künftiger allgemeiner Kirchentag damit befassen könne. Mit dieser knappen Bemerkung hatte es mit dem Kirchentagsthema während der Elberfelder Konferenz bereits sein Bewenden. Der weitere Fortgang der Konferenz wurde dominiert durch die Forderung nach Minderheitenschutz bzw. nach Lockerung des Parochialzwanges, der sich neben der Gemeinschaftsbewegung auch Liberale anschlossen. Außerdem geriet die Bekenntnisfrage in den Mittelpunkt der Debatte.[369] Erst nach Ende der offiziellen Veranstaltung traf man sich in kleiner Runde zum vertraulichen Gespräch, um konkrete Schritte für ein weiteres Vorgehen in der Kirchentagsfrage zu vereinbaren.[370]

---

[367] Die Grundsätze wurden veröffentlicht in: *Licht und Leben*, Nr. 5 vom 2. Februar 1919, 56 f.

[368] Heim verwies dabei auf Punkt 10 seiner Grundsätze: „Die Volkskirchenbewegung". Darin sei klar gesagt, „dass wir keinen Bruch wollen". Vielmehr gehe es ihnen nur darum, „einen einheitlichen Sinn des Kirchenvolkes herbei[sc. zu]führen". Wilhelm Zoellner sekundierte Heim: „Der Weg zum Ziel geht nicht über eine Neugründung, sondern durch Neueinstieg der Landeskirchen." Er forderte daher: „Nicht mehr Bruch mit der Geschichte als unbedingt nötig ist." Vgl. das handschriftliche Protokoll der Elberfelder Konferenz vom 3. Januar 1919, 1 f, in: *EZA* 623/53 (NL Schreiber). Zu Zoellner vgl. Werner Philipps, *Wilhelm Zoellner – Mann der Kirche im Kaiserreich, Republik und Drittem Reich*, Bielefeld 1985.

[369] Der Vorschlag von Heim und Schmitz, gemäß Grundsatz 2 die Formel „Jesus der Herr" als eine Art Sammelbekenntnis zum Ausgangspunkt einer kirchlichen Einigung zu machen, erregte lebhaften Widerspruch. Unter den Gemeinschaftsleuten erschien den meisten diese Bekenntnisformel zu weit gefasst. Auch der Liberalste könnte sie bejahen, meinten sie. Selbst Titius sah in ihr nur einen Grund weiterer bekenntnismäßiger Unklarheit. Er fürchtete, dass ein etwaiger kirchlicher Zusammenschluss durch ein gemeinsames, aber beliebig auszulegendes Bekenntnis nichts anderes als ein bloßer Zweckverband sei. Vgl. das handschriftliche Protokoll, ebd., 12. Zur Debatte innerhalb der Gemeinschaftsbewegung in der Frage der kirchlichen Neuordnung 1918/19 vgl. Eva-Maria Zehrer, *Die Gemeinschaftsbewegung in der Weimarer Republik*, Diss. theol. masch.schr., Leipzig 1989, 127 ff.

[370] An dieser Elberfelder ‚Besprechung zur Herbeiführung eines Kirchentages‘ nahmen nicht weniger als fünf bekannte Theologieprofessoren teil, neben Rade die Göttinger Theologen Titius und Karl Mirbt sowie die Münsteraner Schmitz und Heim. Der Arbeitsausschuss der KDEAO war durch Schreiber und Füllkrug vertreten, einem sogenannten Elberfelder Ausschuss gehörten der Leiter

Sehr schnell kam man darin überein, dass ein Kirchentag in der gegenwärtigen Lage umgehend anzubahnen sei. Vor allem im Hinblick auf die bevorstehende Einberufung der Nationalversammlung hielt man einen Zusammenschluss des ganzen deutschen Protestantismus für unerlässlich. Nur „als geistige Größe und als Einheit" werde seinen Forderungen die ihnen gebührende Geltung verschafft.[371] Auch darin erzielte man schnell Einigkeit, dass der Kirchentag durch eine Konferenz der Art, wie sie vom Arbeitsausschuss der KDEAO geplant war – die Bezeichnung „Vorkirchentag" fiel wiederholt in diesem Zusammenhang –, vorbereitet werden müsse. In der Frage allerdings, wer eine solche Vorkonferenz einzuberufen habe, gingen die Meinungen auseinander. Eine starke Gruppe um Zoellner, Titius, Kockelke, Rade und Schmitz setzten sich – nach Darstellung des Protokollführers Schreiber –[372] dafür ein, den DEKA darum zu bitten. Dieser werde auch den späteren Kirchentag einberufen und müsse deshalb auch im Vorfeld maßgeblich miteinbezogen werden. Zudem sei durch seine Mitwirkung eine offizielle Beteiligung der Landeskirchen eher gewährleistet und den Verhandlungen größere Bedeutung zugemessen. Der Arbeitsausschuss der KDEAO könne dem Kirchenausschuss bei seinen Vorbereitungen als „ein vorläufiger Vertrauensrat" behilflich sein.

Demgegenüber erinnerte Füllkrug daran, dass der Wittenberger Kirchentag 1848 durch einzelne Persönlichkeiten und spätere Zusammenkünfte durch den Central-Ausschuss einberufen worden seien. Offensichtlich wollte er damit andeuten, dass wie in den genannten Beispielen so auch jetzt die Einbeziehung der ‚Amtskirche' entbehrlich sei. Sein Einwand fand jedoch kein Gehör. Denn im Unterschied zum Jahre 1848 existierten jetzt die Deutsche Evangelische Kirchenkonferenz und der Deutsche Evangelische Kirchenausschuss. Sie repräsentierten die gesamtkirchliche Szene und konnten deshalb schlecht übergangen werden.[373] Einstimmig wurde beschlossen, durch Schreiber und Füllkrug Fühlung mit dem Kirchenausschuss aufzunehmen; nur wenn dieser sich weigere, die Vorkonferenz einzuberufen, solle die KDEAO in eigener Regie die Pläne zu Ende führen.[374]

---

    der Betheler Anstalten, Fritz von Bodelschwingh, sowie die Initiatoren der Konferenz, Gauger und Michaelis, an. Weitere Teilnehmer waren die Marburger Ludwig Thimme und Lic. Harnel, Generalsuperintendent Zoellner und der westfälische Synodalpräses Kockelke. Die Leitung übernahm Rektor Haarbeck aus Barmen.

[371] So Zoellner im Anschluss an die Voten von Mirbt und Titius, die ebenfalls in der Stärkung des protestantischen Selbstbehauptungswillens in der Republik den Hauptzweck eines Kirchentages erblickten. Erstaunlicherweise wurde von keinem der Teilnehmer, nicht einmal von Rade – zumindest laut damaligem Protokoll – der Gedanke einer reichsweit synodalen Neuordnung der bestehenden Verfassungsverhältnisse mit der Herbeiführung eines Kirchentages in Verbindung gebracht und zur Diskussion gestellt.

[372] S.u. Seite 108.

[373] Vgl. H. Talazko, *„Einheit für den Dienst"*, 361.

[374] Vgl. das Protokoll der „Besprechung zur Herbeiführung eines Kirchentages in Elberfeld" vom 3. Januar 1919, in: *EZA* 623/53 (NL Schreiber).

2.3.3 Die Vorbereitung der Kasseler Vorkonferenz

Zu einem Alleingang der freien kirchlichen Kreise kam es jedoch nicht. Der DE-KA willigte vielmehr darin ein, die geplante Vorkonferenz hauptverantwortlich, wenn auch unter Beteiligung der KDEAO auszurichten. Ein in seiner Bedeutung kaum zu unterschätzender Anteil an dieser kirchenregimentlichen Entscheidung kam einmal mehr dem „wendigen Schreiber" zu.[375] Er verstand es, die Vorbehalte des DEKA gegenüber den Elberfelder Beschlüssen weitgehend auszuräumen, indem er dessen Bedingungen für eine gemeinsame Veranstaltung der Konferenz mit äußerster Kompromissbereitschaft entgegenkam. Den von den entscheidenden Vorverhandlungen mit dem DEKA in Berlin ausgeschlossenen ‚Provinzlern' aus Marburg, Göttingen, Münster und Elberfeld blieb bis auf weiteres nur die Zuschauerrolle übrig. Ihre Befürchtung, Schreiber vertrete die eigenen Forderungen gegenüber der konsistorialen Seite nur unzureichend, verhehlten sie indessen nicht.

Bereits am 8. Januar fand ein erstes vertrauliches Gespräch zwischen Schreiber und dem DEKA-Vorsitzenden Bodo Voigts statt, bei dem dieser seine grundsätzliche Zustimmung zu einem gemeinsamen Vorgehen des Kirchenausschusses und der KDEAO signalisierte. Voigts, der – nach dem Urteil von Otto Dibelius – „die kirchliche Bürokratie in Reinkultur verkörperte" und jeglicher kirchlichen Neuordnung von vornherein mit tiefem Misstrauen begegnete,[376] machte aber zugleich seine Einwände gegenüber den Elberfelder Beschlüssen geltend. Er bestand zum einen auf einer starken Reduzierung der Teilnehmerzahl auf ca. 40–50 Personen bei der Vorkonferenz, um deren Arbeits- und Beschlussfähigkeit nicht zu gefährden. Dahinter verbarg sich womöglich auch die Angst vor einer offenen Konfrontation mit einem großen, kaum mehr steuerbaren Publikum, das sich mehrheitlich aus freien kirchlichen Kräften zusammensetzte.[377] Zum anderen lehnte Voigts eine gemeinsam vom DEKA und der KDEAO autorisierte Einladung ab. Denn die durch die KDEAO vertretenen Körperschaften seien, wie Schreiber dem EOK-Vizepräsidenten Lahusen berichtete, „keine komparenten Größen" (sic!). Vor allen Dingen werde dadurch die Kontinuität der bisherigen autoritativen Vertretung des ganzen deutschen Protestantismus durch den Kirchenausschuss gestört.[378]

Schreiber, der darum bemüht war, die Bedenken von Voigts nach Kräften zu zerstreuen, versicherte diesem, bei allen vorangegangenen Besprechungen auf diese Gefahren „nachdrücklich" aufmerksam gemacht zu haben. Das weitere Insistieren auf einer gemeinsamen Einladung zeige nur, welchen Wert man darauf lege, keine Sonderinteressen zu verfolgen, sondern im Gegenteil die autoritative Stelle zu stützen. Man nehme auf Seiten der KDEAO und der Volkskirchenbewegung sogar den Vorwurf in Kauf,

---

[375] J.-C. Kaiser, *Sozialer Protestantismus im 20. Jahrhundert*, 53.

[376] Für Voigts sei bereits der Vertrauensrat der altpreußischen Landeskirche „ein revolutionäres Gebilde" gewesen, mit dem er nur höchst widerwillig kooperiert hätte. Vgl. Otto Dibelius, *Ein Christ ist immer im Dienst. Erlebnisse und Erfahrungen in einer Zeitenwende*, Stuttgart ²1963, 130.

[377] Dies vermutet wohl zurecht J.-C. Kaiser, *Sozialer Protestantismus im 20. Jahrhundert*, 55.

[378] Vgl. a. zum folgendem das Schreiben Schreibers an Lahusen vom 9. Januar 1919, in: *EZA* 623/53 (NL Schreiber). Schreiber unterrichtet darin Lahusen ausführlich über den Verlauf und die Ergebnisse des ersten Sondierungsgesprächs mit Voigts.

„als habe auch hier wieder die Behörde die Sache in die Hand genommen". Als Kompromiss, der freilich mit den übrigen Beteiligten nicht abgestimmt war, unterbreitete Schreiber den Vorschlag, das Einladungsschreiben zwar ausschließlich vom DEKA unterschreiben, aber zugleich auf ihm vermerken zu lassen, dass die Konferenz „auf Antrag und unter Mitwirkung der Konferenz der Arbeitsorganisationen" einberufen worden sei. Hinsichtlich einer Beschränkung der Teilnehmerzahl verwies Schreiber auf das rege, nicht zu unterschätzende Bedürfnis einer freien Aussprache, dem auch im Interesse des Kirchenausschusses Rechnung getragen werden müsse. Im Übrigen sei der Charakter dieser freien Zusammenkunft völlig unverbindlich. Es handele sich weder um eine Tagung des Kirchenausschusses unter Hinzuziehung kirchlicher Persönlichkeiten noch um einen offiziösen ,Vorkirchentag'. Ziel sei nicht die Herbeiführung von Beschlüssen, sondern nur die offene Aussprache aller in der Kirchenfrage Engagierten. Im Anschluss an diese könne sich allerdings der kleine Kreis, den Voigts einberufen solle, zusammensetzen, „um dann in Ruhe den großen öffentlichen Kirchentag vorzubereiten".

Nach diesen weitgehenden Zugeständnissen im Vorfeld der Verhandlungen erklärte sich Voigts im Namen des DEKA am 13. Januar 1919 dazu bereit, die Vorkonferenz „unter Mitwirkung der Konferenz der Arbeitsorganisationen zur Ausführung zu bringen". Diese sollte wie verabredet in überschaubarer Teilnehmerzahl stattfinden und sich ganz auf das Kirchentagsthema konzentrieren. Gegen eine zusätzliche freie Aussprache der Verbände ohne kirchenregimentliche Beteiligung habe man nichts einzuwenden, solange die eigentliche Vorkonferenz davon unberührt bleibe. Auf einer auf den 4. Februar 1919 vom DEKA anberaumten Sitzung sollten die wichtigsten Fragen hinsichtlich der Vorkonferenz gemeinsam mit Mitgliedern des Arbeitsausschusses abschließend geklärt werden.[379]

Innerhalb der neuen Volkskirchenausschüsse hatte man freilich ganz andere Erwartungen an eine solche Konferenz gerichtet. Sie sollte von *allen* in Betracht kommenden Kräften getragen werden, um einen „nicht kirchenamtlich bevormundeten Kirchentag" herbeizuführen.[380] Heftige Kritik übte man daher bereits am Verhandlungsnachweis der Elberfelder Besprechung. Titius u.a. monierten, dass die offenkundige Abneigung gegen ein Zusammenwirken mit den kirchenregimentlichen Organen im Protokoll Schreibers ausgeblendet werde. Zudem sei beschlossen worden, dass die Konferenz nicht nur durch den DEKA und die KDEAO, sondern auch durch die anderen in Elberfeld vertretenen Organisationen einberufen werden sollte.[381] Der Verlauf der Berliner Verhandlungen ließ die Sorge der Volkskirchenausschüsse nur weiter anwachsen, dass die Leitung der geplanten Konferenz ganz vom Kirchenregiment übernommen und diese dadurch ihren volksnahen Charakter als Laienveranstaltung einbüßen würde. Vehement forderte man Schreiber als Verhandlungsführer

---

[379] Schreiben des DEKA an den Arbeitsausschuss der KDEAO vom 13. Januar 1919, in: *EZA* 1/A3/8.

[380] Vgl. das Schreiben Schmitz' an Schreiber vom 26. Januar 1919, in: *EZA* 623/53 (NL Schreiber).

[381] Vgl. das Rundschreiben Schreibers an die Ausschüsse der Volkskirchenbewegung vom 18. Januar 1919, in: *EZA* 623/53 (NL Schreiber). Schreiber erwähnt darin die an ihn herangetragenen Beschwerden, die im Grunde genommen eine mehr oder weniger offene Kritik an seinem kirchenpolitischen Kurs waren, ohne jedoch Stellung zu ihnen zu beziehen.

dazu auf, „ja nicht das Heft aus der Hand zu geben" und für „eine gleichwertige Mitwirkung der anderen [sc. reformerischen] Organisationen" einzutreten.[382] Außerdem sollte der Zweck eines einzuberufenden Kirchentages nicht von vornherein durch den DEKA auf „eine eindrucksvolle Kundgebung des ganzen deutschen Protestantismus" begrenzt werden. Es sei vielmehr erst Sache der Vorkonferenz, darüber zu entscheiden.[383]

Auf Seiten des Kirchenausschusses war man sich der Brisanz der Situation durchaus bewusst. Einen Tag vor dem Vorbereitungsgespräch mit den Mitgliedern des Arbeitsausschusses erläuterte Voigts auf einer DEKA-Sitzung den Teilnehmenden noch einmal die Gefahr, die davon ausgehe, wenn die Kirchentagsfrage von „anderer nicht dazu berufener und vielleicht wenig geeigneter Seite" allein in Angriff genommen werde. In diesem Fall sei die notwendig zu wahrende Einheit und Rechtskontinuität nicht länger gewährleistet. Da man sich jedoch den volkskirchlichen Bestrebungen nicht entziehen könne, komme alles darauf an, dass sich der Kirchenausschuss umgehend an die Spitze der Bewegung stelle und deren Führung übernehme.[384] Einstimmig beschloss man daraufhin, einen Kirchentag möglichst bald nach der Vorkonferenz durch den Kirchenausschuss einberufen zu lassen. Gegen die zuvor hauptsächlich von Voigts vertretene Entscheidung, die Teilnehmerzahl der Vorkonferenz erheblich zu beschränken, erhob sich jetzt allerdings Widerspruch. Man verwies insbesondere darauf, dass dadurch leicht eine „unerwünschte Verminderung der Zahl der teilnehmenden Theologen" eintreten könne. Insgesamt dürfe die Teilnehmerzahl aber 140–150 nicht übersteigen. Ein anderer gewichtiger Grund für die Erweiterung der Teilnehmerzahl war vermutlich die Befürchtung, dass das weitere Beharren auf einem kleinen, überschaubaren Kreis zum Scheitern der gesamten Vorkonferenz und zur Abspaltung der Volkskirchenbewegung geführt hätte. Das Risiko, die reformerischen Kräfte dann nicht mehr länger einbinden und kontrollieren zu können, erschien vielen DEKA-Mitgliedern zu groß. Man teilte mittlerweile auch im Kirchenregiment die Einschätzung: „Es steht jetzt viel auf dem Spiele."[385]

Von den Mitgliedern des Arbeitsausschusses, die an dem für den 4. Februar anberaumten Vorbereitungsgespräch teilnahmen, wurden die Absichten des DEKA lebhaft

---

[382] Schreiben Thimmes an Schreiber vom 24. Januar 1919, in: *EZA* 623/53 (NL Schreiber). Vgl. auch das Schreiben Rades an Schreiber vom 21. Januar 1919 (ebd.), in dem er diesen dazu auffordert, besonders progressive Kräfte wie z.B. Weinel (!) als Referenten auf der Vorkonferenz auszuwählen und für eine angemessene Beteiligung der Frauen an den Verhandlungen zu sorgen.

[383] Vgl. Schreiben Thimmes an Schreiber vom 30. Januar 1919, in: *EZA* 623/54 (NL Schreiber).

[384] Vgl. das Protokoll der DEKA-Sitzung vom 3. Februar 1919, in: *EZA* 1/A3/43. Diesen Standpunkt hatte Voigts bereits in einem Rundschreiben an die obersten Kirchenbehörden vom 14. Januar 1919 (ebd.) vertreten. Dabei hatte er die Elberfelder Beschlüsse als die Gelegenheit betrachtet, die weitere Entwicklung ganz im Interesse des Kirchenausschusses zu beeinflussen.

[385] So der Göttinger Kirchenhistoriker Karl Mirbt in seinem Schreiben vom 29. Dezember 1918 an den Geheimen Rat Dr. Duske vom preußischen EOK (*EZA* 1/A3/43). Mirbt tritt gegenüber Duske für eine baldige Einberufung des Kirchentmages unter Leitung des DEKA ein. Angesichts der bereits in Gang befindlichen Bestrebungen müsse der DEKA darauf Acht haben, dass die Dinge sich nicht ohne seine Mitwirkung weiterentwickelten, „wenn er sich nicht bei Seite schieben lassen will".

begrüßt.[386] Zwar hatte Voigts von vornherein den Führungsanspruch des Kirchenausschusses mit dem Verweis auf die notwendig zu wahrende Rechtskontinuität bekräftigt, die Schaffung einer Reichskirche kategorisch ausgeschlossen und die weitere
Selbständigkeit der Landeskirchen zur conditio sine qua non aller Kirchentagspläne
erklärt, aber im Gegenzug die Aussicht eröffnet, den Kirchentag nicht nur, wie man in
Elberfeld gewünscht hatte, als einmalige Veranstaltung auszurichten, sondern densel-
ben zu einer dauernden Einrichtung auszubauen. Er solle vor allem dazu dienen, den
Landeskirchen gegenüber dem Reich, das seine Kompetenzen auf kirchliche Fragen
immer weiter ausdehne, den nötigen Rückhalt zu verschaffen. Aufgabe der Vorkonferenz sei es, allgemeine Richtlinien für die Einberufung eines Kirchentages zu erlassen
und einen Arbeitsausschuss einzusetzen, der auf dieser Grundlage geeignete Verhandlungsvorlagen für den Kirchentag erstellt. Zudem machte der DEKA – wenn auch erst
nach Einspruch des Arbeitsausschusses – die Zusage, die Zahl der Vertreter der freien
Organisationen von 36 auf 56 Teilnehmer an der Vorkonferenz zu erhöhen.[387] Damit
seien, so die KDEAO-Vertreter, „die Hoffnungen und Erwartungen der freien Vereine weit übertroffen"; die Frage der Einberufung und Leitung der Vorkonferenz, die
der DEKA für sich in Anspruch genommen habe, stehe nunmehr einer Verständigung
nicht länger im Wege. Es wurde lediglich darum gebeten, die Beteiligung der freien
Vereinigungen am Zustandekommen der Vorkonferenz in der Einladung erkennbar zu
berücksichtigen.[388] Auch am Plan einer zusätzlichen freien Aussprache hielten die
KDEAO-Vertreter fest, was ihnen vom DEKA – freilich unter gewissen Auflagen –
auch zugestanden wurde.[389]
Schreiber verbuchte dieses Verhandlungsergebnis, vor allem die Aufstockung der
Teilnehmerzahl aus dem eigenen Lager,[390] gegenüber den Volkskirchenausschüssen
als einen Erfolg der freien kirchlichen Kräfte. Die wiederholt an ihn gerichteten Auf-

---

[386] Vgl. das Protokoll der gemeinschaftlichen vertraulichen Aussprache vom 4. Februar 1919, in: *EZA*
     1/A3/43.

[387] Von den insgesamt 140 Teilnehmern sollten 33 auf den DEKA bzw. die Eisenacher Konferenz, ferner
     auf zehn Vertrauensmänner des DEKA und auf 33 Synodale entfallen. Damit war den freien Kräften
     zumindest numerisch gesehen ein beachtliches Mitspracherecht eingeräumt worden. Gegenüber den
     Kirchenregierungen und Synoden blieben sie jedoch in der Unterzahl.

[388] In dem vom DEKA allein unterzeichneten offiziellen Einladungsschreiben vom 17. Februar 1919
     war dann allerdings nur im weiteren Fließtext davon die Rede, dass die Vorkonferenz „im Einverneh-
     men" bzw. „unter Mitwirkung" der freien Organisationen zusammentrete. Das Einladungsschreiben
     ist abgedruckt in: *Niederschrift der Verhandlungen der Vorkonferenz zur Vorbereitung eines allge-
     meinen deutschen evangelischen Kirchentages. Cassel-Wilhelmshöhe den 27. und 28. Februar 1919*,
     Berlin 1919, 37-39.

[389] Die Gelegenheit, rückhaltlos über die wichtigsten Fragen eines kirchlichen Neuaufbaus, einschließ-
     lich der Bekenntnisfrage, die man auf der Vorkonferenz bewusst ausgeklammert hatte, zu diskutie-
     ren, sollte laut DEKA erst *nach* dieser Veranstaltung gegeben sein. Zudem dürfe die freie Aus-
     sprache nicht zu einer Art Gegenveranstaltung zur Vorkonferenz stilisiert werden, „da sonst der
     beabsichtigte Eindruck der Geschlossenheit des evangelischen Deutschlands leicht in sein Gegenteil
     verkehrt werden könne". Eine „Freie Besprechung über die gegenwärtige Lage der Kirche", bei der
     Arbeitsorganisationen und Volkskirchenbewegung unter sich blieben, fand daraufhin im Anschluss
     an die Vorkonferenz vom 28. Februar bis zum 1. März 1919 in Kassel statt.

[390] Damit habe man – so Schreibers Einschätzung – „die Hauptsache erreicht". Vgl. das Schreiben
     Schreibers an die Marburger, Elberfelder und Göttinger Volkskirchenausschüsse vom 8. Februar
     1919, in: *EZA* 623/54 (NL Schreiber).

forderungen, die Mitverantwortung der kirchlichen Vereinigungen für die Vorkonferenz gegenüber dem Kirchenregiment noch deutlicher hervorzuheben, bezeichnete Schreiber als „Sonderwünsche", die angesichts der Tatsache der Entstehung einer rechtlich geordneten und auf breiter Grundlage beruhenden Gesamtvertretung des deutschen Protestantismus zurückzustellen seien. Von Seiten der Volkskirchenausschüsse wurde das Resultat des Vorbereitungsgesprächs verständlicherweise zurückhaltender aufgenommen. Man gestand zwar einen gewissen Fortschritt in den Verhandlungen zu, war aber nüchtern genug zu sehen, dass die Aussichten auf substantielle Mitgestaltung der Kirchentagsfrage auf der Vorkonferenz gering waren. Dazu hatte der Kirchenausschuss in den Vorverhandlungen das Heft bereits zu sehr in die Hand genommen und die Machtverhältnisse zu seinen Gunsten gelenkt.[391]

2.4 Die Entscheidung in der Kirchentagsfrage

Die am 27. und 28. Februar 1919 in Kassel stattfindende Vorkonferenz setzte dem Ringen um eine Vormachtsstellung in der Kirchentagsfrage ein Ende. Für die Kirchenleitung verband sich mit ihrer Einberufung die entscheidende Frage, „ob der Kirchenausschuss die Sache in der Hand behält, ohne dass sich die ,freien' Elemente absplittern".[392] Die reformerischen Kräfte, die an der inhaltlichen Vorbereitung der Konferenz vom DEKA nicht beteiligt wurden, sahen indessen ihre Felle daher bereits davonschwimmen.[393] Diese Sorge erwies sich durch den Verlauf der Kasseler Verhandlungen als nur zu gut begründet.

2.4.1 Die Kasseler Vorkonferenz

Um sich zahlenmäßig gegenüber den Vertretern der ,Amtskirche' behaupten zu können, setzten die freien Vereinigungen alles daran, das vom DEKA zugestandene Kontingent an Teilnehmern auf der Vorkonferenz tatsächlich annähernd zu erreichen. In Anbetracht der chaotischen Verkehrsverhältnisse nach dem Kriege war dies mit erheblichen Anstrengungen verbunden. Von den 140 geladenen Persönlichkeiten nahmen nur 104 an der Konferenz teil, darunter waren 51 Vertreter der Kirchenregierungen und Synoden sowie 6 Vertrauensleute des DEKA. Die übrigen 47 Teilnehmer, also

---

[391] Vgl. das Schreiben des Marburger Systematikers Horst Stephan an Schreiber vom 11.2. 1919, in: *EZA* 623/54 (NL Schreiber). „Wir sind doch ein Stück weiter. Alles ist freilich nicht erreicht. Wir kommen gegen die gesamte Macht der Kirchenregimente und Synoden (die werden sich sehr zusammenfühlen) nicht auf, sobald abgestimmt werden sollte."

[392] So der Berliner Systematiker Julius Kaftan, EOK-Mitglied und seit 1919 geistlicher Vizepräsident des EOK, in seinem Schreiben an seinen Bruder Theodor Kaftan vom 18. Februar 1919. Die volkskirchlichen Organisationen, „Schmitz-Heim einerseits Rade u. Co. andererseits", bänden nämlich nur notgedrungen an das Kirchenregiment an, da sie sich als „eigentliche Väter des geplanten Kirchentages" fühlten. Vgl. W. Göbell (Hg.), *Kirche, Recht und Theologie in vier Jahrzehnten. Der Briefwechsel der Brüder Theodor und Julius Kaftan, Zweiter Teil*, 682.

[393] Vgl. das Schreiben Stephans an Schreiber vom 24. Februar 1919, in: *EZA* 623/54 (NL Schreiber): „Zuweilen befällt mich eine große Angst – zumal angesichts ... der Art der Einladung durch den Kirchenausschuss. Er teilt nichts Näheres über seine Pläne mit – das klingt als ob er einfach nur ein Ja zu seinen Vorschläge erwartet ... Die Lage ist wahrhaftig zu ernst für ein solches Vorgehen."

immerhin beinahe die Hälfte, gehörten den freien Vereinen und der Volkskirchenbewegung an. Unter ihnen waren allerdings nur zwei von insgesamt auch nur vier geladenen Frauen. Der Einladung nicht gefolgt waren die Vertreter des konfessionellen Luthertums: der Vorsitzende der Allgemeinen Evangelisch-Lutherischen Konferenz Landesbischof Ludwig Ihmels, der Hannoversche Generalsuperintendent Johannes Schwerdtmann sowie der Herausgeber der AELKZ Wilhelm Laible. Zu stark waren auf dieser Seite die Vorbehalte gegenüber den Wortführern des kirchlichen Liberalismus, deren vermeintliche Vorreiterrolle in den kirchlichen Zusammenschlussbestrebungen man durch ein Fernbleiben von den Verhandlungen boykottieren wollte.[394]

Eröffnet wurde die Konferenz, die unter der Leitung des stellvertretenden DEKA-Vorsitzenden Böhme stand, durch ein Eingangsreferat des konservativen Schweriner Oberkirchenrats Adolf Giese, in dem dieser noch einmal unmissverständlich die Grundsätze des Kirchenausschusses in der Kirchentagsfrage, die Wahrung der Rechtskontinuität und den Erhalt landeskirchlicher Autonomie, deutlich machte.[395] Zudem sei den Kirchenregierungen als Hüterinnen der Tradition auch in einem synodalähnlichen Organ wie dem Kirchentag eine angemessene personelle Repräsentanz zuzuerkennen. Der von allen angestrebte Zusammenschluss des deutschen Protestantismus, der sich auch ohne Reichskirche und Reichssynode verwirklichen lasse, richte sich nämlich in erster Linie gegen die revolutionären Gewalten, „die uns von außen und innen bedrohen." Eine einschneidende verfassungsmäßige Neuordnung war, so konnte man aus den Äußerungen Gieses folgern, für diesen Zweck nicht notwendig, wenn nicht sogar kontraproduktiv.

In der daraufhin einsetzenden Aussprache konterte der Frankfurter reformierte Pfarrer und Honorarprofessor Dr. Erich Foerster Gieses Ausführungen, indem er seine Zweifel daran anmeldete, dass der Kirchenausschusses den Anspruch erheben dürfe, die einzige rechtlich anerkannte Vertretung des deutschen Protestantismus zu sein. Obwohl er eine Reichskirche zumindest zum jetzigen Zeitpunkt ablehnte, forderte er, dass der neu zu schaffende Kirchentag ein Vertretungskörper aller Gemeindeverbände sein und als solcher zunächst wenigstens in den Landeskirchen der Einzelstaaten die Kirchenleitung übernehmen sollte. Faktisch griff Foerster damit wieder auf bereits 1848 vorgetragene liberale Reichskirchenpläne zurück, die auf einen gesamtprotestantischen Zusammenschluss auf Gemeindebasis zielten.[396]

---

[394] Der Furcht der Lutheraner, durch die Teilnahme an der Vorkonferenz zwangsläufig „unter das Joch des Liberalismus" zu kommen, hatte Schreiber vergeblich die möglichen Konsequenzen eines solchen Verzichts entgegengehalten: „Lässt man sie [sc. die Liberalen] aber allein machen, so erreichen sie einen Einfluss, der ihrer praktischen Wirksamkeit nicht entspricht und unserer eigenen Tätigkeit abträglich sein kann." Vgl. Schreiben Schreibers an Laible vom 14. Februar 1919, in: *EZA* 623/54. Genau dies warf im Nachhinein die AELKZ der Vorkonferenz vor. Wie bei der politischen Revolution habe sich auch innerhalb der evangelischen Kirche eine radikale Minderheit ohne verfassungsmäßige Grundlage Vollmachten zudiktiert, mit der sie die Mehrheit der kirchentreuen Kräfte beherrschen wolle. Dass diese Einschätzung den realen Kräfteverhältnissen und Verhandlungsergebnissen auf der Vorkonferenz jedoch in keiner Weise entsprach, stellte wiederum Schreiber zur Beruhigung der Lutheraner richtig. Vgl. *AELKZ*, Nr. 13 vom 28. März 1919, 264, sowie den Beitrag Schreibers in *AELKZ*, Nr. 15 vom 11. April 1919, 310 f.

[395] *Niederschrift der Verhandlungen der Vorkonferenz*, 49-55.

[396] S.o. die Seiten 49 ff.

Wie nicht anders zu erwarten war, löste dieser provokative Vorschlag heftigen Widerspruch aus. Namens der Mehrheit lehnten Giese und der mittlerweile pensionierte Schleswiger Generalsuperintendent Theodor Kaftan (1847–1932) jeden Eingriff in den Bestand der Landeskirchen strikt ab. Die von der Revolution bestimmte Gegenwart sei zudem nicht dazu geeignet, „alte Ideale durchzusetzen, die auf starke Gegnerschaft stoßen würden". Auch Titius und Mirbt als Vertreter des Göttinger Volkskirchenbundes sekundierten ihren beiden Vorrednern, indem sie mit Verweis auf die lutherische Landeskirche Hannovers die Idee einer Reichskirche schon aus Bekenntnisgründen für aussichtslos erklärten. Da ein kirchlicher Neuaufbau nicht ohne Einwilligung der Landeskirchen erfolgen könne, plädierten sie für einen lockeren föderativen Zusammenschluss, eine Art Zweckverband der Landeskirchen unter Wahrung des Bekenntnisstandes und der jeweiligen Selbständigkeit. Mit der Schaffung eines regelmäßig zusammentretenden Kirchentages wäre bereits ein großer Fortschritt erzielt. Damit wurde der gemeinsame Nenner deutlich, auf den man sich bestenfalls verständigen konnte: „eine geordnete, rechtliche Fortentwicklung des Bestehenden", also eine klare Absage an eine grundlegende Neuordnung der Kirche.[397]

Zweifellos wurden mit dieser Mehrheitsposition viele Probleme pragmatisch ausgeklammert und so ein Scheitern von vornherein vermieden. Trotzdem ließ sich die Frage nicht unterdrücken, wie weit die Kompetenzen des Kirchentages tatsächlich reichen würden und wie das Verhältnis dieses neu zu schaffenden Organs zu den bereits bestehenden Vertretungskörpern, der Eisenacher Kirchenkonferenz und dem Kirchenausschuss, bestimmt werden sollte. Die vom DEKA ausgearbeitete Verhandlungsvorlage erweckte jedenfalls bei den Befürwortern einer demokratischen Erneuerung den Anschein, als sei der Kirchentag als eine dauerhafte synodale Institution in Zukunft *das* maßgebliche gesamtprotestantische Repräsentativorganorgan und als könnte der Kirchenbund vom Kirchentag her aufgebaut werden. Der Marburger Theologieprofessor Horst Stephan stellte daher die Forderung auf, dass Vertreter der Kirchenregierungen ohne Ermächtigung durch die Landessynoden nur noch mit beratender Stimme zu den Kirchentagsverhandlungen zugelassen werden sollten, was nichts anderes bedeutete, als dass die Kirchenkonferenz und der DEKA in Zukunft entbehrlich seien. Die Neigung der Kirchenbehörden, sich selbst entmachten zu lassen, war verständlicherweise gering. Deshalb verwies man abermals darauf, dass der DEKA als bislang einzig anerkannte rechtliche Vertretung der Landeskirchen auch in Zukunft unerlässlich sei. Apodiktisch fügte man hinzu, dass seine Teilnahme an den Kirchentagsverhandlungen schon mit Rücksicht auf die von ihm aus ergangene Einberufung der Vorkonferenz nicht zur Debatte stehen könne.[398]

Für weitere Brisanz sorgte das Urwahlthema, das der Frankfurter Synodalpräses Dr. Bornemann auf die Tagungsordnung setzte. Der Vorschlag, den Kirchentag durch Abordnungen der Synoden und der freien Vereinigungen zu bilden, sei zwar leichter zu verwirklichen, gehe aber nicht weit genug. Vielmehr müsse der Kirchentag durch

---

[397] *Niederschrift der Verhandlungen der Vorkonferenz*, 6-8. In einem Vermerk zum Verhandlungsprotokoll bringt Schreiber als Schriftführer der Konferenz diese gemeinsame Verständigungslinie auf die einfache Formel: „Keine kirchliche Revolution, sondern eine Evolution". *EZA* 1/A3/44.

[398] *Niederschrift der Verhandlungen der Vorkonferenz*, 18 f.

allgemeine Wahlen konstituiert werden, um tatsächlich zeitgemäß und volksnah zu sein.[399] Auf Baumgartens ergänzende Erläuterung, dass nur ein demokratisch legitimiertes Vertretungsorgan mit der rechtlichen Anerkennung durch die gegenwärtigen staatlichen Machthaber rechnen könne, entgegnete Kaftan scharf, die Kirche dürfe nicht dem Staat hinterherlaufen. Urwahlen hießen ohnehin nur, „die Kirche dem großen Haufen ausliefern". Der Hinweis des Stuttgarter Prälaten Schoell auf den offensichtlichen Widerspruch in der Haltung des Kirchenregiments, das einerseits vehement den kirchlichen Anspruch, Volkskirche zu sein, vertrete, anderseits jedoch dem Kirchenvolk weitgehende Partizipationsrechte immer noch vorenthalte, vermochte die Mehrheit der Versammlung nicht in ihrer ablehnenden Haltung umzustimmen. Zu groß war die Furcht, dass die Kirche durch Säkularisierungstendenzen überfremdet werden könnte, denen durch Urwahlen vermeintlich weiter Vorschub geleistet würde.[400]

Zur weiteren Vorbereitung des Kirchentages wurde schließlich ein Arbeitsausschuss eingesetzt. In enger Absprache mit dem DEKA sollte er die Zusammensetzung und die Tagesordnung für den ersten Kirchentag endgültig festlegen sowie die notwendigen Verhandlungsvorlagen erstellen. Unter den 21 Ausschussmitgliedern gehörten allein 11 unmittelbar den Kirchenregierungen an. Die überwiegende Mehrheit der weiteren 10 Mitglieder aus den Synoden und freien Vereinigungen vertrat eine in der Neuordnungsfrage gemäßigte, mehr oder weniger mit der kirchenbehördlichen Position übereinstimmende Linie.[401] Ausnahmen bildeten Michaelis, Stephan und der Leipziger Pfarrer Dr. Wilhelm Schneemelcher vom Evangelisch-Sozialen Kongress. Die personelle Zusammensetzung dieses Vorbereitungsgremiums zementierte nicht nur das eindeutige Übergewicht der beharrenden oder nur ansatzweise reformbereiten Kräfte, sondern spiegelte auch das Abflauen der Volkskirchenbewegung wider. Ursprünglich mit dem Anspruch angetreten, im Gegensatz zur bislang vorherrschenden kirchenleitenden Bürokratie das synodale Moment ‚von unten her' zu vertreten und stark zu machen, wurde sie auf die Länge der Zeit immer stärker in bestehende kirchliche Strukturen integriert. Damit büßte sie zugleich das Recht ein, in der Kirchentagsfrage entscheidend mitreden zu können.[402] Den vorläufigen Schlusspunkt

---

[399] Bornemann verwies darauf, dass unter den zum Kirchentag berufenen Mitgliedern der Synoden wie der freien Vereinigungen neben den Frauen auch bestimmte berufsständische Bevölkerungsgruppen völlig unterrepräsentiert seien: „Wo sind die Arbeiter, die Handwerker, die kleinen Leute, die Bauern?" Die Gefahr sei daher groß, dass der neue Kirchentag ebenso wie die bisherigen aus einem Siebwahlsystem hervorgegangenen Synoden zu einer „rein bürgerliche[n] Versammlung", einer „rein kirchliche[n] Beamtenorganisation" werde. Vgl. die handschriftliche Begleitakte Bornemanns zum Verhandlungsprotokoll, in: *EZA* 1/A3/44.

[400] *Niederschrift der Verhandlungen der Vorkonferenz*, 26 f.

[401] So u.a. der Vorsitzende des Berliner Volkskirchendienstes W. Kahl, der konservative Vorsitzende der preußischen Generalsynode Friedrich Winckler, der kirchlich-soziale Pfarrer Dr. Alfred Jeremias als Vertreter des freien Arbeitsausschusses der sächsischen Landeskirche, sowie A. Titius und W. Schreiber. Ein Verzeichnis aller Ausschussmitglieder findet sich in: *Niederschrift der Verhandlungen der Vorkonferenz*, 25.

[402] Der Professor für Praktische Theologie und spätere Generalsuperintendent der Schlesischen Provinzialkirche Martin Schian (1869–1944) hebt das taktische Geschick des DEKA besonders hervor, wenn er rückblickend feststellt: „Dadurch, dass die Vorbereitungen unter Zuziehung und unter Bei-

dieser Entwicklung bildete die Kasseler Vorkonferenz.[403] Der streitbare Essener Pfarrer Gauger äußerte am Schluss der Verhandlungen zwar noch einmal deutlich seine Kritik daran, dass durch den Beschluss des DEKA, die Einladung nicht öffentlich auszuschreiben, eine Großzahl der reformerischen Kräfte von den entscheidenden Beratungen von vornherein ausgeschlossen und die Volkskirchenbewegung im Stile einer Obrigkeitskirche reglementiert worden sei. Aber seine Androhung, notfalls werde die Volkskirchenbewegung eigene Bahnen einschlagen, hatte nach dem Verlauf der Vorkonferenz kein nennenswertes Gewicht mehr.[404] Insofern stellten sich die Befürchtungen Julius Kaftans als gegenstandslos heraus. Es „lief sich bald still aus", stellte der Kirchenrechtler Victor Bredt im Blick auf die Volkskirchenbewegung resigniert fest.[405]

Dass die Bestrebungen zur Kirchentagsgründung seit der Kasseler Vorkonferenz eine deutlich konservative Wendung nahmen, lag, wie Erich Foerster rückblickend mit Recht feststellte, vor allem in einer „stimmungsgemäss verschiedenen Beurteilung der Ereignisse von 1918". Während Liberale wie er die Revolution als Stunde einer demokratischen Neuordnung der kirchlichen Verhältnisse begrüßt hätten, wären die Novemberereignisse bei den meisten Führungskräften innerhalb der verfassten Kirche rundherum auf Ablehnung gestoßen. Aus dieser negativen Einstellung zu den politischen Umwälzungen habe die in Kassel erfolgreiche Tendenz resultiert, möglichst wenig verfassungsmäßige Konzessionen an die neue Zeit zu machen, da man sie ohnehin nur als „einen tollen vorübergehenden Spuk" betrachtet habe. Für den geplanten Kirchentag habe dies die Konsequenz gehabt, dass er wesentlich auf „moralische Machtmittel", d.h. auf den Erlass von öffentlichen Verlautbarungen beschränkt bleiben sollte. Der in ihm verwirklichte Zusammenschluss der Landeskirchen habe deren Selbständigkeit in keiner Weise angetastet. Dieser konservative Reflex sei durch die drastische sozialistische Kulturpolitik in den einzelnen Ländern nur noch verstärkt worden.[406] Folgt man Foersters Argumentation, so hatten auch die politischen Ereignisse entscheidend dazu beigetragen, dass eine Revolution innerhalb der Kirche ‚erfolgreich abgewehrt' wurde, ja vielmehr die Auffassung vorherrschte, „dass gegen-

---

hilfe aller, auch der stürmisch vorwärtsdrängenden Kreise in die Hand genommen worden ist, gelang es, von dem kommenden Kirchentag von vornherein die größten Gefahren abzuwenden. Sieht man die Sache so an, so kann man die reichlich stürmischen Verhandlungen von Kassel dennoch als ein wirksames Mittel zum Zweck begrüßen." Schreiben Schians an den DEKA vom 17. Juli 1930, in: *EZA* 1/A3/71 (Bd. 2).

[403] Otto Schmitz resümiert in seinen Erinnerungen enttäuscht, dass die Impulse der Elberfelder Konferenz in Kassel „völlig vergessen" worden seien. Vgl. Schreiben Schmitz' an den Präsidenten des Kirchenbundesamtes Oberkonsistorialrat Johannes Hosemann vom 4. Juli 1930, in: *EZA* 1/A3/71 (Bd. 2).

[404] *Niederschrift der Verhandlungen der Vorkonferenz*, 31.

[405] *Erinnerungen und Dokumente von Johann Victor Bredt 1914 bis 1933*, bearb. von Martin Schumacher, Düsseldorf 1970, 153.

[406] Schreiben Foersters an den DEKA vom 10. Juni 1920, in: *EZA* 1/A3/70 (Bd. 1).

wärtig mehr denn je die Kirche in der Erscheinungen Flucht der einzige ruhende Pol"
sei.[407]

An den Grundmauern dieser Position rüttelte einmal mehr Martin Rade, indem er in
bewusster Anlehnung an das kirchenoffizielle Zielbild ‚Volkskirche' gezielt die Frage stellte, „ob denn die Kirche, die wir unversehrt hinüberretten sollen in eine neue
Zeit, schon die Volkskirche war, die wir haben wollen?"[408] Gewiss war man auch auf
kirchenregimentlicher Seite bestrebt, das Kirchenvolk stärker als bisher in gesamtkirchliche Aufgaben miteinzubeziehen. Der in den Revolutionswirren vorerst zurück-
gestellte Plan des Kirchenausschusses vom Juli 1918, die bestehenden gemeinsamen
Vertretungskörper synodal zu ergänzen und einen Kirchentag einzuberufen, zeugt davon. Dennoch beruhte er nicht auf etwaigen demokratischen Neigungen, sondern entsprang ausschließlich dem vitalen Interesse, die kirchlichen Selbstbehauptungskräfte
durch Aktivierung des Kirchenvolkes zu stärken. Die künftige protestantische Volkskirche in der Weimarer Republik, für die der Kirchentag ein einheitliches, auf breiter
Grundlage beruhendes Repräsentativorgan darstellen würde, sollte nach konservativen Leitvorstellungen vor allem eines sein: eine homogene und selbständige Macht
im öffentlichen Leben. Dazu war es nötig, sie auch gegenüber allen innerkirchlichen Reformbestrebungen weitgehend abzuschirmen, da man hinter ihnen Sympathi-
en für demokratische oder gar sozialistische Ideen vermutete, die der Kirche in ihrem
Kampf um ihre Öffentlichkeitsgeltung nur hinderlich sein könnten. Dass diese Position nicht nur vom kirchenbehördlichen ‚Establishment', sondern durchaus auch von
wichtigen Vertretern des Verbandsprotestantismus geteilt wurde, zeigte sich auf der
im Anschluss an die Kasseler Vorkonferenz stattfindenden Freien Besprechung über
die gegenwärtige Lage der Kirche.

2.4.2 Das Nachspiel: Die Freie Besprechung

Die Freie Besprechung, die abgesehen von zwei Ausnahmen ohne Beteiligung des
Kirchenregiments stattfand,[409] versammelte 127 Teilnehmer aus dem Spektrum der
freien Arbeitsorganisationen und der Volkskirchenbewegung. Der Anteil der Pfarrer
und Theologieprofessoren war mit 44 Personen immer noch beträchtlich, dazu kamen
noch eine ganze Reihe Hauptamtlicher des Verbandswesens, denen insgesamt nur 15
‚Laien', hauptsächlich Lehrer und freigewerbliche Berufsvertreter, gegenüberstanden.
Immerhin nahmen 8 Frauen an den Debatten teil.

Wichtigstes Thema, mit dem die Tagung auch eröffnet wurde, war der geplante Zusammenschluss der Landeskirchen und die Kirchentagsfrage. Die Professoren Mirbt

---

[407] Mit diesen Worten beendete der badische Konsistorialpräsident Vibel „unter dem Beifall der Versammlung", wie das Protokoll hervorhebt, die Kasseler Tagung. *Niederschrift der Verhandlungen
der Vorkonferenz*, 33 f.

[408] Vgl. M. Rade,„Vom Vorkirchentag zum Kirchentag", in: *CW*, Nr. 19 vom 8. Mai 1919, 301.

[409] Neben dem hannoverschen Synodalvorsitzenden Dr. Haccius nahm noch der Kasseler Konsistorialpräsidenten Freiherr Schenck zu Schweinsberg an der Aussprache teil. Vgl. das handschriftliche
Teilnehmerverzeichnis, in: *EZA* 623/56 (NL Schreiber).

und Stephan stellten der Versammlung dazu ihre Leitsätze vor.[410] Ganz im Sinne der gemeinsamen Linie der Vorkonferenz plädierte vor allem Mirbt für den Fortbestand der Landeskirchen in ihrer bisherigen Gestalt. Aus Rücksichtnahme auf fest verwurzelte Bekenntnisbindungen und im Hinblick auf notwendig zu wahrende Rechtsansprüche sei keine Reichskirche, sondern ein Kirchenbund als ein Zweckverband der Landeskirchen anzustreben. Dieser werde dem deutschen Protestantismus „den Grad von Einheit schenken, der jetzt erreichbar ist".[411] Beide Redner betonten aber, dass der Kirchenbund wesentlich vom Kirchentag getragen werden sollte. Nach Stephan müsse der Kirchentag daher mindestens jährlich zusammentreten und aus seiner Mitte heraus den Kirchenausschuss als ständiges Vertretungsorgan des Kirchenbundes wählen. Wie wenig allerdings von dieser Forderung in die betont föderalistische Bundesverfassung von 1922 eingegangen ist, dokumentiert einmal mehr das im Laufe der Zeit immer stärkere Übergewicht der beharrenden Kräfte, deren kirchenpolitische Taktik des Integrierens und Kanalisierens der Reformbewegung aufging.

Die an die Voten beider Theologen anschließende Diskussion brachte deutlich zum Vorschein, dass die Mehrheit der Versammelten die Ausrichtung eines Kirchentages eher in praktischen Koordinations- und Mobilisierungszwängen als in einer Verwirklichung verfassungspolitischer Ideen begründet sah. Vor dem Hintergrund der im Februar 1919 erstmals zusammengetretenen Weimarer Nationalversammlung ließen sich die gerade von den freien Vereinigungen vertretenen Forderungen nach einer Überwindung der protestantischen Zersplitterung und einer stärkeren Partizipation des Kirchenvolks umso leichter in den Dienst des vom Kirchenregiment proklamierten Selbstbehauptungskampfes der Volkskirche, einem „Kampf um Leben und Tod",[412] nehmen. Der Kirchentag im Sinne einer Heerschau des geeinten und neu aktivierten Kirchenvolkes sollte vor allem eine machtpolitische Demonstration des deutschen Protestantismus sein, die sich an die Adresse der neuen politischen Kräfte richtete.[413] Denn, so fasste eine Teilnehmerin der Freien Besprechung die Diskussion zusammen: „Haben wir ein Christenvolk, so haben wir keine Staatsgewalt zu fürchten".[414]

Umso heftigeren Widerspruch erregten daher die im Anschluss von Foerster vorgetragenen Richtlinien für die Neuordnung der einzelnen Landeskirchen. Denn der Referent verlangte von der Kirchenleitung gerade den Verzicht auf die Privilegien, für deren Erhalt diese so leidenschaftlich unter Indienstnahme des Kirchenvolkes eintrat: die Korporationsrechte und die Aufrechterhaltung der konfessionellen Volksschule.[415] Der einst liberale, aber jetzt konservativ-reaktionäre Dortmunder Pfarrer Gottfried Traub (1869–1956), Reichstagabgeordneter der DNVP und von der Kirchenleitung nach dem Entzug der Rechte des geistlichen Standes im Jahre 1912 nach

---

[410] *Freie Besprechung über die gegenwärtige Lage der Kirche zu Cassel, am 28. Februar und 1. März 1919. Verhandlungsnachweis*, A. W. Schreiber (Hg.), Berlin-Steglitz 1919, 13-19.

[411] *Freie Besprechung. Verhandlungsnachweis*, 17.

[412] So in dramatisierender Zuspitzung Otto Dibelius, in: „*Volkskirchenräte, Volkskirchenbund, Volkskirchendienst*", 204.

[413] Von daher nimmt es nicht Wunder, dass der erste Kirchentag in Dresden, der Landeshauptstadt des sozialistisch regierten Sachsen, zusammenkam. S.u. Seite 123.

[414] *Freie Besprechung. Verhandlungsnachweis*, 26.

[415] Vgl. *Freie Besprechung. Verhandlungsnachweis*, 29-31.

dem Kriege wieder voll rehabilitiert,[416] bezeichnete Foersters Forderungen im Namen der Mehrheit nur als „Stärkungsmittel der sozialistischen Staatslenker", welche die Kirche aus dem öffentlichen Leben verdrängen wollten. Auch bei der innerkirchlichen Neuordnung habe die Kirche keinerlei Veranlassung, die Revolution ihrerseits mitzumachen oder sich von ihr beeinflussen zu lassen.[417] Dass der Wahrung von Rechtskontinuität und landeskirchlicher Autonomie in Zeiten revolutionärer Umbrüche, deren Ausgang für die großen Konfessionskirchen noch völlig ungewiss war, bei den Einheitsbestrebungen oberste Priorität zukommen müsse, hob abschließend noch einmal Martin Schian hervor. Denjenigen, welche die politische Gunst der Stunde für tiefgreifende Kirchenreformen nutzen wollten, entgegnete er. „Wir müssen zumindest diese Auseinandersetzung mit dem Staate jetzt erst vollziehen, ehe die Frage der künftigen inneren Gestaltung mit dem Zwecke verfassungsmäßiger Neugestaltung verhandelt wird."[418]

Rade sah in dieser Argumentation rückblickend freilich nur eine Hinhalte- und Verzögerungstaktik, die den progressiven Kräften, die ohnehin schon gegenüber dem Kirchenausschuss in eine „dienende Stellung" geraten seien,[419] weiteren Wind aus den Segeln nehmen wolle. Um die reformbereiten Kräfte zu sammeln und deren Gewicht zu stärken, löste Rade unmittelbar nach den Kasseler Konferenzen die Volkskirchenräte zugunsten der ‚Vereinigung Volkskirche und Kirchentag' auf.[420] Entscheidenden Einfluss auf die gleichzeitig im Frühjahr 1919 einsetzenden Verhandlungen der vorbereitenden Kirchentagsausschüsse konnte diese pressure group der kirchlich Liberalen indessen nicht mehr ausüben.

---

[416] Traub gehörte dem Vertrauensrat der preußischen Landeskirche an und nahm als besondere Vertrauensperson des DEKA auch an den Verhandlungen der Kasseler Vorkonferenz teil. Seine äußerst republikfeindliche Grundhaltung, die er in den von ihm selbst herausgegebenen Organ *Eiserne Blätter* unverhohlen zum Ausdruck brachte, gipfelte in seiner aktiven Mitwisserschaft beim Kapp-Lüttwitz-Putsch im März 1920. Zum ideologischen Gesinnungswandel Traubs, vgl. Karl-Wilhelm Dahm, *Pfarrer und Politik*, 91 ff.

[417] *Freie Besprechung. Verhandlungsnachweis*, 34.

[418] *Freie Besprechung. Verhandlungsnachweis*, 89.

[419] Martin Rade, „Die Vereinigung Volkskirche und Kirchentag", in: *An die Freunde. Vertrauliche d.i. nicht für die Öffentlichkeit bestimmte Mitteilungen*, Nr. 64 vom 21. Mai 1919, 689.

[420] In einem an den DEKA versandten Gründungsaufruf vom 7. März 1919 hatte Rade in Anbetracht der kirchenpolitischen Mehrheitsverhältnisse erklärt: „Die Macht der hemmenden, nur mehr auf Erhaltung und Beruhigung bedachten Kräfte am Werk wird groß sein. Ihr Recht in Ehren, so muß auch das, was auf eine kirchliche Neugeburt ‚aus dem Wasser und Geist', aus der Geschichte und der Zuversicht heraus, gerichtet ist, zu machtvoller und möglichst siegreicher Geltung kommen." Um seine grundsätzliche Kooperationsbereitschaft mit der Kirchenleitung jedoch nicht in Frage zu stellen, fügte er hinzu, dass es sich bei dieser neuen Vereinigung um keinerlei „faktiöse Opposition" handele. *EZA* 1/A3/45 Vgl. a. M. Rade, „Vom Vorkirchentag zum Kirchentag", in: *CW*, Nr. 19 vom 8. Mai 1919, 301.

2.5 Konkrete Planungen: Die Verhandlungen des Arbeitsausschusses

Der Arbeitsausschuss der Vorkonferenz erörterte zunächst in seinen beiden vom 2.–3. Mai und vom 3.-6. Juni 1919 in Berlin abgehaltenen Beratungen in der Hauptsache die Aufgaben und Zuständigkeiten des Kirchentages und seine erstmalige Zusammensetzung. Die Regelung des Verhältnisses zur Kirchenkonferenz und zum Kirchenausschuss sowie die Wahlordnung für den künftigen Kirchentag wurden dagegen mit der Begründung zurückgestellt, dass zunächst die Neuordnung innerhalb der einzelnen Landeskirchen zu einem gewissen Abschluss gekommen sein müsse. Auch über die Bekenntnisfrage kam es zu keiner Beschlussfassung. Nach Kenntnisnahme und weitgehender Billigung der erstellten Vorlagen legte der DEKA durch seine Richtlinien vom 17./18 Juni die Rahmenbedingungen für die Weiterentwicklung des Kirchentages zu einer rechtlich geordneten Gesamtvertretung des deutschen Protestantismus fest. Eine daran anschließende letzte Sitzung des Arbeitsausschusses vom 18.-20. Juni in Eisenach arbeitete lediglich einige geringfügige Korrekturvorschläge des Kirchenausschusses in die Verhandlungsvorlage für den Dresdener Kirchentag ein.[421]

Zu den größten Kontroversen kam es in der Kommission für allgemeine Zusammensetzungsfragen, welcher der Senatspräsident und Kirchenrechtler Max Berner, Justizrat Haccius sowie Professor Stephan, der die freien Vereinigungen vertrat, angehörten.[422] Stephan trat unter Berufung auf den auf der Vorkonferenz gestellten ‚Antrag Marburg-Leipzig' dafür ein, auf dem Kirchentag die Mitgliederzahl der Vorkonferenz zu verdreifachen und deren Zusammensetzungsverhältnisse ungefähr beizubehalten.[423] Zudem forderte er, dass die Vertreter der Kirchenkonferenz nur mit beratender Stimme an den Verhandlungen teilnehmen sollten. Demgegenüber verwies Berner auf die unentbehrliche Erfahrung der kirchenregimentlichen Gruppe, die man daher nicht auf die ‚Regierungsbank' abschieben könne. Vor allem aber sei der Kirchentag die Grundlage eines Zusammenschlusses der *Landeskirchen*, deren Vertretern aus Synoden und Kirchenleitung eine entsprechende numerische Repräsentanz gebühre.

Ungeachtet des Einwandes Stephans, dass ein Kirchentag, der sich hauptsächlich aus den Reihen der alten Kirchenleitungen und Delegierten der auf dem bisherigen Siebwahlsystem fußenden synodalen Körperschaften zusammensetzte, keinen Anspruch erheben könne, die Gesamtheit des Kirchenvolkes autoritativ zu vertreten,[424] setzte sich im Arbeitsausschuss im wesentlichen das Votum Berners durch. Von insgesamt 320 Kirchentagsteilnehmern war der Anteil der Synodalen und Kirchenregierungen mit insgesamt 152 Abgeordneten etwa doppelt so groß wie der der freien Vereinigun-

---

[421] Zu den entsprechenden Verhandlungsprotokollen und Vorlagen des Arbeitsausschusses sowie den Richtlinien des DEKA s. *EZA 1/A3/46*.

[422] Zum folgenden s. Vorlage 1 zur Sitzung des Arbeitsausschusses zur Vorbereitung eines allgemeinen deutschen evangelischen Kirchentages am 2. Mai 1919, in: *EZA 1/A3/50*.

[423] Ferner sah der Antrag vor, die Kirchenleitungen nicht zum Kirchentag hinzuzuziehen. Die Antragsteller waren die Marburger Thimme und Stephan sowie die Leipziger Pfarrer Herz und Jeremias als Vertreter des Freien Arbeitsausschusses der sächsischen evangelisch-lutherischen Landeskirche. S. *Niederschrift der Verhandlungen der Vorkonferenz*, 10 f.

[424] Schreiben Stephans an Haccius und Berner vom 27. April 1919, in: *EZA 1/A3/50*.

gen, zu denen neben den in der KDEAO zusammengefassten Verbänden auch konfessionelle Vereinigungen wie die Allgemeine Evangelisch-Lutherische Konferenz sowie die Gemeinschaftsbewegung und die Volkskirchenbünde gerechnet wurden. Dennoch war die ‚Vereinsgruppe' auf dem Dresdener Kirchentag mit 75 Delegierten immer noch verhältnismäßig stark vertreten,[425] musste dafür aber mit einer Beteiligung von einem Drittel an den Gesamtkosten des Kirchentages einen im wahrsten Sinne des Wortes hohen Preis zahlen.[426]

Noch wichtiger allerdings als die Klärung der erstmaligen Zusammensetzung des Kirchentags war zweifellos die Bestimmung seiner Aufgaben und Zuständigkeiten.[427] In dem mit diesem Thema befassten Unterausschuss, dem die DEKA-Mitglieder Moeller und Böhme sowie Zoellner und Schreiber angehörten, stimmte man zwar weitgehend in der Abgrenzung der Kompetenzen des Kirchentags überein,[428] fand aber zunächst zu keinem Konsens in der strittigen Frage, welches Organ die gesamten, dem Kirchentag zufallenden Tätigkeiten als dessen ständige Vertretung übernehmen sollte. Während Moeller und Böhme einmal mehr die notwendig zu wahrende Rechtskontinuität betonten und von daher ausschließlich den Kirchenausschuss für diese Aufgabe für berufen hielten, setzte sich vor allem Schreiber dafür ein, die Funktionen und Rechte des Kirchenausschusses ganz auf den Kirchentag übergehen zu lassen. Dieser habe aus sich heraus einen eigenen geschäftsführenden Ausschuss zu bilden, der alle bishe-

---

[425] Von den übrigen 93 Sitzen entfielen 17 auf Mitglieder der theologischen Fakultäten, 18 auf Religionslehrer, 4 auf Vertreter der Kirchenmusik bzw. der Militärgeistlichkeit und 54 auf die sog. Ausgleichgruppe, in der neben evangelischen Parlamentariern und Kirchenjuristen nach Möglichkeit auch Frauen und Arbeiter berücksichtigt werden sollten. Vgl. das Verhandlungsprotokoll des Arbeitsausschusses vom 3.-6. Juni 1919, in: *EZA* 1/A3/45.

[426] Von insgesamt 40134,68 M wurden der KDEAO als Vertretungsstelle der Vereine die trotz anhaltender Inflation immer noch stolze Summe von 13378,25 M zur Last gelegt. Rundschreiben Schreibers an die mit der KDEAO verbundenen Körperschaften vom 19. März 1921, in: *ADW*, CA 165 V. Auf den späteren, rechtlich autorisierten Kirchentagen von 1924 bis 1930 billigte § 7 der Kirchenbundesverfassung dem Verbandsprotestantismus bei einer Gesamtverringerung der Teilnehmerzahl von 320 auf 210 allerdings nur noch 15 Vertreter zu. Vgl. *Der deutsche Evangelische Kirchenbund in seinen Gesetzen, Verordnungen und Kundgebungen*, hg. v. Johannes Hosemann, Berlin 1932, 17 f. Zu den Umständen und der Bewertung dieses selbst proportional betrachtet immer noch deutlichen Repräsentanzverlustes s.u. Seite 175, bes. Anm. 597.

[427] Zum folgenden s. die vom Zuständigkeitsausschuss erarbeitete Vorlage für die am 2. Mai 1919 stattfindende Sitzung des Arbeitsausschusses zur Vorbereitung eines allgemeinen deutschen evangelischen Kirchentages, in: *EZA* 1/A3/52.

[428] Dabei unterschied man zwischen mittelbaren und unmittelbaren Aufgaben des Kirchentages. Zu den mittelbaren gehörte vor allem „die Förderung und Sicherung einer einheitlichen Entwicklung der Landeskirchen zu selbständigen und freien Volkskirchen". Bedeutsam jedoch waren die unmittelbaren und zugleich ausschließlichen Zuständigkeiten, da die in Bezug auf sie gefassten Beschlüsse nach der Vorlage ohne weiteres für die Landeskirchen wirksam werden sollten. Als solche kamen in Betracht: Die übernationale Vertretung des evangelischen Deutschlands, die Vertretung gegenüber dem Reich und den Gliedstaaten, sowie gegenüber den deutschen und außerdeutschen Gemeinschaften, ferner die kirchliche Versorgung der Auslandsdeutschen. Böhme warnte allerdings davor, diese direkten Befugnisse zu weit zu fassen, da in den lutherischen Landeskirchen Bayerns und Württembergs bereits jetzt starke Abneigungen gegenüber einer „Autokratie des Kirchentages" bestünden. Vgl. Schreiben Böhmes an Moeller vom 29. Mai 1919, in: *EZA* 1/A3/52.

rigen Rechte und Pflichten des alten Kirchenausschusses übernehmen sollte.[429] Dieser Standpunkt Schreibers, mit der er seine bisherige Devise, nur für „eine Anknüpfung an das Bestehende" bzw. „eine gesunde Evolution" einzutreten,[430] zumindest modifizierte, konnte sich im Arbeitsausschuss nicht behaupten. Der ‚Kompromiss', auf den man sich verständigte, lief darauf hinaus, den bisherigen Kirchenausschuss bis auf weiteres mit der Wahrnehmung aller Aufgaben des Kirchentags zu betrauen, ihn jedoch um 15 außerordentliche Mitglieder des Kirchentages zu ergänzen. Freilich erkannte man den Kirchentagsdelegierten nur ein stark eingeschränktes Mitbestimmungsrecht zu,[431] da vor allem Moeller von einer Veränderung der Größe und Zusammensetzung des DEKA etwaige negative Konsequenzen für die Fortgeltung seines Korporationsrechts befürchtete.[432]

Wie stark der DEKA die kommende Entwicklung bereits vorstrukturiert hatte, wird deutlich anhand der ‚Richtlinien des Kirchenausschusses für die Ausgestaltung des Kirchentages zu einer dauernden Einrichtung als eines Organs des Kirchenbundes'.[433] Aus ihnen geht hervor, dass der geplante Kirchentag nur ein Provisorium darstellte, da er noch auf keiner verfassungsmäßigen Grundlage beruhte. Seine rechtliche Absicherung konnte nach Ansicht des Kirchenausschusses nur durch eine vertragliche Vereinbarung der Landeskirchen, die als öffentlich-rechtliche Körperschaften anerkannte Rechtssubjekte waren, erreicht werden. Ziel dieser landeskirchlichen Übereinkunft war die Schaffung eines Kirchenbundes, auf den die Aufgabe der öffentlich-rechtlichen Vertretung des evangelischen Deutschlands vom Kirchentag übergehen sollte. Als Organe des Kirchenbundes waren der Kirchentag, die Kirchenkonferenz als Vertretungsorgan der Kirchenregierungen und Wahlkörper des Kirchenausschusses und der Kirchenausschuss als geschäftsführendes und vollziehendes Organ vorgesehen. Die endgültige Bestimmung über die Zusammensetzung und Befugnisse jener

---

[429] Vgl. Schreibers Bemerkungen zu den Vorschlägen Moellers, in: *EZA* 1/A3/52. In einem vertraulichen Brief Schreibers an Zoellner, der Schreibers Position im wesentlichen teilte, beklagt sich Schreiber darüber, dass Moeller die Betonung der Rechtskontinuität derart überstrapaziere, um nicht dem neuen Vertretungsorgan, was jetzt entstehen soll, die Führungsrolle übergeben zu müssen. Vgl. Schreiben vom 19. April 1919, in: *EZA* 623/55 (NL Schreiber).

[430] In der Phase, in der es darum ging, eine Verständigung zwischen dem DEKA und den volkskirchlichen Vereinigungen herbeizuführen und deren Forderungen dadurch zu entschärfen, hatte Schreiber Boehme gegenüber noch versichert: „Ich habe mich immer bestrebt, alles zu vermeiden, was nach einer kirchlichen Revolution aussieht, zumal ein autochthoner Kirchentag sich kaum eine autoritative Stellung wird schaffen können. Dagegen bin ich immer, wie Sie aus meiner Arbeit in der Missions-Hilfe wissen, für eine Anknüpfung an das Bestehende eingetreten, für eine gesunde Evolution." Schreiben vom 30. Januar 1919, in: *EZA* 1/A3/43.

[431] Bei allen Entscheidungen, die rechtliche Befugnisse betreffen, hatten sich die außerordentlichen Mitglieder der Abstimmung zu enthalten. Vgl. das Verhandlungsprotokoll der Arbeitsausschusssitzung vom 2. und 3. Mai 1919, in: *EZA* 1/A3/46.

[432] Unterschwellige Kritik an dieser Vorsichtsmaßnahme übt der reformierte Staats- und Kirchenrechtsprofessor Johann Victor Bredt, wenn er in diesem Zusammenhang feststellt: „Alles das *erschien* notwendig, um keinen Zweifel an dem Fortbestehen der verliehenen Rechtspersönlichkeit aufkommen zu lassen." *Neues evangelisches Kirchenrecht für Preußen, Bd. 2*, Berlin 1922, 77 (Hervorhebung von mir).

[433] Vgl. das Verhandlungsprotokoll der Arbeitsausschusssitzung vom 18.-20. Juni 1919, Seite 19, in: *EZA* 1/A3/46.

drei Organe sollte „im Benehmen mit dem Kirchentag durch den Bundesvertrag" erfolgen. Diese Formulierung konnte besonders unter den reformerischen Kräften den Eindruck erwecken, als ob auch dem vorläufigen Kirchentag bei der rechtlichen Ausgestaltung des Kirchenbundes weitgehende Mitbestimmungsrechte eingeräumt werden sollten. Indessen ließen sowohl die Tatsache des Fortbestehens der beiden kirchenregimentlichen Vertretungsorgane als auch die Festsetzung, dass die Gründung des Kirchenbund ausschließlich Sache der Landeskirchen war, keinen Zweifel darüber aufkommen, wem das letzte Wort in der Frage des Zusammenschlusses zukam. Gegenüber der vertraglichen Übereinkunft der Landeskirchen hatten etwaige Beschlüsse des Kirchentags allenfalls „moralische Bedeutung".[434]

Mit dem Erlass dieser Richtlinien und der Billigung der Vorschläge des Arbeitsausschusses leitete der DEKA die Einberufung des Kirchentages ein. Diese war zunächst für Mitte Juli angesetzt, wurde dann aber infolge der innenpolitischen Unruhen nach dem Rücktritt der Regierung Scheidemann um gut sechs Wochen auf Anfang September verschoben. Rades Vermutung, dahinter verberge sich ein *bewusstes* kirchenpolitisch motiviertes Kalkül der beharrenden Kräfte, die mit einer Hinauszögerung des Kirchentages die grundlegenden Reformforderungen langsam versanden lassen wollten, erwies sich als unbegründet.[435] Aber zweifellos erschienen Erwartungen, die sich mit dem ersten Kirchentag in der Weimarer Republik verbanden, zunehmend unbegründeter zu werden. Bereits einen Monat vor der Einberufung des Kirchentages stellte ein Beobachter der kirchlichen Zeitlage fest:[436] Für die Durchsetzung grundlegender demokratischer Forderungen käme der Kirchentag „reichlich spät". Die noch unter dem unmittelbaren Eindruck der Revolution von weiten Kreisen erkannte Notwendigkeit einer zeitgemäßen kirchlichen Neuordnung sei im Laufe der Zeit immer stärker in Zweifel gezogen worden. „Inzwischen ist viel Wasser in diesen Wein gegossen worden." Zudem hätten sich die konservativen Kräfte, die in der Kirche ohnehin stärker als im Staat seien, wieder erholt. Im Hinblick auf den bevorstehenden Kirchentag stellte er fest: „Man wird mehr konservieren als reformieren wollen." Der Verlauf der Dresdener Verhandlungen sollte diese Prognose bestätigen.

---

[434] So der Stuttgarter Konsistorialpräsident Hermann von Zeller in seinem Schreiben vom 11. Juni 1921 an den preußischen Konsistorialrat Karnatz, in dem er sich aus diesem Grund dagegen wendet, den 1921 fertiggestellten Entwurf des Kirchenbundesvertrages auf dem Stuttgarter Kirchentag im Detail zu verhandeln. Inwiefern dennoch der Beschlussfassung des Kirchentages als solcher „eine große weittragende Bedeutung" zukomme, wie von Zeller behauptet, erscheint fragwürdig. Vgl. *EZA* 1/A3/66.

[435] Anfang August teilte der Vorsitzende der Vereinigung Volkskirche und Kirchentag Dr. Bornhausen dem neuen DEKA-Präsidenten Moeller mit, dass man inzwischen die rein sachlichen Gründe der Verschiebung des Kirchentages anerkannt habe. Vgl. das Schreiben vom 4. August 1919, in: *EZA* 1/A3/50. Von konfessioneller Seite teilte man im Grunde genommen Rades zunächst geäußerte Einschätzung, kam aber zu völlig entgegengesetzten Schlussfolgerungen: „Andere Leute urteilen anders und segnen das Hinausziehen und sorgfältige Vorbereiten. Denn man war in Gefahr, die Kirche der Überstürzung und dem Treiben einzelner sich vordrängender Kirchenmacher preiszugeben." *AELKZ*, Nr. 31 vom 1. August 1919, 676.

[436] Vgl. den Artikel „Ein deutscher protestantischer Kirchentag", in: *Neue Züricher Zeitung* vom 3. August 1919.

3 Das Ringen um den kirchlichen Neubau in Dresden 1919

Vom 1. bis zum 5. September 1919 versammelten sich etwa 320 geladene Männer und Frauen auf dem Kirchentag, dessen Beratungen damit auf eine möglichst breite Basis gestellt wurden. Durch die formelle Einberufung durch den DEKA war der Dresdener Kirchentag erstmals zu einer offiziell kirchenamtlichen Angelegenheit geworden, was ihn über den Charakter einer reinen Honoratiorenversammlung im Stile der alten Kirchentage des 19. Jahrhunderts hinaushob.[437] Dennoch entbehrte er bis zum Inkrafttreten des Kirchenbundes durch Beschluss der Landeskirchen noch einer ordentlichen verfassungsmäßigen Grundlage. Ausschließlich auf der Autorität des Kirchenausschusses fußend, war seine Konstituierung im streng rechtlichen Sinne nur ein „tatsächlicher Vorgang",[438] ein Provisorium also, das man daher treffend als „Zwischending von freier Konferenz und Synode" bezeichnet hat.[439]

Dieser rechtliche Schwebezustand, der alle Beschlüsse des Kirchentags unter den Vorbehalt der Zustimmung durch die einzelnen Landeskirchen stellte, hinderten den Kirchentag jedoch nicht daran, durch seine öffentlichen Verlautbarungen die Funktion des Sachwalters gemeinsamer protestantischer Interessen und Sprachrohrs kirchlicher Öffentlichkeitsverantwortung zu übernehmen. Seine wesentliche Bedeutung lag auch nach zeitgenössischem Urteil in „der machtvollen Erscheinung des deutschen Protestantismus nach außen".[440] Schon der Tagungsort symbolisierte dies, war er doch dazu prädestiniert, den Selbstbehauptungswillen des geeinten deutschen Protestantismus gegenüber der kirchenfeindlichen sozialistischen Landesregierung Sachsens eindrücklich unter Beweis zu stellen. Ein deutliches Signal der „Stärkung und Hilfe" im Kampf gegen die einschneidenden kulturpolitischen Maßnahmen sollte vom Dresdener Kirchentag ausgehen.[441] Dementsprechend spielte die komplexe Verfassungsfrage, die vor allem den Zuständigkeitsbereich und die Kompetenzen des Kirchentages innerhalb eines konföderativen Zusammenschlusses der Landeskirchen betraf, gegenüber den drängenden kirchen- wie allgemeinpolitischen Problemen in den Plenardebatten nur eine untergeordnete Rolle. Freilich wurde sie gewissermaßen im Stillen

---

[437] Vgl. G. Holstein, *Die Grundlagen des evangelischen Kirchenrechts*, 379.

[438] Vgl. die Ausführungen des Berliner Senatspräsidenten Max Berners auf dem Dresdener Kirchentag, in: *Verhandlungen des Deutschen Evangelischen Kirchentages 1919*, 297 ff.

[439] So Martin Rade in seinem Artikel „Der Deutsche Evangelische Kirchentag", in: *Frankfurter Zeitung* vom 13. September 1919.

[440] Johann Victor Bredt, *Neues evangelisches Kirchenrecht für Preußen, 2. Bd.*, Berlin 1922, 84.

[441] Es war vor allem der konservative Leipziger Pfarrer Dr. Jeremias, der sich als Vertreter des Freien Arbeitsausschusses der Sächsischen evangelisch-lutherischen Landeskirche erfolgreich im Vorbereitungsausschuss für Dresden als erstmaligen Versammlungsort des Kirchentags eingesetzt hatte. S. *Verhandlungen des Deutschen Evangelischen Kirchentages 1919*, 335. Zu den kulturpolitischen Maßnahmen in Sachsen vgl. Heinz Hürten, *Die Kirchen in der Novemberrevolution*, 66-69.

durch den sogenannten Zuständigkeitsausschuss weiterverhandelt, und zwar abgesehen von einer grundlegenden Neuerung gegenüber der Verhandlungsvorlage ganz im Sinne landeskirchlicher Autonomieansprüche.

Im Zentrum der Verhandlungen standen zweifellos die Themen, die sich aus dem Zusammenbruch der bisherigen politischen Ordnung für den deutschen Protestantismus ergeben hatten. Diese betrafen in der Hauptsache die kontrovers diskutierte Frage einer demokratischen Neuordnung der einzelnen Landeskirchen, worauf im folgenden ausführlich eingegangen wird. Ferner gehörten dazu die Auseinandersetzungen um den Religionsunterricht und die Haltung der Kirche zu der militärischen Niederlage Deutschlands, der Aburteilung des Kaisers und des Versailler Vertrages. Zum ersten Mal in seiner Geschichte war dem deutschen Protestantismus die Gelegenheit gegeben, unabhängig und ohne Rücksicht auf staatliche Interessen Stellung zu diesen politischen Themen zu beziehen. Von dieser neuen Freiheit machte er in Dresden durch zahlreiche Entschließungen und Kundgebungen regen Gebrauch. Im einzelnen wird dies in einem gesonderten Kapitel 6 behandelt. Hier ist zunächst die personelle Zusammensetzung in kirchenpolitischer und sozialberufsständischer Hinsicht zu beleuchten. Für die ideologische Gesamtlage des deutschen Protestantismus war sie überaus aufschlussreich.

3.1 Die personelle Zusammensetzung des Dresdener Kirchentages

Es war das alle theologische Differenzen überbrückende Ziel der Volkskirchenbewegung gewesen, den evangelischen Kirchenbau tiefgreifend zu erneuern. Den wachsenden Unmut des Kirchenvolkes aufgreifend, hielt man spätestens mit dem Kirchentag die Tage der ausschließlich von Geistlichen und Konsistorialbeamten regierten Kirche endgültig für vergangen: „Die Zeit, in der diese Herren etwas schaffen und wirken konnten, haben sie verschlafen und verträumt, und nun können sie sich ihren Lohn geben lassen und – können gehen …"[442] In der Regel gingen sie jedoch nicht, was sich an der Zusammensetzung des ersten Kirchentages unschwer ablesen lässt. Und selbst wenn ein Rücktritt aus Altersgründen wie im Falle Bodo Voigts erfolgt war, wurde diese Lücke gewöhnlich durch einen in seiner Herkunft, politischen Überzeugung und kirchenpolitischen Haltung passenden Nachfolger geschlossen. Der glühende Monarchist und neue EOK- und DEKA-Präsident Moeller übernahm bezeichnenderweise die Leitung der Dresdener Kirchentagsverhandlungen.

Dass der Kirchentag trotz seiner großen Teilnehmerzahl nicht als Repräsentativorgan des Kirchenvolkes angesehen werden konnte, geschweige denn, wie es insbesondere die kirchlichen Liberalen forderten, als Spiegelbild der allgemeinen gesellschaftlichen

---

[442] Zitat eines Gemeinschaftschristen, das von Karl Heim wie folgt kommentiert wird: „Hier macht sich der demokratische Ingrimm des kirchentreuen Mannes aus dem Volk gegen die hohen Kirchenbehörden in ungeschminkter Offenheit Luft." K. Heim, „Die Bedeutung der Gemeinschaftsbewegung für eine staatsfreie Volkskirche", in: F. Thimme/E. Rolffs (Hgg.), *Revolution und Kirche*, 263.

und politischen Verhältnisse im Deutschland der Weimarer Zeit, hing vor allem mit der zahlenmäßigen Gewichtung der unterschiedlichen Gruppen zusammen. Die insgesamt 152 Mitglieder der Gruppen I und II, die Vertreter der alten Kirchenleitungen und Synoden, zu der mit gewissen Abstrichen auch die 75 köpfige Gruppe III der Vereine und – sehr vorsichtig gerechnet – die Hälfte der Gruppe VIII, der sogenannten Ausgleichsgruppe mit insgesamt 54 Mitgliedern, gezählt werden kann, gehörten zum kirchlichen Establishment.[443] Sie zementierten von vornherein die Dominanz kirchlicher Prominenz, von – in Zahlen gesprochen – 23 Generalsuperintendenten, 23 Superintendenten, 42 Pfarrern, 57 Konsistorialräten, 50 Justiz-, Verwaltungs- und Regierungsräten, 66 Oberstudienräten und Rektoren und immerhin 8 Rittergut- und Fabrikbesitzern. Demgegenüber erschien vor allem die Anzahl von nur 5 geladenen Arbeitern, einem Fabrikmeister, einem Monteur, einem Metallarbeiter, einem Oberwerkführer, einem Lokomotivführer, von denen die drei letzten nicht einmal zum Kirchentag erschienen waren, als zu vernachlässigende Größe.[444]

Eine Kirche, für welche die Gewinnung der Arbeiterschaft erklärtermaßen eine Schicksalsfrage bedeutete,[445] war angesichts dieser Zusammensetzungsverhältnisse ihres obersten Synodalorgans tatsächlich „im besten Fall noch eine Mittelstandskirche".[446] Daran änderte auch die Tatsache eines Frauenanteils von 29 Teilnehmerinnen nichts, was immerhin etwa 9% der Gesamtmitgliederzahl des Kirchentages ausmachte.[447] Mit einem Übergewicht von 167 Geistlichen und kirchlichen Beamten gegenüber nur 150 sogenannten Laien entsprach der auf dem Kirchentag viel beschwore-

---

[443] Daneben gab es noch eine Gruppe mit 17 Vertretern der theologischen Fakultäten, eine 18 köpfige religionsunterrichtliche Gruppe sowie eine kirchenmusikalische und eine militärgeistliche Gruppe mit zusammen 4 Vertretern. Zur Verhältnisbestimmung der Gruppengrößen auf den offiziellen Kirchentagen seit 1924, zu denen insgesamt nur noch 210 Delegierte geladen waren, s.u. Seite 162, Anm. 592.

[444] Zur gesellschaftlichen Herkunft kirchlicher Repräsentanten vgl. die Analyse von Friedrich Martin Balzer, „Kirche und Klassenbindung in der Weimarer Republik", in: Yorick Spiegel (Hg.), *Kirche und Klassenbindung*, Frankfurt/M. 1974, 45-65. Weitere Angaben zur berufständischen Zusammensetzung kirchlicher Leitungsgremien und Synoden, welche die auf dem Kirchentag vorherrschende soziale Verhältnisbestimmung bestätigen, ebd., 51-55.

[445] Emphatisch erklärte O. Dibelius 1926: „Entweder gelingt es ihr [sc. der Kirche], gerade ihr, die Brücke über den großen Graben [sc. zu der Arbeiterschaft] zu schlagen, oder sie sinkt endgültig zu einer Kirche des Bürgertums herab. Und dann ist sie keine Kirche mehr." Ders., *Das Jahrhundert der Kirche*, 244. Ein Blick in das Sachregister der Dresdener Kirchentags zum Thema ‚Arbeiter' unterstreicht, wie ausführlich über die kirchliche Integration der Arbeiterschaft auf dem Kirchentag diskutiert wurde, und macht damit die Diskrepanz zwischen Anspruch und Wirklichkeit der Volkskirche nur noch offenkundiger.

[446] So das Urteil des schlesischen Generalsuperintendenten Otto Zänker für den Bereich der evangelischen Kirche in der Weimarer Republik. Ders., „Kirche und Volksmission", in: *Die Reformation*, Nr. 18 vom 18. September 1932, 137, zit. nach Rudolf von Thadden, *„Kirchengeschichte als Gesellschaftsgeschichte"*, 606.

[447] Gemessen an dem Umstand, dass Frauen zum ersten Mal in der Geschichte des deutschen Protestantismus zu synodalen Ämtern zugelassen wurden, war dieser Prozentsatz durchaus beachtlich, zumal er weit höher lag als die Durchschnittsquote von Frauen in landeskirchlichen Synoden. In der preußischen Generalsynode zwischen 1925 und 1933 lag der Frauenanteil beispielsweise nur bei 4 %. Vgl. Erika Eschebach, *Volkskirche im Zwiespalt. Die Generalsynode der Evangelischen Kirche der altpreußischen Union in der Weimarer Republik*, Frankfurt/M. – Bern – New York – Paris 1991, 56.

ne Aufbruch „[v]on der Pastorenkirche zur Volkskirche" eher liberalprotestantischem Wunschdenken als den realen Machtverhältnissen.[448]
Betrachtet man zudem die parteipolitische Gewichtung unter den Kirchentagsteilnehmern, wird ebenfalls deutlich, dass das evangelische Kirchentum deutlich zu einem Rückzugsgebiet vergangener Sozialverhältnisse geworden war, das sich das Urteil gefallen lassen musste, „im Volksstaat gewogen und [s.c. für] zu leicht befunden" worden zu sein.[449] Von allen evangelischen Theologen und kirchlichen Laien, die 1919 in den verfassunggebenden Parlamenten vertreten waren oder für ein Abgeordnetenmandat kandidiert hatten,[450] gehörten unter den Kirchentagsteilnehmern allein 17 der rechtskonservativen Deutschnationalen Volkspartei (DNVP) an.[451] In ihr fanden sich diejenigen politischen Kreise wieder, mit denen die nationalprotestantische kirchliche Führungselite schon im Kaiserreich eng verbunden gewesen war.[452]
Mit dem kirchlichen Parteifavoriten konnte es am ehesten noch die nationalliberale Deutsche Volkspartei (DVP) aufnehmen, die es unter den Kirchentagsteilnehmern auf vier Parlamentarier brachte, darunter auch Prof. Wilhelm Kahl. Dass die neben der Sozialdemokratie und der katholischen Zentrumspartei zur ersten Weimarer Regierungskoalition gehörende liberale Deutsche Demokratische Partei (DDP) immerhin 3 Abgeordnete auf dem Kirchentag stellte – sofern man den zum Kirchentag zwar geladenen, aber unmittelbar zuvor verstorbenen Parteivorsitzenden Friedrich Naumann (1860–1919) dazurechnet –, lag hauptsächlich daran, dass zu den Kirchentagsdelegierten auch Vertreter der theologischen Fakultäten gehörten, die gegenüber der nationalprotestantisch gesonnenen Mehrheit zum Teil eine andere Haltung einnahmen. Zwischen den Lagern von Überzeugungsdemokraten und Vernunftrepublikanern schwankend, standen diese liberalen evangelischen Theologen, namentlich Martin Rade und Otto Baumgarten, und ihre Gesinnungsgenossen auf dem Kirchentag

---

[448] So der Titel eines Berichtes über den Kirchentag vom ESK-Vorsitzenden Schneemelcher in: *Vossische Zeitung* vom 4. September 1919.

[449] So die Artikelüberschrift in der *Volkswacht Berlin* vom 18. September 1919.

[450] Eine Übersicht findet sich bei G. Mehnert, *Evangelische Kirche und Politik 1917–1919*, 237 ff.

[451] Unter ihnen waren allein vier Generalsuperintendenten, drei von ihnen, Blau (Posen), Klingemann (Koblenz) und Reinhard (Danzig), als Abgeordnete des preußischen Landesparlaments und der Lippische Generalsuperintendent Wessel als Abgeordneter des Landtags von Lippe-Detmold. Zu den vier DNVP-Reichstagsmitgliedern, die auf dem Kirchentag vertreten waren, gehörten als prominenteste Personen der Direktor des Kirchlich-Sozialen Bundes Pfr. Reinhard Mumm (1873–1932) und Gottfried Traub. Zu ihrem politisch-ideologischen Profil und ihrer Arbeit als Reichstagsabgeordnete vgl. Kurt Nowak, „Evangelische Theologen in der Weimarer Nationalversammlung", in: *Zwischen Aufbruch und Beharrung. Der deutsche Protestantismus in politischen Entscheidungsprozessen,* hg. von Walter Bredendiek u.a., Berlin/Ost 1978, 14–44. Zu R. Mumm siehe zudem die umfassende Studie von Norbert Friedrich, *„Die Christlich-soziale Fahne empor!" Reinhard Mumm und die christlich-soziale Bewegung*, Stuttgart 1997.

[452] Der Gründungsaufruf der DNVP vom 22. November 1918, in dem die Partei wortreich ihre kirchen- und christentumsfreundliche Haltung hervorhob, wurde allein von 6 Mitgliedern des Vertrauensrates der altpreußischen Landeskirche mitunterzeichnet. Zu den evangelischen Kräften in der DNVP vgl. G. Mehnert, *Evangelische Kirche und Politik 1917–1919*, 143 ff. Zur Stellung des deutschen Protestantismus zu den Weimarer Parteien insgesamt s.auch K. Nowak, *Evangelische Kirche und Weimarer Republik*, 25 ff.

freilich auf nahezu verlorenem Posten. Als „Offiziere ohne Soldaten",[453] sprich: ohne großen kirchlichen Anhang, waren sie bei der Durchsetzung ihrer Forderungen vollkommen auf das Entgegenkommen und Wohlwollen der Mehrheit der kirchenbehördlichen und synodalen Vertreter angewiesen.

Besonders schwer wog allerdings das völlige Fehlen des sozialdemokratisch orientierten protestantischen Elements auf dem Kirchentag, hatte doch ein hoher Anteil der nominellen Protestanten bei den Wahlen zur Nationalversammlung für diese Partei votiert. Es waren vor allem die Kreise um Rades kulturprotestantisch-liberale Zeitschrift *Die Christliche Welt*, welche sich im Vorfeld des Kirchentages vergeblich um eine angemessene Berücksichtigung sozialdemokratischer Parlamentarier und Parteimitglieder bemüht hatten. Bereits Ende April war Rade an den damaligen DEKA-Vorsitzenden Voigts mit der Bitte herangetreten, die drei preußischen sogenannten Minister in evangelicis, die beiden Sozialdemokraten Südekum und Feine sowie den Demokraten Oeser,[454] zum Kirchentag einzuladen, und zwar nach der erfolgten Trennung von Staat und Kirche nicht mehr in ihrer Funktion als Minister, sondern als „ausgezeichnete Persönlichkeiten". Ihre Berufung würde besonders unter der Arbeiterschaft als „ein weithin sichtbares Zeichen des Willens der Kirche" wahrgenommen werden, „die Sozialdemokraten als Vollbürger in ihrer Nähe zu haben".[455]

Voigts hatte Rades Ansinnen kurzerhand mit der Begründung zurückgewiesen, dass die drei preußischen Minister schon mit Rücksicht auf die große Zahl der übrigen Landeskirchen, die dann in entsprechender Weise berücksichtigt werden müssten, nicht als Teilnehmer des Kirchentags in Betracht kommen könnten.[456] Daraufhin richtete der Vorstand der Vereinigung Volkskirche und Kirchentag an den DEKA die Bitte, zu dem Kirchentag eine größere Anzahl prominenter evangelisch interessierter Sozialdemokraten als vollberechtigte Teilnehmer einzuladen. Die Kirche bedürfe nicht nur die Teilnahme des Arbeiterstandes, sondern auch der intellektuellen Sozialdemokratie.

Der Vorbereitungsausschuss machte gegen diesen Vorschlag geltend, dass die Auswahl der zum Kirchentag zu berufenden Persönlichkeiten lediglich nach kirchlichen, nicht nach parteipolitischen Gesichtspunkten zu erfolgen habe. Eine von Rade und

---

[453] Kurt Nowak, *„Evangelische Theologen in der Weimarer Nationalversammlung"*, 23.

[454] Die preußische Regierung hatte am 20. März 1919 das landesherrliche Kirchenregiment des Königs, als dessen Rechtsnachfolgerin sie sich betrachtete, für sich beansprucht. Ein Antrag der DDP sah vor, bis zur Verabschiedung einer Kirchenverfassung die kirchenregimentlichen Befugnisse drei evangelischen Ministern zu überantworten. Obwohl als Kompromissvorschlag durchaus zugunsten der preußischen Landeskirche gedacht, wurde von EOK und der Generalsynode als staatliche Einmischung in kirchliche Grundrechte scharf kritisiert. Liberale wie Rade und Troeltsch, seit Frühjahr 1919 Unterstaatssekretär für die evangelischen Angelegenheiten im Kultusministerium, verbanden hingegen damit die Hoffnung auf eine demokratische Neuordnung der Kirche durch Einflussnahme von außen. Vgl. dazu G. Besier, „Die Evangelische Kirche der altpreußischen Union im Weimarer Staat (1918–1933), in: Ders./Eckhard Lessing (Hgg.), *Die Geschichte der Evangelischen Kirche der Union, Bd. 3. Trennung von Staat und Kirche – Kirchlich-politische Krisen – Erneuerung kirchlicher Gemeinschaft (1918–1992)*, Leipzig 1999, 63 ff.

[455] Vgl. das Schreiben Rades an Voigts vom 28. April 1919, in: *EZA* 1/A3/45. Zum Engagement Rades in dieser Frage s.a. Johannes Rathje, *Die Welt des freien Protestantismus. Ein Beitrag zur deutsch-evangelischen Geistesgeschichte. Dargestellt am Leben und Werk Martin Rades,* Stuttgart 1952, 268 f.

[456] Vgl. das Schreiben Voigts' an Rade vom 11. Mai 1919, in: *EZA* 1/A3/45.

seinen Freunden erstellte Kandidatenliste werde entsprechend nach dem Kriterium bewertet, ob der einzelne jeweils die innerliche Bereitschaft dazu aufbringe, „ernstlich zum Besten der Kirche mitzuarbeiten". Von den 13 in Frage kommenden Kandidaten bestanden gerade einmal drei diese ‚kirchenamtliche Prüfung'. Von ihnen mussten zwei, der Metallarbeiter Quenzer und der Schlosser Lang, ihre Teilnahme am Kirchentag berufs- bzw. verkehrsbedingt absagen, der dritte, der Lokomotivführer Neumann, blieb ohne Angabe von Gründen der Versammlung fern.[457] Ob diese Kette von Absagen rein zufällig oder vielmehr deshalb erfolgte, weil das übrig gebliebene Häuflein von kirchlichen Renommierarbeitern ihre Alibifunktion durchschaut hatte,[458] sei dahingestellt. Die Tatsache allein, dass kein einziger Vertreter der Sozialdemokratie, die 1919 noch dazu die mit Abstand stärkste politische Kraft war, auf dem Kirchentag anwesend war, ließ die Angst Rades, die Kirche schrumpfe zu einer „Sekte der Bürgerlichen",[459] nur allzu berechtigt erscheinen.

3.2 Die ideologische Formierung des Kirchentages

Die über die Zäsur von 1918 hinweg durchgehaltene Führungsrolle der Kirchenregimenter und Synoden, der die soziologische Verengung des Teilnehmerkreises auf dem Kirchentag entsprach, repristinierte zugleich deren vorherrschende konservative politische und soziale Anschauungswelt. Der Verständnis- und Bezugshorizont, der in den einzelnen Überlegungen und Verlautbarungen des Kirchentages zu der gegenwärtigen Lage von Staat und Gesellschaft und der Rolle der Kirche in diesem Ensemble sichtbar wird, lässt den deutschen Protestantismus der Weimarer Zeit tatsächlich als „ein Stück Vergangenheit in einer veränderten Welt" erscheinen.[460] Die Eröffnungspredigt des greisen Oberhofpredigers a.D. Ernst von Dryander (1843–1922) und die Begrüßungsansprache des Kirchentagspräsidenten Moeller steckten bereits unmissverständlich den Rahmen ab für die konservative Grundhaltung und Stimmung, die den Kirchentag beherrschten. Die wütenden Reaktionen auf die für kirchliche Kreise jener Zeit außergewöhnliche Rede von Arthur Titius bestätigten die rechtslastige ideologische Formierung des Kirchentages.

3.2.1 Die Eröffnungsansprachen Ernst von Dryanders und Reinhard Moellers

In kaum einer anderen Person kam die enge organisatorische und ideelle Bindung, die der deutsche Protestantismus mit der Monarchie eingegangen war, besser zum Ausdruck als in der des 1918 in den Ruhestand versetzten letzten kaiserlichen Oberhof- und Dompredigers und Geistlichen Vizepräsidenten des EOK, Ernst Hermann von

---

[457] Vgl. die ausführliche Aufzeichnung des Konsistorialbeamten und EOK-Mitarbeiters Karnatz vom 20. Oktober 1919 „betreffend die Zuziehung von Sozialdemokraten zum Kirchentage", in: *EZA* 1/A3/50.

[458] So zumindest Peter Steinacker, Art. *„Kirchentage"*, 102.

[459] Vgl. *Verhandlungen des Deutschen Evangelischen Kirchentages 1919*, 227 f. S.o. S. 24.

[460] Günther Dehn, *Die alte Zeit, die vorigen Jahre*, München 1962, 212.

Dryander.[461] Am 4. September 1922 im achtzigsten Lebensjahr verstorben, hatte er Aufstieg, Blüte und Niedergang des Zweiten Deutschen Reiches aus nächster Nähe miterlebt und bis zuletzt dessen Werte und Überzeugungen geteilt. Seine 1919 erschiene Schrift „Wollte der Kaiser den Krieg?",[462] in der er den Versuch einer Ehrenrettung des dem Vorwurf der Kriegstreiberei ausgesetzten, inzwischen ins holländische Exil geflüchteten Monarchen unternommen hatte, war ein beredtes Zeugnis der unerschütterlichen Anhänglichkeit führender protestantischer Persönlichkeiten an das Haus Hohenzollern und den Obersten Bischof der preußischen Kirche. Indem Dryander mit der Eröffnungspredigt sowie mit der Abfassung der Vorlage der „Kundgebung gegen die Aburteilung des Deutschen Kaisers durch die feindlichen Mächte" vom DEKA-Präsidenten Moeller betraut worden war, ließ der Kirchentag es sich angelegen sein, sein konservativ-reaktionär geprägtes Profil öffentlich zur Geltung zu bringen. Auf Dryanders Predigt über den Text aus Epheser 3,14-21 soll im folgenden ausführlicher eingegangen werden.[463] Sie entwarf eine für den deutschen Protestantismus der Weimarer Zeit weithin typische Perspektive auf die politische und soziokulturelle Situation nach dem Umbruch von 1918 und verband diese zugleich mit der programmatischen Verwendung des kirchenoffiziellen Leitbildes ‚Volkskirche'.

Kennzeichnend für Dryanders Ausführungen war ein sich durchhaltender zivilisationspessimistischer Grundzug. Die Gegenwart erschien als ein einziges „Trümmerfeld" in politischer, sozialer und moralischer Hinsicht. Die Revolution habe die alte Ordnung von Thron und Altar hinweggefegt und stattdessen Klassenkampf und Freidenkertum propagiert. Die sittlichen Normen, insbesondere die Sexualmoral, seien durch den vorherrschenden praktischen Materialismus und die moderne Literatur und Theaterkultur zerrüttet. Schuld an der „furchtbare[n] Not dieser Zeit" sei vor allem der militärische Zusammenbruch Deutschlands, der die Ausrufung der demokratischen Republik und die Einordnung Deutschlands in das Versailler Vertragssystem unter entwürdigenden moralischen Vorzeichen ausgelöst habe. Aber auch die evangelische Kirche als „Trägerin und Spenderin der religiös-sittlichen Kräfte des Volkslebens" trug nach Dryanders Auffassung erhebliche Mitschuld. Sie habe es bereits im 19. Jahrhundert versäumt, „dem Abfall einen festen Damm entgegenzusetzen", indem sie den den preußisch-protestantischen Geist zersetzenden sozialemanzipatorischen Kräften tatenlos zugesehen habe. „Was wir allenthalben wahrnehmen, die Entvölkerung unserer Gottesdienste, die Kirchenflucht ganzer Schichten und Stände unseres Volkes, deren volle Kraft erst noch einsetzen wird, der Religionshaß ... das alles ist nicht erst heute geworden. Es ist unter den Stößen, die die alte Zeit zertrümmerten, unter der Scheidung von Kirche und Staat nur deutlich ans Licht getreten und hat uns klargemacht, wie morsch schon vorher die Zustände waren, und wie sittliche, soziale und kirchlich-religiöse Zustände auf das Engste zusammenhängen."

[461] Zur Person Dryanders vgl. den instruktiven Aufsatz von Gerhard Besier, „Ernst Hermann von Dryander. Ein Hofprediger an der Zeitenwende", in: Ders., *Die evangelische Kirche in den Umbrüchen des 20. Jahrhunderts. Gesammelte Aufsätze, Bd. 1*, Neukirchen 1994, 1-12. Dort auch weitere Literaturangaben.

[462] Ernst von Dryander, *Wollte der Kaiser den Krieg? Persönliche Eindrücke*, Berlin 1919.

[463] Vgl. *Verhandlungen des Deutschen Evangelischen Kirchentages 1919*, 46-53.

Anstelle jedoch einer genaueren Analyse der Ursachen etwa für die kirchliche Entfremdung der Arbeiterschaft proklamierte Dryander mit ungebrochener Vitalität und Wirksamkeit die Zielvorstellung einer volkskirchlich-christlich geprägten Gesellschaftsordnung und einer damit verbundenen Rückkehr zur nationalen Größe. Es sei Aufgabe der Kirche, einzutreten „für das neue, große, herrliche Vaterland, das wie ein Phönix aus dem Weltbrande emporsteigen soll". Dazu müsse das Kirchenvolk viel stärker als bisher mobilisiert werden, die „Gemeinde der Gläubigen" an die Stelle der „Pastorenkirche" treten. Abschließend warnte der Redner unter Berufung auf die patriotische Verantwortlichkeit des deutschen Protestantismus eindringlich davor, den Bestand der Volkskirche – und damit den „Einfluß auf das Ganze" – nicht durch freigemeindliche Tendenzen aufs Spiel zu setzen. „Das evangelische Vaterland will in der ernsten Selbsterfassung seiner Kirche den Halt finden, an dem es sich wieder zum Glauben an ewige Güter und damit auch zugleich zum Glauben an seines eigenen Volkes Zukunft ermannt."

Ebensowenig wie Dryander ließ auch die kirchenregimentliche Führungselite auf dem Kirchentag Zweifel an ihrer politischen Gesinnung aufkommen. Obwohl alle maßgeblichen kirchlichen Oberbehörden in der revolutionären Umbruchsphase der Aufforderung des Kaisers nachgekommen waren, gemeinsam mit den neuen Machthabern zusammenzuarbeiten, um die Wiederherstellung geordneter Zustände herbeizuführen,[464] litten die meisten Kirchenführer ungeachtet dieser erstaunlich schnellen, tatsachenorientierten Anpassung an die neuen Verhältnisse schwer unter dem Verlust der Monarchie. Diese starke Bindung an Gestern, der eine überwiegend feindselige oder bestenfalls kühl distanzierten Haltung zur Weimarer Republik entsprach, wird in der bekannten und häufig zitierten Begrüßungsrede Moellers eindrucksvoll deutlich:[465] „Die Herrlichkeit des deutschen Kaiserreichs, der Traum unserer Väter, der Stolz jedes Deutschen ist dahin. Mit ihr der hohe Träger der deutschen Macht, der Herrscher und das Herrscherhaus, das wir als Bannerträger deutscher Größe so innig liebten und verehrten ... Wir können nicht anders als hier feierlich zu bezeugen, welcher reiche Segen von den bisherigen engen Zusammenhängen von Staat und Kirche auf beide – auf den Staat und die Kirche – und durch beide auf Volk und Vaterland ausgegangen sind. Und wir können nicht anders, als in tiefem Schmerz feierlich zu bezeugen, wie die Kirchen unseres Vaterlandes ihren fürstlichen Schirmherren, mit ihren Geschlechtern vielfach durch eine vierhundertjährige Geschichte verwachsen, tiefen Dank schulden, und wie dieser tiefempfundene Dank im evangelischen Volke unvergesslich fortleben wird."

Sicherlich darf diese ausgesprochene Dankadresse an den Kaiser und die Landesfürsten nicht als eine politische Verlautbarung des Kirchentagsvorsitzenden im Sinne einer kirchenoffiziellen Forderung nach Wiedereinführung der Monarchie missver-

---

[464] Auf ausdrücklichen Wunsch des Kaisers leisteten die Kirchenführer sogar den Eid auf die republikanische Verfassung. Vgl. J. R. Wright, „Über den Parteien", 67. Zur grundsätzlichen Kooperationsbereitschaft der kirchlichen Behörden, die freilich stark traditionsgeprägten Vorstellungen entsprang und daher in ihrer Motivation von denen der staatstragenden sozialistischen und liberalen Gruppen erheblich abwich, vgl. C. Motschmann, *Evangelische Kirche und preußischer Staat in den Anfängen der Weimarer Republik*, 18 ff.

[465] Vgl. *Verhandlungen des Deutschen Evangelischen Kirchentages 1919*, 57-60.

standen werden. Dafür trug sie zu sehr den Charakter des Abschieds von der vergangenen Zeit. Dennoch kann man sie nicht einfach auf das Bemühen reduzieren, „im ‚sittlichen Konflikt von Gesinnung und Verantwortung' auch die Treue gegenüber dem Gestern zum Ausdruck zu bringen".[466] Moellers monarchische Reminiszenzen verbanden sich hier sehr bewusst mit der Absicht einer politischen Wertung, die – zur Eröffnung des Kirchentages gesprochen – durchaus programmatische Bedeutung hatte. Die Gegenüber-stellung zwischen dem einstigen „Bannerträger deutscher Größe" und den als „neuen Staatsgewalten" bezeichneten Weimarer Regierungsparteien machte sehr wohl deutlich, dass der innere Orientierungspunkt vieler Protestanten weiterhin das Kaisertum blieb.[467]

3.2.2 Arthur Titius: „Evangelisches Christentum als Kulturfaktor"

In noch schärferen Konturen trat die politische Einstellung der überwältigenden Mehrheit der Kirchentagsteilnehmer bei dem Hauptreferat von Arthur Titius: „Evangelisches Christentum als Kulturfaktor" hervor.[468] Solange sich Titius' Ausführungen ganz in den Bahnen einer liberalprotestantischen Bildungs- und Kulturtheologie bewegten, in der die unverzichtbare Bedeutung der Religion für die Herausbildung des Persönlichkeitsideals, der Erziehung zur Freiheit und Verantwortung hervorgehoben wurde, folgte das Plenum. Widerspruchslos nahmen es die Versammelten zur Kenntnis, als der Redner die kirchlichen Versäumnisse auf sozialem Gebiet, nämlich die Affinität des Luthertums zur patriarchalischen Obrigkeitsordnung, durch die der Zugang zu den politischen und gesellschaftlichen Aufbrüchen im 19. Jahrhundert blockiert worden sei, in scharfsinniger Analyse aufdeckte und anprangerte. Die Reihen blieben auch dann noch still, als Titius das schonungslose Urteil fällte, das zugleich einer Zustandsbeschreibung der soziologischen und mentalen Verfasstheit des deutschen Protestantismus entsprach: „So sehen wir denn die protestantische Geistlichkeit und die kirchlichen Kreise des deutschen Protestantismus in ihrer übergroßen Mehrheit auf der Seite jener nationalen und gesellschaftlichen Ordnung, welche jetzt in Trümmer liegt."

Immer lauter werdenden Protest und Unmut zog Titius indessen auf sich, als er im letzten Teil seines Vortrags dazu aufrief, „einen langen, schweren, unübersehbaren Leidensweg" zu gehen, nachdem das Kaisertum durch Gottes Gericht zerbrochen sei. Das Protokoll verzeichnet „Bewegung", als Titius verkündete: „Wir, deren Waffen die ganze Welt in Schranken hielten, sollen lernen, waffenlos durch eine waffenstarrende Welt zu gehen … Wir wollen, weil Gott es jetzt will, das Ideal der Militärmacht begraben." Diese Reaktion steigerte sich noch laut Verhandlungsnachweis zu „Unruhe"

---

[466] So Klaus Scholder, *Die Kirchen und das Dritte Reich, Bd. 1*, 5.

[467] Mehnert weist in diesem Zusammenhang darauf hin, dass der Monarchismus im deutschen Protestantismus erst mit Beginn der politischen Frontbildung gegen die Republik, also vor allem mit der Gründung und Konsolidierung der DNVP stärker hervorgetreten sei. In der unmittelbaren revolutionären Umbruchsphase habe der realitätsbezogene Kooperationskurs der Kirchenbehörden einer kirchenoffiziellen Bekundung monarchischer Anhänglichkeit enge Grenzen gesetzt. Vgl. G. Mehnert, *Evangelische Kirche und Politik 1917–1919*, 113, Anm. 69.

[468] *Verhandlungen des Deutschen Evangelischen Kirchentages 1919*, 145-153.

und „Widerspruch", als der Redner nach seinem Plädoyer für nationale Mäßigung dem Kirchentag seine positive Stellung zur Völkerbundidee klarmachte. Unter dem Tumult gingen der abschließende Versöhnungsappell, den Titius auch an die Siegermächte richtete, und seine Aufforderung, die Bestimmungen des Versailler Vertrages, vor allem die als außerordentlich verletzend empfundene Feststellung der alleinigen Kriegsschuld Deutschlands, nicht zur Ausführung kommen zu lassen, völlig unter. Ernst Troeltsch kommentierte die Vorkommnisse auf dem Kirchentag wenig später: „Die mannhafte und vom religiösen Standpunkt tadellose Rede von Titius, der allein auf das große ethische Problem des Weltkrieges einging und hier eine dunkle, noch ungeklärte Frage anerkannte, hat die Majorität als unpatriotisch niedergezischt. Und dabei hat man in Dresden nach Möglichkeit das grüne Holz gezeigt. Was soll am dürren werden, das zu Hause geblieben ist und in der Macht sitzt?"[469]

3.3 Diskussionen um Urwahlen, Kirchenpatronat und Minoritätenschutz

Neben den – in einem eigenen Abschnitt zu behandelnden – Fragen, die den organisatorischen Zusammenschluss der Landeskirchen und die Einrichtung des Kirchentages als einer Dauerinstitution betrafen, beanspruchten die Erörterungen um eine umfassende Neugestaltung der landeskirchlichen Verfassungen und des kirchlichen Wahlrechts den größten Raum auf dem Dresdener Kirchentag. In den Kontroversen traten auch die unterschiedlichen kirchenpolitischen Fraktionen deutlich in Erscheinung. Hierbei bestätigten die Abstimmungsergebnisse einmal mehr die auf dem Kirchentag vorherrschenden Mehrheitsverhältnisse. Die Vertreter des liberalen Protestantismus, zu denen nur ein knappes Fünftel aller Kirchentagsdelegierten gehörten,[470] sahen sich mit einer erdrückenden Übermacht der konservativ-konfessionellen Gruppe konfrontiert, die schätzungsweise gut drei Fünftel aller Kirchentagsmitglieder umfasste. Die übrigen Teilnehmer waren in der mittelparteilichen Gruppe organisiert, die in Kirchenverfassungsfragen zwar der liberalen Position näher stand als der orthodoxen, aber aufgrund ihrer ebenfalls geringen Größe keinen ausschlaggebenden Einfluss ausüben konnte.[471] Wenn es den Liberalen auf dem Kirchentag gelang, zumindest ein offenes Gehör für ihre kirchenreformerischen Anliegen zu finden, konnte dies von ihnen selber folgerichtig nur auf „das Entgegenkommen" des kirchlichen Establishments zurückgeführt werden.[472]

---

[469] Vgl. *Die Hilfe* 25. 1919, 565-567.

[470] Nach Rade waren nur etwa 50 der 320 Kirchentagsmitglieder im weitesten Sinne kirchlich-liberal eingestellt. Vgl. J. Rathje, *Die Welt des freien Protestantismus*, 270.

[471] Diese Schätzungen der Gruppengröße für die mittelparteiliche und die bekenntnistreue Fraktion beruhen ebenfalls auf Angaben Rades, der für den Nürnberger Kirchentag eine Verteilung von drei Fünfteln „mehr oder minder orthodoxe[n]" gegenüber jeweils einem Fünftel „mehr oder minder liberal[en]" bzw. „mehr oder minder mittelparteilich[en]" Kirchentagsdelegierten voraussetzt. Vgl. *CW Nr. 14*, vom 19. Juli 1930. Diese Proportionen dürften in etwa auch auf die vorhergehenden Kirchentage zutreffen.

[472] So konnte ein besonnener Liberaler wie Otto Baumgarten im Rückblick auf den Kirchentag 1919 „[i]mmerhin ... zugeben, daß in der ganzen Haltung der übergroßen Mehrheit gegen die kleine Min-

Der Arbeitsausschuss, der die Vorlage zum Tagungspunkt „Synodalverfassung und kirchliche Wahlen in den Landeskirchen" erstellt hatte, war in kirchenpolitischer Hinsicht paritätisch zusammengesetzt. Auf Seiten der Kirchenleitung stand der bereits auf der Kasseler Vorkonferenz die beharrenden Kräfte repräsentierende Schweriner Oberkirchenrat Giese. Sein gemäßigt liberales Pendant im Ausschuss war Professor Titius, während der Meininger Kirchenrat Rahlwes eine kirchenparteilich vermittelnde Position vertrat. Freilich machte er aus seinen Sympathien für eine demokratischere Ausgestaltung der landeskirchlichen Verfassungen während der Kirchentagsdebatten keinen Hehl.[473] Das Ergebnis ihrer Verhandlungsvorlage war – wie nicht anders zu erwarten – ein Kompromiss, wenngleich aus liberaler Perspektive ein durchaus beachtlicher. Der erste Grundsatz der Vorlage lautete: „Die evangelische Kirche muß Volkskirche bleiben und immer mehr zu einer wahren Volkskirche werden." Zweitens sollte die Kirchengewalt „in vollem Umfange" (sic!) auf die Landessynoden übergehen.[474] Synoden waren dem deutschen Protestantismus auch vor 1918 nicht fremd gewesen, aber sie sollten jetzt nach dem Willen des Kirchentages eine erhebliche Aufwertung erfahren. Ehedem waren ihren Mitbestimmungsrechten allein schon durch ihr seltenes Zusammentreten enge Grenzen gesetzt. Die preußische Generalsynode tagte gerade einmal alle sechs Jahre. Außerdem hatten sie wenig zu entscheiden, was auch ihr Selbstverständnis weitgehend bestimmte. In der Regel betrachteten sie sich nämlich nicht als ein parlamentarisches Initiativorgan im Gegenüber zu den kirchlichen Leitungsbehörden, sondern vielmehr als deren kooperative Ergänzung. Insofern war die Attraktivität synodaler Strukturen im Kirchenvolk äußerst gering, da die kirchlichen Verfassungen wenig Anreiz boten, die Tradition der Unmündigkeit der Gläubigen in Selbstbestimmung zu überführen. Die beträchtlichen Hoffnungen, die man im 19. Jahrhundert an die Einführung des konstitutionellen Prinzips in den Landeskirchen gerichtet hatte, erfüllten sich daher nur ansatzweise. Noch immer vermochte das evangelische Kirchentum seinen Ruf, vorwiegend Anstalt zu sein, nicht abzulegen.[475] Die Forderungen des Kirchentags nach einer ‚wahren Volkskirche' und deren

---

derheit zumeist in der freundlichen, sachlichen Aufnahme ihrer Gegenreden sich ein Entgegenkommen bestätigt hat, das man vor der Revolution nicht erlebt hat". Vgl. Ders., *Meine Lebensgeschichte*, 405. Wilhelm Schneemelcher erklärte allein die Tatsache der Einberufung eines Kirchentages bereits für „eine offene, mannhafte Tat des Entgegenkommens unserer Kirchenbehörden". Ders., „Von der Pastorenkirche zur Volkskirche", in: *Vossische Zeitung* vom 3. September 1919.

[473] So bezeichnete er sich selbst in seinem Schlusswort zur Wahlordnungsfrage als „überzeugter Anhänger der Urwahlen". Vgl. *Verhandlungen des Deutschen Evangelischen Kirchentages 1919*, 235.

[474] S. *Verhandlungen des Deutschen Evangelischen Kirchentages 1919*, 153.

[475] Dieses Urteil stützt sich auf die Bilanz des berühmten Kirchenhistorikers Albert Hauck aus dem Jahre 1907, in der er erklärte: „Man wird das, was die Synoden den Landeskirchen während der Jahre ihres Bestandes geleistet haben, nicht gering schätzen dürfen. Dennoch ist das Urteil schwerlich irrig, dass sich die hohen Erwartungen, die man an ihre Einführung knüpfte, nur zum Teil erfüllt haben. Man mag zugestehen, dass der Grund mit darin liegt, dass man von der neuen Verfassung zuviel erwartete; keine Verfassungsform kann Leben schaffen. Aber alles ist damit nicht erklärt. Es scheint mir unleugbar, dass unsere Synoden Korporationen bilden, die recht wenig handlungsfähig sind; ihre engbegrenzte Kompetenz, ihre seltenen Tagungen (vier-, fünf-, selbst sechsjährig), das Übermaß von Mitgliedern, die schwerfälligen, den Parlamenten nachgebildeten Formen, in denen man sich bewegt, und die überflüssige Feierlichkeit, mit denen man die Tagungen umgibt, das alles hemmt sie. Will man leistungsfähigere Synoden, so muß man ihnen größere Freiheit der Bewegung

konsequent synodalem Aufbau bedingten also einander. Sie konnten angesichts der bisherigen, unbefriedigenden Entwicklung mit großer Zustimmung der Delegierten rechnen.

Die Einsicht in die Unabänderlichkeit, den Synoden ein größeres Gewicht zu verschaffen, wurde jedoch zugleich durch grundsätzliche Vorbehalte gegen die Demokratie als Verfassungsnorm flankiert. Die zahlreichen Kautelen, die die Ausschussvorlage enthält, zeugen von dem protestantischen Unbehagen, demokratische Prinzipien allzu formal auf kirchliche Verhältnisse zu übertragen. So wird u.a. darin festgehalten, dass der Bekenntnisstand und die Autonomie der Landeskirchen von deren volkskirchlicher Ausgestaltung unberührt bleibt; ferner, dass die geforderte „starke Heranziehung aller Schichten der evangelischen Bevölkerung" die „führende Stellung des Dienstes am Worte" nicht beeinträchtigt und schließlich die landeskirchlichen Behörden im Zuge der synodalen Neuordnung der Kirche weiterhin als „unentbehrliche Glieder der Gesamtkirche" erhalten bleiben.[476] Die Einzelausführungen würdigen zudem ausdrücklich die Einführung des Bischofsamtes in einigen Landeskirchen.[477] Durch das mehr oder minder deutliche Plädoyer für eine Verknüpfung der drei möglichen Elemente von Kirchenverfassungen – der presbyteral-synodalen, der konsistorialen und der episkopalen – erweckten die einleitenden Grundsätze des Arbeitsausschusses den Eindruck, ein „kunstvoll verflochtenes System von Demokratie und Autorität" aufrichten zu wollen.[478] Unter den einzelnen Ausführungsbestimmungen ragten indessen erstaunliche Konzessionen an die allgemeinen bürgerlichen Mitbestimmungsrechte hervor. In erster Linie waren dies die Empfehlung der Ablösung des Kirchenpatronats und der Einführung des aktiven und passiven kirchlichen Wahlrechts für Frauen.[479] Letztere Forderung war aus rein kirchenstrategischen Erwägungen von der Versammlung widerspruchslos akzeptiert worden. Die mit ihrer rechtlichen Gleichstellung gewachsene politische Bedeutung der Frau machte sie als Objekt kirchlicher Mobilisierungskampagnen für die Durchsetzung kirchlicher Forderungen im öffentlichen Le-

---

gewähren, so muß man sie aus Kontrollapparaten zu Organen der kirchlichen Selbstverwaltung umbilden." Art. „Synode", in: *RE*³ XIX, 277, zit. nach K. Scholder, *Die Kirchen und das Dritte Reich*, *Bd. 1*, 29.

[476] *Verhandlungen des Deutschen Evangelischen Kirchentages 1919*, 153 f.

[477] S. Punkt 19 in: ebd., 157. In den sechs Landeskirchen von Sachsen, Hannover (luth.), Braunschweig, Nassau, Mecklenburg und Schleswig-Holstein entstand nach 1918 das Bischofsamt. Die altpreußische Unionskirche lehnte auf ihrer Generalsynode von 1927 die Einführung des Bischofstitels mit knapper Mehrheit ab. Vor allem die Synodalen aus den westlichen Provinzen befürchteten mit diesem Akt eine stärkere Hinwendung zu einer hierarchisch-strukturierten Kirche. Näheres bei E. Eschebach, *Volkskirche im Zwiespalt*, 147 ff. Zum Ganzen des Verfassungsneubaus in den deutschen Landeskirchen mit weiteren Literaturangaben vgl. die übersichtliche Darstellung von Hans von Soden, „Die Verfassungen der deutschen evangelischen Landeskirchen von 1919–1933", in: *Theologische Rundschau 5*, Tübingen 1933, 335-373.

[478] Karl Kupisch, *Die deutschen Landeskirchen im 19. und 20. Jahrhundert*, Göttingen ²1975, 112. Kupisch trifft diese Äußerung im Hinblick auf die neue Verfassung der altpreußischen Landeskirche aus dem Jahre 1922, ähnliche kompromisshaft-synthetisierende Verfassungstendenzen machten sich aber auch, wie oben dargestellt, bereits auf dem Dresdener Kirchentag 1919 geltend.

[479] S. die Punkte 9 und 21 in: *Verhandlungen des Deutschen Evangelischen Kirchentages 1919*, 155-158.

ben auf einmal höchst interessant.[480] Das neue Mitspracherecht der Frau innerhalb der Kirche sollte dabei den kirchlichen Einfluss auf das Mitspracherecht der Frau im Staat sichern und fördern helfen.[481] Größeren Anstoß erregte hingegen die Patronatsfrage. Ein im wesentlichen von Vertretern der Volkskirchenbewegung gestellter Antrag, anstelle der moderat formulierten Ausschuss-Vorlage ein generelles Verbot des Kirchenpatronats zu fordern,[482] gab dem Vorsitzenden des Verbandes der Kirchenpatrone der Kurmark, Detlef von Arnim-Kröchlendorff (1878–1947),[483] Gelegenheit vehement dagegen zu polemisieren.[484]

Seine Behauptung „Der Umsturz hat sich auf unsere Kirche nicht miterstreckt." begründete er mit der nüchternen Feststellung, dass es „nirgends … zu einer Verjagung der evangelischen Geistlichen oder der Gemeindekirchenräte durch die verhetzten Massen gekommen" sei. Diese Aussage war jedoch nicht nur als eine zweifellos zutreffende Beschreibung der historischen Vorgänge oder als Bestandsaufnahme der tatsächlichen innerkirchlichen Verhältnisse zu verstehen, sondern vor allem als Aufruf, die evangelischen Landeskirchen als Brückenköpfe der Restauration inmitten des gesellschaftlichen Wandels zu verankern. Der Fortbestand des Privatpatronats, das in seinen Ursprüngen gar bis auf das mittelalterliche germanische Eigenkirchenwesen zurückging, sollte im Sinne v. Arnim-Kröchlendorffs gerade angesichts der Tatsache, dass die Gesindeordnung 1918 endgültig gefallen war, ein entsprechend deutliches Zeichen für die politische Orientierung der Kirche sein. Zur Untermauerung seiner Forderung bemühte er das für reformatorisch reklamierte Prinzip der „Anknüpfung an das geschichtlich Gegebene", das dem revolutionären „Geiste der Wiedertäufer und der Bilderstürmerei" klar widerspreche. Unter Verweis auf die geschichtliche Grundlage, in der das Privatpatronat bis heute stehe, nämlich „auf dem Rechte und der Pflicht des alten deutschen Hausvaters, für die religiöse Pflege seiner Famili-

---

[480] Zu den umtriebigen Bemühungen des EOK etwa im Vorfeld zu den Wahlen zur Nationalversammlung im Januar 1919, die evangelischen Frauen zum Urnengang zu mobilisieren und zugunsten der ‚kirchen-freundlichen Parteien' votieren zu lassen, vgl. K. Nowak, *Evangelische Kirche und Weimarer Republik*, 32 f.

[481] Erstaunlich ist, dass Giese als Berichterstatter keinerlei theologischen Gründe – etwa ein möglicher Bezug auf Galater 3,28 – für die Gewährung des kirchlichen Wahlrechts der Frau geltend macht, sondern ausschließlich auf die veränderte Stellung der Frau im öffentlichen Leben verweist, die „ihre Mithilfe" aus Sicht der Kirchenleitung unentbehrlich mache. S. *Verhandlungen des Deutschen Evangelischen Kirchentages 1919*, 163.

[482] Den entsprechenden „Abänderungsantrag Schowalter", der Oberpfarrer und Vorsitzender des Volkskirchenbundes für die Prignitz war, unterzeichneten u.a. Rade, Titius, Schmitz und der liberale Schriftführer des Protestantenvereins, Alfred Fischer. Vgl. ebd., 177. In der Ausschussvorlage hatte es ursprünglich nur geheißen: „Patronatsrechte und -pflichten sollten, wo es im kirchlichen Interesse liegt, abgelöst werden." Unter ‚kirchlichem Interesse' fasste die Vorlage „die angemessene Sicherung der Selbständigkeit der pfarramtlichen Stellung und des Interesses der Gemeinden an der Selbstverwaltung ihrer Angelegenheiten". Vgl. ebd., 155.

[483] V. Arnim-Kröchlendorff war zudem Vorsitzender der Lutherischen Vereinigung innerhalb der preußischen Landeskirche und deutschnationales Mitglied des Reichsrates und des Reichstages. Näheres zu seiner Person bei Walter Bredendiek, *Zwischen Revolution und Restauration. Zur Entwicklung im deutschen Protestantismus während der Novemberrevolution und in der Weimarer Republik*, Berlin/Ost 1969, 25.

[484] Zum folgenden s. *Verhandlungen des Deutschen Evangelischen Kirchentages 1919*, 177-181.

enmitglieder zu sorgen", verwahrte sich der Redner gegen „die Bilder, die gewisse christentumsfeindliche Blätter seit Jahrzehnten vom ostelbischen Junker zu entwerfen pflegen". Diese seien vielmehr „erstunkene und verlogene Verleumdungen ... geboren aus den niedrigsten Instinkten zur Verhetzung und Untergrabung der Einigkeit im deutschen Volk und unter den Christen".

Dieser konservativ-reaktionären Sichtweise entsprach es auch, wenn sich v. Arnim-Kröchlendorff ebenso deutlich für die Abschaffung der staatlichen Patronate, d.h. im wesentlichen für die Beseitigung des Präsentationsrechtes der politischen Gemeindevertretungen, aussprach und dies damit begründete, dass die Wahl eines evangelischen Geistlichen durch „eine grundsätzlich religionslose Versammlung ... in der vielleicht Juden und Atheisten die Mehrheit haben," nicht zu rechtfertigen sei.

Im Vergleich zu dieser glühenden Verteidigungsrede blieben die Einwände der Antragsteller gegen die Aufrechterhaltung des Privatpatronats allzu maßvoll und teilweise auch oberflächlich. Anstatt den Finger auf die Wunde der grundsätzlichen soziologischen Verschiebungen in der Struktur der Landbevölkerung zu legen, die durch das herkömmliche patriarchalische Familienideal nicht mehr aufgefangen wurden, verwies man lediglich darauf, dass ein Pfarrer, der seine Stellung dem Patron verdanke, von sozialdemokratischer Seite weithin misstrauisch beäugt werde.[485] Otto Baumgarten begnügte sich gar mit der Behauptung, dass das Patronat „schlechterdings in unsere Zeit nicht mehr gehört".[486] Dem ‚Antrag Schowalter' blieb die Zustimmung der Mehrheit der Delegierten, wie zu vermuten war, versagt.

Noch heftiger als in der Patronatsfrage prallten die kirchenparteilichen und theologischen Gegensätze in der Debatte um die Einführung von Urwahlen in den Landeskirchen aufeinander. Während die bekenntnistreue Mehrheit das Maß, in welchem sich die Kirche dem Kirchenvolk bei ihrer Neugestaltung zu öffnen habe, auf das Recht zur unmittelbaren Wahl der kirchlichen Gemeindevertretungen begrenzen wollte, forderten die Vertreter eines mehr bekenntnisoffenen evangelischen Volkskirchenprogramms die Ausweitung des Urwahlsystems auch auf die Ebenen der Kreis-, Provinzial-, und Generalsynoden. Die Revolution hatte ihrer offenen Ablehnung des bisherigen Filtrier- oder Siebsystems, wonach von den Gemeindekörperschaften über die weiteren Stufen der synodalen Hierarchie die Synodalen von der jeweils nächstunteren delegiert wurden, zusätzlichen Auftrieb gegeben. Umstritten blieb in der ganzen Urwahldebatte auch die Frage, ob die Wahlen nach dem Verhältniswahlrecht vorgenommen werden sollten, das den Fokus auf die kirchlichen Parteien mit ihren entsprechenden Wahllisten richtete und auf diese Weise – so die Kalkulation der Liberalen – den kirchlichen Minderheiten eine angemessene Repräsentanz in den Synoden si-

---

[485] So die einzige Begründung Schowalters zu dem in seinem Namen vorgebrachten Antrag; s. *Verhandlungen des Deutschen Evangelischen Kirchentages 1919*, 182 f. Einen anschaulichen Bericht über die weitgehende Abhängigkeit des jeweiligen Pfarrers von den gesellschaftspolitischen Erwartungen des Latifundienbesitzers bieten Günther Dehns Lebenserinnerungen, in denen er seinen Beobachtungen und Erfahrungen während seiner Vikarszeit 1906 im Patronat Boitzenburg festhält. Dehn kommt zu dem Urteil: „Man lebte hier noch ganz im feudalistisch-patriarchalischen Zeitalter. Was für eine Idee, dass es an diesem Ort einen Sozialdemokraten hätte geben können! Man war einfach konservativ-königstreu und kirchlich dazu." Ders., *Die alte Zeit. Die vorigen Jahre*, 100.

[486] *Verhandlungen des Deutschen Evangelischen Kirchentages 1919*, 189.

chern würde, oder nach dem einfachen Mehrheitswahlverfahren, das die zu wählende Persönlichkeit in den Vordergrund rückte und in der Regel die konservative Mehrheit begünstigte. Ungeklärt war schließlich, ob eine bestimmte Form der Anmeldung zur Wahl etwa durch schriftliche oder mündliche Einverständniserklärung mit den Grundsätzen der Kirche und eine Eintragung in Wahllisten für erforderlich erklärt werden sollte. Über die Höhe des festzusetzenden aktiven und passiven Wahlalters war ebenfalls noch keine Übereinstimmung erzielt worden.[487] Wie bereits oben erwähnt, erhob sich gegen das aktive wie auch passive kirchliche Frauenwahlrecht kein nennenswerter Einspruch.

Die Fülle der offen gebliebenen Fragen hinsichtlich der künftigen kirchlichen Wahlordnung spiegelte sich wider in der unterschiedlichen Entwicklung in den einzelnen Landeskirchen. Die Verwirklichung des vom Kirchentag geforderten „möglichst gleichartige[n] Aufbau[s] ihrer Verfassungen" erschien angesichts bereits bestehender Differenzen fraglich, wenn auch nicht unmöglich.[488] Ob der Kirchentag allerdings selbst dazu in der Lage war, den Landeskirchen eine eindeutige Empfehlung für ein künftiges Wahlsystem auszusprechen, war in Anbetracht seiner enormen kirchenparteilichen Fraktionierung indessen weitaus zweifelhafter. Bevor es zur hitzig geführten Kontroverse über die Einführung von Urwahlen kommen sollte, informierte Kirchenrat Rahlwes die Kirchentagsdelegierten zunächst über den Stand des Verfassungsneubaus in den einzelnen Landeskirchen.[489]

In Preußen hatte der Vertrauensrat Anfang April 1919 einen Entwurf eingebracht, der für die neu zu berufende kirchliche Konstituante die Einführung von Urwahlen nach dem Modus des Verhältniswahlrechts vorsah. Dagegen regte sich jedoch unter den Verfechtern des Siebsystems starker Widerstand. Beinahe alle altpreußischen Provinzialsynoden lehnten das Urwahlsystem, das ihren direkten Einfluss auf die Zusammensetzung der verfassungsgebenden Generalsynode beseitigte, grundsätzlich ab.[490] Der EOK war daraufhin gezwungen, einen Vermittlungsvorschlag zu unterbreiten. Demnach sollten den aus unmittelbaren, geheimen und gleichen Wahlen hervorgehenden Gemeindevertretungen das Recht verliehen werden, die verfassungebende Kirchenversammlung direkt zu wählen.[491]

---

[487] Einen Überblick über die kirchliche Debattenlage zu diesen Fragen bietet Martin Schian, „Die Neugestaltung der Kirchenverfassung", in: F. Thimme/E. Rolffs (Hgg.), *Revolution und Kirche*, 187-201.

[488] S. den dritten vom Kirchentag gebilligten Grundsatz des Vorbereitungsausschusses, der jedoch einschränkend hinzufügt, die Entwicklung paralleler Verfassungsstrukturen sei nicht im Sinne einer „kirchenrechtliche[n] Gleichmacherei" zu verstehen. *Verhandlungen des Deutschen Evangelischen Kirchentages 1919*, 154.

[489] S. zum folgenden Bericht ebd., 201-209.

[490] Neben den Provinzialsynoden der hauptsächlich lutherischen Kirchenprovinzen von Brandenburg, Sachsen, Pommern und Schlesien zählten sogar die stark reformiert geprägten Provinzialsynoden des Rheinlands und Westfalens zu den erklärten Gegnern das Urwahlsystem.

[491] Dieser Kompromiss konnte sich schließlich durchsetzen. Im Januar 1921 fanden in Altpreußen die Gemeindewahlen statt, allerdings mit sehr geringer Wahlbeteiligung, da die kirchlichen Vorsichtsmaßnahmen, die man ergriffen hatte, um die Unkirchlichen von der Wahl abzuhalten – alle Gemeindeglieder mussten sich persönlich in Wählerlisten eintragen und schriftlich versichern, das Wahlrecht zum Wohle der evangelischen Kirche ausüben zu wollen – viele vom Urnengang abhielten. Im Juni 1921 folgten die Wahlen zur verfassungsgebenden Kirchenversammlung, an der sich dreivier-

Eine beträchtliche Anzahl der nicht zur Altpreußischen Union gehörenden Landeskirchen einschließlich einiger lutherischer Kirchen tendierte allerdings zur Einführung von Urwahlen zu den verfassungsgebenden Synoden, die liberaler geprägten unter ihnen in Verbindung mit der Verhältniswahl, die eher konservativen in Verbindung mit der Mehrheitswahl.[492] In Württemberg war bereits am 1. Juni 1919 die verfassungsgebende Kirchenversammlung durch Urwahlen konstituiert worden. Der Sieg der konservativen-konfessionellen Kräfte hatte dabei alle vorhergehenden Befürchtungen und Vorbehalte als gegenstandslos herausgestellt.[493] Für die Wahl der synodalen Konstituante durch die Gemeindevertretungen, die auch der preußische EOK als Kompromissangebot favorisierte, entschieden sich Mecklenburg-Schwerin sowie die lutherischen Landeskirchen Bayerns, Hamburgs, Sachsens und Braunschweigs.[494] Einzig die unierten Landeskirchen in Hessen-Darmstadt und Hessen-Kassel, die lutherische von Mecklenburg-Strelitz, die hauptsächlich reformierte Landeskirche Lippe-Detmold und das reformierte Hannover beließen es bei dem alten Siebsystem.

Nach dem Bericht von Kirchenrat Rahlwes über die Situation der Urwahlfrage sollte gemäß der Tagungsordnung in eine Diskussion eingetreten werden. Dagegen wandte sich jedoch ein hauptsächlich von führenden Lutheranern gestellter Antrag, zu denen als herausragende Persönlichkeiten neben Ludwig Ihmels und Wilhelm Laible, die bereits durch ihre Nichtteilnahme an der Kasseler Vorkonferenz ihre grundsätzlich ablehnende Haltung gegenüber einem verfassungsmäßigen Neuaufbau bekundet hatten,[495] auch der „bedeutendste Laie in der evangelischen Kirche", der bayerische Edelmann und Bankier Wilhelm Freiherr von Pechmann (1859–1948), als erster gewählter Präsident der bayerischen Landessynode gehörte.[496] Ihre Forderung, die Be-

---

tel aller wahlberechtigten Gemeindevertreter beteiligten. Sie bescherten dem konservativen Flügel, den Vertretern der Positiven Union, der sog. Konfessionellen Gruppe und den pietistischen Gemeinschaften eine satte Zweidrittelmehrheit. Zum Streit um die kirchliche Demokratisierung und zu den Gemeinde- und Synodalwahlen in Altpreußen vgl. J. Jacke, *Kirche zwischen Monarchie und Republik*, 151 ff bzw. 246 ff.

[492] Die Verhältniswahl wurde eingeführt in Nassau, Frankfurt und Baden, das Mehrheitsprinzip wurde beibehalten in Hannover, Schleswig-Holstein, Württemberg, Oldenburg und den meisten Thüringischen Kirchen.

[493] Die kirchliche ,Rechte', d.h. Orthodoxe und Pietisten, stellten mit 41 Delegierten die Hälfte der 82 zu wählenden Synodalen, während auf die ,Mittelpartei' 30 und auf die liberale Volkskirchengruppe 12 Mandate entfielen.

[494] In Braunschweig hatte zuvor die sozialistische Landesregierung die Auflösung der bestehenden Landessynode und die Wahl einer neuen verfassungsgebende Kirchenversammlung nach dem bürgerlichen Wahlrecht verfügt. Die Beschwerde des Braunschweigischen Konsistoriums bei der Reichsregierung gegen diese Landesanordnung unterstützte der Kirchentag mit einer von Reinhard Mumm beantragten Resolution einstimmig. Unter Berufung auf Artikel 137 der Weimarer Reichsverfassung, der das Ende des Staatskirchentum erklärt hatte, wies die Dresdener Versammlung „eine Einmischung staatlicher Instanzen in das innerkirchliche Leben" scharf zurück. *Verhandlungen des Deutschen Evangelischen Kirchentages 1919*, 223.

[495] Vgl.o. Seite 112, Anm. 394.

[496] So mit Recht K. Scholder, *Die Kirchen und das Dritte Reich, Bd. 1*, 24. Aus der Fülle seiner weiteren leitenden Ämter ragen besonders heraus seine Kirchentagspräsidentschaft von 1921 bis 1927, seine Mitgliedschaften im Fortsetzungsausschuss der Stockholmer Weltkirchenkonferenz 1925 und seine Zugehörigkeit zum DEKA seit 1929, aus dem er aus Protest über die mangelnde kirchenoffizielle Ablehnung des Arierparagraphen 1933 austrat. Vgl. dazu Wolfgang Sommer, „Wilhelm

sprechung über die Urwahlen abzusetzen und die Behandlung dieser Frage den Landessynoden „ohne Anregung" zu überlassen, begründeten sie mit dem Verweis auf
einen Verfahrensfehler: Der in Aussicht gestellte Bericht zu diesem Thema war den
Kirchentagsdelegierten nämlich nicht wie die anderen Vorlagen zuvor schriftlich ausgehändigt worden.[497] Dass dieses formale Versäumnis allein als vordergründiges Argument diente, zeigten die Ausführungen des Antragstellers, des sächsischen Amts-
gerichtsrats Prof. Dr. Müller.

In Anbetracht der in der Urwahlfrage als „unüberbrückbar" angesehenen kirchenparteilichen Frontbildung warnte Müller eindringlich davor, „der Öffentlichkeit zu zeigen, wie groß die Gegensätze hier sind". Und auf die Braunschweiger Vorkommnisse verweisend fügte er beschwörend hinzu: „Denn die uns feindlichen Machthaber
warten nur darauf, die Blöße zu erkennen, wo sie den Keil der Spaltung eintreiben
können."[498] Die Sorge des kirchlichen Konservatismus, der Kirchentag könne den
Eindruck mangelnder Einmütigkeit und Geschlossenheit des deutschen Protestantismus hinterlassen und damit den sozialistischen Regierungen in ihrem Bestreben, jede
Schwachstelle der Kirche auszunutzen, um sie weiter aus dem öffentlichen Leben zu
verdrängen, in die Hände spielen, zeigt einmal mehr, wie stark der gesamte Kirchentag organisatorisch und inhaltlich unter dem Vorzeichen einer als bedrohlich empfundenen politischen Lage im Sinne einer „closed-front Volkskirche" agieren sollte.[499] Zwar konnte sich die Forderung Müllers nach Aussetzung der Besprechung
nicht durchsetzen – dazu war die Repräsentanz der freien, auf eine offene Aussprache
drängenden Kräfte in Dresden noch zu groß –[500] aber im Hinblick auf die folgenden
Kirchentage schränkte man den Raum für Plenardebatten erheblich ein und überließ
die Austragung kontroverser Diskussionen weitgehend den hinter verschlossenen Türen tagenden Ausschüssen. Dass die Kirchentagsversammlungen später immer mehr
den Charakter einer „Parade" annahmen,[501] ließ den Einwand liberaler Theologen:
„Wo ist die Einheit des evangelischen Deutschlands, wenn man sie in Aussprachen zu
erproben nicht wagen darf oder möchte!"[502] als sehr berechtigt erscheinen.

Der Stil der Dresdener Verhandlungen spiegelte hingegen den vorherrschenden innerkirchlichen Meinungspluralismus noch deutlich wider. Er war nach dem Urteil eines

---

von Pechmann", in: *Profile des Luthertums. Biographien zum 20. Jahrhundert*, hg. von Wolf-Dieter
Hauschild, Gütersloh 1998, 541-557, sowie Friedrich-Wilhelm Kantzenbach (Hg.), *Widerstand und
Solidarität der Christen in Deutschland 1933–1945. Eine Dokumentation zum Kirchenkampf aus
den Papieren des D. Wilhelm Freiherrn von Pechmann*, Neustadt/Aisch 1971.

[497] Zum dem entsprechenden Antrag und seinen Unterzeichnern vgl. *Verhandlungen des Deutschen
Evangelischen Kirchentages 1919*, 209 f.

[498] *Ebd.*, 209.

[499] Vgl. dazu D. R. Borg, *The Old-Prussian Church and the Weimar Republic*, 77. S.a. Seite 100, Anm.
349.

[500] Die Abstimmung über den ‚Antrag Müller' ergab exakt 106 Stimmen für und 106 Stimmen gegen
den Antrag. Laut der Kirchentagssatzung galt bei Stimmengleichheit ein Antrag als abgelehnt. Vgl.
Verhandlungen des Deutschen Evangelischen Kirchentages 1919, 211.

[501] So das Urteil des neupietistischen Presseorgans *Licht und Leben* (vom 16. Oktober 1921, 592) über
den Verlauf des Stuttgarter Kirchentags.

[502] So der Marburger Kirchenhistoriker Hans von Soden in seinem Aufsatz: „Der Deutsche Evangelische Kirchenbund", in: *Theologische Rundschau 3,* Tübingen 1931, 317.

Teilnehmers „stark parlamentarisch" geprägt.[503] Nach ihrer äußerst knappen Abstimmungsniederlage gingen die Gegner der Urwahlen nun zur Offensive über und brachten ihre Argumente in einer teilweisen populistischen Zuspitzung vor. Ihre Hauptsorge bestand darin, dass durch Urwahlen kirchlich Desinteressierte ohne weiteres innerhalb der konsequent auf dem synodalen Prinzip aufgebauten Landeskirchen Schlüsselpositionen besetzen könnten. Pfarrer Wilhelm Philipps, stellvertretender Vorsitzender des Kirchlich-Sozialen Bundes und Chefredakteur der konservativen protestantischen Zeitung *Die Reformation*, sah in der Einführung von Urwahlen „ein ständiges Damoklesschwert" über dem Haupt der Kirche schweben, das selbst einen Adolph Hoffmann dazu reizen könnte, wieder in die Kirche einzutreten.[504] Um nun zu verhindern, dass kirchlich Indifferenten oder gar antikirchlich Gesonnenen die Klinke der kirchlichen Gesetzgebung in die Hand gedrückt oder, wie man gewöhnlich sagte, ‚die Kirche der Masse ausgeliefert' werde, betonten die Urwahlgegner das stärker konfessionsbezogene Gemeindeprinzip. Nur dieses biete im Zusammenhang mit dem Siebsystem genügend Sicherheit, dass allein kirchlich Erfahrene und Bewährte in verantwortliche Stellung gelangten. Hingegen sei die Mehrheit der ausschließlich nominellen Evangelischen keinesfalls im Sinne des Gedankens des Priestertums aller Gläubigen auch als solche anzusehen und mit entsprechenden Mitspracherechten auszustatten.[505] „Die Kirche soll", so erklärte wiederum Philipps apodiktisch, „allen dienen, sich aber nicht von allen beherrschen lassen, am wenigsten von ihren Feinden".[506]

Neben diese spezifischen Ängste der Kirche vor ‚weltlicher' Überfremdung ihrer göttlichen Sendung, die durch die Tolerierung religions- und kirchenkritischer Bewegungen im religionsneutralen Weimarer Staat zusätzlich geschürt wurden, traten auch grundsätzliche Vorbehalte gegenüber dem demokratischen Prinzip. Die Gegner befürchteten, dass die Einführung von Urwahlen im kirchlichen Bereich die vermeintliche Geschlossenheit und Einmütigkeit der Protestanten zerstöre und damit der grundlegende Unterschied zwischen dem politischen Parlamentarismus und dem kirchlichen Synodalismus vor aller Öffentlichkeit desavouiert werde. Dabei wirkten die Erfahrungen einer zumeist konfliktreichen Realität der noch jungen Weimarer Demo-

---

[503] Vgl. den Rückblick des sächsischen Dekan D. Wolfart auf den Dresdener Kirchentag vom 22. Juli 1930, in: *EZA* 1/A3/71 (Bd. 2). Wolfart führt als Beispiele dafür an: „Zurufe, lebhaftes Hin- und Hergehen während der Reden im Plenum, intensive kirchenpolitische Tätigkeit und Beratung innerhalb der Gruppen auch in der Plenarversammlung." Als Gründe verweist er auf den in Dresden im Vergleich zu späteren Kirchentagen „naturgemäß stärkeren Einschlag der kirchlich politischen Linken". Zudem habe in Dresden „das Verhältnis zwischen dem kirchenregimentlichen und dem synodalen und dem breitkirchlichen Element … noch nicht seine Ruhelage gefunden".

[504] *Verhandlungen des Deutschen Evangelischen Kirchentages 1919*, 222 f.

[505] So argumentierte beispielsweise der westfälische Generalsuperintendent Zoellner. Er griff dabei das in der Debatte aufgeworfene Argument auf, durch Urwahlen könne das „Kirchenvolk" stärker mobilisiert werden. Unter ‚Kirchenvolk' verstand Zoellner aber im Gegensatz zum Kasualchristentum „das Volk, das zum *Evangelium* steht", und zog daraus die Schlussfolgerung: „Gerade um seinetwillen lehne ich die Urwahlen zusammen mit den Verhältniswahlen ab. Denn dann würde unser Kirchenvolk weggeschwemmt werden von der großen Masse." Vgl. *Verhandlungen des Deutschen Evangelischen Kirchentages 1919*, 229. Bezeichnenderweise erwähnte kein Urwahlgegner die gegenläufigen Ergebnisse der Württembergischen Urwahlen, die diese Besorgnis ad absurdum geführt hätte.

[506] Ebd., 223.

kratie, in der in manchen Reichsgebieten sogar wiederholt bürgerkriegsähnliche Zuständen herrschten, als abschreckendes Beispiel. So behauptete der Präses der westfälischen Provinzialsynode Kockelke: „Was durch Urwahlen erreicht wird, haben wir zu Genüge durch die politischen Wahlen ersehen. Unser Volk ist aufgepeitscht, die Instinkte und Leidenschaften sind wachgerufen, die so nötige innere Einheit und die Liebe zum Vaterland sind dadurch nicht gewachsen ... Die Urwahlen führen zum Radikalismus und gereichen unserer Kirche nicht zum Segen."[507] Vielmehr werde dadurch „der Wahlkampf in jedes Dorf getragen", sekundierte Zoellner, der darüber hinaus eine kaum zu vermeidende direkte Einflussnahme der bestehenden politischen Parteien auf die Festsetzung der kirchlichen Wahllisten voraussah. Die Parteien würden die Kandidaten ausschließlich „nach parteipolitischer Schablone" ernennen, was „kirchlich unerträglich" sei.[508]

Der Vorwurf, Urwahlen in der Kirche polarisierten das Kirchenvolk, wurde theologisch durch eines der Zentralmotive des Luthertums gestützt, nämlich durch dessen anthropologischen Pessimismus oder die ‚realistische' Überzeugung von der natürlichen Sündhaftigkeit des Menschen. Diese Anschauung musste zwangsläufig eine konservative Grundeinstellung hervorrufen, die neuzeitliche Politikkategorien und -strukturen wie Mitbestimmung, Parlamentarismus, Parteienwesen und Mehrheiten äußerst kritisch beargwöhnte oder gar prinzipiell ablehnte als Versuch der Menschheit, sich aus ihrer schicksalhaften Schuldverstrickung selbst zu befreien.[509] Vor diesem Hintergrund erst lässt sich die schneidende Polemik des Generalsuperintendenten Zoellner gegen die Einführung von Urwahlen richtig einordnen. Zoellner erklärte: „Heute ist die Losung: ‚Selbsterlösung, Erlösung von der Selbstsucht durch die Organisation.' Dagegen setzen wir die Losung: ‚Erlösung von der Selbstsucht durch die Erlösung unseres Heilandes!' Das muß aufeinanderstoßen. Unsere großen Massen leben in dem Taumel, sie könnten ein neues Geschlecht produzieren, wenn sie ihre Ordnung und ihre Verfassung neu einrichteten. Wir setzen dagegen das Evangelium von der Erlösung durch unsern Herrn Christus. Das ist die große Stunde."[510] Diejenigen, die diese tiefersitzenden antidemokratischen Ressentiments teilten, beriefen sich in ihrer Ablehnung von Urwahlen bewusst auf die Weimarer Reichsverfassung. Da die Kirche laut Artikel 137 keine „Unterabteilung des Staatsministeriums" mehr sei, dürfe sie sich – so die Schlussfolgerung von Kockelke – in ihrer Verfassung fortan auch nicht mehr dem Staat anpassen und nach Analogie des Staates ein Wahlgesetz

---

[507] *Ebd.*, 219.

[508] *Ebd.*, 228.

[509] Vgl. dazu Kurt Nowak, „Der lange Weg der deutschen Protestanten in die Demokratie", in: Ders., *Kirchliche Zeitgeschichte interdisziplinär. Beiträge 1984–2001*, hg. von Jochen-Christoph Kaiser, Stuttgart 2002, 369-378, bes. 375 f. Nowak kommt zu dem Fazit (376): „Dieser einseitige Blick auf die Schwäche und Gefährdung des Menschen durchzieht die protestantische Ethik von der frühen Neuzeit über die Französische Revolution bis in das 20. Jahrhundert."

[510] *Verhandlungen des Deutschen Evangelischen Kirchentages 1919*, 229. Rade bezeichnete die Rede Zoellners als „geistliche Demagogie schlimmster Sorte" und löste damit beinahe einen Eklat aus, nachdem er sich zunächst weigerte, diese Behauptung zurückzunehmen. Zoellner stellte schließlich klar, seine Äußerung solle nicht so aufgefasst werden, „als ob ich die Anhänger des Urwahlsystems auf eine Stufe stellte mit den Selbsterlösungsleuten". Vgl. dazu ebd., 229 f.

schaffen.[511] Den Vorwurf, die Kirche sei, wenn sie das Siebsystem weiterhin aufrecht-erhalten wolle, nicht länger zeitgemäß, konterte Philipps mit der Feststellung: „Noch ist nicht erwiesen, daß der Geist der neuen Zeit von oben stammt. In der Kirche soll heiliger Geist entscheiden."[512] Diese Äußerung unterstreicht noch einmal, wie stark der Kirchentag in der Frage der Urwahlen unter politischen Aspekten stand.

Die Befürworter von Urwahlen beschränkten sich im wesentlichen darauf, die Angst, Urwahlen öffneten dem Einfluss unkirchlicher Kreise Tür und Tor, als unbegründet herauszustellen. Wiederholt verwies man dabei auf die Erfahrungen in Württemberg, die eindeutig gezeigt hätten: „Nicht der Radikalismus hat gesiegt, sondern die Orga-nisation."[513] Die Kirche könne daher Vertrauen zu ihrem Kirchenvolk haben, auch zu den sozialdemokratisch eingestellten Kirchenmitgliedern, die sich weniger durch eine angebliche Kirchenfeindschaft als vielmehr durch eine völlige Gleichgültigkeit gegenüber kirchlichen Fragen auszeichneten. Die liberalen Theologen Martin Rade und Johannes Herz räumten zwar ein, dass demokratische Kirchenverfassungen al-lein keine Gewähr für eine höhere Wahlbeteiligung der kirchlich Entfremdeten böten, zumindest aber könnten dadurch bestehende Vorurteile gegenüber einer vermeintlich konservativ-reaktionären ‚Pastorenkirche' abgebaut werden.[514] Die Einführung von Urwahlen im Sinne vertrauenbildender Maßnahmen würden sich auch auf das Ver-hältnis der evangelischen Landeskirchen zu den staatlichen Regierungen positiv aus-wirken, hob Rade in Anspielung auf die Auseinandersetzungen zwischen Staat und Kirche in Preußen weiter hervor.[515] Theologisch begründete man das Urwahlrecht mit dem Prinzip des Priestertums aller Gläubigen, musste sich aber den Einspruch der Ur-wahlgegner gefallen lassen, die in diesem Zusammenhang gerade die Gläubigkeit als notwendige Voraussetzung für die Wahrnehmung des Priestertums unterstrichen.[516] Der Wittenberger Oberpfarrer Schowalter markierte abschließend noch einmal deut-

---

[511] Ebd., 219.

[512] Ebd., 222.

[513] So der württembergische Arbeitersekretär Springer, vgl. ebd., 231.

[514] Vgl. ebd., 227 bzw. 234.

[515] Ebd., 227. Gegenstand des seit Sommer 1919 schwelenden Konfliktes war der Vermittlungsvor-schlag des EOK gewesen, die verfassungsgebende Generalsynode durch die Gemeindekirchenrä-te wählen zu lassen. Nach Ansicht der drei preußischen Minister in evangelicis widersprach die-ses kirchliche Wahlverfahren jedoch den demokratischen Prinzipien des preußischen Staates. Einen „Konflikt zwischen Kirche und Staat" sahen sie daher als unausweichlich an. Der EOK verwahrte sich unter Berufung auf Artikel 137 der Reichsverfassung gegen diesen Versuch staatlicher Einfluss-nahme auf innerkirchliche Verfassungsfragen. Vgl. das Schreiben der drei Minister an den EOK vom 13. November 1919 und das entsprechende Antwortschreiben des EOK vom 15. Dezember 1919, abgedruckt in: E.-R. Huber/W. Huber, *Staat und Kirche, Bd. IV*, 538-540. Durch die Presseagitation der konservativen kirchenpolitischen Gruppierungen, die diesen Streit publizitätswirksam als neuen Kulturkampf betitelten (vgl. *Kreuzzeitung* vom 27. November bzw. vom 1. Dezember 1919), erheb-lich unter Druck geraten, lenkten das preußische Kultusministerium und die drei Minister schließlich ein. Ausführlich bei J. Jacke, *Kirche zwischen Monarchie und Republik*, 194-245.

[516] Vgl. die Voten des Marburger Theologieprofessors Stephan und des Leipziger Pfarrers und ESK-Mitgliedes Johannes Herz, in: *Verhandlungen des Deutschen Evangelischen Kirchentages 1919*, 216 bzw. 234. Auf die Zwischenrufe der Urwahlgegner: „Aller *Gläubigen!*" stellte Herz die berechtig-te Frage: „Ja, befinden sich nicht auch unter der Masse derer, die das bisherige Siebsystem vom Wahlrecht zu den Synoden ausschließt, tausende von Gläubigen?' Ebd., 234.

lich den inneren Widerspruch, in dem sich viele Urwahlgegner befänden, wenn sie ihren ausdrücklichen Willen zur Volkskirche durch ein Unmaß an Präventiv- und Vorsichtsmaßnahmen, die das Volk von der Mitbestimmung faktisch ausschlössen und diese der Kerngemeinde überließen, selbst konterkarierten.[517]

Bei der Abstimmung zur Urwahlfrage unterstützte die Mehrheit der Kirchentagsdelegierten einen von Reinhard Mumm eingebrachten Antrag, demzufolge die Entscheidung über das kirchliche Wahlsystem ganz den alten Synoden überlassen werden sollte. Der zweite Abschnitt des Antrages Mumms, der gegen den Eingriff der Braunschweiger Regierung protestiert, fand die einstimmige Billigung des Kirchentages.[518] Damit hatte sich die Position derer durchgesetzt, die die synodale Willensbildung weiterhin auf einen durchaus unrepräsentativen Teil der Kirchenmitglieder begrenzen wollten. Die Sorge vor kirchlicher Fremdbestimmung und einer möglichen Verfälschung des göttlichen Auftrages der Kirche wog mehr als die beständige Gefahr einer einseitigen Auslegung dieses Auftrages durch die aktive Minderheit ihrer Mitglieder. Neben der Billigung des aktiven und passiven Frauenwahlrechts und der Aufforderung, das Kirchenpatronat möglichst aufzuheben, stellten die Richtlinien über die Lockerung des Parochialzwanges und der amtlichen Berücksichtigung von Minoritäten in den Gemeinden eine Besonderheit unter den Kirchentagsbeschlüssen dar. Der überzeugte Lutheraner Theodor Kaftan meinte nicht zu Unrecht „mit eigentümlichem Gefühl die große Wandlung" beobachtet zu haben, die sich in dieser Frage auf kirchenregimentlicher Seite vollzogen habe.[519] Martin Rade teilte diese Einschätzung, wenn er konstatierte: „Der Kirchentag hat da wirklich Neues geschaffen, wenn er den Minderheiten Pfarrer, Gemeinden und Gottesdienste im Rahmen der Landeskirche zugestand."[520]

Auslöser dieses Beschlusses waren Forderungen aus der Gemeinschaftsbewegung gewesen. Durch die Revolution war in ihren Kreisen heftig um die Frage gestritten worden, ob die Gemeinschaftsbewegung als Teil der zu bildenden Volkskirche oder als Freikirche neben der Volkskirche fortbestehen solle.[521] Diejenigen, die sich für einen weiteren Verbleib einsetzten, forderten im Gegenzug eine erhebliche Erweiterung der Minderheitenrechte.[522] Darin wurden sie auch von Vertretern der unterschiedlichs-

---

[517] Ebd., 235.

[518] Ebd., 223 bzw. 237.

[519] Schreiben Theodor Kaftans an seinen Bruder Julius Kaftan vom 5. Dezember 1920, in: W. Göbell (Hg.), *Kirche, Recht und Theologie in vier Jahrzehnten. Der Briefwechsel der Brüder Theodor und Julius Kaftan, Zweiter Teil*, 742.

[520] Schreiben Martin Rades an seine Frau Dora Rade vom 3. September 1919, zit. nach J. Rathje, *Die Welt des freien Protestantismus*, 270.

[521] Näheres bei Eva-Maria Zehrer, *Die Gemeinschaftsbewegung in der Weimarer Republik*, 127-131.

[522] So forderte beispielsweise der Brüderrat für Landeskirchliche Gemeinschaftspflege in Sachsen u.a. das freie Abhalten von Abendmahlsfeiern, Bildung von eigenen Minderheitsgemeinden, Aufhebung des Parochialzwanges und die Überlassung der Kirchen und kirchlicher Gebäude zu Evangelisationen und Gemeinschaftsfeiern. Um seinen Forderungen Nachdruck zu verleihen, erklärte der Brüderrat: Nur unter diesen Bedingungen könne er „mit gutem Gewissen unsere Gemeinschaften dahin beeinflussen, daß sie als Ganzes auch weiterhin mit der Kirche mitgehen". *AELKZ*, Nr.4 vom 24. Januar 1919, 78 f, zit. nach Martin Greschat, *Der deutsche Protestantismus im Revolutionsjahr 1918/19*, Witten 1974, 169.

ten Kirchenparteien in den evangelischen Landeskirchen unterstützt.[523] Bereits die Kasseler Vorkonferenz hatte mit der Aufnahme des Themas Minderheitenschutz in den Aufgabenbereich des künftigen Kirchentages ihr Entgegenkommen gegenüber der Gemeinschaftsbewegung signalisiert. Im Mai 1919 teilte der Vorstand des Deutschen Verbandes für Gemeinschaftspflege dem DEKA offiziell seine Wünsche für eine stärkere Berücksichtigung der Rechte der Gemeinschaftsbewegung innerhalb der Volkskirche mit.[524] Die entsprechenden, dem Kirchentag zur Abstimmung vorgelegten Richtlinien des zuständigen Vorbereitungsgremiums, dem der Gemeinschaftsvorsitzende Walter Michaelis und der Generalsekretär des Evangelisch-Sozialen Kongresses Wilhelm Schneemelcher angehörten, stimmten mit den zuvor erhobenen Forderungen in den meisten, wenn auch nicht in allen zentralen Punkten überein.[525] Neben der prinzipiellen Aufhebung des Parochialzwanges bei Kasualhandlungen, der Erlaubnis eigener Abendmahlsfeiern und der Benutzung kirchlicher Gebäude durch die Gemeinschaften erkannte der Richtlinienentwurf ausdrücklich an, dass für „die Aufrechterhaltung der Einheit der Landeskirche und die Befriedigung des religiösen Bedürfnisses ihrer Mitglieder" der gesetzliche Schutz von Minderheiten dringend erforderlich sei. Dieser Schutz sollte – wenn auch nur „vielleicht ausnahmsweise" – so weit gehen, dass er die Bildung von eigenen Personalgemeinden nach dem Vorbild der Diasporaversorgung einschloss. In seiner rechtlichen Stellung war der Minderheitenpfarrer laut Entwurf dem Gemeindepfarrer sogar „grundsätzlich" gleichgestellt. Anders jedoch als beispielsweise in Dänemark, wo die Landeskirche für die Besoldung eines Minderheitenpfarrers aufkam,[526] habe die Minorität selbst für die anfal-

---

[523] Neben hochstehenden Lutheranern wie etwa Wilhelm Laible, Theodor Kaftan oder Ludwig Ihmels (*AELKZ*, Nr. 50 vom 13. Dezember 1918, 1092 f bzw. *AELKZ*, Nr. 6 vom 6. Februar 1920, 117-122) sprachen sich auch Vertreter der ‚Mittelpartei' wie Martin Schian (*Volkskirche*, Nr. 5 vom 1. März 1920, 65-69) und nicht zuletzt die der Volkskirchenbewegung nahestehenden Kreise um Martin Rade für eine deutliche Ausweitung der Minderheitenrechte aus. Rade, der im Herrnhutischen Berthelsdorf aufgewachsen war und noch immer Sympathien für die pietistische Frömmigkeit hegte, wies die Landeskirchen darauf hin, dass sie sich unglaubhaft machten, wenn sie solch positiven kirchlichen Minderheiten wie der Gemeinschaftsbewegung in ihrem Wunsch nach Bekenntnistreue nicht wenigstens durch das Zugeständnis von mehr Rechten begegnen würde. Als Beispiel nannte Rade die Wahlmöglichkeit eines bekenntnistreuen Pfarrers. Vgl. *CW*, Nr. 27/28 vom 5. Juli 1918, 269 f.

[524] Im einzelnen forderte man die verstärkte Heranziehung von Gemeinschaftschristen zur Mitarbeit in den Kirchengemeinden, das Recht auf die Benutzung von Kirchen und kirchlicher Gebäude, das freie Abhalten von Abendmahlsfeiern in brüderlichen und häuslichen Kreisen, die Aufhebung des Parochialzwanges, die Bildung von Minderheitengemeinden und die Versorgung von Minoritätengemeinden auch durch Nichttheologen. Vgl. das Schreiben des Vorstandes an den DEKA-Vorsitzenden Moeller vom 23. Mai 1919, in: *EZA* 1/A3/55.

[525] Nach Ansicht Theodor Kaftans waren diese Richtlinien regelrecht eine „Verbeugung" des Kirchenregiments in puncto Gemeinschaft. S. das oben in Anm. 519 bereits zitierte Schreiben an seinen Bruder Julius Kaftan vom 5. Dezember 1920, in: *Kirche, Recht und Theologie in vier Jahrzehnten. Der Briefwechsel der Brüder Theodor und Julius Kaftan, Zweiter Teil*, 742. Die im folgenden angeführten Richtlinien sind abgedruckt in: *Verhandlungen des Deutschen Evangelischen Kirchentages 1919*, 318 f.

[526] Zur kirchlichen Praxis in der Minoritätenfrage in Ländern wie Dänemark oder der Schweiz vgl. den Bericht von Walter Michaelis, den er dem Gesamtvorbereitungsausschuss des Kirchentages auf seiner Sitzung vom 2./3. Mai 1919 erstattete, in: *EZA* 1/A3/55.

lenden Personalkosten „erhebliche Opfer zu bringen". Landeskirchliche Mittel kämen daher nur „ergänzungsweise" in Betracht. Damit sollte nach den Ausführungen von Michaelis gewährleistet werden, dass die Bildung der Minderheitengemeinde „nicht aus Laune oder nichtigen Gründen" erfolge.[527] Verschärft wurde diese Bestimmung allerdings dadurch, dass die Anstellung eines nicht akademisch gebildeten Theologen als Minderheitenpfarrer entgegen dem Wunsch der Gemeinschaftskreise im Entwurf ausgeschlossen worden war. Für die meisten Minderheitengemeinden – unabhängig davon, ob sie sich aus Gemeinschaftschristen oder gegebenenfalls aus liberalen und linken Kirchenmitgliedern zusammensetzten[528] – bedeutete diese Einschränkung, die dazu gedacht war, die Reinheit der kirchlichen Verkündigung und Lehre sicherzustellen, allein aus finanziellen Gründen de facto das Ende ihrer Selbständigkeitsbestrebungen. Michaelis, ein erklärter Gegner dieser Kautele, bezeichnete es in seinem Bericht vor dem Kirchentag als „eine große Ungerechtigkeit ... eine Minderheit nur deshalb von dieser Wohltat [sc. eines eigenen Geistlichen] auszuschließen, weil sie zufällig keine vermögenden Leute zu ihren Mitgliedern zählt".[529]

In der Plenardebatte traten die Gegensätze zwischen dem bekenntnis- und dem stärker volkskirchlich-orientierte Lager wiederum deutlich hervor. Otto Baumgarten wies deutlich auf die Konsequenzen einer Nichtanerkennung von Laien als Minderheitenpfarrer hin, wenn er feststellte: „Unser ganzes Eintreten für die Minderheiten würde angesichts der pekuniären Notlage unsrer Gemeinden auf dem Papier stehen bleiben, wenn wir nicht den clerus minor ins Auge fassten." Als er den Kirchentag anschließend dazu aufforderte, „unsren alten lieb gewordenen Ideen einen kräftigen Stoß [sc. zu] geben", hinderte ihn die erregte Mehrheit am Weiterreden.[530] Im Gegenzug verwies Zoellner trotz seiner ausgesprochenen Sympathien für den Schutz der Minderheiten auf die „sehr große Tragweite", welche die Zulassung von Laien zu geistlichen Ämtern beinhalte.[531] Was Zoellner nur zaghaft andeutete, brachte der Vertreter des Verbandes Deutscher Evangelischer Pfarrervereine, Pfarrer Wahl, mit Entschiedenheit auf den Punkt. Er rief der Versammlung zu: „Nehmen Sie unserem Stande nicht die Sakramente zu Gunsten der Laienverwaltung! Nehmen Sie uns nicht die letzten Reste priesterlicher Amtsverwaltung!"[532]

Um eine erneute Kampfabstimmung wie in der Urwahlfrage zu vermeiden, verständigte man sich auf einen von Wilhelm Philipps eingebrachten Kompromissvorschlag, der sich darauf beschränkte, die prinzipielle Zustimmung des Kirchentages zur Vorlage des Arbeitsausschusses auszudrücken und alle strittigen Punkte, d.h. vor allem die Frage des Laienpfarramtes, dem Kirchenausschuss zur weiteren Bearbeitung zu überlassen.[533] In der nächsten DEKA-Sitzung vom 29.–31. Januar 1920 entzündete

---

[527] *Verhandlungen des Deutschen Evangelischen Kirchentages 1919*, 324.

[528] Ein Antrag Otto Baumgartens, der auch für andere evangelische Vereinigungen eine entsprechende bevorzugte Behandlung durch das Kirchenregiment forderte, wurde später vom DEKA einstimmig angenommen. Vgl. DEKA-Sitzung vom 29.–31. Januar 1920, in: *EZA* 1/A2/18.

[529] Ebd., 324.

[530] Ebd., 335. Das Protokoll verzeichnet an dieser Stelle „Unterbrechung".

[531] Ebd., 337.

[532] Ebd., 331.

[533] Ebd., 339.

sich die auf dem Kirchentag nur vorläufig beigelegte Kontroverse zum wiederholten Male.[534] Eine Empfehlung des Rechtsausschusses, die „für besondere Fälle" auch die Möglichkeit vorsah, einen Nichttheologen mit der Versorgung des Minderheitenpfarramtes zu betrauen, rief laut Verhandlungsnachweis „von vielen Seiten die ernstesten Bedenken" hervor. Man sei bereits in der Vorlage des Arbeitsausschusses „bis an die Grenze der äußersten Zugeständnisse" gegangen, erklärten die Gegner dieser Empfehlung. Zudem sei die Zulassung von Nichttheologen eine Frage, die den Rahmen der zur Erörterung stehenden Vorlage bei weitem überschreite und als ein besonderer Beratungsgegenstand „aufs eingehendste" geprüft werden müsse. Demgemäß wurde das Votum des Rechtsausschusses vom Kirchenausschuss abgelehnt; ebenso ein Antrag von August Wilhelm Schreiber, der in Ausnahmefällen Nichttheologen zumindest die Wortverkündigung gestattete. Die geforderte weitere Prüfung dieses in der Tat heiklen Themas verschob man indessen auf unbestimmte Zeit. In den folgenden DEKA-Sitzungen wurde es nicht einmal mehr gestreift. Immerhin, und dies bleibt festzuhalten, wurde der Minderheitenschutz als solcher in den meisten Verfassungen der Landeskirchen, dazu gehörte auch die Altpreußische Union,[535] zum ersten Mal rechtlich sichergestellt. Der Kirchentag hatte sich durch seine Empfehlung in diesem Punkt tatsächlich als movens kirchlicher Reformbestrebungen bewährt.

3.4 Aufgaben des Kirchentages bis zum Inkrafttreten des Kirchenbundes

Das zweifellos bedeutendste Thema der Dresdener Versammlung, die Entscheidung über die Konstituierung des Kirchentages als einer Dauerinstitution und dessen Rolle bei der bevorstehenden Kirchenbundgründung, trat in den Plenardiskussionen hinter den allgemeinen innerkirchlichen Problemen auffällig zurück und wurde stattdessen beinahe ausschließlich hinter verschlossenen Türen durch einen damit betrauten Verfassungsausschuss erörtert. Diese Kommission setzte sich aus 26 Delegierten des Kirchentages zusammen.[536] Sie beriet über die Vorlage des Arbeitsausschusses,[537] über die dessen Mitglieder, Moeller, Böhme, Schreiber, dem Plenum zuvor Bericht erstattet hatten. Dass die Vorlage über „Aufgaben und Zuständigkeiten des Kirchentages als einer dauernden Einrichtung" überhaupt nochmals Verhandlungsgegenstand einer Kirchentagskommission wurde, lag an dem beharrlichen Einspruch einzelner Kirchentagsdelegierter, die sich der vom DEKA- und Kirchentagspräsidenten Moeller erlassenen Tagungsordnung nicht fügen wollten, die lediglich eine Kenntnisnahme und formale Zustimmung des Kirchentages zu dieser Vorlage vorsah. Moeller,

---

[534] Zu der Minoritätendebatte in der DEKA-Sitzung vom 29.-31. Januar 1920 s. *EZA* 1/A2/18.

[535] Vgl. dazu den Artikel 53 der Verfassungsurkunde für die Evangelische Kirche der altpreußischen Union vom 29. September 1922, in: E. R. Huber/W. Huber, *Staat und Kirche, Bd. IV*, 557. S. ferner J. V. Bredt, *Neues Evangelisches Kirchenrecht für Preussen, Bd. 3*, Berlin 1927, 389.

[536] Die einzelnen Mitglieder sind aufgeführt in: *Verhandlungen des Deutschen Evangelischen Kirchentages 1919*, 107. Zu ihrer kirchenpolitischen Zusammensetzung s.o. Seite 152, Anm. 563.

[537] Zur Vorlage des Arbeitsausschusses und den ihr beigefügten Richtlinien des Kirchenausschusses vgl. o. Seite 120.

der dieses Vorgehen damit zu begründen suchte, dass die beiden maßgeblichen Vertretungsorgane der Kirchenregierungen, der Kirchenausschuss und die Kirchenkonferenz, der Vorlage bereits zugestimmt hätten und von daher eine weitere Beratung durch ein rechtlich nicht autorisiertes Organ wie der Kirchentag nicht mehr vonnöten sei,[538] erntete dafür aus allen kirchenparteilichen Richtungen lebhaften Widerspruch. Neben dem Vorsitzenden des Göttinger Volkskirchenbundes, Arthur Titius, und dem Vorsitzenden des Evangelisch-Sozialen Kongresses, Pfarrer Herz, erhob u.a. auch der konservativ-bekenntnistreue Vorsitzende des Generalsynodalvorstandes der altpreußischen Landeskirche, Dr. Johann Friedrich Winckler (1856–1943), Protest. Er bezeichnete die Ausführungen Moellers als „auffällig in einer Zeit, in der wir auf dem Wege sind, eine freie Volkskirche auf synodaler Grundlage aufzubauen und uns von der Vorherrschaft des in den Kirchenregierungen verkörperten staatskirchlichen Beamtentums frei zu machen, die an der Unvolkstümlichkeit unserer Kirche so viel Anteil hat".[539] Und speziell an die Adresse Moellers gerichtet, merkte Studienrat Dr. Evers lakonisch an: „Wenn man der Versammlung nicht das Recht zusprechen will, selbst durch eine Kommission die Vorlage zu beraten, dann hätte man sie lieber nicht einberufen sollen."[540]

Man verständigte sich schließlich mit deutlicher Mehrheit auf die Einsetzung einer Verfassungskommission, den sogenannten Zuständigkeitsausschuss, der die Empfehlungen des Arbeitsausschusses überarbeiten sollte. An seiner Zusammensetzung fällt der große Anteil an lutherischen Konfessionalisten auf, der von vornherein keine grundlegenden Ergänzungen oder Korrekturen der Vorlage erwarten ließ.[541] Dennoch konnten die progressiven oder zumindest reformbereiten Vertreter im Zuständigkeitsausschuss um Alfred Fischer, Arthur Titius, August Wilhelm Schreiber und die Studienrätin Marie Martin den beharrenden Kräften einige auf den ersten Blick bemerkenswerte Zugeständnisse abringen.

So erwähnte der Berliner Jurist Dr. Max Berner, Berichterstatter des Zuständigkeitsausschusses, in signifikanter Abweichung zu den Richtlinien des DEKA, die dieser der Arbeitsausschussvorlage beigefügt hatte, nicht die Eisenacher Konferenz, son-

---

[538] *Verhandlungen des Deutschen Evangelischen Kirchentages 1919*, 102. Der DEKA hatte, wie bereits oben auf Seite 126 erwähnt, auf der Grundlage seiner am 18. Juni 1919 erlassenen Richtlinien die Ausschussvorlage genehmigt. Die Kirchenkonferenz hatte sich einige Tage vor dem Zusammentritt des Kirchentages versammelt und am 28. August 1919 die Maßnahmen ihres Vertretungsorgans gebilligt. Zu der entsprechenden Verhandlung der Konferenz Evangelischer Kirchenregierungen vgl. *EZA 1/A3/72*.

[539] *Verhandlungen des Deutschen Evangelischen Kirchentages 1919*, 104. Julius Kaftan entnahm diesem Votum Wincklers nicht zu Unrecht die heimlich Parole: „Fort mit den Kirchenbeamten aus der Kirche!" S. sein Schreiben an T. Kaftan vom 16. März 1921, in: W. Göbell (Hg), *Kirche, Recht und Theologie in vier Jahrzehnten. Der Briefwechsel der Brüder Theodor und Julius Kaftan, Zweiter Teil*, 753.

[540] Ebd., 102.

[541] So bildeten Theodor Kaftan, Wilhelm Laible, Freiherr Wilhelm von Pechmann und der sächsische Gesandte von Stieglitz, Vertreter des vereinigten Gotteskasten Deutschlands, das lutherische Pendant zum Gustav-Adolf-Verein, regelrecht eine Phalanx renommierter Lutheraner im Zuständigkeitsausschuss.

dern nur den Kirchentag als Organ des künftigen Kirchenbundes.[542] Dieser habe die
Aufgabe und das Recht, sich bis zum Inkrafttreten des Kirchenbundes durch eignen
Beschluss auf Dauer zu konstituieren. Freilich bedeuteten diese Erläuterungen Berners zu der neuen Kommissionsvorlage noch keine Vorentscheidung über die Organe
des Bundes. Die Beschlussvorlage ließ diese Frage bewusst offen, um den freien Entscheidungen der einzelnen Landeskirchen nicht vorzugreifen.[543] Aber der Kirchentag
sollte – und hier liegt nun tatsächlich der markanteste Unterschied zu der überholten
Vorlage des Arbeitsausschusses – nicht mehr nur die bisherigen Aufgaben der ohne
rechtliche Grundlage zusammentretenden Konferenz der Kirchenregierungen wahrnehmen, sondern als Wegbereiter des Paktes der Landeskirchen fungieren. Entsprechend programmatisch beginnt die Präambel der Kommissionsvorlage mit der Feststellung: „Der Kirchentag bereitet die Gründung eines Bundes der Landeskirchen vor.
Der Bund soll einen möglichst engen Zusammenschluss der deutschen evangelischen
Landeskirchen und eine Förderung des gesamten deutschen Protestantismus auf allen
Gebieten seiner Lebensbetätigung herbeiführen und die Vertretung dieser Interessen
nach außen übernehmen."[544] Auch wenn des weiteren das Ziel einer Reichskirche
nochmals verworfen und die Wahrung der Selbständigkeit der Landeskirchen und ihres Bekenntnisstandes bekräftigt wurde, schien das Hauptziel aller Befürworter demokratischer Einigungstendenzen mit dieser neuen Vorlage erreicht: die Gründung und
der Aufbau des Kirchenbundes auf dem Fundament des Kirchentages.

Die Autorität und das Gewicht, die man dem Kirchentag für den bevorstehenden Zusammenschluss zuerkannt hatte, wurde allerdings durch zwei rechtliche Vorbehalte
erheblich gemindert. Einmal mangelte dem Kirchentag bis auf weiteres eine rechtliche Begründung und damit Aktionsfähigkeit. Um kein Vakuum entstehen zu lassen,
blieb Berners Bericht zufolge nur die Möglichkeit, dem Kirchenausschuss sämtliche
Vorbereitungen für das Zustandekommen des Kirchenbundes zu übertragen. Dem gemäß beauftragte man den Kirchenausschuss, den Entwurf eines Bundesvertrages und
einer Bundesverfassung auszuarbeiten. Zu delegieren war ferner die Wahrnehmung
der vorgesehenen Gemeinschaftsaufgaben, deren Inhalt und Einteilung in unmittelbar-
ausschließliche und mittelbare Zuständigkeiten fast wörtlich aus der ersten Vorlage
übernommen worden war. Der Kirchentag, dem dieser Verantwortungsbereich anstelle der Kirchenkonferenz zugesprochen worden war, betraute ebenfalls den Kirchenausschuss damit. Um das Gesetz des Handelns aber nicht völlig an die landeskirchlichen Regierungsvertreter abzutreten, bestätigte die Kommissionsvorlage nicht nur
die Ergänzung des Kirchenausschusses um 15 außerordentliche Mitglieder des Kirchentages, sondern fügte eine weitere Vorsichtsmaßregel hinzu, die eine etwa nötige
Einberufung eines Kirchentages gewährleisten sollte. Auf Verlangen von acht außer-

---

[542] Zur überarbeiteten Kommissionsvorlage und den anschließenden Erläuterungen Berners s. *Verhand-*
       lungen des Deutschen Evangelischen Kirchentages 1919, 293-306.
[543] Besonders der einflussreiche Präsident des sächsischen Landeskonsistoriums Franz Böhme hatte
       sich als Mitglied des Arbeitsausschusses zuvor bereits nachdrücklich dafür ausgesprochen, der Kir-
       chenkonferenz weiterhin eine angemessene Stellung innerhalb des zu gründenden Kirchenbundes
       einzuräumen. Vgl. ebd., 97 f.
[544] Ebd., 293.

ordentlichen Mitgliedern im DEKA musste dieser unverzüglich zusammentreten und entsprechende Maßnahmen für die Einberufung des Kirchentages ergreifen.

Zum anderen wurden die Handlungsmöglichkeiten des Kirchentages dadurch eingeschränkt, dass ausschließlich die einzelnen Landeskirchen im streng juristischen Sinne als Gründungssubjekte des Kirchenbundes galten, d.h. nur sie konnten letztgültig über die Annahme der vom erweiterten DEKA zu erstellenden Bundesverfassung entscheiden. Ob dem Kirchentag daneben überhaupt etwaige gesetzgeberische Gestaltungskompetenzen bei der Konstituierung des Bundes belassen blieben, war mehr als fraglich. Berners Feststellung: „Mitzuwirken werde aber der Kirchentag haben, da er sich zu einem Organ des Kirchenbundes umwandeln solle." war dementsprechend auffällig verhalten und vage formuliert.[545]

Trotzdem lässt sich die oben zitierte Kommissionsvorlage, die von der Vollversammlung einstimmig und in andächtig-solenner Haltung angenommen wurde,[546] mit gewissem Recht als „eines der entscheidenden Dokumente der interlandeskirchlichen Verbindungsversuche" bezeichnen.[547] Was alle bisherigen Bestrebungen in dieser Richtung nicht erreicht hatten, war jetzt gelungen. Die Einrichtung einer rechtlich autorisierten Gesamtrepräsentation des deutschen Protestantismus war in solch greifbare Nähe gerückt, dass ein Scheitern der Bemühungen nach Lage der Dinge faktisch ausgeschlossen war. Im Bewusstsein dieses Erfolges ließ der Kirchentag in der ersten von ihm erlassenen „Kundgebung an das deutsche evangelische Volk" die bevorstehende Gründung des Kirchenbundes verlautbaren. Ein „starker Bund" werde sich nun formieren, dessen Organ der Kirchentag sein werde. „Allenthalben in der Welt" werde der Kirchentag die deutschen evangelischen Interessen vertreten: „Sein Wort soll das Wort des gesamten evangelischen Deutschlands werden."[548] Freilich trafen diese hohen Worte, die einer breiten Öffentlichkeit den gemeinsamen Weg und Willen der Volkskirche anzeigen sollten,[549] in den verschiedenen kirchenpolitischen Lagern nicht nur auf einhellige Zustimmung.

---

[545] Ebd., 298.

[546] Stehend wurde die Vorlage angehört, und anschließend sangen alle die berühmte erste Strophe des Zinzendorfliedes: ‚Herz und Herz vereint zusammen'. Die Aufbruchsstimmung schilderte ein Teilnehmer so: „ … uns [sc. war] hell und froh im Bewusstsein: da geht es mit der deutschen evangelischen Kirche … vorwärts … und das Ganze bekommt einen Ruck vorwärts." Alfred Fischer, „Der Verlauf des Kirchentages, seine Kundgebungen und Beschlüsse", in: *Deutsches Pfarrerblatt*, Nr. 38/39, 1919, 444.

[547] So T. Karg, *Eisenacher Kirchenkonferenz*, 112.

[548] *Verhandlungen des Deutschen Evangelischen Kirchentages 1919*, 306.

[549] Auf Anregung u.a. August Hinderers, des Gründers des evangelischen Presseverbandes für Deutschland, richtete man auf dem Kirchentag sogar eigens einen Presseausschuss ein, dessen Aufgabe es sein sollte, in Verbindung mit dem Presseverband diese Kundgebung breitenwirksam zu publizieren. *Verhandlungen des Deutschen Evangelischen Kirchentages 1919*, 143 bzw. 317 f. Näheres dazu auch bei Simone Höckele, *August Hinderer. Weg und Wirken eines Pioniers evangelischer Publizistik*, Erlangen 2001, 93 ff.

3.5 Der Dresdener Kirchentag im Urteil der kirchlichen Presse

Die Ergebnisse der Dresdener Verhandlungen[550] nahm man auf konfessioneller Seite durchaus mit Zufriedenheit zur Kenntnis. „Der Verlauf des Kirchentages … hat manches Wasser in den schäumenden Wein gegossen, und das war gut", erklärte Laible sichtlich beruhigt darüber, dass man den „Stürmern und Drängern" in Dresden nicht gefolgt sei, sondern sich von vornherein auf das Erreichbare beschränkt habe.[551] Dazu zählte Laible vor allem den endgültigen Abschied des Kirchentages von der Idee einer Reichskirche und seine Entschließung, durch die Gründung lediglich eines kirchlichen Zweckverbandes eine stärkere Koordination der Landeskirchen „in gewissen äußerlichen Dingen" zu ermöglichen.[552] In erster Linie fasste er darunter die Vertretung gemeinsamer landeskirchlicher Interessen gegenüber der Staatsgewalt. Die in Dresden formal beschlossene Konstituierung eines Kirchenbundes habe eindrücklich den „Willen des gesamten evangelischen Volkes" bekundet, „eine Einheit gegenüber dem Staat zu bilden, gemeinsame Forderungen auch gemeinsam geltend zu machen, überhaupt in allen Fragen, die alle zugleich angehen, nicht getrennt zu marschieren, sondern vereint, und vereint auch zu schlagen".[553] Laibles positive Stellung zur Kirchenbundfrage war für das Lager des kirchlichen Konfessionalismus mittlerweile repräsentativ. Nachdem die hauptsächlich von den freien volkskirchlichen Vereinigungen protegierten Zusammenschlussbestrebungen von den führenden Vertretern des deutschen Luthertums zunächst misstrauisch beargwöhnt worden waren, war man schließlich doch bereit, seine ablehnende Haltung aufzugeben und der Gründung eines Kirchenbundes, der Bekenntnis und Selbstverwaltung der einzelnen Landeskirchen unangetastet ließ, zu befürworten. Angesichts eines drohenden gesellschaftlichen Funktions- und Positionsverlustes des deutschen Protestantismus war auch für die Lutheraner eine defensive Sammlung und Einigung der Landeskirchen, sofern sie sich auf rein föderativer Grundlage vollzog, „geradezu eine Notwendigkeit".[554] Im Kirchenbund erblickte man das geeignete Mittel, die institutionelle Schwäche des evangelischen Kirchentums zu kompensieren und seine öffentliche Stellung auch in Konkurrenz zum Katholizismus zu behaupten. Man teilte die Überzeugung: „Je ge-

---

[550] *Die Kirchenfrage. Austauschdienst des evangelischen Presseverbandes für Deutschland* enthält in ihrer Ausgabe vom 1. Oktober 1919 eine genaue Auflistung der Tageszeitungen und kirchlichen Blätter, in denen die einschlägigen Berichte zum Dresdener Kirchentag veröffentlicht sind. Desweiteren finden sich alle nennenswerten Pressekommentare in *EZA* 1/A3/60, A3/61, A3/62. Auffällig ist, dass der Kirchentag von der nicht-kirchlichen Tagespresse kaum erwähnt wird. Vereinzelte Kommentare bestätigen nur den Eindruck, dass der erste Kirchentag weithin nur im binnenkirchlichen Bereich zur Kenntnis genommen wurde.

[551] S. *AELKZ*, Nr. 37 vom 12. September 1919, 798.

[552] Ebd., 798. Ein ebenfalls positives Resümee mit gleichlautender Begründung zieht beispielsweise die lutherische Regionalzeitung *Sächsisches Kirchenblatt*, Nr. 37 vom 12. September 1919, 505. Die bereits im Vorfeld der Verhandlungen getroffene Ablehnung aller Reichskirchenpläne habe es den „Christusgläubigen und Bekenntnistreuen" ermöglicht, „die teilweisen schweren Gewissensbedenken, mit denen sie zur Tagung gekommen waren, zu überwinden".

[553] S. *AELKZ*, Nr. 39 vom 26. September 1919, 849.

[554] Vgl. den Artikel des Präsidenten des Evangelisch-lutherischen Landeskonsistoriums, Dr. Böhme: „Der Zusammenschluß der deutschen evangelischen Landeskirchen", in: *Die Kirchenfrage. Austauschdienst des Ev. Preßverbandes für Deutschland*, Nr. 226 vom 16. August 1919, 3.

schlossener das evangelische Volk sich hinter seinen Kirchenbund stellt, desto mehr wird er ausrichten können."[555] Daher wurde das Hauptergebnis des Dresdener Kirchentages gerade in Anbetracht der Tatsache, dass es „zunächst ein recht bescheidenes" war, wie Laible nicht zu Unrecht feststellte,[556] von den Konfessionalisten durchaus begrüßt.

Anders als auf konfessioneller Seite, die sich erleichtert darüber zeigte, in Dresden vorläufig das aus ihrer Sicht Schlimmste verhindert und das Notwendige erreicht zu haben, wurde das Ergebnis des Kirchentages von der mittelparteilichen Richtung mit deutlich weniger Genugtuung aufgenommen. Aus Sicht ihres öffentlichen Wortführers Otto Everling (1864–1945), geschäftsführender Direktor des Evangelischen Bundes, stellten die Beschlüsse zur Kirchenbundgründung allenfalls einen zaghaften, aber noch völlig unzureichenden Anfang der nach 1918 wieder neu aufgenommenen protestantischen Zusammenschlussbestrebungen dar. „Wir sind nicht über den Berg mit unsern protestantischen Sorgen; wir sind höchstens dabei, die Ausrüstung zu beschaffen, die uns bei der Bergbesteigung fördern kann," erklärte er nüchtern.[557] Immerhin sei es unter Berücksichtigung der bisherigen Entwicklung der gesamten deutschen evangelischen Einigungsbemühungen, in denen verfassungsrechtliche Zweckmäßigkeitsfragen häufig zu grundsätzlichen dogmatischen Bekenntnisstreitigkeiten ausgeufert seien, verständlich, wenn das Hauptresultat der Dresdener Verhandlungen unter den Delegierten „einen tiefen Eindruck von der geschichtlichen Größe dieses Erfolges" hinterlassen habe.[558] Ebenso wie den Konfessionalisten erschien auch Everling eine möglichst rasche Umsetzung der Kirchenbundbeschlüsse „angesichts der Zeitlage und Notlage im neuen Reiche so dringend notwendig".[559]

Ein geteiltes Echo rief der erste deutsche evangelische Kirchentag im Lager der kirchlich Liberalen hervor. Nach Einschätzung Martin Rades war der Kirchentag „ein fruchtbarer Kompromiß", ja vielmehr sogar nach allen vergangenen Versuchen einer verfassungsmäßigen Einigung des deutschen Protestantismus „der erste Anlauf … , der gelungen ist und weiteres Gelingen verspricht".[560] Als Erfolg verbuchte Rade vor allem die Erweiterung des Kirchenausschusses um 15 außerordentliche Mitglieder des Kirchentages und den Beschluss, den Zusammenschluss der Landeskirchen vom Kirchentag her zu vollziehen, was diesem Repräsentativorgan gewissermaßen reichssynodalähnliche Züge verleihen würde. Beinahe euphorisch fügte Rade hinzu: „Dann wird der bleibende Kirchentag, die deutsche Kirchenversammlung, der eigentliche Ausdruck des Kirchenbundes sein, und der künftig bleibende Kirchenausschuß das ausführende, verwaltende Organ des bleibenden Kirchentags."[561] Weitaus kritischer indes beurteilte der Vorsitzende der Vereinigung Volkskirche und Kirchentag, Dr. Bornhausen, das Resultat der Dresdener Verhandlungen. Er teilte durchaus die

---

[555] So wiederum Laible, in *AELKZ*, Nr. 39 vom 26. September 1919, 849.

[556] *AELKZ*, Nr. 37, vom 12. September 1919, 798.

[557] Vgl. Everlings Rückblick auf den Kirchentag, in: *Volkskirche*, Nr. 12 vom 15. September 1919, 177-179. Zitat 179.

[558] Ebd., 178.

[559] Ebd., 179.

[560] Vgl. *CW*, Nr. 38 vom 18. September 1919, 602-604. Zitate 603 f.

[561] Ebd., 603.

Auffassung Rades, dass das eindeutige Übergewicht der Konservativen im erweiterten Kirchenausschuss lediglich den bestehenden kirchlichen Mehrheitsverhältnissen auf dem Kirchentag entsprochen habe und daher nicht weiter zu beklagen sei.[562] „Umso wichtiger" sei deshalb die Vertretung der Liberalen mit drei Ausschussmitgliedern, darunter eine Frau, und einem Stellvertreter zu bewerten, gestand Bornhausen zu.[563] Abgesehen davon habe jedoch die Linke „fast nichts" durchzusetzen vermocht. Die Mehrzahl der Kirchentagsdelegierten hätte sich damit begnügt, „zu retten, was zu retten ist". Äußerst verhalten kommentierte Bornhausen daher auch den bedeutendsten Beschluss der Versammlung: die Konstituierung des Kirchenbundes durch den Kirchentag: „Man wird auch in Zukunft zusammenbleiben. Aber großer Segen wird nur dann für die evangelischen deutschen Kirchen aus diesem Bund kommen, wenn er nicht sich aus lauter Vor- und Rücksicht zu einem gänzlich formalen Gebilde entleeren lässt."[564]

Überblickt man die weitere, im folgenden darzustellende Entwicklung in der Kirchenbundesfrage bis zu seiner Gründung im Jahre 1922, die Vorarbeiten der Rechtskommission des DEKA, die Stellungnahmen der einzelnen Landeskirchen und das daraufolgende Votum des Stuttgarter Kirchentages von 1921, so erscheint die Skepsis Bornhausens mehr als berechtigt. „In Dresden mehr mutiges Wagen, in Stuttgart mehr vorsichtiges Wägen" – so fasst der reformierte Kirchenrechtler Victor Bredt seinen Gesamteindruck beider Kirchentage prägnant zusammen.[565] Ob freilich die in Dresden vermittelte Aufbruchsstimmung, die in der feierlichen Verlesung der Richtlinien über die Gründung des Kirchenbundes durch den Kirchentag gipfelte, im Vergleich

---

[562] „Daß eben die Rechte in überwiegender Mehrheit [sc. im Kirchenausschuss] vertreten sein musste, verstand sich bei der Zusammensetzung des Kirchentages von selbst." So Rade, in: *CW*, Nr. 39 vom 25. September 1919, 628. Vgl. dazu Bornhausens übereinstimmendes Urteil in seinem Rückblick: „Der Sinn des Kirchentags in Dresden", in: *An die Freunde. Vertrauliche .d.i. nicht für die Öffentlichkeit bestimmte Mitteilungen*, Nr. 66 vom 1. November 1919, 718-720, bes. 719.

[563] Ebd., 719. Zu ihnen gehörten Lic. Carola Barth, Alfred Fischer und Arthur Titius. Ein anderer Liberaler, Otto Baumgarten, hatte die Zusammensetzung des künftigen Kirchenausschusses in einem ersten unmittelbaren Nachhall seiner Eindrücke vom Kirchentag deutlich kritischer als Bornhausen und Rade kommentiert. Von einem „inneren Entgegenkommen der kirchlichen Kreise dem modernen Geist und Gewissen gegenüber" sei in Dresden wenig zu spüren gewesen, stellt Baumgarten in seiner Autobiographie zunächst resigniert fest und fügt erläuternd hinzu: „Man bedenke die Wahl des 15er Ausschusses, der inskünftige dem Kirchenausschuß beigeben sein wird: 10 Theologen, 3 Juristen, 1 Arbeiter, 1 Frau und darunter 10 positive, 3 liberale, 2 Mittelpartei." Nachdem er daraufhin von Rade auf „die merkwürdige Selbstüberwindung" der Kirchentagsmehrheit aufmerksam gemacht worden sei, die sie angesichts seiner Nominierung in den Kirchenausschuss als Stellvertreter für Titius habe aufbringen müssen, habe er seine Meinung indessen überdacht: ein gewisses Entgegenkommen der kirchlichen Majorität gegenüber der liberalen Minderheit sei in Anbetracht der „meist freundlichen, sachlichen Aufnahme ihrer Gegenreden" durchaus zuzugestehen. Baumgarten, der die Hauptschuld an den auf dem Kirchentag bestehenden Mehrheitsverhältnissen der „Lethargie und Unkirchlichkeit des liberalen Bürgertums und gar der Arbeiterschaft" zuschreibt, kommt schließlich zu dem ebenso ehrlichen wie ernüchternden Fazit: „So betrachtet, wird mein zunächst wiedergegebener Eindruck von der Rückständigkeit des Kirchentages zu einem betrübenden Zeugnis für die Ergebnislosigkeit unserer Arbeit an der Wiedergewinnung des Volkes für das kirchliche Leben." Vgl. *Meine Lebensgeschichte*, 402-405.

[564] Alle Zitate ebd., 719.

[565] J. V. Bredt, *Neues evangelisches Kirchenrecht für Preußen, 2. Bd.*, 89.

zu der faktischen Bedeutung dieser Entscheidung überhaupt angemessen war, wurde bereits von Teilnehmern des Kirchentages selbst stark bezweifelt.[566] Das Prinzip des ‚vorsichtigen Wägens‘, das der Autonomie der Landeskirchen innerhalb eines Bundes oberste Priorität einräumte, war nicht erst, wenn auch verstärkt in Stuttgart dominant. Bezeichnenderweise richtete die kritische Tagespresse bereits an die Dresdener Kirchentagsbeschlüsse die Frage: „Was auch an Anträgen, Vorschlägen, Bitten vorgetragen wird, alle haben einen Nachsatz, der beginnt: ‚unbeschadet der Entschlussfreiheit der Landeskirchen …!‘ Ist das die Atmosphäre, in der überhaupt fruchtbar Neues erarbeitet werden kann?"[567]

---

[566] Skeptisch dazu wiederum Baumgarten: „Ob dies am letzten Tage einmütig festgestellte Resultat freilich so hohe Glücksgefühle auslösen konnte, wie es in dem gemeinsamen Gesang von ‚Herz und Herz vereint zusammen sucht in Jesu Herzen Ruh‘ sich ausspricht, bleibt fraglich". *Meine Lebensgeschichte*, 403.

[567] Vgl. den Artikel „Das Konzil", in: *Deutsche Allgemeine Zeitung* vom 4. September 1919.

4 Die Gründung des Deutschen Evangelischen Kirchenbundes

Am 25. Mai 1922 wurde der in Dresden auf den Weg gebrachte Zusammenschluss der Landeskirchen endgültig ratifiziert. In einem Festakt an historischer Stätte, in der Wittenberger Schlosskirche an den Gräbern Luthers und Melanchthons, setzten die Bevollmächtigten aller 28 Landeskirchen den Verfassungs- und Vertragsentwurf des Deutschen Evangelischen Kirchenbundes mit ihrer Unterschrift offiziell in Kraft. Was die mit der Märzrevolution von 1848 einsetzenden protestantischen Einigungsversuche in einem Zeitraum von etwa 70 Jahren nicht zustande gebracht hatten, war nun binnen weniger Jahre Wirklichkeit geworden: eine auf breiter Grundlage fußende, rechtlich geordnete Vertretung der Landeskirchen im Rahmen eines föderativen Verbandes. Die seit 1918/19 andauernde intensive Verfassungsdiskussion war damit vorläufig an ein Ende gekommen. Sie brach erst wieder 1933 auf, als erneut politische Geschehnisse, nun im Zuge der sogenannten ‚Nationalen Revolution‘, den bürokratischen Apparat des Kirchenbundes als zu kompliziert und schwerfällig erscheinen ließen, und daraufhin Anstrengungen um eine noch weitergehende organisatorische Straffung des deutschen Protestantismus einsetzten.

Aber im Jahre 1922 – und auf's Ganze betrachtet gilt dies für die gesamte Dauer der Weimarer Republik – zeigte man sich vor allem auf kirchenbehördlicher Seite mit dem Stand des Erreichten und dem Ertrag der landeskirchlichen Einigungsbestrebungen, seitdem sie durch die Novemberereignisse von 1918 wieder in Angriff genommen worden waren, durchaus zufrieden. Es war nach der Überwindung des ersten Schocks sicherlich keine Ausnahmeerscheinung mehr, wenn das Ende des landesherrlichen Kirchenregiments, das durch den Sturz der Fürstenhäuser bedingt gewesen war, jetzt sogar als „Gottes Fügung" aufgefasst wurde, die den freien Zusammenschluss der Landeskirchen in einem Kirchenbund erst ermöglicht habe.[568] Die Entwicklung bis dahin verlief nach dem Dresdener Kirchentag vergleichsweise reibungslos. Eine etwa parallel zum Abschluss des innerlandeskirchlichen Verfassungsneubaus erfolgende Bundesschließung hielt man auch für dringend geboten. Bei einer längeren Hinauszögerung der Verhandlungen drohte nach Auffassung des späteren Kirchentagspräsidenten Pechmann „eine Bloßstellung und ein nicht mehr gut zu machender Schaden für die evangelischen Landeskirchen".[569]

Um dieser Gefahr zu entgehen, sollte das vom Dresdener Kirchentag einmütig Beschlossene möglichst zügig umgesetzt werden. Sogleich nach Beendigung der Dresdener Verhandlungen konstituierte sich der Kirchenausschuss in seiner erweiterten

---

[568] So der Berliner Jurist Max Berner, der am Entstehen der Kirchenbundverfassung großen Anteil hatte. Vgl. Ders. (Hg.), *Die rechtliche Natur des Deutschen Evangelischen Kirchenbundes*, Berlin 1930, 1.

[569] Vgl. die DEKA-Sitzung vom 8.–10. Februar 1921, in: *EZA* 1/A2/19.

Gestalt und ernannte mehrere Unterausschüsse, insbesondere einen neuen Rechtsausschuss, der unter dem Vorsitz des sächsischen Konsistorialpräsidenten Böhme stand. Bei dieser Kommission konzentrierte sich das Hauptgewicht der Beratungen auf die künftige Gestalt des Kirchenbundes. Vom Kirchenausschuss mit der Ausarbeitung einer Bundesverfassung beauftragt, die auf der Basis der Dresdener Beschlüsse fußen sollte, legte der Rechtsausschuss dem DEKA im Februar 1921 einen vorläufigen Verfassungsentwurf vor. Nachdem den Landeskirchen daraufhin Gelegenheit gegeben worden war, sich zu dem Entwurf der Rechtskommission zu äußern, verabschiedete der DEKA im Juni desselben Jahres die endgültige Feststellung des Entwurfs unter Berücksichtigung der Abänderungsvorschläge der Landeskirchen. Der zweite Kirchentag, der vom 11. bis 15. September 1921 in Stuttgart zusammentrat, nahm diesen Entwurf unter geringfügigen Veränderungen ebenfalls an. Der ein gutes halbes Jahr später vollzogene Zusammenschluss der Landeskirchen zu einem Kirchenbund fiel den Landeskirchen nicht weiter schwer. Da der Bund Verfassung und Bekenntnis der einzelnen Landeskirchen unberührt ließ und ausschließlich föderalistisch strukturiert war, war der Beitritt zu ihm ganz im Sinne der strengen Verfechter landeskirchlicher Autonomie „unbedenklich".[570]

4.1 Die Vorarbeiten des Rechtsausschusses

Die anspruchsvolle Aufgabe, die Gründung des Kirchenbundes durch den Entwurf einer vorläufigen Verfassung einzuleiten, nahm sich die Rechtskommission noch im Herbst 1919 unverzüglich vor. Ihr Vorsitzender, Franz Böhme, stellte zunächst die wichtigsten Fragen in einem Katalog von acht Punkten zusammen und übersandte ihn den weiteren Ausschussmitgliedern zur Stellungnahme.[571] Im einzelnen lauteten sie: 1. Bundeszweck 2. Bundesgebiet 3. Bundesaufgaben 4. Bundesaufbau 5. Kirchentag 6. Kirchenkonferenz 7. Kirchenausschuss und 8. Bundeslasten.[572] Die erläuternden Bemerkungen zu den jeweiligen Leitpunkten vertreten weitgehend, wenn auch nicht ausnahmslos die konservativ-föderalistische Position, wie sie in den vom DEKA erlassenen Richtlinien vom 18. Juni 1919 festgeschrieben worden war, die der Arbeitsauschussvorlage für den Dresdener Kirchentag als Richtschnur gedient hatten. So unterstreicht der Punkt 4 „Bundesorgane" den Fortbestand der Kirchenkonferenz als eigenständiges Organ des Kirchenbundes neben dem Kirchentag und dem Kirchenausschuss. Zudem sollte der Kirchenkonferenz die Aufstellung eines Haus-

---

[570] Mit diesem Argument suchte der Rechtsausschussvorsitzende Böhme bereits auf dem Dresdener Kirchentag, etwaige Vorbehalte und Bedenken einzelner Landeskirchen gegenüber dem Kirchenbund auszuräumen. Auch aus kirchenpolitischen Gründen hielt Böhme eine Zusammenfassung aller protestantischen Kräfte für notwendig. Vgl. *Verhandlungen des Deutschen Evangelischen Kirchentages* 1919, 98. Die dahinter stehenden ekklesial-weltanschaulichen Motive der Kirchenbundgründung, die Böhme in diesem Zusammenhang nicht näher erläutert, werden ausführlich in Kapitel 5 beleuchtet.

[571] Zum Ausschuss gehörten Senatspräsident Berner, der Geheime Justizrat Kahl, der altpreußische Oberkonsistorialrat und spätere DEKA-Vorsitzende Kapler, Freiherr von Pechmann, der oldenburgische Oberkirchenrat Tilemann sowie der badische Konsistorialpräsident Vibel.

[572] Die entsprechenden acht Thesen, datiert vom 10. Oktober 1919, finden sich in: *EZA* 1/A3/72.

haltsplans für den Kirchenbund, der durch die einzelnen Landeskirchen per Umlageprinzip zu finanzieren sei,[573] übertragen werden und darüber hinaus sogar die Wahl des Kirchenausschusses. Die Aufteilung des Kirchenausschusses in 15 ordentliche und 15 außerordentliche Mitglieder stellte Böhme grundsätzlich in Frage und plädierte stattdessen, um die Handlungsfähigkeit dieses geschäftsführenden Exekutivorgans sicherzustellen, für eine deutliche Verringerung der Mitgliederzahl. Im Klartext bedeutete dieser Vorschlag die Aufgabe des Prinzips einer paritätischen Sitzverteilung im Kirchenausschuss zuungunsten des Kirchentags.[574]

Interessanterweise war nach Böhme das Bundesgebiet nicht auf Deutschland beschränkt. Den Anschluss auch außerhalb des Reichsgebietes bestehender Kirchengemeinschaften, gedacht war vor allem an Österreich, aber auch an die Tschechoslowakei, sah sein Diskussionspapier ausdrücklich vor. Für die organisatorische Einbindung des Kirchentags schien für Böhme nur die Alternative zu bestehen, ihn als einheitliche, die anderen beiden Organe mit umfassende Körperschaft, gewissermaßen als eine Art „Konzil" oder, in Orientierung an staatlichen Verfassungsorganen, als Bundesparlament mit einer nebenher aus dem Kirchenausschuss und der Kirchenkonferenz bestehenden Bundesregierung zu errichten.[575]

Besonders diese Erwägungen verdeutlichen, dass die Zuordnung und Kompetenzverteilung zwischen dem Kirchentag und den schon existenten überlandeskirchlichen Einrichtungen innerhalb des zu gründenden Kirchenbundes in der Tat „eines der schwierigsten Probleme der ganzen Verhandlungen" darstellte.[576] An dieser Fra-

---

[573] Die Höhe der jeweils von einer Landeskirche zu übernehmenden Bundelast sollte sich, so Böhme unter Punkt 8 seines Thesenpapiers, nach ihrer Mitgliederzahl bemessen. Bereits im Vorfeld des Dresdener Kirchentages hatte der sächsische Konsistorialpräsident diesen später auch übernommen Standpunkt vertreten. Im Hinblick auf die von den evangelischen Arbeitsorganisationen und freien volkskirchlichen Vereinigungen geforderten Partizipationsrechte hatte er in diesem Zusammenhang vielsagend auf „das Schwergewicht der materiellen Dinge" verwiesen und erklärt: „Der Bund wird Lasten aufzubringen und zu verteilen haben. Da wird die Verteilung der finanziellen Lasten auf die Verteilung des Rechts zum Mitentschließen zurückwirken." Vgl. Franz Böhme, „Der Zusammenschluß der deutschen evangelischen Landeskirchen", in: *Die Kirchenfrage* Nr. 226, vom 16. August 1919, 4. Zu dem mit Inkrafttreten des Kirchenbundes tatsächlich zu konstatierenden kirchenpolitischen Bedeutungsverlust des evangelischen Verbandswesen s. u. Seite 163, bes. Anm. 597.

[574] Als Ersatz und Ausgleich erwog Böhme daher, eigens einen „Kirchentagsausschuss" einzurichten, dessen Zustimmung allerdings nur „in bestimmten Fällen" vorzuschreiben wäre. Dass das Unbehagen an der Erweiterung des Kirchenausschusses durchaus auch von anderen kirchenregimentlichen DEKA-Mitgliedern geteilt wurde, belegen die Äußerungen Julius Kaftans, seit 1919 geistlicher Vizepräsident des EOK. In seinem Brief vom 14. Februar 1920 an seinen Bruder Theodor Kaftan teilte er diesem mit: „Im K. [sc.-irchen]-Ausschuß haben wir neulich drei Tage gesessen. Die Erweiterung durch die Vertreter des Kirchentags hat ihn wohl nicht gerade auf ein höheres Niveau gehoben." Seine Kritik wiederholt er in einem Schreiben vom 16. Juni 1920, in dem es heißt: „Ich glaube übrigens nicht, dass der Kirchenausschuß durch den Dresdener Zusatz verbessert worden ist. Schon die große Zahl, die vielen Redebeflissenen, setzt die Bedeutung der Verhandlung herab." Vgl. W. Göbell (Hg.), *Kirche, Recht und Theologie in vier Jahrzehnten. Der Briefwechsel der Brüder Theodor und Julius Kaftan, Zweiter Teil*, 709 bzw. 723 f.

[575] Vgl. zu dieser wichtigen Frage die Erläuterungen zu Punkt 5 „Kirchentag" auf Böhmes Thesenpapier (*EZA* 1/A3/72).

[576] So mit Recht T. Karg, *Eisenacher Kirchenkonferenz*, 114.

ge schieden sich, wie noch zu zeigen sein wird, im weiteren Verlauf der Debatte die Geister. Von ihrer endgültigen Klärung hing die Entscheidung ab, ob durch die Errichtung des Kirchentages eine grundlegende verfassungsmäßige Zäsur im Verlauf der protestantischen Einigungsbemühungen gesetzt oder lediglich das Prinzip der Anknüpfung an das Bestehende bei der Konstituierung des Kirchenbundes nahezu ungebrochen fortgesetzt wurde. Böhme, durch die vorwärtsweisenden Beschlüsse des Dresdener Kirchentages offensichtlich in die Defensive geraten, schien mit beiden, allerdings noch recht vage formulierten Vorschlägen den Befürwortern einer Demokratisierung durchaus entgegenzukommen, insbesondere mit der Erwägung, den Kirchentag in Anlehnung an parlamentarische Vorbilder als Bundesparlament fungieren zu lassen. Freilich ließen es seine oben erwähnten Ausführungen zu Punkt 6 und 7, „Kirchenkonferenz" bzw. Kirchenausschuß", mehr als fraglich erscheinen, ob Böhme tatsächlich in Analogie zum Weimarer Reichstag an eine gesamtprotestantische Kirchentagssynode dachte, die sich als initiatives und kontrollierendes Parlament gegenüber den beiden kirchenregimentlichen Bundesorganen betrachtete und mit entsprechenden rechtlichen Vollmachten ausgestattet war.

Von den Reaktionen der Ausschussmitglieder zu Böhmes Thesenpapier ist vor allem das umfangreiche Votum Max Berners erwähnenswert.[577] Es unterbreitet einen konkreten Vorschlag hinsichtlich des einzuschlagenden Verfahrenswegs bis zur Konstituierung des Kirchenbunds und behandelt die grundsätzliche Frage, ob Kirchenkonferenz und Kirchenausschuss neben dem Kirchentag als Vertretungsorgane eines Kirchenbundes überhaupt geeignet erscheinen. Da der Bund ausschließlich durch die Zustimmung der Landeskirchen errichtet werden könne, empfahl Berner, der Kirchenausschuss solle lediglich einen Verfassungs- und Vertragsentwurf vorbereiten. Der bis zur Bundesgründung rechtlich immer noch nicht autorisierte Kirchentag müsse diesen anschließend sanktionieren. Seine Stellungnahme habe in diesem Fall allerdings nur gutachterliche Bedeutung. Erst daraufhin sei die endgültige Fassung den Landeskirchen zu übergeben, die durch ihre Vertragsunterzeichnung den Kirchenbund in Kraft setzten. In dieser vorgegeben Reihenfolge kam der Deutsche Evangelische Kirchenbund 1922 schließlich zustande.

Hinsichtlich der Anzahl der Bundesorgane stellte Berner zunächst fest, dass im Zuge des innerlandeskirchlichen Verfassungsneubaus die Kirchenleitung anerkanntermaßen den obersten Synoden übertragen worden sei. Folgerichtig müsse auch der Kirchentag als das synodale Organ den Kirchenbund repräsentieren. Damit waren nach Berners Auffassung Kirchenkonferenz und Kirchenausschuss dem von ihm so bezeichneten ‚Bundeskirchentag' eindeutig untergeordnet. Aufgrund seiner Größe brauche der Kirchentag aber seinerseits eine Vertretung, bekräftigte Berner. Das entsprechende Vertretungsorgan sollte mit Mitgliedern des Kirchentages und der obersten Kirchenbehörden besetzt sein. Schon aufgrund ihrer Sachkenntnis und in Wahrung einer gewissen Rechtskontinuität seien die konsistorialen Abgeordneten in diesem Gremium bis auf weiteres unverzichtbar. Im deutlichen Unterschied zu Böhmes Skizze aber lehnte Berner die Einbindung der beiden bisherigen gemeinsamen Kirchenregie-

---

[577] Zum Votum Berners, das 44 Seiten umfasst, sowie zu den übrigen, mit Böhmes Skizze weitgehend übereinstimmenden Stellungnahmen vgl. *EZA* 1/A3/69.

rungskörper in den Kirchenbund grundsätzlich ab. Es sei nirgends eine entsprechende Vereinbarung getroffen worden, die das Inkrafttreten des Kirchenbundes von der Zugehörigkeit dieser beiden Organe abhängig mache. Seitdem die obersten Synoden das Kirchenregiment inne hätten, fehlten der Kirchenkonferenz zudem strenggenommen die verfassungsmäßigen Voraussetzungen, um als Bundesorgan zu fungieren. Da der Kirchenausschuss aus der Kirchenkonferenz hervorgegangen und infolgedessen von ihr abhängig sei, könne er von ihr auch jederzeit aufgelöst werden. Demnach sei er ebenfalls keine Dauerinstitution und komme als weiteres Vertretungsorgan des Bundes neben dem Kirchentag nicht in Betracht.

Die Konsequenz, mit der Berner das synodale Prinzip auf die Verfassung und den Aufbau des Kirchenbundes übertrug, stand im eklatanten Gegensatz zu den konservativen Gedanken Böhmes. Seine die herkömmlichen gemeinsamen Gremien der Kirchenbehörden wenig berücksichtigenden Vorschläge konnten sich im Rechtsausschuss und im weiteren Verlauf der Verhandlungen jedoch kaum durchsetzen. Allenfalls seine Auffassung, dass der Kirchentag nicht mit einem staatlichen Bundesparlament verglichen werden könne, da seine Abgeordneten nicht durch das Volk gewählt, sondern durch Synoden und Kirchenregierungen entsandt würden, fand große Zustimmung. Berners prinzipielle Vorbehalte gegenüber Analogieschlüssen zu Gebilden aus dem politischen Bereich wirkten sich im weiteren Verlauf der Verhandlungen als zusätzliche Blockade für alle Demokratisierungs- und Zentralisierungstendenzen aus.

Im Mai 1920, also sieben Monate nach Abfassung des Vorschlagspapiers stellte Böhme dann einen ersten ausgearbeiteten Vorentwurf für einen Bundesvertrag und eine Bundesverfassung zusammen und legte ihn wiederum dem Rechtsausschuss zur weiteren Beratung vor.[578] Der entscheidende zweite Abschnitt des Entwurfs, der die Verfassung des Kirchenbundes betraf, unterscheidet zunächst in inhaltlicher Übereinstimmung mit den Dresdener Beschlüssen zwischen unmittelbaren und mittelbaren Aufgaben des Kirchenbundes. Zum ersten Mal erwähnt er aber neben dem Kirchentag und dem Kirchenausschuss als Bundesorganen einen Kirchenbundesrat, der praktisch die Eisenacher Kirchenkonferenz ablösen sollte. Seine Hauptaufgabe bestehe darin, die Interessen der obersten landeskirchlichen Behörden zu vertreten. Böhme billigte ihm trotz bereits vorhergehender entschiedener Einwände von Seiten Pechmanns und Kaplers das Recht zu, wie bis zum Jahre 1918 alle Mitglieder des Kirchenausschusses aus seiner Mitte zu entsenden.[579] Gegen die Beschlüsse des Kirchentags sicherte er dem Kirchenbundesrat zudem ein Einspruchsrecht zu.

---

[578] Zu dem Entwurf s. *EZA* 1/A3/69.

[579] Sein unbedingtes Festhalten an der auf dem Dresdener Kirchentag beschlossenen Erweiterung des DEKA hatte Kapler wie folgt begründet: „Die Zusammenfassung zu einem einheitlichen Kollegium befördert die vertrauensvollen Beziehungen zwischen Kirchenregierungen und Kirchenvolk, bringt die im allgemeinen mehr vorwärtsdrängende Gedankenwelt der Kirchentagsmitglieder in unmittelbare und stetige Berührung mit dem naturgemäß mehr konservativen Element und der Sachkunde der Kirchenregierungen ... und zieht die Kirchentagsmitglieder in die Verantwortlichkeit gemeinsamer positiver Arbeit ein." Vgl. Schreiben Kaplers an Böhme vom 14. November 1919, in *EZA* 1/A3/69. Für ein vereintes ständiges Zentralorgan hatte sich zuvor bereits auch Pechmann ausgesprochen in Reaktion auf Böhmes Vorschlagspapier und dessen Erläuterungen zu These 7 „Kirchenausschuß". Vgl. sein Schreiben an Böhme vom 24. Oktober 1919, in: *EZA* 1/A3/69.

Der Rechtsausschuss unterzog diesen ersten vollständigen Entwurf auf seinen gemeinsamen Sitzungen im Juni und November 1920 zunächst einer eingehenden Prüfung. Im Januar 1921 wurde er abschließend überarbeitet und dem Kirchenausschuss als „Vorläufiger Entwurf eines Kirchenbundesvertrages mit Verfassung" unterbreitet. Die revidierte Fassung weicht von Böhmes erstem Entwurf mehr gliederungsmäßig und in einzelnen technischen Bestimmungen ab,[580] nicht so sehr in dessen Grundkonzeption; jedoch gilt dies nicht ausnahmslos.

Der bedeutendste Unterschied bestand darin, dass auch dem Kirchentag das Recht zuerkannt wurde, die gleiche Anzahl von Mitgliedern wie der Kirchenbundesrat in den Kirchenausschuss zu entsenden. Bei dieser Regelung beließ man es auch später.[581] Daneben hob die Rechtskommission das Einspruchsrecht des Kirchenbundesrates gegenüber Beschlüssen des Kirchentages auf, was allerdings nicht mehr als eine rein formale Änderung war, die den Handlungsspielraum des Kirchentages in keiner Weise erweiterte. Denn auch die endgültige, vom Rechtsausschuss erstellte Vorlage hielt konsequent an dem föderalistischen Prinzip fest. Demnach waren Kirchentag und Kirchenbundesrat grundsätzlich einander etwa gleichzustellen, wobei die eher vom Kirchentag vertretenen zentralistischen Tendenzen durch den Kirchenbundesrat, der für die Belange der Landeskirchen zuständig war, ausgeglichen werden sollten. § 6 des Verfassungsentwurfs schreibt dementsprechend vor, dass ein Bundesgesetz nur auf der Basis übereinstimmender Beschlüsse beider Bundesorgane in Kraft treten könne. Damit war die vor allem durch Max Berner geforderte Schwerpunktverlagerung innerhalb des Kirchenbundes zugunsten des synodalen Moments endgültig vom Tisch. Dagegen stellte Böhme in seiner Begründung der Rechtsausschussvorlage unmissverständlich folgendes klar: „Jedenfalls lehnt der Entwurf den Gedanken einer Präponderanz des Kirchentags über den Kirchenbundesrat etwa in der Gestalt, dass der Kirchentag als der alleinige Bundesgesetzgeber konstituiert und der Kirchenbundesrat auf ein suspensives Veto beschränkt werde, mit Bestimmtheit ab…" Denn dies könne, fährt Böhme fort, nur als „eine starke Gefährdung des föderativen Charakters des Bundes und eine Erschwerung des Zustandekommens des Bundes überhaupt" angesehen werden.[582] Die Weichen für den Verlauf der weiteren Verhandlungen schienen mit dieser vom Rechtsausschuss redigierten Vorlage endgültig gestellt zu sein.

---

[580] Korrekturen wurden beispielsweise hinsichtlich der Mitgliederzahl im Kirchenbundesrat vorgenommen, indem man die Zahl der altpreußischen Kirchenregimentsvertreter um zwei auf insgesamt 20 erhöhte. Die Zahl der Kirchentagsdelegierten beließ man hingegen vorerst – gemäß dem Vorschlag Böhmes – bei 150. Diese Reduzierung um gut die Hälfte der Teilnehmer des noch nicht verfassungsmäßigen Dresdener Kirchentages suchte man vor allem mit den anfallenden Kosten zu begründen.

[581] Gedacht war von Seiten des Rechtsausschusses dabei an eine Zahl von jeweils 15 Abgeordneten aus jedem der beiden Organe. Der verfassungsmäßige Deutsche Evangelische Kirchenausschuß setzte sich dann aus 18 Kirchenregierungsmitgliedern, sowie aus 18 vom Kirchentag gewählten Vertretern zusammen.

[582] Die der Rechtskommissionsvorlage beigefügte Begründung findet sich in: *EZA* 1/A3/72.

4.2 Die Behandlung des Vorentwurfs durch den DEKA und die Reaktionen der Landeskirchen und der KDEAO

Unmittelbar nach Abschluss dieser Vorarbeiten befasste sich erstmals der Kirchenausschuss während seiner Sitzung vom 8. bis 10. Februar 1921 eingehender mit dem ihm zugeleiteten Entwurf. Bislang hatte er lediglich Bedenken von Seiten seiner Rechtskommission einstimmig zurückgewiesen, nach denen das Inkrafttreten des Kirchenbundes erst nach Abschluss des gesamten innerlandeskirchlichen Verfassungsneubaus erfolgen könne. Vielmehr war man im DEKA von Anfang an daran interessiert, die Verhandlungen möglichst rasch zu Ende zu führen.[583] So verständigte man sich auch darauf, in dieser ersten Sitzung im Februar, die für die Beschäftigung mit der Rechtsausschussvorlage vorgesehen war, nur die in der Vorlage erkennbaren Richtlinien eingehender zu erörtern,[584] hingegen noch keine Beschlüsse über Einzelheiten zu fassen, da man zunächst noch die Landeskirchen dazu hören wollte. Die endgültige, alle Abänderungsvorschläge der Landeskirchen berücksichtigende Fassung des Entwurfs, die dann dem im September 1921 tagenden Kirchentag vorzulegen war, sollte durch den DEKA hingegen erst in seiner nächsten Sitzung vom 30. Juni bis 2. Juli in Eisenach festgestellt werden.

Hinsichtlich des jetzt zu behandelnden vorläufigen Entwurfs erörterte man zunächst die erste Richtlinie, die den Zweck und die Aufgaben des Bundes betraf. Dabei hob das Rechtsausschussmitglied Dr. Kahl vor allem die mit der Kirchenbundgründung ermöglichte Vertretung gemeinsamer protestantischer Interessen gegenüber dem Reich hervor, die in der Präambel der Bundesverfassung festgehalten wird.[585] Kahl, selbst DVP-Reichtagsabgeordneter, sah darin, „insbesondere auch im Hinblick auf das Zentrum, einen außerordentlich wertvollen Gewinn für die deutschen evangelischen Landeskirchen".[586] Während diese allgemeingefasste Zweckbestimmung des künftigen

---

[583]   So die einhelligen Reaktionen des DEKA auf den Zwischenbericht Böhmes zum Stand der Vorarbeiten. Böhme betrachtete hierin noch die Lösung aller Verfassungsfragen in sämtlichen Gliedkirchen als Voraussetzung für den Kirchenbund. Vgl. die DEKA-Sitzung vom 28.-31. Januar 1920, in: *EZA* 1/A2/18. S.a.o. das spätere Votum Pechmanns (Seiten 163 f), das diese Auffassung mit Nachdruck bekräftigt.

[584]   Der DEKA-Vorsitzende Moeller fasste darunter folgende drei Gesichtspunkte: „1. allgemeiner Zweck des Bundes und dessen Aufgaben sowie die Kompetenzgrenze zwischen Bund und Einzelkirche, 2. Aufnahme neuer kirchlicher Gemeinschaften, 3. Aufbau des Bundes auf einer doppelten Organisation, einer synodalen (Kirchentag) und einer kirchenregimentlichen (Kirchenbundesrat) unter Hinzunahme eines aus beiden Elementen gemischten Vollzugsorgans (Kirchenausschuß)" Vgl die DEKA-Sitzung vom 8.–10. Februar 1921, in: *EZA* 1/A3/72.

[585]   Der entsprechende § 1 hatte folgenden Wortlaut: „Der Deutsche Evangelische Kirchenbund hat den Zweck, zur Wahrung und Vertretung der gemeinsamen Interessen der deutschen evangelischen Landeskirchen einen engen und dauernden Zusammenschluß derselben herbeizuführen, das Gesamtbewusstsein des deutschen Protestantismus zu pflegen und für die religiös-sittliche Weltanschauung der deutschen Reformation die zusammengefassten Kräfte der deutschen Reformationskirchen einzusetzen – dies alles unter Vorbehalt der vollen Selbständigkeit der verbündeten Kirchen in Bekenntnis, Verfassung und Verwaltung."

[586]   DEKA-Sitzung vom 8.-10. Februar 1921, ebd.. Exemplarische Äußerungen wie diese belegen, wie sehr die Wahrnehmung des Katholizismus auf evangelischer Seite über die Zäsur von 1918 hinweg durch konfessionelles Konkurrenzdenken bestimmt wurde, das den eigenen Zusammenschlussbe

Kirchenbundes als vordringliche Aufgabe einstimmig durch den DEKA begrüßt wurde, übten indessen die Lutheraner heftige Kritik an der Feststellung, dass es u.a. zu den mittelbaren Pflichten des Bundes gehöre, „auf tunlichst einheitliche Entwicklung der deutschen evangelischen Landeskirchen … im Wege der Anregung hinzuwirken".[587] Der Lipppische Generalsuperintendent Dr. Wessel und der designierte Landesbischof für Sachsen, Prof. Ihmels, wandten sich mit Erfolg gegen diesen Wortlaut, der ihrer Meinung nach den föderativen Charakter des Bundes verwischte. Trotz der Versicherung Kahls, dass damit keinesfalls „unitarische Absichten" bezweckt seien, es sich vielmehr nur um „eine sehr wünschenswerte Stärkung des Protestantismus gegenüber seiner jetzigen, durch die Buntscheckigkeit seiner Verfassungen bedingten Schwäche" handele,[588] setzten sich die konfessionellen Vorbehalte, da sie auch von einigen Landeskirchen geteilt wurden,[589] in der endgültigen Bundesverfassung durch. Übrig blieb nur die völlig unverbindliche und allgemeingehaltene Formulierung: „Die mittelbare Tätigkeit des Bundes gilt … dem Kirchenwesen im engeren Sinne …".[590]
Während sich der Kirchenausschuss im zweiten Punkt der Verhandlungsrichtlinien, der Aufnahme neuer kirchlicher Gemeinschaften in den Kirchenbund, ausnahmslos der Auffassung Böhmes anschloss, der „eine möglichst weitgehende Interpretation" potentieller Mitglieder in Betracht zog,[591] regte sich beim letzten Verhandlungspunkt, der Frage nach Aufbau und Kompetenzverteilung des Kirchenbundes, deutlicher Widerspruch. Jetzt machte sich die Tatsache bemerkbar, dass der Kirchenausschuss in erweiterter Gestalt die Rechtsausschussvorlage und die ihr zugrundeliegenden Richtlinien beriet. Nun waren es, abgesehen von Paula Müller-Otfried, der Vorsitzenden des Deutschen Evangelischen Frauenbundes, und dem alten Stoeckerianer Wilhelm Philipps, die als überwiegend liberal eingestuften Kirchentagsdelegierten, namentlich Alfred Fischer, die Vorsitzende des Vereins für religiöse Erziehung Lic. Carola Barth, und Arthur Titius, die sich vehement für eine Erhöhung der Zahl der Kirchentagsmitglieder auf insgesamt 200 einsetzten. Ziel der Erhöhung müsse es sein, vorrangig der Religionslehrerschaft, den Frauen und dem Arbeiter-stand eine stärkere Vertretung auf dem Kirchentag zu ermöglichen. Darüber hinaus forderte Fischer die Direktwahl

---

strebungen nachhaltigen Auftrieb verlieh. Vgl. ausführlicher dazu die ausgezeichnete Analyse von Manfred Kittel: „Konfessioneller Konflikt und politische Kultur in der Weimarer Republik", in: Olaf Blaschke (Hg.), *Konfessionen im Konflikt. Deutschland zwischen 1800 und 1970: ein zweites konfessionelles Zeitalter*, Göttingen 2000, 243-297.

[587] Vgl. § 2 B 1 (Vorbemerkung) der Rechtsausschussvorlage, in: *EZA* 1/A3/69.

[588] Der entsprechende Auszug des DEKA-Verhandlungsprotokolls vom 8.-10. Februar 1921 findet sich in *EZA* 1/A3/72.

[589] Für eine Umformulierung bzw. gänzliche Streichung dieses Absatzes setzten sich die Landeskirchen von Hannover, Bremen und Lippe-Detmold ein. Eine genaue Zusammenstellung aller landeskirchlicher Abänderungsvorschläge befindet sich in: *EZA* 1/A3/72.

[590] Vgl. die Verfassung des Deutschen Evangelischen Kirchenbundes vom 25. Mai 1922 § 2 B (Vorbemerkung), in: *Der Deutsche Evangelische Kirchenbund in seinen Gesetzen, Verordnungen und Kundgebungen*, hg. von Johannes Hosemann, Berlin 1932, 15.

[591] Böhme dachte dabei sowohl an ausländische Kirchen wie Österreichs und der Tschechoslowakei als auch an sonstige evangelische Kirchengemeinschaften wie der Brüdergemeine und der Methodistenkirche. Vgl. den Auszug des DEKA-Verhandlungsprotokolls vom 8.-10. Februar 1921, in: *EZA* 1/A3/72.

der Kirchentagsdelegierten durch die Kirchengemeinden, nicht wie bislang vorgesehen durch die synodalen Vertretungskörper der Landeskirchen. Während letztere Forderung mit dem Verweis auf den unverhältnismäßig großen bürokratischen Aufwand, den ein solcher Wahlmodus mit sich bringe, von vornherein zurückgewiesen wurde, stand man im DEKA einer Erhöhung der Anzahl der Kirchentagsteilnehmer durchaus aufgeschlossen gegenüber. Das Argument der dadurch zusätzlich entstehenden finanziellen Belastungen wog weniger schwer als der Wille, dem Kirchenvolk auf dem Kirchentag eine angemessene Repräsentanz zu verschaffen.[592] Betrafen diese Einwände lediglich numerisch-technische Veränderungen, so machte Professor Titius im weiteren Verlauf der Ausschussverhandlungen grundsätzliche Bedenken gegen den vorläufigen Verfassungsentwurf der Rechtskommission geltend, insbesondere hinsichtlich der Zuständigkeiten der Bundesorgane. Zwar vertrat auch Titius die Auffassung, dass dem synodalen Vertretungskörper Kirchentag ein ständiges behördliches Verwaltungsorgan wie der Kirchenbundesrat an die Seite gestellt werden müsse, dies dürfe jedoch nicht zu einem solchen Übergewicht der konsistorialen Kräfte innerhalb des Kirchenbundes führen, wie es anhand der einzelnen Ausführungsbestimmungen des vorläufigen Entwurfs festzustellen sei. Vor allem der Umstand, dass alle Bundesgesetze die Zustimmung des Kirchenbundesrates benötigten, schaffe „eine zu starke Präponderanz der Behörden".[593]

Dieser prinzipielle Einwand, der einer der letzten ernsthaften Versuche war, die Machtverhältnisse innerhalb des Kirchenbundes zugunsten der synodalen Kräfte zu verschieben, fand erwartungsgemäß weder im Kirchenausschuss noch unter den Landeskirchen genügend Unterstützung. Unter den Stellungnahmen von 18 Landeskirchen sowie der Konferenz Evangelischer Arbeitsorganisationen zu der Verfassungsvorlage des Rechtsausschusses, der auch die Bedenken von Titius beigefügt waren,[594] empfahlen nur die Kirchenleitung von Wiesbaden und – mit gewissen Abstrichen – das Evangelische Konsistorium Frankfurt grundsätzliche Änderungen im Sinne des von Titius Geforderten.[595] Die übrigen Voten lauteten durchweg zustimmend, etwaige

---

[592] So hält § 7 der endgültigen Bundesverfassung fest, dass der Kirchentag aus 210 Mitgliedern besteht. Davon entfallen 150 Abgeordnete auf die Landessynoden. Von den übrigen 60 Mitgliedern werden 8 Delegierte auf Vorschlag der theologischen Fakultäten, 12 auf Vorschlag der Religionslehrerschaft sowie 15 auf Vorschlag der Vereinsorganisationen vom DEKA berufen. Die restlichen 25 Mitglieder bilden die sog. Ausgleichgruppe, die der DEKA nach freier Entschließung ernennt.

[593] Daneben führte Titius aus Bestimmung an, wonach der Vorsitz im Kirchenausschuss eo ipso dem Präsidenten des EOK zustehe, sowie die Regelung, dass der Kirchentag im Gegensatz zum Kirchenbundesrat nur alle drei Jahre zusammentreten sollte. Vgl. dazu in der Vorlage der Rechtskommission die §§ 16 bzw. 8 (*EZA* 1/A3/69), die unverändert in die endgültige Bundesverfassung übernommen worden sind. Die Voten von Titius und den anderen außerordentlichen Kirchenausschussmitgliedern finden sich ebenfalls in dem Auszug des DEKA-Verhandlungsprotokolls vom 8.-10. Februar 1921. S. *EZA* 1/A3/72.

[594] S. dazu *EZA* 1/A3/72.

[595] Über den Standpunkt von Titius ging der des Wiesbadener Konsistoriums sogar noch hinaus. Ganz im Sinne Berners hielt man das Fortbestehen eines selbständigen, dem synodalen Verfassungselement gleichstehenden Organs der Kirchenbehörden nach dem Übergang der Kirchengewalt auf die Synoden überhaupt für unzulässig. Vielmehr müsse der Kirchentag alleiniger Träger der Kirchengewalt sein, während der DEKA nur als dessen Vollzugsorgan zu fungieren habe, das aus Wahlen des Kirchentages hervorgehe. Allenfalls könnten Erfahrungen der Kirchenleitung für den Kirchenbund

Änderungsvorschläge waren rein redaktioneller Art.[596] Nicht einmal die KDEAO, die in der unmittelbaren Entstehungsphase des Kirchentages die Führung der spontanen volkskirchlichen Initiativen übernommen hatte, machte substantielle Einwände geltend. Ähnlich wie bereits bei den Vorverhandlungen zur Kasseler Vorkonferenz im Januar und Februar 1919 begnügte sie sich damit, dass ihrem Wunsch nach einer angemessenen Vertretung der Vereinsdelegierten auf dem Kirchentag vermeintlich entsprochen wurde.[597] Weitergehende Forderungen, die an der vorgesehenen Kompetenzverteilung gerüttelt und die damit verbundene wechselseitige machtpolitische Neutralisierung des synodalen und behördlichen Elements im Kirchenbund in Frage gestellt hätten, brachte man indes nicht vor. Zu groß war die – so wörtlich gegenüber dem DEKA zum Ausdruck gebrachte – „Befriedigung" darüber, dass dem evangelischen Verbandswesen erstmals in der Geschichte des deutschen Protestantismus überhaupt das Recht auf Repräsentation in einem kirchlichen Vertretungskörper verfassungsmäßig zuerkannt werden sollte.[598]

Auf der nächsten DEKA-Sitzung vom 30. Juni bis 2. Juli nahm man unterdessen die überwältigende Anzahl der zustimmenden Äußerungen zum Anlass, die durch Titius angestoßene Debatte über grundlegende Veränderungen an der Verfassungsvorlage vorerst nicht weiter fortzuführen. Man unterzog die Vorlage vielmehr nur noch einer geringfügigen Überarbeitung und nahm sie darauf in erster Lesung am 1. Juli 1921 mit großer Mehrheit an; der Bundesvertrag wurde einstimmig ohne weitere Erörterung ge-

---

fruchtbar gemacht werden, indem eine gewisse Anzahl an konsistorialen Vertretern zu den DEKA-Sitzungen mit beratender Stimme hinzugezogen würden. Vgl. dazu das Schreiben des Wiesbadener Konsistoriums an den DEKA vom 27. April 1921, in: *EZA* 1/A3/72. Die Frankfurter Kirchenbehörde, die ihre grundsätzlichen Bedenken gegenüber der Errichtung eines Kirchenbundesrates als eigenständiges Verfassungsorgan ebenso wenig verhehlte, beanstandete indessen mit ihrer Kritik noch einen weiteren entscheidenden Mangel des Verfassungsentwurfs. Sie sah ein eindeutiges Missverhältnis bestehen zwischen den in § 2 aufgeführten Aufgaben und Zuständigkeiten des Kirchenbundes und den vergleichsweise horrenden Kosten des Verwaltungsapparates des Bundes. Diese auffällige Diskrepanz verstärke den Gesamteindruck, als wolle der Kommissionsentwurf von vornherein alle Bedenklichkeiten für die Landeskirchen ausräumen. Hinter wohl zu berücksichtigenden konfessionellen Eigentümlichkeiten dürfe sich jedoch kein landeskirchlicher Partikularismus verbergen. Das Votum stellt daher die berechtigte Frage: „Können die Landeskirchen sich nicht entschließen, größere Kompetenzen abzugeben und dem Kirchenbunde zu übertragen?" Vgl. das entsprechende Schreiben vom 3. Mai 1921 an den DEKA, ebd.

[596] Eine Übersicht der einzelnen Stellungnahmen findet sich ebenfalls in: *EZA* 1/A3/72.

[597] S.o. Kap. II. 3.3: „Die Vorbereitung der Kasseler Vorkonferenz", Seiten 109 ff. Ob freilich das den Vereinsorganisationen zugestandene Vorschlagsrecht von 15 Abgeordneten tatsächlich, laut der Stellungnahme der KDEAO zur Verfassungsvorlage, als „angemessen" bezeichnet werden kann oder vielmehr nur Ausdruck eines zunehmenden kirchenpolitischen Bedeutungsverlustes der Verbände ist (so J.-C. Kaiser, *Sozialer Protestantismus im 20. Jahrhundert*, 66), bleibt zu fragen. Auf Seiten der KDEAO verwies man darauf, dass weitere Vereinsvertreter durch Wahl der Landessynoden bzw. durch die vom DEKA festzulegende Ausgleichgruppe in den Kirchentag gelangen könnten und sich auf diese Weise ihre ursprüngliche Anzahl mehr als verdoppeln ließe; eine Annahme, die sich auf den späteren verfassungsmäßigen Kirchentagen 1924–1930 als allzu optimistisch herausstellen sollte, da nicht mehr als 25 Teilnehmer dem Vereinsspektrum zugeordnet werden können.

[598] So ebenfalls die von August Wilhelm Schreiber verfasste Stellungnahme, in der er den feierlichen Beschluss der 5. Tagung der KDEAO am 6. Mai 1921 wiedergibt. Vgl. das Schreiben Schreibers an den DEKA vom 20. Juni 1921, in: *EZA* 1/A3/72.

billigt.[599] Allerdings hatte man durch diese Verfahrensweise auf Vorschlag Böhmes ein völlig unerwartet aufgetretenes Problem zunächst bewusst ausgeklammert. Ausgerechnet von der Seite, von der man dies am wenigsten für möglich gehalten hatte, wurden nochmals schwerwiegende Bedenken gegen den Verfassungsentwurf vorgebracht, nämlich von Preußen.

Dort hatte sich der um den Generalsynodalvorstand erweiterte EOK zwar grundsätzlich mit großer Mehrheit dafür ausgesprochen, die Vorlage der Rechtskommission an den Kirchentag zur Begutachtung weiterzuleiten, sofern diese nicht der zukünftigen Verfassung der altpreußischen Landeskirche irgendwie präjudiziere.[600] Wenig später jedoch machte Studienrat Dr. Heinrich Evers, Mitglied des Generalsynodalvorstandes, in einem Schreiben an den DEKA durchaus ernstzunehmende Einwände geltend.[601] Er verlangte nicht nur, die Beratung und die Beschlussfassung über den Entwurf solange auszusetzen, bis die neuen Verfassungen der einzelnen Landeskirchen fertiggestellt seien, eine Forderung, der sich dann auch der gesamte Generalsynodalvorstand anschloss,[602] sondern verwies auch auf zwei wesentliche Mängel, die einer Annahme des Verfassungsentwurfs im Wege stünden. So bestehe zum einen trotz des betont föderativen Aufbaus des Bundes weiterhin „die Gefahr . . . , daß aus einem Kirchenbund eine Bundeskirche entstehen kann". Diese latente Tendenz zum Zentralismus werde vor allem dadurch gefördert, dass Verfassungsänderungen ohne weiteres möglich seien.[603] Zudem könne der Bund Bundesgesetze erlassen, ohne dass den davon betroffenen Landeskirchen ein Widerspruchsrecht zuerkannt werde. Hinsichtlich der Organisation kritisierte Evers zum anderen unter Bezugnahme auf die von Titius geäußerten Bedenken die „erhebliche Präponderanz des Kirchenbundesrats", die sich allein schon aus der paritätischen Zusammensetzung des Kirchenausschusses leicht entwickeln könne; eine Feststellung, die sich gerade in Anbetracht des bisherigen Verlaufs der gemeinsamen Ausschussarbeit nicht ohne weiteres von der Hand weisen ließ. Darüber hinaus machte der langjährige preußische Synodale den Einwand geltend, dass die von den ‚Kirchenregierungen' sprechenden Bestimmungen geeignet seien, „die Tatsache zu verschleiern, dass die oberste Kirchengewalt fortan bei den Synoden liege".

---

[599] Der entsprechende Auszug aus dem Verhandlungsprotokoll findet sich in: *EZA* 1/A3/72.

[600] Dieser Beschluss vom 28. April 1921 ist den im einzelnen kaum nennenswerten Abänderungsvorschlägen in der Stellungnahme des EOK, die vom 10. Mai 1921 datiert, vorangestellt. Vgl. dazu *EZA* 1/A3/72.

[601] Vgl. zum folgenden das Schreiben Evers' an den DEKA vom 10. Juni 1921, in: *EZA* 1/A2/20.

[602] Die entsprechende Erklärung wurde dem DEKA vom Präses der altpreußischen Generalsynode und späteren Vorsitzenden des altpreußischen Kirchensenats, Dr. Johann Friedrich Winckler, kurz vor dessen entscheidender letzten Sitzung übermittelt. Demnach sollte die Kirchenbundesfrage nicht unmittelbar vor der Konstituierung der preußischen verfassunggebenden Kirchenversammlung auf die Tagesordnung des nächsten Kirchentages gesetzt werden. Denn dies sei ein Vorgehen, das man im Generalsynodalvorstand einmütig für „schlechterdings unerträglich" erachtet habe. S. dazu das Schreiben Wincklers an den DEKA vom 22. Juni 1921, in: *EZA* 1/A2/20.

[603] Evers bezog sich dabei auf § 20 des Verfassungsentwurfs, der Verfassungsänderungen durch Bundesbeschluss in dem Falle vorsah, dass zwei Drittel des Kirchenbundesrates und des Kirchentages für die Änderung stimmen. Damit unterliege auch die den Landeskirchen durch § 1 verbürgte Selbständigkeit in Bekenntnis, Verfassung und Verwaltung ebenso der Verfassungsänderung durch Bundesgesetz, folgerte Evers.

Mit demselben Impetus hatten sich Evers und allen voran Winckler bereits auf dem Dresdener Kirchentag erfolgreich dagegen verwahrt, dem im Kirchentag repräsentierten synodalen Element die ihm zustehenden Mitspracherechte bei der Bundesverfassung vorzuenthalten.[604] Diesmal fanden die Einwände von Evers, die sich der gesamte Generalsynodalvorstand erklärtermaßen zu eigen gemacht hatte,[605] nur zum Teil Berücksichtigung, und zwar ausschließlich die zuerst genannten, die die Absicherung landeskirchlicher Autonomie als unzureichend bemängelt hatten. Der im Entwurf vorgesehene Aufbau des Bundes und die darin konsequent und genau austarierte Machtbalance von synodalem und konsistorialem Faktor blieben indessen unangetastet. Eine substantielle Veränderung an diesem heiklen Punkt hätte zweifellos, abgesehen davon, dass sie im DEKA womöglich ohnehin nicht mehrheitsfähig gewesen wäre, das Ende aller Kirchenbundpläne bedeutet. Ein Großteil der Landeskirchen, so war ihren Stellungnahmen deutlich zu entnehmen, hätte sie unter keinen Umständen mitgetragen. Der Rechtsausschuss beschränkte sich dementsprechend darauf, in die in erster Lesung durch den DEKA bereits angenommene Vorlage eine Klausel einzufügen, die Verfassungsänderungen erheblich erschwerte.[606] Als ultima ratio blieb den Landeskirchen zudem ausdrücklich das Recht zum Austritt vorbehalten.[607]

Damit war ein Teil der Bedenken von Evers praktisch gegenstandslos geworden. Es folgte daraufhin die zweite Lesung des Verfassungsentwurfs, nach der die Vorlage vom Kirchenausschuss einmütig angenommen wurde. Den Generalsynodalvorstand rief man anschließend dazu auf, seinen Antrag auf Aussetzung der Kirchenbundverhandlungen auf dem Kirchentag umgehend zurückzuziehen.[608] Er entsprach schließlich dieser Forderung und brachte damit die Errichtung des Kirchenbundes einen weiteren entscheidenden Schritt voran. Da auch die Kirchenkonferenz in ihrer letzten in dieser Form bestehenden Sitzung vom 10. September 1921 den Entwurf ohne weite-

---

[604] *Verhandlungen des Deutschen Evangelischen Kirchentages 1919*, 102-104 S.o. die S. 157.

[605] S. das Schreiben Wincklers an den DEKA vom 22. Juni 1921, in: *EZA* 1/A2/20.

[606] Demnach waren für Verfassungsänderungen, die den am Schluss von § 1 genannten Vorbehalt der Selbständigkeit der Landeskirchen sowie das in § 21 Abs. 1 festgeschriebene Austrittrecht der Landeskirchen betrafen, nunmehr Einstimmigkeit des Kirchenbundesrats erforderlich. Bei der ebenso dafür notwendigen Zweidrittelmehrheit des Kirchentages beließ man es zunächst. Eine weitere Erschwernis brachte in dieser Hinsicht dann der Stuttgarter Kirchentag, der eine qualifizierte Dreiviertelmehrheit des Kirchentages für Verfassungsänderungen in die Vorlage einfügte. S.u. Seite 167 sowie den § 20 der Kirchenbundesverfassung in seiner endgültigen Fassung.

[607] Vgl. den in die Bundesverfassung aufgenommenen § 21.

[608] Auf der DEKA-Sitzung hatten sämtliche Redner vehement darauf gedrängt, den Generalsynodalvorstand zum Einlenken zu bewegen. Man beschwor dabei den für die Errichtung des Bundes „so notwendige[n] Geist der Einmütigkeit und Geschlossenheit" und erklärte abermals, dass es aus kirchenpolitischen Gründen unerlässlich sei, das Einigungswerk nicht unnötig hinauszuzögern. Laut Arbeitersekretär Behrens müsse das Kirchenvolk endlich „von dem Gefühl befreit werden, dass es nur eine römische Kirche oder Unglauben gebe". Moeller konnte zudem auf den Beschluss der letzten preußischen Generalsynode vom 31. März 1920 (s. *EZA* 1/A3/72) verweisen, nach dem selbst die Zuständigkeitsfragen keine Bedenken hervorgerufen hätten. Die herausgehobene Position der preußischen Landeskirche innerhalb der Zusammenschlussbewegung würde jedoch durch eine plötzliche Kursänderung ihrer synodalen Führungsspitze aufs schwerste erschüttert werden, hielt der EOK-Präsident dem Generalsynodalvorstand vor. Zum entsprechenden Auszug aus dem DEKA-Sitzungsprotokoll vom 30. Juni bis 2. Juli s. wiederum *EZA* 1/A3/72.

re Abänderungsvorschläge gebilligt hatte, musste nunmehr der Kirchentag Stellung beziehen, um den Weg für die Entscheidung der Landeskirchen endgültig frei zu machen.

4.3 Das Votum des Stuttgarter Kirchentages

Vom 11. bis 15. September 1921 versammelten sich wieder rund 320 Abgeordnete zum zweiten – verfassungsmäßig immer noch vorläufigen – Kirchentag in Stuttgart, zu dem der DEKA unter Zugrundelegung der für den Dresdener Kirchentag geltenden Einberufungsordnung geladen hatte. Im Zentrum der Verhandlungen standen die Schul- und Religionsunterrichtsfrage sowie das von Julius Kaftan gehaltene Hauptreferat über „Die neue Aufgabe, die der evangelischen Kirche aus der von der Revolution proklamierten Religionslosigkeit des Staates erwächst".[609] Daneben nahm die Kirchenbundfrage die Vollversammlung vergleichsweise wenig in Anspruch. Ohnehin konnte diese im Detail recht komplexe Materie sinnvoller nur in einer überschaubaren Runde von Fachleuten eingehender behandelt werden. Die entscheidende Arbeit verrichtete daher wiederum ein eigens dafür gebildeter Verfassungsausschuss, der 37 Mitglieder umfasste.[610] Nach der einführenden Berichterstattung durch die Mitglieder des Rechtsausschusses, Böhme und den Oldenburger Oberkirchenrat Dr. Tilemann, überwies man ihm die Verfassungsvorlage zur weiteren Erörterung. Erst im Anschluss an diese – als erste Lesung betrachteten – Beratungen sollte das Plenum Gelegenheit zur Aussprache haben auf der Grundlage der von seinem Verfassungsausschuss getroffenen Abänderungsvorschläge. Vorgesehen war, dem Kirchentag in einer darauffolgenden (dritten) Lesung Bundesvertrag und Bundesverfassung endgültig zur Annahme vorzulegen, ein Verfahren, das sich als zweckmäßig erwies.

Franz Böhme, der als Vorsitzender der Rechtskommission als erster Gelegenheit erhielt, ausführlich auf den Entwurf einzugehen,[611] betonte zunächst mit eindringlichen Worten die kirchenpolitische Notwendigkeit der Kirchenbundesgründung. Die augenblickliche Stellung des Protestantismus in Deutschland sah er durch drei Entwicklungen erheblich gefährdet: einmal durch den Wegfall des staatlichen Rückhalts nach dem Ende des landesherrlichen Kirchenregiments, zum anderen infolge des wachsenden Einflusses anderer Religionsgesellschaften – gedacht war vor allem an den Katholizismus – und schließlich durch das „Anwachsen der grundsätzlichen Feindschaft gegen alles Christentum und alle Religion in Deutschland".[612] Nach Auffassung Böhmes konnte der drohende Positionsverlust nur durch den unverzüglichen Zusammenschluss der Landeskirchen abgewendet werden, den er in diesem Zusam-

---

[609] Ausführlich dazu auch im Zusammenhang mit der ideologischen Untermauerung der Kirchenbundidee in Kapitel 5.

[610] Zu der Zusammensetzung des Ausschusses im einzelnen, in der die kirchliche Linke nur durch Alfred Fischer, ferner noch durch – den allerdings gemäßigten – Titius vertreten war, s. *Verhandlungen des 2. Deutschen Evangelischen Kirchentages 1921*, 110 f.

[611] Vgl. zum folgenden ebd. 94-102. Böhmes Ausführungen lehnen sich eng an eine von ihm bereits zuvor verfasste persönliche Begründung des Verfassungsentwurfs an, die den Kirchentagsteilnehmern vor den Verhandlungen ausgehändigt worden war. S. dazu ebd., 39-45.

[612] Ebd., 95.

menhang als „Bollwerk des geeinten evangelischen Deutschlands" bezeichnete.[613] In Anbetracht dieser Aussagen mutete es indessen seltsam an, wenn der Redner gleichzeitig hervorhob, dass der Entwurf den föderativen Charakter des Bundes in keiner Weise in Frage stelle, sondern sich vielmehr darum bemühe, alles zu unterlassen, was irgendwie als eine Beeinträchtigung der landeskirchlichen Autonomie aufgefasst werden könnte. Böhme selbst kam nach der Darlegung aller rechtlichen Kautelen, die der Verfassungsentwurf enthielt, nicht umhin festzustellen: „Fast könnte es scheinen, als ob danach fast zu reichlich für die Landeskirchen und zu wenig für den Bund gesorgt sei." Derartige Bedenken suchte er jedoch dadurch zu entkräften, dass er dem „vertrauensvollen Anschluss" einer Landeskirche an den Kirchenbund deutliche Priorität vor einer Erweiterung der Kompetenzen der Bundesorgane beimaß. Es sei daher statthaft, wenn der Aufgabenkreis, bei dem der Bund mit ausschließlicher Kompetenz tätig werde, sich nur auf solche Angelegenheiten erstrecke, die ein gemeinsames evangelisches Anliegen begründeten. Seine übrige Tätigkeit – im Verhältnis zu den Landeskirchen und den kirchlichen Arbeitsorganisationen – müsse hingegen stets nur eine anregende sein. Ohnehin habe der Bund durch seinen unmittelbaren Zuständigkeitsbereich, die gemeinsame Interessenvertretung gegenüber dem Reich und den Ländern, gegenüber den anderen Religionsgesellschaften und die Versorgung der evangelischen Diasporagemeinden, „drei so riesengroße Aufgaben", die er an sich bereits kaum bewältigen könne.[614]

Nachdem Dr. Tilemann den Ausführungen Böhmes im wesentlichen sekundiert hatte,[615] beschäftigte sich der Verfassungsausschuss des Kirchentages erstmals mit dem Entwurf. Im Verlauf seiner Erörterungen nahm er nur wenige Veränderungen an der Vorlage vor; die geringfügigste davon betraf die mittelbaren Aufgaben des Kirchenbundes.[616] Verfassungsänderungen erschwerte man noch einmal, indem man statt der ursprünglich vorgesehenen Zweidrittelmehrheit eine qualifizierte Dreiviertelmehrheit des Kirchentages in § 20 für erforderlich erklärte. Der Vorbehalt der vollen Souveränität der verbündeten Kirchen sollte damit als gleichsam unabänderlich festgeschrieben werden. Schließlich bewilligte man der altpreußischen Landeskirche einen zusätzlichen Vertreter im Kirchenausschuss, so dass die größte Landeskirche Deutschlands fortan mit 5 Abgeordneten in diesem Vollzugsorgan vertreten war.[617] Letztere beiden Veränderungen waren eindeutige Zugeständnisse teils an die von Evers, teils an solche zuvor bereits vom EOK vorgebrachten Bedenken.[618]

---

[613] Ebd., 101.

[614] Alle drei Zitate ebd., 98.

[615] Vgl. ebd., 102-109.

[616] So wurde unter § 2 B, Abs. 1 b) neben der Förderung der Familien und der schulischen religiösen Volkserziehung auch „die Arbeit an der schulentwachsenen Jugend" eigens erwähnt. Vgl. dazu ebd., 31, Anm. 1.

[617] Die Mitgliederzahl des Kirchenausschusses wurde damit auf 2 mal 18 Mitglieder erhöht. S. § 14 der Bundesverfassung in endgültiger Fassung, ebd., 35.

[618] S. dazu das Schreiben des EOK an den DEKA bezüglich des Entwurfs der Rechtskommission, datiert vom 10. Mai 1921, in: *EZA* 1/A3/72. Trotz grundsätzlicher Zustimmung sah der EOK die der altpreußischen Landeskirche zukommende leitende Stellung im Kirchenausschuss im Entwurf nur ungenügend zur Geltung gebracht. U.a. forderte er daher eine Erhöhung seiner Abgeordnetenanzahl im DEKA.

Nachdem die sich über zwei Tage hinziehenden Verhandlungen des Verfassungsaus-
schusses abgeschlossen waren, wurde sein Vorsitzender, Dr. Berner, beauftragt, dem
Kirchentagsplenum den Entwurf, wie er jetzt vorlag, zur Annahme zu empfehlen.[619]
Berner ließ in seinen Ausführungen zunächst keinen Zweifel daran aufkommen, dass
die in Dresden noch offengehaltene Option eines zweiten Repräsentativorgangs neben
dem Kirchentag vom Verfassungsausschuss grundsätzlich bejaht wurde. Der Kirchentag allein reiche nicht aus, da seine Mitglieder bei Beschlussfassungen jeweils nur
ihre eigene Auffassung zur Geltung brächten. Es müsse aber im Rahmen eines Zusammenschlusses der Landeskirchen notwendig ein Organ geben, in dem diese selbst
bestimmend zu Wort kommen könnten, namentlich durch ihre leitenden Synodalausschüsse und die ihnen beigeordneten Kirchenbehörden. Insofern sei es nur folgerichtig, wenn deren Vertreter bei Abstimmungen im Kirchenbundesrat an die Weisungen
ihrer Kirchenregierungen gebunden seien. Entgegen seiner früheren Auffassung, nach
der Berner eine eigenständige Vertretung der Kirchenbehörden im Kirchenbund aufgrund des synodalen Prinzips für unstatthaft erklärt hatte,[620] bekräftigte der Redner
nun sogar, dass beide Bundesorgane „im wesentlichen" (sic!) koordiniert und bei der
Bundesgesetzgebung als „gleichberechtigte Faktoren" behandelt werden müssten.[621]
Seinen verfassungspolitischen Gesinnungswandel begründete Berner mit dem auffällig pragmatischen Argument, dass der Zusammenschluss der Landeskirchen keinen weiteren Verzug mehr dulde. Denn, so fuhr er fort: „Wir sind eine Macht, die
berücksichtigt werden muß, mehr als dies bisher geschah." Bei der Kirchenbundgründung handele es sich jedoch „nicht bloß um kirchliche, sondern um vaterländische
Belange", unterstrich Berner abschließend unter dem Beifall der Delegierten.[622]
In dieser zweiten, wie auch in der folgenden, letzten Lesung kamen hinsichtlich der
grundsätzlichen Fragen, die den Aufbau und die Organisation des Kirchenbundes betrafen, keine nennenswerten Meinungsunterschiede zur Sprache; offensichtlich un-
terließ man es, schwerwiegende Differenzen im Plenum auszutragen, um die vorhandenen Gräben zwischen dem Mehrheitslager der Konservativen und den wenigen progressiven Kräften nicht unnötig wieder aufzureißen. Dem bereits in der Eröffnungspredigt vom Generalsuperintendenten Hannovers, Dr. Schwerdtmann, vielfach
beschworenen Willen zur Einmütigkeit auf dem Kirchentag wurde durch die beinahe
reibungslos verlaufenden Debatten weitgehend entsprochen.[623] Zudem war man sich
bewusst, dass der Kirchentag im Vergleich zu den Landeskirchen, die die eigentlichen
Gründungssubjekte ihres bevorstehenden Zusammenschlusses waren, ohnehin nur ein
sehr begrenztes Mandat in der Kirchenbundfrage hatte. Von daher war sein Hand-

---

[619] S. ebd., 199-201.
[620] Vgl.o. die Seiten 155 ff.
[621] Ebd., 200.
[622] Beide Zitate finden sich ebd., 201.
[623] Zur Eröffnungspredigt, der bezeichnenderweise mit Johannes 15,1-13 ein zur Eintracht ermahnen-
der Abschnitt aus den sogenannten Abschiedsreden Jesu zugrunde lag, s. ebd., 61-74. Die gegenüber
dem Dresdener Kirchentag auffallende Verständigungsbereitschaft aller Gruppen wird auch von Rade hervorgehoben, allerdings mit einem kaum zu überhörenden resignativen Unterton. Vgl. seinen
Rückblick auf den Stuttgarter Kirchentag, in: *CW*, Nr. 39 vom 29. September 1921, 698-700, bes.
700.

lungsspielraum zur Durchsetzung prinzipieller Änderungen an der Beschlussvorlage der Bundesverfassung marginal, wenn überhaupt ein solcher bestand.[624] Die Forderung an den Kirchentag, die Gründung des Kirchenbundes nicht weiter hinauszuzögern, trug ein übriges dazu bei, die in Dresden noch öffentlich proklamierte Aufgabe des Kirchentages, Vorbereiter des Kirchenbundes zu sein, auf das Einbringen weniger, verfassungsrechtlich kaum substantieller Änderungsvorschläge zu beschränken.

So verwundert es nicht, wenn man sich in der Plenardebatte lediglich über die Zahl und Zusammensetzung der in das Gremium des Kirchentags zu entsendenden Vertreter nicht einig zeigte. Der Leipziger Pfarrer Herz, Vertreter des Freien Arbeitsausschusses der Sächsischen Evangelisch-lutherischen Landeskirche, kritisierte, dass die in der Bundesverfassung vorgesehene Reduzierung der Vereinsvertreter auf dem Kirchentag von 75 auf künftig 15 Abgeordnete „weit über das wünschenswerte und zulässige Maß" hinausginge. Seinen Antrag auf Erhöhung der Vereinsvertreterzahl um weitere 10 Mitglieder begründete er vor allem mit dem „geschichtlichen Recht", das sich die freien Vereinsorganisationen durch ihre entscheidenden Impulse zur Kirchentagsgründung erworben hätten.[625] Ob ein solches tatsächlich vorliege, erklärte ein kirchenregimentlicher Vertreter hingegen für „dahingestellt"; zudem verwies man auf die Möglichkeit, durch die Ausgleichsgruppe bzw. auf dem Wege der Landessynoden Vereinsmitglieder in den Kirchentag zu entsenden. Eine zu starke Vertretung der Vereine im Kirchentag gegenüber dem synodalen Element widerspreche auch dem Charakter des Kirchenbundes, der ein Zusammenschluss der Landeskirchen sei, so dass deren Vertreter in erster Linie gebührend Berücksichtigung finden müssten.[626] Wie zu erwarten war, lehnte eine deutliche Mehrheit des Kirchentages den von Herz gestellten Antrag ab. Das protestantische Verbandswesen hatte damit endgültig seine Bedeutung für die protestantischen Zusammenschlussbestrebungen, die es vorübergehend im Umbruch von 1918/19 inne hatte, eingebüßt. Das Beharren auf das ihm zweifellos zustehende historische Verdienst blieb folgenlos. Die freien Vereinsorganisationen wurden offenkundig je länger desto weniger benötigt, nachdem sie den Landeskirchen dazu verholfen hatten, sich das Organ zu schaffen, auf dessen Grundlage sie ihr Einigungswerk in eigener Regie vollenden konnten.

Am letzten Verhandlungstag, dem 15. September 1921, nahm der Kirchentag Bundesvertrag und Bundesverfassung in der Form, wie sie in der 2. Lesung im Plenum erörtert und beschlossen worden war, einstimmig an. Dieser Beschluss am Ende der Verhandlungen bildete den feierlich inszenierten Höhepunkt des Stuttgarter Kirchentages.[627] Die führenden Vertreter des evangelischen Deutschlands hatten ein-

---

624 Unter Verweis auf die stark eingeschränkte Vollmacht vertritt Rade die Auffassung: „Wer irgend das lichte Bild einer Neugeburt der evangelischen Kirche in der neuen Zeit im Herzen hegt und von da her sich über den Kirchentag sein Urteil bildet, wird ihm nicht gerecht." Vielmehr werde man sagen müssen, „daß der [sc. Kirchen-] Tag in diesen Grenzen seine Aufgabe erfüllt hat". Vgl. ebd., 698.

625 *Verhandlungen des 2. Deutschen Evangelischen Kirchentages 1921*, 207. Der sogenannte ‚Antrag Herz', der nicht zufällig von keinem der auf dem Kirchentag anwesenden Mitgliedern der KDEAO mitunterzeichnet worden war, findet sich ebd., 204.

626 S. dazu ebd., 209.

627 Auf Aufforderung des neugewählten Kirchentagspräsidenten Wilhelm Freiherr von Pechmann erhoben sich alle Anwesenden, um gemeinsam „Nun danket alle Gott" zu singen. Anschließend brachten

mütig ihren Willen bezeugt, den zersplitterten Protestantismus organisatorisch zu straffen und seine Kräfte auf föderalistischer Grundlage zu bündeln. Der Entwurf war mit diesem Beschluss zwar noch nicht rechtskräftig geworden, da den Landeskirchen das letzte Wort vorbehalten blieb. Ihre Zustimmung schien aber nach dem überwältigendem Votum des Kirchentages nur noch eine Formsache zu sein. In der Tat billigten dann sämtliche beteiligten Landeskirchen die vom Kirchentag angenommenen Bundesvertrags- und Bundesverfassungstexte. Die entsprechenden von den Landessynoden gefassten Beschlüsse erfolgten zumeist einstimmig. Schließlich versammelten sich am Himmelfahrtstag 1922, dem 25. Mai, in Wittenberg die Bevollmächtigten aller 28 Landeskirchen zur Vertragsunterzeichnung.[628] Damit war der Deutsche Evangelische Kirchenbund ins Leben getreten.

4.4 Die Bedeutung des Kirchenbundes und seiner Verfassung

Mit der Gründung des Kirchenbundes 1922 wurden zweifellos die Erwartungen und Hoffnungen der reformfreudigen, progressiven Kräfte innerhalb des deutschen Protestantismus nicht oder nur kaum erfüllt. Das Ziel einer im Kirchentag verkörperten ‚Reichssynode' oder – vorsichtiger formuliert – eines Aufbaus des Kirchenbundes vom Kirchentag her hatte in der Bundesverfassung nicht einmal annäherungsweise Berücksichtigung gefunden. Die von liberaler Seite bereits 1919 geäußerte Befürchtung, der zu konstituierende Kirchenbund könne aus übertriebener Rücksichtnahme auf die Autonomie der Landeskirchen zu einem „gänzlich formalen Gebilde" entleert werden,[629] stellte sich nach dem Abschluss aller Verfassungsarbeiten als nicht unbegründet heraus. In dem als kirchenoffiziell geltenden Verfassungskommentar wurden etwaige Entsprechungen der Kirchenbundesverfassung zu bestehenden staatlichen oder kirchlichen Vorbildern eines Zusammenschlusses durchgängig abgelehnt.[630] Dazu zählte man in erster Linie die Konstruktion des Kirchentages als einer kirchlichen Volksvertretung, als einer Reichssynode. In der Konstruktion eines einheitlichen evangelischen Kirchenvolks sah man den konfessionell eigengeprägten Charakters der Kirchengemeinden und Landeskirchen beträchtlich nivelliert, wenn nicht sogar völlig aufgehoben.[631] Ebenso wenig sollte der Kirchenbund mit der Reichsverfassung von 1871 verglichen werden. Dort bestand ein Bundesrat aus Vertretern der Länder

---

Pechmann und der DEKA-Vorsitzende Moeller in ihren Schlussreden ihren innigen Dank für diesen Kirchentagsbeschluss zum Ausdruck. Vgl., ebd., 248-258.

[628] Der Bundesvertrag sowie die einzelnen ihn unterzeichnet habenden Delegierten werden namentlich aufgeführt bei J. Hosemann, *Der Deutsche Evangelische Kirchenbund in seinen Gesetzen, Verordnungen und Kundgebungen*, 9-13. Ein ausführlicher Bericht über den Wittenberger Festakt findet sich in: *Kirchliches Jahrbuch* 1922, 440 ff.

[629] S.o. die Seiten 151 f.

[630] Als kirchenoffizielle Lesart der Bundesverfassung galten bezeichnenderweise eine im Juli 1921 entworfene persönliche Begründung Franz Böhmes sowie dessen Berichterstattung auf dem Stuttgarter Kirchentag. Beide sind vollständig abgedruckt in: J. Hosemann, *Der Deutsche Evangelische Kirchenbund in seinen Gesetzen, Verordnungen und Kundgebungen*, 28 ff.

[631] Dementsprechend legte die Verfassung in § 3 fest, dass ausschließlich die Landeskirchen – angegliedert waren zudem die Evangelische Brüderunität in Deutschland (1924) und der Bund freier reformierter Gemeinden in Deutschland (1930) – , nicht aber Individuen Mitglieder des Bundes

als Träger der gesetzgebenden Gewalt und daneben der Reichstag als parlamentarische Vertretung des deutschen Volkes. Im Kirchenbund hingegen seien beide Organe, Kirchentag und Kirchenbundesrat, Vertreter der Landeskirchen, der erstere aus den Synoden, der letztere aus den Kirchenregierungen der Landeskirchen gebildet. Auch die Analogie der Verfassung einer Landeskirche wurde als nicht zutreffend bezeichnet. Weder sei der Kirchentag eine Synode noch der Kirchenbundesrat eine Kirchenregierung. Vielmehr gelte: „Beide sind eigengeartete Organe eines Bundes als eines Zweckverbandes der Landeskirchen."[632]

Die Verfassung des Kirchenbundes als einer Organisationsform sui generis war aber nicht nur gemessen an solchen theoretischen Einheitsmodellen unbefriedigend. Auch in Anbetracht der Geschichte der bisherigen protestantischen Einigungsbemühungen seit Mitte des 19. Jahrhunderts bedeutete die Gründung des Deutschen Evangelischen Kirchenbundes nur einen sehr bedingten Fortschritt. Denn der Bund war im Grunde nichts anderes als die zeitgemäße Umbildung der Eisenacher Konferenz der deutschen evangelischen Kirchenregierungen und ihres Ausschusses durch eine früher schon oft in Erwägung gezogene, aber nicht geschaffene synodale Ergänzung im Kirchentag und den von diesem gewählten Mitgliedern des Kirchenausschusses. Selbst die Rechte einer öffentlich-rechtlichen Körperschaft, die der Kirchenbund inne hatte,[633] waren dem DEKA bereits seit 1905 durch einen preußischen Staatsakt zuerkannt worden. Durch das bloße Anknüpfen an bestehende Kooperationsformen ließ sich jedoch die nach Günther Holstein vor allem im Kirchentag bereits sichtbar werdende „soziologische Einheit des evangelischen Deutschland" nicht wesentlich fördern.[634] Die Bundesverfassung war zu sehr darauf angelegt, die Rechte der Landeskirchen nicht zu beschneiden. Zentralistische oder gar unionistische Tendenzen wurden durch einen entsprechend föderalistischen Aufbau des Bundes und eine Gleichordnung der Bundesorgane von vornherein blockiert.

Nach § 5 der Bundesverfassung umfasste der Kirchenbund drei Bundesorgane: Kirchentag und Kirchenbundesrat, die die Grundlage des Bundes bildeten, und den Kirchenausschuss, ein aus beiden Gremien gleichmäßig zusammengesetztes Vollzugs- und Geschäftsführungsgremium. Um den föderativen Charakter des Bundes zu be-

---

sein konnten. Der Bund nahm keine Steuergewalt gegenüber einzelnen Individuen in Anspruch und erließ keine Vorschriften an sie.

[632] Ebd., 31. Vgl. auch Max Berner, *Die rechtliche Natur des Deutschen Evangelischen Kirchenbundes*, Berlin 1930, 23.

[633] Nach Artikel 137, Abs. 5, Satz 3 der Weimarer Reichsverfassung galt ein Verband, zu dem sich mehrere öffentlich-rechtliche Religionsgesellschaften – im Falle des Kirchenbundes waren dies die Landeskirchen – zusammengeschlossen hatten, ebenfalls als eine öffentlich-rechtliche Körperschaft. Vgl. E.R. Huber/W. Huber, *Staat und Kirche im 19. und 20. Jahrhundert*, Bd. IV, 129 bzw. 522 ff. Diese Regelung war im Frühjahr 1919 vor allem im Hinblick auf einen zu erwartenden Zusammenschluss der evangelischen Landeskirchen getroffen worden, und zwar auf Betreiben des Kirchenausschusses. Er hatte in einer Petition an die Nationalversammlung vom 13. März 1919 gefordert, dass das Recht der Landeskirchen, sich zu einem öffentlich-rechtlichen Verband zusammenzuschließen, verfassungsmäßig gewährleistet werden sollte. Das geschah dann auch in letzter Lesung. Näheres besonders zu den Verhandlungen im Weimarer Verfassungsausschuss bei Carlhans Girstenbreu, *Der Deutsche Evangelische Kirchenbund. Sein Werden, Wachsen und Wirken*, Würzburg 1931, 32 ff.

[634] Günther Holstein, *Die Grundlagen des evangelischen Kirchenrechts*, 25.

rücksichtigen, erfolgte die Bildung aller drei Organe ausschließlich durch Organe der Landeskirchen. Der Kirchentag beruhte auf der Wahl der Landessynoden und der Berufung durch den Kirchenausschuss, der Kirchenbundesrat wurde durch die einzelnen landeskirchlichen Regierungen gebildet und der Kirchenausschuss selbst durch die beiden Hauptorgane des Bundes. Demnach kamen im Kirchenbund keinerlei Kräfte zur Wirkung, die nicht in irgendeiner Weise ihre Entsendung wenigstens mittelbar oder teilweise von den einzelnen Landeskirchen ableiten konnten. Zudem war die Verfassung darum bemüht, zwischen den beiden tragenden Säulen des Kirchenbundes, dem Kirchentag als Vertreter der synodalen Kräfte und dem Kirchenbundesrat als Vertretung der leitenden Kirchenregierungen, ein „völliges Gleichgewicht" herzustellen.[635] Dadurch wurden die im Kirchentag zum Zuge kommenden synodalen Kräfte, anders als es – vermeintlich – noch 1919 intendiert gewesen war, enorm zurückgedrängt.

Der Kirchentag bestand aus 210 Mitgliedern, von denen 150 durch die obersten Synoden der einzelnen Landeskirchen gewählt, die anderen 60 vom Kirchenausschuss berufen wurden, davon 35 auf Vorschlag,[636] die übrigen 25 als Ausgleichsgruppe nach freier Entschließung. Weder die gewählten noch die berufenen Mitglieder des Kirchentages mussten jedoch selbst einer Synode angehören. Das passive Wahlrecht zur Gemeindevertretung war die einzige Voraussetzung, um in den Kirchentag zu gelangen. Insofern waren die Kirchentagsmitglieder strenggenommen nicht Vertreter der Landessynoden, zumal sie nicht weisungsgebunden waren, sondern nach freier Überzeugung stimmen konnten. Ganz im Sinne eines protestantischen Repräsentativorgans sollte der Kirchentag als „die moralische Stimme des evangelischen Deutschlands" fungieren.[637] Seine besondere Aufgabe bestand dementsprechend darin, „in Angelegenheiten, die das Gesamtinteresse des deutschen Protestantismus berühren, öffentliche Kundgebungen ergehen [zu] lassen".[638] Indessen hatte er im Kirchenbundesrat sein bedeutendes kirchenpolitisches Gegengewicht. Dieser vertrat die partikularen Interessen der Landeskirchen durch an ihre Instruktionen gebundene kirchenregimentliche Delegierte. In diesem in § 12 der Verfassung eigens ausgewiesenen „beratende[n] Organ" der Landeskirchen verfügte die altpreußische Unionskirche über 37 der insgesamt 93 abzugebenden Stimmen, während sich die restlichen 3/5 aller stimm-

---

[635] J. Hosemann, *Der Deutsche Evangelische Kirchenbund in seinen Gesetzen, Verordnungen und Kundgebungen*, 31. Beide Körperschaften hatten das Recht zur gesetzgeberischen Initiative (§ 6, Absatz 2), durch beider Zusammenwirken kamen die Bundesgesetze zustande (§ 6 Absatz 1), beide stellten je die Hälfte der Mitglieder des Kirchenausschusses (§ 14a und b), beide stellten zusammen den Haushaltsplan des Bundes auf (§ 19, 1), beide befanden über Finanzbeschlüsse (§§ 9 und 12) und die Entlastung der Rechnung (§19, Absatz 4), beide konnten über alle Bundesangelegenheiten verhandeln und dem Kirchenausschuss Anregungen geben, beide regelten ihre Geschäftsordnung selbständig (§ 10, Absatz 3 und § 13, Absatz 6).

[636] Vorschlagsrecht hatten die Theologischen Fakultäten (8 Abgeordnete), die Religionslehrerschaft (12 Abgeordnete) und die gesamtkirchlichen Vereinsorganisationen (15 Abgeordnete).

[637] So Franz Böhme auf dem Stuttgarter Kirchentag; vgl. *Die Verhandlungen des 2. Deutschen Evangelischen Kirchentages 1921*, 101.

[638] Vgl. § 9, Satz 3 der Bundesverfassung.

berechtigten Abgeordneten auf die übrigen Landeskirchen entsprechend ihrer Größe verteilten.[639]

Entscheidend war nun, dass ohne übereinstimmenden Mehrheitsbeschluss im Kirchentag und Kirchenbundesrat keine Bundesgesetze zustande kommen konnten. Eine solche konsensnötige Koordination stellte nicht nur den föderativen Charakter des Kirchenbundes sicher, sondern zementierte auch – Victor Bredt zufolge – „die Allmacht des Oberkirchenrats, der Konsistorien und der Behörden in den Landeskirchen".[640] Hinzu kam, dass der Stoff der Bundesgesetzgebung, der sich wesentlich auf technische Fragen beschränkte, nur von sehr geringem Ausmaß war.[641] Auch die durch die Landeskirchen per Umlageprinzip bereitgestellten Haushaltsmittel blieben trotz ihres allmählichen Anwachsens unerheblich.[642] Was also die legislatorische Vollmacht angeht, so wird man in dieser Hinsicht sicherlich zurecht von einer „relativen Bedeutungsarmut" des Kirchentages sprechen können.[643]

Der dreijährige Turnus, in dem er gemeinsam mit dem stets am selben Ort tagenden Kirchenbundesrat einberufen wurde, ließ es nur folgerichtig erscheinen, dass sich der Schwerpunkt des Kirchenbundes unausweichlich auf das ständige und überschaubare Gremium des Kirchenausschusses und das ihm angegliederte Kirchenbundesamt verlagerte.[644] Unter dem Vorsitz von den EOK-Präsidenten Reinhard Moeller bis 1925 und dessen Nachfolger als oberstem Verwaltungsbeamten der altpreußischen Lan-

---

[639] Damit verzichtete die altpreußische Landeskirche auf die Vollzahl der ihr aufgrund ihrer Mitgliederzahl an sich zukommenden Stimmen. Die Bundesverfassung sah nämlich vor, dass keine einzelne Landeskirche mehr als 2/5 aller Stimmen auf sich vereinen durfte (vgl. § 11, Satz 2). Mit dieser Regelung hoffte man, die hergebrachte antipreußische Reserve besonders der kleineren Landeskirchen entkräften zu können, die im Kirchenbund wiederum nur ein Instrument zum Geltendmachen kirchlicher Hegemonieansprüche der Altpreußischen Union witterten. S. dazu *Verhandlungen des 2. Deutschen Evangelischen Kirchentages 1921*, 211 f.

[640] *Erinnerungen und Dokumente von Joh. Victor Bredt 1914 bis 1933*, 154.

[641] Nach Auffassung Hans von Sodens war das Wort ‚Gesetzgebung' in diesem Zusammenhang „mehr ein ehrender Titel als eine sachgemäße Bezeichnung". Ders., *„Der Deutsche Evangelische Kirchenbund"*, 316.

[642] Der Bundeshaushalt bilanzierte 1925 mit 280 000, 1930 mit 839 000 Reichsmark; diese Steigerung erklärt sich zur Hauptsache durch die Leistung sehr erheblicher Zuschüsse für die Versorgung der ausländischen Diasporagemeinden, die in den Händen des Kirchenbundes lag. Julius Kaftan, ohnehin gegenüber allen „phantastischen Kirchentagsplänen" äußerst reserviert eingestellt, bemerkt in diesem Zusammenhang ebenso zutreffend wie bezeichnend für den Attentismus vieler konsistorialer Kräfte: „Die Kirchentagsmitglieder im [sc. Kirchen-] [a]usschuß müssen immer wieder daran erinnert werden, dass wir für *sachliche* Zwecke kein Geld haben, nur Umlagen für den Zweck, den Apparat zu erhalten. So geschieht wenig genug … Gibt man aber dem Kirchentag Steuermittel zur Verfügung, dann haben wir nicht mehr einen *Kirchenbund*, sondern die werdende Reichskirche." Schreiben Julius Kaftans an Theodor Kaftan vom 12. August 1923, in: W. Göbell (Hg.), *Kirche, Recht und Theologie in vier Jahrzehnten. Der Briefwechsel der Brüder Theodor und Julius Kaftan, Zweiter Teil*, 817.

[643] Gerhard Besier, „Die neue preußische Kirchenverfassung und die Bildung des Deutschen Evangelischen Kirchenbundes", in: Ders./ Eckhard Lessing (Hgg.), *Die Geschichte der Evangelischen Kirche der Union, Bd. 3*, 109.

[644] Einen Eindruck von der umfangreichen Tätigkeit des DEKA vermitteln seine Rechenschaftsberichte, die er den beiden Hauptbundesorganen laut Verfassung regelmäßig vorzulegen hatte. Sie wurden auch der kirchlich interessierten Öffentlichkeit zugänglich gemacht in den gedruckten Verhandlungsprotokollen der entsprechenden Kirchentage.

deskirche, Hermann Kapler, bis 1933 avancierte der Kirchenausschuss praktisch zur Kirchenleitung des Bundes. Gemeinsam mit dem Kirchenbundesamt, das erst 1927 eigene, vom EOK getrennte Diensträume erhielt, hatte der DEKA seinen Sitz weiterhin in der Reichshauptstadt Berlin, von wo aus er sein ihm zugedachtes kirchliches Wächteramt am sinnvollsten ausüben konnte.[645]

Trotz des kompromisshaften Charakters, der dem Aufbau und der Organisation des Kirchenbundes durchgängig anhaftete, trug er den geschichtlichen Realitäten eines seit seiner Entstehung landeskirchlich strukturierten deutschen Protestantismus Rechnung. Auch wenn sich im Kirchenbund durch die Hinzunahme des synodalen Elements in der Tat lediglich eine unumgängliche Konzession an die Forderungen der Zeit mit sehr nachdrücklichen Ablehnungen, die man gemeinhin als ,Anknüpfung an das bewährte Bestehende' deklarierte, verbunden hatte,[646] bleibt die Frage, ob eine anderes Verfassungsmodell, etwa das einer Reichskirche, den realen Bedürfnissen des kirchlichen Lebens besser entsprochen hätte. Zweifellos kann man mit Victor Bredt bereits für die Weimarer Zeit ein deutlich gewachsenes kirchliches Einheitsbewusstsein konzedieren.[647] Die Bedeutung des landeskirchlich-konfessionellen Faktors und der sich auf kleinen Einheiten, beginnend von der Gemeinde und dem Verein, aufbauenden volkskirchlichen Frömmigkeit dürfen deshalb jedoch nicht unterschätzt oder gar bagatellisiert werden.[648] Im Rahmen des Erreichbaren und vermutlich auch kirchlich Angemessenen beschränkte sich der Kirchenbund darauf, ein gemeinsames öffentliches Handeln zu ermöglichen, ohne die Selbständigkeit der 28 Landeskirchen in irgendeiner Weise anzutasten. Ob man darin ohne weiteres schon „einen kräftigen Impuls zur Straffung des organisatorisch zersplitterten Protestantismus in Deutschland" erkennen kann,[649] sei dahingestellt. Immerhin waren unter den Zuständigkeiten des Kirchenbundes in § 2 der Verfassung auch solche mitaufgenommen worden, die eine qualitative Neuerung darstellten und das bereits in der Präambel der Verfassung (

---

[645] So erklärte Freiherr von Pechmann vor der Versammlung des Stuttgarter Kirchentages: „Wir brauchen einen Kirchenausschuß, der Tag und Nacht bei der Hand sein muß, um Ausschau zu halten nach dem, was im öffentlichen Leben unsere evangelische Kirche bedroht, und um zur rechten Zeit seine Gegenmaßregeln zu treffen." *Verhandlungen des 2. Deutschen Evangelischen Kirchentages 1921*, 252.

[646] Vgl. H. v. Soden, *„Der Deutsche Evangelische Kirchenbund"*, 316.

[647] „Mehr als man glaubt, ist das Empfinden bei den einzelnen verbreitet, dass sie zur ,evangelischen Kirche' gehören ... Das Bewusstsein des evangelischen Volkes ist ... längst über jene [sc. landeskirchlichen] Grenzen hinweggeschritten und hat eine ,deutsche evangelische Kirche' konstruiert, die es rechtlich gar nicht gibt." Ders., *Neues Evangelisches Kirchenrecht für Preussen*, Bd. 2, 787. Bredt leitet daraus die Folgerung ab, dass das gesamte materielle Kirchenrecht „soweit als irgend möglich" von den Landeskirchen in den Verantwortungsbereich des Kirchenbundes übergehen solle. Vgl. ebd., 788. Skeptisch gegenüber der Realisierbarkeit dieses Vorschlags ist Hans von Soden (ebd., 314). Die damit von Bredt angestoßene Entwicklung vom Föderalismus zum Unitarismus sprenge den Kirchenbund, der ohnehin schwer genug zusammenzufügen gewesen sei.

[648] Darauf verweist mit Recht Wolf-Dieter Hauschild, der die Kirchenbundgründung, vor allem die Bedeutung des Kirchentages aufs Ganze gesehen recht kritisch beurteilt. Vgl. *„Evangelische Kirche in Deutschland"*, 663.

[649] K. Nowak, *Geschichte des Christentums*, 218.

§ 1) hervorgehobene „Gesamtbewußtsein des deutschen Protestantismus" nachhaltig stärkten.[650]

An erster Stelle ist in diesem Zusammenhang die Wahrung gemeinsamer evangelischer Interessen zu nennen, die der Bund in unmittelbarer Stellvertretung der Landeskirchen gegenüber dem Forum der Ökumene übernahm (§ 2, Absatz 3, 1a). Seit 1922 engagierte sich der DEKA offiziell in der ökumenischen Bewegung, und zwar direkt nur in der sich auf allgemein ethisch-politische Fragen beschränkenden Arbeit der Allgemeinen Konferenz für praktisches Christentum (Life and Work). Die Bundesverfassung, die dem Kirchenbund keine Befugnis in Fragen von Glauben und Bekenntnis gestattete, ließ indessen eine aktive Beteiligung in der damit befassten World Conference on Faith and Order nicht zu. Allerdings entsandte der DEKA auf ausdrücklichen Wunsch der Konferenzleitung einen Beobachter und wahrte somit eine ständige Fühlungnahme mit dieser Bewegung. Daneben wurden zahlreiche bilaterale Kontakte zu den evangelischen Kirchen des – so muss hier ergänzt werden – befreundeten Auslands und zur Orthodoxie neu aufgebaut bzw. intensiviert.[651] Durch diese Verbindungen wurde der im Kirchenbund repräsentierte deutsche Protestantismus seitens der Ökumene in zunehmendem Maße als Einheit angesprochen und angesehen. Durch die Versorgung der evangelischen Gemeinden im Ausland war dem Kirchenbund ein weiterer unmittelbarer Zuständigkeitsbereich gegeben, der ihn als ein einheitliches Gebilde auftreten ließ.[652] Mit ihr übernahm er auch im theologischen Sinne

---

[650] Da der Bundeszweck nach § 1 der Verfassung ausdrücklich die Gründung einer Bundes- oder Reichskirche ausschloss, war man umso mehr darum bemüht, auf der anderen Seite den Gedanken eines bloßen staatenbundähnlichen Zweckverbandes zu verneinen. Zur Begründung hob Max Berner auf dem Stuttgarter Kirchentag hervor: „Es gibt ein *Gesamtbewusstsein des deutschen Protestantismus*. Und dieses Gesamtbewußtsein ist eine reale, empirische Größe, die ihre einheitliche Wurzel in der deutschen Reformation hat, und von der eine schöpferische Wirkung ausgeht, wie sie sich in der Schaffung eines gemeinsamen deutschen evangelischen Kirchenrechts und zahlreicher, untereinander übereinstimmender kirchlicher Gebräuche und Sitten gezeigt hat und in gemeinsamen Interessen, aber auch in einer einheitlichen evangelischen deutschen religiös-sittlichen Weltanschauung ihren Ausdruck findet." Vgl. *Die Verhandlungen des 2. Deutschen Evangelischen Kirchentages 1921*, 202. Noch weiter geht der preußische Oberkonsistorialrat Gustav Scholz, der 1924 als theologischer Berichterstatter in das Kirchenbundesamt einrückte, wenn er feststellt: „Er [sc. der Kirchenbund] bekundet vor aller Welt, dass es nicht nur verschiedene evangelische Kirchen gibt, sondern dass auch Eine evangelische Kirche lebendig ist, dass bei aller Mannigfaltigkeit in Kraft steht die Eine evangelische Kirche der Evangelischen und der deutschen Reformation." Ders., *Der Deutsche Evangelische Kirchenbund*, Berlin-Steglitz 1924, 8.

[651] Allen voran standen die wechselseitigen Beziehungen zu dem im Weltkrieg neutralen Schweden, das zugleich Heimat Gustav Adolfs, des Vorkämpfers des deutschen Protestantismus, war. Zu dem in deutschen evangelischen Kreisen hochangesehenen Erzbischof von Uppsala, Nathan Söderblom, pflegte vor allem Kirchentagspräsident Pechmann eine freundschaftliche Beziehung. S.u. Seite 204, bes. Anm. 783. Keine Kontakte hingegen unterhielt der Kirchenbund zu Frankreich, zu England und den USA bestand lediglich eine lose Fühlungnahme.

[652] Insgesamt hatten sich bis 1933 64 evangelisch-deutsche Auslandsgemeinden an den Kirchenbund direkt angeschlossen. Besonders bedeutsam war die Aufnahme der Evangelischen Kirche Österreichs in den Kirchenbund, die 1926 erfolgt war. Sie zeugte allerdings weniger von einem staatsübergreifenden Verständnis von Protestantismus als vielmehr von einem Festhalten eines großdeutschen Ideals, das durch das gemeinsame Bündnis beider Monarchien im Ersten Weltkrieg zusätzliche Nahrung bekommen hatte.

einige Wesensmerkmale von Kirche.[653] Laut Verfassung (§ 2, Absatz 3, 1e) war diese Aufgabe vom Kirchenbund daher auch nur „unter Fühlungnahme mit den jeweils beteiligten einzelnen Kirchen und freien Vereinigungen" zu versehen.

Schaffte es der Kirchenbund auf diesen beiden Gebieten erstaunlich schnell, eine erfolgreiche Tätigkeit zu entfalten, so musste er hinsichtlich seiner Außenbeziehung zum Reich freilich erst längere Zeit um Anerkennung ringen. Obwohl der Kirchenbund bereits im März 1924 beim zuständigen Reichsminister des Innern die Bestätigung seiner Körperschaftsqualität erlangt hatte, war es dem DEKA in der Folgezeit offensichtlich nicht gelungen, ausreichend Fühlung mit allen obersten staatlichen Behörden aufzunehmen. Noch im Jahre 1932 sah sich der damalige Reichswehrminister Groener als Vertreter des Reichsinnenministers auf Beschwerde des Kirchenbundesamtes dazu veranlasst, ein Schreiben an die Reichsministerien zu richten, in dem es heißt: „. . . Ich wäre Ihnen dankbar, wenn alle Reichsressorts dieser kirchlichen, öffentlich-rechtlichen Reichsorganisation verdiente Beachtung zuteil werden ließen."[654] Trotz seines im öffentlichen Bewusstsein noch relativ geringen Bekanntheitsgrades zeigte sich der DEKA als geschäftsführendes Organ des Bundes durchaus in der Lage, gegenüber einzelnen Ministerien die gesamtkirchlichen Interessen effektiv zu vertreten. Durch seine zum Teil äußerst erfolgreich geführten Verhandlungen stellte er die Existenznotwendigkeit eines gemeinsamen, rechtlich autorisierten Handlungsorgans, das die Landeskirchen im Kirchenbund als nach außen sichtbare Einheit auftreten ließ, eindrücklich unter Beweis.[655] Auch innerkirchlich konnte dieser neu geschaffene Zusammenschluss der Landeskirchen durch symbolische Akte wirkungsvoll zur Darstellung gebracht werden, so z.B. durch eine 1926 eigens für den Kirchenbund entworfene Kirchenfahne, die unerwartet schnell in den Landeskirchen Verbreitung fand.[656] 1930 erschien es beinahe schon selbstverständlich, dass der Kirchenbund stellvertretend für die Landeskirchen als Veranstalter der 400-Jahr-Feier

---

[653] Durch die direkte Unterstellung der Diasporagemeinden unter den Kirchenbund und die Einrichtung von Auslandspfarrämtern übte der Kirchenbund im gewissen Sinne eine geistliche Oberaufsicht aus, die ihm im Verhältnis zu den deutschen Landeskirchen streng verwehrt war. Selbst unter Berücksichtigung dieser Ausnahmeregelung erscheint es jedoch überzogen, den Kirchenbund schon direkt als ‚Kirche' anzusprechen. Er blieb vielmehr eine Art kirchlicher Zweckverband lutherischer, reformierter und unierter Landeskirchen. Anders G. Holstein, *Die Grundlagen des evangelischen Kirchenrechts*, 386 ff.

[654] Schreiben vom 13. Mai 1932, zit. nach T. Karg, *Eisenacher Kirchenkonferenz*, 131.

[655] Besonders in solchen Fragen, die die Besteuerung und Finanzwirtschaft betrafen, konnte der DEKA nennenswerte Ergebnisse vorweisen. So setzte er u.a. im Jahre 1923 durch, dass die Staatsleistungen, welche die einzelnen Landeskirchen erhielten, in der Inflationszeit durch ein sogenanntes Finanzausgleichsgesetz entsprechend angehoben worden. DEKA-Präsident Moeller konnte gegenüber den Landeskirchen mit Genugtuung erklären, „dass das Erreichte nicht möglich gewesen wäre, wenn bei allen diesen zahlreichen Verhandlungen das evang. Deutschland nicht geeint durch ein Vertretungsorgan des Kirchenbundes hätte auftreten können." Vgl. dazu den entsprechenden Rechenschaftsbericht, der abgedruckt ist in: *Verhandlungen des Deutschen Evangelischen Kirchentages 1924. Bethel-Bielefeld, vom 14.-17. Juni 1924*, hg. vom Deutschen Evangelischen Kirchenausschuß, Berlin-Steglitz o.J., 26 f.

[656] Dabei dürfte der das Verhältnis zur Republik belastende sogenannte Flaggenstreit eine nicht unerhebliche Rolle gespielt haben. Indem in zahlreichen landeskirchlichen Gemeinden am Weimarer Verfassungstag die Kirchenfahne, ein violettes Kreuz auf weißem Grund, gehisst wurde, entzogen sich die Kirchenleitungen der brisanten Frage, durch eine schwarz-rot-goldene oder eine schwarz-

der Confessio Augustana auftrat. Nur vereinzelt regte sich dagegen Widerstand aus dem konfessionellen Lager.[657]

Der Einigungsprozess innerhalb des deutschen Protestantismus wurde schließlich durch die Tatsache vorangebracht, dass die evangelischen Vereine und Verbände im Kirchenbund ein kirchenamtliches Gegenüber erhielten, das ihnen eine verfassungsmäßig anerkannte, wenngleich noch unzureichende Vertretung im Bundesorgan Kirchentag zusicherte. Zudem verpflichtete sich der Kirchenbund in seiner Verfassung dazu, die freien kirchlichen Arbeitsorganisationen nachhaltig zu fördern.[658] Dass diese verfassungsmäßig gewährleistete Einbindung und Unterstützung zunehmend auch eine Verkirchlichung des Verbandsprotestantismus nach sich zog, wurde von verbandlicher Seite zwar misstrauisch beargwöhnt, aber letztlich ohne größeren Widerspruch hingenommen.[659] Aus der Perspektive des kirchlichen Establishments schien die kirchliche Integration des Verbandsprotestantismus schiere kirchenpolitische Notwendigkeit zu sein. Ungeachtet etwaiger im Vereinsspektrum bestehender antikirchlicher Reserven rief man die freien Arbeitsorganisationen nachdrücklich zur Einordnung in die neu geschaffenen Strukturen auf: „Wie sie [sc. die Vereine] vorher auf den Zusammenschluß hingewirkt haben, so sind sie jetzt berufen, ihn auszuwirken und in allem ihrem Tun mit ihm zusammen zu wirken. Im Innersten einig, müssen sie mit dem Kirchenbund nach außen hin eine geschlossene, einheitliche Front bilden und in Gemeinschaft mit ihm den Gesamtprotestantismus nach allen Seiten vertreten."[660]

Bedenkt man, dass sich die politischen Kräfteverhältnisse in der Weimarer Republik zuungunsten des Protestantismus verschoben hatten,[661] erschien die hier deutlich werdende Strategie der Sammlung und Mobilisierung aller evangelischer Kräfte im Kirchenbund alternativlos zu sein. Nur so ließ sich die eigene Position und der damit untrennbar verbundene volkskirchliche Auftrag innerhalb des weltanschaulich neutralen Weimarer Staates aufrechterhalten. Die vom konservativen protestantischen Mehr-

---

weiß-rote Beflaggung ein eindeutiges politisches Bekenntnis für oder gegen die Republik abzulegen. Näheres bei K. Nowak, *Evangelische Kirche und Weimarer Republik*, 177 ff.

[657] Ausführlicher dazu s.u. Seite 244, Anm. 958.

[658] Darunter fasste man „insbesondere die Werke der äußeren und inneren Mission, der Bibelverbreitung sowie aller Bestrebungen, welche auf die Durchdringung des evangelischen Volkes mit den Kräften des Evangeliums abzielen". Vgl. § 2, Absatz 4, Ziffer 2.

[659] Näheres dazu bei J.-C. Kaiser, *Sozialer Protestantismus im 20. Jahrhundert*, 60 ff.

[660] So Oberkonsistorialrat Gustav Scholz, der 1924 als theologischer Berichterstatter in das Kirchenbundesamt eingerückt war, in seiner Schrift *Der Deutsche Evangelische Kirchenbund*, Berlin-Steglitz 1924, 11. Vgl.a. O. Dibelius, *Das Jahrhundert der Kirche*, 254, der sogar davon spricht, dass „schließlich einmal die Kirche die Zusammenfassung aller dieser [sc. vereinsmäßigen] Arbeiten werden wird".

[661] Besonders spürbar war dieser Wandel für die evangelische Kirche an der wachsenden Bedeutung des alten ‚Erbfeindes', des Katholizismus, dessen politische Macht sich in der Zentrumspartei bündelte. In wechselnden Koalitionen vornehmlich mit der Sozialdemokratischen und der Deutschen Demokratischen Partei war das Zentrum an der Regierungsbildung in den Jahren nach 1918 beinahe durchgängig beteiligt. Unter der – so wörtlich – „lebhaften" Zustimmung der Delegierten des Stuttgarter Kirchentages konstatierte Kirchentagspräsident Pechmann nicht zu Unrecht, „dass für diese Parteien das Wohl und Wehe und das Lebensinteresse der evangelischen Kirche nicht zu den Dingen gehört, für welche ihr Herz besonders erwärmt ist". *Verhandlungen des 2. Deutschen Evangelischen Kirchentages 1921*, 252.

heitsprotestantismus erhobene Forderung einer ‚geschlossenen, einheitlichen Front'
verstärkte – neben dem konfessionellen Faktor – die bei der Kirchenbundgründung
vorherrschende Tendenz, praktischen Koordinationszwängen den Vorrang vor verfassungspolitischen Ideen einzuräumen.

Hinter dieser ohne Zweifel restaurativen Konzeption vermag man aber nur dann ein
ausschließlich auf die eigene Bestandsicherung ausgerichtetes interessenpolitisches
Kalkül erkennen, wenn man das ihr zugrundeliegende Leitbild ‚Volkskirche' als „unentbehrliche Lebenslüge der Institution Kirche ... um im öffentlichen Leben weiterhin eine bevorzugte Stellung verlangen und begründen zu können", meint entlarven
zu können.[662] Um aber die konservativ-föderalistische Bundesverfassung und die in
den Kirchentagen zu Tage tretende ideologische Gesamtlage des deutschen Protestantismus in den Jahren 1918–1933 angemessen beurteilen zu können, darf das damalige
Selbstverständnis der evangelischen Kirche nicht von vornherein moralisch diskreditiert werden. Im folgenden kommt es daher darauf an, das Profil des volkskirchlichen
Auftrages, der unter den gewandelten gesellschaftspolitischen Verhältnissen der Jahre
nach 1918 von neuem aktualisiert wurde, genauer in Augenschein zu nehmen und es
für eine Würdigung des Kirchenbundes und seines Repräsentativorgans mitzubedenken. Nicht zufällig wurden die auf dem Stuttgarter Kirchentag anberaumten Verhandlungen über den zu schließenden Bund durch einen Vortrag eingeleitet, der über die
neue Aufgabe der evangelischen Kirche im Weimarer Staat handelte.

---

[662] So jedenfalls J. Jacke, *Kirche zwischen Monarchie und Republik*, 317.

5 Volkskirche im ‚religionslosen Staat' – Stuttgart 1921

Waren die Verhandlungen des ersten vorläufigen Kirchentages in Dresden noch durch lebhaft ausgetragene Kontroversen und Kampfabstimmungen geprägt gewesen, so verlief die Stuttgarter Tagung weitaus konzilianter und einmütiger, obwohl nahezu dieselben Teilnehmer wie in Dresden geladen waren.[663] Das homogene Erscheinungsbild, das der zweite Kirchentag hinterließ, ist im wesentlichen auf zwei Faktoren zurückzuführen: zum einen war – wohl aufgrund der Dresdener Erfahrungen – für Plenardebatten ohnehin ein deutlich geringerer Zeitrahmen vorgesehen, zum anderen bestand hinsichtlich der zur Debatte stehenden Themen unter den Kirchentagsdelegierten erwartungsgemäß weitgehende Übereinstimmung. Neben den zielgerichtet verlaufenden Verhandlungen über den Verfassungsentwurf für den künftigen Kirchenbund zeigte man auch in der sogenannten Schulfrage ein Bild äußerster Geschlossenheit. Selbst die Aussprache über den Hauptvortrag des Geistlichen Vizepräsidenten des EOK, Professor Dr. Julius Kaftan, der unter dem signifikanten Titel stand: „Die neue Aufgabe, die der evangelischen Kirche aus der von der Revolution proklamierten Religionslosigkeit des Staates erwächst", konnte die einträchtige Stimmung des Stuttgarter Kirchentages kaum trüben. Die Reihen der kirchenparteilichen Fraktionen, die sich in Dresden noch erbitterte Auseinandersetzungen um den inneren Neuaufbau der Volkskirche geliefert hatten, schlossen sich hinter jener programmatischen Referatsvorgabe beinahe ausnahmslos.

Bereits im Vorfeld der Stuttgarter Versammlung hatte der erweiterte Kirchenausschuss Julius Kaftan einmütig darin zugestimmt, dass eine völlig neue kirchliche Aufgabenbestimmung in Anbetracht der veränderten politischen Lage „derzeit das Hauptthema der evangelischen Kirche" sei.[664] Zugleich verband sich damit die Hoffnung, den Kirchenbund in einen weiteren, gesamtgesellschaftlichen Zusammenhang zu rücken, der seine Gründung über jede nur besitzstandswahrende Kirchturmpolitik hinaushob. Dabei nahm man bewusst in Kauf, dass in der vom Kirchenausschuss ebenfalls einstimmig gebilligten Formulierung des Vortragsthemas zweifellos beträchtliches Misstrauen und tiefersitzende Ressentiments gegenüber dem aus dem politischen Umbruch von 1918 und 1919 hervorgegangenen Weimarer Verfassungsstaat offen zu Tage traten.

---

[663] Zur Zusammensetzung vgl.o. die Seiten 124 ff.

[664] Vgl. DEKA-Sitzung vom 8. bis 10. Februar 1920, in: *EZA* 1/A2/19.

5.1 Julius Kaftan über die neue Aufgabe der Kirche

Als Referent für den einleitenden Vortrag trat auf dem Stuttgarter Kirchentag der bereits im 73. Lebensjahr stehende Berliner Systematikprofessor Julius Kaftan auf, der neben seiner akademischen Lehrtätigkeit seit 1919 als Geistlicher Vizepräsident des EOK auch ein führendes kirchenregimentliches Amt inne hatte. Kaftan, ein Vertreter der modern-positiven Theologie, der in der Tradition der ethizistischen Religionsauffassung der Ritschlschule stand,[665] verkörperte in seiner Person wie auch Ernst von Dryander noch die Generation der preußischen Kaiserreichstheologen. Aufgewachsen in Schleswig, wo er 1864 im Deutsch-Dänischen Krieg die „Befreiung" seiner Heimat miterlebt hatte,[666] war er als Student begeisterter Zeitgenosse des weiteren preußischen Aufstiegs unter Bismarck bis zur Reichsgründung 1871 gewesen. So lässt sich in seiner Ernennung zum Hauptredner des Kirchentages ein deutliches Indiz für die politische Orientierung der Verantwortlichen im Kirchenausschuss in den Anfangsjahren der Republik erkennen. Kaftans Referat legte dann auch den zentralen Bezugsrahmen für das Selbstverständnis und die für sich reklamierte Rolle der evangelischen Volkskirche nach 1918 fest.

Ausgangspunkt seiner Überlegungen war das von ihm entworfene Ideal der „Landeskirche im christlichen Staat".[667] In Anlehnung an Luthers Zwei-Regimenten-Lehre verstand Kaftan darunter jedoch nicht eine möglichst anzustrebende Identität beider Bereiche. „[S]olches Ineinanderwerfen von staatlichen und kirchlichen Dingen … ist dahin und kehrt niemals wieder." Staat und Kirche seien vielmehr nach dem Ursprung, dem Ziel, dem sie dienten, und den Mitteln zur Durchsetzung ihres jeweiligen Zieles „klar und deutlich" voneinander zu unterscheiden. Der Staat gehöre als ein „Naturprodukt" zur Schöpfungsordnung Gottes. Mit Mitteln des Zwangs zur Anerkennung seiner Gesetze habe er für ein geordnetes irdisches Zusammenleben zu sorgen. Die Kirche hingegen sei eine „Stiftung Gottes", welche die Aufgabe habe, allein durch Wort und Sakrament zum ewigen Leben zu erziehen.[668]

Aber neben dieser Sonderung gelte es auch, den engen Bezug beider Größen, ihre wesentliche Zusammengehörigkeit zu beachten. Denn der Staat sei als ein Sozial- und Rechtsstaat wesentlich auch Ordnung der „Sittlichkeit", Repräsentant und Garant des geltenden Wertekanons innerhalb eines unter dem Einfluss christlicher Traditionen stehenden Volkes. „Materielle Wohlfahrt und sittliche Gesundheit des Volkes sind das Ziel des Staates. Und die letztere steht voran, es braucht keiner Worte weiter darüber."[669] Den sittlichen Gemeingeist zu schützen und aufrechtzuerhalten, mache ihn zu einem christlichen Staat, der insofern selbstverständlich auf Religion bezogen sei. Denn Religion bilde stets die Grundlage jeder höheren Kultur. Kaftan betrachtete sie – entsprechend der gemeinsamen protestantischen Überzeugung quer durch die theologischen und kirchlichen Fraktionen – gewissermaßen als einzig unzerstörbare Inte-

---

[665] Vgl. dazu ausführlich den Beitrag Julius Kaftans in: Erich Stange (Hg.), *Die Religionswissenschaft der Gegenwart in Selbstdarstellungen, Bd. IV*, Leipzig 1928, 200-232.

[666] Ebd., 202.

[667] *Verhandlungen des 2. Deutschen Evangelischen Kirchentages* 1921, 121.

[668] Ebd., 124.

[669] Ebd., 125.

grationssubstanz, welche verhinderte, dass sich die Gemeinschaft des Volkes in eine aus atomistisch vereinzelten Individuen bestehende ‚Gesellschaft' auflöste.[670] Daher sei der Staat essentiell auf die Kirche als Sachwalterin der Religion angewiesen,[671] insbesondere auf die evangelische Kirche, die im Vergleich zum Katholizismus als „freiere Bewegung" der modernen geistigen Kultur viel nachhaltiger den Mutterboden bereitet habe.[672]

In gleicher Weise gelte aber auch: „der Staat kann in einem christlichen Volk so wenig die Kirche, wie die Kirche den Staat entbehren." Nur wenn die besondere Bedeutung des Christentums für das Gemeinwohl durch den Staat eigens hervorgehoben werde, könne die Kirche ihren göttlichen Heilsauftrag umfassend erfüllen. Umgekehrt bedeutete dies: „Die Kirche kann nicht zum ewigen Leben erziehen, wenn die öffentliche Ordnung unseres Volkes im Staat sich dem Einfluß der christlich-sittlichen Ideen entzieht."[673] Was zuvor also noch säuberlich unterschieden worden war, band Kaftan schließlich – über den inneren Zusammenhang von Religion und sittlicher Kultur – umso enger wieder zusammen.

Diese ideale Verknüpfung zwischen Staat und Kirche erlaubte nach Kaftan durchaus deren organisatorische Trennung, sofern sich der Staat auch weiterhin dem Erbe christlicher Sitte und Kultur verpflichtet wusste. Aber gerade diese notwendige Voraussetzung sei mit dem endgültigen Fall der Fürstenhäuser nicht mehr gegeben: „Die Revolution hat den religionslosen Staat proklamiert, d.h. sie hat unter uns die wechselseitige innere Beziehung beider aufeinander aufgehoben."[674] Die Novemberereignisse von 1918 – die verfassungsgebende Weimarer Nationalversammlung blieb bezeichnenderweise gänzlich unerwähnt – hätten eine neue bedrohliche Realität geschaffen, „wo der Staat den christlichen Charakter des Volkes nicht mehr schützt und erhält, wo keine Garantie mehr besteht, dass er ihn nicht in weitem Umfang gefährdet oder gar, ob bewusst oder unbewusst, zu schädigen sich bemüht".[675] Man müsse sich klar vor Augen halten, dass der religionslose Staat im Grundsatz immer zur „Religionsfeindschaft" tendiere.[676] Unter seiner Herrschaft drohe daher auch jede geistige Kultur zur „bloßen Zivilisation" zu veröden. Der Staat beschränke sich zwangsläufig auf die Pflege dieser Zivilisation, auf das, „was in der Kultur mechanisch ist, unmittelbar nützlich und nicht zu entbehren".[677] Aufgrund dieser dezidiert zivilisationspessimistischen Perspektive, die Kaftan hier einnahm, erschien die Legitimität der Weimarer Demokratie als eines religionslosen Staates ohne sittliche Substanz bereits gründlich desavouiert.[678]

---

[670] Vgl. ebd., 138.

[671] Vgl. ebd., 124.

[672] Ebd., 137.

[673] Ebd., 125.

[674] Ebd., 125.

[675] Ebd., 128.

[676] Vgl. ebd., 130: „Der religionslose Staat ist als solcher eine Verneinung, die dann immer praktisch, auch wenn es nicht gewollt wird, zur Religionsfeindschaft führt. Wir sind so schlapp und stumpf geworden, dass wir es nicht im Bewusstsein haben."

[677] Ebd., 137.

[678] Ausführlich zu solchen weitverbreiteten, religiös-kulturell untermauerten Delegitimierungstendenzen innerhalb der protestantischen Theologie der Weimarer Epoche vgl. die Studie von Klaus Tanner,

Aber noch mit einem zweiten Argument stellte der Redner die Rechtmäßigkeit der Weimarer Republik prinzipiell in Frage. Im Gegensatz zur christlichen Überzeugung, nach der alle Obrigkeit von Gott eingesetzt sei, erkenne der demokratische Staat keine Autorität über sich an. Er sei dazu auch gar nicht imstande, da er „für sich als Staat den Gottesglauben ausschaltet". Durch die Negierung des „ewigen Gotteswillen" aber, der allein das Recht des Staates begründe, „autoritative Forderungen ..., unabhängig von jeder Tagesmeinung" zu erheben, verneine der Weimarer Staat auch seine eigene Autorität. „Er ist eine Geburt des Tages, alles nur gültig bis auf Weiteres, bis zu den nächsten Wahlen, wo wieder ein Staat geboren wird, der vielleicht alles anders will und ordnet. Er ist eine schwankende Größe, steht nicht auf festen Füßen, bietet keine Gewähr über die unmittelbare Stunde hinaus."[679]

Auf dem Hintergrund dieser Stigmatisierung des ‚religionslosen' Weimarer Staates, seines prinzipiellen Zuges zur Gottesverleugnung und Religionsfeindschaft und seiner Tendenz zur Destruktion von Autorität, erwachse der Kirche eine neue, unabweisbare Aufgabe. „Sie muß jetzt vieles selbst in die Hand nehmen, was sie bisher als selbstverständlich und durch die feststehende ererbte Wechselbeziehung mit dem Staat gegeben voraussetzen durfte."[680] Wenn die Kirche daher weiterhin Volkskirche bleiben wolle – im populär-kirchlichen Ekklesiologieverständnis als volksumfassende, religiös-sittliche Erziehungsanstalt verstanden –[681] müsse sie selbst für den Erhalt des Bodens sorgen, auf dem sie allein fortbestehen könne. Es gehe um nicht weniger als um die Bewahrung der „christliche[n] abendländische[n] Kultur", deren Pflege sich der „religionslose Staat" nicht länger verpflichtet wisse.[682] Antriebskraft dafür war nach Kaftan jedoch weniger ein volkskirchliches Eigeninteresse; vielmehr stehe „das Lebensinteresse unseres *Volkes*" auf dem Spiel.[683] Daher müsse man ernsthaft in Erwägung ziehen, „ob nicht die Kirche als die organisierte Vertreterin des Christentums unter uns berufen sein sollte, den Kristallisationspunkt zu bilden, im Verein mit allen guten Geistern der Gegenwart unsere geistige Kultur aufrecht zu erhalten und zu pflegen".[684]

Diese neue Aufgabenbestimmung, die über den Rahmen des genuin kirchlichen Auftrages bemerkenswert weit hinausging, sollte aber nicht nur das weiterhin ungebrochene kulturelle Sendungsbewusstsein der Volkskirche bekräftigen. Im Kontext der Kaftanschen Absage an den ‚religionslosen Staat' kam dieser kulturell-gesellschaftliche Hegemonialanspruch einer Kampfansage an eben diesen Staat gleich. Dementsprechend unmissverständlich erhob der Redner die Forderung an die Kirche, endlich aus ihrer Winkelexistenz herauszutreten und sich nicht auf ihr engbe-

---

Die fromme Verstaatlichung des Gewissens. Zur Auseinandersetzung um die Legitimität der Weimarer Reichsverfassung in Staatsrechtswissenschaft und Theologie der zwanziger Jahre, Göttingen 1989. Zu Kaftans Vortrag s. vor allem ebd., 200-205.

[679] *Verhandlungen des 2. Deutschen Evangelischen Kirchentages 1921*, 129 f.

[680] Ebd., 126.

[681] Vgl. dazu etwa den Lexikonartikel von Jakob Schoell: „Volkskirche", in: *RGG*²V, 1660-1664, bes. 1661.

[682] *Verhandlungen des 2. Deutschen Evangelischen Kirchentages 1921*, 137.

[683] Ebd., 131 (Hervorhebung von Kaftan).

[684] Ebd., 137.

grenztes kirchliches Terrain zu beschränken. Vielmehr müsse sie wieder „streitende Kirche" werden, „streitend wider den religionslosen Staat".[685] Allerdings lag Kaftan der Gedanke fern, die Kirche könne und solle in grundsätzlicher Konfrontation zum Staat verharren und unter dessen völliger Außerachtlassung der einzige „Kristallisationspunkt" geistig-sittlicher Kultur dauerhaft bleiben. Diese neue Herausforderung, vor die Kaftan die Kirche gestellt sah, gelte nicht unbefristet, sondern nur so lange, „bis die Zeiten sich wieder ändern, und die alte Wechselbeziehung zum christlichen Staat wiederhergestellt ist".[686]

Der parlamentarisch-demokratische Staat war also im Sinne Kaftans nur als eine Übergangserscheinung anzusehen, die Aufgabe der Kirche dementsprechend als eine stellvertretend für den ‚christlichen Staat' ausgeübte, interimistische Ersatzleistung, durch welche die bereits um sich greifende moralische Verwahrlosung bis auf weiteres eingedämmt werden sollte.[687] In unzweideutiger Weise wandte sich diese Rollendefinition von Kirche gegen die Weimarer Republik. Der für den Erhalt der als christlich reklamierten Kultur geforderte Zusammenschluss, der in Zukunft sogar auf „alle, die guten Willens sind und ein Gewissen haben" ausgedehnt werden könne,[688] hatte zur Kehrseite die Ablehnung des bestehenden demokratischen Staates. Allenfalls konnte dieser anerkannt werden in seiner verwaltungsmäßigen Zuständigkeit für einen äußerlich reibungslosen Ablauf im gesellschaftlichen Zusammenleben, für alles bloß „[M]echanische" in der Kultur. Zweifellos wurde damit das ekklesiale Leitbild ‚Volkskirche' zu einem „Politikum allererersten Ranges".[689] Fest verankert im Bewusstsein aller, „die Christen sein und bleiben wollen",[690] erhob es in der Argumentation Kaftans den Anspruch, ‚das christliche Volk' oder – noch weiter gefasst – ‚alle guten Geister' aus dem gesellschaftlich-kulturellen Zusammenhang der Weimarer Republik auszusondern, um durch sie eine christlich geprägte Kultur und Staatsgesinnung zu konservieren, die letztlich auf die Ablösung des ‚religionslosen Staates' und die Wiedereinsetzung des ‚christlichen Staates' hinarbeitete.

Die unmittelbare Umsetzung dieser Aufgabe wies Kaftan jedoch nicht der verfassten Kirche als solcher zu. Als evangelische Volkskirche müsse sie weiterhin ihre politische Neutralität wahren und könne sich daher – zumindest „[e]instweilen" – nicht in den Kampf der politischen Parteien einmischen.[691] Den Weg zur Kanzel solle sie sich

---

[685] Ebd., 131.

[686] Ebd., 126. Kaftan war der Ansicht, dass die evangelische Kirche auf sich gestellt mit dieser Aufgabe auf die Dauer überfordert war. „Die Kirche allein kann' s nicht schaffen, das Volk vor innerem Niedergang und äußerem Untergang zu bewahren." Vgl. das Schreiben Julius Kaftans an Theodor Kaftan vom 14. Dezember 1919, in: W. Göbell (Hg.), *Kirche, Recht und Theologie in vier Jahrzehnten. Der Briefwechsel der Brüder Theodor und Julius Kaftan, Zweiter Teil*, 700.

[687] Vgl. ebd., 129. Kaftan klagt in diesem Zusammenhang über „die „beispiellose Verlotterung der Sitten und die Verwilderung der Gewissen in unserem Volk".

[688] Ebd., 135.

[689] So mit Recht K. Nowak, *Evangelische Kirche und Weimarer Republik*, 78.

[690] *Verhandlungen des 2. Deutschen evangelischen Kirchentages 1921*, 134.

[691] Die Gründung eines „evangelische[n] ‚Centrum[s]'" in Entsprechung zum katholischen Gegenstück stellte für Kaftan ein „ultimum refugium" dar. Dies sei allerdings „ein Schritt von größter Tragweite", der auch nur vom Kirchenvolk ausgehen dürfe. Kaftan selber zweifelte indes an der notwendigen politischen Reife des deutschen Protestantismus für ein solches Unternehmen: „ Sind wir

allerdings nicht länger durch „politische Schlagbäume" versperren lassen. „Wen der Geist treibt und wer es kann, der soll dann auch eine politische Predigt halten."[692] Denn es gehöre zur Pflicht der Kirche, die Gemeinde auf die Gefährdung des Christentums „in dieser ernsten schicksalsschweren Zeit" aufmerksam zu machen. Die Theologen als „die von Gott bestellten Wächter" seien „dazu da, um die Glocken zu läuten und die Schlafenden zu wecken".[693] Entscheidend kam es aber nach Kaftan auf das Christenvolk als solches an. Durch Predigt und öffentliche Pressekampagnen der Kirche sollte es mobilisiert werden und sich in selbständigen Gemeindebünden formieren. Konkret war an bereits bestehende Kampfbünde zur Durchsetzung evangelischer Schulforderungen gedacht oder an organisierte Zusammenschlüsse, welche die Gemeinde und das Christentum vor der Agitation der antikirchlichen Stoßtrupps des Freidenkertums und der Gottlosenpropaganda schützen sollte.[694] „Freilich, Vereine im hergebrachten Sinn mit den üblichen Obliegenheiten und Funktionären tun es nicht ... Ein Bund müsste es sein, der alles einzusetzen bereit wäre; äußersten Notfalls dürfte er selbst davor nicht scheuen, passiven Widerstand gegen religionsfeindliche oder das sittliche Leben gefährdende Maßregeln des Staates zu organisieren."[695] Der Kirchentag bedachte Kaftans Referat mit „lebhafte[m] Beifall". Auch die anschließende Plenardebatte demonstrierte, dass hinsichtlich der skizzierten Aufgabenbestimmung der protestantischen Kirche im Weimarer Staat quer über alle kirchenparteilichen Richtungen hinweg im Grundsatz Einigkeit herrschte. Abgesehen von vereinzelten kritischen Einwänden ergaben sich nur im Blick auf das Maß an Distanzierung und Opposition zur parlamentarischen Demokratie unterschiedliche Auffassungen. Mitunter wurde der von Kaftan aufgerissene Graben zwischen dem ‚religionslosen Staat' und einer vom Christentum geprägten Gesellschaftskultur noch vertieft. Wilhelm Philipps, Direktor der Berliner Stadtmission, forderte die evangelischen Kirchen dazu auf, mit Hilfe ihrer neugewonnenen Freiheit – von Philipps ganz in der Tradition Stoeckers als „Gnadengeschenk unseres Gottes" bezeichnet – auch für das Volk einzutreten gegenüber dem Staat. Die Landeskirchen hätten darüber zu „[w]achen, dass er [sc. der Staat] sich keine Übergriffe erlaubt". Konkret erwartete Philipps von ihnen, „mit allen ihren lebendigen Gliedern in den Regierungen und Parlamenten Fühlung [sc. zu] halten. Wir brauchen Verbindungsoffiziere zwischen Staat und Kirche. Die Kirche muß das öffentliche Leben entgiften und versittlichen und darf dabei vor keinem Kampfe schrecken. Will die Kirche das ernstlich, dann muß sie zur allgemeinen Mobilmachung aufrufen ... Alle in eine Front zum Kampf, nicht direkt oder indirekt einen Umsturz herbeizuführen, aber, wenn's sein muß, bis zur Verwei-

---

schon so weit? Ein Schlag ins Wasser würde unsere politische Inferiorität definitiv besiegeln." Vgl. das Schreiben Julius Kaftans an seinen Bruder T. Kaftan vom 12. August 1923, in dem er auf seinen Stuttgarter Vortrag Bezug nimmt. W. Göbell (Hg.), *Kirche, Recht und Theologie in vier Jahrzehnten. Der Briefwechsel der Brüder Theodor und Julius Kaftan, Zweiter Teil*, 817 f.

[692] *Verhandlungen des 2. Deutschen Evangelischen Kirchentages 1921*, 132.

[693] Ebd., 133.

[694] Zur Kirchenaustritts- und Freidenkerbewegung vgl. die umfangreiche Studie von Jochen-Christoph Kaiser, *Arbeiterbewegung und organisierte Religionskritik. Proletarische Freidenkerverbände in Kaiserreich und Weimarer Republik*, Stuttgart 1981.

[695] *Verhandlungen des 2. Deutschen Evangelischen Kirchentages 1921*, 135.

gerung des Gehorsams, zur passiven Resistenz." Als Begründung für diese weitgehenden Maßnahmen verwies Philipps auf Apostelgeschichte 5,29: „Man muß Gott
mehr gehorchen als den Menschen!"[696] Weniger polemisch, aber in beinahe schon
prophetischer Vorwegnahme der wenige Jahre später voll zum Durchbruch gelangen-
den sogenannten ‚neurealistischen‘ Kirchlichkeit der zwanziger Jahre sekundierte der
württembergische Prälat Jakob Schoell: „Das Ziel ist, dass die Kirche eine Macht wird
im öffentlichen Leben … Nimmt sie die Arbeit der inneren Gesunderhaltung unseres
Volkslebens, die der Staat jetzt links liegen lassen will, im rechten Sinne auf, dann ist
die Kirche die Trägerin der deutschen Zukunft."[697] Ein zwiespältiges Votum äußerte
Arthur Titius: Er machte zunächst kulturprotestantischen Vorbehalte gegenüber einer
kirchlich-klerikalen Leitkultur geltend, welche „die volle Selbständigkeit der Geisteskultur" zwangsläufig beschneiden würde. Auch verwahrte er sich dagegen, die aus
der Aufklärungszeit herrührende Idee der weltanschaulichen Neutralität des Staates
als Religionslosigkeit zu bezeichnen, die tendenziell zur Religionsfeindschaft führe.
Im übrigen befürwortete er aber energisch das von Kaftan vorgestellte Konzept, das
Kirchenvolk in freien Gemeindebünden zu mobilisieren.[698]
Auf deutliche Distanz zu Kaftans Ausführungen gingen nur der liberale Demokrat
Martin Rade und – bemerkenswerter Weise von ganz anderer Warte – der christlich-
soziale DNVP Reichtagsabgeordnete Reinhard Mumm. Unter Verweis auf die zahlreichen kirchen- und christentumsfreundlichen Bestimmungen der Weimarer Reichsverfassung, welche der Kirche in ihrer Zuordnung zum öffentlichen Leben eine immer
noch deutlich privilegierte Stellung sicherten, und die beträchtliche Anzahl christlich
gebundener Parlamentarier erklärte Mumm die offene Proklamation des ‚religionslosen‘ Staates für fragwürdig und im Blick auf die aktuellen politischen Auseinandersetzungen für wenig hilfreich. Der Staatsbegriff sei gegenwärtig noch „in Fluß".
„Liefern wir, bei solch ungeklärter Lage, nicht unsern Gegnern die Waffe, dass wir
die Religionslosigkeit des Staates grundsätzlich anerkennen!"[699] In seinem Bedauern
über die Formulierung des Vortragsthemas schloss sich Rade seinen Vorrednern Titius
und Mumm an. Ausschlag-gebend sei nicht das, was die Revolution proklamiert habe,
sondern der Staat, der heute bestehe. „Ist aber durch die Revolution Religionslosigkeit
proklamiert worden, so war das entweder ein Schlag ins Wasser, weil es kein religionsloses Volk gab, oder nur die Feststellung eines vorhandenen Zustandes, daß wir ein
religionsloses Volk waren und sind." Anschließend rührte Rade an den subtilsten und
gefährlichsten Punkt in der Argumentation Kaftans. Gegen dessen Versuch, die protestantische Kirche zum Kristallisationspunkt einer geistig-politischen Gegenkultur
zu machen, die zur Überwindung des demokratisch-parlamentarischen Staates beitra-

---

[696] Ebd., 139-141.
[697] Ebd., 142.
[698] Ebd., 145 f. Titius stellte sogar den Antrag, den Vortrag Kaftans als offizielle Kundgabe des Kirchentages massenweise zu publizieren und unter das Kirchenvolk zu bringen. Dieser Versuch scheiterte
jedoch am Widerstand Otto Baumgartens, dessen Vorbehalte von Kirchentagspräsident Pechmann
als von der Mehrheit zu respektierende Gewissensentscheidung eines einzelnen erklärt wurden.
Pechmann verzichtete dementsprechend auf eine sonst übliche und auch durch Zurufe geforderte
Abstimmung. Vgl. ebd. 146 f.
[699] Ebd., 144 f.

gen sollte, wandte Rade ganz im Sinne der Weimarer Reichsverfassung ein: „Der Staat ist das Staatsvolk." Pointiert führte er weiter aus: „Und das Staatsvolk ist das Kirchenvolk." Die Delegierten forderte er dazu auf, die neue Freiheit der Kirche zu nutzen, um sich in den Dienst des heutigen Staates zu stellen. *Darauf* – so konnte man den Ausführungen Rades entnehmen – sollten die evangelischen Landeskirchen ihre umfassende christlich-volkspädagogische Arbeit verwenden. „Das Staatsvolk von heute wird der Kirche dafür danken. Lassen wir die Vergangenheit ruhen und arbeiten wir für die Zukunft!"[700]

Dieser rührige Appell zu Aufgeschlossenheit und Mitarbeit am neuen demokratischen Staatswesen wurde im weiteren Verlauf der Plenarverhandlungen nicht wieder aufgegriffen oder kommentiert. Die erdrückende Mehrheit der Kirchentagsteilnehmer sah sich – zumindest vorläufig – außerstande, ein positives Verhältnis zu den neuen politischen Verhältnissen zu knüpfen.[701] Rade selbst verschwieg diese Tatsache nicht, wenn er feststellte: „. . . es kann und muß von Staatsfeindschaft in kirchlichen Kreisen geredet werden."[702] Neben grundsätzlichen theologischen Vorbehalten und Mentalitäten, wie sie paradigmatisch im Referat Kaftans begegnen, wirkten sich zusätzlich „konkrete Alltagserfahrungen mit Demokratisierung" negativ auf die Haltung vieler kirchlicher Protestanten zum Weimarer Staat aus.[703] Dabei war die Tendenz besonders in den Anfangsjahren der Republik groß, anhand der im Zuge einer radikalen Trennungspolitik angeordneten kirchenpolitischen Maßnahmen sozialistischer Länderregierungen den vermeintlich wahren Charakter des demokratischen Staates ablesen zu können. Die auf dem Stuttgarter Kirchentag vorherrschende „Adolph-Hoffmann-Stimmung" trug daher mit dazu bei,[704] dass die teilweise höchst fragwürdigen Schlussfolgerungen Kaftans nur vereinzelt auf Widerspruch stießen. Die für die meisten unmittelbar evident erscheinende Gleichsetzung von weltanschaulicher Neutralität mit ,Religionslosigkeit' bzw. ,Religionsfeindschaft' äußerte sich in dem Gefühl eines permanenten Bedrohtseins des evangelischen Christentums, der Sorge, unter den neuen politischen Bedingungen den Weg zur „Märtyrerkirche" beschreiten zu müssen.[705] Im Lichte

---

[700] Ebd., 150 f.

[701] Eine gute erste Übersicht über die Wandlungen wie auch über die Kontinuitäten in der Haltung kirchlicher Protestanten zum Weimarer Verfassungsstaat bietet der Aufsatz von Günter Wollstein, „Evangelische Kirche und Weimarer Republik: Erschütterung – Besinnung – Deformation", in: R. Ziegert (Hg.), *Die Kirchen und die Weimarer Republik*, 7-22.

[702] *Verhandlungen des 2. Deutschen Evangelischen Kirchentages 1921*, 151.

[703] Darauf verweist Karl Dienst, „Synode – Konsistorium – Demokratie. Zu Problemen des ,demokratischen Charakters' der neuen Kirchenverfassungen der Weimarer Zeit", in: R. Ziegert (Hg.), *Die Kirchen in der Weimarer Republik*", 121.

[704] Martin Rade, „Der zweite Deutsche Evangelische Kirchentag in Stuttgart", in: *CW*, Nr. 39 vom 29. September 1921, 699. Freilich wirkt die Argumentation von Klaus Scholder etwas hergeholt, wenn er allein die sechswöchige Amtstätigkeit des preußischen USPD-Kultusministers für ausreichend erklärt, „um nahezu alles zu zerschlagen, was an Ansätzen für eine Zusammenarbeit zwischen Sozialdemokratie und Kirche vorhanden war, und zwar nicht nur in der Revolutionsphase, sondern fast noch mehr in den späteren Jahren" (*Die Kirchen und das Dritte Reich, Bd. 1*, 20). Zur Ablehnung der politischen Linken und zur Ausbildung einer demokratiekritischen Haltung der evangelischen Kirche hätte es eines Hoffmann wohl kaum bedurft.

[705] So z. B. Wilhelm Philipps, vgl. *Verhandlungen des 2. Deutschen Evangelischen Kirchentages 1921*, 140.

einer daraus resultierenden Wagenburgmentalität konnten die Äußerungen Moellers und Böhmes, der Kirchenbund habe sich im Kampf mit den staatlichen Gewalten und dem politischen Katholizismus als ‚evangelische Einheitsfront' bzw. als ‚Abwehrboll-werk' zu bewähren, mit beinahe ungeteilter Zustimmung des Kirchentages rechnen. In eigenartiger Verknüpfung mit dieser defensiven Ausrichtung des Kirchenbundes formierte sich bereits in Stuttgart ein neues kirchliches Selbstbewusstsein. Es beton-te die errungene Freiheit und die in einem gemeinsamen Bündnis errungene Stärkung der protestantischen Kirchen, welche als kulturelle und partiell politische Gegenmacht gegen den Weimarer Staat opponieren sollten. Kirchentagspräsident Pechmann sah im Kirchenbund sogar das dem protestantischen Selbstverständnis entsprechende Pen-dant zur katholischen Zentrumspartei verwirklicht.[706] Mithilfe der synodalen Ergän-zung durch den Kirchentag könne der Kirchenausschuss endlich als das zentrale ge-meinsame Handlungsorgan der Landeskirchen agieren und sein in der gegenwärtigen Lage „dringend" benötigtes Wächteramt wahrnehmen.[707]

Was sich in diesem neuen Rollenverständnis ausspricht, ist bereits die Vorwegnahme dessen, was der kurmärkische Generalsuperintendent Otto Dibelius 1926 in seinem Buch „Das Jahrhundert der Kirche" am meisten öffentlichkeitswirksam ausarbeiten sollte. Aus dem Verlust des christlichen Staates hatte Dibelius ebenso wie Kaftan und Pechmann eine Aufgabe für den deutschen Protestantismus gemacht. Eine aus dem „befreiende[n] Gewitter" der Revolution endlich unabhängig hervorgegangene Kir-che sah er an der Schwelle einer neuen Zeit,[708] die neue, ungeahnte Forderungen an sie stellte: „Daß ein Bollwerk da sei für die Güter unseres christlichen Glaubens, daß unsere Kinder ihres christlichen Glaubens froh und ruhig leben können, wie es unsere Väter gekonnt haben, dass eine Mauer steht, die die christliche Kultur des Abendlan-des schirme, nachdem kein Staat sie mehr schirmen will – dafür brauchen wir eine Kirche!"[709] Den hier deutlich werdenden Zusammenhang zwischen der politischer Entwicklung und dem Aufkommen eines neuen kirchlichen Selbstbewusstseins hat Dibelius auch ausdrücklich formuliert: „Das Korrelat zum religionslosen Staat ist und bleibt das ‚Jahrhundert der Kirche'".[710]

---

[706] Vgl. ebd., 251 f.

[707] Nur ein Kirchenausschuss, dessen Beschlüsse durch das im Kirchentag repräsentierte Kirchenvolk autorisiert seien, könne mit Erfolg „Tag und Nacht bei der Hand sein … um Ausschau zu halten nach dem, was im öffentlichen Leben unsere evangelische Kirche bedroht, und um zur rechten Zeit seine Gegenmaßregeln zu treffen". Vgl. ebd., 252 f.

[708] Otto Dibelius, *Das Jahrhundert der Kirche*, 75. Ausführlich zu diesem Buch sowie zur sogenannten ‚neurealistischen Kirchlichkeit' insgesamt in Kapitel IX.

[709] Otto Dibelius, *Nachspiel. Eine Aussprache mit den Freunden und Kritikern des „Jahrhunderts der Kirche"*, Berlin 1928, 25.

[710] Otto Dibelius, „Antwort an Paul Althaus", in: *Eckart. Blätter für die evangelische Geisteskultur 6*, 1930, 105, zit. nach K. Tanner, *Die fromme Verstaatlichung des Gewissens*, 205.

6 Politische Dauerthemen des Kirchentags 1919–1930

Die gerade einmal 14 Jahre währende Epoche der Weimarer Republik, von Detlef Peukert als „Krisenjahre der Klassischen Moderne" bezeichnet,[711] führte auch im Bereich der evangelischen Kirche zu einer ungewöhnlich starken Politisierung der geistlichen und nichtgeistlichen Führungselite. Bekenntnismäßige Differenzen, welche nach wie vor bestanden, verloren demgegenüber auffällig an Brisanz. Am Beispiel aller fünf Kirchentage bewahrheitet sich das, was Otto Dibelius 1928 beobachtete: „Was [sc. auf kirchlichen Tagungen] über religiöse Fragen gesprochen wird, wird achtungsvoll, oft mit Spannung und mit Verständnis angehört. Lebendig aber werden die Geister wie mit einem Schlage, wenn das politische Gebiet berührt wird. Da hat jeder seine eigene Meinung. Da fühlt sich jeder persönlich beteiligt … Da kommen die Zwischenrufe … Die politische Leidenschaft beherrscht alles."[712] Zwei Themen, die Schulfrage und der Versailler Vertrag, standen auf den Weimarer Kirchentagen dabei deutlich im Vordergrund und avancierten gewissermaßen zu politischen ‚Dauerbrennern'. Die Schulfrage, die neben dem Problem der Sicherstellung des konfessionell erteilten Religionsunterrichts vor allem den weiteren Erhalt des konfessionellen Schultyps betraf, blieb auf die Dauer der Republik von den staatstragenden Parteien weithin ungelöst. Symptomatisch dafür war die ständig von neuem wieder aufgeschobene Verabschiedung des sogenannten Reichsschulgesetzes. Dass es in dem von allen weltanschaulichen Gruppierungen hart umkämpften Schulbereich zu keiner aus kirchlicher Sicht völlig zufriedenstellenden und endgültigen Regelung kam, galt vielen nicht zuletzt als sicherer Erweis für die angebliche ‚Religionslosigkeit' des demokratischen Staates.

Für weiteren politischen Zündstoff sorgte daneben die offene Wunde der von der Mehrheit der Protestanten kaum eingestandenen militärischen Niederlage. Die tumultartigen Zustände während des Vortrags von Arthur Titius auf dem Dresdener Kirchentag 1919 verdeutlichen dies. Angesichts der beträchtlichen Hoffnungen, die der Weltkrieg gerade innerhalb der evangelischen Kirche geweckt hatte, musste jeder Friedensschluss zu einer maßlosen Enttäuschung führen. Der Versailler Vertrag und seine harten, wenn auch letztlich erträglichen Friedensbedingungen ließen die Republik in den Augen vieler Kirchentagsdelegierter daher umso leichter als bloßes Diktat der westlichen Siegermächte erscheinen. Ebenso wie große Teile der Weimarer

---

[711] Detlef J.K. Peukert, *Die Weimarer Republik. Krisenjahre der Klassischen Moderne*, Frankfurt 1987.

[712] O. Dibelius, *Nachspiel*, 91. Vier Jahre später schrieb Hermann Sasse, zu dieser Zeit bereits Herausgeber des kirchenkundlichen Werkes Kirchliches Jahrbuch: „Wenn heute irgendwo ein Konflikt über eine Lehr- oder Bekenntnisfrage entsteht, so bleibt das Interesse dafür auf ganz enge Kreise beschränkt. Aber die Konflikte, die in das Gebiet des Politischen hineinreichen, werden mit Leidenschaft überall erörtert." *Kirchliches Jahrbuch* 1932, 30, zit. nach K.-W. Dahm, *Pfarrer und Politik*, 29.

Gesellschaft war zweifellos auch der auf dem Kirchentag repräsentierte konservative Mehrheitsprotestantismus erfüllt von „wildem Verlangen nach Revision".[713] Beide Problematiken schufen für den deutschen Protestantismus jeweils für sich eminente Blockaden, einen inneren Zugang zur Weimarer Republik zu finden. Zugleich weckten sie auch starke Sehnsüchte nach einer autoritären Staatsführung, die den Missständen im Inneren und dem Druck von außen wirkungsvoll begegnete.

6.1 Die Schulfrage

Auf keinem anderen Feld erschien die durch Julius Kaftans Vortrag neugestellte Herausforderung der Kirche handgreiflicher zu fassen zu sein als in der Schulfrage. Kirchentagspräsident Pechmann bezeichnete sie unter großer Zustimmung der Stuttgarter Versammlung als „das Zentrum unserer Sorgen für die Zukunft unserer evangelischen Kirche". Der Erhalt des evangelischen Charakters der Volksschule sei an „Lebenswichtigkeit" für den deutschen Protestantismus gegenwärtig durch keine andere Aufgabe zu übertreffen.[714] Dieser Vorgabe entsprechend wurde in jedem Tätigkeitsbericht des Kirchenausschusses die Schulfrage als erstes erwähnt. Bereits auf dem Dresdener Kirchentag 1919 hatte man zudem eigens einen Schulausschuss berufen, der sich nachdrücklich für den Erlass eines evangelischen Schulprogramms einsetzte. Auf dem Stuttgarter Kirchentag kam es dann zu einer entsprechenden Kundgebung, welche die Position der evangelischen Kirche zur Schule auf eine verbindliche Grundlage stellte.[715] Mit ihr wurde einer breiten Öffentlichkeit Weg und Wille der Volkskirche in diesem „Kampffeld zwischen staatlichem, religionsneutralem und religionskirchlichem Anspruch" unmissverständlich angezeigt.[716]

Diese Brisanz ist zurückzuführen auf die besondere Bedeutung, die einer christlich-geprägten schulischen Erziehung nach gemeinprotestantischer Überzeugung für den Erhalt der Volkskirche wie für die Pflege der staatsbürgerlichen Gesinnung zukam. Ganz im Sinne der Kaftanschen Darlegungen über die notwendige Wechselbeziehung zwischen Staat und Kirche erklärte der Vorsitzende des Schulausschusses und Präsident der Evangelisch-lutherischen Kirche Bayerns, Dr. Friedrich Veit, die Religion zur „Seele" des Schulwesens. Ohne sie könne die Schule ihrem obersten Auftrag, „Pflanzstätte" sittlicher Kräfte in Staat und Gesellschaft zu sein, nicht gerecht werden. Von daher sei die Schule selbstverständlich auf die Mitwirkung der Kirche angewiesen. Der Religionsunterricht und – vor allem – „unser Schulideal" der konfessionellen Volksschulen seien bislang die Garanten für eine angemessene religiös-kirchliche Fundierung der schulischen Erziehung gewesen. Durch ein solches Profil stehe die Schule zugleich unmittelbar im Dienst der Volkskirche, da sie die heranwachsenden getauften Kinder im christlichen Geist unterweise. Die Wahrung gesellschaftlich-

---

[713] Nach T. Nipperdey ist diese Haltung *das* Charakteristicum für die Weimarer Epoche. Vgl. Ders., *„Probleme der Modernisierung in Deutschland"*, 58.

[714] *Verhandlungen des 2. Deutschen Evangelischen Kirchentages 1921*, 250. Das Protokoll vermerkt an dieser Stelle als Reaktion auf die Rede Pechmann „lebhaftes Bravo".

[715] Ebd., 234-236.

[716] Theodor Heuss, *Friedrich Naumann. Der Mann, das Werk, die Zeit*, München-Hamburg [3]1968, 507.

öffentlicher wie volkskirchlicher Interessen sei demnach abhängig von der „innere[n] Verbindung zwischen dieser Bildungsarbeit und dem Geist des Evangeliums". Indes sah Veit diesen Zusammenhang unter dem Einfluss der „abschleifenden und ausgleichenden Zeitverhältnisse" wesentlich gelockert, wenn nicht gar in Auflösung begriffen.[717] Damit spielte der bayerische Kirchenpräsident auf die einschlägigen Bestimmungen der Weimarer Reichsverfassung zur Schulfrage an, die von evangelischer Seite aus von Anfang an als unbefriedigend empfunden wurden.[718]

Weithin ausgenommen von kirchlicher Kritik blieb nur die verfassungsrechtliche Stellung des Religionsunterrichts, dessen Beibehaltung von einer kirchlich initiierten, breit ausufernden Bittschriftenbewegung an die Nationalversammlung im Winter 1919 vehement gefordert worden war. Gemäß Artikel 149 war der Religionsunterricht an allen Schulen mit Ausnahme der bekenntnisfreien, weltlichen Schulen als ordentliches Lehrfach anerkannt. Seine Erteilung hatte in Übereinstimmung mit den Grundsätzen der betreffenden Religionsgesellschaften unbeschadet der staatlichen Schulhoheit zu erfolgen. Auch wenn diese Regelung wichtige Detailfragen, etwa nach einer äußeren Gewähr kirchlicher Einsichtnahme und Aufsicht über den Religionsunterricht, offen ließ, konnte man sie als Erfolg beider Konfessionskirchen verbuchen. Für großes Unbehagen sorgte jedoch der Artikel 146, Absatz 2, der den Einfluss des religiösen Bekenntnisses auf die Schule betraf. Er erklärte die für alle Bekenntnisse offene Gemeinschafts- oder Simultanschule zur Regelschule, die nach Bekenntnis gesonderte konfessionelle Schule und die weltliche Schule stellten hingegen besondere Schulformen dar. Auf Antrag der Erziehungsberechtigten konnten sie eingerichtet werden, allerdings nur unter der Voraussetzung, dass dadurch „ein geordneter Schulbetrieb … nicht beeinträchtigt wird". Näheres – und dies war entscheidend – bestimmte die Landesgesetzgebung nach Maßgabe eines zu erlassenden Reichsschulgesetzes. Um einen mehrfachen Schulwechsel binnen kurzer Zeit zu vermeiden, sollte es bis dahin nach Artikel 174, dem sogenannten Sperrartikel, bei der bestehenden Rechtslage bleiben. Ganz im Sinne der bedingten Regelschultheorie fügte Artikel 174 hinzu, dass die Simultanschule dort, wo sie bestand, im künftigen Reichsgesetz „besonders zu berücksichtigen" sei.

Was sich in diesen erst im zweiten Anlauf zwischen den – in kulturpolitischen Fragen äußerst heterogenen – Weimarer Koalitionsparteien, SPD, DDP und Zentrum, ausgehandelten Bestimmungen abgezeichnet hatte, war nur ein vorläufiger Kompromiss, dessen Formulierungen allenfalls dazu dienten, „über die politische Krise des Tages hinwegzukommen".[719] Das Regelschulprinzip, deren Verfechter vor allem aus

---

[717] Zur Rede Veits s. *Verhandlungen des 2. Deutschen Evangelischen Kirchentages 1921*, 163-179.

[718] Vgl. zu den folgenden Schulbestimmungen der Weimarer Reichsverfassung E.R. Huber/W. Huber, *Staat und Kirche im 19. und 20. Jahrhundert, Bd. IV*, 130-132; bzw. die entsprechenden Erläuterungen von Sebastian Müller-Rolli, *Evangelische Schulpolitik in Deutschland 1918–1958. Dokumente und Darstellung*, Göttingen 1999, 58 ff.

[719] So zutreffend T. Heuss, *Friedrich Naumann*, 510. Der Staatsrechtler Carl Schmitt rechnete den Artikel über die Gemeinschaftsschule als Regelschule daher zu den „dilatorischen Formelkompromissen" der Weimarer Verfassung, die den Dissens nur zum Schein auflösten. Vgl. dazu August Heinrich Winkler, *Weimar 1918–1933. Die Geschichte der ersten deutschen Demokratie*, München ²1994, 107.

dem Lager der sozialdemokratischen Partei kamen, ließ sich mit dem im Sperrartikel vorläufig festgeschriebenen Status quo der weltanschaulich zersplitterten Schullandschaft kaum vereinbaren,[720] ebenso wenig mit dem Antrags- und Bestimmungsrecht der Eltern, dessen verfassungsmäßige Sicherstellung maßgeblich auf das Konto der Zentrumspartei ging. Einstweilen war die Entscheidung über einen tragfähigen, endgültigen Ausgleich zwischen den in der Schulfrage offen zu Tage tretenden disparaten weltanschaulichen Auffassungen verschoben worden. Da man aber bei den beteiligten Parteien den politischen Willen zur Verständigung grundsätzlich voraussetzte – dafür sprach gerade die Tatsache ihrer für sich genommen unklar und mehrdeutig formulierten Übereinkunft -, ging man von einer unverzüglichen Einigung in der Schulfrage aus.[721] Indessen kam es auf die Dauer der Weimarer Republik nicht zu dem geplanten Reichsschulgesetz. Es wurden lediglich in den Jahren 1921–1923, 1925 und 1927–1928 drei große Entwürfe vorgelegt, die jeder für sich keine parlamentarische Mehrheit auf sich vereinen konnten.[722] Dieser unabgeschlossene Klärungsprozess – Norbert Friedrich spricht in diesem Zusammenhang von einem „Torso" –[723] gab den Ländern einen Spielraum, den sie unterschiedlich nutzten und der in der Folge zu einem regelrechten ‚Schulkampf' in der Weimarer Republik führte. Mit gewissem Recht, die Stimmung der Zeit aufgreifend, kann man diesen permanenten Konflikt mit Daniel. R. Borg sogar als „school civil war" charakterisieren.[724] Wie stark sich auch der kirchliche Protestantismus an dieser Auseinandersetzung beteiligte, belegen eindrücklich die Verhandlungen auf den Kirchentagen und im Kirchenausschuss.

Im Mittelpunkt der Dresdener Versammlung vom September 1919 stand zunächst noch das Problem des Religionsunterrichts. Erst in der Folgezeit verlor es gegenüber der Frage der Bekenntnisschule und der Forderung nach einer unverzüglichen Verabschiedung des Reichsschulgesetzes an Bedeutung. Eine im Frühjahr und Sommer 1919 vom Schulausschuss vorbereiteten Kundgebung wandte sich vor allem ge-

---

[720] Konfessionsschulgebiete gab es in Preußen (mit Ausnahme der Simultanschulgebiete im ehemaligen Herzogtum Nassau, des Restgebietes der Provinz Posen und der Stadtgebiete von Frankfurt a.M. und Hanau), Bayern, Württemberg, Oldenburg, Braunschweig, Mecklenburg-Schwerin, Mecklenburg-Strelitz und Lippe. Reine Simultanschulgebiete gab es in Baden, Hessen und beinahe flächendeckend in Thüringen. In den anderen Ländern und Stadtstaaten bestanden in verschiedenen Verhältnissen Konfessions- und Simultanschulen nebeneinander. Vgl. S. Müller-Rolli, *Evangelische Schulpolitik in Deutschland 1918–1958*, 61.

[721] „Damals (sc. im Sommer 1919) war die Meinung allgemein, bereits der Winter werde uns das in dem Kompromiß geforderte Reichsschulgesetz bringen." So Reinhard Mumm, *Der christlich-soziale Gedanke,* Berlin 1933, 102.

[722] Zeitgenossen wie der sozialdemokratische Bildungspolitiker Heinrich Schulz sprachen vom „Leidensweg", den das Schulgesetz beschritten habe. Ders., *Der Leidensweg des Reichsschulgesetzes,* Berlin 1926. Die jeweiligen Entwürfe sind aufgeführt bei E.R. Huber/W. Huber, *Staat und Kirche im 19. und 20. Jahrhundert, Bd. IV*, 226 ff, 240 ff, 252 ff. Die einzelnen Stationen und Verhandlungen sind ausführlich analysiert von Günter Grünthal, *Reichsschulgesetz und Zentrumspartei in der Weimarer Republik*, Düsseldorf 1968.

[723] Norbert Friedrich, „Der Kampf der Protestanten für Religionsunterricht und Bekenntnisschule – ein Paradigma für die Haltung zum Verfassungsstaat?", in: Günter Brakelmann/Norbert Friedrich/Traugott Jähnichen (Hgg.), *Auf dem Weg zum Grundgesetz. Beiträge zum Verfassungsverständnis des neuzeitlichen Protestantismus*, Münster 1999, 123.

[724] D.R. Borg, *The Old-Prussian Church and the Weimar Republic*, 123.

gen eine zu diesem Zeitpunkt öffentlich erwogene Verwässerung des evangelischen Religionsunterrichts und lehnte dementsprechend die Einführung eines „allgemeinen religionskundlichen Unterrichts" oder eines „interkonfessionellen christlichen Religionsunterrichts" entschieden ab.[725] Erstaunlich war, dass sich der Kirchentag überhaupt mit der diesbezüglichen Vorlage des Schulausschusses, die wie gesagt noch vor Verabschiedung des Weimarer Verfassung entstanden war, so eingängig befasste. Durch die politische Entwicklung waren die oben genannten Kernforderungen zum Religionsunterricht im Grunde genommen längst überholt. Artikel 149 hatte die Befürchtungen hinsichtlich einer verfassungsmäßigen Aufweichung des evangelisch-bekenntnismäßigen Profils des Religionsunterrichts als gegenstandslos herausgestellt. Dass man dennoch über die Vorlage beriet und sie unter geringfügigen Veränderungen sogar öffentlich verlautbaren ließ, begründete Pfarrer Dr. Alfred Jeremias, Mitglied des Schulausschusses, damit, „dass die Stellungnahme der christlichen Gemeinde zur Frage der künftigen Gestaltung des Religionsunterrichts in den Schulen und zur Erhaltung des christlichen Charakters der öffentlichen Schulen in ihren wichtigsten Grundsätzen und Mindestforderungen unabhängig ist vom Wandel der Gesetzgebung".[726] Diese Äußerung unterstreicht noch einmal das Gewicht, das der Schulfrage im Rahmen der neuen kirchlichen Aufgabenstellung zuerkannt wurde. Sie war nach Auffassung Theodor Kaftans von „ausschlaggebender Bedeutung", und zwar einmal „für den Bestand der Kirche als Volkskirche", zum anderen „für den Bestand des Staates", und zwar im Blick auf diesen nach dem demokratischen Umbruch in Deutschland sogar noch „verstärkt". Denn, so resümierte Kaftan, „je mehr die breiten Volksmassen das Staatsleben beeinflussen, um so bedeutungsvoller wird es für den Staat, wie es um diese Massen sittlich bestellt ist".[727]
Im Kontext dieser gesamtkirchlichen Strategie wurde der Fokus zunehmend auf die Frage der Bekenntnisschule gerichtet. Die Dresdener Kundgebung und vorhergehende kirchenoffizielle Verlautbarungen hatten zunächst nur ganz allgemein „den christlichen Charakter der öffentlichen Schule" eingefordert und damit zugleich die gemeinsame Linie mit dem katholischen Zentrum verlassen,[728] das unabdingbar am Schultyp der Konfessionsschule festhielt. Bereits auf dem Dresdener Kirchentag wurde Kritik

---

[725] In entsprechenden institutionellen Fragen der Schulpolitik, welche die Sicherstellung des erforderlichen evangelischen Profils des Religionsunterrichts betrafen, nahm die Kundgebung indessen eine auffällig defensive Haltung ein. In erster Linie setzte man auf die innere Bürgschaften in Gestalt der protestantisch sozialisierten Lehrerschaft, ohne dabei jedoch vollständig auf kirchliche Mitspracherechte zu verzichten. Hinsichtlich der Lehrplangestaltung und Auswahl der Lehrbücher sollten der Kirche durch ein Minimum an äußeren Bürgschaften „eine angemessene Mitwirkung" ermöglicht werden. Man erhoffte sich offenbar mit dieser konzilianten zurückhaltenden Position das in der Lehrerschaft vorherrschende tiefe Misstrauen gegenüber einer klerikalen Bevormundung weitgehend entkräften zu können. Zur entsprechenden Kundgebung über die „Erhaltung des evangelischen Religionsunterrichts in den Schulen" vgl. *Verhandlungen des Deutschen Evangelischen Kirchentages 1919*, 239-243.
[726] Ebd., 253.
[727] Ebd., 244.
[728] Vgl. daneben etwa die Eingabe des DEKA an die Nationalversammlung vom 13. März 1919, in: *EZA 1/A2/238.*

an dieser vermittelnden kirchenoffiziellen Position laut,[729] auch wenn diese letztlich nur Ausdruck der stark ausdifferenzierten schulpolitischen Landschaft in Deutschland war. In der Folgezeit nahm man in den kirchenoffiziellen Verlautbarungen zwar weiterhin auf die besondere Situation in Ländern wie Baden, Thüringen oder Hessen Rücksicht,[730] forderte aber, nachdem sich eine Verabschiedung des Reichsschulgesetzes wider Erwarten verzögerte, deutlich vehementer den Erhalt der Bekenntnisschule. Am 10. Februar 1921 richtete der DEKA anlässlich der Beratungen zum ersten Entwurf eines Reichsschulgesetzes an dieses die Erwartung, „dass es dem Willen der Erziehungsberechtigten vollauf Rechnung trägt und nicht zulässt, dass die evangelische Schule durch hemmende Bestimmungen und Maßnahmen irgendwelcher Art zur untergeordneten Nebenschule herabgedrückt oder gar tatsächlich unmöglich gemacht werden darf".[731] Die Schulkommission untermauerte diesen Standpunkt noch einmal, wenn sie in ihrer an den Reichsinnenminister gerichteten Stellungnahme vom 14. April 1921 erklärte, dass nach Artikel 146, Abs. 2 durchaus die Möglichkeit für Bekenntnisschulen bestehe, „auch künftig in der Ueberzahl" (sic!) zu sein.[732] Neben solchen öffentlichen Interventionen versuchte der DEKA auch durch gezielte Aufklärungsarbeit unter der Elternschaft die eigene Position zu festigen. Ein besonderes Augenmerk galt dabei der vom Gesetzgeber zur Regelschule erklärten Simultan- oder Gemeinschaftsschule. Man befürchtete nämlich nicht ohne Grund, dass die von der Sozialdemokratie wie von dem Deutschen Lehrerverein erstrebte Simultanschule mit der gleichnamigen, christlich geprägten Schulform in Ländern wie Hessen oder Baden nur noch wenig gemein haben würde. In einem vertraulichen Schreiben des DEKA-Vorsitzenden Moeller an Veit vom 10. Januar 1921 erklärte jener es zur „erste[n] Aufgabe der evangelischen Kirche" das Volk über diese Absichten zu informieren. Es sei in Zukunft damit zu rechnen, dass sich das Lehrerkollegium an Gemeinschaftsschulen nicht mehr wie bisher in entsprechender Proportionalität zu den vorherrschenden

---

[729] So beanstandete der preußische Direktor des Bundes ‚Haus und Schule', Dr. Winkler, den in der Schulausschussvorlage fehlenden „scharfen Protest gegen die Simultanschule als Staatsschule". „Der traurige Schulkompromiß" könne aus evangelischer Sicht leicht zu einem „Versailles" werden, fügte er drohend hinzu. *Verhandlungen des Deutschen Evangelischen Kirchentages 1919*, 267. Zu einer ganz anderen Einschätzung kam allerdings der DNVP-Reichtagsabgeordnete und Pfarrer Reinhard Mumm. Er warnte eindringlich davor, den Artikel 146 Absatz 2 grundsätzlich einer sozialdemokratischen Lesart zu unterziehen. Wichtig sei vielmehr der darin festgehaltene Elternwille als letzte Entscheidungsinstanz. „Die Verfassung stellt alles auf Kampf." Durch eine entsprechende Mobilisierung der protestantischen Elternschaft könne „in wenigen Jahren ein ganz anderes Schulbild in Deutschland entstehen, als die Väter der Reichsverfassung sich gedacht haben; nur hie und da eine religionslose … von den Kindern wenig geachteter Elemente (sic!) besucht; die Simultanschule aber im wesentlichen nur dort, wo sie bisher war; und im übrigen eine durch den Kampf neubelebte Konfessionsschule als die Regel". Vgl. ebd., 280.

[730] Die Landeskirchen dieser Länder, in denen seit langer Zeit Gemeinschaftsschulen bestanden, hatten sich gemeinsam für deren Beibehaltung ausgesprochen, u.a. mit der Begründung, dass eine Umwandlung des Schultyps die Fortschritte zunichte machen würde, die sich in der Annäherung mit der Sozialdemokratie und der Lehrerschaft bislang abgezeichnet hätten Vgl. das Schreiben der drei Landeskirchen an den DEKA vom September 1927, in: *EZA* 1/A2/254.

[731] Vgl. „Die evangelischen Forderungen zur Schulfrage" vom 10. Februar 1921, in: *EZA* 1/A2/20.

[732] Stellungnahme der Schulkommission zum Entwurf des Reichsschulgesetzes vom 14. April 1921, in: *EZA* 1/A2/239.

konfessionellen Verhältnissen der Bevölkerung zusammensetzen werde. Stattdessen würden „in vielen, vielleicht sogar in sehr vielen Fällen, evangelische Kinder von jüdischen oder gar atheistischen Lehrern unterwiesen werden".[733]

Auf seiner Sitzung vom 30. Juni bis 2. Juli 1921 hatte der DEKA sich endgültig darauf verständigt, auf dem im September des Jahres anberaumten Kirchentag ein eigenes „evangelisches Schulprogramm" aufzustellen.[734] Der Zeitpunkt war insofern günstig gewählt, weil der erste Entwurf des Reichschulgesetzes voraussichtlich nach Zusammentritt des Reichstages im Herbst zur Lesung kommen sollte. Als Ausgangspunkt des zu entwerfenden Programms dienten dabei sieben vom Schulausschuss im August 1921 formulierte „Leitsätze über Erziehung und Schule".[735] An diese sich anlehnend erklärte die Stuttgarter Kundgebung, „[o]berstes Ziel der Erziehung" sei „der fromme und sittliche Mensch im Geist des Evangeliums". Aus diesem Erziehungsziel leitete sie das Anrecht evangelischer Kinder auf eine evangelische Bekenntnisschule ab. Obwohl auch „das geschichtliche Recht" der Gemeinschaftsschule nicht verkannt wurde, trat das Schulprogramm nachdrücklich für die „volle Entfaltungsmöglichkeit" für evangelische Bekenntnisschulen ein.[736] Im übrigen sollte der Religionsunterricht nach „Wert und Stellung" weiterhin gewahrt bleiben. Zu diesem Zweck seien Organe zu bilden, die den inneren Zusammenhang zwischen der Kirche und der Schule aufrechterhielten und der Kirche den für sie notwendigen Einfluss gewährleisteten. Eine Wiederkehr der geistlichen Schulaufsicht lehnte man jedoch „ausdrücklich" ab.[737]

Gestützt auf diese Grundlage eines einheitlichen Schulprogramms trugen die beiden evangelischen Bundesorgane, Kirchenausschuss und Kirchentag, ihren großflächigen Schulkampf in der Weimarer Republik aus. Herausragende Bedeutung kam, wie oben erwähnt, der Mobilisierung der Elternschaft zu, die sich in zahlreichen evangelischen Organisationen zusammenschlossen und in den Dienst der ‚evangelischen Sache' stellen ließen, so u.a. der ‚Reichselternbund', der ‚Verband evangelischer Schulgemeinden und Schulvereinen' und der ‚Allgemeine Evangelisch-Lutherische Schulverein'. Besonders der reichsweit organisierte Reichselternbund erhielt vom DEKA massive Unterstützung. In einem Rundschreiben an die landeskirchlichen Regierungen vom 19. Juni 1922 wandte sich DEKA-Präsident Moeller an diese mit der Bitte, einem landeskirchlichen Kollektenaufruf anlässlich der Gründung des Reichselternbundes „geflissentlich" nachzukommen.[738] In einem weiteren Zirkularschreiben vom Dezember dieses Jahres forderte Moeller die einzelnen Landeskirchen zur Unterstützung ei-

---

[733] Vgl. Schreiben Moellers an Veit vom 10. Januar 1921, in *EZA* 1/A2/239. In der Tat war in den großstädtischen Ballungszentren etwa Preußens oder Sachsens die Tendenz groß, sogenannte Sammelschulen zu errichten, deren öffentlicher Charakter einer dezidiert religionsfreien, weltlichen Schulidee angeglichen wurde. Vgl. Friedrich Delekat, Art. „Reichsschulgesetz", in: *RGG*[2]IV, 1831.

[734] Vgl. DEKA-Sitzung vom 30. Juni bis 2. Juli 1921, in: *EZA* 1/A2/239.

[735] Die Leitsätze datieren vom 6. August 1921 und sind abgedruckt in: *Verhandlungen des 2. Deutschen Evangelischen Kirchentages 1921*, 160-163.

[736] Diese klare Präferenz zugunsten der Bekenntnisschule hatten bereits die Leitsätze der Schulkommission deutlich gemacht. Nach ihrer Auffassung verbürgte gerade „der Geist des Evangeliums" die „*Erziehung zur Volkseinheit* und zum Bewusstsein der Solidarität aller Volkskreise". Darin sei die Bekenntnisschule auch der „sogenannten Gemeinschaftsschule" überlegen. Ebd., 162.

[737] Vgl. ebd., 234-236.

[738] Schreiben Moellers vom 19. Juni 1922, in: *EZA* 1/A2/239.

ner breitangelegten „Erziehungsevangelisation" des Reichselternbundes auf.[739] Vordringliches Ziel dieser kirchenoffiziell geförderten Kampagnearbeit war es, den Druck auf die politischen Parteien zu erhöhen, durch den Erlass des Reichsschulgesetzes den rechtlichen Schwebezustand aufzuheben. Dieser hatte nämlich zeitweise rein sozialdemokratisch regierten Ländern wie Sachsen, Hamburg oder Braunschweig die Möglichkeit eröffnet, mit Hilfe einer Notstandsgesetzbund zur Umgehung des Sperrartikels 174 eine radikale Trennungspolitik von Kirche und Staat im Schulbereich sukzessive durchzusetzen.[740] Eigens richtete der DEKA im Herbst 1923 sogar einen sogenannten ‚Aktionsausschuss für das Reichsschulgesetz' ein, der unter dem Vorsitz von Arthur Titius stand.[741] Dieser sollte in ständiger Fühlungnahme mit protestantischen Vertrauensleuten in Regierungskreisen stehen, um schnellstmöglich auf neue Entwicklungen in den Verhandlungen über ein Reichsschulgesetz reagieren zu können.[742] Auf seiner Sitzung vom 7. Dezember 1923 richtete der DEKA auf Vorschlag des Aktionsausschusses „Mindestforderungen zum Reichsschulgesetz" an die Kandidaten des neu zu wählenden Reichstags und erließ eine entsprechende Kundgebung zur Schulfrage, die alle evangelischen Parlamentarier auf das Stuttgarter Schulprogramm verpflichtete.[743] Seitdem verging keine Reichstagswahl mehr, ohne dass der DEKA die Parteien auf ihre Haltung zum Reichsschulgesetz ansprach. Der Betheler Kirchentag vom Juni 1924 erneuerte auf Antrag von Arthur Titius die Forderung auf eine „baldige reichsgesetzliche Regelung der Schulfrage" und bekräftigte – wie schließlich noch einmal der Königsberger Kirchentag von 1927 – die Stuttgarter Erklärung als verbindliche Grundlage eines Reichsschulgesetzes.[744] Auf Beschluss des

---

[739] Schreiben Moellers vom 20. Dezember 1922, in: *EZA* 1/A2/239. Der Bitte des Reichselternbundes, ein in Schulfragen versiertes DEKA-Mitglied in seinen Vorstand zu entsenden, entsprach der Kirchenausschuss allerdings nicht. Zur Begründung für diesen Verzicht hieß es, der DEKA wolle nicht „einseitig" in einem protestantischen Elternverband vertreten sein. Vgl. DEKA-Sitzung vom 26.–27. Mai 1922, in: *EZA* 1/A2/239.

[740] Vgl. dazu G. Grünthal, *Reichsschulgesetz und Zentrumspartei*, 139. Zu den einzelnen kulturpolitischen Maßnahmen in den Ländern unter sozialdemokratischer Regie s. E.R. Huber/W. Huber, *Staat und Kirche im 19. und 20. Jahrhundert, Bd. IV*, 77 ff (Sachsen), 80 ff (Hamburg), 102 ff (Braunschweig), sowie die Fallstudien zu Hamburg von Rainer Hering, „Sozialdemokratisch beeinflusster Staat und Lutherische Kirche in Hamburg. Die Auseinandersetzung um den Religionsunterricht in Hamburg", in: *ZVHaG 78 (1992)*, 183-207, bzw. zu Braunschweig von Gerd-Eberhard Tilly, *Schule und Kirche in Niedersachsen (1918–1933). Die Auseinandersetzung um das Elternrecht und das Reichsschulgesetz in der Schulpolitik der niedersächsischen Kirchen im Weimarer Staat*, Hildesheim 1987, 288 f.

[741] Weitere Mitglieder waren August Wilhelm Schreiber als Schriftführer, der Berliner Generalsuperintendent Georg Burghart, der Direktor des Evangelischen Pressverbandes August Hinderer sowie Wilhelm Philipps. Vgl. zur Gründung des Aktionsausschusses *EZA* 1/A2/253.

[742] Eine wichtige Rolle spielte in dieser Hinsicht der christlich-sozial geprägte DNVP Reichtagsabgeordnete Reinhard Mumm, der den Aktionsausschuss permanent über den aktuellen Stand der Verhandlungen unterrichtete. Vgl. dazu die vertrauliche Korrespondenz Mumms mit dem DEKA in den Jahren 1923–1928, in: *EZA* 1/A2/253; *EZA* 1/A2/254; *EZA* 1//A2/255; *EZA* 1/A2/256.

[743] DEKA-Sitzung vom 7. Dezember 1923, in: *EZA* 1/A2/253. Die Kundgebung ist abgedruckt in: *Verhandlungen des ersten Deutschen Evangelischen Kirchentages 1924*, 22.

[744] Dem Petitionsausschuss erschien es dabei „[a]ngesichts ... der ungesetzlichen, parteipolitischen Willkürlichkeiten, denen die Schule in den letzten Jahren, besonders auch in manchen preußischen Großstädten, ausgesetzt gewesen ist ... dringend notwendig", dem ‚Antrag Titius' in Form einer öf-

Betheler Kirchentages richtete am 22. Januar 1925 DEKA-Präsident Moeller an den Reichsinnenminister und an den Reichstag ein Schreiben mit der Betheler Verlautbarung, zu der Moeller ausführte: „Sie [sc. die evangelische Bevölkerung] ist es müde, dass diese wichtigste Kulturfrage des deutschen Volkes immer wieder verschoben wird. Sie versteht immer weniger, dass die Wünsche der Mehrheit des deutschen Volkes auf Klärung der Schulverhältnisse und gesetzlichen Festlegung der Bekenntnisschule nicht erfüllt werden." Zudem komme jede weitere Verzögerung der wachsenden Zersplitterung des deutschen Schulwesens entgegen, da einzelne Länder begonnen hätten, „wenigstens provisorisch mit einer eigenen Regelung der Angelegenheit vorzugehen".[745] Zwei weitere Interventionen des neuen DEKA-Präsidenten Hermann Kapler (1867–1941) beim Reichsinnenminister vom 27. Februar 1926 bzw. vom 18. Juli 1927 setzten die von Moeller vorgegebene Marschroute fort.[746] Gleichzeitig intensivierte man unter Kaplers Präsidentschaft die Bemühungen, evangelische Politiker zu beeinflussen.[747] Darüber hinaus erwog der Kirchenausschuss sogar, zu einem Volksbegehren in der Schulfrage aufzurufen, kam dann aber doch überein, auf diese Option „nur als die ultima ratio" zurückzugreifen.[748]

In der entscheidenden Phase der Schulgesetzdebatte von 1927/28, in der es um den aus kirchlicher Sicht durchaus annehmbaren Entwurf des deutschnationalen Innenministers Walter von Keudell ging, griff Otto Dibelius die Anregung Julius Kaftans zur Bildung von Schulkampfbünden wieder auf. In seinem Schreiben an DEKA-Präsidenten Kapler vom 29. September 1927 teilte er diesem seine Erwartung mit, dass das Reichsschulgesetz endlich im Parlament angenommen werde. Da der Mitte Juli 1927 erst veröffentlichte Gesetzesentwurf die weitgehende Parität der drei Schulformen vorsah und das Recht der Erziehungsberechtigten nachhaltig stärkte, sah Dibelius nach dessen Annahme eine „große Schlacht" bevorstehen. Ihr Ausgang werde für den weiteren Bestand der Volkskirche „von entscheidender Bedeutung" sein. „Wo wir die evangelische Schule erkämpfen, wird aus diesem Kampf neues Leben in die Kirchengemeinden hineinströmen. Wo uns die Bekenntnisschulen aus den Händen gewunden werden, ist der Nachweis erbracht, dass die evangelische Kirche auf die betreffenden Kreise einen wirklichen Einfluß nicht mehr besitzt. Wir müssen nach

---

fentlichen Verlautbarung des Kirchentages zu entsprechen. Vgl. ebd., 255. Zum beinahe gleichlautenden Beschluss des Königsberger Kirchentages vgl. *Verhandlungen des zweiten Deutschen Evangelischen Kirchentages 1927*, 268 f.

[745] Schreiben Reinhard Moellers an den Reichsinnenminister vom 22. Januar 1925, in: *EZA* 1/A2/253.

[746] Schreiben Hermann Kaplers an Reichsinnenminister vom 27. Februar 1926; Schreiben Kaplers an Reichsinnenminister vom 18. Juli 1927, in: *EZA* 1/A2/254. Besonders das erste Schreiben brachte die in der Schulfrage vorherrschende Enttäuschung der protestantischen Kirchenführer deutlich zum Ausdruck. Seit nahezu sieben Jahren, erklärte Kapler, warte das deutsche Volk auf ein Reichsschulgesetz. Mittlerweile habe das Land Bayern mit dem Abschluss eines Konkordats und eines evangelischen Kirchenvertrags die Schulfrage gelöst. In Sachsen seien die evangelischen Bekenntnisschulen in Gemeinschaftsschulen umgewandelt, die katholischen Schulen hingegen nicht angetastet worden. Der preußische Staat habe durch die vermehrte Einrichtung sogenannter Sammelschulen de facto die weltliche Schule auf gesetzeswidrige Weise errichtet.

[747] 1927 wurden alle evangelischen Reichtagsabgeordneten über die Wünsche der evangelischen Kirche informiert und u.a. zu einem „zwanglosen geselligen Abend" geladen. *Verhandlungen des zweiten Deutschen Evangelischen Kirchentages 1927*, 25.

[748] Vgl. DEKA-Sitzung vom 4. bis 5. März 1926, in: *EZA* 1/A2/254.

meiner Ueberzeugung alles, aber auch alles daran setzen, dass dieser Kampf siegreich durchkämpft wird. Das Geld, das wir in diesen Kampf stecken, wird sich hundertfach verzinsen, weil der Staat dann sehen wird, ob er mit einer kraftvollen Kirche zu rechnen hat oder nicht."[749] Zu dieser von Dibelius stilisierten Kraftprobe zwischen dem republikanischem Staat und dem evangelischen Kirchentum kam es indes nicht. Nach dem Scheitern des Keudellschen Entwurfes konnte der DEKA in seiner Sitzung vom 15. bis 16. März 1928 nur seine „schmerzliche Enttäuschung" über den Abbruch der parlamentarischen Verhandlungen erklären. Ein letztes Mal richtete er einen öffentlichen Appell an die politisch Verantwortlichen, „dass alles versucht wird, sobald als möglich ein Reichsschulgesetz zustande zu bringen, das dem Schulprogramm des Deutschen Evangelischen Kirchentages in Stuttgart vom Jahre 1921 Rechnung trägt und unter voller Wahrung der Staatshoheit Gewissensfreiheit, evangelische Erziehung und Elternrecht sicher gewährleistet".[750] Das gesetzgeberische Bemühen in der Weimarer Republik war seitdem jedoch zu einem gewissen Abschluss gelangt, nachdem sich die kulturpolitischen Fronten zwischen den einzelnen Reichtagsfraktionen inzwischen deutlich verhärtet hatten.[751]

Dieses Unvermögen aller verfassungstragenden Weimarer Parteien, die erkennbaren Schwächen des ausgehandelten Schulkompromisses in einem gemeinsamen politischen Willensakt zu beseitigen, stand dem Aufbau positiver Beziehungen zur Republik auf evangelischer Seite nachhaltig im Weg. Es war Wasser auf den Mühlen konservativer Kritiker, nach deren Auffassung jede Partei in der Weimarer Republik, nicht aber der Staat selbst ein „Kulturprogramm" vorzuweisen hatte.[752] Zudem hinterließ die offenkundige Vergeblichkeit der zahlreichen kirchenoffiziellen Bestrebungen in der Schulfrage bei den Kirchenführern den Eindruck von „Geringschätzung" der Kirche durch den Staat.[753] Nach Einschätzung Günther Grünthals war die im Reichskonkordat zwischen Hitler und der römischen Kurie implizierte Lösung der Schulfrage mitentscheidend für den Übergang von Zentrumanhängern in das Lager der NSD-

---

[749] Schreiben von Otto Dibelius an Hermann Kapler vom 29. September 1927, in: *EZA* 1/A2/254.

[750] Vgl. DEKA-Sitzung vom 15. bis 16. März 1928, in: *EZA* 1/A2/256. Der einzige, der dieser Erklärung nicht zugestimmt hatte, war der DVP-Politiker Dr. Wilhelm Kahl. Die DVP, ihrem nationalliberalen Erbe verpflichtet, befürwortete die Gemeinschaftsschule als Regelschule und hatte sich daher dem Plan ihrer Koalitionspartner, DNVP und Zentrum, widersetzt, die Schulfrage zugunsten der Bekenntnisschule zu lösen. Der Kirchenausschuss, um einen Konsens zwischen der Volkspartei und den Deutschnationalen bemüht, hatte sich in die Verhandlungen im Bildungsausschuss eingeschaltet (S. den Bericht von Oberkonsistorialrat Scholz, in: *EZA* 1/A2/255) Die DVP-Reichstagsfraktion beharrte jedoch darauf, dass Gebiete mit Gemeinschaftsschulen auf Dauer als solche erhalten bleiben sollten und dass dieses Schulsystem auch auf andere Länder ausgedehnt werden könne. Darüber zerbrach schließlich die Koalition. Kapler musste im folgenden Wahlkampf Anspielungen der DVP zurückweisen, wonach er mit ihrer Politik übereingestimmt hätte. Eine Darstellung der Auseinandersetzung findet sich im Rundschreiben Kaplers an die Landeskirchen vom 16. März 1928, in: *EZA* 1/A2/255.

[751] Vgl. G. Grünthal, *Reichsschulgesetz und Zentrumspartei*, 249.

[752] Vgl. O. Dibelius, *Nachspiel*, 15-18.

[753] Schreiben Hermann Kaplers an den Reichsinnenminister vom 27. Februar 1926, s.o. Seite 196, Anm. 746.

AP.[754] Vor diesem Hintergrund sei auch die Selbstauflösung der Zentrumspartei für die Mehrheit der katholischen Bevölkerung „leichter tragbar" gewesen.[755] Ähnliches lässt sich auch für die Haltung zahlreicher kirchlicher Protestanten sowie deren herausragender Repräsentanten im Zuge des „Täuschungs- und Beschwichtigungskurses der Anfangsmonate" der NS-Herrschaft sagen.[756] Hitlers Regierungserklärung vom 23. März 1933 vor dem Reichstag, in der er den christlichen Konfessionen in Schule und Erziehung „den ihnen zukommenden Einfluß" einzuräumen und sicherzustellen versprach,[757] wurde von den evangelischen Kirchenführern durchweg als „ermutigend" empfunden.[758] Es schien vielen zu diesem Zeitpunkt tatsächlich so, als seien ‚die alten Zeiten wiederhergestellt' und als könne das evangelische Kirchentum unter dem Schutz und im Verein mit einer ‚christlichen', autoritären Obrigkeit ihre volksumspannende religiös-sittliche Erziehungsaufgabe endlich uneingeschränkt in Angriff nehmen.

6.2 Die militärische Niederlage des Kaiserreichs und der Versailler Vertrag

Anders als die katholische Kirche verstand sich das evangelische Kirchentum seit der Reichsgründung durch Bismarck zunehmend im ideologischen Sinne als deutsche Nationalkirche. Auch wenn solche emphatischen Töne wie die des Hofpredigers Adolf Stoeckers, der „das heilige evangelische Reich deutscher Nation" beschwor und darin „die Spur Gottes von 1517 bis 1871" wiederzuerkennen meinte,[759] zunächst nur gelegentlich zu hören waren, strömte seitdem ein entschiedener Nationalismus, die Identifizierung von protestantischer und nationaler Gesinnung, unaufhaltsam in die evangelische Kirche ein. Ein ausschlaggebender Grund für diese Haltung war die große soziale Integrationskraft, die man sich auf Seiten der Amtskirche von dem neuen Nationalismus erhoffte. Nachdem sich die Arbeiterschaft bereits in Scharen von der Kirche abgewandt hatte, musste sich die Kirche, die Volkskirche sein wollte, auf diese neue Realität beziehen, zumal die Verherrlichung der Nation von den konservativen Führungseliten des Reiches nachhaltig sanktioniert wurde.[760]

---

[754]   Vgl. die entsprechenden schulpolitischen Garantien zum Religionsunterricht und zum Erhalt der katholischen Bekenntnisschulen in den Artikeln 21-24 des Reichskonkordats. E.R. Huber/W. Huber, *Staat und Kirche im 19. und 20. Jahrhundert*, Bd. *IV*, 510.

[755]   G. Grünthal, *Reichsschulgesetz und Zentrumspartei*, 263.

[756]   K.-D. Bracher, *Nationalsozialistische Machtergreifung und Reichskonkordat*, hg. von der Hessischen Landesregierung, Wiesbaden 1956, 1017, zit. nach G. Grünthal, *Reichsschulgesetz und Zentrumspartei*, 260.

[757]   Georg Kretschmar (Hg.), *Dokumente zur Kirchenpolitik des Dritten Reiches Bd. I, Das Jahr 1933*, bearb. von Carsten Nicolaisen, München 1971, 23 f. Der Satz über Erziehung und Schule fehlt bemerkenswerterweise in der Wiedergabe der Erklärung im Völkischen Beobachter, dem Presseorgan der NSDAP. Vgl. G. Kretschmar, ebd., 24.

[758]   J.R. Wright, *"Über den Parteien"*, 188. S.a. Robert Stupperich, *Otto Dibelius. Ein evangelischer Bischof im Umbruch der Zeiten*, Göttingen 1989, 205.

[759]   Zit. nach J.R. Wright, *„Über den Parteien"*, 103.

[760]   Zur Herausbildung des protestantischen Nationalismus im Kaiserreich vgl. den Beitrag von Wolfgang Tilgner, *„Volk, Nation und Vaterland im protestantischen Denken zwischen Kaiserreich und*

Der Ausbruch des Krieges 1914 wurde von der Kirche nicht nur hingenommen, sondern vorbehaltlos bejaht.[761] Ungeachtet aller theologischen Richtungsunterschiede
schlossen sich die protestantischen Reihen hinter der von Wilhelm II. ausgegeben
Parole ‚Verteidigungskrieg'. Religiös rechtfertigte man den Krieg als sittlichen Aufbruch, der die Opferbereitschaft und den Zusammenhalt des Volkes erneuerte. Erst
in den letzten Kriegsjahren, als es unter der selbstverständlichen Prämisse des nationalen Interesses unterschiedliche Optionen bezüglich der deutschen Kriegsziele
gab, bröckelte die Einheitsfront der protestantischen Kriegsbegeisterung. Während
eine liberale Minderheit im Volksbund für Freiheit und Vaterland ganz im Sinne der
Reichtagsmehrheit einen ‚Verständigungsfrieden' ohne Annexionen und Kriegsent-
schädigungen forderte, sammelte sich die erdrückende Mehrheit der Pfarrerschaft und
Theologen um die rechtsnationalistische ‚Vaterlandspartei', die lauthals den von Hee-
resleitung und Kaiser geforderten expansiven ‚Siegfrieden' proklamierte.[762]
Der Waffenstillstand vom 11. November 1918 riss die evangelische Kirche dann jäh
aus ihren bis dahin fast durchweg gehegten Siegträumen. Es verwundert daher nicht,
wenn die Dolchstoßlegende unter zahlreichen Kirchenvertretern willige Anhänger
fand.[763] Die Tatsache, dass man in den Jahren 1914–1918 die Auseinandersetzung der
Staaten zu einem Kampf der Religionen und kulturellen Wertesysteme stilisiert hatte,
vergrößerte das Ausmaß der Niederlage für breite evangelische Kreise zusätzlich. Der
geistige Sinn der Niederlage blieb für die meisten, die sich ihrem Selbstverständnis
nach als deutsche Protestanten fühlten, verborgen, zumal die Politik der Siegermächte
weiteres Salz in die offene nationale Wunde streute.[764] Die Resignation entlud sich je-

Nationalsozialismus (ca. 1870–1933)", in: Horst Zilleßen (Hg.), *Volk – Nation – Vaterland*, Gütersloh 1970, 136-171.

[761] Der spätere schlesische Generalsuperintendent Martin Schian gab im Auftrag des DEKA eine umfangreiche Darstellung zur Beteiligung der Kirche am Kriegsgeschehen heraus, die offiziellen Charakter hatte: *Die deutsche evangelische Kirche im Weltkriege. Bd. 1: Die Arbeit der evangelischen
Kirche im* Felde, Berlin 1921; *Bd. 2: Die Arbeit der evangelischen Kirche in der* Heimat, Berlin 1925. Informative Fallstudien zu einzelnen Theologen bieten Wolfgang Huber, „Evangelische
Theologie und Kirche beim Ausbruch des Ersten Weltkrieges", in: Ders., *Kirche und Öffentlichkeit*, Stuttgart 1973, 135-219, sowie Martin Greschat, „Krieg und Kriegsbereitschaft im deutschen
Protestantismus", in: Ders., *Protestanten in der Zeit. Kirche und Gesellschaft in Deutschland vom
Kaiserreich bis zur Gegenwart*, hg. v. Jochen-Christoph Kaiser, Stuttgart – Berlin – Köln 1994,
51-66.

[762] Näheres bei G. Mehnert, *Evangelische Kirche und Politik 1917–1919*, 39 ff. S. auch Günther Brakelmann, *Der deutsche Protestantismus im Epochenjahr 1917*, Witten 1974. Die Annahme Karl-
Wilhelm Dahms, dass 70 bis 80% der evangelischen Pfarrer in der Zeit der Weimarer Republik
national-konservativ eingestellt gewesen seien, dürfte auch für die Kriegszeit in etwa zutreffen. Vgl.
K.-W. Dahm, *Pfarrer und Politik*, 148.

[763] Das sei, so der Landessuperintendent von Mecklenburg-Strelitz, Gerhard Stolzien, das Bitterste,
„daß wir uns selbst verraten haben". Ders., *Kriegspredigten – im Dom zu Schwerin gehalten*, 7
Hefte, Schwerin 1915–1919, Heft 7: Kriegsausgang, 65, zit. nach Kurt Nowak, „Protestantismus
und Weimarer Republik. Politische Wegmarken in der evangelischen Kirche 1918–1932", in: Karl
Dietrich Bracher/Manfred Funke/Hans-Adolf Jacobsen (Hgg.), *Die Weimarer Republik 1918–1933.
Politik – Wirtschaft – Gesellschaft*, Bonn ³1998, 225.

[764] Johannes Schneider, langjähriger Herausgeber des kirchenkundlichen Werkes *Kirchliches Jahrbuch*,
erklärte unmittelbar nach der Unterzeichnung des Versailler Vertrages im Sommer 1919 ratlos und
verzweifelt: „„Wo bleibt Gottes Gerechtigkeit?" – die Frage quält doch Tausende, auch solche, die

doch bereits während der Friedensvertragsverhandlungen in heftigen Reaktionen der Wut und Empörung über „die feindlichen Vergewaltigungsabsichten".[765] Anlässlich der Unterzeichnung des Versailler Vertrages am 28. Juni 1919 wiesen die Kirchenbehörden an, den 6. Juli als Trauersonntag der evangelischen Christenheit zu begehen. Auf Anordnung der Generalsuperintendenten wurde eine entsprechende Traueransprache verlesen.[766] In ihrem eigenen Bestand getroffen sahen sich die evangelischen Kirchen von den Abtretungsbestimmungen des Vertrages – ein Großteil der abzutretenden Territorien gehörte zum Stammland der altpreußischen Unionskirche – sowie durch den ‚Missionsparagraphen' (Artikel 438), der erhebliche Einschränkungen der deutschen christlichen Missionsarbeit in allen Tätigkeitsbereichen vorsah. Besonders schwer wogen zudem der Artikel 231, der die Alleinschuld Deutschlands am Kriegsausbruch konstatierte,[767] und die – später allerdings zurückgenommene – Forderung nach Auslieferung des Kaisers und führender Militärs.

Kirchenausschuss und Kirchentag erkannten in diesen Friedensbedingungen „nur eine Fortsetzung des Krieges mit andern Waffen", gegen die zu protestieren für sie „eine heilige Pflicht" bedeutete.[768] Der Kirchenausschuss, der auf dem Dresdener Kirchentag seinen Anspruch geltend gemacht hatte, im Benehmen mit dem Kirchentag die evangelischen Landeskirchen in auswärtigen Angelegenheiten zu vertreten, beteuerte feierlich in seinem Rechenschaftsbericht von 1931, „keine Zeit und keine Mühe gescheut zu haben, um in bestimmtester Form bei den Kirchen der anderen Völker

---

den inneren Niedergang unseres Volkes, seinen Mammonismus, seine Genusssucht, längst erkannten und beklagten und die Spuren der Gottesgerechtigkeit in den Zeichen der Zeit wahrzunehmen vermögen. Sind denn die anderen besser? Ist nicht der Mammonismus amerikanischer Import, und der kaltherzige Egoismus Englands Morgengabe, und der moralische Niedergang verbunden mit dem unersättlichen Haß der Gemeinheit Frankreichs Eigenart? Sehen wir nicht einen Triumph der Lüge und einen Erfolg der Gemeinheit, wie er selbst in den dunkelsten Zeiten der Geschichte selten war? Ist Schillers Wort wirklich wahr: Die Weltgeschichte ist das Weltgericht? Ja, dann richtet nicht die Gerechtigkeit." *Kirchliches Jahrbuch* 1919, 312, zit. nach K. Scholder, *Die Kirchen und das Dritte Reich, Bd. 1,* 8.

[765] Am 14. April 1919 veröffentliche der DEKA seine erste „Kundgebung gegen die feindlichen Vergewaltigungsabsichten", die in scharfem Ton die geplanten Gebietsabtretungen im Westen und Osten des Reiches geißelt, von denen auch die evangelischen Landeskirchen unmittelbar betroffen waren. Der Text bei E.R. Huber/W. Huber, *Staat und Kirche, Bd. IV.,* 741 f.

[766] Der Text bei E.R. Huber/W. Huber, *Staat und Kirche, Bd. IV.,* 742. Gleiches geschah in Württemberg, Bayern und Sachsen.

[767] Auf besondere Empörung stieß in diesem Zusammenhang die in dem Ultimatum der Siegermächte beigefügte Mantelnote, in welchem dem Kaiserreich vorgeworfen worden war, zur Durchsetzung seiner hegemonialen Ansprüche in Europa eine Politik betrieben zu haben, die unweigerlich „Eifersucht, Haß und Zwietracht" hervorgerufen habe. Mantelnote und Artikel 231 sollten die juristische Haftung des Deutschen Reiches für die angerichteten Schäden festschreiben und die Reparationsforderungen damit rechtlich absichern. Im weiteren Verlauf der Auseinandersetzungen bekam es aber immer stärker den Charakter eines moralischen Kriegsschuldverdikts, das zum „deutschen Trauma der Weimarer Zeit" wurde. S. hierzu Eberhard Kolb, *Die Weimarer Republik,* München – Wien 1984, 31.

[768] So der Wortlaut aus einer DEKA-Kundgebung „in Sachen der Kriegsschuldlüge" vom 21. November 1922. Der Text mit entsprechender Kommentierung ist abgedruckt in: *Die ökumenische Arbeit des Deutschen Evangelischen Kirchenausschusses und die Kriegsschuldfrage. Darlegungen und Dokumente,* hg. von Wilhelm Zoellner, Berlin-Steglitz 1931, 10-12.

für unser so schwer heimgesuchtes Volk einzutreten".[769] In der Tat zählte das Versailler Vertragswerk, insbesondere die Schuldanklage, zu den protestantischen Dauerthemen der Weimarer Zeit. Mit welcher leidenschaftlichen Intransigenz die Auseinandersetzung mit dem „Unglücksdokument" ausgetragen wurde,[770] soll mit einigen aufschlussreichen Textstellen belegt werden.[771]

Schon der Dresdener Kirchentag 1919 erhob in nicht weniger als in vier seiner fünf offiziellen Verlautbarungen vehementen Einspruch gegen die ausgehandelten Friedensbedingungen der Siegermächte.[772] Besonders scharf ins Gericht mit der Politik der Alliierten ging die „Kundgebung gegen die Aburteilung des deutschen Kaisers durch die feindlichen Mächte". Darin heißt es: „Dem furchtbaren Friedensschluß, der dem Weltkrieg ein Ende machen sollte, ist durch die Forderung der Feinde, den deutschen Kaiser vor ihr Gericht zu stellen, der schärfste Stachel gegeben worden. Jedes menschliche und jedes rechtliche Empfinden bäumt sich auf gegen das aller Gerechtigkeit Hohn sprechende Verlangen, wodurch der Kläger sich zum Richter über Schuld und Nichtschuld des Kaisers machen will und unter der trügerischen Maske des Rechtes der schnöde Gewaltfriede nachträglich gerechtfertigt werden soll. Deutschland empfindet dieses Verlangen als tiefste Schmach und Entehrung, in ganz besonderem Sinne das evangelische Deutschland, das dankbar aller Förderung gedenkt, die der Kaiser dem deutschen Protestantismus allezeit hat zuteil werden lassen."[773]

Den Stuttgarter Kirchentag 1921 wies der DEKA in seinem Geschäftsbericht auf drei Kundgebungen hin, die er mittlerweile erlassen hatte. Am 23. Juni 1920 hatte er zunächst Stellung bezogen gegen die sogenannte ‚schwarze Schmach', die Verwendung schwarzer Truppen im besetzten deutschen Gebiet.[774] Als die Ausmaße der Entschä-

---

[769] So W. Zoellner am Schluss seines Rechenschaftsberichts, ebd., 46.

[770] So die Kundgebung gegen die Ruhrbesetzung vom 27. Februar 1923, zit. nach W. Zoellner, ebd., 12.

[771] Eine Übersicht über die gesamte Bandbreite der im deutschen Protestantismus vertretenen Positionen zum Versailler Vertrag bietet die Studie von Reinhard Gaede, *Kirche – Christen – Krieg und Frieden. Die Diskussion im deutschen Protestantismus während der Weimarer Zeit*, Hamburg-Bergstedt 1975, 56 ff. Die Stellungnahmen innerhalb der Ökumene werden zudem umfassend berücksichtigt in der Arbeit von Gerhard Besier, *Krieg – Frieden – Abrüstung. Die Haltung der europäischen und amerikanischen Kirchen zur Frage der deutschen Kriegsschuld 1914–1933. Ein kirchenhistorischer Beitrag zur Friedensforschung und Friedenserziehung*, Göttingen 1982.

[772] Die Kundgebungen richteten sich gegen die geforderte Auslieferung des Kaisers, die Zurückbehaltung deutscher Kriegsgefangener, die Abtretung deutscher Gebiete und die Einschränkung der Missionsarbeit. Vgl. *Verhandlungen des Deutschen Evangelischen Kirchentages 1919*, 308-311.

[773] Der ursprünglich von Dryander entworfene Text (s. *EZA* 1/A3/45) ist um ein vielfaches länger. Die apotheotischen Züge, in denen er vom Kaiser spricht, und das emphatisch gesteigerte monarchische Treuebekenntnis hätten die verbal proklamierte Unabhängigkeit der Kirche von jeder Staatsform allerdings zu offensichtlich desavouiert. Angesichts der Abdankung Wilhelms II. hatte der EOK in seiner Ansprache an die Gemeinden am 10. November 1918 zwar seine „namenlose Trauer" über dieses Ereignis betont, zugleich aber ausdrücklich darauf verwiesen, dass Deutschland nicht verloren und das Evangelium nicht gebunden sei. Text bei E.R. Huber/W. Huber, *Staat und Kirche, Bd. IV.*, 36 f.

[774] Darin heißt es: „Keine militärische Manneszucht, wie sie auch gehandhabt werden mag, ist imstande, die wilden Instinkte dieser seit Jahren ihrer Heimat entrissenen und von Hause aus christlicher Erziehung entbehrenden, nach Zehntausenden zählenden Leute in Schranken zu halten. Himmelschreiende Schmach wird unsern Volksgenossen angetan. Reine Frauen und unschuldige Kinder werden an Leib und Seele verseucht, Schwache werden zu Fall gebracht. Mund und Feder sträuben

digungsforderungen der Alliierten erkennbar wurden, hatte der DEKA am 11. Februar 1921 schärfsten Protest gegen das dahinter vermutete „furchtbare Ziel" eingelegt, „die wirtschaftliche und die ganze, schwer errungene staatliche Existenz unseres Volkes in ihren elementaren Bedingungen zu erschüttern und unweigerlich zu zerstören". Damit sollte – so war die Anklage fortgefahren – „wider alles göttliche und menschliche Recht unter dem Namen und Vorwande des Friedens und der Ausführung eines ‚Friedensvertrags' ein großes christliches Kulturvolk, nachdem man es wehrlos gemacht hat, aus den Reihen der freien und lebensfähigen Völker endgültig gestrichen werden".[775] Auch die Abtretung großer Gebietsteile Oberschlesiens an Polen hatte der DEKA in seiner Kundgebung vom 12. Juni 1921 als groben Gewaltakt gegeißelt und zugleich den kirchlichen Anspruch bekräftigt, dass die Rechte der deutschen Protestanten in den abgetretenen Gebieten zu wahren und die weitere Verbindung der betroffenen Gemeinden mit der altpreußischen „Mutterkirche" aufrechtzuerhalten seien.[776] Dass die beharrliche Ablehnung des Versailler Vertrages dazu verleitete, die Idealisierung des untergegangenen Reiches im Gegensatz zur Weimarer Tristesse noch stärker zu betreiben, belegen die Ausführungen des Systematikers und Geistlichen Vizepräsidenten des EOK, Julius Kaftan, auf dem Stuttgarter Kirchentag. In seinem programmatischen Vortrag, der den bezeichnenden Titel trug „Die neue Aufgabe, die der evangelischen Kirche aus der von der Revolution proklamierten Religionslosigkeit des Staates erwächst", beschwor er eindringlich das Wiedererwachen des „alte[n] Geiste[es] [sc. des preußischen Militarismus]". Nur dieser könne das gegenwärtig drohende Schicksal abwenden, dass das deutsche Volk dauerhaft „ein Volk von Heloten

---

sich, die Greuel zu schildern, die alle Kriegsschrecken übertreffen." *Verhandlungen des 2. Deutschen Evangelischen Kirchentages 1921*, 25. Wright weist darauf hin, dass der DEKA bei der Vorbereitung dieser Erklärung durch das Auswärtige Amt und das preußische Kultusministerium entsprechendes Informationsmaterial erhalten habe. Vgl. Wright, *„Über den Parteien"*, 106.

[775] *AKED 1921*, 230. S. auch Johannes Hosemann, *Der Deutsche Evangelische Kirchenbund in seinen Gesetzen, Verordnungen und Kundgebungen*, Berlin 1932, 157.

[776] *AKED 1922*, 385 bzw. J. Hosemann, ebd., 158. Der von der preußischen Kirchenleitung vertretene Grundsatz, dass Staatsgrenzen nicht eo ipso mit Kirchengrenzen zusammenfallen, konnte sich in diesem Konflikt erfolgreich behaupten. In den Verträgen, welche die Rechte der deutschen evangelischen Christen in den an Polen gefallenen Teilen Oberschlesiens, in Danzig und im Memelgebiet sicherten, war deren fortdauernde Zugehörigkeit zum Verwaltungs- und Jurisdiktionsbereich der altpreußischen Landeskirchen vorgesehen. In den übrigen an Polen abgetretenen Gebieten kam es allerdings zur Gründung einer konkurrierenden pro-polnischen evangelischen Kirche, was den weiteren Zusammenhang zur Mutterkirche erheblich beeinträchtigte. Näheres bei K. Nowak, *Evangelische Kirche und Weimarer Republik*, 109 ff. — Die kirchliche Versorgung der evangelischen Auslandsdiaspora gehörte dann seit 1922 in den unmittelbaren Zuständigkeitsbereich des Kirchenbundes und wurde durch beträchtliche finanzielle Mittel von der Reichsregierung, die darin einen Beitrag zur Rückgewinnung verlorengegangener Gebiete sah, unterstützt. Bis zu den Kürzungen im Rahmen des staatlichen Sparprogramms betrugen die staatlichen Zuwendungen jährlich 450.000 RM. Dem Kirchenbund gab diese Aufgabe Gelegenheit, nationalen und kirchlichen Interessen gleichermaßen zu dienen und – neben seinem Engagement in der Ökumene – einen weiteren Schauplatz seiner „Nebenaußenpolitik" zu eröffnen. So urteilt G. Besier, „Die Kriegsschuldfrage, das Problem unterschiedlicher Staats- und Kirchengrenzen und die Ökumenische Bewegung", in: Ders./Eckhard Lessing (Hgg.), *Die Geschichte der Evangelischen Kirche der Union, Bd. 3*, 133.

und Sklaven" bleibe.[777] Kaftans Erklärungen unterstreichen noch einmal die These, dass der Versailler Vertrag abgesehen von seinen realen Auswirkungen vor allem psychologisch als „Last der Vergangenheit" empfunden wurde, die das Anwachsen reaktionärer und restaurativer Sehnsüchte beschleunigte.[778]

Diese Tendenz unterstützte – indirekt zumindest – auch der DEKA durch seine apokalyptischen Zukunftsszenarien, die er in seinen öffentlichen Verlautbarungen immer wieder aufs neue entwarf. In seinem Aufruf an die ausländischen Kirchen vom 18. November 1922 wurde Deutschlands Lage mit der eines „sinkenden Schiffes" verglichen.[779] „Menschenaugen sehen nicht, wie der Untergang noch abgewendet werden soll." Angesichts der Milliardensummen, die aus Deutschland herausgepresst werden sollten, sah die Kundgebung bereits die Gefahr heraufziehen, dass „ein wilder Ausbruch schließlich alles verschlingt". Im gleichen Atemzug wurde die Behauptung der Alleinschuld Deutschlands, die als Rechtfertigung der Politik der Siegermächte vorgegeben werde, für „durch und durch unwahr" erklärt. „Man kann sich auch auf das Schuldbekenntnis von Versailles nicht berufen, das wider göttliches und menschliches Recht einem wehrlos gewordenen Volke durch die schwersten Drohungen abgezwungen worden ist und durch feststehende Tatsachen widerlegt wird."[780] Auch die Äußerungen des deutschnationalen Generalsuperintendenten Klingemann aus seiner Eröffnungspredigt des Betheler Kirchentages 1924 belegen, dass angesichts der hohen Welle der Empörung gegen das – von Troeltsch so bezeichnete – „Schulddogma" jeder Versuch einer aufrichtigen Selbstbesinnung rein theologischen Denkkategorien

---

[777] Vgl. *Verhandlungen des 2. Deutschen evangelischen Kirchentages*, 136. Der Mangel an ‚altem Geist' war nach Kaftans Ansicht auch Schuld am Zusammenbruch des Kaiserreichs. „Hätte es nur *einen* Mann gegeben, der mit starker Hand eingegriffen hätte, wäre hier in Berlin die Revolution nicht aufgekommen. Die Spitze hat eben versagt, es war niemand da, der den Kaiser bei seiner Offiziersehre packte wie Bismarck s. Zt. den alten Kaiser, als er abdanken wollte." Schreiben an T. Kaftan vom 15. Dezember 1918, in: W. Göbell (Hg.), *Kirche, Recht und Theologie in vier Jahrzehnten. Der Briefwechsel der Brüder Theodor und Julius Kaftan, Zweiter Teil*, 676. Den seit dem Kabinett Stresemann 1923 eingeschlagenen außenpolitischen Kurswechsel von der Irridenda- zur Erfüllungspolitik kommentiert Kaftan defätistisch: „Herr Stresemann zieht jedenfalls den Karren nicht aus dem Dreck, er so wenig wie sein Vorgänger. Ich wünsche und erbitte mir täglich eine heilige Gleichgültigkeit gegen alles, was geschieht; was in mir zustandekommt, ist aber eine matte Abstumpfung ... Also – alles grau in grau." Schreiben an T. Kaftan vom 29. September 1923, in: W. Göbell (Hg.), ebd., 822.

[778] Vgl. hierzu Ulrich Heinemann, „Die Last der Vergangenheit. Zur politischen Bedeutung der Kriegsschuld- und Dolchstoßdiskussion", in: K.-D. Bracher/M. Funke/H.-A. Jacobsen (Hgg.), *Die Weimarer Republik 1918–1933*, 371-386. S. auch Karl Dietrich Bracher „Die Auflösung der Republik. Gründe und Fragen", in: Gerhard Schulz (Hg.), *Weimarer Republik. Eine Nation im Umbruch*, Freiburg-Würzburg 1987, 123-138, bes. 124 f.

[779] Vgl. *AKED 1923*, 1 bzw. J. Hosemann, *Der Deutsche Evangelische Kirchenbund in seinen Gesetzen, Verordnungen und Kundgebungen*, 161 f.

[780] In seiner Kundgebung anlässlich der Ruhrbesetzung vom 27. Februar 1923 beteuerte der DEKA nochmals die Unschuld Deutschlands, indem er sich der Losung eines aufgezwungenen Verteidigungskrieges bediente: Demnach habe „sittliche Schuld" ... nie existiert", „vielmehr" sei „das Sinnen und Trachten des deutschen Volkes nie auf etwas anderes gerichtet" gewesen „als darauf, in ruhigem Besitz schwer erkämpfter Einheit und Freiheit friedlicher Kulturarbeit nachzugehen". S. *AKED 1923*, 131 bzw. J. Hosemann, ebd., 163 f.

verhaften blieb und allein auf das Bekenntnis einer „innere[n] Schuld, einer „gemeinsame[n] Gottentfremdung und Sünde" hinauslief.[781]

Eine gewisse Zäsur in der kirchenoffiziellen Linie zu Versailles bedeutete das Einrücken Hermann Kaplers in das Amt des DEKA-Präsidenten im Jahre 1925. Der außenpolitische Kurs des DEKA folgte seitdem im wesentlichen dem Konzept Stresemanns, der die internationale Isolierung Deutschlands zu überwinden und durch eine Zusammenarbeit mit dem Westen die größtmögliche Erleichterung der Versailler Vertragsbedingungen zu erreichen suchte.[782] Seitdem sich mit der Beendigung der Ruhrbesetzung die internationale Atmosphäre zu entspannen begann, hielt auch der Kirchenausschuss den Zeitpunkt endgültig für gekommen, im Rahmen der ökumenischen Bewegung zu einer Verständigung mit den Alliierten beizutragen. Erleichtert wurde dieses Engagement auch dadurch, dass die ökumenische Bewegung anders als der Völkerbund nicht das geistige Produkt der ehemaligen Feinde Deutschlands, sondern des Erzbischofs des im Kriege neutralen Schwedens, Nathan Söderblom, war. Söderblom konnte auch vieles vorweisen, was ihn der deutschen kirchlichen Öffentlichkeit nachdrücklich empfahl.[783]

Die Hauptanstrengung des DEKA richtete sich nun auf die Aktivierung des Weltprotestantismus zu einer unparteiischen Klärung der Kriegsschuldfrage.[784] Nach der Weltkirchenkonferenz für Praktisches Christentum in Stockholm 1925 forderte die deutsche Delegation unter Führung Kaplers deren Fortsetzungsausschuss dazu auf, die Kriegsschuldfrage als „eine moralische Aufgabe ersten Ranges" anzusehen und eine Stellungnahme zu ihr zu erarbeiten.[785] Nach kontroversen Verhandlungen rang sich der Fortsetzungsausschuss ein Jahr später zu dem beachtlichen Votum durch, in welchem verlautbart wurde, „daß jedes erzwungene Bekenntnis, wo immer es auch abgelegt sein mag, moralisch wertlos und religiös kraftlos ist".[786] Die deutsche Sei-

---

[781]   Vgl. *Verhandlungen des ersten Deutschen Evangelischen Kirchentages 1924, Bethel-Bielefeld 14.–17. Juni 1924*, Berlin-Steglitz o.J., 61. Zum Begriff Schulddogma vgl. Ernst Troeltsch, *Spectator-Briefe. Aufsätze über die deutsche Revolution und die Weltpolitik 1918/22*, Tübingen 1924, 320.

[782]   Zur Würdigung des Neuansatzes in der deutschen Nachkriegspolitik durch Stresemann vgl. den Gesamtüberblick von Wolfgang Michalka, „Deutsche Außenpolitik 1920–1933", in: K. D. Bracher/M. Funke/ H.-A. Jacobsen (Hgg.), *Die Weimarer Republik 1918–1933*, 303-326, bes. 322.

[783]   Er hatte 1914 als Professor an der Universität Leipzig gelehrt, und einer seiner Söhne hatte im Weltkrieg als Offizier auf deutscher Seite gestanden. Sein persönliches Erscheinen auf dem Stuttgarter Kirchentag 1921 wurde von der Kirchentagsleitung als demonstrative Solidaritätskundgebung und öffentlichen Protest gegen die Behandlung Nachkriegsdeutschlands durch die Alliierten gewertet: „Die deutschen evangelischen Kirchen stehen in der Welt nicht allein – trotz aller Feindschaft!', hob der spätere Schlesische Generalsuperintendent Martin Schian in seinem Rückblick auf die Stuttgarter Verhandlungen hervor. Vgl. „Das Ergebnis des Stuttgarter Kirchentages", in: *Evangelischer Pressedienst*, Nr. 40 vom 4. Oktober 1921. Auch der Kirchentagspräsident dankte Söderblom ausdrücklich für den „erhebende[n] und stärkende[n] Gruß aus dem Lande und der Kirche Gustav Adolfs" Vgl. das Schreiben Pechmanns an Söderblom vom 30. September 1921, abgedruckt in: *Verhandlungen des 2. Deutschen Evangelischen Kirchentages 1921*, 265 f.

[784]   Zum folgenden ausführlich G. Besier, *Krieg – Frieden – Abrüstung. Die Haltung der europäischen und amerikanischen Kirchen zur Frage der deutschen Kriegsschuld 1914–1933*, 206 ff.

[785]   Schreiben Kaplers an den Fortsetzungsausschuß vom 29. August 1925, aufgeführt bei W. Zoellner, *Die ökumenische Arbeit des Deutschen Evangelischen Kirchenausschusses und die Kriegsschuldfrage*, 23 f.

[786]   Zit. bei W. Zoellner, ebd., 37.

te konnte dieses Erklärung mit Recht als Erfolg ihrer Bemühungen verbuchen. Hoch befriedigt ließ der DEKA die Korrespondenz zwischen der deutschen und den ausländischen Abordnungen zur Kriegsschuldfrage an unübersehbarer Stelle und in vollem Wortlaut in ihrem Geschäftsbericht, der den Protokollen des Königsberger Kirchentages 1927 wie üblich beigefügt war, veröffentlichen.[787] Der Kirchentag brachte Kapler die herzlichsten Glückwünsche entgegen und zeigte sich „besonders dankbar" darüber, „dass es gelungen ist, schwerste Hemmungen aus dem Weg zu räumen, die dem ökumenischen Werk aus der Kriegsschuldfrage erwuchsen".[788]

Aus Anlass der zehnjährigen Wiederkehr der Versailler Vertragsunterzeichnung rief der DEKA in seiner Kundgebung vom 1. Juni 1929 erneut – unter zweimaligem Verweis auf die Erklärung des Stockholmer Fortsetzungsausschusses – zu einer unparteiischen Klärung der Kriegsschuldfrage auf.[789] Innerhalb des Kirchenausschusses erhoben sich Bedenken, dass diese Erklärung und die daran anschließende Aufforderung an die Kirchengemeinden, den 28. Juni 1929, den Tag der Vertragsunterzeichnung, als Trauertag zu begehen, die Kirche einseitig auf die Seite der Rechtsparteien stelle und so eine Verständigung mit der linksstehenden Arbeiterschaft verhindere. Diese zerstreute man mit dem Hinweis auf die kirchliche Verantwortung gegenüber Volk und Vaterland: Beide seien „ein der Kirche von Gott anvertrautes Gut. Die Kirche kann daher zu dieser das ganze Vaterland angehenden Frage nicht schweigen".[790] Der ausdrückliche Dank, den Stresemann gegenüber Kapler für diese öffentliche Verlautbarung später bekundete,[791] wird ein übriges dazu beigetragen haben, den Kirchenausschuss in seinem volkskirchlich-nationalen Sendungsbewusstsein zu bestärken.

Wie sehr man in protestantisch-kirchlichen Kreisen der weitverbreiteten Anschauung zuneigte, dass die in den letzten Jahren der Republik noch offenkundiger hervorgetretenen Missstände der parlamentarischen Demokratie, der wachsende politische Extremismus und die wirtschaftliche Misere ausschließlich der jahrelangen Erniedrigung Deutschlands durch das Ausland geschuldet seien, belegen die Ausführungen des deutschnationalen Präses der Westfälischen Provinzialsynode, Karl Koch (1876–1951), auf dem Nürnberger Kirchentag 1930. „Das Versailler Verknechtungsinstrument", rief Koch den beifällig lauschenden Nürnberger Kirchentagsdelegierten zu, führe zur „Verelendung unseres Volkes" und zur „Vergiftung der Völkerbeziehun-

---

[787] Vgl. *Die Verhandlungen des zweiten Deutschen evangelischen Kirchentages 1927, Königsberg i.Pr. 17.–21. Juni 1927*, hg. vom Deutschen Evangelischen Kirchenausschuß, Berlin-Steglitz o.J., 119-149.

[788] *Die Verhandlungen des zweiten Deutschen Evangelischen Kirchentages 1927*, 317.

[789] Vgl. J. Hosemann, *Der Deutsche Evangelische Kirchenbund in seinen Gesetzen, Verordnungen und Kundgebungen*, 169 f.

[790] DEKA-Sitzung vom 31.Mai – 1. Juni 1929,in: *EZA* 1/A2/19. Als Gestaltungsanregungen für den Trauertag empfahl der DEKA, „Hissen der Kirchenflagge mit Trauerflor, Trauergeläut um 3 Uhr Uhr (Stunde der Vertragsunterzeichnung) und vor allen Dingen die Abhaltung von Gottesdiensten, tunlichst am Freitag, den 28. Juni, oder am darauffolgenden Sonntage mit Verlesung der Erklärung". S. den Geschäftsbericht des DEKA, abgedruckt in: *Verhandlungen des dritten Deutschen Evangelischen Kirchentages 1930, Nürnberg 26. bis 30. Juni 1930*, hg. vom Deutschen Evangelischen Kirchenausschuß, Berlin-Steglitz o.J., 107.

[791] Zum Schreiben Stresemanns an Kapler vom 23. Juni 1929 s. K. Nowak, *„Protestantismus und Weimarer Republik"*, 228, Anm. 22.

gen". Es habe keine Ordnung geschaffen, sondern „die Katastrophe" heraufbeschworen. „Das Siechtum unseres Volkes kann nicht die Blüte der anderen Völker sein."
Nach dem innigen Dank für den bisherigen Einsatz des Kirchenausschusses in der
Kriegschuldfrage schloss Koch seine Rede mit einem flammenden Appell „an die
höchste Instanz, gegen welche Botschafterkonferenz, Völkerbundesrat, Haager Gericht verschwinden," indem er feierlich erklärte: „Mach's mit uns, Gott, nach deiner
Güt'!"[792]

Die in Kochs Rede unverhohlen geäußerte prinzipielle Kritik an den Versuchen, durch
internationale Organisationen eine Verständigung herbeizuführen, führte im Zuge der
weiteren wirtschaftlichen Verschlechterung Deutschlands auch zu einer Verhärtung
der ökumenisch aufgelockerten Fronten.[793] Auf der DEKA-Sitzung vom 12. März
1931 machte der Präses der Rheinischen Provinzialsynode, Walther Wolff (1870–
1931), die Reparationsforderungen der Alliierten für die hohe Arbeitslosigkeit in
Deutschland verantwortlich. Auf seine Frage, „ob nicht hier die deutschen Kirchen
im Interesse ihres gottgewiesenen Berufs an der Seele des deutschen Volkes ihre Beziehungen zum Ausland auswerten müssen", gab der ehemalige Kirchentagspräsident
Wilhelm von Pechmann dem gesamten DEKA unmissverständlich zu verstehen: solange das deutsche Volk dem Versailler Diktat unterworfen bleibe, sollte der Kirchenbund von einem weiteren ökumenischen Engagement absehen.[794]

Am 23. Oktober 1931 trat der DEKA – wohl gegen Kaplers Rat –[795] erneut mit einer Kundgebung zur Kriegsschuldfrage an die Öffentlichkeit, die sich in ihrer Diktion deutlich von der vorigen Erklärung unterschied und wieder an die Frühphase
der Auseinandersetzungen um Versailles anknüpfte.[796] In ihr hieß es: „Sorgen und
Elend" seien „ins Unerträgliche" gestiegen und trieben zur „Verzweiflung, Empörung und Gewalttat": „Unser Volk ist mit seinen moralischen und physischen Kräften
dem Ende nahe." Daher sei die Weltchristenheit dazu aufgerufen, „den Kampf gegen den Geist des Hasses und der Lüge mit aller Entschiedenheit aufzunehmen und
der Gerechtigkeit für unser verleumdetes und misshandeltes Volk endlich zum Siege
zu verhelfen". Die hier zum wiederholten Male aufgestellte Behauptung eines natürlichen, quasikausalen Zusammenhangs zwischen dem Druck von außen und der Not im

---

[792]   *Verhandlungen des dritten Deutschen Evangelischen Kirchentages 1930*, 244.

[793]   Diese Entwicklung erfolgte im Gleichklang mit einer wachsenden Belastung der politischen Beziehungen zwischen Deutschland und den Alliierten. Nachdem durch den New Yorker Börsenkrach
vom 29. Oktober 1929 eine Weltwirtschaftskrise ausgebrochen war, verschärfte sich weltweit ein
ökonomischer Nationalismus, der aber besonders in Deutschland zusätzliche nationalistische Emo-
tionen freisetzte. Vgl. dazu ebenfalls W. Michalka, „*Deutsche Außenpolitik 1920–1933*", 323 ff.

[794]   Vgl. das Sitzungsprotokoll vom 12. März 1931, in: *EZA* 1/A2/27.

[795]   So zumindest die Darstellung von J. R. Wright, *Über den Parteien*", 118.

[796]   S. J. Hosemann, *Der Deutsche Evangelische Kirchenbund in seinen Gesetzen, Verordnungen und
Kundgebungen*, 171 f. Nach G. Besier bot diese letzte Kundgebung zur Kriegsschuldfrage „in Form
und Inhalt die äußerste Steigerung dessen, was an Beschuldigungen und Anklagen gegen die Siegermächte denkbar schien". Aus dem rechten Lager hatte der DEKA dafür „brausende[n] Applaus"
erhalten. Vgl. dazu mit dem entsprechenden Presseecho *Krieg – Frieden – Abrüstung. Die Haltung
der europäischen und amerikanischen Kirchen zur Frage der deutschen Kriegsschuld 1914–1933*,
302, bzw. 305.

Inneren unterstreicht die enorme „psychologische propagandafähige Potenz",[797] die das Versailler Vertragswerk enthielt. Zugleich sollte diese Sichtweise auch die politische Haltung der evangelischen Kirche zum Nationalsozialismus vor wie nach 1933 maßgeblich beeinflussen. Denn das Gefühl des deutschen Volkes, höchst ungerecht behandelt worden zu sein, verleitete auch weite Teile des kirchlichen Establishments dazu, wohlwollendes Verständnis, wenn nicht gar offene Sympathien für eine Bewegung aufzubringen, die Deutschlands Rechte erklärtermaßen wiederherstellen wollte, selbst dann, wenn dieses Ziel von bedauerlichen gewalttätigen „Exzessen" überschattet wurde.[798]

---

[797] Nach Karl-Dietrich Bracher muss vor allem in der psychologischen Sprengkraft, nicht aber in konkreten materiellen oder anderen Belastungen die fatale Bedeutung von Versailles für die mangelnde Akzeptanz der Republik gesehen werden. Vgl. Ders., *Die Auflösung der Weimarer Republik. Eine Studie zum Problem des Machtverfalls in der Demokratie*, Königstein/Ts. [6]1978, 17.

[798] In einem vom Kirchenbundesamt am 7. Juni 1933 versandten Memorandum wurde beispielsweise erklärt, dass die bisher von der Regierung getroffenen antisemitischen Maßnahmen „auch ein Ergebnis der Leiden [sc. waren], denen das deutsche Volk nun seit beinahe 20 Jahren ohne Recht und Gerechtigkeit ausgesetzt ist". Vgl. *Armin Boyens, Kirchenkampf und Ökumene 1933–1939. Darstellung und Dokumentation*, München 1969, 299-308, Zitat 304.

7 Die evangelische Kirche vor der sozialen Frage – Bethel 1924

Mit dem Anbruch der Weimarer Republik regte sich auch in den evangelischen Landeskirchen ein deutlicher wahrnehmbares sozialpolitisches Engagement. So errichteten einige Landeskirchen wie die Rheinische oder die Westfälische besondere Sozialpfarrämter. Des weiteren hielten die neuen landeskirchlichen Verfassungen die soziale Verantwortung der Kirche durch entsprechende Einzelbestimmungen nachdrücklich fest.[799] Der Kirchenbund zählte „den Ausgleich und die Versöhnung der sozialen Gegensätze" immerhin zu seinem mittelbaren Tätigkeitsbereich.[800] Dazu wurden neue Möglichkeiten sozialkirchlichen Handelns eingeräumt, was sich u.a. in der verfassungsmäßig vorgeschriebenen Bildung Sozialer Ausschüsse auf allen kirchlichen Ebenen niederschlug. Auch der Dresdener Kirchentag wählte sich einen Sozialen Ausschuß, in dem vor allem die großen sozialen Verbände vertreten sein sollten.[801] Gleichzeitig beschloss der DEKA die Einsetzung eines Ständigen Sozialen Ausschusses.[802]

Diese – hier freilich nur sehr kurz skizzierte –[803] systematische Inangriffnahme sozialer Aufgaben markierte auf der Ebene der verfassten Kirche einen durchaus qualitativen Fortschritt gegenüber der Vergangenheit. Bis dahin hatte sich hauptsächlich der Verbandsprotestantismus durch eine nicht unbeträchtliche Anzahl vornehmlich karitativer Initiativen ausgezeichnet. Jedoch blieb die Übernahme christlicher sozi-

---

[799] In der Verfassung der Evangelischen Kirche der altpreußischen Union wurden diesbezüglich zukunftweisende Vorschläge entwickelt. Artikel 22,1 forderte die Gemeindekörperschaften dazu auf, „das soziale Wohl ihrer Gemeinde und ihrer Glieder [sc. zu] fördern". Zu den Amtspflichten des Pfarrers gehörte nach Artikel 42,3 ausdrücklich die „soziale Arbeit". Vgl. E.R. Huber/W. Huber, *Staat und Kirche, Bd. IV.*, 549 bzw. 555.

[800] Vgl. § 2 Absatz B, Ziffer 1 e), in: J. Hosemann, *Der Deutsche Evangelische Kirchenbund*, 15.

[801] Vgl. *Verhandlungen des Deutschen Evangelischen Kirchentages 1919*, 141 f. Zu den wichtigsten Mitgliedern dieses Ausschusses gehören Franz Behrends: Vorsitzender des Zentralverbandes der Forst-, Land und Weinbergarbeiter, deutschnationaler Reichtagsabgeordneter, Adolf Deißmann: Professor für Neues Testament, Johannes Herz: Professor für Sozialethik, Generalsekretär des Evangelisch-Sozialen Kongresses seit 1922, Dr. August Hinderer, Präses Dr. Kockelke, Paula Müller-Otfried: Vorsitzende des Deutschen Evangelischen Frauenbundes, Reinhard Mumm, Wilhelm Schneemelcher: Generalsekretär des Evangelisch-Sozialen Kongresses bis 1922, August Springer: Arbeitersekretär und Prof. Arthur Titius: stellv. Vorsitzender des Evangelisch-Sozialen Kongresses 1922–1924.

[802] Vgl. ebd., 315 f bzw. DEKA-Sitzung vom 5. September 1919, in: *EZA* 1/A2/139. Als Mitglieder werden berufen Franz Behrends, Dr. Philipps, Prof. Titius, Geh. Staatsrat Wilharn, Dr. Zoellner und Prof. J. Kaftan als Ausschussvorsitzender, allesamt zugleich Mitglieder des DEKA.

[803] Ausführlich dazu die Studie von Kordula Schlösser-Kost, *Evangelische Kirche und soziale Frage 1918–1933. Die Wahrnehmung sozialer Verantwortung durch die rheinische Kirchenprovinz*, Köln 1996.

alpolitischer Verantwortung im Kaiserreich weithin eine „Minderheitssache".[804] Die Stellung der bischöflich verfassten Amtskirchen zur sozialen Frage und den Belangen der Arbeiterschaft, die beispielhaft am Schlingerkurs des preußischen EOK in den 1890er Jahren zum Vorschein kam, war gewöhnlich von großer Staatsloyalität bestimmt, was in der Folge häufig zur Unterdrückung sozialpolitischer Bewegungen der Pastorenschaft durch die Kirchenbehörden führte.[805]

Fragt man nach Gründen für diesen Umschwung – der amerikanische Historiker Daniel R. Borg spricht in diesem Zusammenhang von einem „shift in German Evangelical churches from quietism to a pervading sense of social responsibility" –[806], sind zunächst gesellschaftspolitische und sozioökonomische Ursachen in Rechnung zu stellen. Zum einen entluden sich die bestehenden, aber durch den Krieg weithin unterdrückten sozialen und gesellschaftlichen Antagonismen infolge der Novemberrevolution in ungeahnter Weise. Zahlreiche Streikbewegungen und bürgerkriegsähnliche Zustände in Teilen des Reiches vermittelten in der Anfangszeit der jungen Republik bereits das Bild einer klassenmäßig und mental gespaltenen Gesellschaft.[807] Hinzu kam, dass die gesamtwirtschaftliche Situation selbst in der Phase der relativen Stabilisierung des Weimarer Staates, also in den Jahren von 1924 bis 1929, auf's Ganze gesehen „höchst prekär" war.[808] Der demokratische Wohlfahrtsstaat versuchte zwar, durch eine weitgehende sozialpolitische Intervention soziale Härten auszugleichen und die Klassengesellschaft des Kaiserreichs zu überwinden,[809] scheiterte jedoch in diesem

---

[804] So völlig zutreffend T. Nipperdey, *Religion im Umbruch*, 116. Eine gute Zusammenfassung der Literatur zum Thema Protestantismus und soziale Frage im 19. Jahrhundert bietet Erkki Ilmari Kouri, *Der deutsche Protestantismus und die soziale Frage 1870–1919. Zur Sozialpolitik des Bildungsbürgertums*, Berlin-New York 1984. Vgl. ferner als eine der neuesten Erscheinungen dazu die einzelnen Beiträge in dem Band *Soziale Reform im Kaiserreich: Protestantismus, Katholizismus und Sozialpolitik*, hg. von Jochen-Christoph Kaiser und Wilfried Loth, Stuttgart – Berlin – Köln 1997.

[805] Als 1890 das Sozialistengesetz auslief, steuerte der neue preußische König und Kaiser Wilhelm II. – vorerst – einen neuen sozialreformerischen Kurs an. Als Organ des königlichen Summepiskopats bemühte sich der preußische EOK, die Pfarrer stärker zu sozialem Engagement zu mobilisieren (Zirkularerlass vom 17. April 1890). Ähnlich verfuhren auch andere Kirchenleitungen, die sächsische verzichtete gar auf den preußischen scharf antisozialistischen Ton. Unter dem Einfluss des Saarindustriellen Karl Freiherr von Sturm verließ der Regent jedoch bald den ursprünglich eingeschlagenen Kurs der Sozialreform und setzte den Kampf gegen den Umsturz auf die politische Tagesordnung. Am 16. 12. 1895 forderte der EOK die Pfarrerschaft zu völliger sozialpolitischer Zurückhaltung auf. Begründet wurde dieser Erlass damit, dass viele Pfarrer erfolglos gegen die sozialistische Agitation angegangen wären und auf diese Weise das geistliche Amt Schaden genommen hätte. Klaus Erich Pollmann kommt zu dem Schluss: „In den sozialen Streitfragen zahlte das Kirchenregiment den Preis für den Schutz, den ihm der Summepiskopat des Landesherrn gewährte …" Vgl. *Landesherrliches Kirchenregiment und soziale Frage. Der evangelische Oberkirchenrat der altpreußischen Landeskirche und die sozialpolitische Bewegung der Geistlichen nach 1890*, Berlin 1973, 295. Die entsprechenden Erlasse von 1890 bzw. 1895 sowie ähnlich lautende aus dem Bereich anderer Landeskirchen sind abgedruckt in: E.R. Huber/W. Huber, *Staat und Kirche, Bd. III*, 691 ff.

[806] Vgl. „*Volkskirche, 'Christian State' and the Weimar Republic*", 206.

[807] Ausführlich dazu Detlef J. K. Peukert, *Die Weimarer Republik. Krisenjahre der Klassischen Moderne*, 32 ff.

[808] E. Kolb, *Die Weimarer Republik*, 183.

[809] Neben der Neubegründung und Ausgestaltung der Sozialversicherung (Kranken-, Renten- und Unfallversicherung) stellte die Einführung der Arbeitslosenversicherung im Jahre 1927 die bedeutendste soziale Errungenschaft dar. Näheres bei Volker Hentschel, „Die Sozialpolitik in der Weimarer

Bemühen an den eng begrenzten ökonomischen Verteilungsspielräumen. Nicht erst in der Weltwirtschaftskrise, die den Niedergang der sozialen Sicherungssysteme nur noch weiter beschleunigte, zeigte es sich, wie illusionär das Vorhaben war, die soziale Frage mit Hilfe einer staatlichen Sozialpolitik zu regulieren. Desaströs wirkte sich in dieser Situation die zunehmende Infragestellung der angesichts etatistischer und revolutionärer Gefahren geschlossenen Übereinkunft zwischen den Gewerkschaften und der Unternehmerseite aus. Die mit der Bildung der Zentralen Arbeitsgemeinschaft vom 15. November 1919 scheinbar beseitigten Fronten und Konflikte traten alsbald wieder in Form „schroffer Kompromißlosigkeit auf beiden Seiten" in Erscheinung.[810]
Es waren aber nicht nur die allgemeinen wirtschafts- und sozialstrukturellen Entwicklungen, die von sich aus an das soziale Gewissen der evangelischen Kirchen appellierten. Mindestens ebenso bedeutsam für ein verstärktes protestantisches Sozialengagement waren die neuen institutionellen Rahmenbedingungen der verfassten Kirche. Nachdem sie sich zuvor – mitbedingt durch ihre Staatsbindung – erst spät, zögerlich und in so offenkundig unzureichender Weise der sozialen Frage zugewandt hatte, standen ihr jetzt als einer unabhängigen Kirche ganz neue Wege offen, auf sozialem Terrain Boden gut zu machen. Die sich bietenden Möglichkeiten beherzt ins Auge fassend, erklärte Reinhard Mumm unter dem Beifall der Stuttgarter Kirchentages: „Jetzt endlich vorwärts! Wir vergessen alle Versäumnis der vergangenen Tage und erwarten die Tat der organisierten evangelischen Kirchen auf dem sozialen Felde!'"[811]
Der Anspruch, den führende kirchliche Repräsentanten diesbezüglich an das evangelische Kirchentum stellten, war zweifellos hoch geschraubt. So erklärte Otto Dibelius die Überwindung der mentalen Zerrissenheit der Weimarer Klassengesellschaft durch den Geist protestantischer Frömmigkeit gleichsam zur „Schicksalsfrage der Kirche", zur „Schicksalsfrage des deutschen Volkes" und zur „Schicksalsfrage der abendländischen Kultur". Von der Integration der Arbeiterschaft hänge nicht weniger als die weitere Existenzberechtigung der evangelischen Kirche ab: „[E]ntweder gelingt es ihr, gerade ihr, die Brücke über den großen Graben zu schlagen, oder sie sinkt endgültig zu einer Kirche des Bürgertums herab. Und dann ist sie keine Kirche mehr."[812]
Der Entwurf einer großangelegten sozialen Mission der Volkskirche stand in den 1920er Jahren zunächst weithin im Dienst der Vorstellung vom kirchlichen Wächteramt im ‚religionslosen Staat'. Denn die Aufrechterhaltung einer evangelisch christlich geprägten Kultur in Abwesenheit eines ‚christlichen Staates' setzte die Sammlung breiter Volksmassen, insbesondere auch der kirchlich weithin entfremdeten Arbeiterschaft, als einer „Garantiemacht" zur Durchsetzung protestantisch kirchlicher Wertvorstellungen voraus.[813] Wer die soziale Frage in dieser Hinsicht thematisierte, ver-

---

Republik", in: Karl Dietrich Bracher/Manfred Funke/Hans-Adolf Jacobsen (Hgg.), *Die Weimarer Republik 1918–1933. Politik – Wirtschaft – Gesellschaft*, Bonn ³1998, 197-217.

[810] V. Hentschel, ebd., 204. Hentschel sieht die Kehrseite der „erfreuliche[n] sozialpolitische[n] Fortschritte" darin, „daß sich die ungefestigte parlamentarische Demokratie von Weimar jenen Fortschritt eigentlich nicht leisten konnte, weil sie weder von anhaltender wirtschaftlicher Prosperität noch von einem gefestigten sozialen Konsens getragen wurde". Ebd., 198.

[811] *Verhandlungen des 2. Deutschen Evangelischen Kirchentages 1921*, 188.

[812] O. Dibelius, *Das Jahrhundert der Kirche*, 244. Vgl.o. Seite 125, Anm. 445.

[813] Kurt Nowak, *Evangelische Kirche und Weimarer Republik*, 80.

nachlässigte oder verzichtete gar bewusst darauf, die bislang das protestantische Sozialhandeln bestimmende karitative Linie in stärker grundsätzliche wirtschaftsethische Erörterungen hinüberzuleiten. Konservative Vertreter des kirchenoffiziellen Leitbildes ‚Volkskirche' wie Julius Kaftan, Vorsitzender des Ständigen Sozialen Ausschusses des Kirchentages (sic!), sahen denn auch das zunehmende evangelische Sozialengagement hauptsächlich unter dem Gesichtspunkt neuer kirchlich-missionarischer Rekrutierungsbemühungen: „Die ‚soziale Frage' kommt für uns nur in Betracht als die Frage, ob und wie wir an die entchristliche *Arbeiterwelt* in anderen Formen als bisher herankommen können."[814] Die Debatten und die Verlautbarung des Betheler Kirchentages lassen indes durchaus ernstzunehmende Bestrebungen erkennen, solche Engführungen zu überwinden.

7.1 Die Soziale Kundgebung von Bethel: Entstehung – Inhalt – Reaktionen

Nach dem Abschluss der Arbeiten an der Kirchenbundesverfassung trat der erste nicht mehr länger provisorisch konstituierte Kirchentag in Bielefeld-Bethel, der „Stätte der Barmherzigkeit",[815] zusammen, um auf Veranlassung des Ständigen Sozialen Ausschusses eine gemeinsame soziale Verlautbarung zu beschließen. Damit konnte bereits das Gewicht, das man auf evangelisch-kirchlicher Seite diesem Problemfeld seit jüngstem zuerkannte, deutlich abgelesen werden. Auch auf den bisherigen vorläufigen Kirchentagen hatte man sich – wenn auch nur vergleichsweise kurz – mit wirtschafts- und sozialethischen Fragen beschäftigt. Sichtlich um Neutralität bedacht in den zu Beginn der Republik geführten Kontroversen über eine wirtschaftliche und soziale Neuordnung, hatte der Dresdener Kirchentag in seiner ‚Kundgebung an das deutsche Volk' erklärt: „Das Evangelium ist nicht an irgend eine Wirtschaftsform gebunden; es bekämpft den Mammondienst in allen Schichten des Volkes … Das Evangelium dient nicht irgend einer Gesellschaftsform; es bekämpft den Klassengeist und verlangt, dass einer für alle und alle für einen im Dienste Jesu Christi stehen."[816] Als eine

---

[814] Schreiben von Julius Kaftan an Theodor Kaftan vom 16. Juli 1920, in: W. Göbell (Hg.), *Kirche, Recht und Theologie in vier Jahrzehnten. Der Briefwechsel der Brüder Theodor und Julius Kaftan, Zweiter Teil*, 728. In diesem Sinne brachte J. Kaftan auch folgende inhaltlichen Themenschwerpunkte auf die Tagesordnung des Ständigen Sozialen Ausschusses: die Frage nach der Fremdartigkeit von Gottesdienstformen für Arbeiter, die Hebung des geistigen Niveaus der unteren Schichten durch eine breit angelegte kirchliche Volkshochschulbewegung und die Förderung der evangelischen Arbeiterbewegung. Diese offensichtliche Einschränkung des Zuständigkeitsbereiches eines sozialen Ausschusses begründete Kaftan mit einer Umformung der sozialen Frage: „Die Arbeiter sind heute nicht die, denen die Kirche darin beizustehen hat, sich eine gerechten Ansprüchen genügende soziale Stellung zu erringen. Sie sind heute der herrschende Stand, der nicht verfehlt, die anderen Stände zu knechten." Vgl. J. Kaftan an die Mitglieder des Ständigen Sozialen Ausschusses des DEKA vom 6. Dezember 1919, in: *EZA* 1/A2/139.

[815] Vgl. die Abschlussrede des Kirchentagspräsidenten v. Pechmann, in: *Verhandlungen des ersten Deutschen Evangelischen Kirchentages 1924*, 372. Einblick in die Ausmaße der Organisation und Durchführung dieses Kirchentages bieten die Bestände im *Hauptarchiv Bethel* 2/71-12 bis 2/71-22b.

[816] *Verhandlungen des Deutschen Evangelischen Kirchentages 1919*, 306 f. Heftige Kritik an dem in der Kundgebung eingenommen neutralen Standpunkt übte der reaktionäre DNVP-

erste konkrete Maßnahme hatte der Stuttgarter Kirchentag auf Antrag seines Sozialen Ausschusses den DEKA dazu aufgefordert, die Landeskirchen zur finanziellen Unterstützung sozialer Schulungen von kirchlichen Amtsträgern zu bewegen.[817] Gedacht war dabei insbesondere an die in der Tradition des konservativen Kirchlich-Sozialen Bundes stehende Evangelisch-Soziale Schule in Berlin-Spandau.[818] Trotz der zur Bedingung für finanzielle Hilfe erklärten Maßgabe, dass die Schule prinzipiell allen gesellschaftlichen Kräften offen zu stehen habe,[819] warf dieser Kirchentagsbeschluss ein bezeichnendes Licht auf die vorherrschende sozialpolitische Grundausrichtung des Kirchentages. Die für ein repräsentatives Forum wie den Kirchentag notwendig zu wahrende gesellschaftspolitische Neutralität und Überparteilichkeit verband sich hier mit der faktischen Unterstützung einer sozialkonservativen, dem deutschnationalen Arbeitnehmerflügel nahestehenden Einrichtung.

Die Haltung der Betheler Sozialen Kundgebung wies in eine vergleichbare Richtung, auch wenn sie die traditionellen Bahnen theologisch-sozialethischen Urteilens zumindest in Ansätzen überschritt. Die Initiative des Ständigen Sozialen Ausschusses für eine kirchliche Sozialverlautbarung setzte dabei nicht zufällig im „Krisenjahr 1923" ein: Ruhrbesetzung, Inflation, große Streikbewegungen, separatistische und umstürzlerische Bestrebungen in verschiedenen Ländern des Reiches und die Auflösung der Zentralen Arbeitsgemeinschaft zwischen Arbeitgebern und Gewerkschaften sorgten

Reichtagsabgeordnete Pfarrer Gottfried Traub (zur Person Traubs s.o. Seite 118, Anm. 416). In einem offenen Schreiben an den DEKA-Vorsitzenden Reinhard Moeller forderte er hinsichtlich der Wirtschafts- und Gesellschaftsform eine klare Abgrenzung der Kirche gegenüber kollektivistischen Vorstellungen. „Sonst erscheint alles als Flucht der Kirche in den Sozialismus. Mit Bolschewismus und Anarchie darf die Kirche nichts zu tun haben. Gerade jetzt wird sie sich die alten Anhänger verscheuchen, wenn sie diese Grundsätze nicht ebenso entschieden betont." Vgl. das Schreiben Gottfried Traubs an Reinhard Moeller vom 27. August 1919, in: EZA 1/A3/45.

[817] *Verhandlungen des 2. Deutschen evangelischen Kirchentages 1921*, 186. Zur Ortswahl vgl. die DEKA-Sitzung vom 20. bis 23. Juni 1923, in: EZA 1/A3/110. Der ursprünglich vorgesehene Tagungsort Barmen-Elberfeld kam aufgrund der Ruhrbesetzung nicht länger in Frage, so dass die Entscheidung einmütig auf Bielefeld-Bethel fiel. Neben dem damit geleisteten Bekenntnis zur christlichen Caritas wurde auch „Wert darauf gelegt, in der Nähe des besetzten Gebietes zu tagen".

[818] Die Evangelisch-Soziale Schule, nach dem Ersten Weltkrieg von Bethel nach Spandau verlegt, wurde dort im Oktober 1921 eingeweiht. Sie wurde zu einem Zentrum evangelisch-sozialer Bildungsarbeit, das in erster Linie Gewerkschaftssekretäre für die christlichen Gewerkschaften ausbildete. Daneben bot sie im Rahmen der Heimvolkshochschulbewegung soziale Lehrgänge für alle Berufsschichten an, insbesondere auch für Pfarrer und kirchliche Mitarbeiter. Im Kursangebot und der Auswahl der Referenten der Evangelisch-Soziale Schule machte sich zunehmend der Einfluss des Kirchlich-Sozialen Bundes unter Federführung seines Generalsekretärs Reinhard Mumm geltend. Die politische Nähe zur DNVP wurde u.a. sichtbar an der Gestalt des Systematikprofessors und deutschnationalen Parteimitglieds Friedrich Brunstädt, der die Schule seit 1923 leitete.

[819] Die Antragsteller, die beiden deutschnationalen Reichstagsabgeordneten Pfarrer Reinhard Mumm und Franz Behrends als Vorsitzender des Zentralverbandes der Landarbeiter, bemühten sich auch nach Kräften, den durchaus berechtigten Vorbehalt zu entkräften, die Evangelisch-Soziale Schule bilde nur Gewerkschaftssekretäre aus, die der christlich-nationalen Arbeiterbewegung angehörten. Gegenüber ihrem Plädoyer für eine richtungsoffene Ausbildungsstätte, die auch den kirchlichen sozialdemokratischen Gewerkschaftsmitgliedern Aufnahme bieten sollte, erklärte allerdings der Leipziger Pfarrer Dr. Jeremias: „Ein Christ kann organisierter Sozialdemokrat nur infolge mangelnden Verständnisses sein oder in der Absicht zu missionieren." Vgl. *Verhandlungen des 2. Deutschen Evangelischen Kirchentages 1921*, 187-189, Zitat auf Seite 189.

dafür, dass sich die noch ungefestigte Weimarer Demokratie „am Abgrund" befand.[820]
So forderte Wilhelm Zoellner als Mitglied des Ständigen Sozialen Ausschusses den
DEKA im Dezember 1923 dazu auf, „angesichts der verschärften wirtschaftlichen
Bedrängnis" eine öffentliche Stellungnahme zur sozialen Frage, insbesondere zur Situation der Arbeiterschaft zu erlassen. Der Westfälische Generalsuperintendent, dessen Kirchenprovinz von den Auswirkungen der französischen Ruhrbesetzung am
schwersten betroffen war, begründete seinen Antrag mit der äußerst bedrohlichen Lage, in der sich die Arbeiter im Ruhrgebiet befänden. Es bestehe ernsthaft die Gefahr,
dass die Unternehmer jetzt die bedrängte Lage der Arbeiter ausnutzten und sie zur
„Übernahme unmenschlicher Bedingungen" zwängen. Viele Arbeiter beschleiche bereits das „Gefühl einer verlorenen Schlacht". Diesen weitgehenden Vorstoß, der in
der Konsequenz eine Solidarisierung des DEKA mit der Arbeiterschaft und somit
eine unzweideutige Parteinahme bedeutet hätte, lehnte indessen die Mehrheit des Kirchenausschusses ab. Zur Begründung verwies DEKA-Präsident Moeller darauf, dass
die Situation in Westfalen nicht auf das übrige Deutschland ohne weiteres übertragbar
sei. Zur Vermeidung von Einseitigkeiten, die dem Charakter einer Volkskirche wider-
sprächen, schlug Moeller stattdessen eine „allgemeine programmatische Erklärung"
vor, die im Frühjahr 1924 veröffentlicht werden sollte. Der DEKA beauftragte daraufhin Julius Kaftan und Jakob Schoell jeweils mit der Abfassung einer vorläufigen
Verlautbarung. [821]

Während der Kaftansche Entwurf, der noch ganz von einer schroffen Gegenüberstellung zwischen dem religionsfeindlichem Staat und der christlich-sozialen Werteord-
nung geprägt war, einhellig als „zu abstrakt" abgelehnt wurde,[822] konzentrierte man
sich auf die von Schoell zunächst nur grob skizzierte Erklärung. Zusammengefasst
hoben die Voten der DEKA-Mitglieder zwar deren weitaus größere Konkretion hervor, bemängelten an ihr jedoch die „Gefahr des Scheins einer Parteinahme und ei-

---

[820] Vgl. Heinrich August Winkler, *Der lange Weg nach Westen, Bd. I, Deutsche Geschichte vom Ende*
des alten Reiches bis zum Untergang der Weimarer Republik, München 2000, 437.

[821] Vgl. DEKA-Sitzung vom 5. bis 6. Dezember 1923, in: *EZA* 1/A2/141. Eine vom Arbeitsausschuss
der KDEAO organisierte Soziale Besprechung, an der rund 70 Teilnehmer der unterschiedlichen
Richtungen, religiöse Sozialisten, Vertreter des Evangelisch-Sozialen Kongresses, aber ebenso Mitglieder des Kirchlich-Sozialen Bundes und des Evangelischen Bundes, erschienen, trat kurze Zeit
später gleichfalls an den DEKA heran mit der Bitte um „den baldigen Erlaß einer programmatischen sozialen Kundgebung". Vgl. Niederschrift der Verhandlungen der Sozialen Besprechung der
KDEAO vom 29. Januar 1924, in: *EZA* 1/A2/141.

[822] Daraufhin trat Kaftan von seinem Amt als Vorsitzender zurück. Auf Bitten Moellers fand er sich
zwar dazu bereit, als normales Mitglied weiterhin mitzuarbeiten, offensichtlich aber nur für einen
kurzen Zeitraum. Unter den Mitgliedern, die für den Dezember 1925 genannt werden, tauchte sein
Name nicht mehr auf. Seine Nachfolge als Vorsitzender des Ständigen Sozialen Ausschusses übernahm im Frühjahr 1924 – auf Vorschlag Kaftans – Oberkonsistorialrat D. Dr. Duske. Hinsichtlich der
Beweggründe seines Rücktritts schreibt Kaftan an seinen Bruder Theodor: „Ich habe auf die Dauer
keine Lust mehr, Zeit und Kraft darauf zu vertun, wenn ich in solchen prinzipiellen Fragen alleinge-
lassen werde. Das sollen dann die tun, welche die Mehrheit hinter sich haben. Ich bin, scheint's,
doch ein Einspänner. Aber Selbstverständlichkeiten sagen, den lieben Sozis nachlaufen, niemandem
auf den Fuß treten, keinen absoluten Ton finden – das ist meine Sache nicht." Brief vom 15. April
1924, in: W. Göbell (Hg.), *Kirche, Recht und Theologie in vier Jahrzehnten. Der Briefwechsel der*
Brüder Theodor und Julius Kaftan, Zweiter Teil, 836.

nes Hineinsteigens in die Parteikämpfe".[823] In der Tat richteten sich Schoells Ausführungen hauptsächlich an die Adresse der Arbeitgeber, an die er u.a. appellierte,
„letzte Überbleibsel" sozialer Errungenschaften nicht mutwillig auf's Spiel zu setzen.[824] Auf der nächsten DEKA-Sitzung vom 3. bis 4. April 1924 brachte Schoell
schließlich einen neuen, deutlich ausgewogener und neutraler formulierten Entwurf
ein, der nach eingehender Beratung und zum Teil nicht unerheblichen Ergänzungen
durch den DEKA schließlich angenommen wurde.[825] In Anbetracht der Anfang Mai
anstehenden Reichtagswahlen nahm man allerdings auf Anraten Pechmanns und Moellers von dem ursprünglichen Vorhaben Abstand, die Verlautbarung noch im Verlauf
dieses Frühjahrs zu veröffentlichen. Jeder Anschein, dass sich die evangelische Kirche
in den Wahlkampf einschaltete, sollte unbedingt vermieden werden.[826] Erst dem im
Juni zusammentretenden Kirchentag war es daher vorbehalten, die Soziale Kundgebung zu erlassen. Dazu traten die Ausschussmitglieder Schoell, Titius und sein neuer
Vorsitzender Duske nochmals zusammen und unterzogen den bereits vom DEKA ver-
abschiedeten Entwurf einer letzten redaktionellen Überarbeitung.[827] Trotz daraufhin

---

[823] Beide Entwürfe sowie das gemeinsame Stimmungsbild der abgegebenen Meinungsäußerungen vom
       Januar 1924 finden sich in: *EZA* 1/A2/141.

[824] Besonders kritisch äußerte sich diesbezüglich der Thüringische Landesoberpfarrer Dr. Reichardt,
       der Schoell vorwarf, „sozial herumzudilettieren". In wirtschaftlichen Krisenzeiten seien sozial ein-
       schneidende Maßnahmen durchaus vertretbar. Zudem habe die Kirche bei der Arbeiterschaft ohne-
       hin „noch nicht das Maß von Ansehen und Vertrauen wieder errungen, dass ihr Wort freundlich und
       willig angehört wird. Eine Mahnung nach dieser Seite hin, der Gesamtlage Rechnung zu tragen,
       würde doch wieder falsch ausgedeutet werden". Vgl. das Schreiben Reichardts an Moeller vom 24.
       Januar 1924, in: *EZA* 1/A2/141. Der Darmstädter Prälat Dr. Diehl sah in einer Soziale Kundgebung
       durch den DEKA zum gegenwärtigen Zeitpunkt noch eine weitere Gefahr. Er verwies darauf, dass
       auch die DNVP momentan einen Aufruf zur sozialen Frage plane. Ein Nebeneinander beider Ver-
       lautbarungen könne leicht dazu benutzt werden, „gegen die ‚Klassenkirche' einen neuen Feldzug zu
       eröffnen". Schreiben Diehls an Moeller vom 22. Januar 1924, in: *EZA* 1/A2/141.

[825] Der auffälligste Nachtrag mit einer stark antisozialistischen Stoßrichtung findet sich in dem Ab-
       schnitt über die Arbeiterschaft. Zwar beließ man es bei der durchaus beachtenswerten Formulierung
       Schoells, nach der die Kirche „volles Verständnis" für die äußere und innere Not der Arbeiterschaft
       bekunde, fügte aber gleich im Anschluss den Satz hinzu: „Aber das harte Muß, sich in das wirt-
       schaftlich nun einmal Notwendige zu finden, kann ihr [sc. der Arbeiterschaft] niemand ersparen."
       Dieser Rückfall in den patriarchalischen Ton der Kaiserreichszeit, der die Arbeiter – wie der EOK-
       Erlass von 1895 (s.o. Seite 209, Anm. 805) – zur religiös motivierten Fügsamkeit in ihr Los aufgeru-
       fen hatte, wurde allerdings in der Sozialen Kundgebung des Betheler Kirchentages nicht wiederholt.
       Sie sprach lediglich von der „Mitverantwortung für das Volksganze", der sich auch die Arbeiter trotz
       wirtschaftlich bedrängter Lage nicht verschließen dürften. Vgl. *Verhandlungen des ersten Deutschen
       Evangelischen Kirchentages* 1924, 218; zu dem vom DEKA redigierten Entwurf s. *EZA* 1/A2/141.

[826] Vgl. DEKA-Sitzung vom 3. bis 4. April 1924, in: *EZA* 1/A2/141.

[827] Dieser Schlussentwurf war inhaltlich größtenteils deckungsgleich mit der lediglich leicht gekürzten
       Fassung der Sozialen Kundgebung des Kirchentages. Der patriarchalische klingende Einschub war
       hier bereits wieder fallengelassen. Gestrichen wurden hauptsächlich die ausführlichen Passagen am
       Eingang und Ende des Schlussentwurfs. Diese wiesen unmittelbarer, als es dann in der Kundgebung
       der Fall war, auf den Tatbestand hin, dass „die staatliche und gesellschaftliche Neuordnung den
       christlichen Charakter zurücktreten läßt". Weniger institutionalisiert formuliert sprach die Kundge-
       bung stattdessen von dem christlich-sozialen Engagement, das „[j]eder Einzelne" zur Erneuerung
       des vom Verderben bedrohten Volkslebens aufbringen müsse. Vgl. dazu den Schlussentwurf „An
       das Deutsche Volk!', 1, in: *EZA* 1/A2/142; bzw. *Verhandlungen des ersten Deutschen Evangeli-
       schen Kirchentages 1924*, 215. Eine gewisse Abwandlung der Kaftanschen Disjunktion zwischen

geäußerter Bedenken durch den DEKA, namentlich durch Freiherr von Pechmann, bezüglich der vorgenommenen abermaligen Veränderungen fasste der DEKA den Beschluss, diesen Schlussentwurf dem Kirchentag als „Initiative des Kirchenausschusses" zur Annahme vorzulegen. Man war sich darüber einig, dass die bestehenden Meinungsverschiedenheiten tunlichst nicht nach außen dringen sollten.[828]

Die Soziale Kundgebung des Betheler Kirchentages, die den Titel trug „An das deutsche Volk!'",[829] ging zunächst auf die Fundamente des gesellschaftlichen Zusammenlebens ein, die organisch gewachsenen Einrichtungen von Ehe und Familie, sowie auf die Schule. Sie widmete sich ferner der speziellen Problematik der Jugendzeit und der schwierigen Lage des von der Inflation besonders schwer betroffenen Mittelstandes. Am ausführlichsten behandelte die Soziale Botschaft dann in ihrem Schlussteil das Wirtschaftsleben und die an ihm beteiligten Gruppen von Arbeitgebern und Arbeitnehmern.

Gegenüber den „verderblichen Lehren", die einen zersetzenden Einfluss auf das Miteinander von Mann und Frau ausübten, betonte die Kundgebung die „Heiligkeit der Ehe", die im „christlichen Geist" zu führen sei. Angesichts einer sinkenden Geburtenrate appellierte sie an die „Freude am Kind" und hielt in diesem Zusammenhang den Eltern ihre besondere Verantwortung für die christliche Erziehung ihrer Kinder vor. Allerdings wurden auch schlechte wirtschaftliche Bedingungen wie Wohnungsnot, Armut und widrige Arbeitsverhältnisse für die Gefährdung eines „gesunden, gedeihlichen Familienleben[s]" mitverantwortlich gemacht. „Darum muß auch hierin mit allem Nachdruck auf schneller und wirksamer Abhilfe bestanden werden." In der Schulfrage wurde nur ganz allgemein „das unantastbare Grundrecht der christlichen Familie auf christliche Erziehung" bekräftigt. Dabei versäumte es die Kundgebung jedoch nicht, alle evangelischen Erziehungsberechtigten dazu aufzufordern, „in diesem Kampf ihren Mann zu stehen".[830]

Dem Durchhaltevermögen des Mittelstandes unter den schwierigen Bedingungen der Inflation zollte die Soziale Botschaft ausdrücklich ihre Anerkennung und führte es auf dessen „unerschütterliche[s] [sc. Gott-]Vertrauen" zurück. Unbeschadet dieser außerordentlichen Leistung wurde ein in weiten Teilen der Bevölkerung vorherrschendes „Gefallen an Genußsucht, Unmäßigkeit, Unkeuschheit und Vergnügen niedrigster Art" konstatiert. Hinsichtlich des Wirtschafts- und Arbeitslebens beobachtete man eine besorgniserregende Verschärfung der sozialen Gegensätze, die aus einem „Mangel

---

Kirche und Christentum einerseits und der Religionslosigkeit der staatlichen Ordnung andererseits lässt sich an diesem redaktionellen Eingriff des Sozialen Ausschusses des Kirchentages beobachten. Sie deutete sich bereits in der übereinstimmenden Ablehnung des noch ganz dieser konfrontativen Entgegenstellung verhafteten Entwurfs Kaftans durch die Kirchenausschussmitglieder an. S.o. Seite 213.

[828] DEKA-Sitzung vom 12. Juni 1924, in: *EZA* 1/A2/141. Aus dem Verhandlungsprotokoll geht leider nicht hervor, wogegen sich die Bedenken im einzelnen richteten, vermutlich aber gegen die Streichung bzw. Umformulierung der in Anm. 825 zitierten Aufforderung an die Arbeiter, sich in ihr Schicksal zu ergeben. Dafür spricht, dass diese Auslassung die bei weitem markanteste Veränderung gegenüber der DEKA-Vorlage darstellte.

[829] Vgl. zum folgenden *Verhandlungen des ersten Deutschen Evangelischen Kirchentages 1924*, 215-219.

[830] Ebd., 216. Zum Schulkampf s.o. die Seiten 189 ff.

an echt christlichem Geist und Brudersinn" resultiere. Es wurde zwar durchaus eingeräumt, dass jede wirtschaftliche Ordnung „auch eigenen Gesetzen" folge, aber gleichzeitig betonte man die Bedeutung einer „wahrhaft soziale[n] Gesinnung". Diese leite
sich ausschließlich aus dem christlichen Glauben her, aus der Überzeugung von der
unverlierbaren Individualität des Menschen, der Pflicht zur Brüderlichkeit und zum
opferwilligen Dienen in der Verantwortung vor Gott und im Ausblick auf das Reich
Gottes.[831] Dies war der Horizont, in dem die Betheler Kundgebung Stellung nahm zu
den Fragen von Eigentum und Arbeit sowie zu dem Verhältnis von Arbeitgebern und
Arbeitnehmern.

Noch ganz im Sinne herkömmlicher, kirchlich-ethischer Vorstellungen hielt man an
der Unantastbarkeit von Privateigentum weiterhin fest, leitete aber aus dessen Eigenschaft als eines „anvertraute[n] Gut[es]" eine umso größere Verpflichtung des Besit-
zenden gegenüber der Gemeinschaft ab. Die Arbeit wurde verstanden als gottgewoll-
tes Mittel zum Dienst an der Allgemeinheit und zum Broterwerb. Deshalb sei sie nicht
einfach zu behandeln wie „eine Ware, die man kauft und verkauft", noch dürfe sie
„zum Frondienst herabgewürdigt werden".[832] Diesem sozialethisch durchaus beach-
tenswerten Versuch der Wertschätzung des Faktors ‚Arbeit' fehlte in der Kundgebung
allerdings jeder nähere Bezug zu den aktuellen wirtschaftspolitischen Konflikten. So
blieb es an dieser Stelle bei „weithin abstrakte[n] Appelle[n]".[833]

Im Vergleich dazu gingen die Ausführungen zu dem Verhältnis von Arbeitgeber- und
Arbeitnehmerschaft konkreter auf die sich verschärfenden sozialen Spannungen der
Weimarer Zeit ein. Auf dem Hintergrund der sukzessiven Auflösung der Zentralen Arbeitsgemeinschaft von Arbeitgebern und Arbeitnehmern bzw. Gewerkschaften wurde
beiden gesellschaftlichen Gruppen eine selbstsüchtige Missachtung der Volksgemeinschaft vorgehalten: „Überhebung und Machtbewusstsein" auf Seiten der Arbeitgeber,
„Neid und Mißgunst" bei der Arbeiterschaft, „hüben und drüben Verständnislosigkeit
und Bitterkeit". Verantwortlich für das vergiftete soziale Klima sei „der materialisti-
sche Geist". Ihm gegenübergestellt wurde wiederum die christliche Lebensauffassung
„wirklicher Brüderlichkeit", auf deren Grundlage allein sozialer Friede gedeihen könne.

Als mit Recht wohl „entscheidendste Neuakzentuierung" in diesem kirchlichen Sozialwort ist festzuhalten,[834] dass der Not der Arbeiterschaft „volles Verständnis" ent-
gegengebracht und gleichzeitig ihre „Mitverantwortung für das Volksganze" einge-
schärft wurde.[835] Zudem wurden die Arbeitgeber auf ihre größere soziale Verantwortung hingewiesen, die ihnen aufgrund ihrer wirtschaftlichen Machtposition obliege. Als vergleichsweise konkrete Maßnahmen plädierte die Kundgebung für gerechte
Entlohnung sowie Beschränkung der Arbeitszeit, gegen rücksichtsloses Profitstreben
und Massenentlassungen. Die Arbeiter seien als „gleichzuachtende Volksgenossen"

---

[831] Ebd., 217.
[832] Ebd., 218.
[833] Traugott Jähnichen, „Aufbrüche, Konflikte und Krisen – Weichenstellungen des sozialen Protestan-
       tismus in der Weimarer Republik", in: Ders./Norbert Friedrich (Hgg.), *Protestantismus und Soziale
       Frage: Profile in der Zeit der Weimarer Republik*, Münster 2000, 13.
[834] K. Nowak, *Evangelische Kirche und Weimarer Republik*, 127.
[835] *Verhandlungen des ersten Deutschen Evangelischen Kirchentages 1924*, 218. S.o. Anm. 825.

von den Arbeitgebern zu respektieren; dementsprechend dürfe auch das Recht zum gewerkschaftlichen Zusammenschluss von Arbeitgeberseite nicht angetastet werden. Diese abschließenden Appelle waren offenkundig von dem Bemühen gekennzeichnet, Einseitigkeiten und Parteinahme zu vermeiden. Die Kundgebung sprach zwar vor allem die Arbeitgeber auf ihre soziale Verpflichtung an, entließ aber auch nicht die Arbeitnehmer aus der Verantwortung. Als Volkskirche, welche die Pluralität ihrer Gemeindemitglieder berücksichtigen musste, wollte man möglichst beiden gesellschaftlichen Gruppen gegenüber weiterhin Gesprächsbereitschaft signalisieren. Allein von daher erscheint es unangemessen, an dem Votum des Kirchentages das Fehlen eines Bekenntnisses zur Arbeiterklasse und zum Sozialismus zu beanstanden.[836] Es bleibt zudem fraglich, ob der evangelischen Kirche in Anbetracht der kirchen- und religionskritischen Entwicklung der deutschen Arbeiterbewegung ein eindeutiges Bekenntnis zu ihr überhaupt zumutbar war. Nennenswerte Positionsgewinne im Bereich der Linken ließen sich davon jedenfalls kaum erwarten. Stellt man zudem das Verhalten der sozialistischen Parteien besonders in kulturpolitischen Fragen in Rechnung, kann es nicht wundernehmen, wenn dieses – auch unabhängig von der im Protestantismus der 1920er Jahre vorherrschenden berufsständischen und mentalen Verfasstheit –[837] zur Ablehnung der Kirche gegenüber Sozialisierungszielen beitrug. Immerhin wurde das Bestreben der Arbeitnehmer nach Gleichberechtigung in der Sozialen Kundgebung grundsätzlich anerkannt, ausdrücklich auch ihr Recht zur gewerkschaftlichen Selbstorganisation.[838]

Konkrete ordnungspolitische Vorschläge, wie ein gleichberechtigtes Miteinander institutionell abgesichert werden konnte, wurden allerdings nicht weiter unterbreitet. Man kann darin zweifelsohne einen Mangel der Kundgebung erkennen und auf das sie bestimmende sozial-konservative, organologische Denken verweisen, nach dem soziale Konflikte primär nicht aus möglicherweise strukturell angelegten Klassen- und Interessengegensätzen, sondern wesentlich aus ethischer Fehlorientierung, theologisch gesprochen aus der Sünde, dem Abfall von Gott, resultierten. Der daraus abgeleitete Vorwurf, die Kundgebung beschränke sich zu sehr auf allgemeingehaltene christlich-motivierte Appelle an Gemeinsinn und Opferbereitschaft,[839] berücksichtigt allerdings zu wenig die Gefahr eines sozialpolitischen Dilettierens der Kirche. Mit gutem Grunde hob Ludwig Ihmels in seinem Bericht über die Kundgebung vor dem Kirchentagsplenum eigens hervor, dass weder Kirchentag noch Kirche das Recht hätten, „in die eigentlich technisch wirtschaftlichen Fragen hineinzureden ... Je sorgfältiger wir uns aber auf das rein religiös-ethische Gebiet beschränken, umso mehr

---

[836] So allerdings K. Nowak, *Evangelische Kirche und Weimarer Republik*, 127.

[837] Nowak betrachtet die Betheler Sozialverlautbarung in sozialpsychologischer Hinsicht als „eine vorrangig aus dem Unbehagen bürgerlicher Mittelschichten gespeiste Kapitalismuskritik mit primär ethischer Stoßrichtung". Vgl. ebd., 127.

[838] Dass die Kundgebung dabei nur christliche Gewerkschaften im Blick hatte, wie K. Schlösser-Kost vermutet, ist äußerst zweifelhaft. Nirgendwo in den Verhandlungen des Betheler Kirchentages wurde diese gravierende Einschränkung explizit gemacht. Vgl. K. Schlösser-Kost, *Evangelische Kirche und soziale Fragen 1918–1933*, 119.

[839] Vgl. diesbezüglich K. Schlösser-Kost, *Evangelische Kirche und soziale Fragen 1918–1933*, 118 u. K. Nowak, *Evangelische Kirche und Weimarer* Republik, 127.

hat die Kirche für die Fragen des sozialen Lebens viel zu sagen".[840] Gleichzeitig
überschätzte Ihmels den Beitrag der Kirche nicht, wenn er es mit der Kundgebung
für einen Trugschluss hielt anzunehmen, „dass die soziale Frage in dem Augenblick
gelöst sei, wo die beteiligten Kreise persönliche Christen würden". Wirtschaftliche
Fragen wären damit keineswegs abschließend beantwortet, aber zumindest „die ethischen Voraussetzungen" geschaffen, unter denen eine Verständigung auch über diese
Fragen gelingen könnte.[841]

Auch die beiden Hauptreferate des Kirchentages, „Evangelisches Ehe- und Familienleben und seine Bedeutung in der Gegenwart" von Prof. Titius und „Der evangelische
Berufsgedanke und das Arbeitsleben der Gegenwart" von Prälat Dr. Schoell,[842] teilten diese Auffassung. Schoell zählte „die Durchdringung unseres gesamten öffentlichen Lebens mit wahrhaft christlichem Geiste" zu den „Hauptanliegen" des protestantischen Christentums in Deutschland.[843] Ganz im Sinne der Betheler Kundgebung
vermied er es, konkrete Lösungsvorschläge zu aktuellen sozialen Konflikten zu machen,[844] und beschränkte sich stattdessen auf die Hervorhebung vorwiegend religiös-
sittlicher Faktoren. So zeigte er sich zutiefst davon überzeugt, dass „eine innere Ge-
sundung unseres Arbeitslebens" nur durch eine Erneuerung des lutherischen Berufs-
ethos erfolgen könne.[845] In seiner praktischen Zweckbestimmung entsprach dieser
Gedanke einer allgemein gehaltenen, sittlichen Aufforderung an Arbeitgeber und Arbeitnehmer zur „Pflege einer wahrhaft sozialen Gesinnung im Geiste des Evangeliums".[846] Ein solcher Appell war natürlich ebenso wenig wie die Soziale Kundgebung
dazu geeignet, die komplexen wirtschafts- und ordnungspolitischen Zusammenhänge
der Zeit aufzuhellen und greifbare Alternativen zur Überwindung der sozialen Krise
zu bieten. Dies war der Preis, den die Volkskirche für ihren durchaus verständlichen,
größtenteils dem Luthertum geschuldeten sozialpolitischen Attentismus zahlte.[847]

---

[840] *Verhandlungen des ersten Deutschen Evangelischen Kirchentages 1924*, 220. Fraglich bleibt indessen, ob eine solche wohlgemeinte Vermeidung des ‚Technischen' in der Kundgebung selbst konsequent durchgehalten wird. Der Berliner Kirchenhistoriker Prof. Dr. Karl Holl machte in der Plenardebatte darauf aufmerksam, dass die in der Kundgebung angesprochenen Themen wie Wohnungs-
bau, Arbeitszeit und Entlohnung durchaus den Bereich des ‚Technischen' berührten, und forderte in
diesem Sinne noch mehr „lutherischen Wagemut". Vgl. ebd., 233 f.

[841] Ebd., 224.

[842] Zu den Vorträgen von A. Titius s. ebd., 85-103, bzw. von J. Schoell s. ebd., 108-121.

[843] Ebd., 108.

[844] Zu der strittigen Frage einer Erhöhung der Arbeitszeit erklärte Schoell beispielsweise: „Für oder
gegen das Dogma vom Achtstundentag Partei zu ergreifen, hat ein Kirchentag keine Veranlassung."
Zwar erscheine eine Verlängerung der Arbeitszeit aus volkswirtschaftlicher Sicht durchaus geboten,
ein endgültiges Urteil in dieser Sache liege jedoch „außerhalb unserer Zuständigkeit". Ebd., 119.

[845] Ebd., 113. In diesem Zusammenhang schlug Schoell in kirchlichen Kreisen weitverbreitete kul-
turchauvinistische Töne an, wenn er feststellte: „Das amerikanische Abspringen von einer Arbeit
zur anderen kann zwar den smarten Geschäftsmann verraten, der jeder Lage gewachsen ist und jede
Lage ausnützt, um Geld zu machen, liegt aber weit entfernt von der meinetwegen schwerfällige-
ren, aber im Grunde doch frömmeren Art des Luthertums, das seine Leute nicht zu Geschäft und
Gelderwerb, sondern zu Beruf und Dienst erzieht." Ebd., 114.

[846] Ebd., 116.

[847] In Fragen allerdings, die kirchliche Moralvorstellungen vor allem im Bereich von Ehe, Sexualität
und Familie betrafen, lässt sich eine ähnlich Zurückhaltung nicht feststellen. Vehement wandte sich
der Kirchenausschuss gegen alle diesbezüglichen gesetzgeberischen Liberalisierungsversuche, ins-

In der Tat gehörte die Soziale Kundgebung zu den „größten Aufgaben",[848] die sich der Kirchentag und die entsprechenden mit ihr befassten Gremien bislang vorgenommen hatten. Bereits im Vorfeld der Betheler Versammlung hatte der DEKA eine möglichst große Verbreitung der Verlautbarung beschlossen. In kirchlichen Amtsblättern sollte sie in voller Länge gedruckt erscheinen, in Broschürenform an alle Dekanate weitergereicht und über die Tagespresse öffentlich bekannt gemacht werden.[849] Nicht weniger als 250 Arbeitnehmerorganisationen und 400 Einzelverbände der Arbeitgeber erhielten außerdem eine Sonderausgabe der Betheler Kundgebung.[850] In einer vom DEKA in Auftrag gegebenen und vom Generalsekretär des Evangelisch-Sozialen Kongresses, Johannes Herz, verfassten Zusammenstellung über „Aufnahme und Wirkungen der Sozialen Botschaft des Deutschen Evangelischen Kirchentages in Bethel" wurde allerdings deutlich, dass die erhoffte große Resonanz auf das kirchliche Sozialwort ausblieb.[851] In vielen kirchlichen Gegenden sei nach Bekanntwerden der Kundgebung „so gut wie nichts geschehen". Nachweisbare Eindrücke und Wirkungen auf das Gemeindeleben schätzte Herz als „auffällig gering" ein. Hauptverantwortlich dafür sei die in evangelischen Kreisen übliche Gleichgültigkeit gegenüber sozial-ethischen Fragen.

Deutliche Kritik an der Kundgebung kam aus den Reihen von Theologie und Kirche sowohl vom linken wie auch vom rechten Flügel. Nach Auffassung des religiösen Sozialisten Emil Fuchs ging die Soziale Botschaft nicht weit genug. Unzufrieden merkte er an: „Diese Ausführungen über die soziale Frage wären eine Großtat gewesen – vor

---

besondere gegen eine Lockerung des Ehescheidungsrechts, und unterstützte Zensurmaßnahmen und Alkoholverbot (vgl. die entsprechenden Rechenschaftsberichte des DEKA, in: *Verhandlungen des ersten Deutschen Evangelischen Kirchentages 1924*, 17, 20 f; *Verhandlungen des zweiten Deutschen Evangelischen Kirchentages 1927*, 30 f, 71-73, 95-97; *Verhandlungen des dritten Deutschen Evangelischen Kirchentages 1930*, 48, 109, 115, 140). Gemeinhin wurde der in der Weimarer Republik zu verzeichnende Geburtenrückgang von der Kirche als nationale Gefahr gewertet. Titius begründete ihn in seinem Vortrag zwar teilweise mit den schlechten wirtschaftlichen Bedingungen und den unzureichenden Wohnverhältnissen, aber auch mit der gewandelten Einstellung zur Sexualität. Für diese Bewusstseinsveränderung machte er die Propaganda der politischen Linken verantwortlich. „Allerdings sind seit Jahrzehnten der radikale Sozialismus wie der radikale Individualismus gegen die bestehende Eheordnung Sturm gelaufen" (*Verhandlungen des ersten Deutschen Evangelischen Kirchentages 1924*, 88). Ähnlich wie Titius argumentierte auch die Kundgebung des Königsberger Kirchentages von 1927: „Die Heiligkeit der Ehe", ohne jedoch explizit den angeblich zersetzenden Einfluss sozialistischen Gedankenguts zu erwähnen (vgl. *Verhandlungen des zweiten Deutschen Evangelischen Kirchentages* 1927, 358 f). Man entging auf diese Weise der Versuchung, die Republik von vornherein zum Sinnbild jener modernistischen Kräfte abzustempeln, die das Volk unterwanderten.

848 K. Schlösser-Kost, *Evangelische Kirche und soziale Fragen 1918–1933*, 119.

849 DEKA-Sitzung vom 12. Juni 1924, in: *EZA* 1/A2/142. In einem Rundschreiben vom 2. September 1924 regte der DEKA-Vorsitzende Moeller die Kirchenregierungen sogar dazu an, am Buß- und Bettag den Anschlag der Kundgebung als Plakat an allen Kirchentüren sowie eine Flugblattverteilung in den Kirchengemeinden zu veranlassen. Vgl. Zirkularschreiben Moellers an die ev. Kirchenregierungen vom 2. September 1924, in: *EZA* 1/A2/142.

850 Vgl. das Rundschreiben des inzwischen ins Kirchenbundesamt eingerückten A.W. Schreiber an alle DEKA-Mitglieder vom 2. Oktober 1924, in: *EZA* 1/A2/142.

851 Vgl. zu den folgenden Zitaten Seite 1 des entsprechenden Berichtes von J. Herz auf der DEKA-Sitzung vom 11. bis 12. Dezember 1924, in: *EZA* 1/A2/142.

20 Jahren. Heute – gerade weil der Sozialismus in Deutschland eine Niederlage erlitten hat – ist es unmöglich, so selbstverständlich aus der Voraussetzung zu sprechen, dass die Versöhnung von Arbeitgebern und Arbeitnehmern durch stärkere Menschlichkeit der Gesinnung auf dem Boden der kapitalistischen Weltordnung geschehen müsse ... "[852] Vom entgegengesetzten Standpunkt aus beurteilte der Herausgeber des lutherischen Presseorgans Allgemeine Evangelisch-Lutherische Kirchenzeitung, Wilhelm Laible, die Soziale Botschaft und ihre Wirkungen sehr skeptisch. Die insgesamt „magere Ernte", welche die Betheler Kundgebung gezeitigt habe, sah er als ein eindeutiges Indiz dafür, dass die eigentliche Not der Gegenwart, nämlich die Gottesfrage, nur unzureichend in den Blick genommen werde. Zwar gehöre es auch zur Pflicht der Kirche, für die Überwindung sozialer Missstände öffentlich einzutreten; aber sobald sie sich einmal auf „die soziale Bahn" begeben habe, laufe sie Gefahr, „daß ihr die soziale Frage zum Fall gerate, daß sie unversehens auf Wege komme, die Gott ihr nicht befohlen hat. Die Aufgabe der Kirche ist die Sache Gottes; nur von da kann sie sozial wirken, nämlich immer so, daß sie die Gottesfrage voranstellt ... "[853]

Während das kirchliche Sozialwort in der sozialdemokratischen und gewerkschaftlichen Presse zunächst keinerlei Beachtung fand und, wie Herz vermutete, „offenbar absichtlich totgeschwiegen" wurde,[854] reagierte die Unternehmerseite durch eine Reihe von Beiträgen in der Zeitschrift Der Arbeitgeber. Grundsätzlich begrüßte man es zwar, dass der deutsche Protestantismus seine ihn hemmende staatskirchliche Vergangenheit endlich abgestreift und ein selbständiges Wort zur sozialen Frage beigetragen hatte, auf partielle Kritik stieß jedoch die in ihm zu Tage tretende „Voreingenommenheit gegen die Arbeitgeber". „Man hat so aber den Eindruck, der sicher nicht nur subjektiv ist, als ob dem Drängen derjenigen kirchlichen Kreise, deren soziale Kundgebungen ohne alle Untersuchungen auf direkte Anklagen gegen die Arbeitgeber hinauslaufen, Genüge geschehen sei."[855]

---

[852] Emil Fuchs, „Gedanken eines Sozialisten zur Kundgebung des Deutschen Evangelischen Kirchentags ‚An das deutsche Volk‘", in: *CW*, Nr. 29/30 vom 17. Juli 1924, 559. Indes geht Martin Rade auf die Kritik von Fuchs ein und versucht diese im Hinblick auf die parteipolitische Zusammensetzung der Kirchentagsteilnehmer zu relativieren. „Die Kundgebung des Kirchentages atmete die soziale Gesinnung derer, die keine Sozialdemokraten sind" Sie sei daher keine „Großtat", aber aus rein kirchengeschichtlicher Sicht bedeute sie zweifellos „einen dankenswerten Fortschritt". *CW*, Nr. 29/30 vom 17. Juli 1924, 564 f. S. auch J. Rathje, *Die Welt des freien Protestantismus*, 325.

[853] Wilhelm Laible, „Vorwort", in: *AELKZ*, Nr. 2 vom 9. Januar 1925 1925,17 f.

[854] Vgl. *Aufnahme und Wirkung der Sozialen Botschaft des Deutschen Evangelischen Kirchentages in Bethel*, 3, in: *EZA* 1/A2/143. Der religiöse Sozialist Lic. Georg Wünsch urteilt in einer Mitteilung an den DEKA vom 20. Dezember 1924 im Blick auf das Schweigen der Sozialdemokratie: „Trotzdem sind solche Kundgebungen nicht ganz unwirksam auch in diesen Kreisen; man *weiß* davon, ist sich aber nicht klar darüber, was man damit anfangen soll." Vgl. *EZA* 1/A2/143. Wünsch (1887–1964) besetzte an der Marburger Theologischen Fakultät 1931 den ersten evangelisch-theologischen Lehrstuhl für Sozialethik in Deutschland. Vgl. Frank Ziesche, „Georg Wünsch als ein Vertreter des religiös-sozialistischen Protestantismus in der Weimarer Zeit", in: Traugott Jähnichen/Norbert Friedrich (Hgg.), *Protestantismus und Soziale Frage. Profile in der Zeit der Weimarer Republik*, Münster 2000, 243-257.

[855] Karl Dunkmann, „Evangelische Kirche und Sozialpolitik", in: *Der Arbeitgeber*, Nr. 15 vom 1. August 1924, 290 ff, Zitate: 292. Vgl.a. Hans-Werner von Zengen, „Wirtschaftsgesundung und Bürgertum", in: *Der Arbeitgeber*, Nr. 13 vom 1. Juli 1924, 240 ff. Zengen, Geschäftsführer der Vereinigung

Völlig aus dem Rahmen dieser vergleichsweise noch gemäßigten Äußerungen auf Arbeitgeberseite fiel indessen ein in demselben Presseorgan veröffentlichter Beitrag des Bonner Hilfspredigers Dr. Wilhelm Boudriot: „Kirche und soziale Frage".[856] Boudriot forderte die evangelische Kirche zur offenen Parteinahme für die Arbeitgeberseite auf. Um nicht völlig diskreditiert zu werden, müsse sie mit ihrer bisherigen Strategie der bloßen „Friedensschalmeien und Ermahnungen allgemeinster Art" endlich brechen. Denn die erdrückende Mehrheit der evangelischen Geistlichkeit sei wirtschaftspolitisch konservativ eingestellt. Für die arbeitnehmerfreundlichen Töne der Kundgebung zeichneten sich nur eine marginale Zahl von Pfarrgruppen verantwortlich, „die aus Verbitterung oder unklarer Schwärmerei das ‚Kapital' als solches anfeinden". In Fragen der Arbeitszeit und „anderer Revolutionserrungenschaften" müsse die evangelische Kirche daher mit der Arbeitgeberschaft „vollkommen einig" sein. Sie könne dies umso unbefangener tun, als sie nicht wie die katholische Zentrumspartei zur politischen Rücksichtnahme auf sozialdemokratische Standpunkte gezwungen sei.[857]

In der Tat wirkten sich diese Auslassungen aus wie „Wasser auf den Mühlen der Kirchen- und Christentumsgegner unter der Arbeiterschaft".[858] In der sozialdemokratischen Presse erschienen daraufhin einige Artikel, die unter Außerachtlassung der Sozialen Botschaft die Äußerungen Boudriots als kirchenoffiziellen Standpunkt wiedergaben und ihn entsprechend scharf attackierten. Dies geschah nach Johannes Herz in der Absicht, „den Eindruck, den die Soziale Botschaft offenbar vielfach auch in Arbeiterkreisen gemacht hatte, abzuschwächen".[859] Herz beklagte ferner, dass kirchliche Gegendarstellungen zu Boudriots Artikel „nach der üblichen Taktik der sozialistischen Presse" zumeist unerwähnt blieben.[860]

---

der Deutschen Arbeitgeberverbände, monierte ebenfalls die einer reinen „Gefühlspolitik" geschuldete Unausgewogenheit der Kundgebung, die eindeutig zuungunsten der Arbeitgeber ausfalle. Er erklärte weiterhin die an die Seite der Arbeitgeber gerichteten konkreten Ermahnungen für „Selbstverständlichkeiten", die ohne realen Hintergrund seien. „Wo wurde der Lohn ‚herabgedrückt'? Gab es in den letzten Jahren überhaupt Lohnherabsetzungen? ... Welche Gewerkschaften sind denn eigentlich nicht anerkannt? Wer will die Freiheit zu gewerkschaftlichen Zusammenschlüssen unterbinden? ... Wir wären dankbar, wenn der doch über den Parteien und Klassen stehende Kirchentag uns eine Antwort auf diese Fragen baldmöglichst gäbe." Zitate: 242.

[856] Vgl. *Der Arbeitgeber*, Nr. 24 vom 15. Dezember 1924, 516 ff.

[857] Vgl. ebd., 516 f.

[858] So der christliche Gewerkschaftssekretär Karl Dudey in seinem Artikel „Kirche und soziale Frage", in: *Aufwärts*, Nr. 5 vom 7. Januar 1925, 2.

[859] Vgl. *Aufnahme und Wirkung der Sozialen Botschaft des Deutschen Evangelischen Kirchentages in Bethel*, 3 f. Dort werden auch die entsprechenden sozialdemokratischen Presseberichte aufgeführt.

[860] Ebd., 4. Scharf zurückgewiesen wurde der Aufsatz Boudriots u.a. durch den bereits erwähnten Artikel Karl Dudeys sowie durch den rheinischen Sozialpfarrer Wilhelm Gustav Menn (1888–1956). Menn bezeichnet Boudriot als einen kirchlichen „Außenseiter", der sich „sachlich außerordentlich anfechtbar" zu Wort gemeldet habe. Keinesfalls könne man daher seinen Aufsatz als kirchliche Stellungnahme betrachten. Vgl. „Kirche und Gewerkschaften", in: *Das Evangelische Rheinland* 2. Jahrgang (1925), 9 f, zit. nach K. Schlösser-Kost, *Evangelische Kirche und soziale Fragen 1918–1933*, 122. Zum Wirken Menns vgl. K. Schlösser-Kost, ebd. 341 ff sowie Dies., „Wilhelm Menn – Der erste Sozialpfarrer des deutschen Protestantismus im Wohlfahrtsstaat von Weimar", in: Traugott Jähnichen/Norbert Friedrich (Hgg.), *Protestantismus und Soziale Frage. Profile in der Zeit der Weimarer Republik*, 29-40.

7.2 Die Fortsetzung sozialkirchlicher Arbeit nach 1924

Ungeachtet dieses „matten Eindrucks", den die Kundgebung insgesamt hinterlassen hatte,[861] fühlten sich die in der sozialen Frage treibenden Kräfte des Kirchentages durch die Betheler Versammlung darin bestätigt, die zarten Ansätze sozialkirchlichen Engagements fortzuführen. So betrachtete Prälat Schoell das Sozialwort als „Ausgangspunkt einer fruchtbaren Weiterarbeit".[862] Als eine erste konkrete Maßnahme hatte bereits der Kirchentag auf Antrag der KDEAO beschlossen, die Anstellung Hauptamtlicher für die soziale Arbeit in den Landeskirchen zu unterstützen.[863] Im Verfolg dieser Erschließung wandte sich der Kirchenausschuss im August 1924 an die Kirchenregierung mit der Aufforderung zur regelmäßigen Berichterstattung über den Stand ihrer kirchlich-sozialen Arbeit, insbesondere über die Anstellung von Sozialpfarrern und Sozialsekretären.[864] Gewissenhaft beobachtete der DEKA das soziale Geschehen in den Landeskirchen und führte alle diesbezüglichen Initiativen in seinen jeweiligen Rechenschaftsberichten von 1927 bzw. 1930 auf.[865] Aufgrund der teilweise nur geringen Fortschritte auf diesem Gebiet forderte der Königsberger Kirchentag auf Antrag von Johannes Herz die Landeskirchen erneut dazu auf, ihre soziale Arbeit finanziell besser auszustatten.[866] Angesichts der sich zunehmend verschlechternden wirtschaftlichen Lage nimmt es allerdings nicht wunder, wenn noch 1930 in mehreren Landeskirchen überhaupt keine sozialkirchliche Arbeit durchgeführt wurde.[867] Demonstrierte diese Entwicklung einmal mehr, wie sehr die sozialkirchliche Arbeit in der Weimarer Zeit immer noch in den Anfängen steckte, so stellte sich dennoch von vornherein die Frage ihrer Verortung im Verhältnis zu den karitativen und volksmissionarischen Arbeitsgebieten, die Sache des Verbandsprotestantismus waren. Eine starke Tendenz zur Bildung eines eigenständigen Profils dieses neuen kirchlichen Arbeitszweiges ist in den nach dem Betheler Kirchentag einsetzenden Debatten unverkennbar. Den entscheidenden Vorstoß auf Kirchenbundebene machte im Frühjahr 1925 der rheinische Präses Wolff. Auf der DEKA-Sitzung vom 24. bis 25. März dieses Jahres stellte er den Antrag, eine Konferenz kirchlicher Sozialfacharbeiter aus allen Landeskirchen umgehend einzuberufen. Unter der Leitung des Ständigen Sozia-

---

[861] So das Fazit von Georg Wünsch in seiner oben erwähnten Mitteilung an den DEKA vom 20. Dezember 1924. S.o. Anm. 854.

[862] Jacob Schoell, „Wie der Ruf gehört wurde. Die Aufnahme der Sozialen Botschaft der evangelischen Kirchen", in: *Das Evangelische Deutschland 1. Jahrgang, 1924, 195.*

[863] *Verhandlungen des ersten Deutschen Evangelischen Kirchentages 1924*, 197 f.

[864] Schreiben des DEKA an die Kirchenregierungen vom 16. August 1924, in: *EZA 1/A2/142.*

[865] *Verhandlungen des zweiten Deutschen Evangelischen Kirchentages 1927*, 75 bzw. *Verhandlungen des dritten Deutschen Evangelischen Kirchentages 1930*, 115 f.

[866] Ebd., 271. In Ergänzung der Betheler Entschließung wurden u.a. Mittel für die Abhaltung sozialer Fortbildungskurse sowie die Verankerung sozialer Thematiken im Theologiestudium und Vikariat gefordert. Auf der DEKA-Sitzung vom 8. bis 9. Juni 1928 beauftragte dann der Ständige Soziale Ausschuss den Kirchenausschuss, die Kirchenregierungen auf die entsprechenden Betheler und Königsberger Beschlüsse noch stärker als bisher zu verpflichten. Vgl. *EZA 1/A2/145.*

[867] Vgl. die Anfrage des Ständigen Sozialen Ausschusses an die Kirchenregierungen vom 19. September 1930 und die entsprechenden Antwortschreiben. *EZA 1/A2/147.* Landeskirchen wie Bremen, Anhalt und Mecklenburg-Strelitz verwiesen in diesem Zusammenhang auch auf ihre „Kleinheit".

len Ausschusses sollte sie vor allem über „die Ziele und Grenzen sozial-kirchlicher Arbeit" beraten, ferner über die Stellung der kirchlichen Sozialarbeit zu den Verbänden der Arbeitgeber und Arbeitnehmer sowie über die Frage, wer der Träger dieser Arbeit sein soll.[868] Nach „einmütiger" Annahme dieses Antrages durch den Kirchenausschuss fand bereits Ende Juni 1925 in Eisenach die entsprechende Konferenz statt, die bis 1933 einmal jährlich zusammentrat.

Als eigenes Sozialforum der verfassten Kirchen, an dem zusätzlich Vertreter der evangelischen Vereinsorganisationen zur Teilnahme geladen waren,[869] verabschiedete man auf der Grundlage der Mennschen Denkschrift zwölf Leitsätze über die soziale Arbeit der Kirche, die dann wenig später auch vom DEKA gebilligt wurden. Das Ziel kirchlicher Sozialarbeit sah man ganz im Sinne der Betheler Kundgebung in der „Erfüllung der sich auflösenden societas mit evangelischem Geiste zur Schaffung neuer Bindungen, d.h. neuer Gemeinschaft, insbesondere auf dem Boden aller durch das moderne Wirtschaftsleben beherrschten gesellschaftlichen Beziehungen, und zwar durch das Mittel des Wortes".[870] Weitgehende Übereinstimmung bestand unter den Teilnehmern auch darin, die sozialkirchlichen Aufgabenfelder organisatorisch in „Abgrenzung gegen alle wohlfahrtspflegerische, berufsständische und volksmissionarische Arbeit" zu entwickeln.[871] Ferner hielt man – nach den Leitsätzen 5 und 6 – die Herausbildung einer evangelischen Soziallehre für ein „zentrales Erfordernis". Nur so und durch entsprechende Schulungen für Pfarramtskandidaten und kirchlich-sozial engagierte Kreise könne eine „tiefgreifende und klare Erkenntnis der sozialen Tatbestände und Zusammenhänge" und die „Weckung des sozialen Gewissens" erreicht werden.

---

[868] Vgl. DEKA-Sitzung vom 24. bis 25. März 1925, in: *EZA* 1/A2/143. Wolff konnte sich bei seinen Vorschlägen auf eine im Februar 1925 von Wilhelm Menn verfasste Denkschrift „Ueber Ziele, Grenzen und Träger der kirchlichen Sozialarbeit" beziehen, in welcher die wesentlichen Grundlinien der zu erörternden Themen bereits skizziert worden waren. Menn hatte in dieser Frage bereits zuvor unter Vermittlung von Wolff mit dem Vorsitzenden des Ständigen Sozialen Ausschusses, Oberkonsistorialrat Dr. D. Duske, konferiert. Vgl. das Schreiben Walter Wolffs an Duske vom 24. Februar 1925, mit der Anlage Wilhelm Menns: Ueber Ziele, Grenzen und Träger der kirchlichen Sozialarbeit, sowie das Begleitschreiben Menns an Duske vom 17. Februar 1925, in: *EZA* 1/A2/143. Ausführlich zu diesen Vorgängen und dem Inhalt der Denkschrift K. Schlösser-Kost, *Evangelische Kirche und soziale Fragen 1918–1933*, 122 ff.

[869] Von den insgesamt 38 Teilnehmern der Konferenz waren 32 Delegierte der Landeskirchen, darunter allein zehn aus der Altpreußischen Kirche. Vertreter der Arbeitsorganisationen stellten der Central-Ausschuß, der Kirchlich-Soziale Bund, der Evangelisch-Soziale Kongreß, die Evangelisch-Soziale Schule und der Gesamtverband der evangelischen Arbeitervereine. Vgl. das entsprechende Teilnehmerverzeichnis der 1. Konferenz kirchlich sozialer Facharbeiter am 29. und 30. Juni 1925, in: *EZA* 1/A2/143.

[870] S. Leitsatz 2, ebd., vgl.a. J. Hosemann, *Der Deutsche Evangelische Kirchenbund in seinen Gesetzen, Verordnungen und Kundgebungen*, 185-187, Zitat: 185 f.

[871] Inhaltlich begründete Menn diese Scheidung mit der andersgearteten Aufgabenstellung. Kirchliche Sozialarbeit habe es mit dem Verhältnis der Schichten und gruppenmäßigen Gliederung zueinander zu tun, nicht aber – wie der karitative Bereich – mit der Fürsorge einzelner, in Not geratener Menschen. Organisatorisch rechtfertigte Menn diese Unterscheidung mit der größeren Unabhängigkeit der verfassten Kirchen gegenüber Gruppeninteressen. Vgl. die Denkschrift Menns, in: *EZA* 1/A2/143, Seiten 4-6. Kritik an der Position Menns übte Reinhard Mumm, der eine solche Abgrenzung nur theoretisch für durchführbar hielt. Zum Votum Mumms vgl. K. Schlösser-Kost, *Evangelische Kirche und soziale Fragen 1918–1933*, 128.

Ausdrücklich wurden die Überparteilichkeit der Kirche, bzw. „die Universalität des [sc. kirchlichen] Dienstes" hervorgehoben, die ein Eingreifen in soziale Kämpfe nur „in Ausnahmefällen" zulasse. Die hier getroffene Feststellung einer grundsätzlichen wirtschafts- und richtungspolitischen Offenheit sozialkirchlicher Arbeit war indessen eine erst nach „schwieriger Aussprache" gefundene Kompromisslösung.[872] Überhaupt zustande kam sie nur durch zwei zusätzliche, in die Endfassung der Eisenacher Richtlinien aufgenommene Anmerkungen zu dem entsprechenden Leitsatz 8.[873]

Insgesamt gesehen wiesen die Eisenacher Richtlinien für die kirchliche Sozialarbeit in eine durchaus zukunftsträchtige Richtung. Johannes Herz konstatierte daher auch zufrieden, dass es „im wesentlichen die von den Kreisen des Evangelisch-Sozialen Kongresses seit langem vertretenen Gedanken" gewesen sind, „die sich hier durchgesetzt haben und die hier zu kirchlicher Anerkennung gekommen sind".[874] Dazu zählt auch das in den Richtlinien deutlich feststellbare Bestreben, sich mit wirtschaftspolitischen Problemen nicht nur religiös-ethisch zu befassen. Neben dem Ausbau der Sozialpfarrämter wurde in den Richtlinien ausdrücklich eine Weiterentwicklung und Professionalisierung sozialethisch-wissenschaftlicher Arbeit gefordert, die dann in den 1920er Jahren tatsächlich auch erfolgte.[875]

Neben der Sozialen Botschaft und den Eisenacher Richtlinien veröffentlichte der Kirchenausschuss im Sommer 1925 noch eine dritte und vorläufig letzte Verlautbarung zur sozialen Frage, und zwar zur Wohnungsnot.[876] Über die Ursachen, Folgen und Mittel zur Bekämpfung dieser Problematik bestand innerhalb des Kirchenausschus-

---

[872] So der Bericht Duskes an den DEKA über die Eisenacher Konferenz vom 2. Juli 1925, in: *EZA* 1/A2/143. Duske führt diesen Umstand auf die „verschiedene Einstellung der Teilnehmer zu den sozialen Grundfragen" zurück.

[873] Reinhard Mumm als Vertreter des Kirchlich-Sozialen Bundes bestand auf der ausdrücklichen Erwähnung der Evangelischen Arbeitervereine und der christlich-nationalen Arbeiterbewegung als Organisationen, „die kirchlichen Dienst von je und ursprünglich gefordert haben, und die mit dem kirchlichen Leben und der kirchlichen Arbeit in enger Fühlung stehen". Ferner erreichte er es, dass der in Leitsatz 8 ursprünglich von Menn vorgesehene Begriff der „Neutralität" der Kirche durch den der „Universalität" ihres Dienstes ersetzt wurde. Laut K. Schlösser-Kost beinhaltet letzter Begriff „eine zwar alles umfassende, aber gewichtende Sichtweise". Er suggeriere, dass der erste und letzte Ansprechpartner für die Landeskirchen die christlich-nationale Arbeiterbewegung sei (*Evangelische Kirche und soziale Fragen 1918–1933*, 238). Emil Fuchs vom Evangelisch-Sozialen Kongreß setzte im Gegenzug die beachtliche Anmerkung durch, „dass die Kirche den sich im Sozialismus anbahnenden religiösen Wandlungen ernste Aufmerksamkeit zu widmen hat". Vgl. das Verhandlungsprotokoll der 1. Konferenz kirchlich sozialer Facharbeiter am 29. und 30. Juni 1925, in: *EZA* 1/A2/143.

[874] Johannes Herz, „Der Protestantismus und die soziale Frage", in: Gottfried Schenkel (Hg.), *Der Protestantismus der Gegenwart*, Stuttgart 1926, 505.

[875] Neben dem bereits oben in Anm. 854 erwähnten Lehrstuhl für Sozialethik an der Marburger Theologischen Fakultät sind hier beispielsweise noch zu nennen das 1927 von Reinhold Seeberg gegründete Sozialethische Institut an der Berliner Universität, die Einrichtung eines Sozialethischen Instituts des Evangelisch-Sozialen Kongresses durch Johannes Herz in Leipzig und das Sozialwissenschaftliche Institut der ökumenischen Bewegung Life and work in Genf, an dem sich der Kirchenbund durch Entsendung eines Mitarbeiters beteiligte. Vgl. im einzelnen K. Schlösser-Kost, *Evangelische Kirche und soziale Fragen*, 157 ff.

[876] Sie datierte vom 25. Juni 1925. Zum folgenden vgl. J. Hosemann, *Der Deutsche Evangelische Kirchenbund in seinen Gesetzen, Verordnungen und Kundgebungen*, 182-185.

ses weitgehender Konsens. Die Wohnungsnot galt als „schlimmste soziale Not, unter
der wir gegenwärtig leiden", ihre Bekämpfung entsprechend als „Ausgangspunkt aller
sozialen Fürsorge". Bedingt durch die Aufnahme Vertriebener aus den abgetrennten
Reichsteilen, die Beschlagnahme von Wohnungen in den besetzten Gebieten sowie
Bodenspekulation und Kreditmangel seien die Lebensverhältnisse in der Stadt wie
auf dem Lande derart katastrophal, dass sich gesundheitlich-hygienische, sittliche und
geistig-religiöse Missstände immer weiter ausbreiteten. Als Indizien dieser Entwicklung betrachtete man das Anwachsen von Tuberkulose und Geschlechtskrankheiten,
die Beschränkung der Kinderzahl und den besorgniserregenden Anstieg der Abtrei-
bungen sowie die weithin unter menschenunwürdigen Wohnbedingungen vernachläs-
sigte häusliche Andacht. In Ausübung seines Wächteramtes fühlte sich der Kirchenausschuss dazu verpflichtet, „das öffentliche Gewissen, das unter dem Druck der Zeit
einzuschlafen droht, wachzurufen". Ganz im Sinne der Betheler Kundgebung forderte
er die Zurückstellung eigener Interessen zugunsten des Allgemeinwohls. Durchschla-
gender Erfolg sei jedoch vor allem durch eine gezielte Wohnungsbauförderung mit
öffentlichen Mitteln zu erwarten.[877] Nur so könne „ein gesundes Geschlecht heran-
wachsen, christliches Familienleben gedeihen und die Pflege guter Sitte und wahrer
Frömmigkeit eine Stätte finden". Zur Aufnahme dieser Kundgebung vermerkte der
DEKA, dass sie in den Reihen der Bodenreformer, Mietervereine und dergleichen
Organisationen auf „besondere Beachtung" gestoßen, während sie von der sozialistischen Presse „fast ausnahmslos totgeschwiegen und, wo sie Notiz nahm, abgelehnt"
worden sei.[878]
Nach dieser ‚Welle' von Verlautbarungen in den Jahren 1924 und 1925 verzichtete
der DEKA bis auf weiteres auf die Herausgabe neuer öffentlicher Stellungnahmen zu
sozialen Themen. Einen Antrag von Franz Behrends, deutschnationaler Reichtagsabgeordneter und Vorsitzender des Zentralverbandes der Landarbeiter, eine Kundgebung
zur Wirtschaftskrise und zur Arbeitslosigkeit zu erlassen, lehnte der Kirchenausschuss
im Frühjahr 1926 einmütig mit der Begründung ab, nicht schon wieder „so schweres
Geschütz wie eine Kundgebung" verwenden zu wollen.[879]
So beließ man es auf den beiden Kirchentagen von 1927 und 1930 weitgehend dabei, die bislang eingeschlagene soziale Grundausrichtung des Kirchenbundes beizubehalten. An inhaltlichen Entschließungen wurden dementsprechend nahezu keine entscheidend neuen Impulse gesetzt. Als konkreten Gesichtspunkt des Arbeitslebens behandelte die Königsberger Versammlung das Problem der Sonntagsarbeit.
Als „erfreulichen Fortschritt" wertete man diesbezüglich die – bereits vom Bethe-

---

[877] Abhilfe schafften in diesem Zusammenhang neben dem Staat und den Kommunen auch freie evangelische Einrichtungen selbst, allen voran die Innere Mission. Im Zuge der Förderung des Wohnungs-
baus gründete der Central-Ausschuß 1926 die Deutsche Evangelische Heimstättengesellschaft, abgekürzt Devaheim, die nach dem System einer kirchlichen Bausparkasse Anleihen zu Siedlungs-
projekten zur Verfügung stellte. Der Kirchenausschuss entsandte mehrfach Vertreter in ihren Vorstand. Zur Gründung der Devaheim und ihrem späteren Konkurs von 1929 vgl. Erich Beyreuther,
Geschichte der Diakonie und Inneren Mission in der Neuzeit, Berlin 1983, 196 f.
[878] Vgl. *Verhandlungen des zweiten Deutschen Evangelischen Kirchentages 1927*, 80.
[879] DEKA-Sitzung vom 4. bis 5. März 1926, in: *EZA* 1/A2/143.

ler Kirchentag geforderte –[880] Beseitigung des sogenannten Dommeldinger Systems in bislang durchlaufend arbeitenden Hochofen- und Kokereibetrieben zugunsten eines sonntagsfreundlichen Dreischichtensystems. Mit „Besorgnis" hingegen wurden den Feiertag aushöhlende Bestrebungen im Handelsgewerbe sowie in Bäckerei- und Konditoreibetrieben beobachtet. Den DEKA beauftragte man, die Reichsregierung zur Durchsetzung des verfassungsmäßig gewährleisteten Schutzes der Sonntagsruhe „nachdrücklich" aufzurufen.[881] Besonders eingehend behandelte der Kirchentag die Aufwertungsfrage. Schon seit 1924 hatte sich der Kirchenausschuss mit dieser Frage befasst und wiederholt bei der Reichsregierung und anderen zuständigen Stellen auf die immensen Vermögensverluste des Klein- und Mittelstandes infolge der Inflation aufmerksam gemacht und entsprechende steuergesetzliche Veränderungen verlangt. Der Königsberger Kirchentag richtete abermals unter Bezugnahme auf den Geschäftsbericht des DEKA einen gleichlautenden Appell an die Behörden und die Öffentlichkeit zugunsten der Inflationsgeschädigten. „Größtes Verständnis" bringe ihnen der Kirchentag entgegen. Durch ihre Not fühle er sich dazu verpflichtet, „alles zu tun", um den Betroffenen „entgegenzukommen und das erschütterte Rechtsempfinden wieder herzustellen". Allerdings vermied es die Entschließung, den Geschädigten direkte Hilfe des Kirchentages in Aussicht zu stellen, mit der Begründung, dass der Kirchentag selbstverständlich keinen unmittelbaren Einfluss auf die staatliche Gesetzgebung nehmen könne.[882]

---

[880] Vgl. *Verhandlungen des ersten Deutschen Evangelischen Kirchentages 1924*, 252 f.

[881] *Verhandlungen des zweiten Deutschen Evangelischen Kirchentages 1927*, 322 f.

[882] Vgl. ebd., 325 f. Daneben verfasste auch der bayerische Bankier und Kirchentagspräsident Freiherr von Pechmann im Frühjahr 1927 eine ausführliche Stellungnahme zu einer Änderung der Aufwertungsgesetzgebung. Sie wurde im Königsberger Verhandlungsbericht in voller Länge abgedruckt (vgl. ebd., 360-365). Nach J.R. Wright bestand ein unmittelbarer Zusammenhang zwischen dem diesbezüglichen Appell des Kirchentages von 1927 und der ein Jahr zuvor getroffenen Entschließung des DEKA zur Fürstenenteignung. Zu dem gemeinsam von KPD und SPD 1926 geforderten Volksbegehren zur Fürstenenteignung hatte der DEKA nach heftigen internen Debatten erklärt: „Die beantragte entschädigungslose Enteignung bedeutet die Entrechtung deutscher Volksgenossen und widerspricht klaren und unzweideutigen Grundsätzen des Evangeliums." DEKA-Sitzung vom 3. bis 5. Juni 1926, in: *EZA* 1/A2/24. Nicht nur die sozialistische Presse, sondern auch die Sparervereine verurteilten wie erwartet die Resolution des Kirchenausschusses. Angesichts der großen finanziellen Einbußen ihrer Mitglieder durch die Inflation, verlangten sie, dass wer das fürstliche Eigentum für unantastbar erklärte, auch ihre Kampagne für die Aufwertung der Spareinlagen nach Kräften unterstützen sollte. Der DEKA hatte demnach eine gewisse Bringschuld zu leisten, wenn er sich nicht unnötig dem Verdacht politischer Einseitigkeit aussetzen wollte. Viele der kleinen Sparer gehörten auch der evangelischen Kirche an, was überdies ein noch deutlicheres Eintreten für sie angezeigt erscheinen ließ. Vgl. zum Ganzen J.R. Wright, *„Über den Parteien"*, 73 f. Im Zusammenhang der Debatte um die Fürstenenteignung konstatiert K. Nowak lediglich ein „beträchtliches Eigentumsethos", das unter den protestantischen Kirchenführern vorhanden gewesen sei (*Evangelische Kirche und Weimarer Republik*, 128). Ausgewogener hingegen das Urteil von D.R. Borg, *The Old-Prussian Church and the Weimar Republic*, 279 ff. Borg hält es für wahrscheinlich, dass der DEKA auf eine Stellungnahme verzichtet hätte, wenn die „außer-parlamentarische Aktionseinheit" (H.A. Winkler, *Der lange Weg nach Westen, Bd. 1*, 471) von Kommunisten und SPD von ihrer Forderung einer *entschädigungslosen* Enteignung abgerückt wäre und stattdessen dem Kompromissantrag der bürgerlichen Parteien, welcher eine Abfindung der Fürsten vorsah, zugestimmt hätte.

Mit den eigenen bereits hier deutlich erkennbaren, begrenzten Handlungsmöglichkeiten wurden die bundeskirchlichen Organe unter dem Eindruck der Weltwirtschaftskrise erneut konfrontiert. Angesichts des Ruhreisenstreits von 1928, von der die beiden westlichen preußischen Provinzialkirchen, Rheinland und Westfalen, am stärksten betroffen waren,[883] und einer rasant zunehmenden Arbeitslosigkeit in Deutschland hatte sich der DEKA zunächst im Benehmen mit Arbeitgeber- und Arbeitnehmerorganisationen um eine gemeinsame Lösung der anstehenden Probleme bemüht. Indes musste er in seinem Geschäftsbericht von 1930 „mit schwerem Herzen" eingestehen, „dass für ihn, abgesehen von den Mitteln karitativer Hilfe, seelsorgerlicher Beeinflussung und eines ernsten Appells an die Gewissen, keine Möglichkeit besteht, in diese wirtschaftliche Entwicklung einzugreifen".[884] Der Nürnberger Kirchentag gab infolge dieses Berichtes eine Kundgebung zur Arbeitslosigkeit heraus.[885] In ihr rief er zu einer „Vereinfachung der Lebensführung" und „äußerste[r] Sparsamkeit" auf und wies die Diskriminierung von Arbeitslosen als Arbeitsunwillige zurück. Man appellierte ferner an die Verantwortlichen, der Beschaffung von Arbeitsplätzen oberste Priorität einzuräumen, unternahm aber selbst keine eigenen richtungsweisenden Vorschläge. Von der sozialen Aufbruchsstimmung, die sich im Gefolge des Betheler Kirchentages im deutschen Protestantismus zunächst verbreitet hatte, ist in diesen beiden kirchenoffiziellen Stellungnahmen tatsächlich „nichts mehr zu vernehmen".[886]

Dieser Eindruck wird durch die weitere Entwicklung sozialkirchlicher Arbeit auf Bundesebene erhärtet. So stand ein Jahr später bereits die „Krisis der kirchlichen Sozialarbeit" im Mittelpunkt der Konferenz sozialer Facharbeiter.[887] Der zuständige Referent, der Breslauer Sozialpfarrer Forell, nannte als bereits seit längerem bestehende Ursachen für diese Entwicklung die weiterhin problematische Unterscheidung sozialkirchlicher Arbeit von karitativen und volksmissionarischen Aktivitäten, grundsätzliche Vorbehalte gegenüber der Sozialarbeit als Aufgabe der Kirche, sowie die mangelnde Resonanz der Sozialen Botschaft in Kreisen der Arbeiterschaft. Daneben machten sich seit jüngster Zeit gravierende finanzielle Schwierigkeiten der kirchlichen Sozialarbeit als unmittelbare Folge der desolaten Wirtschaftslage geltend. Zudem zeichneten sich auf theologischem wie auf politischem Gebiet Entwicklungen ab, die für die evangelische Sozialarbeit negative Auswirkungen hätten. Forell beklagte in diesem Zusammenhang die weitreichende Entfremdung und das Desinteresse der „angebartheten Jugend" gegenüber der empirischen Kirche, ihr „ueberlegenes Abtun aller bisher von der Kirche geleisteten Arbeit, ,da es doch evident ist, dass die Kirche auf allen Gebieten versagt hat'". Der Generationenwechsel, der sich in der Theologenschaft der Weimarer Zeit vollzogen habe, führe auch zu einer wachsenden Distanzierung von den Traditionen des ,Sozialen Protestantismus' infolge der großen

---

[883]   Ausführlich dazu Günter Brakelmann, *Evangelische Kirche in sozialen Konflikten der Weimarer Zeit. Das Beispiel des Ruhreisenstreits*, Bochum 1986.

[884]   *Verhandlungen des dritten Deutschen Evangelischen Kirchentages 1930*, 112 f.

[885]   Ebd., 342. Weitere Kundgebungen betrafen die Osthilfe und die Alkoholnot; vgl. ebd., 344 bzw. 351.

[886]   T. Jähnichen, *„Aufbrüche, Konflikte und Krisen – Weichenstellungen des sozialen Protestantismus in der Weimarer Republik"*, 25.

[887]   Zum folgenden vgl. 6. Konferenz kirchlicher sozialer Facharbeiter vom 19. bis 20. Februar 1931, Anlage 5 (Referat von Pfr. Forell: „Krisis der kirchlichen Sozialarbeit"), in: *EZA* 1/A2/148.

Anziehungskraft der ‚Dialektischen Theologie'. Noch größer sei allerdings die Gefahr einer zunehmenden Politisierung, mit der eine deutliche Akzentverlagerung von der sozialen zur nationalen Frage einhergehe. Dies gelte insbesondere für die nationalsozialistische Bewegung, welche die Lösung der sozialen Frage durch eine nationale Wiedergeburt des deutschen Volkes verspreche. Ihr politisches „Schwärmertum" stoße im Kirchenvolk und in der Pfarrerschaft auf große Sympathien. Unter den Kirchenführern bestehe zudem die Sorge, die Kirche könne abermals den Anschluss an eine breite Volksbewegung versäumen, nachdem sie bereits im vergangenen Jahrhundert die Arbeiterbewegung nicht kirchlich integriert habe.

Im Februar 1932 konstatierte der Vorsitzende des Ständigen Sozialen Ausschusses, Prälat Schoell, eine wachsende „Neigung zu größerer Zurückhaltung gegenüber sozialen Fragen und Aufgaben" im Kirchenausschuss. Schoell sah sich durch diese Entwicklung sogar zu der Grundsatzfrage veranlasst, ob die soziale Arbeit „geradewegs als kirchliche Verpflichtung" zu erweisen sei.[888] Die siebte Fachkonferenz sozialer Facharbeiter verhandelte nach mehrmaligem Verschieben im März 1933 ebenso den Punkt „Theologische Besinnung über Recht und Pflicht kirchlicher Sozialarbeit".[889] Vor dem Hintergrund einer zunehmenden Infragestellung dieses Aufgabenbereichs herrschte Einigkeit darüber, dass die Kirche nach wie vor das Recht und die Pflicht zur Sozialarbeit habe. Allerdings war man sich innerhalb dieses Gremiums sehr wohl der gewandelten ideologischen Rahmenbedingungen bewusst: Vor 2 Jahren seien diese noch besonders durch die Barthsche Theologie bestimmt gewesen, heute durch die Verkündigung des ‚totalen Staates'.

Dieser Staat machte dem Kirchenbund und damit auch seiner sozialkirchlichen Arbeit bald ein Ende. So blieb die Auseinandersetzung mit der sozialen Frage oberhalb der landeskirchlichen Ebene in der Weimarer Zeit zunächst ein erster verhaltener Versuch der verfassten Kirche, auf die Moderne zu antworten. Die institutionelle Verankerung dieser Problematik in den bundeskirchlichen Organen trug indessen mit dazu bei, dass die soziale Frage auch nach 1945 innerhalb der Evangelischen Kirche Deutschlands, der EKD, weiter mit wachsender Aufmerksamkeit verfolgt wurde.

---

[888] Schreiben J. Schoells an den DEKA vom 19. Februar 1932, zit. nach K. Schlösser-Kost, *Evangelische Kirche und soziale Fragen 1918–1933*, 138.

[889] Zum folgenden vgl. 7. Konferenz kirchlicher sozialer Facharbeiter vom 16. bis 17. März 1933, in: *EZA* 1/A2/149.

8 Annäherung an die Republik – Der Königsberger Kirchentag 1927 und seine Vaterländische Kundgebung

Vom 17. bis 21. Juni 1927 fand turnusmäßig der zweite offizielle Deutsche Evangelische Kirchentag im ostpreußischen Königsberg statt. Den Höhepunkt dieser Versammlung bildete zweifelsohne die am letzten Sitzungstag verabschiedete sogenannte Vaterländische Kundgebung.[890] Mit großer Mehrheit angenommen stellte diese gemeinschaftliche Äußerung des deutschen Protestantismus einen gewissen verbindlichen Bezugs- und Orientierungspunkt für die Haltung der evangelischen Kirche zum Weimarer Staat dar. In den folgenden Jahren konnte daher auf sie rekurriert werden.[891] Von namhaften Forschern wie Jonathan R. Wright oder Kurt Nowak wird die Vaterländische Kundgebung mit Recht als eine wichtige Etappe auf dem Weg einer Annäherung zur Republik, ja sogar als ein „Durchbruch" gewertet.[892] Nicht von ungefähr fiel er in die Phase einer relativen Konsolidierung Weimars. In den Jahren zwischen 1924 und 1929 schien die republikanische Staatsform, in der auch die evangelischen Landeskirchen und der Kirchenbund ihren juristisch gesicherten Platz erreicht hatten, in Deutschland vergleichsweise fest verankert zu sein. Die nationalliberale DVP mit ihrem Außenminister Gustav Stresemann gehörte auf Dauer den unterschiedlichen Regierungskoalitionen an, auch die DNVP beteiligte sich 1925 zeitweise und noch einmal 1927 bis 1928 an der Regierungsverantwortung.[893] Daneben

---

[890] *Verhandlungen des zweiten Deutschen Evangelischen Kirchentages 1927*, 338-340.

[891] Auf Veranlassung des Reichsinnenministers empfahl der DEKA 1929 „unter Hinweis auf die Vaterländische Kundgebung" den Landeskirchen, das zehnjährige Bestehen der Weimarer Verfassung entsprechend kirchlich zu würdigen. Dieser Aufruf verdankte sich dabei vor allem der Initiative Titius', Kahls und Kaplers. In ihrem Plädoyer hoben sie die Dankespflicht der evangelischen Kirche gegenüber dem Staat und seiner Verfassung hervor. Diese garantierten die kirchliche Autonomie, wodurch die Lage der Kirche eine überaus positive Wendung genommen habe. Kapler verwies darüber hinaus auf die Bereitstellung finanzieller Mittel seitens des Reiches für die kirchliche Diasporaarbeit und andere Zwecke. DEKA-Sitzung vom 31. Mai bis 1. Juni 1929, in: *EZA* 1/A2/19. Ausführlich dazu Karl-Heinz Fix, „Die deutschen Protestanten und die Feier der Weimarer Reichsverfassung", in: *Mitteilungen der Arbeitsgemeinschaft für Kirchliche Zeitgeschichte* 21. 2003, 53-79, s. besonders 64-69. Eine deutlich weniger skeptische Einschätzung als Fix hinsichtlich dieses kirchenregimentlichen Versuches, ein Arrangement mit der Republik einzugehen, vertritt J.R. Wright, *„Über den Parteien"*, 90 ff.

[892] J.R. Wright, *„Über den Parteien"*, 87 ff; K. Nowak, *Evangelische Kirche und Weimarer Republik*, 173 ff . Zum Zitat s. K. Nowak, „Protestantismus und Weimarer Republik. Politische Wegmarken in der evangelischen Kirche 1918–1932", in: K.D. Bracher/M. Funke/H.-A. Jacobsen (Hgg.), *Die Weimarer Republik 1918–1933. Politik – Wirtschaft – Gesellschaft*, 232.

[893] Die schriftlich übermittelten Grüße des deutschnationalen Innenministers Walter von Keudell an den Königsberger Kirchentag hob Kirchentagspräsident Pechmann zweimal (!) eigens hervor und bezeichnete sie als „bedeutsames Dokument für die Beziehungen zwischen der Reichsregierung

war es die Wahl Hindenburgs in das Amt des Reichspräsidenten 1925, die den mehrheitlich konservativ-deutschnational eingestellten protestantischen Kirchenvertretern eine loyale Haltung zum Staat erleichterte. Denn der ehemalige Generalfeldmarschall von Hindenburg, bekennender Protestant und in seiner Person die Verkörperung eines kaiserreichszeitlichen preußischen Militarismus, gab der Republik die von rechtsstehenden Kreisen schmerzlich vermisste konservative Symbolfigur.[894] Und schließlich, nachdem bereits 1924 vorläufig erste Verhandlungen aufgenommen worden waren, begannen in dieser Zeit auch die Verantwortlichen auf evangelischer Seite von neuem, die Vorteile einer vertraglichen Übereinkunft mit dem Land Preußen zu erwägen;[895] der Wunsch, das Verhältnis zum Staat auf eine bessere Grundlage zu stellen, lag aus diesem Grund auf der Hand.

So stand nun nicht länger wie auf dem Stuttgarter Kirchentag 1921 die vermeintliche Religionslosigkeit des Staates und die daraus erwachsende Aufgabe der Kirche auf der Tagungsordnung der Königsberger Versammlung. Stattdessen entschied man sich aus besagten Gründen für die Themen Obrigkeitsgehorsam und Vaterlandsliebe sowie für die Volkstumideologie als ein weiteres Thema von zunehmender öffentlicher Bedeutung. Dabei erschien Königsberg als Tagungsort, das in der vom übrigen Reich durch den sogenannten polnischen Korridor getrennten ostpreußischen Provinz lag, für diese Fragen wie prädestiniert: Treue zum Vaterland und Verbindung zum deutschen Volkstum über die Versailler Gebietsregelungen von 1919 hinweg ließen sich hier besonders eindrucksvoll demonstrieren.[896] Diese Fragen wurden zunächst durch

---

und dem Kirchenbunde". *Verhandlungen des zweiten Deutschen Evangelischen Kirchentages 1927*, 186 bzw. 343.

[894] Beim Empfang, den Hindenburg nach seinem Amtsantritt eigens den Kirchen gab, ließ es sich DEKA-Präsident Kapler nicht nehmen feierlich zu erklären: „Der Herr Reichspräsident ist treuer evangelischer Christ, und es wäre unnatürlich, wenn ich es unterließe, hier – niemandem zu Leide – auszusprechen, mit welcher stolzen Freude die evangelische Kirche das Band, das sie mit der Person des Herrn Reichspräsidenten schon früher verknüpft hat und jetzt von neuem verknüpft, dankbar und freudig empfindet." Abschrift der Rede vom 12. Juni 1925, in: *EZA* 1/A2/477. Zum konfessionellen Aspekt der Wahl Hindenburgs vgl. Karl Holl, „Konfessionalität, Konfessionalismus und demokratische Republik – zu einigen Aspekten der Reichspräsidentenwahl 1925", in: *VjhfZG* 17. 1967, 254-275.

[895] Im Mai 1931 kam es dann schließlich nach langen Verhandlungen zur Unterzeichnung des preußischen Kirchenvertrages durch die zuständigen Mitglieder der preußischen Regierung sowie die Vertreter der acht evangelischen Landeskirchen Altpreußens. Das Zustandekommen dieser Vereinbarung war vor allem eine Folge der katholischen Konkordatspolitik, die unter den evangelischen Kirchenführern den Willen zur Wahrung der konfessionellen Parität erstarken ließ. Der Vertrag garantierte weitestgehend die kirchliche Eigenständigkeit und sicherte die Kirche finanziell und juristisch ab. Auf der Gegenseite verfügte der preußische Staat durch das Rechtsinstrument der ‚politischen Klausel' über ein Mitspracherecht bei der Besetzung leitender Kirchenämter und konnte sich auf diese Weise der staatlichen Loyalität der Kirchenbeamten versichern. Unter der Voraussetzung, dass die Zugehörigkeit zu einer Oppositionspartei oder bestimmten kirchenpolitischen Richtungen nicht schon als staatspolitisches Bedenken anzusehen sei, hatte Kapler im Namen der preußischen Kirchenvertreter dieser Klausel zugestimmt. Vgl. dazu E.R. Huber/W. Huber, *Staat und Kirche, Bd. IV*, 705 ff; sowie K. Nowak, *Evangelische Kirche und Weimarer Republik*, 179-187 und ausführlich zu den kontroversen Verhandlungen in der altpreußischen Generalsynode E. Eschenbach, *Volkskirche im Zwiespalt*, 260 ff.

[896] Ursprünglich war Lübeck als Tagungsort vorgesehen. Den verantwortlichen DEKA-Mitgliedern erschien dann allerdings eine Verlegung nach Königsberg „im nationalen wie kirchlichen Interesse

zwei hierin exponierte Vertreter in Grundsatzreferaten erörtert und schließlich in einer gemeinsamen Vaterländischen Kundgebung zusammengeführt.

Den ersten Vortrag mit dem Titel „Kirche und Volkstum" hielt der noch junge Erlanger Systematiker Paul Althaus (1888–1966), den zweiten zum Thema „Kirche und Vaterland" das bald 80 jährige DEKA-Mitglied Prof. Wilhelm Kahl, Staats- und Kirchenrechtsgelehrter sowie DVP-Reichtagsabgeordneter. Dass hier nicht nur zwei verschiedene Generationen, sondern auch höchst unterschiedliche theologisch-staatspolitische Denktraditionen recht unverbunden aufeinander stießen, war von Seiten des Kirchenausschusses durchaus beabsichtigt.[897] Wilhelm Kahl, Repräsentant der „Wilhelminischen Generation",[898] im Geiste des neuprotestantischen Liberalismus theologisch beheimatet und in seiner Nähe zu Gustav Stresemann ein klassischer sogenannter ‚Vernunftrepublikaner',[899] stand damit ein Angehöriger der „Frontgeneration" gegenüber, theologisch von Karl Holl und der Lutherrenaissance maßgeblich beeinflusst und in seinem Staatsdenken dem ‚Jungen Konservatismus' verhaftet.[900] Dieser propagierte einen radikalen Bruch mit den die republikanische Gesellschaftsordnung leitenden Ideen der Aufklärung und der Französischen Revolution und forderte die Rückbesinnung auf die im Volkstum wurzelnden, ursprünglichen Bindungen, die eine neue Volksgemeinschaft gewährleisteten.[901] Die Vaterländische Kundgebung, „ein Dokument von geradezu klassischem Kompromißcharakter",[902] nahm beide Positionen in sich auf. Ganz widerspruchsfrei ließ sich dies freilich nicht bewerkstelligen. Die spannungsvolle Einheit, die diese zentrale kirchliche Verlautbarung ausmachte, zeigte einmal mehr, wie dünn und brüchig das Eis eines protestantischen Republikanismus war, auf dem sich Liberale oder pragmatische, nach der Maßgabe kirchenpolitischer Interessen handelnde Kirchenführer in den 1920er Jahren bewegten.

---

geboten". Durch den Kirchentag sei es möglich, „dem abgetrennten Landesteil ... eine Stärkung zu bieten und das Gefühl der engen Zusammengehörigkeit mit ihm, insbesondere in dieser Zeit allgemeiner vaterländischer Not, zum Ausdruck zu bringen". Vgl. das Begründungsschreiben Kaplers an den Kirchenrat der Evangelisch-lutherischen Kirche Lübecks vom 30. Juni 1926, in: *EZA* 1/A3/118.

[897] Nachdem der ursprünglich für den ersten Hauptvortrag vorgesehene Referent, der rheinische Synodalpräses Dr. Wolff, abgesagt hatte, schlug Prof. Titius Paul Althaus vor. Es erscheine wünschenswert, dass dieses Mal auch eine andere kirchenpolitische Richtung zu Wort komme als in Bethel, wo beide Referenten einen ähnlichen Standpunkt eingenommen hätten. Es sei nämlich notwendig, alle Richtungen zur Mitarbeit am Kirchenbund zu bewegen. DEKA-Sitzung vom 8. und 9. Dezember 1926, in: *EZA* 1/A3/118.

[898] Zum Generationenschema und dem Zusammenhang von biographischer Prägung und politischer Einstellung vgl. D.J.K. Peukert, *Die Weimarer Republik. Krisenjahre der Klassischen Moderne*, 25 ff.

[899] Zu Kahls theologischer Prägung vgl. Eckhard Lessing, *Geschichte der deutschsprachigen evangelischen Theologie von Albrecht Ritschl bis zur Gegenwart, Bd. 1: 1870 bis 1918*, Göttingen 2000, 472-475.

[900] Zur Biographie und Theologie von Paul Althaus mit weiterer Literatur vgl. Walter Sparn, „Paul Althaus", in: W.-D. Hauschild (Hg.), *Profile des Luthertums*, 1-26.

[901] Näheres bei K. Sontheimer, *Antidemokratisches Denken in der Weimarer Republik*, 118 ff.

[902] K. Scholder, *Die Kirchen und das Dritte Reich, Bd. 1*, 143.

8.1 Die Vorträge von Wilhelm Kahl und Paul Althaus

Es war bezeichnend, dass der Kirchenausschuss sein Mitglied Wilhelm Kahl damit beauftragte, zum Thema Kirche und Vaterland vor dem Plenum zu referieren. Sein hohes Alter und seine enorme Erfahrung in kirchlichen und politischen Leitungsaufgaben ließen ihn wie kaum einen anderen geeignet dazu erscheinen, seine Zuhörerschaft von seinen Argumenten zu überzeugen. Kahl, der sich in seinem Vortrag als „evangelischen Christen und deutschen Patrioten" bezeichnete,[903] entfaltetet seine Gedanken auf dem Hintergrund des „Konflikt[es] zwischen gegenwärtiger Vaterlandspflicht und geschichtlicher Treue",[904] also zwischen einer rechtlich gebotenen Unterordnung und Akzeptanz des neuen republikanischen Staates einerseits und der gefühlsmäßigen Anhänglichkeit an die alte preußisch-protestantische Kaiserreichstradition auf der anderen Seite.

Der Kern des Konfliktes bestand nach den Ausführungen Kahls nicht in dem theoretischen Abwägen der Höherwertigkeit einer monarchischen Staatsform gegenüber der parlamentarischen Demokratie, sondern vielmehr darin, dass sich die Republik der „Tatsache des gewaltsamen Umsturzes, seiner Begleitumstände und Nachwirkungen" verdankte.[905] Der Weimarer Staat ließ sich nach Kahl als ein Produkt der Revolution nur schwer in Deckung bringen mit dem Deutschen Kaiserreich, in dem deutsch und evangelisch unabdingbar zusammenzugehören schienen und als dessen Ahnherr der Referent Martin Luther anführte. Es verwundert daher nicht, wenn der Staat und das Vaterland im gesamten Duktus des Vortrags relativ unvermittelt nebeneinander zu stehen kamen und das Unterscheidende stärker als das Verbindende hervorgehoben wurde. Zwar betonte Kahl, dass beide Einrichtungen Ausdruck einer „göttlichen Schöpfungsordnung" seien, und insofern keine Gegensätze darstellten, sondern „konvergierende Erscheinungsformen einer höheren Einheit menschlicher Gemeinschaftsbildung".[906] Aber obwohl der Staat in jedem Falle die reale Grundlage für den Vaterlandbesitz bilde, sei es nicht zweifelhaft, „dass über dem Staat, seinem Raum, seiner Form, seinem Zweck, seiner Rechtsmacht sich eine noch höhere Lebensform der Volksgemeinschaft erhebt, ein irdischer Himmel wölbt, das Vaterland". „Urgermanisch" sei „dieser unwiderstehliche Zug zum Vaterland".[907] Hätten Staatstreue und Vaterlandsliebe im Kaiserreich für den evangelischen Christen noch eine natürliche Gesinnungseinheit gebildet, so drohten beide unter den neuen politischen Verhältnissen auseinander zu fallen. Bezeichnenderweise hob Kahl sehr stark auf die vaterländische Arbeit des Kirchenbundes nach 1918 ab, vor allem auf die Versorgung der auslandsdeutschen Gemeinden und den „Kampf gegen die Lüge von Deutschlands Schuld am Krieg". Einschränkend merkte Kahl allerdings an, dass nicht alle dies-

---

[903] Vgl. *Verhandlungen des zweiten Deutschen Evangelischen Kirchentages 1927*, 234-251, Zitat auf Seite 235.

[904] Ebd., 248.

[905] Ebd., 248.

[906] Ebd., 235.

[907] Ebd., 236 f.

bezüglichen Initiativen ausschließliche Beziehung zum Vaterlands-gedanken hätten, sondern „gleichmäßig zum Staat oder Volkstum überhaupt".[908]

Den durchaus naheliegenden Gedanken, einen unüberbrückbaren Gegensatz zwischen protestantischer Vaterlandsliebe und der Haltung zum gegenwärtigen Weimarer Staat aufzurichten und einseitig an das vaterländische Gewissen der evangelischen Kirche zu appellieren, lehnte der Referent indes ab. Nachdrücklich appellierte er am Ende seines Vortrages an die Kirchentagsdelegierten, mit der Republik ins Reine zu kommen, und verwies dabei auf den eigenen „unsäglich schweren Kampf",[909] den ihn diese Entscheidung gekostet hatte. Eine Mitarbeit am neuen Staat sei bereits zur Wahrung kirchlicher Interessen und zur Erfüllung ihres vaterländisch verstandenen Auftrages am Volksganzen unerlässlich. Sie ermögliche es der evangelischen Kirche, ihren Einfluss im öffentlichen Leben geltend zu machen. Des weiteren schärfte Kahl seinen Zuhörern die rechtliche Legitimität der aus der Revolution hervorgegangenen Staatsform ein: „In der Rechtswissenschaft ist unbestritten, dass auch die mit dem Erfolge der Selbstbehauptung durchgeführte Gesetzgebung rechtsschöpferische Kraft hat und verpflichtet. Ob man dieses Recht als materielles anerkennen oder unter dem Vorbehalt seiner Wiederaufhebung als ein vorläufig nur formales Notrecht gelten lassen will, ist für den Punkt, auf den es hier allein ankommt, nicht entscheidend. Es ist, ob materiell, ob formell, Recht, d.h. es verpflichtet."

Allerdings war sich Kahl im Klaren darüber, dass dieses juristisch-staatsrechtliche Argument für sich genommen unzureichend war, um die Anwesenden für seinen Standpunkt zu gewinnen. „Verstandesmäßige Erkenntnis und juristische Folgerichtigkeit allein können den inneren Zwiespalt nicht lösen, das verletzte Rechtsgefühl nicht beruhigen."[910] Schließlich führte Kahl daher besonders aus lutherischer Perspektive kaum zu entkräftende biblisch-theologische Gründe an, um den verpflichtenden Charakter christlicher Staatsloyalität einsichtig zu machen. „Paulus ist eindeutig und unerbittlich. ‚Denn es ist keine Obrigkeit ohne von Gott; wo aber Obrigkeit ist, die ist von Gott verordnet.' Eine Unterscheidung nach natürlichen Regungen der Anhänglichkeit, der Abneigung, der politischen Einstellung finde ich in der Heiligen Schrift nicht."[911] Kahl ließ es sich nicht nehmen, in diesem Zusammenhang u.a. an den Aufruf des preußischen EOK vom 10. November 1918 zu erinnern, der ausdrücklich darauf hingewiesen hatte, dass das Evangelium an keine Staatsform gebunden sei, und die Bürger entsprechend dazu aufgefordert hatte, „da mitzuarbeiten, wo es gilt, die bestehende Ordnung zu stützen".[912] So wenig man diesem Argument grundsätzlich widersprechen konnte – zumal Kahl ausdrücklich auf Acta 5,29 als letzte Gewissensinstanz gegenüber obrigkeitlichen Anordnungen verwies, diesen Grundsatz jedoch für den gegenwärtigen, die freie Religionsausübung tolerierenden Staat nicht anerkannte –[913] musste es für das konservative Kirchentagsplenum anstößig wirken. Erst recht

---

[908] Ebd., 245.

[909] Ebd., 249.

[910] Ebd., 248.

[911] Ebd., 249.

[912] Ebd., 244. Zum EOK-Aufruf vgl. E.R. Huber/W. Huber, *Staat und Kirche, Bd. IV*, 36 f.

[913] Im Gegensatz zum römischen Staat, der die Christen aufgrund ihres Glaubens verfolgt habe, stelle der heutige Staat solche Zumutungen nicht. „Es gibt Gewissensfreiheit." Vgl. ebd., 247 f.

musste es von vielen als eine Zumutung empfunden werden, wenn Kahl den Sturz der Fürstenhäuser 1918 in die Perspektive göttlichen Welthandelns hineinrückte und erklärte: „Legitimität ist kein Ewigkeitsbegriff, sondern ein Rechtsverhältnis menschlicher Prägung und geschichtlicher Entwicklung. Es bleibt nur die Wahl: entweder es gibt keinen Gott, der alles in seiner Hand hat, Kleines und Großes, – oder es sind auch Usurpationen und Revolutionen Werke und Zulassungen des allmächtigen Gottes."[914] Die Tagungsordnung des Kirchentages sah keine anschließende Aussprache vor. Das Plenum zollte zwar Kahls Vortrag „lebhaften, anhaltenden Beifall",[915] indes galt dieser – folgt man zumindest den mehrheitlichen Kommentaren in den maßgeblichen kirchlichen Presseorganen – weniger seinem Inhalt als der Ehrwürdigkeit und Ernsthaftigkeit des Referenten. Dass die Revolution und ihre Folgen göttlicher Geschichtsführung und nicht etwa nur „Mächten der Finsternis" geschuldet waren,[916] machte für Kahl trotz aller monarchischer Anhänglichkeit eine Bejahung der Weimarer Republik erforderlich. Für die kirchliche Rechte ging diese Schlussfolgerung allerdings zu weit. Sie stimmten Kahls Argumentation nur insofern zu, als dass dadurch der Bestand der Kirche und der protestantische Obrigkeitsgehorsam für prinzipiell unabhängig von der jeweiligen Staatsform erklärt worden seienh. Davon unbenommen bleibe jedoch das persönliche Urteil über den Umsturz und den gegenwärtigen Staat, sowie „die ehrfürchtige Liebe zu dem, was uns verlorengegangen ist". Ein Bekenntnis zur Republik aus paulinischer Obrigkeitslehre und dem gubernatorischen Welthandeln Gottes abzuleiten, erschien aus dieser Perspektive folgerichtig nur als ein „Mißverständnis", das es auszuräumen galt.[917]

Neben der Aufgabe, die Haltung der evangelischen Kirche zur Republik neu zu justieren und auf eine verbindliche Grundlage zu stellen, hatte sich der DEKA bei der Vorbereitung des Königsberger Kirchentages einer weiteren, nicht minder schweren

---

[914] Ebd., 249.

[915] Ebd., 250.

[916] So Otto Dibelius in seinem Buch *Nachspiel*, 101.

[917] Vgl. den Artikel „Kirchentag, Volk und Vaterland" vom deutschnationalen Generalsuperintendenten Dr. Klingemann, in: *Eiserne Blätter*, Nr. 28 vom 10. Juli 1927, 453-456, Zitate auf 455. Ähnlich argumentierte auch Wilhelm Laible in seinem Bericht über die Königsberger Tagung *AELKZ*, Nr. 27 vom 8. Juli 1927, 636 f. Beide Autoren beriefen sich dabei auf die Vaterländische Kundgebung, in denen kein ausdrückliches Bekenntnis zur Republik aufgenommen worden sei. Zugleich verwahrte man sich gegen einen Artikel Martin Rades, in dem dieser die Veröffentlichung des Kahlschen Vortrages durch den DEKA als klares Votum für dessen Ausführungen dargestellt hatte. Vgl. *CW*, Nr. 14 vom 21. Juli 1927, 658. Auch Freiherr von Pechmann legte bei DEKA-Präsidenten Kapler entschiedenen Protest gegen die Darstellung Rades ein. Anders als bei einer Kundgebung trage bei einem Vortrag hinsichtlich des Inhalts allein der Vortragende, nicht aber der Kirchentag die Verantwortung (Schreiben vom 2. August 1927, in: *EZA* 1/A3/132). Trotz des Beschwichtigungsversuches Duskes, der in Vertretung Kaplers auf den geringfügigen Leserkreis der Christlichen Welt verwies, der es fraglich erscheinen lasse, „ob die törichte Behauptung irgend einen Widerhall findet" (Schreiben vom 20. August 1927, ebd.), beharrte Pechmann auf seiner Beschwerde: „Entscheidend bleibt für mich die Gefahr, dass, wenn wir ganz schweigen, Rade und seine Freunde es als zugestanden betrachten und geltend machen, was er am Schlusse jenes Artikels mit so großer Bestimmtheit ausgesprochen hat" (Schreiben vom 22. August 1927, ebd.). Duske sah sich daraufhin genötigt, im Namen des DEKA gegenüber Rade dessen Artikel im Sinne Pechmanns „richtig zu stellen" (Schreiben vom 27. August 1927, ebd.).

Herausforderung zu stellen: der Klärung des Verhältnisses zur völkischen Bewegung wie überhaupt zu dem in den 1920er Jahren mit ganz neuen Inhalten versehenen Begriff des Volkstums. Die Schwierigkeit für den deutschen Protestantismus bestand vor allem darin, dass das Grundanliegen der völkischen Bewegung, nämlich die Schaffung eines neuen Staatsgebildes auf der Grundlage des deutschen Volksgeistes und der Reinerhaltung deutsch-völkischer Substanz,[918] von einer großen Anzahl vor allem jüngerer Theologen grundsätzlich geteilt, teilweise sogar lebhaft begrüßt wurde.[919] Gleichzeitig jedoch widersprachen manche Forderungen – etwa die rigorose Ablehnung des Alten Testaments als eines ,artfremden' Ausflusses jüdischer Gesetzesreligion und Frömmigkeit – so offensichtlich evangelischen Grundüberzeugungen, dass sie schlechterdings indiskutabel erschienen.

Dass man sich von Seiten des Kirchenausschusses dennoch dazu veranlasst sah, sich mit der völkischen Bewegung auf einem so bedeutenden Forum wie dem Kirchentag eingehend auseinander zu setzen, lag zunächst daher einfach an deren nationaler Bestimmtheit. In dem Versuch, den vaterländisch-nationalen Gedanken in seiner neuen völkischen Form wieder zu rehabilitieren und zur Geltung zu bringen, bestand offenbar zwischen völkischer Bewegung und dem deutschen Protestantismus eine natürliche Affinität. Nach dem Wegfall der Thron-Altar-Bindung bot sich das ,Volk' förmlich dazu an, die entstandene Lücke zu füllen und als idealer Bündnispartner einer Kirche zu fungieren, deren ekklesialer Leitgedanke eben der einer Volkskirche war. Das ständige Bemühen, unter den veränderten institutionellen und gesellschaftspolitischen Rahmenbedingungen der Weimarer Zeit den Anschluss an das ,Volk' nicht zu versäumen, brachte den deutschen Protestantismus zwangsläufig in die Nähe der völkischen Bewegung.[920]

Paul Althaus gehörte unter den Theologen neben dem Göttinger Systematiker Emanuel Hirsch (1888–1972) und dem Publizisten Wilhelm Stapel (1892–1954) zu den

---

[918] Näheres bei K. Sontheimer, *Antidemokratisches Denken in der Weimarer Republik*, 130 ff. Zur Verbreitung der unterschiedlichen Spielarten völkischer Ideologie im deutschen Protestantismus der Weimarer Zeit vgl. Wolfgang Tilgner, *Volksnomostheologie und Schöpfungsglaube. Ein Beitrag zur Geschichte des Kirchenkampfes*, Göttingen 1966.

[919] Ein Indiz für die prinzipielle Aufgeschlossenheit des Protestantismus für diesen neuen Typ eines völkischen Nationalismus waren bereits einige Passagen aus der Königsberger Eröffnungspredigt von Dr. Paul Conrad, Berliner Oberdomprediger und Geistlicher Vizepräsident des EOK von 1925–1927: „Ihr [sc. Ostpreußen] steht hier auf einsamen Vorposten. Ihr haltet die Grenzwacht gegen die slawische Flut. Von dem großen Volkskörper seid ihr abgeschnitten ... Wie eine Insel liegt ihr da, umrauscht von den Wogen des Ozeans. Da wollten ... wir euch zeigen: ihr seid nicht allein, ihr gehört zu uns und wir zu euch." (*Verhandlungen des zweiten Deutschen Evangelischen Kirchentages* 1927, 176). Die Rede vom „Volkskörper" und der „slawischen Flut" war offensichtlich ein Tribut an den Geschmack der Zeit und des Publikums. Anscheinend wurde sie nicht als besonders aus dem Rahmen fallend aufgefasst. Gerade das lässt diese Worte als symptomatisch erscheinen.

[920] Paul Althaus sprach auf dem Königsberger Kirchentag dann auch von „einer Schicksalsstunde unseres Volkes und unserer Kirchen. Furchtbar, wenn Volkstumbewegung und Kirche sich ebenso verfehlten, wie Arbeiterbewegung und Kirche sich weithin verfehlt haben! Heute droht die Gefahr, dass wir eine Volkstumbewegung bekommen, die der Kirche verloren ist, und eine Kirche, die ihr Volk als Volk in seinem heißesten Wollen nicht mehr findet. Schmerzlicheres könnte uns nicht geschehen. Es wäre das Todesurteil für unser Volkstum, es wäre der Verzicht der Kirchen auf ihre Sendung, die Welt zu durchdringen, ein ganzes Volk, für das sie vor Gott verantwortlich sind, ihm zuzuführen". *Verhandlungen des zweiten Deutschen Evangelischen Kirchentages 1927*, 224.

bedeutendsten Persönlichkeiten, die diesen Bezug in jener spezifisch neuen Weise herstellten und vertraten.[921] Hatte der Betheler Kirchentag den Begriff ‚Volk‘ noch im herkömmlichen, patriarchalischen Sinne aufgenommen, so sprach Althaus in Königsberg stattdessen vom „völkischen Lebenswillen", von der besonderen „Sendung" und „Berufung" des deutschen Volkstums und dessen „ursprünglicher Gegebenheit". Sein „expressives Votum für ein Neues" erklärt sich vor allem aus seinen Eindrücken als Lazarettpfarrer in Polen während des Ersten Weltkrieges, wo er mit der spezifischen Bedrohung der deutschen Minorität im Osten konfrontiert wurde. Seitdem wurde der Kampf um die Verknüpfung von Protestantismus und Volkstum, von Luthertum und Deutschtum zur prägenden Erfahrung.[922] Seit seinen frühen Schriften von 1917 und 1919 sprach Althaus wie auch in Königsberg von dem „hohen ergreifenden Volkserlebnis des August 1914", in dem „die volkliche Verwurzelung und Gebundenheit unseres Lebens ... als unmittelbare Lebenswirklichkeit neu entdeckt und bewusst ergriffen" worden sei.[923] Für die Kirche sah Althaus mit diesem Ereignis ebenfalls eine „neue Stunde" gekommen,[924] die es zu nutzen gelte.

Die Königsberger Versammlung, obwohl mehrheitlich noch der alten, konservativ-vaterländischen Mentalität verhaftet, nahm die Ausführungen von Althaus begeistert auf.[925] Der Grund dafür lag zum einen in der vermittelnden und abwägenden Art und Weise, in der Althaus seine Thesen vortrug, was sicherlich nicht taktischem Kalkül entsprach, sondern ein grundsätzliches Kennzeichen seiner Theologie war.[926] Zum anderen war der Begriff des Volkstums wie bereits gesagt durchaus schillernd und keinesfalls eindeutig, so dass er sich auch bequem dazu anbot, mit dem im Vortrag Kahls ausgeführten Vaterlandsgedanken in eins gesetzt zu werden. Indes formulierte es Althaus zu Beginn seines Vortrages deutlich genug, dass es sich beim Begriff des Volkstums um etwas Neues und Anderes handelte. Er bezeichnete es als „das besondere, von anderem unterschiedene Seelentum, das in aller einzelnen Volksgenossen Fühlen, Werten, Wollen, Denken als das Gemeinsame erscheint; den Mutterschoß arteigenen geistig-seelischen Wesens; eine übergreifende Wirklichkeit, ursprünglich für uns alle mit unserem Leben gegeben, vor unserem Entscheiden und Wollen". Dieses seit den frühen Schriften von Althaus immer wieder betonte Vorgegebensein des Vol-

---

[921] Nicht zufällig zählten auch die beinahe gleichaltrigen Hirsch und Stapel zur Frontgeneration. Zur Übernahme völkischer Tradition in die evangelische Theologie durch sie vgl. W. Tilgner, *Volksnomostheologie und Schöpfungsglaube*, 89 ff (Stapel) bzw. 136 ff (Hirsch).

[922] Vgl. W. Sparn, *Paul Althaus*, 4 f.

[923] *Verhandlungen des zweiten Deutschen Evangelischen Kirchentages 1927*, 204. Zu den frühen Schriften vgl. v.a. *Das Erlebnis der Kirche*, Leipzig 1919.

[924] *Das Erlebnis der Kirche*, 32, zit. nach W. Sparn, *Paul Althaus*, 5.

[925] Vizepräsident Wolff war nach dem Vortrag von Althaus zumute, „als wenn unser deutsches Blut rascher schlüge, als wenn unser deutsches Herz stillstehen müsse". *Verhandlungen des zweiten Deutschen Evangelischen Kirchentages 1927*, 225.

[926] Bezeichnenderweise merkte Karl Barth bei der Lektüre dieses Vortrags gegenüber Althaus an, er habe darin alles gefunden, „was mir bei Ihnen imponiert und zugleich unheimlich ist: die Fähigkeit, nach allen Seiten offen zu sein und bewegt mitzugehen, die, von mir aus gesehen, dann auch die Fähigkeit ist, allzu Vieles zu schlucken und gutzuheißen, als dass ich den *ganz* deutlichen Ton ihrer eigenen Trompete immer hören würde". Schreiben vom 19. September 1927, zit. nach K. Scholder, *Die Kirchen und das Dritte Reich, Bd. 1*, 140.

kes vor aller individuellen Existenz bezog sich zunächst nur auf die geistig-kulturelle Dimension. Althaus ließ jedoch auch Spielraum für eine Interpretation im rassisch-biologischen Sinne: „Volkstum ist eine geistige Wirklichkeit … Niemals freilich wird ein Volkstum ohne die Voraussetzung z.B. der Blutseinheit." Einschränkend und in Abgrenzung zu radikal völkischen Gedanken merkte Althaus allerdings an: „Wie groß immer die Bedeutung des Blutes in der Geistesgeschichte sein mag, das Herrschende ist doch, wenn einmal das Volkstum geboren, der Geist und nicht das Blut." Erst ein solches „gesundes Volksleben" ermögliche auch wahre Volksgemeinschaft, „wenn alles Leben des einzelnen und der Gruppen gliedlich getragen wird, sich als Glied am Ganzen weiß und ihm dient". Gemessen an diesem Volkstumsbegriff erschien die Gesellschaft der Weimarer Zeit zivilisatorisch „weithin als schmerzliche Entartung". Statt eines „gewachsenen Organismus" herrsche „rationale Organisation" vor, statt „Gliedlichkeit am Volksleibe" registrierte Althaus „Zersetzung zur Masse", eine „Gesellschaft unverbundener Einzelner", „Entwurzelung und Entheimatung".[927] Davon sei jedoch nicht nur das unter fremder Besatzung stehende Grenz- und Auslandsdeutschtum betroffen. Die Fremde sei eine Macht auch in der Heimat, abzu lesen an der Überfremdung deutscher Kunst und Literatur wie auch des gesamten Parteien- und Wirtschaftslebens, wo eine „Preisgabe an volklose Geldmächte quälend zum Bewusstsein gekommen ist".[928] Dafür verantwortlich machte Althaus in erster Linie das Judentum als hauptsächlichen Träger einer „ganz bestimmten zersetzten und zersetzenden großstädtischen Geistigkeit".[929] Dank seines enormen Einflusses auf das gesamte öffentliche Leben propagiere es erfolgreich das Ideal des „bindungslosen selbstherrlichen Ich der eben zu Ende gehenden Aufklärungszeit, des individualistischen Zeitalters".[930] Daneben führte Althaus allerdings auch die zerstörenden Mächte im Inneren eines jeden selbst als Ursache für die Bedrohung des Volkskörpers an. Schließlich ginge es nicht darum, einem „wilden Antisemitismus" einfach das Wort zu reden.[931]

Im Folgenden war es Althaus darum zu tun, die natürliche Verbindung zwischen Volkstum und evangelischem Glauben aufzuzeigen, gleichzeitig jedoch eine Apotheose des Volkstums zu verneinen, es vielmehr von aller quasigöttlichen Überbewertung zu reinigen, ja zu richten. Dazu gliederte er seinen Vortrag in zwei Fragekomplexe: „Führt ein Weg vom völkischen Wollen zur Kirche?' und umgekehrt: Wie sieht es mit der Annäherung der Kirche zum Volkstum aus? Ungeachtet aller Differenziertheit, die Althaus auf die Beantwortung dieser Fragen verwandte, enthielt sein

---

[927] *Verhandlungen des zweiten Deutschen Evangelischen Kirchentages 1927*, 204 f.

[928] Ebd., 206.

[929] Ebd., 216.

[930] Ebd., 214.

[931] Ebd., 216. Althaus' Standpunkt entsprach durchaus der in konservativen kirchlichen Kreisen vorherrschenden Auffassung, nach der so etwas wie eine ‚jüdische Frage' existierte und man sich dennoch vom radikalen Standpunkt völkischer Gruppen unterschieden wissen wollte. Weder DEKA noch Kirchentag legten sich zwar diesbezüglich in einer öffentlichen Erklärung in der Weimarer Republik fest, aber das Verhalten vieler Kirchenführer nach der Machtübernahme Hitlers 1933 lässt freilich darauf schließen, dass sie mit dem, was Althaus in seinem Königsberger Vortrag zur Judenfrage äußerte, einverstanden waren. Vgl. J.R. Wright, *„Über den Parteien"*, 191-197 sowie die Studie von Marikje Smid, *Deutscher Protestantismus und Judentum 1932/33*, München 1990.

grundsätzlich vermittelnd-synthetisierender Ansatz von vornherein die Tendenz einer unkritischen Ineinssetzung von Volkstum und Religion. Sich dieser Gefahr durchaus bewusst, äußerte sich Althaus zur ersten Frage – trotz aller traditionellen Wertschätzung der Volkstumbewegung – eher zurückhaltend und skeptisch. Nachdrücklich verurteilte er jede Verabsolutierung des Volkstums in den Rang einer Quasireligion. Den „Versuch ‚völkischer Religion' als Lösung der Gottesfrage des Volkstums" bezeichnete Althaus als „einen Kurzschluß und eine Unmöglichkeit".[932] Jedes Volkstum sei als etwas Geschichtlich-Zeitliches mit dem Problem des Bösen konfrontiert. Eugenik und Rassenhygiene könnten die Zersetzung der Volksgemeinschaft, die „Volksentartung" daher nicht ernsthaft aufhalten. Vielmehr sei das Volkstum auf die Reinigung durch das ewige Wort Gottes, das Evangelium angewiesen, das es auf das letzte Ziel seiner Berufung, das Reich Gottes verweise. Aufgabe der Kirche sei es daher, die Volkstumbewegung besser zu verstehen, als sie sich selbst versteht, und ihr die Augen für ihre Bestimmung zu öffnen.

Entscheidend kam es nun darauf an, wie Althaus die zweite Frage nach dem Weg der Kirche zum Volkstum beantwortete. Grundsätzlich forderte er zunächst die evangelische Kirche dazu auf, das Wiedererwachen der Volkstumbewegung zu bejahen. „Weil wir nicht einen Zufall, nicht ein Zornesgesetz, sondern Gottes guten Willen darin erkennen, dass wir Heimat und Volk haben und an sie gebunden sind, darum ist das Volkstum uns etwas Heiliges – Gott ist es, der uns hier band – nun hat die Bindung unbedingten Ernst." Zudem könne die neue Erfahrung der Volksgebundenheit des Einzelnen eine „Vorstufe" und „Brücke" zu neuer Gotteserfahrung werden. „Ein Geschlecht, das von aller dieser Wirklichkeit der Geschichte mit der Gewalt ursprünglicher Wahrheit neu ergriffen wird, ist offenbar reifer für die Verkündigung des lebendigen Gottes der Bibel ... als ein individualistisches Zeitalter."[933] Für eine Volkskirche beinhalte diese prinzipiell aufgeschlossene Haltung zur Volkstumbewegung eine dreifache Aufgabe: den Dienst am Volk als *„Gesamtleben"*, den Dienst am Volk „in seiner Art", was drittens wiederum bedeute „wahrhaft deutsche Verkündigung des Evangeliums und das Eingehen der Kirche in die organischen Lebensformen und die lebendige Sitte des Volkstums".

Der theologische Kerngedanke, der diese Forderungen an die Volkskirche stützen sollte, war die Übertragung des in der Lutherrenaissance wieder neu aufgebrachten ‚Berufs'-Gedankens vom einzelnen auf das Volkstum: „Gott will nicht nur die einzelnen heiligen, sondern um die Familien und Völker als Ganzheiten ringen. Die Völker als ganze haben ihren Beruf in der Gottesgeschichte. Völker sündigen, Völker richtet Gott. So ist den deutschen Kirchen das ganze Volk anvertraut, und zwar nicht nur als Inbegriff einzelner Seelen, sondern als Volkstum, als Stämme, in seinen Lebensordnungen, in seinem Gesamtgeiste."[934] Unweigerlich hatte Althaus damit den Grundansatz völkischen Denkens nicht einfach nur rezipiert, sondern – höchst verhängnisvoll – auch theologisch legitimiert. Jedes Volk vernahm seinen eigenen, nur an es gerichteten Ruf von Gott, jedem war eine spezifische Bestimmung zugedacht,

---

[932] *Verhandlungen des zweiten Deutschen Evangelischen Kirchentages 1927*, 209.
[933] Ebd., 214.
[934] Ebd., 215.

die es von anderen Völkern unterschied, wenn nicht gar heraushob. Die Versuchung, einen elitären völkischen Nationalismus auf dem Fundament des ‚Berufs'-Gedanken zu propagieren, war in der Konzeption Althaus' mitgesetzt. Trotz aller ausdrücklichen Verurteilung der „Dämonen des Hochmutes, des Hasses und der Verachtung der anderen" war er ihr– beinahe unumgänglich – erlegen,[935] wenn er „das Besondere" erwähnt, das der „Herr der Geschichte" einzig und allein dem deutschen Volk anvertraut habe: „Die deutsche Reformation, der deutsche Idealismus, das deutsche Not- und Kampfesschicksal im Ringen um Einheit und Freiheit durch Jahrhunderte hindurch – das gehört trotz allem, trotz aller Spannungen zwischen Reformation und Idealismus, die wir gerade heute wieder durchkämpfen in der Theologie, doch zusammen. Es ist, als habe unser Volk tiefste Menschheitsfragen schmerzlicher und mehr bis aufs Blut als andere durchleiden müssen und sei dadurch zu besonderem Priestertum an der Erkenntnis letzter Dinge gehalten und geweiht. Wir reden davon wahrhaftig nicht im Übermut. Wir kennen die Last deutscher Einsamkeit."[936] Diesem so von Gott ausgezeichneten deutschen Volk sei nun die evangelische Volkskirche vor allem anderen verpflichtet. Sie sollte „die Idee der Volkheit", die Heiligkeit der Bindung an des Volkes Leben" verkündigen, „dem Volk seine Geschichte zu deuten suchen mit prophetischem Geiste, stellvertretend ringen um Erkenntnis des immer neuen Willens Gottes".[937]

Aber nicht nur dem Volk gegenüber bestünde diese Verpflichtung, sondern auch – so ließ sich zumindest schlussfolgern – der Bewegung, die den deutsch-völkischen Lebenswillen politisch zu realisieren gedachte. Leicht ließ sich von Althaus' Vortrag der wenige Jahre später einsetzende Siegeszug der NSDAP und die Durchsetzung des ‚totalen Staates' als Erfüllung dieses ‚immer neuen Willens Gottes' verstehen. Althaus selbst und mit ihm andere prominente Vertreter des nationalen Jung-Luthertums vollzogen dann auch diesen Schritt.[938] Bereits seine Königsberger Ausführungen hatten eine deutliche Präferenz für eine Staatskonzeption erkennen lassen, die zu den Grundanschauungen der parlamentarischen Demokratie Weimars in erheblicher Spannung stand: ein organisch gegliedertes Staats- und Gemeinschaftsmodell auf völkischer Grundlage in bewusster Abkehr von aufklärerisch-liberalen Denktraditionen. Auf diese Weise avancierte die Idee des Volkstums in der gesellschaftspolitischen Debatte der 1920er Jahre zu dem „zentrale[n] politische[n] Begriff der antidemokratischen Geistesrichtung".[939]

---

[935] Ebd., 209.

[936] Ebd., 212 f.

[937] Ebd., 216.

[938] Vgl. W. Sparn, „*Paul Althaus*", 10. Trotz einer weiterhin durchgehaltenen Unterscheidung zwischen Heilsgeschichte und Volksgeschichte habe Althaus die nationalsozialistische Revolution von 1933 "freudig" begrüßt. „In dieser Wende nahm er den unzweideutigen Gottesruf an die Kirche wahr." S.auch W. Tilgner, *Volksnomostheologie und Schöpfungsglaube*, 187 ff.

[939] K. Sontheimer, *Antidemokratisches Denken in der Weimarer Republik*, 250.

8.2 Die Vaterländische Kundgebung

Der Königsberger Kirchentag stand nun vor der Aufgabe, Antwort zu geben auf die beiden höchst gegensätzlichen Positionen, welche die beiden Referenten dem Plenum zunächst vorgetragen hatten. Die ‚Vaterländische Kundgebung‘, vom Kundgebungsausschuss erst „unter harten Kämpfen in der gegenwärtigen Formulierung durchgebracht",[940] war bestrebt, den altkonservativen Vaterlandsgedanken mitsamt seiner Forderung nach biblisch-lutherisch gebotener Staatsloyalität und den neokonservativen Volkstumgedanken mit seinem antirepublikanischen Impetus miteinander zu verknüpfen. Es war daher absehbar, dass eine solche Stellungnahme des Kirchentages die im deutschen Protestantismus der Weimarer Zeit bestehenden Unklarheiten und Ambivalenzen in der theologischen und politischen Orientierung vorläufig eher verdeckte als ausräumte.

Inhaltlich gliedert sich die Kundgebung in zwei Abschnitte: der erste behandelt den Volkstumgedanken, der zweite die Stellung der evangelischen Kirche zum Staat. Insbesondere im ersten Gedankengang tritt der Kompromisscharakter dieser Verlautbarung deutlich hervor, welcher bis in die sprachliche Diktion mit Händen zu greifen ist, wenn auf beinahe jede positive Aussage ein ‚Aber‘ angeführt wird. Auf's äußerste darauf bedacht, in der heiklen Volkstumfrage Einseitigkeiten zu vermeiden und nach möglichst allen Seiten gesprächsbereit zu bleiben, ist diese Kundgebung in der Tat „ein getreues Spiegelbild der offiziellen Kirche".[941] Sie beginnt mit der Erklärung: „Gott ist ein Gott aller Völker, Jesus Christus der Heiland der ganzen Welt. Man soll die Sache Gottes nicht gleichsetzen mit der Sache irgendeines Volkes." Von daher bejaht man einen „weltweiten Reichgottessinn" und bekennt sich in diesem Zusammenhang auch ausdrücklich zur Mitarbeit an der ökumenischen Life-and-work-Bewegung und anderen weltumspannenden Aufgaben der Christenheit.[942]

Davon scheinbar unbenommen stellt die Kundgebung sogleich darauf fest: „Aber auch die Verschiedenheit der Völker ist von Gott geordnet … Wir sind Deutsche und wollen Deutsche sein. Unser Volkstum ist uns von Gott gegeben." Konsequent führt man auch diesen Gedanken im Folgenden dahingehend aus, dass ein „Weltbürgertum, dem das eigene Volk gleichgültig ist," abgelehnt und stattdessen zum „Kampf" für das enge Verwobensein von Christentum und Deutschtum mit Nachdruck aufgefor-

---

[940] Schreiben von J. Herz an W. Menn vom 18. Juli 1927, in: Archiv des ESK (Leipzig), A II 7, Blatt 138. Herz führt weiter aus, „dass die Sache auf des Messers Schneide stand", und schildert eindrücklich das Auf und Ab der Verhandlungen im Kundgebungsausschuss des Kirchentages.

[941] K. Scholder, *Die Kirchen und das Dritte Reich, Bd. I,* 143.

[942] Dieses durchaus mutige Bekenntnis löste in der Rechtspresse dann auch harsche Kritik aus. Diesbezüglich tat sich besonders „Der Reichsbote" hervor, der den Erfolg der ökumenischen Kontakte des DEKA, wie er sich aus kirchenoffizieller Sicht anhand der Erklärung des Stockholmer Fortsetzungsausschusses zur Kriegschuld ablesen ließ (s.o. die Seiten 221 ff), grundsätzlich in Zweifel zog. Dass der Königsberger Kirchentag dieses heiße Eisen in seiner Kundgebung aus diplomatischen Gründen nur äußerst vorsichtig angefasst habe, war aus Sicht des Reichsboten ein deutliches Indiz dafür, dass er dem „Genfer Schwindel" aufgesessen sei. Vgl. *Der Reichsbote* vom 23. November 1927, zit. nach G. Besier, *Krieg – Frieden – Abrüstung,* 235 f.

dert wird.[943] Auch den Vaterlandsgedanken greift die Kundgebung in vergleichbar abwägender Weise auf und konkretisiert ihn – wenn auch eher implizit und verhalten – in der Auseinandersetzung um den Versailler Vertrag. „Die Kirche verkündigt, dass es über der irdischen Heimat eine ewige gibt. Aber das verleitet sie nicht, Heimat und Vaterland gering zu schätzen. Wie sie den Frieden unter den Völkern sucht, so tritt sie ein für Freiheit und Recht des eigenen Volkes."[944]

Hinsichtlich der Stellung zum republikanischen Staat Weimars ging die Königsberger Erklärung in ihrem zweiten Abschnitt freilich nicht so weit wie Kahls Rede. Während der Entwurf noch an die Pflicht eines Christen appellierte, sich der „*jetzige[n]* deutsche[n] Staatsform", welche „auf Grund der Verfassung *zu Recht* besteht ... unter- und einzuordnen",[945] fand sich diese bemerkenswerte Formulierung im endgültig angenommenen Text nicht mehr. Die parteipolitische Neutralität der Kirche zunächst hervorhebend hieß es in ihm lediglich: „Sie [sc. die Kirche] lässt und gibt dem Staat, was des Staates ist. Der Staat ist uns eine Gottesordnung mit eigenem wichtigem Aufgabenkreis." Und weiter: „Getreu den Weisungen der Schrift tut die Kirche Fürbitte für Volk, Staat und Obrigkeit ... Sie will, dass jeder nach bestem Wissen und Gewissen dem Staatsganzen dient und für das Wohl der Gesamtheit Opfer bringt. Sie will, dass jedermann um des Wortes Gottes willen der staatlichen Ordnung untertan ist. Sie will, dass jeder sich seiner Mitverantwortung bewußt ist und sich für alles einsetzt, was Volk und Staat stärkt, bessert und fördert."[946]

Trotz alledem hatte der Königsberger Kirchentag mit einer solchen – laut Protokoll „so gut wie einmütig" angenommenen –[947] Kundgebung ein beachtliches Ergebnis

---

[943] So wenig diese Formulierung ein offenes Bekenntnis zur Volkstumideologie war, so sehr ließ sie diese jedoch als Möglichkeit zu. Nicht zufällig berief sich ein Breslauer Pfarrer, der im Sommer 1930 im Deutschen Pfarrerblatt einen Aufsatz zum Thema „Wir Pfarrer und die völkische Frage" veröffentlichte, auf diese Passage aus der Vaterländischen Kundgebung und sah sie als Beweis dafür an, dass die Kirche die Bedeutung der völkischen Bewegung voll anerkannt habe. Vgl. *Deutsches Pfarrerblatt*, Nr. 29 vom 22. Juli 1930, zit. nach K. Scholder, *Die Kirchen und das Dritte Reich, Bd. I.*, 144.

[944] *Verhandlungen des zweiten Deutschen Evangelischen Kirchentages 1927*, 338 f.

[945] Vgl. *EZA* 1/A3/133 (Hervorhebung von mir).

[946] *Verhandlungen des zweiten Deutschen Evangelischen Kirchentages 1927*, 239 f.

[947] Ebd., 340. Von den über 210 Mitgliedern des Kirchentages lehnten nur 13 die Erklärung ab, unter ihnen Kirchentagspräsident von Pechmann, sein Nachfolger im diesem Amt 1930 Graf Vitzthum, von Arnim-Kröchlendorff und Winckler. Ihr Einspruch richtete sich insbesondere gegen die Aussage, „daß jedermann um des Wortes Gottes willen der staatlichen Obrigkeit untertan" sei. In ihrem schriftlich verfassten Protest, der freilich nicht im Verhandlungsprotokoll des Königsberger Kirchentages, sondern erst posthum im Nürnberger Verhandlungsprotokoll veröffentlicht ist (*Verhandlungen des dritten Deutschen Evangelischen Kirchentages 1930*, 353 f), erklärten sie, dass sie sich durch die Kundgebung gezwungen sehen, „unter Umständen auch die Anordnungen einer kirchen- und christentumsfeindlichen Regierung anzuerkennen". Vgl. dazu auch die Begleitakte zum Königsberger Protokoll, in: *EZA* 1/A3/132. Diese Erklärung richtete sich eindeutig gegen die Weimarer Republik und eine noch immer befürchtete Linksdiktatur. Allerdings nahm sie in gewisser Weise die in der Barmer Theologischen Erklärung von 1934 ausgesprochenen Grundsätze vorweg. Männer wie Pechmann zögerten denn auch nicht, diese Haltung konsequent auch auf die nationalsozialistische Herrschaft anzuwenden. So trat Pechmann im April 1934 aus der evangelischen Kirche aus, weil sie sich nicht dazu bereit fand, gegen die antisemitischen Maßnahmen der Regierung klar Position zu beziehen. Vgl. dazu Friedrich-Wilhelm Kantzenbach (Hg.), *Widerstand und Solidarität der Christen*

vorzuweisen. Die in den staatsethischen Passagen unmissverständlich festgestellte Gehorsamspflicht der evangelischen Christen konnten als Beleg für die grundsätzliche Staatstreue des evangelischen Kirchentums angeführt werden. Die vor allem von den altpreußischen Kirchenführern angestrebte Annäherung an die Republik im Sinne eines kooparativen Loyalitätskurses ließ sich durch die Vaterländische Kundgebung durchaus glaubhaft vermitteln. Allerdings zeigte bereits das geteilte, wenn nicht gar überwiegend kritische Echo der Presse, dass eine Verlautbarung dieser Art kaum dazu imstande war, die tiefersitzenden und nur mühsam verdeckten Vorbehalte vieler Protestanten gegenüber dem parlamentarisch-demokratischen Staat nachhaltig zu entkräften.

Dementsprechend hielt die liberale und republiknahe Vossische Zeitung die Vaterländische Kundgebung als Antwort auf die Frage nach dem heutigen Staat für „unklar und unzureichend". Statt eines „freudigen Bekenntnisses" zur Republik enthalte sie lediglich „Gemeinplätze, die jedem die Möglichkeit geben, sie nach seiner Art auszulegen".[948] Wie zutreffend diese Kritik ist, zeigt sich vor allem anhand der Bemühungen der kirchlichen Rechtspresse, der Behauptung entgegenzutreten, die Vaterländische Kundgebung stelle ein positives Verhältnis zur gegenwärtigen Staatsform her. Von konfessioneller Seite betonte man in diesem Zusammenhang besonders die in der Kundgebung eigens erwähnte Überparteilichkeit der Kirche, die ein „Propaganda machen für die Republik" von vornherein verwehre.[949] Dieses Votum verdeutlicht einmal mehr, wie schmal die Plattform war, auf dem sich Anhänger der Republik innerhalb des deutschen Protestantismus bewegten, wenn ihnen ihr Standpunkt sogleich als Verstoß gegen die Neutralität der Kirche ausgelegt werden konnte.

Martin Rade, der unter den Königsberger Kirchentagsdelegierten gerade einmal 5 Republikaner ausmachte, sprach dann auch von der „wahren Angst" vieler Kirchentagsteilnehmer vor einer ausdrücklichen Anerkennung der Republik. Um jedes Zeichen von Sympathie zu vermeiden, habe man sein gemeinsames Votum auf die „Bahn der abstrakten Lehre, des allgemein Gültigen, des Gesetzes" geschoben, getreu dem Leitmotiv „gehorsam den Herren, auch den wunderlichen'". Freilich sah Rade darin bereits einen Ausdruck „voll guten Willens", den es angesichts der im deutschen Protestantismus vorherrschenden kühl distanzierten bis ablehnenden Haltung zum Weimarer Staat durchaus zu würdigen gelte. Die endgültige Fassung der Vaterländischen Kundgebung, die „vielleicht gar nicht so sehr" von dem Entwurf abweiche, bezeichnete er sogar ausdrücklich als „gut".[950] Gemessen an der überwiegend feindseligen Haltung zur Republik, die beispielsweise noch auf dem Stuttgarter Kirchentag von 1921 die Debatten dominierte, ist Rades Urteil sicherlich zuzustimmen. Die Vaterländische Kundgebung markiert einen deutlich erkennbaren Fortschritt in dem Bemühen, sich mit den neuen politischen Verhältnissen zu arrangieren.

---

in Deutschland. Eine Dokumentation zum Kirchenkampf aus den Papieren des D. Wilhelm Freiherrn von Pechmann, Neustadt/Aisch 1971.

[948] *Vossische Zeitung* vom 22. Juni 1927.

[949] *AELKZ*, Nr. 27 vom 8. Juli 1927, 636 f.

[950] Vgl. *CW*, Nr. 14 vom 21. Juli 1927, 653-658.

Auch erscheint diejenige Auffassung überzogen zu sein, nach welcher die Vaterländische Kundgebung die Vertreter der verfassten Kirche so sehr in ihrer Überzeugung gestärkt habe, ihrer staatsbürgerlichen Pflicht einstweilen Genüge getan zu haben, dass ein Weiterdenken und Weiterkommen in dieser Frage verhindert worden sei.[951] Vielmehr unterstützte diese Erklärung die Bereitschaft, den eingeschlagenen Kurs der Staatsloyalität fortzusetzen. Mit deutlicher Mehrheit beschloss der DEKA im Jahre 1929, sich an den vorgesehenen Feiern anlässlich des zehnjährigen Bestehens der Reichsverfassung aktiver als bisher zu beteiligen, und dies, wie im Eingang dieses Kapitels erwähnt, unter ausdrücklicher Berufung auf die Vaterländische Kundgebung. Den „Abschluß und Höhepunkt" dieses Annäherungsprozesses bildete die Unterzeichnung des preußischen Kirchenvertrages im Jahre 1931. Dabei kann die Annahme der ‚politischen Klausel' mit Recht als eine Loyalitätserklärung gegenüber dem Staat „im Sinne der Vaterländischen Kundgebung" gewertet werden.

Indes erwies sich die Hoffnung auf den „Anfang einer Periode ruhiger und freundschaftlicher Beziehungen zwischen beiden [sc. Kirche und Staat]" in der Endphase der Weimarer Republik als trügerisch.[952] Der auf dem Königsberger Kirchentag erzielte ‚Durchbruch' konnte den grundsätzlichen Mangel einer ‚vernunftrepublikanischen' theologischen Richtung, die es mit den bestehenden antidemokratischen Ressentiments hätte aufnehmen können, nicht kompensieren. Eine betont allgemeingehaltene Aufforderung, welche die Einordnung in den Staat und die Mitarbeit an ihm jedem evangelischen Christen zur Gewissenspflicht machte, war letztlich nur sinngemäßer Ausdruck für die fehlende überzeugende Ausstrahlungskraft jener auf Kooperation und Loyalität setzenden Haltung von Männern wie Kahl oder Kapler. Die von der antirepublikanischen Rechten bedienten neuen politischen Denkfiguren ‚Volk' und ‚Volkstum' genossen unter den kirchlichen Protestanten ungleich höhere Sympathien, da sie die Sehnsucht nach einem nationalen Aufbruch und einer umfassenden volkskirchlich-christlichen Erneuerung unmittelbar ansprachen. Im nationalen Rausch des Jahres 1933 wusste man sich auf evangelischer Seite zunächst weithin im Gleichklang mit diesen ideologischen Leitideen. Beseelt von einem „falschen Optimismus",[953] der durch das geschickte Taktieren der Nationalsozialisten zusätzlich unterstützt wurde, konnte man voller Genugtuung wiederum auf die Vaterländische Kundgebung verweisen, nunmehr als Beleg für das frühzeitige Bemühen der evangelischen Kirche, Anschluss an die vaterländisch-völkische Bewegung zu gewinnen.[954]

---

[951] K.-H. Fix, „*Die deutschen Protestanten und die Feier der Weimarer Reichsverfassung*", 78.

[952] Alle drei Zitate in Rudolf Smend, „*Protestantismus und Demokratie*", 301.

[953] J.R. Wright, „*Über den Parteien*", 229.

[954] Als unmittelbare Reaktion auf die kirchenfreundliche Regierungserklärung Hitlers vom 23. März 1933 erließ der EOK seine Osterbotschaft vom 16. April 1933, in der er auf Königsberg Bezug nahm: „ [...] Schon im Jahre 1927 hat die evangelische Kirche in ihrer Königsberger Botschaft feierlich erklärt: ‚Wir sind Deutsche und wollen Deutsche sein. Unser Volkstum ist uns von Gott gegeben. Christentum und Deutschtum sind mehr als ein Jahrtausend eng miteinander verwachsen! Die Kirche hat sich schon damals zum Kampf und zum Einsatz aller Kräfte für die Durchdringung des Volkslebens mit den Kräften des Evangeliums aufgerufen. In der Überzeugung, dass die Erneuerung von Volk und Reich nur von diesen Kräften getragen und gesichert werden kann, weiß sich die Kirche mit der Führung des neuen Deutschland dankbar verbunden ... " Zitat nach Gotthard Jasper (Hg.), *Von Weimar zu Hitler 1930–1933*, Köln – Berlin 1968, 394.

9 Der Ruf nach der sichtbaren Kirche – Der Kirchentag in Nürnberg 1930

Der Nürnberger Kirchentag vom 26. bis 30. Juni 1930 stand ganz im Zeichen der 400-Jahrfeier des Augsburger Bekenntnisses. Als Generalthema der Versammlung hatte sich der DEKA einstimmig auf die Frage nach „Recht und Kraft der deutschen Reformation zur Kirchenbildung" verständigt trotz Bedenken, dass mit diesem Thema an Bekenntnisfragen gerührt werden könnte.[955] Ein gleichlautender Vortrag vom Präses der Rheinischen Provinzialsynode Dr. Wolff und eine entsprechende Kundgebung sollten den 1530 erstmals bekundeten einheitlichen Willen der protestantischen Reichsstände zu einer eigenen Kirchengründung erneuern und öffentlich demonstrieren. Feierlich gedachte der Kirchenbund dieses Jubiläums zunächst in einer unmittelbar zuvor angesetzten Konfessionsfeier in Augsburg selbst.[956] Damit setzte er bereits ein deutliches – in der Öffentlichkeit auch auf entsprechende Resonanz stoßendes –[957] Signal protestantisch-konfessioneller Selbstbehauptungskräfte.[958]

Aber es war nicht nur ein rein äußerlicher, geschichtlich gewissermaßen vorgegebener Anlass, der ein geschlossenes Erscheinungsbild aller im Kirchenbund repräsentierten Landeskirchen in Augsburg nahe legte und die von der protestantischen Theologie in der Regel nur stiefmütterlich behandelte Kirchenfrage auf dem anschließenden Nürnberger Kirchentag auf die Tagungsordnung setzte. Gegen Ende der 1920er Jahre war es vor allem auf der Ebene der Kirchenleitung regelrecht zu einer Neuentdeckung der

---

[955] DEKA-Sitzung vom 29. bis 30. November 1929, in: *EZA* 1/A3/135.

[956] Hinter dem Entschluss, die Konfessionsfeier gesondert vom Kirchentag zu begehen, stand neben den mangelnden Raumkapazitäten in Augsburg vor allem die Überlegung, gegenüber dem zu 80% katholischen Oberbayern das „evangelische Kernland in Franken" nicht zu vernachlässigen. Vgl. das Schreiben Pechmanns an Kapler vom 16. Mai 1930, in *EZA* 1/A3/135.

[957] Das Landeskirchliche Archiv der Ev.-Luth. Kirche in Bayern verfügt über eine umfassende Überlieferung zum 400-jährigen Jubiläum der Confessio Augustana. Sie enthält u.a. eine Sammlung von 17 Bänden entsprechender Zeitungsausschnitte und von weiteren 10 Bänden, die allein den Schriftverkehr des Presseausschusses dokumentieren. Vgl. *Landeskirchliches Archiv Nürnberg*, Bestand 63 (Bayerisches Dekanat Augsburg), Nr. 585-601 bzw. Nr. 553-562. Dieser Befund unterstreicht nur noch einmal das enorme Bemühen des DEKA, das Bestehen des Kirchenbundes anlässlich der CA-Feier öffentlichkeitswirksam zur Geltung zu bringen.

[958] In Anbetracht der Tatsache, dass der Kirchenbund laut § 1 seiner Verfassung in Fragen des Bekenntnisstandes auf jegliche Mitbestimmungsrechte verzichtete, war es nämlich keinesfalls selbstverständlich, dass der DEKA im Namen aller evangelischen Landeskirchen offiziell zur Augustanafeier lud, was ihm auch entsprechende Kritik vor allem von lutherischer Seite eintrug (vgl. *AELKZ*, Nr. 17 vom 25. April 1930). Nur mit Unverständnis nahm man allerdings diese sonderkonfessionellen Bedenken zur Kenntnis und erwiderte vielsagend: „Ist der Zusammenschluss, den wir schwer und spät genug erreicht haben, heute vielleicht schon wieder entbehrlich geworden? Sind Wind und Wetter in der weiten Welt und gar bei uns im heutigen Deutschland den Kirchen der Reformation so günstig, dass diese ihren Zusammenschluss leichten Herzens wieder in Frage stellen könnten und dürften?' Schreiben Pechmanns an die Redaktion der AELKZ vom 17. Mai 1930, in: *EZA* 1/A3/137.

Kirche gekommen, und zwar weniger als einer dogmatisch zu bestimmenden, sondern vielmehr als einer empirischen, soziologisch fassbaren Größe. Der „Ruf nach mehr Sichtbarkeit der Kirche" war das gemeinsame Merkmal dieses Neuaufbruchs.[959] Er setzte nicht zufällig zu der Zeit ein, als der Übergang von der Phase des Aufbaus der neuen landes- und gesamtkirchlichen Leitungsstrukturen und Verfassungen zur Phase der Konsolidierung unverkennbar vollzogen war.

Den Fanfarenstoß zu dieser im folgenden näher zu erläuternden Entwicklung gab zweifellos das 1926 erschienene Buch „Das Jahrhundert der Kirche" vom kurmär- kischen Generalsuperintendenten Otto Dibelius.[960] Violett (sic!) eingebunden und bereits 1928 in fünfter Auflage gedruckt, sprach dieses begeistert vorgetragene Pro- gramm von Dibelius vielen evangelischen Zeitgenossen aus dem Herzen. Es wies die evangelischen Landeskirchen – ganz im Sinne Julius Kaftans, wenn auch von weitaus größerer Zukunftsfreudigkeit und Optimismus beseelt –[961] ein in ihre neue Aufgabe und Stellung in Staat und Gesellschaft nach dem Zusammenbruch des Kaiserreichs. Die Novemberrevolution habe wie ein „befreiendes Gewitter" gewirkt und der evan- gelischen Kirche mit einem Schlage ihre seit den Tagen Luthers nie recht verwirklich- te Freiheit gebracht. Nun erst könne man mit Fug und Recht behaupten: „Eine Kirche ist geworden. Eine selbständige evangelische Kirche! … Ecclesiam habemus! Wir haben eine Kirche! Wir stehen vor einer Wendung, die niemand hatte voraussehen können. Das Ziel ist erreicht! Gott wollte eine evangelische Kirche."[962] Ohne Zweifel hatte Dibelius dabei seine eigene Landeskirche, die altpreußische Unionskirche, im Blick, der er aufgrund ihrer Größe und geschichtlichen Entwicklung paradigmatische Bedeutung zuerkannte. Klar war damit auch, dass für ihn als einen Mann der kirch- lichen Praxis diese Abhandlung nicht im klassischen Sinne ‚ekklesiologisch' ausge- richtet war. „Wir haben nicht eine evangelische Kirche von den Grundprinzipien der Reformation zu entwickeln oder umzugestalten, sondern wir haben das, was gewor- den ist, was eben jetzt geworden ist, aus Gottes Händen hinzunehmen – nicht, um Betrachtungen darüber anzustellen, sondern um zu handeln."[963]

Dringender kirchlicher Handlungsbedarf stellte sich nach Auffassung von Dibelius allein schon durch die Tatsache der Religionsneutralität des neuen Weimarer Staates ein. Als ein Staat ohne feste Prinzipien könne er allgemeinverbindliche Werte und Normen weder setzen noch bewahren. Diese Aufgabe falle nach dem Ende der Ver- bindung von Thron und Altar nunmehr allein der Kirche zu.[964] Dibelius sah in ihr

---

[959] Eckhard Lessing, *Zwischen Bekenntnis und Volkskirche. Der theologische Weg der Evangelischen Kirche der altpreußischen Union (1922–1953) unter besonderer Berücksichtigung ihrer Synoden, ihrer Gruppen und der theologischen Begründungen*, Bielefeld 1992, 185.

[960] Zu der hier folgenden Besprechung dieses Buches vgl. die eingehende, auch die unterschiedlichen Reaktionen ausführlich berücksichtigende Interpretation von Hartmut Fritz, *Otto Dibelius. Ein Kir- chenmann in der Zeit zwischen Monarchie und Diktatur*, Göttingen 1998, 187-264.

[961] S.o. Seite 177.

[962] O. Dibelius, *Das Jahrhundert der Kirche*, 75 f.

[963] O. Dibelius, *Nachspiel*, 29. Vgl.auch Ders., *Das Jahrhundert der Kirche*, 81 ff.

[964] Obgleich Dibelius aus seiner äußerst reservierten Haltung gegenüber der Republik keinen Hehl machte (vgl. ebd., 76), plädierte er – im markanten Unterschied etwa zu Julius Kaftan – für eine „ver- trauensvolle Zusammenarbeit zwischen Staat und evangelischer Kirche". In gewisser Vorwegnahme

die „Führerin zu evangelischer Lebensgestaltung",[965] die auf *allen* Feldern von Gesellschaft, Politik und Ökonomie zur „rettenden Beseelung einer morsch gewordenen Kultur" bestellt sei.[966] Dieser Auftrag konvergiere mit einer Kräftigung des kirchlichen Bewusstseins, die Dibelius weltweit wahrzunehmen meinte. Überall beobachtete er „ein neu belebtes Interesse an der Kirche als einem grundlegenden Faktor menschlichen Gemeinschaftslebens".[967] Sichtlich angetan besonders durch die sich stattlich ausnehmenden episkopal verfassten Kirchen Englands und Skandinaviens sah er bereits eine „Welle der Kirche" durch die Welt gehen.[968] Diese Beispiele aus der Ökumene zeigten den Deutschen, wie verheißungsvoll und nötig es sei, dass auch die evangelischen Landeskirchen die Gunst der geschichtlichen Stunde nutzten und dem „Jahrhundert der Kirche" auch in den eigenen Reihen zum Anbruch verhalfen. In diesem Zusammenhang plädierte Dibelius nachdrücklich für eine Stärkung des Bischofsamtes und eine am Bekenntnis orientierte Verkündigung. Sie verbürgten nicht nur die Autorität und Tradition der Kirche, sondern erfüllten auch die gegenwärtig vorherrschende „unbeschreibliche Sehnsucht nach etwas Festem, nach etwas Objektivem, vor dem das Individuum sich beugt".[969] In der evangelischen Kirche sah Dibelius somit zweierlei zugleich: ein „Bollwerk" gegen die Auflösung christlich-abendländischer Kultur und eine „Heimat", ein Ort, wo es Halt und wahrhafte Gemeinschaft gab. Mit dieser doppelten Aufgabenbestimmung hatte Dibelius für die Mehrheit des kirchlichen Protestantismus eine gültige Antwort gegeben auf die Herausforderung des Christentums durch den modernen säkularen Staat, durch Liberalismus und Sozialismus, durch die gesamte neuzeitliche Freiheitsbewegung.[970]

Im Lichte dieser Programmatik erschien die zurückliegende gesamtkirchliche Entwicklung in der Weimarer Republik durchaus erfolgreich verlaufen zu sein. Viele Anzeichen trugen mit dazu bei, dass sich in den Kirchenleitungen gegen Ende der 1920er Jahre das Gefühl der Zufriedenheit einstellte.[971] Die von Dibelius eindring-

---

der Vaterländischen Kundgebung erklärte er die Anerkennung jeder Staatsform, mit Ausnahme des „omnipotenten Staat[es]", durch die Kirche für grundsätzlich möglich. Vgl. ebd., 236 f.

[965] Vgl. ebd., 229.

[966] Ebd., 258. Zu diesem umfassenden kirchlichen Aufgabenkatalog rechnet Dibelius: den „Kultus des Körpers" und „die Sucht nach jugendlicher Frische", Geburtenbeschränkung und Ehescheidung, Sinn der Strafe, Glücksspiel und Luxus. Konkrete Entscheidungsbefugnis komme der Kirche weiter zu in den Fragen nach der Maßgabe unternehmerischen Gewinnstrebens, dem Verhältnis von Kapital und Arbeit und der Grenze staatlichen Verfügungsrechts über seine Bürger. Vgl. ebd., 228.

[967] Ebd., 168.

[968] Ebd., 137. Der Zusammenhang zwischen der Weltkirchenkonferenz von Stockholm 1925, an der Dibelius als Mitglied der deutschen Delegation teilnahm, und der Abfassung seines Buches kann dabei als sicher angenommen werden. Vgl. R. Stupperich, *Otto Dibelius*, 147.

[969] O. Dibelius, *Das Jahrhundert der Kirche*, 132.

[970] Vgl. die zusammenfassende Interpretation von Andreas Lindt, *Das Zeitalter des Totalitarismus*, Stuttgart – Berlin – Köln – Mainz 1981, 92 f.

[971] Positiv wertete man vor allem das wider Erwarten nur begrenzte Ausmaß an Kirchenaustritten. Mit dem Jahr 1920, in dem 313995 Austritte aus beiden Großkirchen registriert wurden, hatte die Austrittsbewegung ihren Zenit bereits erreicht. Zwischen 1921 und 1929 flachte die Austrittskurve ab und stieg in den Jahren der Weltwirtschaftskrise neuerdings an (Vgl. die Statistik bei J.-C. Kaiser, *Arbeiterbewegung und organisierte Religionskritik*, 352). Auf die Dauer der Weimarer Republik

lich beschworene neue Kirchlichkeit, ja „die Kirche selbst als eine Tatsache" sah Präses Wolff bereits auf der Königsberger Versammlung von 1927 „immer mächtiger und selbstverständlicher" sich Gestalt gewinnen.[972] Ein Jahr später resümierte er in dem repräsentativen Sammelband Zehn Jahre Deutsche Geschichte 1918–1928 folgerichtig: „Wer diese Zeiten mit vollem Bewußtsein miterlebt hat, dem muß es wie ein Wunder erscheinen, daß das deutsche evangelische Kirchentum diese ungeheure Bedrohung seines Daseins binnen zehn Jahren im wesentlichen lebenskräftig überwunden hat. Tatsache aber ist es!"[973] Dieser Einschätzung zustimmend, stellte Johannes Schneider, Herausgeber des Kirchlichen Jahrbuches, 1929 fest: „Das heilige ‚Dennoch' hat sich durchgesetzt. Bewährt hat sich das, was wir empirische Kirche nennen, sowohl in seiner Dauerhaftigkeit als in seiner Elastizität. Die Kirchenführung des letzten Jahrzehnts war ein Meisterstück … Wir sind noch lange nicht über den Berg, aber wir sind aus dem Engpaß heraus und sehen vor uns ein freies Feld."[974] Freilich blieb diese Sicht der Dinge nicht lange unwidersprochen. Zum Jahreswechsel 1929/30 verfasste der durch seine Auslegung des Römerbriefes und die darin entworfene Theologie der Krisis ausgewiesene Systematiker Karl Barth einen Aufsatz mit dem provokanten Titel: „Quousque tandem … ?".[975] Denn Barth hielt es für „höchste Zeit auf diesem [sc. von Männern wie Dibelius, Wolff und Schneider eingeschlagenen] Weg halt- und kehrtzumachen".[976] Dabei richtete sich sein Protest nicht gegen die Angemessenheit ihrer Einschätzung der kirchlichen Situation als solche. Was Barth den evangelischen Kirchenführern vielmehr leidenschaftlich vorhielt, war, dass sie überhaupt den Versuch unternommen hatten, das Wesen der Kirche wie ein Unternehmen oder eine Partei anhand rein ‚weltlicher' Kategorien äußerlicher Bestandswahrung zu bestimmen, um sich dann am eigenen – von Barth keinesfalls in Frage gestellten – ‚Erfolg' selbstzufrieden zu berauschen. „Nicht *wie*, sondern *dass* die Kirche hier mittut, ist empörend." Einer Kirche, die sich gleich „eine[r] Marktbude neben anderen" selbst „anpreist und anposaunt",[977] sprach Barth rundweg jegliche Integrität ab. „Da

---

sank die Zahl der Christen jedoch nicht unter die 95-Prozentmarke. Genüsslich zitierte man deshalb im Kirchlichen Jahrbuch sozialistische Stimmen, die sich über die ‚ungemeine Zähigkeit konfessioneller Bindung' verwundert zeigten. Im gleichen Atemzug wurde allerdings auch vor übertriebener kirchlicher Selbstsicherheit gewarnt, was ein Zeichen dafür ist, wie sehr die Kirchenaustrittsbewegung ein Symptom bleibender Beunruhigung darstellte, auch wenn sie den Bestand der Großkirchen zu keiner Zeit ernsthaft bedrohte (vgl. *Kirchliches Jahrbuch* 1930, 92). Ermutigend für das kirchliche Selbstbewusstsein wirkte sich ferner die zunehmende Zahl der Theologiestudenten und Pfarramtskandidaten aus, die im 1925 noch bei 1900 gelegen hatte und fünf Jahre später bereits auf 5000 geklettert war. Vgl. *Kirchliches Jahrbuch* 1931, 183.

[972] *Preußische Kirchenzeitung*, Nr. 14, 2. Juliausgabe 1927, 214.

[973] *Zehn Jahre Deutsche Geschichte 1918–1928*, Berlin 1928, 423.

[974] *Kirchliches Jahrbuch* 1929, 316.

[975] Karl Barth, „Quousque tandem … ?', in: *Zwischen den Zeiten*, Nr. 8. 1930, 1-6. Wiederabgedruckt in: *Der Götze wackelt. Zeitkritische Aufsätze, Reden und Briefe von 1930 bis 1960*, hg. von Karl Kupisch, Berlin 1961, 27-32. Eine eingehende Interpretation bietet Eberhard Busch, „Endlich ein Wort zur Lage! Karl Barths Streitruf an die protestantische Kirche am Ende der zwanziger Jahre und zu Beginn der dreißiger Jahre", in: *Kirchliche Zeitgeschichte* 2. Jg., Heft 2. 1989, 409-425. Vgl.auch H. Fritz, *Otto Dibelius*, 355 ff.

[976] Ebd., 32.

[977] Ebd., 30.

wird keine Neuentdeckung der ‚reformatorischen Botschaft', da wird keine Liturgie- und Gesangbuchreform, da wird kein Lutherfilm und kein violettes ‚Jahrhundert der Kirche', da wird keine kirchliche Jugendbewegung und Gemeindearbeit, da werden keine ökumenischen Ideologien und Machenschaften auch nur das geringste helfen: eine Kirche, die zugestandermaßen damit beschäftigt ist, ihren (ihren!) Wert zu behaupten, ja zu steigern, eine Kirche, die das Jubeljahr der Augsburger Konfession damit antritt, zu bejubeln, dass sie (sie!) wieder einmal ‚aus dem Engpaß heraus' ist, eine solche Kirche kann in keinem Wort ihrer Weihnachts- und Oster- und Sonntagspredigt glaubwürdig sein."[978]

Während Theologen wie Barth in der Behauptung des kirchlichen Öffentlichkeitswillen nur eine „catilinarische Verschwörung gegen die Substanz der Kirche" am Werke sahen, die es „mit letztem Ingrimm" zu bekämpfen gelte,[979] vernahmen die angesprochenen Kirchenführer in diesem mit prophetischem Pathos erschallenden Mahnruf lediglich die Stimme eines rückständig-provinziellen schweizerischen Theoretikers, der sich als theologischer Nestbeschmutzer und kirchlicher Brunnenvergifter betätigte. Statt energisch die anstehenden Aufgaben in Angriff zu nehmen, liefe die von Barth initiierte „überkritische Stimmung" nur hinaus auf „Verzicht und Resignation, quietistisches Verharren, daß es Gott gefallen möge, das auszurichten, was anzupacken wir kraftlos oder zu träge sind".[980] Beharrlich hielt man an seinem geschichtlich für unbestreitbar erklärten Standpunkt fest, dass die Kirche 1918/19 „aus drohender Zwangslage herauskam",[981] und verwahrte sich nachdrücklich gegenüber dem – vermeintlich von Barth erhobenen – Vorwurf, jegliche Betriebsamkeit der organisierten Kirche desavouiere ihre Glaubwürdigkeit und sei Ausdruck ihrer mangelnden Bußfertigkeit. Auch wurde auf den umfassenden Auftrag der Volkskirche verwiesen, der eben nicht anders als durch eine gefestigte öffentliche Stellung durchführbar sei. Durch die dankbare Anerkennung des bisher Erreichten sei die Kirche aber „noch lange nicht ‚dem Reklamechef eines fallit gehenden alten Hauses' (Barth) gleich".[982]

Unbeschadet dieser neuen Art von kirchlichem Triumphalismus nahmen die Verantwortlichen der verfassten Kirche neben den vielen positiven Signalen auch ein außerordentlich bedrohliches Wetterleuchten am kirchlichen Horizont wahr: den sogenann-

---

[978] Ebd., 31.

[979] Ebd., 29 bzw. 31.

[980] So Johannes Schneider in seiner ausführlichen Replik auf Barths Protest, in: *Kirchliches Jahrbuch* 1930, 442 f. Auch Otto Dibelius sah sich durch die ätzende Polemik Barths, die er wenig später in einem Vortrag vor Berliner Theologie-Studenten in derselben Schärfe wiederholte, zur Erwiderung veranlasst. Vgl. Karl Barth, „Die Not der evangelischen Kirche. Nachwort", in: *Zwischen den Zeiten*, Nr. 9, 1931, 89-122. Wiederabgedruckt in: *Der Götze wackelt*, hg. von Karl Kupisch, 33-62 bzw. Otto Dibelius, *Die Verantwortung der Kirche. Eine Antwort an Karl Barth*, Berlin 1931. Der schlesische Generalsuperintendent Martin Schian bemühte sich in seiner 1931 erschienen Schrift „*Ecclesiam habemus*" um einen Ausgleich und eine Annäherung beider Positionen, allerdings vergeblich. Zum ganzen ausführlich H. Fritz, *Otto Dibelius*, 355-383.

[981] Ebd., 448.

[982] Ebd., 442.

ten ‚Säkularismus'.[983] Als eine Einstellung radikaler Diesseitsorientierung sah man
ihn in der utilitaristischen Zivilisation der westlichen Zivilisation ebenso am Werke
wie in der atheistischen Weltanschauung des Marxismus. Zwar wähnte man diesen
Zug der Gottesferne bereits seit längerem, spätestens seit dem industriellen Zeitalter,
unaufhaltsam auf dem Vormarsch, aber – so Dibelius – „[d]as Neue und Unerhörte ist,
dass er heute eine staatliche Macht hinter sich hat, die ihre ganzen geistigen und materiellen Kräfte in diesen Angriffskrieg hineinwirft. Diese Macht ist Russland."[984] Mit
Schrecken vernahm man die Nachrichten von der dort herrschenden Kirchenpolitik
Stalins. Der Nürnberger Kirchentag erließ eigens eine Kundgebung gegen die Religionsverfolgung in Sowjetrussland. Man hatte dabei nicht allein die Not der orthodoxen
Kirche im Blick, sondern sah in diesem Ereignis vielmehr noch die „Vorschau auf den
unvermeidlichen Kampf mit dem Antichrist, der sich heute in dem religionsfeindli-
chen Bolschewismus offenbart".[985] In diese endzeitliche Perspektive gerückt, glaub-
ten nicht wenige das Ende der evangelischen Kirche nahe, statt ihres Wiederaufstiegs
gewiss zu sein. „Es liegt etwas wie Katastrophenstimmung in der Luft. Spenglers
‚Untergang des Abendlandes' wird derzeit theologisiert, oder besser ekklesiologisiert.
Man überhöre solche Stimmen nicht!'", warnte eindringlich Johannes Schneider in
seiner kirchlichen Zeitanalyse von 1930.[986] Diese gegen Ende der zwanziger Jahre
deutlich wahrnehmbare Ambivalenz der Stimmungslage im deutschen Protestantismus, Stolz auf die erfolgreiche Arbeit der Kirchenleitungen und Wittern kirchlicher
Morgenluft hier, Angst vor dem Bolschewismus, den man in dem Anwachsen der politischen Linken wie der militanten proletarischen Freidenkerbewegung in Deutschland
schon bedrohlich auf dem Plan sah, dort, prägte auch den Nürnberger Kirchentag. Au-
genscheinlich wird dies vor allem an den beiden öffentlichen Verlautbarungen, die der
Kirchentag zu diesen brennenden protestantisch-kirchlichen Zeitfragen herausgab.
Überschattet wurde die Tagung durch das skandalöse Verhalten gegenüber dem religiösen Sozialisten Erwin Eckert. Nachdem der Mannheimer Arbeiterpfarrer als einziger
gegen die Erklärung „Zur Christenverfolgung in Russland" gestimmt hatte und während eines Fürbittegebetes für die Verfolgten demonstrativ sitzengeblieben war, ent-
zog ihm der neue Kirchentagspräsident Woldemar Graf Vitzthum von Eckstädt wenig
später – wenn auch gegen den Willen zahlreicher Delegierter – das Wort.[987] Dieses
Vorkommnis beleuchtet eindrücklich, wie stark der Zwang zur Konformität auf den
„Paraden" der Kirchentage war.[988] Der neu artikulierte Wille zur Kirchlichkeit verbunden mit der apokalyptisch aufgeheizten Furcht vor dem Untergang der Kirche und
der Auflösung aller sittlichen Ordnung wirkten hier fraglos stimulierend.

---

[983] Vgl. dazu Kurt Nowak, „Zur protestantischen Säkularismus-Debatte um 1930. Ein begriffsgeschichtlicher Rückblick in die Prägephase einer Verdammungskategorie", in: *Wissenschaft und Praxis in Kirche und Gesellschaft* 69. 1980, 37-51.

[984] *Das Jahrhundert der Kirche*, 190.

[985] *Deutsche Allgemeine Zeitung* vom 12. Juli 1930.

[986] *Kirchliches Jahrbuch* 1930, 455.

[987] *Verhandlungen des dritten Deutschen Evangelischen Kirchentages 1930*, 311 f. Ausführlich zur Person Eckerts und zu den Nürnberger Vorfällen s.u. die Seiten 255 ff.

[988] S.o. Seite 148, Anm. 501.

9.1 Der Vortrag von Präses Wolff und die Kundgebung zur Kirchenfrage

In seiner Eröffnungsansprache vor dem Kirchentagsplenum erhob DEKA-Präsident Kapler den Gedanken der Kirche programmatisch zum „Leitstern" der anstehenden Verhandlungen. Dabei er ließ keinen Zweifel darüber aufkommen, wie dieses Thema aufzufassen sei: „nicht im Sinn theoretischer theologischer Streitfragen über den ‚Begriff der Kirche', sondern im Sinne eines für unsere Gegenwart und Zukunft entscheidenden Lebensproblems, im Sinne der praktischen Frage: Was hat unser deutsches evangelisches Volk und was hat der einzelne evangelische Christ an seiner aus der deutschen Reformation geborenen Kirche?".[989] Präses Wolff, Hauptreferent der Nürnberger Tagung, verband diese Frage nach dem Zweck der evangelischen Kirche mit einem flammenden Appell zu mehr kirchlicher Gesinnung. Sein geschichtlich weit ausholender Vortrag über „Recht und Kraft der deutschen Reformation zur Kirchenbildung" war in der Tat „von Anfang an darauf angelegt ... sich in einem Aufruf zu entschiedener Kirchlichkeit zu verdichten".[990]

Am Anfang seiner Rede bekräftigte Wolff zunächst emphatisch die historische Kontinuität, welche sich durch die 400jährige Geschichte evangelischen Kirchentums gezogen habe. Zwischen dem Augsburger Bekenntnis von 1530 und dem Nürnberger Kirchentag 1930 sah er eine „gerade Linie ununterbrochen" verlaufen, deren Stetigkeit sich an dem festen protestantischen Willen zur evangelischen Kirche als eines Gebildes sui generis bewahrheitet habe. Als letzten bedeutsamen Ausdruck für diese dem deutschen Protestantismus wesentlich innewohnende kirchengestalterische Potenz bezeichnete Wolff die Gründung des Kirchenbundes, auch wenn dieser keine Kirche im eigentlichen Sinne, sondern nur einen „Chor der deutschen evangelischen Kirchen" darstelle.[991]

Mit diesem Argument suchte Wolff der auch unter Evangelischen weitverbreiteten Auffassung entgegenzutreten, die lutherische Reformation habe einem religiösen Individualismus das Wort geredet. Vielmehr machte er für diese – aus seiner Sicht defizitäre – Entwicklung die Epoche der Aufklärung verantwortlich als eine „ausgeartete Form eines Subjektivismus, der der Verpflichtung an die Gemeinschaft, dem Dienst in der Gemeinschaft sich entzieht". Unmissverständlich machte Wolff aber auch klar, dass der nach seiner Auffassung genuin reformatorische Gemeinschaftsgedanke keineswegs zu eng gefasst und etwa nur auf pietistisches Konventikelwesen eingeschränkt werden könne. Der universale Anspruch des Evangeliums ziele nicht auf „Jüngerschaft oder Bruderschaft", sondern stets auf die „Totalität der menschlichen Dinge", der in kirchlich-struktureller Hinsicht allein die Gestalt der Volkskirche entspreche. Hier handele es sich jedoch nicht um das pragmatische Abwägen unter-

---

[989] *Verhandlungen des dritten Deutschen Evangelischen Kirchentages 1930*, 208.
[990] So zutreffend Erwin Eckert, in: *Sonntagsblatt des arbeitenden Volkes*, Nr. 29 vom 20 Juli 1930, 229. Zum Vortrag Wolffs vgl. *Verhandlungen des dritten Deutschen Evangelischen Kirchentages 1930*, 223-236.
[991] Ebd., 223.

schiedlicher kirchlicher Organisationsformen, sondern – ganz im Sinne von Dibelius – um ein heiliges „Muß".[992]

Nach diesen grundlegenden und apodiktischen Festlegungen entwarf Wolff im Schlussteil seines Vortrags eindringlich das Bild einer evangelischen Kirche, die als ein „eigener Organismus" dynamische Gestaltungskräfte entbinde. In der Reformation verwurzelt und gestützt auf Bibel, Katechismus, Kirchenlied und Bekenntnis sei sie in die „Schicksalswende unseres Volkes" hineingestellt, um diesem „ein Letztes und Tiefstes an Gemeinschaft, an societas" zu stiften und zu bewahren. Versage sich der Protestantismus diesem göttlichen Auftrag und fehle ihm die dazu notwendige Entschlossenheit zur Kirchbildung, stünde seine eigene Existenz mit auf dem Spiel: „Der deutsche Protestantismus wird Kirche sein, oder er wird nicht sein!'"[993] Auch, wenn nicht gerade in einer „Zeit, die mitten im ‚Säkulum' mit vollem Bewußtsein lebt, und die der Kirche so fremd, so fern, so feindlich auch gegenübersteht," müsse sich dieser Wille zur Kirche behaupten und bewähren. „Weil es schwer ist, wird es ja wohl Gottes Ruf an uns sein!'", rief Wolff beschwörend der begeisterten Versammlung zu.[994]

Dieser Aufforderung prinzipiell sekundierend, wenngleich im Ton weitaus zurückhaltender und sachlicher, stellte Kapler im Anschluss den umfassenden Tätigkeitsbericht des Kirchenausschusses vor. Dieser Anlass bot dem DEKA-Präsidenten zugleich Gelegenheit, eigens auf die Kritik Karl Barths einzugehen, die zu diesem Zeitpunkt bereits hohe Wellen innerhalb der kirchlichen Leitungsgremien geschlagen hatte. Kapler bezeichnete zunächst alle kirchenorganisatorische und -politische Tätigkeit des DEKA lediglich als „Kärrnerdienst", der jedoch notwendig sei. In diesem Sinne plädierte er für die Einhaltung des „rechte[n] Maß[es]": „Die evangelische Kirche muß allezeit, gerade bei emporblühendem Kirchentum … erst recht eine Kirche der Buße sein. Das heißt aber nicht, sie in Selbstverkleinerung hineinzwingen. Kein Bußruf darf die Schuldigkeit des Dienstes lähmen."[995] Das daraufhin beifällig applaudierende Plenum demonstrierte durch seine Reaktion augenfällig, dass der Barthsche Frontalangriff auf das neue kirchliche Selbstverständnis und das offen zur Schau getragene Selbstbewusstsein bei der überwältigenden Mehrheit der protestantischen ‚Elite' keinesfalls offene Türen einrannte, sondern, wie kaum anders zu erwarten, Unverständnis und mehr oder weniger heftige Abwehrreaktionen hervorrief.

Bezeichnend für die Stoßrichtung, die das ganze Kirchenthema in Nürnberg aufnahm, ist auch, dass die „Kundgebung des Kirchentages zur Kirchenfrage" mit dem Vortrag Wolffs inhaltlich nahezu deckungsgleich war und die Disposition dieser Rede

---

[992] Ebd., 228 f. Zu Dibelius vgl. das Kapitel „Die Kirche als Lebensform", in: *Das Jahrhundert der Kirche*, 86 ff, bzw. „Volkskirchenräte, Volkskirchenbund, Volkskirchendienst", in: F. Thimme/E. Rolffs (Hgg.), *Revolution und Kirche*, 212: „Nicht eine Sekte, sondern eine Volkskirche sollen wir sein! Ob uns das lieb ist oder nicht – danach wird nicht gefragt. So lange uns die Volkskirche nicht zerschlagen wird, müssen wir sie festhalten als das gottgegebene Werkzeug für die Arbeit am Ganzen des Volks."

[993] *Verhandlungen des dritten Deutschen Evangelischen Kirchentages 1930*, 232 f.

[994] Ebd., 235 f. Das Protokoll vermerkt „lebhafte[n] Beifall".

[995] Ebd., 241.

darstellte.[996] Einzig die besondere Hervorhebung der Überparteilichkeit der evangelischen Kirche, die sie inmitten des gesellschaftlichen Kräftespiels zum Ausgleich und zur Versöhnung prädestiniere, sowie die diplomatisch-ausgewogene Erwähnung ihrer staatskirchlichen Vergangenheit ergänzten die Ausführungen Wolffs substantiell.[997] Die Kundgebung gipfelte in dem Aufruf zu „rechter Kirchlichkeit" und betonte: „Evangelischer Glaube entfaltet nur da seinen ganzen Reichtum und seine volle Kraft, wo er sich der Gemeinde und der Kirche verbunden weiß." Nicht ganz zu Unrecht vermuteten kirchliche Randgruppen wie die religiösen Sozialisten hinter solchen Sätzen lediglich ein „Liebäugeln mit dem autoritären Kirchenbegriff des Katholizismus". In ihren Augen musste dieser protestantische „Liliputkatholizismus" seine erhoffte Wirkung unweigerlich verfehlen und den fortschreitenden Vertrauensverlust aller noch kirchlich gesonnenen Kreise in die verfasste Kirche nur weiter beschleunigen.[998] Dass diese Deutung eine *particula veri* enthielt, demonstriert die „erschreckend gering[e]" Resonanz, mit der diese Kirchentagsverlautbarung „vor allem" (sic!) unter den kirchlich engagierten Protestanten aufgenommen worden war,[999] Gemessen an der Eindringlichkeit seiner Propagierung klaffte offenbar noch immer ein beträchtlicher Graben zwischen Anspruch und Realität eines neuen evangelischen Kirchenbewusstseins.

9.2 Die Russlandkundgebung und der Protest Erwin Eckerts

Wie bereits eingangs erwähnt,[1000] stellte der ‚Säkularismus' aus Sicht der meisten kirchlichen Protestanten eine ernste Bedrohung für den Bestand des Christentums

---

[996] Vgl. ebd., 312 f. Der vom Kundgebungsausschuss des Kirchentages nur marginal überarbeitete Vorentwurf von Wolff enthält sogar passagenweise wörtliche Anleihen aus seinem Vortrag. Zum Vorentwurf vgl. *EZA* 1/A3/137. Zu den Verhandlungen im Kundgebungsausschuss s. das entsprechende Sitzungsprotokoll vom 27./28. Juni 1930, in: *EZA* 1/A3/146.

[997] Laut Kundgebung stand die reformatorische Kirche „unter dem Schutz, aber auch im Banne des Staates, vielfach von ihm verständnisvoll gefördert, oft freilich auch in ihrem Wesen bedroht". Diese ausgleichende Formulierung ist ein Indiz dafür, dass die ausnahmslos negative Bewertung des landesherrlichen Kirchenregiments, wie sie wirkungsvoll von Otto Dibelius vorgenommen wurde, keineswegs Konsens im deutschen Protestantismus der Weimarer Zeit war. Bereits auf dem Königsberger Kirchentag trat Wilhelm Kahl der Auffassung entgegen, „daß wir erst jetzt eine wahre Kirche besitzen". Denn Verfassungsformen entschieden nicht über den Charakter wahren evangelischen Kirchentums. Die obrigkeitliche Leitung der evangelischen Kirche sei ihr, aller Abhängigkeitsverhältnisse ungeachtet, vielmehr zum „reichen Segen" geworden. *Verhandlungen des zweiten Deutschen Evangelischen Kirchentages 1927*, 237.

[998] Vgl. *Sonntagsblatt des arbeitenden Volkes*, Nr. 29 vom 20. Juli 1930, 226. Als Replik auf diese Kritik s. Erich Stange, *Kirchlich-Soziale Blätter*, Heft 1 vom Januar 1931, 15: „Sollten wir nicht doch darin einig sein, dass es zwischen einer ‚Entkirchlichung des Christentums' und einem ‚Liliputkatholizismus' noch einen Weg gibt – auch freilich einen sehr, sehr schmalen Weg, von dem deshalb auch evangelisches Kirchentum immer wieder zur Rechten wie zur Linken abzugleiten droht! – aber doch einen Weg der Treue zu der Kirche, durch deren Dienst uns die frohe Botschaft erreicht!'

[999] So das Verhandlungsprotokoll der DEKA-Sitzung vom 27 bis 28. November 1930, in: *EZA* 1/A3/148. Dem entspricht auch die Klage Martin Schians über den geringen Bekanntheitsgrad der Tätigkeit des Kirchenbundes im evangelischen Kirchenvolk. Schian führt diesen Missstand vor allem auf die „schwierige, komplizierte Art, in der wir zu handeln haben", zurück. Vgl. *Verhandlungen des dritten Deutschen Evangelischen Kirchentages 1930*, 244 f.

[1000] S.o. Seite 248.

wie für die gesamte abendländische Kultur dar. Dieser Begriff fungierte seit dem Ende der zwanziger Jahre als gemeinsamer Nenner zur Anprangerung einer vermeintlich rein materialistisch orientierten, gottlosen Welt.[1001] Als *den* Exponenten dieser Geisteshaltung sah man zu dieser Zeit vor allem den Kommunismus an. Seine Lehre von der antagonistischen Klassengesellschaft und seine berüchtigte Kirchenfeindlichkeit stempelten ihn für konservative evangelische Kräfte leicht zum „Hauptfeind Nummer eins" ab.[1002] Besonderen Anlass, dieses Feindbild neu aufleben zu lassen, boten die seit Ende der zwanziger Jahre im Westen kursierende Nachrichten von der Religionsverfolgung in Russland. Neben dem Nürnberger Kirchentag beschäftigte sich daher auch der DEKA auf seiner Sitzung vom 27. bis 28. November 1930 eingehend mit den Vorkommnissen in Sowjetrussland.[1003] Die vom Kirchentag verfasste Kundgebung zu diesem Thema stellte zunächst der Berliner Neutestamentler Dr. Adolf Deißmann (1866–1937) vor.

Deißmann, u.a. auch Mitglied des Ökumenischen Rates für Praktisches Christentum 1929, wähnte „die finstere, unheildrohende Wetterwolke nach wie vor am Osthimmel hängen". Den damit fraglos gemeinten Bolschewismus stigmatisierte er sogleich als „jene unerhörte Zusammenballung aller geistigen Großmächte der Verneinung". Ein apokalyptisches Endzeitszenario entwerfend, prophezeite Deißmann die Bereitschaft dieser Mächte „zur letzten entscheidenden Revolte wider den Herrn und seinen Gesalbten". Offenbar gebannt von den Suggestionen der marxistischen-leninistischen Theorie von der Weltrevolution sah der Redner sie schon „von dem heiligen Moskau her über Berlin, London, Toronto, Tokio den Erdball mit einem Netz unaufhörlich dröhnender und unaufhörlich arbeitender Energien umspannen". Die Ursachen für diese dramatische Entwicklung lägen freilich nicht in Russland selbst, sondern in dem zunehmend säkularisierten Europa, welches zweifellos die Brutstätte marxistisch-sozialistischer Ideologie sei. Aus diesem Grund müsse der Kirchentag „ganz ohne Pharisäismus" heute von Russland reden.[1004] Die in diesen Worten deutlich implizierte Verwerfung aller linken Ideen verband Deißmann folgerichtig mit dem Appell an die evangelischen Landeskirchen, am eigenen Glaubensgut unerschütterlich festzuhalten.

Die daraufhin vom Kirchentag erlassene „Kundgebung zur Christenverfolgung in Russland" erging „in voller innerer Übereinstimmung" mit dem bereits im März 1930 erhobenen Protest der Europäisch-Kontinentalen, Britischen und Orthodoxen

---

[1001] Eine im deutschen Protestantismus weithin geläufige Interpretationskategorie wurde dieser Begriff nach Nowak erst durch die Jerusalemer Weltmissionskonferenz von 1928. Gezielt rief diese Konferenz zu einer umfassenden Mission gegen die Ausbreitung einer gottentfremdeten Seinshaltung auf, die sie als ‚Säkularismus' bezeichnete. Vgl. K. Nowak, *„Zur protestantischen Säkularismus-Debatte um 1930"*, 39 f.

[1002] J.R. Wright, *„Über den Parteien"*, 70.

[1003] Vgl. dazu *EZA* 1/A3/148. Auf Einladung der – offiziell zwar unabhängigen, aber vermutlich von der Reichsregierung im Stillen geförderten – antikommunistischen Vereinigung Deutscher Bund zum Schutz der abendländischen Kultur entsandte der DEKA auf seiner Herbstsitzung von 1930 zudem Oberkonsistorialrat Scholz vom Kirchenbundesamt als seinen Vertreter in das Präsidium dieser Organisation.

[1004] Vgl. *Verhandlungen des dritten Deutschen Evangelischen Kirchentages 1930*, 258.

Gruppen der Stockholmer Weltkirchenkonferenz.[1005] Eingereiht in diese ökumenische Phalanx, legte die Nürnberger Versammlung „feierliche Verwahrung" ein „gegen die planmäßige Vernichtung der Gewissensfreiheit und die damit verbundene schwere äußere und seelische Bedrückung der Christen in Russland". Indes erklärte sich der Kirchentag „weit davon entfernt, in die politischen und wirtschaftlichen Verhältnisse eines anderen Staates hineinreden zu wollen". Motiviert sei sein Protest einzig durch ein „wachsende[s] Gefühl brüderlicher Gemeinschaft". Zum Schluss wendet sich die Kundgebung an die evangelischen Christen in Deutschland und fordert sie auf, die „Sturmzeichen der Zeit" zu erkennen und gegenüber den „Anläufen des Unglaubens" standhaft zu bleiben.[1006] Verglichen mit der flammenden, eschatologisch aufstilisierten Vorrede Deißmanns war diese Kundgebung, sowohl was die Ausdrucksweise als auch die inhaltliche Begründung des Protestes anging, deutlich vorsichtiger und gemäßigter formuliert. Dies hing freilich nicht nur mit ihrem Charakter als einer öffentlichen, für die Haltung des gesamten deutschen Protestantismus Repräsentativität beanspruchenden Verlautbarung zusammen. Zur Umsicht und Zurückhaltung mahnte vor allem die für die westlichen Kirchen nur schwer kalkulierbare Reaktion der sowjetrussischen Führung auf Erklärungen solcher Art.[1007]

Die Verantwortlichen der evangelischen Kirchen hegten unterdessen keinen Zweifel daran, dass die Christenverfolgungen in Russland nur Vorboten eines weltumfassenden kommunistischen Feldzuges gegen die christliche Religion waren. Als ‚Anläufe des Unglaubens‘ im eigenen Land betrachtete man das militante Auftreten proletarischer Freidenkergruppen ebenso wie das zu Beginn der dreißiger Jahre rasant anwachsende Wählerpotential der KPD.[1008] Die anhaltende Wirtschaftsdepression in Deutschland galt vielen dabei als geeigneter Nährboden für die Ausbreitung des Atheismus.[1009] Vor dem Hintergrund dieser Drohkulisse – „man wähnte sich … auf einer

---

[1005] Diese kirchenübergreifende „Kundgebung zur Religionsverfolgung in Rußland" ist abgedruckt im Tätigkeitsbericht des DEKA von 1930, in: ebd., 102 f.

[1006] Ebd., 259.

[1007] DEKA-Präsident Kapler hatte daher auch vor dem Erlass der Russlandkundgebung zunächst eindringlich gewarnt und dagegen geltend gemacht, dass sie die Lage der russisch-orthodoxen Christen nur verschlechtern könnte, später allerdings seine Auffassung geändert. Vgl. Wright, *„Über den Parteien"*, 70, Anm. 19.

[1008] Nicht zufällig beschäftigte sich der Kirchenausschuss auf seiner Novembersitzung von 1930 neben der Christenverfolgung hauptsächlich mit der Freidenkerbewegung. Oberkonsistorialrat Scholz legte aus diesem Grunde einen umfassenden Bericht über deren, laut Protokoll, „hetzerische Agitation" gegen Kirche und Christentum vor. Vgl. DEKA-Sitzung vom 27. bis 28. November 1930, in: *EZA* 1/A3/148. Zur Organisation der verschiedenen freidenkerischen Gruppierungen, soweit sie kommunistischem Einfluss unterstanden, ausführlich J.-C. Kaiser, *Arbeiterbewegung und organisierte Religionskritik*, 231 ff. Eine nach wie vor aufschlussreiche und eindrückliche Dokumentation der freidenkerisch-antikirchlichen Gesinnung bietet das Buch des Berliner religiösen Sozialisten Paul Piechowski, *Proletarischer Glaube. Die religiöse Gedankenwelt der organisierten deutschen Arbeiterschaft nach sozialistischen und kommunistischen Selbstzeugnissen*, Berlin 1928.

[1009] Vgl. dazu den Tätigkeitsbericht des DEKA von 1930, in dem festgestellt wird: „Wachsender wirtschaftlicher Druck, eine immer weiter um sich greifende Säkularisierung des öffentlichen Lebens, gesteigerte Feindschaft gegen die evangelische Kirche und gegen die christlichen Grundlagen der Kultur sind auch für unser Volk Quellen unabsehbarer Gefahren." *Verhandlungen des dritten Deutschen Evangelischen Kirchentages 1930*, 103.

Eisscholle inmitten eines trübe anbrandenden Meeres von Entchristlichung, religiöser Indifferenz und Religionsfeindschaft" –[1010] nimmt es nicht Wunder, wenn die mit sehr scharfen, teilweise weit überzogenen Worten vorgetragene Kritik Erwin Eckerts an der Russlandkundgebung heftigen Protest unter den Kirchentagsteilnehmern auslöste.

Dass das Auftreten des einzigen religiösen Sozialisten auf dem Kirchentag zu einem handfesten Eklat führte,[1011] war angesichts der „kleinbürgerliche[n] Signatur" der Nürnberger Tagung durchaus absehbar.[1012] Die Teilnahme des kämpferischen, zu Extremen neigenden Vorsitzenden des Bundes der religiösen Sozialisten Deutschlands, der selbst in den eigenen Reihen längst nicht unumstritten war,[1013] musste erst

---

[1010] K. Nowak, *„Zur protestantischen Säkularismus-Debatte um 1930"*, 44.

[1011] Nach den Erfahrungen des Weltkrieges und der Novemberrevolution und im Fahrwasser der Schweizer Religiös-Sozialen, Hermann Kutter und Leonhard Ragaz, bildeten sich nach 1918 Vereine und Gruppen von wenigen evangelischen Pfarrern und (meist protestantischen) Arbeitern und Angestellten, deren gemeinsames Anliegen es war, die im Umbruch befindlichen Landeskirchen konsequent in entprivilegierte, proletariatszugewandte Volkskirchen umzugestalten. Zudem engagierten sich die meisten religiösen Sozialisten in den sozialistischen Arbeiterparteien – vornehmlich in der SPD, vereinzelt auch in der KPD –, um auch hier als gleichberechtigte Mitglieder aufklärend und reformerisch zu wirken. Landeskirchen wie Arbeiterparteien sollten ihre jeweiligen Mängel vor Augen geführt und durch programmatische Aussagen religiös-sozialistische Alternativen aufgezeigt werden. Diese Vorstellung einer umfassenden ‚Erziehungsaufgabe' an Kirche und Arbeiterbewegung einte letztlich alle religiösen Sozialisten (So: Siegfried Heimann, in: Ders./Franz Walter, *Religiöse Sozialisten und Freidenker in der Weimarer Republik*, Bonn 1993, 17). Regional sehr unterschiedlich geprägt und verbreitet – Hochburgen waren neben Berlin Baden und das Rheinland – gelang es 1926 durch die Gründung des Bundes der religiösen Sozialisten Deutschlands die vielen Vereinigungen überregional in einer Organisation zusammenzuführen. Allerdings stellte der Bund trotz allen Bemühens seiner beiden Vorsitzenden, Erwin Eckert (bis 1931) und Bernhard Göring (bis 1933), lediglich einen Dachverband der einzelnen Landesverbände dar. Ein gemeinsames Programm konnte er nie verabschieden, immerhin jedoch verpflichtende „Richtlinien" für seine Mitglieder aufstellen. Aufgrund der großen Distanz zwischen den sozialistischen Parteien und der evangelischen Kirche kann es nicht wundernehmen, dass die Bedeutung der religiösen Sozialisten in der Weimarer Republik innerhalb wie außerhalb der Kirche verschwindend gering war. Nowaks Urteil ist realistisch, wenn er sie vor allem darin sieht, dass „sie [sc. die religiösen Sozialisten] die evangelische Kirche mit Nachdruck vor einem Bündnis mit dem Nationalsozialismus warnten" (*Evangelische Kirche und Weimarer Republik, 276)*. Zum religiösen Sozialismus in den Jahren 1918–1933 vgl. neben der vorbildlichen Darstellung Heimanns die älteren, ‚ideologisch' vor recht gegensätzlichen Standpunkten aus argumentierenden Studien von Renate Breipohl, *Religiöser Sozialismus und bürgerliches Geschichtsbewusstsein zur Zeit der Weimarer Republik*, Zürich 1971, sowie von Friedrich-Martin Balzer, *Klassengegensätze in der Kirche. Erwin Eckert und der Bund der religiösen Sozialisten Deutschlands*, Köln 1973.

[1012] Martin Rade, in: *CW*, Nr. 14 vom 19. Juli 1930, 696.

[1013] Die Auseinandersetzung gipfelte in dem Übertritt Eckerts zur KPD im Herbst 1931, nachdem diese im Sommer dieses Jahres gemeinsam mit NSDAP und ‚Stahlhelm' zum Volksentscheid gegen die SPD-geführte preußische Regierung aufgerufen hatte. Der Bundesvorstand beschloss daraufhin, Eckert als „Bekämpfer der Sozialdemokratie" und im Hinblick auf die Zusammensetzung der Mitglieder des Bundes als Geschäftsführer des Bundes abzuberufen. Eine weitere Mitarbeit im Bundesvorstand, die Eckert angeboten wurde, lehnte dieser indessen ab. Aus seiner Sicht hatte eine längere Mitarbeit im Bund keinen Sinn mehr. Nach seiner endgültigen Amtsenthebung als Pfarrer der badischen Landeskirche Anfang Dezember 1931 trat er nicht nur aus der Kirche, sondern auch aus dem Bund der religiösen Sozialisten aus, in dem er eher ein Hemmnis für die Revolution als einen Wegbereiter des Sozialismus sah. Nach Heimann (ebd., 116) verleitete Eckerts notorischer Rigo-

Recht in den Augen vieler konservativer Protestanten eine erhebliche Provokation darstellen. Verschärfend kam hinzu, dass in Nürnberg turnusmäßig ein Wechsel in der Kirchentagspräsidentschaft stattgefunden hatte. Hinsichtlich der politischen Einstellung stand die Wahl des Generalleutnants a.D. Graf Woldemar Vitzthum von Eckstädt in Kontinuität zu der seines ausgesprochen deutschnationalen Vorgängers, was auch ein klares Indiz für die nach wie vor herrschenden Mehrheitsverhältnisse auf dem Kirchentag war. Doch anders als Freiherr von Pechmann eigneten Graf Vitzthum – trotz seiner Erfahrung als Präsident der sächsischen Landessynode – ganz offensichtlich nicht das nötige Fingerspitzengefühl und die entsprechende Überparteilichkeit, die zur Wahrnehmung seiner Aufgabe als Kirchentagspräsident unabdinglich waren. Sein unmittelbar nach seiner Wahl scherzhaft geäußerte Selbsteinschätzung: „Ich habe fast vierzig Jahre lang aktiv als Offizier in der Armee gedient. Diese ernste Schule der Armee erzieht den Menschen zu allem möglichen, aber zum Parlamentarier wohl kaum!'' sollte sich im Verlauf der Verhandlungen noch als sehr zutreffend herausstellen.[1014]

Der ‚Fall Eckert' in Nürnberg, der – durchaus bezeichnend für die ansonsten weithin ereignislos und beinahe schon routinemäßig verlaufenden Plenarsitzungen – zum „Charakteristikum dieser Tagung" avancierte,[1015] nahm seinen Anfang mit der Ablehnung des vom Mannheimer Arbeiterpfarrer beantragten Gaststatus in der sogenannten ‚Zweiten Gruppe' des Kirchentages, die theologisch die mittelparteiliche Richtung vertrat.[1016] Prälat Schoell, Vorsitzender dieser Gruppe, hob in seiner Begründung später hervor, dass diese Entscheidung allein aufgrund der „in weitesten Kreisen als tief verletzend" empfundenen Agitation Eckerts gegen die verfasste Kirche erfolgt sei und nicht etwa mit seiner Parteimitgliedschaft in der SPD oder seiner religiös-sozialistischen Weltanschauung zusammenhänge.[1017] Infolge des Fraktionalisierungszwangs von dem Recht auf Mitbestimmung in den einzelnen Ausschüssen ausgeschlossen, kündigte Eckert unmittelbar nach seiner Abweisung an, seine Sondermeinungen im Plenum vortragen zu müssen.

Nach der Verlesung der Russlandkundgebung am zweiten Verhandlungstag verweigerte zunächst der Kirchentagspräsident Eckert das Wort und verwies darauf, dass man schon bei der Abstimmung sei. Im Anschluss rief Graf Vitzthum die Versammlung dazu auf, sich zur stillen Fürbitte für die verfolgten Christen zu erheben. Mit Aus-

---

rismus diesen dazu, den Einfluss seiner Person in dieser Frage maßlos zu überschätzen und eine – schwerer wiegende, weil auch seine Mitstreiter und Freunde im Bund verletzende – Unduldsamkeit gegenüber anderen politischen Positionen an den Tag zu legen. Zu Beginn der dreißiger Jahre hielt der Bund zwar weiterhin an seinem interfraktionellen Selbstverständnis und dem Ziel einer sozialistischen ‚Einheitsfront' fest, allerdings wurde die Distanz zur KPD als Organisation jetzt stärker betont. Deren politischer Radikalismus, die Bereitschaft zur Gewalt und die letztlich nicht aufgegebene grundsätzliche Religionsfeindschaft trennte die religiösen Sozialisten zu offenkundig von der KPD, wie sie in der Auflösungsphase der Republik in Erscheinung trat.

[1014] *Verhandlungen des dritten Deutschen Evangelischen Kirchentages 1930*, 210.

[1015] *CW* Nr. 14, vom 19. Juli 1930, 696.

[1016] Zur mittelparteilichen Fraktion zählten in Nürnberg insgesamt 47 Abgeordnete, zur ‚Dritten Gruppe' der Liberalen 41 und zur ‚Ersten Gruppe' der orthodox-konservativen Richtung die Mehrheit von 119 Delegierten.

[1017] *Verhandlungen des dritten Deutschen Evangelischen Kirchentages 1930*, 256.

nahme Eckerts, der demonstrativ sitzen blieb, leisteten alle Delegierten der Aufforderung Folge. Nach Intervention des Kirchentagspräsidiums wurde Eckert schließlich doch noch das Recht zur Wortmeldung eingeräumt. Obwohl man zuvor die Losung im Stillen ausgegeben hatte, ihn schweigend anzuhören, erntete seine Rede heftigen und lautstarken Widerspruch, so dass sie phasenweise unterbrochen werden musste.[1018] Eckert warf der Kirchentagskundgebung wie der gesamten ökumenisch initiierten Kampagne gegen die Christenverfolgung in Russland bewusste propagandistische Übertreibungen vor. Diese dienten lediglich dem Zweck einer Generalabrechnung mit dem kommunistischen System der UdSSR wie überhaupt aller linken Ideen und Organisationen. Dabei leugne er die Tatsache religiöser Schikanierung und Repression nicht, halte es jedoch für verfehlt, „von *der* Christenverfolgung in Sowjetrußland allgemein zu sprechen". Dass sich vereinzelt gewaltsame Übergriffe auf die orthodoxe Geistlichkeit ereignet hätten, sei eine „furchtbare Tragik". Gleichzeitig seien solche Geschehnisse bedauerliche Begleiterscheinung beinahe jeder großen revolutionären Bewegung und daher keinesfalls den Sowjetführern anzulasten.[1019] Eine Teilschuld an den Exzessen trage im übrigen die orthodoxe Kirche selbst, die im Dienst des Zarismus den Freiheitskampf des Proletariats unterdrückt und die grausame Verfolgung der revolutionären Führer mitverantwortet habe. Die Mehrheit der russischen Christen gehöre überdies der Feudalgesellschaft an, die durch ihre Auffassung vom Privateigentum „die von den Sowjets versuchte grandiose Umstellung des gesamten wirtschaftlichen Lebens" noch immer bewusst hintertreibe. Den Kirchentagsdelegierten sprach Eckert daher das Recht ab, sich zu den Vorkommnissen in Russland zu äußern, solange sie sich weigerten, gegen „das die Seelen zerstörende und vernichtende, antichristliche, kapitalistische Wirtschafts- und Gesellschaftssystem" zu protestieren. „Sie müßten zum mindesten zu gleicher Zeit auch ein Wort gegen die Christenverfolgung im Westen Europas und in der Neuen Welt gefunden haben.", rief er der aufgebrachten Versammlung zu.

Trotz der unerwartet verständnisvollen und um Beschwichtigung bemühten Replik Deißmanns auf die Ausführungen Eckerts – er sprach u.a. von dem „sittlichen Ernst" dieser Rede, deren agitatorischen Auswüchse allein auf die „Jugend" ihres Verfassers zurückzuführen sei –[1020] konnten sich die Gemüter der meisten Teilnehmer, vor allem aus dem meinungsführenden rechten Lager, kaum mehr beruhigen. Nachdem wenig später die Sprecher der drei auf dem Kirchentag vertretenen Fraktionen zur Kirchenkundgebung gesprochen hatten und sich anschließend auch Eckert zu Wort

---

[1018] Zur Rede Eckerts auf dem Kirchentag vgl. ebd., 281-285.

[1019] In diesem Zusammenhang ließ sich der Redner zu der äußerst provokanten Frage hinreißen: „Wollen Sie etwa dafür den Kaiser oder die Regierung oder Hindenburg verantwortlich machen, dass auch im Weltkrieg Dinge geschehen sind, die grauenhaft gewesen sind, die Erschießung von katholischen Priestern in Belgien etwa?' Weiter ließ die Versammlung Eckert an dieser Stelle nicht mehr reden. Das Protokoll verzeichnet hier „größte (sic!) Unruhe" (ebd., 283). Kirchentagspräsident Vitzthum sprach Eckert für diesen „Angriff auf die Ehre unserer alten Armee" und die Verletzung der Gefühle vieler Teilnehmer kurzerhand „Erziehung", „Bildung" und „Christsein" ab. Außerdem forderte er zur künftigen Vermeidung solcher „gröblichsten Ordnungsverstoße" erheblich erweiterte Befugnisse des Kirchentagspräsidenten (vgl. ebd., 299 ff).

[1020] Vgl. ebd., 285-287.

meldete, beantragte der Vorsitzende der konservativ-othodoxen Gruppe, Dr. Schöffel, kurzerhand den Schluss der Debatte. Ohne wie sonst üblich über diesen Antrag die Diskussion zu eröffnen, brachte ihn der Kirchentagspräsident Graf Vitzthum sogleich erfolgreich zur Abstimmung. Unter Protest verließ Eckert daraufhin den Sitzungssaal. Die nachträglich von den Vertretern der Zweiten und Dritten Gruppe, Prälat Schoell und Pfarrer Johannes Herz, eingebrachte Erklärung gegen dieses Vorgehen und ihr gemeinsames Plädoyer für uneingeschränkte Redefreiheit konnte den entstandenen Schaden für das äußere Erscheinungsbild des Kirchentages kaum mehr wiedergutmachen.[1021]

Angesichts der skandalösen Abservierung Eckerts auf dem Kirchentag und weiterer Disziplinierungsfälle religiös-sozialistischer Pfarrer in einzelnen Landeskirchen stellte das Sonntagsblatt des arbeitenden Volkes die keineswegs übertrieben erscheinende Frage: „Verfolgung sozialistischer Geistlicher in ganz Deutschland?"[1022] Die in der Verlautbarung zur Kirchenfrage noch eigens proklamierte Überparteilichkeit der evangelischen Kirche, sowie die „feierliche Verwahrung" der Russlandkundgebung gegen die Beseitigung der Gewissensfreiheit mussten angesichts der – zumindest bei einem beträchtlichen Teil der Delegierten vorherrschenden – „Bolschewismuspsychose und Kreuzzugsmentalität" jedenfalls in hohem Maße unglaubwürdig wirken.[1023] Von daher war die Sorge von Prälat Schoell, die Nürnberger Ereignisse könnten leicht zu „Mißverständen in der Öffentlichkeit" führen,[1024] nur allzu berechtigt. Im Nachhinein erschien es manchen Zeitgenossen so, als ob dieser Kirchentag schon das Vorspiel zu dem nach dem Übertritt Eckerts zur KPD von der badischen Landeskirche 1931 durchgefuhrten Amtsenthebungsverfahren abgeben habe.[1025]

Diesem klaren Trennungsstrich, den die konservativen Persönlichkeiten in kirchenleitender Verantwortung gegenüber der theologischen und politischen Linken zogen, korrespondierte umgekehrt zu Beginn der 1930er Jahre eine prinzipielle Offenheit gegenüber der radikalen Rechten. Den meisten Kirchenführern erschien der Nationalsozialismus immer noch unbedenklicher als die sozialistische und kommunistische Arbeiterbewegung. Ja, die frenetische Sorge vor dem Überhandnehmen von militantem Atheismus und Bolschewismus auch in Deutschland wies die kirchlichen Lei-

---

[1021] Zum Einspruch der mittelparteilichen und liberalen Gruppe vgl. ebd., 352.

[1022] *Sonntagsblatt des arbeitenden Volkes*, Nr. 43 vom 26. Oktober 1930, 337 f. Zu kirchenbehördlichen Maßregelungen religiös-sozialistischer Amtsträger kam es 1929/30 in der Pfalz (Pfr. Damian), in Anhalt (Pfr. Küsell, Pfr. Richter), in Hessen (Pfr. Allwohn, Pfr. Creter, Pfr. Georgi), in der Kirchenprovinz Sachsen (Pfr. Koetzschke) und in Thüringen (Pfr. E. Fuchs, Pfr. Kohlstock, Pfr. v. Jüchen, Pfr. Kleinschmidt). In Thüringen hatte die Landeskirchenleitung ihren Pfarren *jegliche* politische Wirksamkeit auf der Kanzel und in der Öffentlichkeit verboten (zur Verordnung des Landeskirchenrats vom 23. Mai 1931 vgl. E.R. Huber/W. Huber, *Staat und Kirche, Bd. IV.*, 808). In diesem – sachlich kaum haltbaren – Restriktionsedikt erblickten die auf SPD-Wahlversammlungen auftretenden und deswegen gemaßregelten und mit Geldbußen belegten Geistlichen eine Verletzung ihrer staatsbürgerlichen Rechte. Die Ereignisse in Thüringen mobilisierten sogar den SPD-Vorstand zu einem Protest beim Reichsinnenminister. Ausführlich dazu K.-W. Dahm, *Pfarrer und Politik*, 81 ff.

[1023] K. Nowak, *Evangelische Kirche und Weimarer Republik*, 275 f. Nowaks Urteil erscheint allerdings etwas zu pauschal, wenn man den Einspruch von immerhin zwei Fraktionen auf dem Kirchentag gegen die Behandlung Eckerts mitbedenkt.

[1024] S.o. Anm. 9.2.

[1025] Vgl. *CW*, Nr. 7 vom 4. April 1931, 342.

tungsinstanzen zunehmend – wenn auch mit einer steten Reserve gegenüber dem politischen Brachialstil und der Ideologie der Nazis – an die ‚Nationale Opposition'. Durchaus charakteristisch für die Haltung vieler kirchlicher Verantwortlicher vertrat der Württembergische Kirchenpräsident Theophil Wurm noch in der Brüning-Ära die Auffassung, „dass wir nur die Wahl zwischen einer Diktatur Hitlers und einer Diktatur Moskaus hätten und dass jedenfalls die erstere vorzuziehen sei, auch wenn sie nicht bequem sein werde".[1026] Der Ruf nach einer sichtbaren, starken Volkskirche ließ es aus Sicht der Kirchenleitung überdies auch taktisch klug erscheinen, Fühlung mit einer Bewegung zu halten, mit deren Machtübernahme man rechnen musste, zumal sie von weiten Teilen des Kirchenvolks ohnehin lebhaft begrüßt wurde. Andernfalls lief der Kirchenbund leicht Gefahr, sich ins politische und gesellschaftliche Abseits zu manövrieren und einen weiteren herben Positionsverlust zu erleiden. Diese Überlegungen führten zu einer kirchenregimentlichen Strategie, die von einer direkten, öffentlichen Verurteilung der Nazis und ihres völkisch-rassistischen Weltanschauung weithin absah.[1027] Stattdessen widmeten die Kirchenführer dem seit 1930 von der NSDAP vollzogenen religionspolitischen Kurswechsel immer stärkere Aufmerksamkeit.[1028] Dieser folgenschwere politische Richtungsentscheid des evangelisch-kirchlichen Establishments, der sich durch die auf dem Nürnberger Kirchentag vorherrschende Kommunismusphobie im Verein mit kirchlichem Erneuerungswillen – zumindest via negationis – bereits deutlich abzeichnete, rief innerhalb des protestantischen Lagers auch nachdenkliche Stimmen auf den Plan. So merkt der Marburger Kirchenhistoriker Hans von Soden 1931 zu dieser Entwicklung an: „Denkt man an Moskau, so umwölkt sich der Sonnenaufgang des Jahrhunderts der Kirche, und die Hilfe, die der Kirche vom Faschismus her kommt – in Rom oder München – ist so fragwürdig, wie politische Hilfen immer sind und gewesen sind ... Die erneuernden

---

[1026] Wurm an Ephorus Frasch (Schöntal/Württemberg), Fragment niedergeschrieben am 7. Mai 1933, in: Landeskirchliches Archiv Stuttgart Bestand D 1 Nr. 42,2. Zum geschichtlichen Hintergrund vgl. K. Nowak, „ Die evangelischen Kirchenführer und das Präsisialsystem: Konfessionelle Politik im Spannungsfeld von autoritärem Staatsgeist und kirchenbehördlicher Pragmatik (1930-1932)", in: Ders., *Kirchliche Zeitgeschichte interdisziplinär. Beiträge 1984–2001*, hg. von Jochen-Christoph Kaiser, 350-368, besonders die Seiten 365 f.

[1027] Bedeutsam, weil angesichts der uneinheitlichen Meinungsbildung exzeptionell war die Bekundung des DEKA auf seiner Sitzung vom November 1932: in der Beurteilung des Christentums durch die NSDAP zeige sich „eine für kirchliche Erkenntnis und kirchliches Wesen grundstürzende Verkehrung des Urteils", zit. nach K. Nowak, *Geschichte des Christentums in Deutschland*, 242.

[1028] Das nationalsozialistische Bestreben, aus der bisher geübten religiösen Indifferenz herauszutreten und nunmehr auch schlagkräftige religiöse Parolen – im Sinne eines ‚Christentums der Tat' oder eines ‚positiven Christentums' – in die eigene Parteipropaganda einzubeziehen, war vor allem der politischen Konstellation in Deutschland 1930 geschuldet. Nachdem der Zentrumpolitiker Heinrich Brüning im März 1930 Reichskanzler geworden war, bemühte sich die NSDAP, durch die bewusste Aufnahme religiöser Anschuldigungen in die Propaganda den Eindruck entstehen zu lassen, als ob sie die viel legitimere Vertreterin auch kirchlicher Interessen sei als das Zentrum. Vgl. hierzu Kurt Meier, „Die Religionspolitik der NSDAP in der Weimarer Republik", in: Ders., *Evangelische Kirche in Gesellschaft, Staat und Politik 1918–1945: Aufsätze zur kirchlichen Zeitgeschichte*, hg. von K. Nowak, Berlin/Ost 1987, 40-52. Wright zählt diejenigen Kirchenführer, welche dennoch von ihren starken Vorbehalten gegenüber der NSDAP in den Jahren nach 1930 nicht ablassen wollten, zu den „Ausnahmen". Vgl. *„Über den Parteien"*, 174.

Kräfte müssten doch wohl stärker aus der Kirche selbst kommen und in ihr selbst wirken, wenn man auf eine Krisis zum Leben vertrauen dürfte."[1029]

[1029] Hans von Soden, „Die Krisis der Kirche", in: *Drei Marburger Vorträge von Rudolf Bultmann, Hans Frhr. von Soden und Heinrich Frick*, Gießen 1931, 51. Vor den Gefahren eines blinden Vertrauens in die Nazibewegung und den Versuchungen eines politischen Messianismus warnte u.a. auch Hermann Sasse, seit 1930 neuer Herausgeber des Kirchlichen Jahrbuches. Vgl. Ders., „Kirchliche Zeitlage", in: *Kirchliches Jahrbuch* 1932, 1 ff.

Zusammenfassung und Ausblick

1.) Die mit dem Dresdener Kirchentag von 1919 wieder neu erwachten Zusammenschlussbestrebungen brachten den Einigungsprozess innerhalb des deutschen Protestantismus gegenüber der bis dahin nur äußerst schleppend und vorsichtig geführten Entwicklung der Beziehungen zwischen den einzelnen Landeskirchen – durchaus auch erkennbar – voran. Obwohl die betont föderalistische Verfassung des Kirchenbundes wenig dazu geeignet erschien, die verhärteten landeskirchlich-konfessionellen Fronten nachhaltig zu lockern, geschweige denn zu überwinden, stellte sie wohl „die damals bestmögliche [sc. Organisations-]Form" dar.[1030] Wesentlich besser, da koordinierter als noch im 19. Jahrhundert konnten nun vor allem gemeinsame Herausforderungen wie z.B. die Vertretung protestantischer Belange vor Reichs- und Länderregierungen oder die Versorgung der im Ausland lebenden evangelischen Deutschen in Angriff genommen werden. Erledigt wurden diese immensen Aufgaben allerdings so gut wie ausschließlich durch das exekutive Vollzugsorgan des Kirchenbundes, den Kirchenausschuss.

Ermisst man dagegen den Anteil der Kirchentage 1919–1930 an der freilich immer noch sehr gebremsten Modernisierung gesamtprotestantischer Verfassungsstrukturen, wie sie mit der Gründung des Deutschen Evangelischen Kirchenbundes 1922 erfolgte, so muss dieser nach den Ergebnissen der vorliegenden Untersuchung gering veranschlagt werden. Die Kirchentagsdelegierten entbehrten zunächst grundsätzlich einer basisdemokratischen Legitimation, wie sie durch die Übernahme des Urwahlsystems erreicht worden wäre. Stattdessen wurde die deutliche Mehrheit von den landeskirchlichen Synoden, die übrigen Mitglieder von den freien Verbänden und volkskirchlichen Gruppen nominiert, was auch deren Bedeutungsschwund innerhalb des evangelischen Kirchentums klar markierte.[1031] Davon abgesehen war der Kirchentag weit davon entfernt, nach politischem Vorbild als ein gesamtprotestantisches Parlament im Sinne einer ‚Reichssynode' zu fungieren. Er trat nur alle drei Jahre zusammen, seine gesetzgeberischen Befugnisse beschränkten sich auf ein Minimum, und die finanziellen Ausmaße des von ihm mit zu verwaltenden Bundeshaushalts blieben auf die Dauer unerheblich. Als einzig hervorhebenswerte positive Anknüpfung an den gesellschaftlich-politischen Wandel ist der überpro-

---

[1030] Heinz Brunotte, *Die Evangelische Kirche in Deutschland. Geschichte, Organisation und Gestalt der EKD*, Gütersloh 1964, 48.

[1031] Bei der ungleichmäßigen Zusammensetzung des Kirchentages, in dem die freien protestantischen Kräfte gerade auch in Anbetracht ihrer Bemühungen um die Kirchentagsgründung zweifellos unterrepräsentiert waren, machte sich nicht zuletzt „das Schwergewicht der materiellen Dinge" geltend, wie Franz Böhme unumwunden feststellte: „Der Bund wird Lasten aufzubringen und zu verteilen haben. Da wird die Verteilung der finanziellen Lasten auf die Verteilung des Rechts zum Mitentschließen zurückwirken." Vgl. „Der Zusammenschluß der deutschen evangelischen Landeskirchen", in: *Die Kirchenfrage*, Nr. 226 vom 16. August 1919, 4. S.o. Seite 156, Anm. 573.

portional hohe Frauenanteil zu nennen. Mit ca. 9% waren auf den Kirchentagen etwa doppelt so viele Frauen vertreten wie durchschnittlich in den Landessynoden. Auch wenn die Messlatte nicht bei den teilweise realitätsfernen und übersteigerten Erwartungen der Hauptinitiatoren des Kirchentages, der im Herbst 1918 spontan entstandenen volkskirchlichen Gruppierungen im Verein mit Gemeinschaftskreisen und dem Verbandsprotestantismus, angesetzt wird, ändert dies grundsätzlich kaum etwas an der „relative[n] Bedeutungsarmut" des Kirchentages.[1032] Selbst die von gemäßigteren Reformkräften geäußerte Hoffnung auf eine breitere Partizipation des Kirchenvolkes an gemeinsamen protestantischen Anliegen durch die Schaffung synodaler Strukturen oberhalb der landeskirchlichen Ebene erfüllte sich für den Zeitraum der Weimarer Republik höchstens ansatzweise. Davon zeugen nicht zuletzt die immer wiederkehrenden Klagen über die auffällig niedrige Resonanz, welche die Kundgebungen und Beschlüsse des Kirchentages in den Gemeinden erfuhren.[1033]

2.) Die Würfel für den im Ganzen betrachtet durchschlagenden Erfolg der konservativen kirchlichen Kräfte waren bereits auf der Kasseler Vorkonferenz vom Februar 1919 gefallen. Die kirchliche Konsolidierungsphase setzte nicht zufällig zu dem Zeitpunkt ein, als die Volkskirchenbewegung ihren Zenit überschritten hatte und die Welle reformerischer Impulse langsam, aber sicher abebbte. Fragt man nach den wesentlichen theologischen wie kirchenstrategischen Gründen für das Übergewicht, das den beharrenden kirchenbehördlichen Kräften in der Entscheidung über die Struktur und Organisation des Kirchentages zufiel, sind mehrere Faktoren anzuführen. Zunächst waren es die nach wie vor ungebrochen starken konfessionellen Vorbehalte, die – gepaart mit einer für das Luthertum charakteristischen Abneigung gegenüber demokratisch-synodaler Mitbestimmung – der Gründung eines mit weitreichenden Kompetenzen ausgestatten Kirchentages im Wege standen. Sie fußten auf dem in sich nicht widerspruchsfreien Bild von Volkskirche als einer konfessionsbewussten Bekenntniskirche, welche im Gegensatz zum pluralistischen Konzept der Liberalen wesentlich nicht religiöser Interessenverein, sondern göttliche Stiftung, gewissermaßen Anstaltskirche war.

Gerade auf dem Hintergrund der Trennung vom Staat sah man sich dazu herausgefordert, sich mit aller Schärfe auf diese Eigenart von Kirche und ihr damit gegebenes Eigenrecht gegenüber der politischen Welt zu besinnen. Hinzu trat in der revolutionären Umbruchzeit die Angst, welche sich auf den Debatten des Dresdener Kirchentages bis zur Hysterie steigerte, dass eine umfassend demokratische Öffnung des Protestantismus kirchlich Uninteressierten oder sogar kirchenfeindlich Gesonnenen die Klinke

---

[1032] So mit Recht G. Besier, „Die neue preußische Kirchenverfassung und die Bildung des deutschen Evangelischen Kirchenbundes", in: Ders./Eckhard Lessing (Hgg.), *Die Geschichte der Evangelischen Kirche der Union, Bd. 3*, 109. S.o. Seite 187. Den Kirchentagen 1919–1930 wird man jedoch nur schwerlich gerecht, wenn man von ihnen gar als von einer „organisierte[n] Bedeutungslosigkeit" spricht. So allerdings W.-D. Hauschild, *„Evangelische Kirche in Deutschland"*, 664.

[1033] Theodor Kaftan monierte denn auch, dass man in Anbetracht seines geringen Bekanntheitsgrades in kirchlichen oder kirchennahen Milieus „viel zu viel Wesen" um den Kirchentag mache. Vgl. das Schreiben T. Kaftans an J. Kaftan vom 1. Juli 1924, in: W. Göbell (Hg.), *Kirche, Recht und Theologie in vier Jahrzehnten. Der Briefwechsel der Brüder Theodor und Julius Kaftan, Zweiter Teil*, 855.

der kirchlichen Gesetzgebung in die Hand geben könnte. Dem Plädoyer der Progressiven, den Kirchentag im Sinne des lutherischen Theologumenons vom Priestertum aller Gläubigen endlich auf eine breite, vom ganzen Kirchenvolk getragene Grundlage zu stellen, hielt man die strikte Definition von ‚gläubig‘ im Sinne von Schrift und Bekenntnis entgegen. Hierin zeigte sich das ganze Ausmaß kirchlicher Überfremdungsängste vor Säkularisierungstendenzen, die sich im religionsneutralen Weimarer Staat durch Tolerierung auch religionskritischer und kirchengegnerischer Entwicklungen noch verstärkt geltend machten. Um tatsächlich alle Kräfte, auch die lutherischen mit an Bord eines synodalen protestantischen Zusammenschlusses zu nehmen, wurden weiterreichende demokratische Konzessionen, die das teure Gut landeskirchlicher Bekenntnisautonomie antasteten, von vornherein abgelehnt.

Aber auch von Seiten zweifellos innovationswilliger Theologen wie beispielsweise des Göttinger Systematikers Arthur Titius hielt man eine „schrankenlose Geltendmachung der Analogie der staatlichen für die kirchliche Rechtsbildung [sc. für] prinzipiell verfehlt". Aus der Sorge, dass geschichtliche Sonderentwicklungen in einer ‚Reichskirche‘ ignoriert werden könnten, bestritt man jeglichen Vorrang der Verfassung vor theologisch-konfessionellen Prägungen: „Zum Wesen des Protestantismus gehört die Einheitlichkeit der kirchlichen Rechtsbildung nicht."[1034] Den progressiven Kräften unterstellte man somit unterschwellig katholisierende Tendenzen, was ihre Forderungen weiterhin gründlich desavouierte.

Nicht so sehr grundsätzlich theologische Einwände als vielmehr kirchenstrategische Überlegungen veranlassten insbesondere die maßgeblichen Vertreter des Kirchenausschusses wie des altpreußischen EOK in der Kirchentagsfrage zu einem äußerst defensiven, hinhaltenden Kurs, den sie dem Reformeifer freier kirchlicher Kreise erfolgreich entgegensetzten. Im Kirchentag sahen die Kirchenführer vor allem ein geeignetes Instrument zur Untermauerung des kirchlichen Öffentlichkeitsanspruchs und zur Durchsetzung gemeinsamer protestantischer Interessen. Nachdem sich bereits gegen Ende des Krieges abgezeichnet hatte, dass sich die politischen Kräfteverhältnisse mit einer fortschreitenden Demokratisierung im Reich zuungunsten des deutschen Protestantismus verschieben würden, griff der DEKA im Sommer 1918 von sich aus die Forderung nach seiner synodalen Ergänzung durch einen Kirchentag auf. Die gemeinsamen Beschlüsse und Verlautbarungen des DEKA sollten durch das Wort des Kirchentages als ‚der Vertretung des protestantischen Deutschlands‘ ein größeres Gewicht erhalten.[1035] Die Aufgabe des Kirchentages beschränkte sich demgemäß wesentlich auf den Erlass von Kundgebungen, die einer breiten Öffentlichkeit Weg und Wille der Volkskirche anzeigten. Wünsche nach stärkerer Partizipation der Laien an

---

[1034] Arthur Titius, „Über den Zusammenschluß der deutschen evangelischen Landeskirchen", in: F. Thimme/E. Rolffs (Hgg.), *Revolution und Kirche*, 219.

[1035] Wegweisend sind die Worte von Kirchentagspräsident Pechmann auf dem Stuttgarter Kirchentag 1921: „Wir brauchen einen Kirchenausschuß, der Tag und Nacht bei der Hand sein muß, um Ausschau zu halten nach dem, was im öffentlichen Leben unsere evangelische Kirche bedroht, und um zur rechten Zeit seine Gegenmaßregeln zu treffen, und wir brauchen einen solchen Kirchenausschuß, der eine breitere und festere Grundlage hat als der frühere Kirchenausschuß, der nur auf den Kirchenregierungen beruhte …" *Verhandlungen des 2. Deutschen Evangelischen Kirchentages 1921*, 252 f. S.o. Seite 187, Anm. 707.

der Kirchenleitung und einer demokratischen Ausgestaltung des Kirchentages und seiner Verfassung, wie sie von Teilen der Volkskirchenbewegung erhoben wurden, berücksichtigte man nur soweit, wie sie dem selbstgesetzten Ziel der Mobilisierung der evangelischen Bevölkerung für den kirchlichen Selbstbehauptungskampf zupass kamen.

Die Kirchenführer betrachteten die Durchsetzung kirchlicher Belange wie beispielsweise in der Schulfrage und das Wohlergehen der Kirche jedoch keineswegs als spezifisches Gruppeninteresse, sondern entsprechend ihrer volkskirchlichen Leitvorstellung als Bestandteil des Allgemeinwohls, zu dessen Verteidigung sie den Kirchentag als protestantische pressure group einsetzten. Denn im Erhalt der Volkskirche sahen sie die einzige Garantie nicht nur für das Fortbestehen von Religion, sondern umfassender noch von Sittlichkeit und Kultur überhaupt. Darin konnten sich die Kirchenführer mit nahezu allen Richtungen des deutschen Protestantismus einig wissen. In der Präambel der Kirchenbundverfassung wurde dieses gemeinsame Anliegen dann auch eigens hervorgehoben, wenn es u.a. hieß: „Der Deutsche Evangelische Kirchenbund hat den Zweck, ... für die religiös-sittliche Weltanschauung der deutschen Reformation die zusammengefassten Kräfte der deutschen Reformationskirchen einzusetzen ..."[1036] Mit der Untermauerung der religiös-ethischen Kulturrelevanz des evangelischen Christentums verband sich ein ekklesiologischer Positivismus, der die Bedeutung evangelischen Kirchentums als einer öffentlichkeitswirksamen Macht selbstbewusst proklamierte; und dies tat man, endlich des lästigen Staatskorsetts entledigt, insbesondere gegenüber den neuen politischen Gewalten. Programmatisch formulierte Otto Dibelius: „Einem republikanischen Staat konnten die Rücksichten nicht mehr gelten, die auf den König genommen werden mussten."[1037] Die enorme Ausstrahlung dieses Konzeptes, welche es besonders auf breite Kreise des Pfarrerstandes ausübte, sicherte ihm auch auf den Kirchentagen die überwältigende Zustimmung seiner Delegierten. Dagegen blieb der Einfluss des liberalen Volkskirchengedankens als einer religiös pluralen, demokratischen Volkskirche entsprechend der Bedeutung der ihn vertretenden kirchlichen Gruppen, aber auch des konfessionell-lutherischen Anstaltsmodells im ganzen doch begrenzt. Bevor die Folgen dieser Entwicklung für die Struktur und personelle Formierung des Kirchentages erörtert werden, sind zunächst die politischen und gesellschaftlichen Rahmenbedingungen genauer zu betrachten. Sie trugen erheblich mit dazu bei, dass den etablierten, konservativen Kräften in der Kirchentagsfrage das Heft förmlich in die Hand gedrückt wurde und sich ihre volkskirchlich-positivistische Leitvorstellung erfolgreich behauptete.

3.) Wesentlich mitzubedenken ist in diesem Zusammenhang zunächst die Unsicherheit, in der sich die Landeskirchen nach der Abdankung ihrer obersten Bischöfe, der Monarchen, befanden. Mit Ausnahme Lübecks, wo der Senat der Hansestadt seine kirchlichen Befugnisse auf die Landeskirche übertragen hatte, befanden sich die

---

[1036] *Der Deutsche Evangelische Kirchenbund in seinen Gesetzen, Verordnungen und Kundgebungen*, hg. von J. Hosemann, 14 (§ 1: Bundeszweck).
[1037] Otto Dibelius, *Das Jahrhundert der Kirche*, 75.

übrigen Landeskirchen im Umbruch von 1918/19 in einem rechtlichen Schwebezustand. Die Frage, wer künftig der rechtmäßige Träger der Kirchengewalt sei, stellte sich unabweislich. Vor allem in den sozialistisch regierten Ländern kam es diesbezüglich zu schweren Konflikten zwischen den politischen Verantwortlichen und den alten Kirchenleitungen.[1038] Aufgrund der Furcht, die revolutionären Machthaber könnten sich gegenüber demokratisch neu konstituierten kirchenleitenden Gremien an die bestehenden staatskirchenrechtlichen Zusicherungen nicht länger gebunden wissen, avancierte die Wahrung der Rechtskontinuität zur obersten Handlungsmaxime der Kirchenbehörden. Sie erschien als die unabdingbare Voraussetzung für die Behauptung des kirchlichen Öffentlichkeitswillen und der Erfüllung des selbstgesetzten universellen Auftrags.[1039] Somit führte die unübersichtliche Umbruchszeit im Winter 1918/19 tatsächlich zu einer „Neubelebung der organisierten Kirche, unabhängig von der volkskirchlichen Bewegung in ihren mannigfaltigen Formen".[1040]

Zugespitzt kann man daher sagen: Die unter dem Demokratisierungspostulat in den ersten Wochen und Monaten in Gang gesetzten religions- und kirchenpolitischen Maßnahmen waren aus Sicht ihrer sozialistischen Initiatoren kontraproduktiv. Sie führten nicht zur Entmachtung, sondern zur Stärkung der Kirchenregierungen. Die Konservativen wurden dadurch nicht zurückgedrängt, sondern konnten sich vielmehr behaupten und dabei noch der Unterstützung durch das Kirchenvolk sicher sein. Dies trifft auf die Entwicklung in den einzelnen Landeskirchen ebenso zu wie auf den Bereich interlandeskirchlicher Beziehungen. Die Konstituierung des Kirchentages wie auch drei Jahre später des Kirchenbundes erfolgte denn auch weitgehend in ausschließlicher Regie des nach 1918 weiterhin amtierenden Kirchenausschusses. Reformorientierten Kräften blieb lediglich die Möglichkeit, als nicht stimmberechtigte, außerordentliche DEKA-Mitglieder an den Beratungen teilzunehmen, weshalb sie jeden Verhandlungserfolg dem „Entgegenkommen" der Kirchenführer verdanken mussten.[1041]

Es waren aber nicht nur die temporären und unmittelbaren Existenzängste auf Grund der kirchen- und christentumsfeindlichen Parolen und der Versuche ihrer politischen Umsetzung während der Revolutionszeit, welche den beharrenden Kräften in der Kirchentagsfrage von vornherein ein Übergewicht verschafften. Dazu trat der von den kirchlichen Verantwortlichen bereits seit längerem befürchtete dauerhafte und massive Einflussverlust in der Weimarer Republik nach der Trennung von Kirche und Staat. Der unerwartete Ausgang des Weltkrieges und der Sturz der Fürstenhäuser waren für den deutschen Protestantismus nicht nur eine politisch-nationale Katastrophe, sondern bedeuteten für ihn auch eine Gefährdung seiner gesellschaftlichen Position.

[1038] Ausführlich zu den einzelnen Vorgängen in Preußen, Sachsen und Bayern Karl Dienst, *„Synode – Konsistorium – Demokratie: Zum Problem des ,demokratischen Charakters' der neuen Kirchenverfassungen der Weimarer Zeit"*, 112 ff.

[1039] Vgl. zu dieser Argumentation die ebenso prägnanten wie polemischen Äußerungen von Otto Dibelius o. auf Seite 101, Anm. 353.

[1040] Otto Dibelius, *„Volkskirchenräte, Volkskirchenbund, Volkskirchendienst"*, 208.

[1041] So übereinstimmend die beiden Liberalen, Otto Baumgarten und Wilhelm Schneemelcher, im Rückblick auf die Auseinandersetzungen mit den kirchlichen Führungsinstanzen vor und während des Kirchentages 1919. S.o. Seite 133, Anm. 472.

„Die Veränderungen, die in den letzten Jahren unser Vaterland, das öffentliche Leben in Deutschland betroffen haben", erklärte Kirchentagspräsident Pechmann auf dem Stuttgarter Kirchentag 1921, „haben nicht nur das deutsche Volk bis ins Mark hinein gelähmt, sondern sie bedeuten auch für die evangelische Kirche in Deutschland eine ernste Gefahr, eine Verschiebung der Dinge zu ihren Ungunsten, die gar nicht klar genug ins Auge gefasst und gar nicht ernst genug genommen werden kann."[1042]

So sehr der deutsche Protestantismus den Wegfall des landesherrlichen Kirchenregiments und die damit neugewonnene Unabhängigkeit der Kirche durchaus auch begrüßte, so blieb er ohne die weitere Protektion durch den Landesherren auf sich gestellt. Er befand sich nun in einer Republik, die fest in der Hand der religiösen und politischen Gegner zu sein schien: von Katholiken, Sozialdemokraten und Liberalen. Eine eigene wirkungsvolle parteipolitische Vertretung fehlte, auch wenn sich die DNVP als natürlicher Bündnispartner des deutschen Protestantismus anbot. Die Kirchentags- und Kirchenbundgründung sollte aus Sicht des konservativen kirchlichen Establishments daher vor allem die eigene institutionelle Schwäche kompensieren. Der – noch vor 1918 heftig umstrittene und bis dahin ‚erfolgreich' aufgeschobene – Entschluss, das Kirchenvolk, insbesondere auch die Frauen in gesamtprotestantische Strukturen einzubeziehen, wird erst vor diesem gesellschaftspolitischen Hintergrund voll verständlich. Der dadurch eingeleitete, in seinem Ausmaß freilich noch begrenzte Modernisierungsschub innerhalb des Protestantismus verband sich hier auf eigentümliche Weise mit einem restaurativen Konzept von Kirche, deren zu festigende öffentliche Stellung der Propagierung eines weithin noch vorindustriellen christlichen Wertmusters dienen sollte.

Zu dieser Aufgabe nachdrücklich herausgefordert sah man sich vor allem durch die Religionsneutralität des Weimarer Staates. Dessen Verfassung, in der die besondere Rolle der Kirchen bei der geistigen Wertbildung und Wertpropagierung nicht mehr länger eigens hervorgehoben wurde, bedeutete das größte Hindernis auf dem Weg einer Annäherung zur parlamentarisch-demokratischen Ordnung Weimars. Unbeschadet auch der kirchenfreundlichen Bestimmungen der Weimarer Reichsverfassung teilten bis auf wenige Ausnahmen die Kirchentagsdelegierten der Stuttgarter Versammlung die Ansicht Julius Kaftans, der in diesem Zusammenhang von der ‚Religionslosigkeit' des Staates sprach, welche eine grundsätzliche Tendenz zur ‚Religionsfeindschaft' aufweise. Der Geistliche Vizepräsident des EOK machte keinen Hehl daraus, dass dieses Bedrohungspotential für Kirche und Christentum für die evangelische Kirche nur eine Konsequenz haben konnte: sie musste wieder ecclesia militans werden, die für die Aufrechterhaltung christlicher Sitte und Kultur solange eintrat, bis die Zeiten sich wieder geändert hätten und die alten Wechselbeziehungen von Staat und Kirche wiederhergestellt sein würden. Bezeichnend für die Zweckbestimmung und Ausrichtung des Kirchentages wie des Kirchenbundes war es, dass dieser programmatische Vortrag die abschließenden Verhandlungen über die Bundesverfassung auf der Stuttgarter Tagung von 1921 einleitete.

[1042] *Verhandlungen des 2. Deutschen Evangelischen Kirchentages 1921*, 252.

4.) Im Dienste der ‚streitenden Kirche' stehend, bildete der Kirchentag nach dem erklärten Willen seiner maßgeblichen Meinungsführer vordringlich ein ‚protestantisches
Bollwerk' und eine ‚evangelische Einheitsfront' gegen den ‚religionslosen Staat'. Teilweise sah man in ihm und dem Kirchenbund sogar das dem Wesen des Protestantismus entsprechende Pendant zur katholischen Zentrumspartei verwirklicht. Diese
strukturell-ideologische Maßgabe äußerte sich wesentlich in dem Bemühen um ein
möglichst geschlossenes Erscheinungsbild der einzelnen Tagungen. Nicht als ‚parlamentarischer Sprechsaal', sondern als ‚die Stimme des deutschen Protestantismus'
sollte der Kirchentag nach außen treten. Konsequent verlegte man nach den Erfahrungen des Dresdener Kirchentages, in dem es noch zu heftigen Auseinandersetzungen
und umkämpften Abstimmungen über den innerkirchlichen Neubau gekommen war,
die Debatten weitgehend in die nicht öffentlichen Ausschusssitzungen, nach Vorträgen oder dem Verlesen von Kundgebungen entfiel zumeist die Aussprache.[1043] Es
verwundert daher nicht, wenn gerade von theologisch liberaler Seite Kritik an derart „ermüdenden und sinnabstumpfenden Vollversammlungen" geübt wurde.[1044] Die
Kosten für die Ausrichtung eines Kirchentages sah man durch „solche rein repräsentativen Veranstaltungen" kaum gerechtfertigt. Und angesichts der Nürnberger Vorkommnisse um Erwin Eckert stellte sich nicht nur für linke, mit dem religiösen Sozialismus sympathisierende Protestanten die Frage: „Wo ist die Einheit des evangelischen Deutschlands, wenn man sie in Aussprachen zu erproben nicht wagen darf oder
möchte?"[1045] Als Alternative zu den Kirchentagen erwog Arthur Titius bereits 1920
turnusmäßig stattfindende Zusammenkünfte aller freien volkskirchlichen Vereinigungen mit dem Verbandsprotestantismus. Damit griff er eine Möglichkeit auf, die dreißig
Jahre später in die Wirklichkeit umgesetzt werden sollte.[1046] Die Notwendigkeit einer
solchen „Heerschau der Evangelischen" hing für Titius ganz wesentlich von der weiteren Entwicklung der Kirchentage ab. Diese gleichsam vorwegnehmend mutmaßte er:
„Verkümmern die Kirchentage oder werden sie durch die Erledigung von Rechts- und
Verwaltungsgeschäften erdrückt, so wird es unabweisbare Pflicht sein, Tage zu schaffen, in denen inoffiziell aber lebendig an die Seele des deutsch-evangelischen Volkes
gerührt und alle wichtigen, ob auch heiklen Grund- und Tagesfragen mit Offenheit
und heiligem Ernst behandelt werden. Zu wünschen ist freilich, dass für allgemei-

---

[1043] Im Hinblick auf den Dresdener Kirchentag stellte der konservative Gemeinschaftsvertreter Bunke nach dem Verlauf des zweiten (vorläufigen) Kirchentages befriedigt fest: „Damals [sc. 1919 in
Dresden] wehte der Revolutionsgeist noch in den Kirchentag hinein. Diesmal [sc. 1921 in Stuttgart]
war der kirchliche Geist von vornherein vorherrschend. Wir begrüßen das als willkommenen Fortschritt." *Der Reichsbote* vom 17. September 1921. Dieser ‚Fortschritt' verdankte sich hauptsächlich
der veränderten Tagungs- und Geschäftsordnung des Kirchentages.

[1044] Vgl. u.a. den Artikel von Johannes Kübel über den Nürnberger Kirchentag, in: *CW*, Nr. 14 vom 19.
Juli 1930, 692.

[1045] Hans von Soden, *„Der Deutsche Evangelische Kirchenbund"*, 317.

[1046] Zur Gründung der Kirchentage als einer Laienbewegung, wie sie seit 1949 bis zur Gegenwart besteht, sei noch einmal verwiesen auf die Studie von Dirk Palm, *Wir sind doch Brüder": Der Evangelische Kirchentag und die Deutsche Frage 1949–1961*, Göttingen 2002. S.o. Seite 11, Anm. 1.

ne Volkskirchentage kein Raum und Bedürfnis bleibt, weil die Kirchentage selbst zu echten Volkskirchentagen sich auswachsen."[1047]

Solche Äußerungen zeigen, wie hoch der Preis war, den man für die allgemein favorisierte Strategie und das Klima der Kirchentage 1919–1930 zahlte. Sie legen darüber hinaus den Finger in die Wunde der ungenügenden Reife des im Kirchentag repräsentierten Protestantismus, sich auf ein pluralistisches Gesellschaftskonzept einzulassen. Denn die im Binnenbereich der Kirchentage geltende Devise einer „closed-front church" (Daniel R. Borg) mit ,paradeförmig' aufgezogenen Verhandlungen ist letztlich nur sinngemäßer Ausdruck dafür,[1048] dass man auch nach außen keine Abstriche an seinem sittlich-kulturellen Hegemonialanspruch zu machen imstande war. Auch auf die Kirchentage trifft in erheblichem Maße zu, was Martin Greschat allgemein formuliert: „Die [sc. evangelische] Kirche wurde somit zu einer Partei neben anderen – freilich zu einer für die Weimarer Republik so typischen Weltanschauungspartei, beanspruchte diese Kirche doch nach wie vor die alleinige Führung auf sittlich-kulturellem Gebiet."[1049] Selbst wenn man die durchaus vorhandenen verhaltenen Versuche einer Annäherung an die neuen politischen und gesellschaftlichen Realitäten in Rechnung stellt – die Soziale Botschaft des Betheler Kirchentages etwa bekundete „volles Verständnis" für die Not der Arbeiterschaft und bekräftigte darüber hinaus ausdrücklich die Legitimität gewerkschaftlicher Zusammenschlüsse; die Vaterländische Kundgebung von 1927 rief zum Dienst am Staatsganzen nach „bestem Wissen und Gewissen" auf – ändert dies grundsätzlich nichts an der Weigerung der erdrückenden Mehrheit auf den Kirchentagen, die Rolle der Kirche unter den veränderten Verhältnissen neu zu definieren. Nach Kräften sträubte man sich gegen die Einsicht, dass es nun nicht darum ging, die neue Aufgabe der Kirche im ,religionslosen', sondern im bürgerlich-demokratischen Staat zu bestimmen. Dabei war dem deutschen Protestantismus so viel Lagebewusstsein zuzutrauen, dass er anders als im Kaiserreich nicht mehr länger selbstverständliche und weithin unangefochtene Hoheitsmacht alten Stils sein konnte, welche öffentliche moralische Standards setzte und über deren Einhaltung wachte. Jochen Jacke spricht in Anbetracht des sich nach 1918 rasch vollziehenden sozio-kulturellen Wandels, der im Grunde auf eine pluralistische und säkularisierte Gesellschaft hinauslief, zu Recht von einem „auffälligen Mangel an Realitätsbezogenheit",[1050] die den Protestantismus dieser Zeit gekennzeichnet habe.

5.) In erster Linie sind die Gründe dafür in dem wenig demokratieverträglichen Leitbild von Volkskirche als einer „volkserzieherischen Macht ersten Ranges" zu suchen,[1051] an dem man angesichts des schmerzlichen Tatbestandes, in eine „mehr

---

[1047] A. Titius, „Zur Volkskirchenbewegung", in: *Das Evangelische Deutschland* (März 1920), 208 f, zit. nach G. Mehnert, *Evangelische Kirche und Politik 1917–1919*, 123 f.

[1048] Zur Kritik an einer solchen Inszenierung des Kirchentages s.o. Seite 139, Anm. 501.

[1049] Martin Greschat, „*Die Nachwirkungen des Stoeckerschen Antisemitismus in der Weimarer Republik*", 97.

[1050] Jochen Jacke, *Kirche zwischen Monarchie und Republik*, 328.

[1051] Jacob Schoell, Art. „*Volkskirche*", 1661.

oder weniger hoffnungslose Oppositionsstellung" gedrängt zu sein,[1052] umso beharr-
licher festhielt. Unzureichend ist es jedoch, den hohen Effizienzgrad der neurealistischen Kirchlichkeit samt ihrer religiös fundierten Kulturprogrammatik lediglich als
natürlich gesteigerte Abwehrreaktion auf den Außendruck zu verstehen, zumal dieser aufs Ganze gesehen immer noch „erträglich" blieb.[1053] Entscheidend war daneben die weitgehende personelle Kontinuität in der Zusammensetzung der kirchlichen Leitungsgremien über die Zäsur von 1918 hinweg, wie sie sich insbesondere
im Kirchentag zeigte. Damit waren zugleich die im deutschen Protestantismus der
Kaiserreichszeit dominanten kirchenpolitischen und politischen Richtungen wie auch
dessen soziale Schichtung zum großen Teil in die neue Zeit prolongiert. Die Wahl
des überzeugten Monarchisten Freiherr Wilhelm von Pechmann sowie des Generalleutnants a.D. Graf Vitzthum von Eckstädt in das Amt des Kirchentagspräsidenten
wurde „geradezu ein Symbol der Kräftekonstellation" für den deutschen Protestantismus der Weimarer Zeit.[1054] Dass auf den Kirchentagen „im besten Falle noch eine Mittelstandskirche" repräsentiert war,[1055] spiegelte sich nicht zuletzt wider in der
konservativ-bürgerlich, ja deutschnational bestimmten Signatur, welche die Beschlüsse und Verlautbarungen der Kirchentage vorwiegend trugen. Hingegen waren diejenigen Parteien und gesellschaftlichen Kräfte, die nach der Revolution von 1918 das
öffentliche Leben bestimmten, auf den Kirchentagen wenig bis gar nicht vertreten:
Sozialdemokraten und Liberale, in berufständischer Sicht der Arbeiterstand. Derart
isoliert von den neuen Hauptträgern politischer und gesellschaftlicher Gestaltung erschienen die Auseinandersetzungen mit der neuen, für viele Kirchentagsdelegierte so
fremden Zeit höchst fragwürdig und eine Affinität zu realitätsfernen, rückwärtsge-
wandten theologischen wie politischen Optionen umso naheliegender.[1056]
In der Tat drohte die Kirche, wie Ernst Troeltsch in Rückschau auf den Dresdener
Kirchentag 1919 mutmaßte, zu einer „Burg geistiger Gegenrevolution" zu werden.
Troeltsch wertete dies weder als bösen Willen noch als Mangel an Intelligenz, sondern sah darin vielmehr eine natürliche Folge der bisherigen politisch-sozialen Entwicklung. „Es konnte und kann nicht anders sein. Die Kirche war – zumeist in aller
Ehrlichkeit – der religiöse Begleiter der bürokratisch-militärischen Monarchie und
der Gutsherrschaft. Sie ist heute die eigentlich konservative Musik, worin die vie-

---

[1052] R. Smend, „Protestantismus und Demokratie", 299.

[1053] J.-C. Kaiser, „Die Formierung des protestantischen Milieus. Konfessionelle Vergesellschaftung im
19. Jahrhundert", 284.

[1054] R. Gaede, Die Stellung des deutschen Protestantismus zum Problem von Krieg und Frieden während
der Zeit der Weimarer Republik, 417.

[1055] Otto Zänker, „Kirche und Volksmission", in: Die Reformation, Nr. 18 vom 18. September 1932, 137,
zit. nach R. v. Thadden, „Kirchengeschichte als Gesellschaftsgeschichte", 606.

[1056] Auf die Weimarer Kirchentage trifft zu einem gewissen Maße die allgemeine Feststellung Kurt Nowaks zu: „Verluste an politischer und gesellschaftlicher Mitsprache erzeugen Kompensationen, die
dann quer zu den Realitäten stehen können. Sie ziehen überdies Defizite an Sachkompetenz nach
sich." Vgl. K. Nowak, „Allgemeine Zeitgeschichte und kirchliche Zeitgeschichte", in: Ders./Anselm
Doering Manteuffel (Hgg.), Kirchliche Zeitgeschichte. Urteilsbildung und Methoden, Stuttgart 1996,
73.

len, völlig machtlosen Liberalen der paar Städte nichts ändern können."[1057] Diese
Äußerungen belegen, wie schwer das Erbe der Vergangenheit war, mit dem der deutsche Protestantismus an der Schwelle zu einer neuen Zeit stand. Dadurch erscheinen
zum einen Thesen von einem verpassten Neuanfang und vergebenen Chancen des
kirchlichen Protestantismus im Umbruch von 1918/19 als allzu vordergründig.[1058]
Die weiterhin bestehenden mentalen Bindungen an die Zeit eines noch preußisch-protestantisch dominierten Deutschlands erklären andererseits zu einem guten Teil
auch, warum es in der Weimarer Republik zu einer starken Politisierung hauptsächlich der evangelischen Geistlichen kam, welche die Formierung eines protestantischen
Milieus ermöglichte.[1059]
Solange nämlich die Öffentlichkeit der Mehrheitsgesellschaft wie in der Kaiserreichszeit noch vorwiegend evangelisch geprägt war und in der staatlichen Administration
gebildete protestantische Laien selbstverständlich die Interessen ihrer Kirche vertraten, bestand für eine Politisierung evangelischer Geistlicher oder führender Synodaler kein Anlass. In einem weltanschaulich neutralen Staat änderten sich diese gesellschaftspolitischen Rahmenbedingungen. Überzeugend hat Karl-Wilhelm Dahm
für die Zeit der Weimarer Republik nachgewiesen, wie stark der mit den Traditionsbrüchen von 1918 zusammenhängende institutionelle Stabilitätsverlust des evangelischen Kirchentums auf die mentale Verfassung seiner theologischen Führungsschicht zurückwirkte. Der Verlust des für die Kaiserreichszeit charakteristischen protestantischen Sekuritätsgefühls führte besonders im Pfarrerstand zu einer erheblichen sozialen Positionsunsicherheit und einem tiefen Krisenbewusstsein. Vor diesem
Hintergrund sahen sich die kirchlich-theologischen Akteure dazu herausgefordert,
sich geschlossen zu formieren und politisch zu engagieren. Adolf Stoecker, dessen
theologisch-politischem Erbe sich auch zahlreiche Protagonisten des Kirchentages
weiterhin verpflichtet wussten, hatte seit Ende der 1870er Jahre die Notwendigkeit eines weltanschaulich geschlossenen und politisch aktiven Protestantismus immer wieder eingefordert. Sein letzten Endes fehlgeschlagenes Projekt einer protestantischen
Parteigründung trug der nachträglichen Popularität seines Konzeptes keinen Schaden
ein.[1060]
In Anbetracht dieser mit 1918 einsetzenden Entwicklung kann auch der Kirchentag
zugespitzt formuliert als institutionelle Ausformung einer protestantischen Lagerbildung bezeichnet werden. Als synodale Institution war dieses Bundesorgan vermittelnde Instanz zwischen der geistigen und sozialen Realität seiner Trägergruppen. Diese

---

[1057] Vgl. Ernst Troeltsch, „Die Kundegebungen des Dresdener Kirchentages", in: *Die Hilfe* vom 9. Oktober 1919, 41.

[1058] Vgl. etwa diesbezüglich K. Kupisch, *Die deutschen Landeskirchen im 19. und 20. Jahrhundert*, 101 ff.

[1059] Zum folgenden vgl. J.-C. Kaiser, *„Die Formierung des protestantischen Milieus. Konfessionelle Vergesellschaftung im 19. Jahrhundert"*, 283 ff bzw. K.-W. Dahm, *Pfarrer und Politik*.

[1060] Im Hinblick auf die weitere Entwicklung des deutschen Protestantismus nach 1918 bezeichnet ihn Daniel R. Borg daher nicht zu Unrecht als „the apostle to the Weimarians". Vgl. *„Volkskirche, ‚Christian State' and the Weimar Republic"*, 206. Zum Wirken Stoeckers wie zu seinem Einfluss auf den deutschen Protestantismus nach 1918 s.a. die Beiträge von Martin Greschat, Günter Brakelmann und Werner Jochmann, in: Günter Brakelmann (Hg.), *Protestantismus und Politik: Werk und Wirkung Adolf Stoeckers*, Hamburg 1982.

entstammten entsprechend den Kräfteverhältnissen in den Landessynoden zum überwältigenden Teil dem konservativ-national gesonnenen Mehrheitsprotestantismus der Kaiserreichszeit, primär waren es Pfarrer, aber auch etliche Verbandsvertreter, vereinzelt Konsistorialbeamte. Sofern sie sich nicht ohnehin schon parteipolitisch betätigten, was in der Regel einem Engagement in der DNVP gleichkam, begriffen nicht wenige von ihnen den Kirchentag als protestantisches Äquivalent zur Zentrumspartei. Als Organ, welches das evangelische Kirchenvolk – dieses machte immerhin zwei Drittel der Reichsbevölkerung aus – repräsentierte, sahen sie in ihm eine geeignete Plattform, protestantische Wertvorstellungen und Interessen öffentlichkeitswirksam zu vertreten. Mit der Sicherstellung institutioneller Belange der Kirche verfolgte man nicht zuletzt die Stärkung der eigenen sozialen Position. Nach dem Selbstverständnis der evangelischen Führungsschicht war sie allerdings *vor allem* die Gewähr dafür, dass die Kirche ihrer nationalen Verantwortlichkeit, d.h. ihrem universellen volkskirchlichen Auftrag gerecht werden konnte. Die Struktur und Geschäftsordnung des Kirchentages leisteten diesem Ansinnen nachhaltig Vorschub.

Am Ende einer solchen Zusammenfassung stellt sich in Abwandlung des berühmten Dictums Nietzsches durchaus die Frage nach dem ‚Nutzen und Nachteil der Kirchengeschichte für das Leben'.[1061] M.a.W. was leistet eine solche kirchenhistoriographische Studie, ja was kann sie überhaupt leisten in bezug auf aktuelle kirchliche Fragestellungen? Der Anspruch an die hier vorgelegte Analyse der Kirchentage erscheint vom wissenschaftstheoretischen Standpunkt aus betrachtet als überhöht, wenn man von ihr neben dem Versuch einer historisch-kritischen Bestandsaufnahme sogleich einen „Beitrag zur Selbstprüfung der Gegenwart" erwartet, „indem sie klären hilft, welche theologischen Traditionen, innerkirchlichen Handlungsmuster und Entscheidungskriterien aus der jüngsten Vergangenheit fortwirken und wo (und warum!) es Abbrüche, Interdependenzen und Neuansätze gibt".[1062] Denn es bleibt äußerst fraglich und ist methodisch zudem problematisch, aus der Beschäftigung mit diesem Gegenstand kirchlicher Zeitgeschichte heraus normative Aussagen für die Gestaltung der Kirche von heute abzuleiten, wie es eine Forderung nach Selbstprüfung der Gegenwart impliziert. Vorsichtiger sollte man daher besser von „ein[em] Stück Hilfe" sprechen „ohne den damit verbundenen Anspruch, dass die Ergebnisse der kirchlichen Zeitgeschichte unvermittelt in Kirchenpolitik und kirchlich konditionierter öffentlicher Meinung Wirkung zeigen".[1063]

Es steht daher zu hoffen, dass es dieser Studie wenigstens ansatzweise gelungen ist, ein solches Stück Hilfe, d.h. gewisse historisch-rekonstruierbare Orientierungspunkte

---

[1061] Friedrich Nietzsche, „Unzeitgemäße Betrachtungen. Zweites Stück: vom Nutzen und Nachteile der Historie für das Leben", in: Ders., *Sämtliche Werke. Kritische Studienausgabe in 15 Bänden*, hg. von Giorgio Colli und Mazzino Montinari, München – Berlin – New York 1980, Bd. 1, 243-334. Die Anlehnung an Nietzsche ist dem anregenden Aufsatz von Albrecht Beutel entnommen: „Vom Nutzen und Nachteil der Kirchengeschichte. Begriff und Funktion einer theologischen Kerndisziplin", in: *Zeitschrift für Theologie und Kirche* 94. 1997, 84-110.

[1062] So jedenfalls der Anspruch J. Mehlhausen, *„Zur Methode kirchlicher Zeitgeschichtsforschung"*, 515.

[1063] J.-C. Kaiser, *„Kirchliche Zeitgeschichte. Ein Thema ökumenischer Kirchengeschichtsschreibung"*, 205.

für gegenwärtige Fragen kirchlicher Institutionsbildung zu bieten. Ihr Hauptanliegen war es, am Beispiel der Deutschen Evangelischen Kirchentage 1919–1930 zu zeigen, welche ungeheuren Probleme der deutsche Protestantismus dieser Epoche damit hatte, seine gemeinsamen synodalen Leitungsstrukturen und deren inhaltliche Positionierung auf die veränderte Wirklichkeit von Weimar adäquat zu beziehen. Und dort, wo eine positive und durchaus zukunftsfähige Anknüpfung partiell erfolgte, stand sie – nach dem Willen der Mehrheit – im Dienst einer auf breitere Basis gestützten Propagierung häufig vormoderner gesellschaftlicher Normen.

Dass die evangelische Kirche das Recht, ja die Pflicht hat, ihre ethischen Positionen öffentlichkeitswirksam zu vertreten und dadurch zugleich ihr politisches und gesellschaftliches Wächteramt auszuüben, sollte unbestritten sein. Unter dieser Prämisse sind auch dabei sicherlich mitschwingende institutionelle und kirchlich-interessenpolitische Aspekte legitim. Die entscheidende Frage lautet daher nicht, ob, sondern wie evangelisches Kirchentum seine soziale und politische Verantwortung wahrnimmt. Unter den Bedingungen einer zunehmend sich weltanschaulich und sozial ausdifferenzierenden Gesellschaft kann es seine Rolle nur dann angemessen ausfüllen, wenn es Abstand nimmt von sittlich-kulturellen Absolutismen und Hegemonieansprüchen. Angesichts der kaum zu umgehenden Dialektik der Moderne steht dies nicht zuletzt im Interesse der Durchsetzungskraft kirchlicher Positionen selbst. Denn „[d]as absolut Gemeinte wird um so partikularer, je absoluter es seinen Anspruch erhebt".[1064]

[1064] K. Nowak, „*Wie theologisch ist die Kirchengeschichte? Über die Verbindung und die Differenz von Kirchengeschichtsschreibung und Theologie*", 473.

Quellen und Literatur

I. Ungedruckte Quellen/Archive

Evangelisches Zentralarchiv, Berlin (EZA)

Bestand 1 – Vorgängereinrichtungen der EKD

A2/18 Sitzungsprotokolle des DEKA Bd. 6 (1.1917–12.20)
A2/19 Sammlung (1.1920–5.1929)
A2/20 dgl. Bd. 7 (1.1921–12.22)
A2/141 Soziale Fragen (6.1919–4.1924)
A2/142 Soziale Fragen (5.–12.1924)
A2/143 Soziale Fragen (1.1925–12.1926)
A2/144 Soziale Fragen (1.1927–4.1928)
A2/145 Soziale Fragen (5. 1928–3.1929)
A/2 146 Soziale Fragen (4.1929–3.1930)
A/2 147 Soziale Fragen (4.1930–12.1930)
A/2 148 Soziale Fragen (1.1931–12.1931)
A2/237 Bildung eines Schulausschusses (9.1919–2.1933)
A2/238 Schulwesen, Universitäten, Volksbildung – Allgemeines (1907–1920) Bd.1
A2/239 dgl. (1.1921–12.1922) Bd.2
A2/253 Reichsschulgesetz Bd. 1 (2.1924–12.1925)
A2/254 Reichsschulgesetz Bd. 2 (1.1926–10. 1927)
A 2/343 Rechtsausschuss: Allgemeines Bd. 1 (1904–1930)
A3/30 2. Kirchentag, Stuttgart – Handakte Dr. Schreiber
A 3/43 Kasseler Vorkonferenz (April 1918–Mai 1919)
A 3/44 Material für die Verhandlungsniederschrift über die Vorkonferenz
A 3/45 Arbeitsausschuss zur Vorbereitung eines Kirchentages: Allgemeines
A 3/46 dgl. Protokolle und Vorlagen der Sitzungen (Mai 1919–Juni 1919)
A 3/50 dgl. Allgemeine Zusammenschlussfragen
A3/51 dgl. Wahlordnung für den künftigen Kirchentag
A 3/52 dgl. Aufgaben und Zuständigkeiten des Kirchentages
A 3/53 dgl. Synodalverfassung und kirchliche Wahlen in den Landeskirchen
A 3/54 dgl. Erhaltung des christlichen Charakters der Volksschule etc.
A 3/55 Schutz der Minoritäten durch Lockerung des Parochialzwanges
A 3/56 Übernahme der Auslandsdiasporapflege durch den künftigen Kirchentag
A 3/57 Pressestimmen zur Vorbereitung des Kirchentages
A 3/58 Verhandlungen des 1. Deutschen Evangelischen Kirchentages zu Dresden 1919

A 3/60 Presseberichte aus Tageszeitungen

A 3/61 dgl.

A 3/62 dgl.

A3/66 Vorbereitung des zweiten Kirchentages Bd. 1

A3/67 dgl. Bd. 2

A3/68 Verhandlungen des 2. Deutschen Evangelischen Kirchentages zu Stuttgart 1921

A3/69 Handakte Dr. Böhme betr. Vorlagen des Rechtsausschusses des DEKA an den Kirchentag zur Kirchenbundgründung (9.1919–7.1920)

A3/72 Vorverhandlungen zum Kirchenbundesvertrag (9.1919–12.1921)

A3/ 73 Bundesvertragsschluß, Wittenberg 25.5.1922 (1.1922–12.1922)

A3/74 Schriftwechsel zur Rechtssphäre des Bundesvertrages (1.1923–10.1932)

A3/96 Geschäftsordnung des Kirchentages (8.1923–4.1928)

A3/97 dgl. betr. Kompetenzen des Kirchentagspräsidenten (10.1926–1.1937)

A3/ 97 dgl. Mitglieder: Synodale Gruppe (1. Wahlperiode) (12.1922–4.1933)

A3/110 Vorbereitung des ersten verfassungsmäßigen Kirchentages durch den Kirchenausschuss Bd. 1

A3/111 dgl. Bd. 2

A3/112 Meldungen zur Teilnahme am Kirchentag

A3/113 Durchführung des Kirchentages in Bethel 14.–17.6. 1924

A2/22 Anlage zum Protokoll der DEKA-Sitzungen Bd. 9 (7.1924–1.1926)

A3/115 Pressestimmen zum Kirchentag

A3/116 dgl.

A3/117 dgl. Kirchliche Presse

A3/118 Vorbereitung des zweiten verfassungsmäßigen Kirchentages durch den DEKA (5.1926–5.1927)

A3/119 Vorbereitung des zweiten verfassungsmäßigen Kirchentages durch den DEKA (6. 1927–12.1928)

A3/125 Petitionsausschuss des Kirchentages

A3/126 Auslandsausschuss des Kirchentages

A3/127 Sozialer Ausschuss

A3/128 Wahlausschuss

A3/129 Finanzausschuss

A3/130 Rechtsausschuss

A3/131 Tätigkeitsausschuss

A3/132 Verhandlungen des Kirchentages zu Königsberg (4.1926–12.1927)

A3/133 Verhandlungen/Handakte Gisevius

A3/134 Verhandlungen (1.1928–1.1929)

A3/135 Vorbereitungen der Konfessionsfeier in Augsburg und des 3. Kirchentages Bd. 1

A3/136 dgl. Bd. 2 (1.1930–3.1930)

A3/137 dgl. Bd. 3 (4.1930–5.1930)

A3/138 dgl. Bd. 4 (5.1930–6.1930)

A3/139 dgl. Bd. 5 (11.1929–3.1930)

A3/141 Durchführung der Konfessionsfeier am 24./25.6.1930

A3/142 Drucksachen und Presseberichte zur Konfessionsfeier
A3/144 Protokollentwurf der Kirchentagsverhandlungen zu Nürnberg
A3/145 1. Reinschrift der Verhandlungsprotokolle
A3/146 Protokoll der Verhandlungen des Kundgebungsausschusses
A3/147 Nacharbeit zum Kirchentag zwecks Veröffentlichungen
A3/148 dgl. und Versand der Festschrift über die Konfessionsfeier
A3/151 Besprechung der Verhandlungen des Kirchentages 1930 in Zeitschriften

Bestand 623 – Nachlass Schreiber
Nr. 52 Vorbereitungen eines allg. deutschen ev. Kirchentages (11.1918–12.18) Bd. 1
Nr. 53 dgl. Bd. 2 (1.1919)
Nr. 54 dgl. Bd. 3 (2.1919)
Nr. 55 dgl. Bd. 4 (3.1919–5.1919)
Nr. 56 dgl. Bd. 5 (2.1919)
Nr. 57 dgl. Bd. 6 (3.1919–5.1919)
Nr. 58 dgl. Bd. 7 Zcitungsausschnitte (11.1918–5.1919)
Nr. 59 Deutscher Ev. Kirchentag Dresden 1919 (1919–1920)
Nr. 60 Deutscher Ev. Kirchentag Stuttgart 1921 (1921–1922)

Archiv des Diakonischen Werkes, Berlin (ADW)

CA 165 IV Konferenz der Deutschen Evangelischen Arbeitsorganisationen (1916–
    1918)
CA 165 V dgl. (1919–1928)
CA 866 a Austauschdienst des Ev. Pressverbandes für Deutschland: Die Kirchenfrage
    (1918–1921)

Hauptarchiv der von Bodelschwinghschen Anstalten, Bielefeld-Bethel

2/71 – 12 bis 2/71 – 18 Vorbereitung des 1. Deutschen Ev. Kirchentages
2/71 – 17 bis 2/71 – 22b Sitzungsunterlagen und Presseberichte

Archiv des Evangelisch-Sozialen Kongresses, Leipzig

A II/7 Akten des Evangelisch-Sozialen Kongresses (1927)

Landeskirchliches Archiv, Nürnberg

Bestand 63 – Bayerisches Dekanat Augsburg
Nr. 553–562 400-jähriges Jubiläum der Confessio Augustana in Augsburg 1930
Nr. 585–601 dgl. Zeitungsausschnitte zur Augustanafeier

Bestand XXIII – Nachlass Pechmann
Nr. 18 Allgemeines aus deutschen Kirchen (1920–1932)

Nr. 26 Ökumenische und internationale Arbeit (Stockholm 1925)
Nr. 45 Briefwechsel mit Persönlichkeiten der ev. Kirche (1924/25)
Nr. 46 dgl. (1920–1932)

Landeskirchliches Archiv, Stuttgart

A/26 Nr. 324 Vorbereitung des Deutschen Evangelischen Kirchentages in Stuttgart
1921
D 1 Nr. 42,2 Nachlass Wurm

II. Akten- und Verhandlungspublikationen sowie sonstige Quellenveröffentlichungen

Abdruck der von der Conferenz von Gliedern und Freunden der luther. Kirche Deutschlands am 30ten und 31ten August 1848 in Leipzig angenommenen Sätze. I. Mittheilung, Leipzig 1848.

Die Verhandlungen der Wittenberger Versammlung für die Gründung eines deutschen evangelischen Kirchenbundes im September 1848, hg. von Christian Friedrich Kling, Berlin 1848.

Die Verhandlungen der kirchlichen October-Versammlung in Berlin vom 10. bis 12. October 1871, Berlin 1872.

Protokolle der deutschen evangelischen Kirchen-Conferenz im Mai und Juni 1872, Stuttgart o.J..

Die Verhandlungen des sechszehnten deutschen evangelischen Kirchentages und Congresses für die innere Mission zu Halle vom 1. bis 4. October 1872 Halle/S. 1872.

Protokolle der XXIV. Deutschen Evangelischen Kirchen-Konferenz 1900, Stuttgart 1900.

Protokolle der XXV. Deutschen Evangelischen Kirchen-Konferenz 1902, Stuttgart 1902.

Deutsche Evangelische Kirchen-Konferenz 1903, Stuttgart 1903.

Konferenz Deutscher Evangelischer Arbeitsorganisationen. Bericht über die Begründungsversammlung am 22. Februar 1916 zu Berlin, Berlin 1916.

Verhandlungen der Konferenz des Central-Ausschusses für Innere Mission. Cassel, 24.–26. Februar 1919, Hamburg 1919.

Niederschrift der Verhandlungen der Vorkonferenz zur Vorbereitung eines allgemeinen deutschen evangelischen Kirchentags. Cassel, 27.–28. Februar 1919, Berlin 1919.

Freie Besprechung über die gegenwärtige Lage der Kirche. Cassel, 28. Februar – 1. März 1919, hg. von August Wilhelm Schreiber, Berlin 1919.

Verhandlungen des Deutschen Evangelischen Kirchentages 1919. Dresden, 1.–5. September 1919, hg. vom Deutschen Evangelischen Kirchenausschuß, Berlin o.J..

Verhandlungen des 2. Deutschen Evangelischen Kirchentages 1921. Stuttgart, 11.–15. September, hg. vom Deutschen Evangelischen Kirchenausschuß, Berlin o.J..

Wormser Erinnerungsfeier Stuttgart, 15. September 1921. Im Anschluß an den Zweiten Deutschen Evangelischen Kirchentag veranstaltet vom Deutschen Evangelischen Kirchenausschuß, Wittenberg 1921.

Verhandlungen des ersten Deutschen Evangelischen Kirchentages 1924. Bethel-Bielefeld, 14.–17. Juli, hg. vom Deutschen Evangelischen Kirchenausschuß, Berlin o.J..

Verhandlungen des zweiten Deutschen Evangelischen Kirchentages 1927. Königsberg i. Pr., 17.–21. Juni, hg. vom Deutschen Evangelischen Kirchenausschuß, Berlin o.J..

Verhandlungen des dritten Deutschen Evangelischen Kirchentages 1930. Nürnberg, 26.–30. Juni, hg. vom Deutschen Evangelischen Kirchenausschuß, Berlin o.J..

Hosemann, Johannes, *Der Deutsche Evangelische Kirchenbund in seinen Gesetzen, Verordnungen und Kundgebungen*, Berlin 1932.

Zoellner, Wilhelm, *Die ökumenische Arbeit des Deutschen Evangelischen Kirchenausschusses und die Kriegsschuldfrage. Darlegungen und Dokumente*, Berlin 1931.

III. Zeitungen und Zeitschriften

Allgemeine Evangelisch-Lutherische Kirchenzeitung, Organ der Allgemeinen Evangelisch-Lutherischen Konferenz, hg. von Wilhelm Laible, Leipzig 51. Jg., 1918 ff (zitiert AELKZ).

Allgemeines Kirchenblatt für das evangelische Deutschland, Amtsblatt der Deutschen Evangelischen Kirchenkonferenz und des Deutschen Evangelischen Kirchenausschusses, seit 1922 des Kirchenbundes, Stuttgart 1852 ff. (zitiert AKED).

Das Evangelische Deutschland, Kirchliche Rundschau für das Gesamtgebiet des deutschen Evangelischen Kirchenbundes, hg. von August Hinderer, Berlin 1. Jg. 1924 ff.

Der Arbeitgeber. Zeitschrift der Vereinigung der deutschen Arbeitgeberverbände 1924–1932.

Deutsch-Evangelische Blätter. Zeitschrift für den gesamten Bereich des deutschen Protestantismus, begründet von Willibald Beyschlag, Berlin-Halle 1876 ff. (zitiert DEBL).

Deutsches Pfarrerblatt. Verbandsblatt der deutschen evangelischen Pfarrervereine, Essen 22. Jg., 1918 ff.

Die Christliche Welt, Wochenschrift für Gegenwartschristentum, hg. von Martin Rade, Marburg 32. Jg., 1918 ff (zitiert CW).

Die Hilfe, Wochenschrift für Politik, Literatur und Kunst, hg. von Friedrich Naumann, 24. Jg., 1918 ff.

Die Reformation. Deutsche Evangelische Kirchenzeitung für die Gemeinde, hg. von Ernst Bunke und Wilhelm Philipps, Berlin 17. Jg., 1920 ff.

Eiserne Blätter. Wochenschrift für Deutsche Politik und Kultur, hg. von Gottfried Traub, Berlin 1. Jg. 1919/20 ff.

Evangelische Kirchen-Zeitung, hg. von Ernst Wilhelm Hengstenberg, Berlin 1827 ff. (zitiert EKZ).

Evangelisch-Sozial, Mitteilungen des Evangelisch-Sozialen Kongresses.

Gotthard-Briefe, hg. von Joseph Gauger, Elberfeld 1. Jg., 1922 ff.

Kirchliches Jahrbuch für die evangelischen Landeskirchen Deutschlands, hg. von Johannes Schneider, Gütersloh 45. Jg., 1918 ff.

Kirchlich-Soziale Blätter, Monatsschrift für kirchliche Sozial- und Oeffentlichkeitsarbeit.

Licht und Leben, Evangelisches Wochenblatt., hg. von Joseph Gauger, Elberfeld, 30. Jg., 1918 ff.

Neue Evangelische Kirchenzeitung. Auf Veranstaltung des deutschen Zweiges des Evangelischen Bundes, hg, von Hermann Messner, Berlin 1866 ff. (zitiert NEKZ).

Preußische Kirchenzeitung, Kirchenpolitisches Halbmonatsblatt für die Mitglieder der Volkskirchlichen Evangelischen Vereinigung, hg. von Otto Raak, Berlin 14. Jg. 1918 ff.

Protestantische Kirchenzeitung, hg. von H. Krause, Berlin 1865 ff. (zitiert PKZ).

Sonntagsblatt des arbeitenden Volkes, hg. vom Bund der religiösen Sozialisten Deutschlands.

Volkskirche. Halbmonatsblatt für den Aufbau und Ausbau unserer evangelischen Kirche hg. von Otto Everling, Berlin 1. Jg. 1919.

Zwischen den Zeiten. Zweimonatsschrift, hg. von Karl Barth, Friedrich Gogarten u.a., München 1. Jg. 1923 ff.

IV. Dokumentationen, Primär- und Sekundärliteratur

Adam, Alfred, *Nationalkirche und Volkskirche im deutschen Protestantismus. Eine historische Studie*, Göttingen 1938.

Albrecht, Christian, Art. „Vormärz", in: *TRE* XXV, 291-301.

Balzer, Friedrich-Martin, *Klassengegensätze in der Kirche. Erwin Eckert und der Bund der religiösen Sozialisten*, Köln 1973.

Ders., „Kirche und Klassenbindung in der Weimarer Republik", in: Spiegel, Yorick (Hg.), *Kirche und Klassenbindung*, Frankfurt 1974, 45-65.

Bamberg, Albert von, *Der Deutsche Evangelische Kirchenbund*, Berlin 1898.

Bammel, Ernst, *Die evangelische Kirche in der Kuklturkampfaera. Eine Studie zu den Folgen des Kulturkampfes für Kirchentum, Kirchenrecht und Lehre von der Kirche*, Diss. theol. masch.schr., Bonn 1949.

Ders., „Die Oktoberversammlung des Jahres 1871", in: „ . . . und fragten nach Jesus". *Beiträge aus Theologie, Kirche und Geschichte. Festschrift für Ernst Barnikol zum 70. Geburtstag*, Berlin/Ost 1964, 251-267.

Barth, Karl, „Quousque tandem ...?", in: *Zwischen den Zeiten* 8. 1930, 1-6. Wiederabgedruckt in: Kupisch, Karl (Hg.), *Der Götze wackelt. Zeitkritische Aufsätze, Reden und Briefe von 1930 bis 1960*, Berlin 1961, 27-32.

Ders., „Die Not der evangelischen Kirche", in: *Zwischen den Zeiten* 9. 1931, 89-122. Wiederabgedruckt in: Kupisch, Karl (Hg.), *Der Götze wackelt. Zeitkritische Aufsätze, Reden und Briefe von 1930 bis 1960*, Berlin 1961, 33-62.

Baumgarten, Otto, *Meine Lebensgeschichte*, Tübingen 1929.

Ders., *Der Aufbau der Volkskirche*, Tübingen 1920.

Baur, Wilhelm, Art. „Kirchentag", in: *RE*[2] X, 1-6.

Berner, Max, *Die rechtliche Natur des Deutschen Evangelischen Kirchenbundes*, Berlin 1930.

Besier, Gerhard, *Religion, Nation, Kultur. Die Geschichte der christlichen Kirchen in den gesellschaftlichen Umbrüchen des 19. Jahrhunderts*, Neukirchen 1992.

Ders., *Preussische Kirchenpolitik in der Bismarckära. Die Diskussion in Staat und Evangelischer Kirche um eine Neuordnung der kirchlichen Verhältnisse Preußens zwischen 1866 und 1872*, Berlin – New York, 1980.

Ders., *Krieg – Frieden – Abrüstung. Die Haltung der europäischen und amerikanischen Kirchen zur Frage der deutschen Kriegsschuld 1914–1933. Ein kirchenhistorischer Beitrag zur Friedensforschung und Friedenserziehung*, Göttingen 1982.

Ders., „Das Luthertum innerhalb der Preußischen Union (1808–1918). Ein Überblick", in: Hauschild, Wolf-Dieter (Hg.), *Das deutsche Luthertum und die Unionsproblematik im 19. Jahrhundert*, Neukirchen 1991, 131-152.

Ders., „Ernst Hermann von Dryander. Ein Hofprediger an der Zeitenwende", in: Ders., *Die evangelische Kirche in den Umbrüchen des 20. Jahrhunderts. Gesammelte Aufsätze, Bd. 1*, Neukirchen 1994, 3-12.

Ders., „Die Oktoberversammlung 1871 und die nationalkirchliche Einheit", in: Rogge, Joachim/Ruhbach, Gerhard (Hgg.), *Die Geschichte der Evangelischen Kirche der Union, Bd. 2. Die Verselbständigung der Kirche unter dem königlichen Summepiskopat (1850–1918)*, Leipzig 1994, 181-196.

Ders., „Der Kulturkampf in Preußen und die Landeskirche", in: Rogge, Joachim/Ruhbach, Gerhard (Hgg.), *Die Geschichte der Evangelischen Kirche der Union, Bd. 2. Die Verselbständigung der Kirche unter dem königlichen Summepiskopat (1850–1918)*, Leipzig 1994, 196-216.

Ders., „Die Beilegung des Kulturkampfes und die Gründung des Evangelischen Bundes (1878–1886)", in: Rogge, Joachim/Ruhbach, Gerhard (Hgg.), *Die Geschichte der Evangelischen Kirche der Union, Bd. 2. Die Verselbständigung der Kirche unter dem königlichen Summepiskopat (1850–1918)*, Leipzig 1994, 247-257.

Ders./Rogge, Joachim (Hgg.), *Die Geschichte der Evangelischen Kirche der Union, Bd. 3. Trennung von Staat und Kirche. Kirchlich-politische Krisen. Erneuerung kirchlicher Gemeinschaft (1918–1992)*, Leipzig 1999.

Ders./Ulrich, Hans G., „Von der Aufgabe kirchlicher Zeitgeschichte – ein diskursiver Versuch", in: *Evangelische Theologie* 51. 1991, 169-182.

Bethmann-Hollweg, August, *Manuscript für Freunde zum April 1848 verschickt. Vorschlag einer evangelischen Kirchenversammlung im laufenden Jahr 1848*, Bonn 1848.

Beutel, Albrecht, „Vom Nutzen und Nachteil der Kirchengeschichte. Begriff und Funktion einer theologischen Kerndisziplin", in: *Zeitschrift für Theologie und Kirche* 94. 1997, 84-110.

Beyer, Hans, „Der ‚religiöse Sozialismus' in der Weimarer Republik", in: *Deutsche Zeitschrift für Philosophie* 8, 1960, 1464-1482.

Beyer, Hermann Wolfgang, *Die Geschichte des Gustav Adolf-Vereins in ihren kirchen- und geistesgeschichtlichen Zusammenhängen*, Göttingen 1932.

Beyreuther, Erich, *Geschichte der Diakonie und Inneren Mission in der Neuzeit*, Berlin [3]1983.

Beyschlag, Willibald, *Aus meinem Leben, Bd. 2*, Halle/S. 1899.

Ders., *Zur Entstehungsgeschichte des Evangelischen Bundes*, Berlin 1926.

Bezzel, Hermann, „Neujahrsbetrachtung", in: *Neue Kirchliche Zeitschrift* 27, 1916, 1-21.

Blaschke, Olaf, „Das 19. Jahrhundert: Ein zweites konfessionelles Zeitalter?", in: *Geschichte und Gesellschaft* 26. 2000, 38-75.

Blessing, Werner, „Kirchengeschichte in historischer Sicht. Bemerkungen zu einem Feld zwischen den Disziplinen", in: Doering-Manteuffel, Anselm/Nowak, Kurt (Hgg.), *Kirchliche Zeitgeschichte. Urteilsbildung und Methoden*, Stuttgart – Berlin – Köln 1996, 14-59.

Bockermann, Dirk/Friedrich, Norbert/Illian, Christian/Jähnichen, Traugott/ Schatz, Susanne (Hgg.), *Freiheit gestalten. Zum Demokratieverständnis des deutschen Protestantismus. Kommentierte Quellentexte 1789–1989*, Göttingen 1996.

Borg, Daniel R., *The Old-Prussian church and the Weimar Republic. A study in political adjustment , 1917–1927*, London – Hannover 1994.

Ders., „Volkskirche, ,Christian State' and the Weimar Republic", in: *Church History* 35, 1966, 186-206.

Boyens, Armin, *Kirchenkampf und Ökumene 1933–1939. Darstellung und Dokumentation*, München 1969.

Bracher, Karl Dietrich, *Die Auflösung der Weimarer Republik. Eine Studie zum Problem des Machtverfalls in der Demokratie*, Königstein/Ts. [6]1978.

Ders., „Die Auflösung der Republik. Gründe und Fragen", in: Schulz, Gerhard (Hg.), *Weimarer Republik – Eine Nation im Umbruch*, Freiburg – Würzburg 1987, 123-187.

Brakelmann, Günter, *Der deutsche Protestantismus im Epochenjahr 1917*, Witten 1974.

Ders., *Evangelische Kirche in sozialen Konflikten der Weimarer Zeit. Das Beispiel des Ruhreisenstreits*, Bochum 1986.

Ders./Greschat, Martin/Jochmann, Werner, *Protestantismus und Politik. Werk und Wirkung Adolf Stoeckers*, Hamburg 1982.

Bredendiek, Walter, *Zwischen Revolution und Restauration. Zur Entwicklung im deutschen Protestantismus während der Novemberrevolution und in der Weimarer Republik*, Berlin/Ost 1969.

Bredt, Johann Victor, *Neues evangelisches Kirchenrecht für Preußen*, 3 Bde., Berlin 1921–1927.

Ders., *Erinnerungen und Dokumente von Joh. Victor Bredt 1914 bis 1933*, bearb. von Martin Schumacher, Düsseldorf 1970.

Breipohl, Renate, *Religiöser Sozialismus und bürgerliches Geschichtsbewusstsein zur Zeit der Weimarer Republik*, Zürich 1971.

Brox, Norbert, „Fragen zur ,Denkform' der Kirchengeschichtswissenschaft", in: *Zeitschrift für Kirchengeschichte* 90. 1979, 1-21.

Brückner, Bruno, *Die Gemeinschaft der evangelischen Landeskirchen im Deutschen Reich*, Berlin 1872.

Brunotte, Heinz, *Die Evangelische Kirche in Deutschland. Geschichte, Organisation und Gestalt der EKD*, Gütersloh 1964.

Buchheim, Hans, *Glaubenskrise im Dritten Reich. Drei Kapitel nationalsozialistischer Religionspolitik*, Stuttgart 1953.

Bülck, Walter, *Begriff und Aufgabe der Volkskirche*, Tübingen 1922.

Bunsen, Christian Carl Josias, *Die Verfassung der Kirche der Zukunft. Praktische Erläuterungen zu dem Briefwechsel über die deutsche Kirche, das Episkopat und Jerusalem*, Hamburg 1845.

Busch, Eberhard, *Karl Barths Lebenslauf nach seinen Briefen und autobiographischen Texten*, München 1975.

Ders., „„Endlich ein Wort zur Lage!' Karl Barths Streitruf an die protestantische Kirche am Ende der zwanziger Jahre und zu Beginn der dreißiger Jahre", in: *Kirchliche Zeitgeschichte* 2. 1989, 409-425.

Cancik, Hubert (Hg.), *Religions- und Geistesgeschichte der Weimarer Republik*, Düsseldorf 1982.

Christ, Herbert, *Der politische Protestantismus in der Weimarer Republik. Eine Studie über die politische Meinungsbildung durch die evangelischen Kirchen im Spiegel der Literatur und Presse.* Diss. phil. masch.schr., Bonn 1967.

Cochlovius, Joachim, *Bekenntnis und Einheit der Kirche im deutschen Protestantismus 1840–1850*, Gütersloh 1980.

Dahm, Karl Wilhelm, *Pfarrer und Politik. Soziale Position und politische Mentalität des deutsch-evangelischen Pfarrerstandes zwischen 1918 und 1933*, Köln – Opladen 1965.

Dehn, Günther, *Die alte Zeit. die vorigen Jahre. Lebenserinnerungen*, München 1962.

Delekat, Friedrich, Art. „Reichsschulgesetz, Deutsches", in: *RGG* [2] IV, 1830–1832.

Dibelius, Otto, *Ein Christ ist immer im Dienst. Erlebnisse und Erfahrungen in einer Zeitenwende*, Stuttgart [2]1963.

Ders., *Das Jahrhundert der Kirche. Geschichte, Betrachtung, Umschau und Ziele*, Berlin 1927.

Ders., *Nachspiel. Eine Aussprache mit den Freunden und Kritikern des „Jahrhunderts der Kirche"*, Berlin 1928.

Ders. (Hg), *Der Kampf um die evangelische Schule in Preußen. Ein Merkbuch,* Berlin o. J..

Ders., *Staatsgrenzen und Kirchengrenzen. Eine Studie zur gegenwärtigen Lage des Protestantismus*, Berlin 1921.

Ders., *Die Verantwortung der Kirche. Eine Antwort an Karl Barth*, Berlin 1931.

Diephouse, David J., *pastors and pluralism in Württemberg 1918–1933*, Princeton 1987.

Doering-Manteuffel, Anselm/Nowak, Kurt (Hgg.), *Kirchliche Zeitgeschichte. Urteilsbildung und Methoden*, Stuttgart – Berlin – Köln 1996.

Dorner, Isaak August, *Sendschreiben über Reform der ev. Landeskirchen im Zusammenhang mit der Herstellung einer evangelisch-deutschen Nationalkirche an Herrn D. C. I. Nitzsch in Berlin u. Herrn Julius Müller in Halle*, Bonn 1848.

Drescher, Hans-Georg, *Ernst Troeltsch. Leben und Werk*, Göttingen 1991.

Dryander, Ernst Hermann von, *Erinnerungen aus meinem Leben*, Bielefeld-Leipzig [3]1923.

Ders., *Wollte der Kaiser den Krieg? Persönliche Eindrücke*, Berlin 1919.

Dülmen, Richard van, „Religionsgeschichte in der Historischen Sozialforschung", in: *Geschichte und Gesellschaft* 6. 1980, 36-59.

Ebers, Godehard Josef, *Staat und Kirche im neuen Deutschland*, München 1930.

Erdmann, Karl Dietrich/Schulze, Hagen (Hgg.), *Weimar. Selbstpreisgabe einer Demokratie. Eine Bilanz heute*, Düsseldorf 1984.

Eschebach, Erika, *Volkskirche im Zwiespalt. Die Generalsynode der Evangelischen Kirche der altpreußischen Union in der Weimarer Republik 1925–1933*, Frankfurt – Bern – New York – Paris 1991.

Fitschen, Klaus, „Aktuelle Methodendebatten in der protestantischen Geschichtsschreibung", in: Kinzig, Wolfram/Leppin, Volker/Wartenberg, Günther (Hgg.), *Historiographie und Theologie: Kirchen- und Theologiegeschichte im Spannungsfeld von geschichtswissenschaftlicher Methode und theologischem Anspruch*, Leipzig 2004, 39-52.

Fix, Karl-Heinz, „Die deutschen Protestanten und die Feier der Weimarer Reichsverfassung", in: *Mitteilungen der Arbeitsgemeinschaft für Kirchliche Zeitgeschichte* 21. 2003, 53-79.

Friedrich, Martin, *Von Marburg bis Leuenberg. Der lutherisch-reformierte Gegensatz und seine Überwindung*, Waltrop 1999.

Ders., *Die preußische Landeskirche im Vormärz. Evangelische Kirchenpolitik unter dem Ministerium Eichhorn (1840–1848)*, Waltrop 1994.

Ders., „Das 19. Jahrhundert als ‚Zweites Konfessionelles Zeitalter'?", in: Blaschke, Olaf (Hg.), *Konfessionen im Konflikt. Deutschland zwischen 1800 und 1970: ein zweites konfessionelles Zeitalter*, Göttingen 2002, 95-112.

Ders., „Die Anfänge des neuzeitlichen Kirchenrechts: Vom preußischen Allgemeinen Landrecht (1794) bis zur Paulskirchenverfassung (1848/49), in: Brakelmann, Günter/Friedrich, Norbert/Jähnichen, Traugott (Hgg.), *Auf dem Weg zum Grundgesetz. Beiträge zum Verfassungsverständnis des neuzeitlichen Protestantismus*, Münster 1999, 13-29.

Friedrich, Norbert, „*Die christlich-soziale Fahne empor!" Reinhard Mumm und die christlich-soziale Bewegung*, Stuttgart 1997.

Ders., „Reinhard Mumm – Westfälischer Sozialpfarrer und sozial-kon-servativer Reichtagsabgeordneter", in: Jähnichen, Traugott/Friedrich, Norbert (Hg.), *Protestantismus und Soziale Frage. Profile in der Zeit der Weimarer Republik*, Münster 2000, 41-50.

Ders., „Der Kampf der Protestanten für Religionsunterricht und Bekenntnisschule in der Weimarer Republik – ein Paradigma für die Haltung zum Verfassungsstaat?", in: Brakelmann, Günter/Friedrich, Norbert, Jähnichen, Traugott (Hgg.), *Auf dem Weg zum Grundgesetz: Beiträge zum Verfassungsverständnis des neuzeitlichen Protestantismus*, Münster 1999, 111-124.

Ders., „Innere Mission und Gustav-Adolf-Verein – der Verbandsprotestantismus im Vormärz", in: Friedrich, Martin/Friedrich, Norbert/Jähnichen, Traugott/Kaiser, Jochen-Christoph (Hgg.), *Sozialer Protestantismus im Vormärz*, Münster – Hamburg – London 2001, 57-66.

Fritz, Hartmut, *Otto Dibelius. Ein Kirchenmann in der Zeit zwischen Monarchie und Diktatur*, Göttingen 1998.

Gaede, Reinhard, *Kirche – Christen – Krieg und Frieden. Die Diskussion im deutschen Protestantismus während der Weimarer Zeit*, Hamburg – Bergstedt 1975.

Ders., „Die Stellung des deutschen Protestantismus zum Problem von Krieg und Frieden während der Zeit der Weimarer Republik", in: Huber, Wolfgang/ Schwerdtfeger, Johannes (Hgg.), *Kirche zwischen Krieg und Frieden. Studien zur Geschichte des deutschen Protestantismus*, Stuttgart 1976, 373-422.

Geck, Helmut, „Zwischen Distanz und Loyalität – Der deutsche Protestantismus und die Weimarer Republik", in: Brakelmann, Günter/Friedrich, Norbert/Jähnichen, Traugott (Hgg.), *Auf dem Weg zum Grundgesetz. Beiträge zum Verfassungsverständnis des neuzeitlichen Protestantismus*, Münster 1999, 140-153.

Girstenbreu, Carlhans, *Der Deutsche Evangelische Kirchenbund. Sein Werden, Wesen, Wachsen und Wirken*, Diss. iur. masch.schr.,Würzburg 1931.

Walter Goebell (Hg.), *Kirche, Recht und Theologie in vier Jahrzehnten. Der Briefwechsel der Brüder Theodor und Julius Kaftan*. Teil 1 (1891–1910)/Teil 2 (1910–1926), München 1967.

Goeters, Gerhard/Rogge, Joachim (Hgg.), *Die Geschichte der Evangelischen Kirche der Union, Bd. 1. Die Anfänge der Union unter landesherrlichem Kirchenregiment (1817–1850)*, Leipzig 1992.

Goeters, Gerhard, „Nationalkirchliche Tendenzen und Landeskirchen. Gustav Adolf-Verein und Berliner Kirchenkonferenz (1846)", in: Ders./Mau, Rudolf (Hgg.), *Die Geschichte der Evangelischen Kirche der Union, Bd. 1. Die Anfänge der Union unter landesherrlichem Kirchenregiment (1817–1850)*, Leipzig 1992, 332-341.

Ders., „Der Wittenberger Kirchentag und die Innere Mission (1848/49)", in: Goeters, Gerhard/Rogge, Joachim (Hgg.), *Die Geschichte der Evangelischen Kirche der Union, Bd. 1. Die Anfänge der Union unter landesherrlichem Kirchenregiment (1817–1850)*, Leipzig 1992, 391-401.

Goltz, Hermann von der, Art. „Konferenz, evangelisch-kirchliche", in: *RE*[3] X, 662-670.

Greschat, Martin, *Der deutsche Protestantismus im Revolutionsjahr 1918–19*, Witten 1974.

Ders., *Das Zeitalter der Industriellen Revolution*, Stuttgart – Berlin – Köln – Mainz 1980.

Ders., „Die Nachwirkungen des Stoeckerschen Antisemitismus in der Weimarer Republik", in: Ders., *Protestanten in der Zeit. Kirche und Gesellschaft in Deutschland vom Kaiserreich bis zur Gegenwart,* hg. von Jochen-Christoph Kaiser, Stuttgart – Berlin – Köln 1994, 67-98.

Ders., „Krieg und Kriegsbereitschaft im deutschen Protestantismus", in: Ders. *Protestanten in der Zeit. Kirche und Gesellschaft in Deutschland vom Kaiserreich bis zur Gegenwart,* hg. von Jochen-Christoph Kaiser, Stuttgart – Berlin – Köln 1994, 51-66.

Ders., „Die Revolution von 1848/49 und die Kirchen", in: Baier, Helmut (Hg.), *Kirche in Staat und Gesellschaft im 19. Jahrhundert. Referate und Fachvorträge des 6. Internationalen Kirchenarchivtags Rom 1991*, Neustadt/Aisch 1992, 67-82.

Ders., „Die Bedeutung der Sozialgeschichte für die Kirchengeschichte. Theoretische und praktische Erwägungen", in: Doering-Manteuffel, Anselm/Nowak, Kurt (Hgg.), *Kirchliche Zeitgeschichte. Urteilsbildung und Methoden*, Stuttgart – Berlin – Köln 1996, 101-124.

Grote, Heiner, „Konfessionalistische und unionistische Orientierung am Beispiel des Gustav-Adolf-Vereins und des Evangelischen Bundes", in: Hauschild, Wolf-Dieter (Hg.), *Das deutsche Luthertum und die Unionsproblematik im 19. Jahrhundert*, Gütersloh 1991, 110-130.

Grünthal, Günther, Reichsschulgesetz und Zentrumspartei in der Weimarer Republik, Düsseldorf 1968.

Häusler, Michael, Art. „Vereinswesen/Kirchliche Vereine (Kirchengeschichtlich)", in: *TRE* XXXIV, 639-654.

Hase, Karl von, „Die evangelisch-protestantische Kirche des deutschen Reichs", in: Ders., *Protestantische Reden und Denkschriften*, Leipzig 1892, 443-638.

Hauschild, Wolf-Dieter, *Lehrbuch der Kirchen- und Dogmengeschichte, Bd. 2: Reformation und Neuzeit*, Gütersloh 1999.

Ders., „Evangelische Kirche in Deutschland", in: *TRE* X, 656-677.

Ders., „Volkskirche und Demokratie. Evangelisches Kirchenverständnis und demokratisches Prinzip im 20. Jahrhundert", in: Oberndörfer, Dieter/Schmitt, Karl (Hgg.), *Kirche und Demokratie*, Paderborn 1983, 33-50.

Heckel, Martin, „Die Neubestimmung des Verhältnisses von Staat und Kirche im 19. Jahrhundert", in: Ders., *Gesammelte Schriften, Bd.3*, Tübingen 1997, 441-470.

Heimann, Siegfried/Walter, Franz, *Religiöse Sozialisten und Freidenker in der Weimarer Republik*, Bonn 1993.

Heinemann, Ulrich, „Die Last der Vergangenheit. Zur politischen Bedeutung der Kriegsschuld- und Dolchstoßdiskussion, ", in: Bracher, Karl Dietrich/Funke, Manfred/Jacobsen, Hans-Adolf (Hgg.), *Die Weimarer Republik. Politik – Wirtschaft – Gesellschaft*, Bonn [3]1998, 371-386.

Hentschel, Volker, „Die Sozialpolitik in der Weimarer Republik", in: Bracher, Karl Dietrich/Funke, Manfred/Jacobsen, Hans-Adolf (Hgg.), *Die Weimarer Republik. Politik – Wirtschaft – Gesellschaft*, Bonn [3]1998, 197-217.

Hering, „Sozialdemokratisch beeinflusster Staat und Lutherische Kirche in Hamburg. Die Auseinandersetzung um den Religionsunterricht in Hamburg", in: *Zeitschrift des Vereins für Hamburger Geschichte* 78. 1992, 183-207.

Heuss, Theodor, *Friedrich Naumann. Der Mann, das Werk, die Zeit*, Mün-chen – Hamburg [3]1968.

Hilbert, Johannes/Mehlhausen, Joachim, „Religions- und Kirchenkritik in der öffentlichen Diskussion des Vormärz", in: Goeters, Gerhard/Rogge, Joachim (Hgg.), *Die Geschichte der Evangelischen Kirche der Union, Bd. 1. Die Anfänge der Union unter landesherrlichem Kirchenregiment (1817–1850)*, Leipzig 1992, 298-317.

Höckele, Simone, *August Hinderer. Weg und Wirken eines Pioniers evangelischer Publizistik*, Erlangen 2001.

Hölscher, Lucian, „Kirchliche Demokratie und Frömmigkeitskultur im deutschen Protestantismus", in: Greschat, Martin/Kaiser, Jochen-Christoph (Hgg.) *Christentum und Demokratie im 20. Jahrhundert*, Stuttgart 1992, 187-205.

Hönig, Wilhelm *Der deutsche Protestantenverein*, Bremen 1904.

Hoffmann, Wilhelm, *Deutschland Einst und Jetzt im Lichte des Reiches Gottes*, Berlin 1868.

Holl, Karl, „Konfessionalität, Konfessionalismus und demokratische Republik – Zu einigen Aspekten der Reichspräsidentenwahl von 1925", in: *Vierteljahreshefte für Zeitgeschichte* 17. 1969, 254-275.

Holstein, Günther, *Die Grundlagen des evangelischen Kirchenrechts*, Tübingen 1928.

Homrichhausen, Christian, *Evangelische Christen in der Paulskirche 1848/49. Vorgeschichte und Geschichte der Beziehung zwischen Theologie und politisch-parlamentarischer Aktivität*, Frankfurt – Bern – Bern – New York 1985.

Huber, Ernst Rudolf, *Deutsche Verfassungsgeschichte seit 1789, 8 Bde.*, Stuttgart – Berlin – Köln – Mainz I[2]1957, II/III[3] 1988, IV[2] 1982, V 1978, VI 1981, VII 1984, VIII i.Vorb.

Ders./Huber, Wolfgang, *Staat und Kirche im 19. und 20. Jahrhundert. Dokumente zur Geschichte des deutschen Staatskirchenrechts, 4 Bde.*, Berlin I [2]1990, II 1976, III 1983, IV 1988.

Huber, Wolfgang, *Kirche und Öffentlichkeit*, Stuttgart 1973.

Hürten, Heinz, *Die Kirchen in der Novemberrevolution. Eine Untersuchung zur Geschichte der deutschen Revolution 1918/19*, Regensburg 1984.

Ders., Kurze *Geschichte des deutschen Katholizismus*, Mainz 1986.

Jacke, Jochen, *Kirche zwischen Monarchie und Republik. Der preußische Protestantismus nach dem Zusammenbruch von 1918*, Hamburg 1976.

Jacobs, Manfred, „Kirche, Weltanschauung, Politik. Die evangelischen Kirchen und die Option zwischen dem zweiten und dritten Reich", in: *Vierteljahreshefte für Zeitgeschichte* 31. 1983, 108-135.

Jähnichen, Traugott, „Aufbrüche, Konflikte und Krisen – Weichenstellungen des sozialen Protestantismus in der Weimarer Republik", in: Ders./Friedrich, Norbert (Hgg.), *Protestantismus und Soziale Frage. Profile in der Zeit der Weimarer Republik*, Münster 2000, 9-28.

Jahn, H., *Eine Reichskirche?*, Leipzig 1916.

Kaftan, Julius, „Julius Kaftan", in: Stange, Erich (Hg.), *Die Religionswissenschaft der Gegenwart in Selbstdarstellungen, Bd. IV*, Leipzig 1928, 200-232.

Kaftan, Theodor, *Wie verfassen wir die Kirche ihrem Wesen entsprechend? Ein Versuch. Anhang: Minoritätenschutz*, Leipzig 1920.

Ders., *Erlebnisse und Beobachtungen des ehemaligen Generalsuperintendenten von Schleswig, D. Theodor Kaftan, von ihm selbst erzählt*, Kiel 1924.

Kaiser, Hans, *Der Übergang vom Deutschen Evangelischen Kirchenbund zur Deutschen Evangelischen Kirche. Die Rechtsentwicklung des deutschen Gesamtprotestantismus in der Zeit vom 1. April bis 14. Juli 1933*, Diss. iur. masch.schr., Düsseldorf 1934.

Kaiser, Jochen-Christoph, *Arbeiterbewegung und organisierte Religionskritik. Proletarische Freidenkerverbände im Kaiserreich und in der Weimarer Republik*, Stuttgart 1981.

Ders., *Sozialer Protestantismus im 20. Jahrhundert. Beiträge zur Geschichte der Inneren Mission 1914–1945*, München 1989.

Ders./Loth, Wilfried (Hgg.), *Soziale Reform im Kaiserreich. Protestantismus, Katholizismus und Sozialpolitik*, Stuttgart 1997.

Ders., „Die Diakonie als subsidiärer Träger des Sozialstaats der Weimarer Republik", in: Jähnichen, Traugott/Friedrich, Norbert (Hgg.), *Protestantismus und Soziale Frage. Profile in der Zeit der Weimarer Republik*, Münster 2000, 113-128.

Ders., „Der Evangelische Bund und die Politik 1918–1933", in: Maron, Gottfried (Hg.), *Evangelisch und ökumenisch,* Göttingen 1986, 174-191.

Ders., „Die Formierung des protestantischen Milieus. Konfessionelle Vergesellschaftung im 19. Jahrhundert", in: Blaschke, Olaf/Kuhlemann, Frank-Michael (Hgg.), *Religion im Kaiserreich: Milieus – Mentalitäten – Krisen*, Gütersloh [2]2000, 257-289.

Ders., „Kirchliche Zeitgeschichte. Ein Thema ökumenischer Kirchengeschichtsschreibung", in: Jaspert, Bernd (Hg.), *Ökumenische Kirchengeschichte. Probleme – Visionen – Methoden*, Paderborn 1998, 197-209.

Ders., Art. „Kirchliche Vereine und Verbände", in: *EKL* [3] II, 1267-1272.

Ders., Art. „Sozialgeschichtsschreibung (Allgemeines)", in: *TRE* XXXI, 527-531.

Ders., Art. „Sozialgeschichtsschreibung (Kirchengeschichtlich)", in: *TRE* XXXI, 535-538.

Ders., „Walter Michaelis (1866–1953) – ein westfälischer Pfarrer zwischen Kirche und Gemeinschaftsbewegung", in: *Jahrbuch für westfälische Kirchengeschichte* 88. 1994, 252-276.

Ders., „Friedrich Albert Spiecker. Eine Karriere zwischen Großindustrie und freiem Protestantismus", in: Schinzinger, Francesca (Hg.), *Christliche Unternehmer*, Boppard 1994, 161-206.

Kantzenbach, Friedrich Wilhelm, *Widerstand und Solidarität der Christen in Deutschland 1933–1945. Eine Dokumentation zum Kirchenkampf aus den Papieren des D. Wilhelm Freiherrn von Pechmann*, Neustadt/Aisch 1971.

Karg, Theodor, *Von der Eisenacher Kirchenkonferenz zum Deutschen Evangelischen Kirchenbund*, Diss. iur. masch.schr., Freiburg 1961.

Kater, Horst, *Die Deutsche Evangelische Kirche in den Jahren 1933 und 1934. Eine rechts- und verfassungsgeschichtliche Untersuchung zu Gründung und Zerfall einer Kirche im nationalsozialistischen Staat*, Göttingen 1970.

Kershaw, Ian, *Hitler 1889–1936*, Stuttgart [2]1998.

Kinzig,Wolfram/Leppin, Volker/Wartenberg, Günther (Hgg.), *Historiographie und Theologie: Kirchen- und Theologiegeschichte im Spannungsfeld von geschichtswissenschaftlicher Methode und theologischem Anspruch*, Leipzig 2004.

Kittel, Manfred, „Konfessioneller Konflikt und politische Kultur in der Weimarer Republik", in: Blaschke, Olaf (Hg.), *Konfessionen im Konflikt. Deutschland zwischen 1800 und 1970: ein zweites konfessionelles Zeitalter*, Göttingen 2002, 243-297.

Kocka, Jürgen, *Sozialgeschichte. Begriff – Entwicklung – Probleme*, Göttingen [2]1986.

Kolb, Eberhard, *Die Weimarer Republik,* München 1993.

Kouri, Erkki Illmari, *Der deutsche Protestantismus und die soziale Frage 1870–1919. Zur Sozialpolitik im Bildungsbürgertum*, Berlin – New York 1984.

Kreft, Werner, *Die Kirchentage von 1848–1872*, Frankfurt – Bern – New York – Paris – Wien 1994.

Kromm, Johann Jakob, *Die evangelisch-protestantische Nationalkirche Deutschlands*, Pforzheim 1843.

Krumwiede, Hans-Walter, *Geschichte des Christentums III. Neuzeit: 17. bis 20. Jahrhundert*, Stuttgart – Berlin – Köln – Mainz 1977.

Ders., *Evangelische Kirche und Theologie in der Weimarer Republik*, Neukirchen 1990.

Ders., „Die Unionswirkung der freien evangelischen Vereine und Werke als soziales Phänomen des 19. Jahrhunderts", in: Herbert, Karl (Hg.), *Um evangelische Einheit. Beiträge zum Unionsproblem*, Herborn 1967, 147-184.

Kupisch, Karl, *Die deutschen Landeskirchen im 19. und 20. Jahrhundert*, Göttingen ²1975.

Ders., *Zwischen Idealismus und Massendemokratie. Eine Geschichte der evangelischen Kirche in Deutschland von 1815–1945*, Berlin 1955.

Lechler, Paul, *Der deutsche evangelische Kirchenbund*, Gütersloh 1890.

Lessing, Eckhard, *Zwischen Bekenntnis und Volkskirche. Der theologische Weg der Evangelischen Kirche der altpreußischen Union (1922–1953) unter besonderer Berücksichtigung ihrer Synoden, ihrer Gruppen und der theologischen Begründungen*, Bielefeld 1992.

Ders., *Geschichte der deutschsprachigen evangelischen Theologie von Albrecht Ritschl bis zur Gegenwart, Bd. 1: 1870–1918*, Göttingen 2000.

Lepp, Claudia, *Protestantisch-liberaler Aufbruch in die Moderne. Der deutsche Protestantenverein in der Zeit der Reichsgründung und des Kulturkampfes*, Gütersloh 1996.

Lindt, Andreas, *Das Zeitalter des Totalitarismus*, Stuttgart 1981.

Ders., „Das Reformationsjubiläum 1817 und das Ende des ‚Tauwetters' zwischen Protestantismus und Katholizismus im frühen 19. Jahrhundert", in: Jaspert, Bernd/Mohr, Reinhard (Hgg.), *Traditio, Krisis, Renovatio aus theologischer Sicht, Fs. Winfried Zeller*, Marburg 1976, 347-356.

Mahling, Friedrich, „Der Wille zur Volkskirche", in: Koepp, Walter (Hg.), *Festschrift für Reinhold Seeberg zum 70. Geburtstag*, Leipzig 1929, 75-104.

Markschies, Christoph, Art. „Kirchengeschichte/Kirchengeschichtsschreibung (Begrifflichkeit und Voraussetzungen)", in: *RGG*[4] IV, 1169-1180.

Maron, Gottfried, „Willibald Beyschlag und die Entstehung des Evangelischen Bundes", in: Ders. (Hg.), *Evangelisch und ökumenisch. Beiträge zum 100jährigen Bestehen des Evangelischen Bundes*, Göttingen 1986, 19-44.

Mehlhausen, Joachim, „Theologie und Kirche in der Zeit des Vormärz", in: Walter Jaeschke (Hg.), *Philosophie und Literatur im Vormärz. Der Streit um die Romantik (1820–1854)*, Hamburg 1995, 67-85.

Ders., „Der kirchliche Liberalismus in Preußen", in: Rogge, Joachim/Ruhbach, Gerhard (Hgg.), Die *Geschichte der Evangelischen Kirche der Union, Bd. 2. Die Verselbständigung der Kirche unter dem königlichen Summepiskopat (1850–1918)*, Leipzig 1994, 120-151.

Ders., „Zur Methode kirchlicher Zeitgeschichtsforschung", in: *Evangelische Theologie* 48. 1988, 508-521.

Mehnert, Gottfried, *Evangelische Kirche und Politik 1917–1919. Die politischen Strö-mungen im deutschen Protestantismus von der Julikrise 1917 bis zum Herbst 1919*, Düsseldorf 1959.

Meier, Kurt, *Der Evangelische Kirchenkampf. Gesamtdarstellung in drei Bänden.* Bd. 1 und 2 Halle/S. 1976, Bd. 3 Halle/S. 1984.

Ders., *Kreuz und Hakenkreuz. Die evangelische Kirche im Dritten Reich*, München 2001.

Ders., „Die zeitgeschichtliche Bedeutung volkskirchlicher Konzeptionen im deut-schen Protestantismus zwischen 1918 und 1945", in: Ders., *Evangelische Kirche in Gesellschaft, Staat und Politik 1918–1945. Aufsätze zur kirchlichen Zeitgeschichte*, hg. von Kurt Nowak, Berlin/Ost 1987, 16-39.

Ders., „Die Religionspolitik der NSDAP in der Zeit der Weimarer Republik", ebd., 40-52.

Meyer, Dietrich, „Die Kraftprobe des Staates mit der katholischen Kirche in der Mischehenfrage (1837) und die Rückwirkungen auf den Protestantismus", in: Goe-ters, Gerhard/Mau, Rudolf (Hgg.), *Die Geschichte der Evangelischen Kirche der Union, Bd. 1. Die Anfänge der Union unter landesherrlichem Kirchenregiment (1817–1850)*, Leipzig 1992, 256-269.

Michalka, Wolfgang, „Deutsche Außenpolitik 1920–1933", in: Bracher, Karl Diet-rich/Funke, Manfred/Jacobsen, Hans-Adolf (Hgg.), *Die Weimarer Republik. Poli-tik – Wirtschaft – Gesellschaft,* Bonn [3]1998, 303-326.

Mirbt, Carl, „Die Preussische Landeskirche und die Auslandsdiaspora", in: *Deutsch-Evangelisch im Auslande 1907*, 54-68.101-123.

Motschmann, Claus, *Evangelische Kirche und Preußischer Staat in den Anfängen der Weimarer Republik*, Lübeck 1969.

Müller-Dreier, Armin, *Konfession in Politik, Gesellschaft und Kultur des Kaiserreichs. Der Evangelische Bund 1886–1914*, Gütersloh 1998.

Müller-Rolli, Sebastian, *Evangelische Schulpolitik in Deutschland 1918–1958. Doku-mente und Darstellung,* Göttingen 1999.

Muhlack, Ulrich, „Theorie der Geschichte. Schwerpunkte in der gegenwärtigen Diskussion der Geschichtswissenschaften", in: Kinzig, Wolfram/Leppin, Vol-ker/Wartenberg, Günther (Hgg.), *Historiographie und Theologie: Kirchen- und Theologiegeschichte im Spannungsfeld von geschichtswissenschaftlicher Methode und theologischem Anspruch*, Leipzig 2004, 19-38.

Mumm, Reinhard, *Der christlich-soziale Gedanke. Bericht über eine Lebensarbeit in schwerer Zeit*, Berlin 1933.

Nagel, Anne Christine, *Martin Rade – Theologe und Politiker des Sozialen Liberalis-mus. Eine politische Biographie*, München 1996.

Nehring, Jutta, *Evangelische Kirche und Völkerbund: Nationale und internationale Positionen im deutschen Protestantismus zwischen 1918/19 und 1927*, Hamburg 1998.

Neuser, Wilhelm, „Landeskirchliche Reform-, Bekenntnis- und Verfassungsfragen. Die Provinzialsynoden und die Berliner Generalsynode von 1846", in: Goeters, Gerhard/Rogge, Joachim (Hgg.), *Die Geschichte der Evangelischen Kirche der*

Union, Bd. 1. Die Anfänge der Union unter landesherrlichem Kirchenregiment (1817–1850), Leipzig 1992, 342-365.

Nigg, Walter, *Geschichte des religiösen Liberalismus. Entstehung – Blütezeit – Ausklang*, Zürich – Leipzig 1937.

Nipperdey, Thomas, *Religion im Umbruch. Deutschland 1870–1918*, München 1988.

Ders., *Deutsche Geschichte 1800–1866. Bürgerwelt und starker Staat*, München 1998 (Kartonierte Sonderausgabe).

Ders., *Deutsche Geschichte 1866–1918. Bd. I. Arbeitswelt und Bürgergeist*, München 1988 (Kartonierte Sonderausgabe).

Ders., *Deutsche Geschichte 1866–1918. Bd. II. Machtstaat vor der Demokratie*, München 1988 (Kartonierte Sonderausgabe).

Ders., „Probleme der Modernisierung in Deutschland", in: Ders., *Nachdenken über die deutsche Geschichte: Essays,* München 1986, 44-59.

Norden, Günther van, „Die Stellung der evangelischen Kirche zum Nationalsozialismus 1932/33", in: Jaspert, Gotthard (Hg.), *Von Weimar zu Hitler 1930–1933*, Köln – Berlin 1968, 377-402.

Nowak, Kurt, *Evangelische Kirche und Weimarer Republik. Zum politischen Weg des deutschen Protestantismus zwischen 1918 und 1932*, Göttingen 1981.

Ders., *Geschichte des Christentums in Deutschland. Religion, Politik und Gesellschaft vom Ende der Aufklärung bis zur Mitte des 20. Jahrhunderts*, München 1995.

Ders., „Entartete Gegenwart. Antimodernismus als Interpretament für die Begegnung von Protestantismus und Nationalsozialismus in der Weimarer Zeit", in: *Theologische Zeitschrift* 35. 1979, 102-119.

Ders., „Machtstaat und Rechtsstaat. Protestantisches Staatsverständnis in Deutschland im Wandel der politischen Systeme", in: Mehlhausen, Joachim (Hg.), *Recht – Macht – Gerechtigkeit*, Gütersloh 1998, 55-74.

Ders., „Die evangelischen Kirchenführer und das Präsidialsystem: Konfessionelle Politik im Spannungsfeld von autoritärem Staatsgeist und kirchenbehördlicher Pragmatik (1930–1932)", in: Ders., *Kirchliche Zeitgeschichte interdisziplinär. Beiträge 1984–2001*, hg. von Jochen-Christoph Kaiser, Stuttgart 2002, 350-368.

Ders., „Der lange Weg der deutschen Protestanten in die Demokratie", in: Kieseritzky, Wolther von/Sick, Klaus Peter (Hgg.), *Demokratie in Deutschland. Chancen und Gefährdungen im 19. und 20. Jahrhundert. Historische Essays. Heinrich August Winkler zum 60. Geburtstag*, München 1999, 420-433.

Ders., „Die ‚antihistoristische Revolution'. Symptome und Folgen der Krise historischer Wertorientierung nach dem Ersten Weltkrieg in Deutschland", in: Renz, Horst/Graf, Friedrich Wilhelm (Hgg.), *Umstrittene Moderne. Die Zukunft der Neuzeit im Urteil der Epoche Ernst Troeltschs*, Gütersloh 1987, 133-171.

Ders., „Zur protestantischen Säkularismus-Debatte um 1930. Ein begriffsgeschichtlicher Rückblick in die Prägephase einer Verdammungskategorie", in: *Wissenschaft und Praxis in Kirche und Gesellschaft* 69. 1980, 37-51.

Ders., „Protestantismus und Weimarer Republik. Politische Wegmarken in der evangelischen Kirche 1918–1932", in: Bracher, Karl Dietrich/Funke, Manfred/Jacobsen, Hans-Adolf (Hgg.), *Die Weimarer Republik. Politik – Wirtschaft – Gesellschaft*, Bonn [3]1998, 218-237.

Ders., „Evangelische Theologen in der Weimarer Nationalversammlung", in: Bredendiek, Walter u. a. (Hgg.), *Zwischen Aufbruch und Beharrung. Der deutsche Protestantismus in politischen Entscheidungsprozessen*, Berlin/Ost 1978, 14-44.

Ders., „Karl von Hase – Liberales Christentum zwischen Jena und Rom", in: Ders., *Kirchliche Zeitgeschichte interdisziplinär. Beiträge 1984–2001*, hg. v. Jochen-Christoph Kaiser, Stuttgart 2002, 80-100.

Ders., „Wie theologisch ist die Kirchengeschichte? Über die Verbindung und die Differenz von Kirchengeschichtsschreibung und Theologie", in: Ders., *Kirchliche Zeitgeschichte interdisziplinär. Beiträge 1984–2001*, hg. v. Jochen-Christoph Kaiser, Stuttgart 2002, 464-473.

Palm, Dirk, *„Wir sind doch Brüder": Der Evangelische Kirchentag und die Deutsche Frage 1949–1961*, Göttingen 2002.

Pechmann, Wilhelm von, „Landeskirche – Kirchenbund – Allgemeine Evangelisch-Lutherische Konferenz", in: *Jahrbuch für die evangelisch-lutherische Landeskirche Bayerns* 18. 1919/20, 208-234.

Peukert, Detlef, *Die Weimarer Republik. Krisenjahre der Klassischen Moderne*, Frankfurt/M. 1987.

Philipps, Werner, *Wilhelm Zoellner – Mann der Kirche in Kaiserreich, Republik und Drittem Reich*, Bielefeld 1985.

Piechowski, Paul, *Proletarischer Glaube. Die religiöse Gedankenwelt der organisierten deutschen Arbeiterschaft nach sozialistischen und kommunistischen Selbstzeugnissen*, Berlin [3]1928.

Planck, Gottlieb Jakob, *Über die gegenwärtige Lage und Verhältnisse der katholischen und der protestantischen Partei in Deutschland und einige besondere, zum Teil von dem deutschen Bundestage darüber zu erwartende Bestimmungen*, Erfurt 1817.

Pollmann, Klaus Erich, *Landesherrliches Kirchenregiment und soziale Frage. Der evangelische Oberkirchenrat der altpreußischen Landeskirche und die sozialpolitische Bewegung der Geistlichen nach 1890*, Berlin 1973.

Rade, Martin, *Die Kirche nach dem Kriege*, Tübingen 1916.

Rathje, Johannes, *Die Welt des freien Protestantismus. Ein Beitrag zur deutsch-evangelischen Geistesgeschichte. Dargestellt am Leben und Werk von Martin Rade*, Stuttgart 1952.

Reichel, Peter, „Protest und Prophetie vor 1933. Fundamentalistische Strömungen und die Suche nach irdischen Paradiesen", in: *Merkur* 9/10. 1992, 761-781.

Reytier, Marie-Emanuelle, „Die Fürsten Löwenstein an der Spitze der deutschen Katholikentage: Aufstieg und Untergang einer Dynastie (1868–1968)", in: Schulz, Günther/Denzel, Markus (Hgg.), *Deutscher Adel im 19. und 20. Jahrhundert*, Büdingen 2004, 461-502.

Riske-Braun, Uwe, *Zwei-Bereiche Lehre und christlicher Staat*, Gütersloh 1993.

Rogge Joachim, „Kirchentage und Eisenacher Konferenzen", in: Ders./Ruhbach, Gerhard (Hgg.), *Die Geschichte der Evangelischen Kirche der Union, Bd. 2. Die Ver-*

selbständigung der Kirche unter dem königlichen Summepiskopat (1850–1918), Leipzig 1994, 42-55.

Sander, Hartmut, „Der Deutsche Evangelische Kirchenausschuß (1903)", in: Rogge, Joachim/Ruhbach, Gerhard (Hgg.), *Die Geschichte der Evangelischen Kirche der Union, Bd. 2. Die Verselbständigung der Kirche unter dem königlichen Summepiskopat (1850–1918)*, Leipzig 1994, 60-75.

Schellenberg, Peter, Art. „Diasporawerke", in: *TRE* VIII, 719–726.

Schenkel, Gotthilf (Hg.), *Der Protestantismus der Gegenwart*, Stuttgart 1926

Scheuffler, Heinrich, *Die äußere Einheit der protestantischen Kirchen, vermittelt durch die Synodalverfassung, der Weg zur inneren Einheit*, Grimma 1840.

Schian, Martin, *Die deutsche evangelische Kirche im Weltkriege*. Hg. im Auftrag des Deutschen Evangelischen Kirchenausschusses. Bd. I: Die Arbeit der evangelischen Kirche im Felde, Berlin 1921; Bd. II: Die Arbeit der evangelischen Kirche in der Heimat, Berlin 1925.

Ders., *Ecclesiam habemus. Ein Beitrag zur Auseinandersetzung zwischen Karl Barth und Otto Dibelius*, Berlin 1931.

Schiele, Friedrich Michael, *Die kirchliche Einigung des Evangelischen Deutschland im 19. Jahrhundert*, Tübingen 1908.

Schlösser-Kost, Kordula, *Evangelische Kirche und soziale Frage 1918–1933. Die Wahrnehmung sozialer Verantwortung durch die rheinische Kirchenprovinz*, Köln 1996.

Dies., „Wilhelm Menn – Der erste Sozialpfarrer des deutschen Protestantismus im Wohlfahrtstaat von Weimar", in: Jähnichen, Traugott/Friedrich, Norbert (Hgg.), *Protestantismus und Soziale Frage. Profile in der Zeit der Weimarer Republik*, Münster 2000, 29-40.

Schoell, Jakob, Art. „Volkskirche", in: *RGG* [2] V, 1660-1664.

Schönhoven, Klaus, „Die Revolution von 1918/19 in Deutschland", in: Wende, Peter (Hg.), *Große Revolutionen der Geschichte*, München 2000, 208-224.

Scholder, Klaus, *Die Kirchen und das Dritte Reich, Bd. 1: Vorgeschichte und Zeit der Illusionen,* Frankfurt/M. – Berlin – Wien 1977.

Ders., „Die Kapitulation der evangelischen Kirche vor dem nationalsozialistischen Staat. Zur kirchlichen und politischen Haltung des Deutschen Evangelischen Kirchenausschusses vom Herbst 1932 bis zum Rücktritt Bodelschwinghs am 24. Juni 1933", in: *Zeitschrift für Kirchengeschichte* 81. 1970, 182-206.

Scholz, Gustav, *Der Deutsche Evangelische Kirchenbund,* Berlin 1924.

Schreiber, Wilhelm, Art. „Kirchenbund, Deutscher Evangelischer", in: *RGG* [2] III, 871-876.

Schubert, Ernst, *Die deutsch-evangelischen Einheitsbestrebungen vom Beginn des 19. Jahrhunderts bis zur Gegenwart*, Berlin 1919.

Schulz, Heinrich, *Der Leidensweg des Reichsschulgesetzes*, Berlin 1926.

Seelinger, Hans Reinhard, *Kirchengeschichte – Geschichtstheologie – Geschichtswissenschaft. Analysen zur Wissenschaftstheorie und Theologie der katholischen Kirchengeschichtsschreibung*, Düsseldorf 1981.

Selge, Kurt-Victor, *Einführung in das Studium der Kirchengeschichte*, Darmstadt 1982.

Smend, Rudolf, „Protestantismus und Demokratie", in: *Krisis. Ein politisches* Manifest, Weimar 1932, 182-193; wiederabgedruckt in: Ders., *Staatsrechtliche Abhandlungen und andere Aufsätze*, 2. Aufl., Berlin 1968, 297-308.

Smid, Marikje, *Deutscher Protestantismus und Judentum 1932/33*, München 1990.

Soden, Hans von, „Der Deutsche Evangelische Kirchenbund", in: *Theologische Rundschau* 3. 1931, 297-318.

Ders., Die Verfassungen der deutschen evangelischen Landeskirchen von 1919–1933", in: *Theologische Rundschau* 5. 1933, 335-373.

Ders., „Krisis der Kirche", in: Bultmann, Rudolf/Soden, Hans von/Frick, Heinrich, *Krisis des Glaubens. Krisis der Kirche. Krisis der Religion. Drei Marburger Vorträge*, Gießen 1931, 25-52.

Sommer, Wolfgang, „Wilhelm von Pechmann", in: Wolf-Dieter Hauschild (Hg.), *Profile des Luthertums. Biographien zum 20. Jahrhundert*, Gütersloh 1998, 541-557.

Sontheimer, Kurt, *Antidemokratisches Denken in der Weimarer Republik. Die politischen Ideen des deutschen Nationalismus zwischen 1918 und 1933*, München [4]1994.

Sparn, Walter, „Paul Althaus", in: Wolf-Dieter Hauschild (Hg.), *Profile des Luthertums. Biographien zum 20. Jahrhundert*, Gütersloh 1998, 1-26

Stange, Erich, *Volkskirche als Organismus. Eine Fortsetzung der Aussprache über die kommende Kirche,* Dresden 1924.

Steinacker, Peter, Art. „Kirchentage", in: TRE XIX, 101-110.

Stöve, Eckhart, Art. „Kirchengeschichtsschreibung", in: *TRE* XVIII, 1989, 535-560.

Stürmer, Michael (Hg.), *Die Weimarer Republik. Belagerte Civitas*, Königstein/Ts. [2]1985.

Stupperich, Robert, *Otto Dibelius. Ein evangelischer Bischof im Umbruch der Zeiten*, Göttingen 1989.

Sturm, Stephan, „Soziale Reformation: J.H. Wicherns Sozialtheologie als christentumspolitisches Programm", in: Friedrich. Martin/Friedrich, Norbert/Jähnichen, Traugott/Kaiser, Jochen-Christoph (Hgg.), *Sozialer Protestantismus im Vormärz*, Münster – Hamburg – London 2001, 67-93.

Talazko, Helmut, „Johann Heinrich Wichern", in: *Gestalten der Kirchengeschichte, Bd. 9,2*, Greschat, Martin (Hg.), Stuttgart – Berlin – Köln [2]1994, 44-63.

Ders., „Einheit für den Dienst", in: *Innere Mission* 63. 1973, 347-365.

Ders., „Märzrevolution und Wittenberger Kirchentag", in: *Die Macht der Nächstenliebe. Einhundertfünfzig Jahre Innere Mission und Diakonie 1848–1948*, Katalog zur Ausstellung, i.A. des Deutschen Historischen Museums und des Diakonischen Werkes der Evangelischen Kirche in Deutschland, hg. von Ursula Röper und Carola Jüllig, Berlin 1998, 58-67.

Tanner, Klaus, *Die fromme Verstaatlichung des Gewissens. Zur Auseinandersetzung um die Legitimität der Weimarer Reichsverfassung in Staatsrechtswissenschaft und Theologie der zwanziger Jahre*, Göttingen 1989.

Thadden, Rudolf von, „Kirchengeschichte als Gesellschaftsgeschichte", in: *Geschichte und Gesellschaft* 9. 1983, 598-614.

Ders., „Wahrheit und institutionelle Wirklichkeit der Geschichte", in: Ders., *Weltliche Kirchengeschichte. Aufsätze*, Göttingen 1989, 11-28.

Thimme, Friedrich/Rolffs, Ernst (Hgg.), *Revolution und Kirche. Zur Neuordnung des Kirchwesens im deutschen Volksstaat*, Berlin 1919.

Thümmel, Wilhelm, *Volksreligion oder Weltreligion? Landeskirche oder Bekenntniskirche?*, o.O. 1916.

Tilgner, Wolfgang, *Volksnomostheologie und Schöpfungsglaube. Ein Beitrag zur Geschichte des Kirchenkampfes*, Göttingen 1966.

Tilly, Gerd-Eberhard, *Schule und Kirche in Niedersachsen (1918–1933). Die Auseinandersetzung um das Elternrecht und das Reichsschulgesetz in der Schulpolitik der niedersächsischen Kirchen im Weimarer Staat*, Hildesheim 1987.

Troeltsch, Ernst, *Spektator-Briefe. Aufsätze über die deutsche Revolution und die Weltpolitik 1918/22*, Tübingen 1924.

Uecker, Andreas, *Die kirchliche Oktoberversammlung 1871 zu den Aufgaben der Zeit*, Diss. theol. masch.schr., Greifswald 1991.

Ullmann, Carl, *Für die Zukunft der evangelischen Kirche Deutschlands. Ein Wort an ihre Schutzherren und Freunde*, Stuttgart 1845.

Wallmann, Johannes, *Kirchengeschichte Deutschlands seit der Reformation*, Tübingen [4]1993.

Wappler, Klaus, „Reformationsjubiläum und Kirchenunion 1817", in: Goeters, Gerhard/Mau, Rudolf (Hgg.), *Die Geschichte der Evangelischen Kirche der Union, Bd. 1. Die Anfänge der Union unter landesherrlichem Kirchenregiment (1817–1850)*, Leipzig 1992, 93-115.

Wassmann, Dieter, *Die Evangelische Landeskirche von Waldeck-Pyrmont in der Zeit der Weimarer Republik*, Marburg 1994.

Wehler, Hans-Ulrich, *Das Deutsche Kaiserreich 1871–1918*, Göttingen [7]1994.

Ders., *Deutsche Gesellschaftsgeschichte, Bd. 4. Vom Beginn des Ersten Weltkriegs bis zur Gründung der beiden deutschen Staaten 1914–1949*, München 2003.

Weinel, Heinrich, „Die deutsche Reichskirche", in: *Der Kunstwart und Kulturwart* 28.1914/15, 129-137.

Ders., „Warum keine Reichskirche?", in: *Der Kunstwart und Kulturwart* 30. 1916/17, 171-176.213-217.

Ders., Art. „Reichskirche", in: *RGG*[2] IV, 1828 f.

Wichern, Johann Hinrich, *Sämtliche Werke in 7 Bänden*, hg. von Peter Meinhold, Berlin – Hamburg 1962-1975.

Wiggers Julius, *Kirchliche Statistik oder Darstellung der gesamten christlichen Kirche nach ihrem gegenwärtigen äußeren und inneren Zustand, Bd. 2*, Hamburg – Gotha 1843.

Winkler, Eberhard, Art. „Gustav-Adolf-Werk", in: *RGG*[4] III, 1335 f.

Winkler, Heinrich August, *Weimar 1918–1933. Die Geschichte der ersten deutschen Demokratie*, München 1993.

Ders., *Der lange Weg nach Westen, Bd. I, Deutsche Geschichte vom Ende des alten Reiches bis zum Untergang der Weimarer Republik*, München 2000.

Wolff, Walter, „Die deutschen evangelischen Kirchen", in: *Zehn Jahre Deutsche Geschichte 1918–1928*, Berlin 1928, 423-430.

Wright, Jonathan C., *"Über den Parteien". Die politische Haltung der evangelischen Kirchenführer 1918–1933*, Göttingen 1977.

Zehrer, Eva-Maria, *Die Gemeinschaftsbewegung in der Weimarer Republik*, Diss. theol. masch.schr., Leipzig 1989.

Zeller, Hermann von, *Die Berliner Kirchenkonferenz 1846: ein Grundstein zum Deutschen Evangelischen Kirchenbund*, Stuttgart 1930.

Ders., *Die Württembergische Evangelische Landeskirche in der Revolution von 1918 und der Deutsche Evangelische Kirchenbund*, Stuttgart 1933.

Ziegert, Richard (Hg.), *Die Kirchen und die Weimarer Republik,* Neukirchen 1994.

Ziesche, Frank, „Georg Wünsch als ein Vertreter des religiös-sozialistischen Protestantismus in der Weimarer Zeit", in: Jähnichen, Traugott, Friedrich, Norbert (Hgg.), *Protestantismus und Soziale Frage. Profile in der Zeit der Weimarer Republik*, Münster 2000, 243-257.

Zilleßen, Horst (Hg.), *Volk – Nation – Vaterland. Der deutsche Protestantismus und der Nationalismus*, Göttingen 1970.

Zimmermann, Karl, *Der Gustav Adolf-Verein. Ein Wort von ihm und für ihn*, Darmstadt – Leipzig [6]1862.

Personenregister

Konfession und Gesellschaft

Band 21: Th. Sauer (Hg.), Katholiken und Protestanten in den Aufbaujahren der Bundesrepublik. 2000

Band 22: R. J. Treidel, Evangelische Akademien im Nachkriegsdeutschland. Gesellschaftspolitisches Engagement in kirchlicher Öffentlichkeitsverantwortung. 2001

Band 23: St. Sturm, Sozialstaat und christlich-sozialer Gedanke. Johann Hinrich Wicherns Sozialtheologie und ihre neue Rezeption in systemtheoretischer Perspektive

Band 24: T. Bendikowski, „Lebensraum für Volk und Kirche". Kirchliche Ostsiedlung in der Weimarer Republik und im „Dritten Reich". 2002

Band 25: K. Nowak, Kirchliche Zeitgeschichte interdisziplinär. Beiträge 1984–2001. 2002

Band 26: F.-M. Kuhlemann/H.-W. Schmuhl (Hgg.), Beruf und Religion im 19. und 20. Jahrhundert. 2003

Band 27: E. Ueberschär, Junge Gemeinde im Konflikt. Evangelische Jugendarbeit in SBZ und DDR 1945–1961. 2003

Band 28: F. Lüdke, Diakonische Evangelisation. Die Anfänge des Deutschen Gemeinschafts-Diakonieverbandes 1899–1933. 2003

Band 29: Th. A. Seidel, Im Übergang der Diktaturen. Eine Untersuchung zur kirchlichen Neuordnung in Thüringen 1945–1951. 2003

Band 30: C. Hiepel/M. Ruff (Hgg.), Christliche Arbeiterbewegung in Europa 1850–1950. 2003

Band 31: M. Greschat/J.-Chr. Kaiser (Hgg.), Die Kirchen im Umfeld des 17. Juni 1953. 2003

Band 32: J.-Chr. Kaiser (Hg.), Zwangsarbeit in Kirche und Diakonie 1939–45. 2005

Band 33: M. Bachem-Rehm, Die katholischen Arbeitervereine im Ruhrgebiet 1870–1914. Katholisches Arbeitermilieu zwischen Tradition und Emanzipation. 2004

Band 34: A. Holzem/Chr. Holzapfel (Hgg.), Zwischen Kriegs- und Diktaturerfahrung. Katholizismus und Protestantismus in der Nachkriegszeit. 2005

Band 35: V. Mihr/F. Tennstedt/H. Winter (Hgg.), Sozialreform als Bürger- und Christenpflicht. Aufzeichnungen, Briefe und Erinnerungen des leitenden Ministerialbeamten Robert Bosse aus der Entstehungszeit der Arbeiterversicherung und des BGB (1878–1892). 2005

Band 36: Axel Töllner, Eine Frage der Rasse? Die Evangelisch-lutherische Kirche in Bayern, der Arierparagraf und die bayerischen Pfarrerfamilien mit jüdischen Vorfahren im „Dritten Reich". 2007

Band 37: Roland Löffler, Protestanten in Palästina. Religionspolitik, Sozialer Protestantismus und Mission in den deutschen evangelischen und anglikanischen Institutionen des Heiligen Landes 1917–1939

Band 38: Heinz-Elmar Tenorth u. a. (Hgg.), Friedrich Siegmund-Schultze (1885–1969). Ein Leben für Kirche, Wissenschaft und soziale Arbeit. 2007

Band 39: Joachim Garstecki (Hg.), Die Ökumene und der Widerstand gegen Diktaturen. Nationalsozialismus und Kommunismus als Herausforderung an die Kirchen. 2007

Band 40: Sabine Voßkamp, Katholische Kirche und Vertriebene in Westdeutschland. Integration, Identität und ostpolitischer Diskurs 1945–1972. 2007

Matthias Kroeger

Im religiösen Umbruch der Welt: Der fällige Ruck in den Köpfen der Kirche

Über Grundriss und Bausteine des religiösen Wandels im Herzen der Kirche

2. Auflage 2005. 420 Seiten. Kart.
€ 19,80
ISBN 978-3-17-019344-4

In diesem Buch werden zentrale, längst inner- und außerkirchlich vor sich gehende, vielfach aber verleugnete religiöse und theologische Wandlungen unserer Gegenwart zusammengefasst und in ihren Konsequenzen beschrieben: warum „Religion" („Spiritualität") fundamental, gleichwohl hoch gefährdet und verführbar ist (denn wir sind religiös, nicht aber göttlich, wie oft verwechselt wird); inwiefern die östliche („ungegenständliche") Meditation bei uns im Verständnis des Göttlichen (gegen die Vorstellung einer jenseitigen Gottperson) viel bewirkt und somit alte innerchristliche Forderungen zentral gemacht hat; warum auch im Verständnis des Jesus von Nazareth eingreifende Revisionen („Christus allein", sein Tod blutiges Satisfaktionsopfer) überfällig sind. Was diese Einsichten für ein beglückend neu zugängliches Verständnis christlicher Grundworte („Gott", „Gnade", „Gesetz" u.a.) im Zeichen der alternativen Spiritualität bedeuten, wird ausführlich dargestellt.

Indem Anweisung und Legitimation solch eingreifenden, interreligiös geprägten Wandels dem Potential der Reformation Luthers entnommen werden, ergibt sich die Möglichkeit, die weitgehende religiöse Transformationsverweigerung der Kirchen in deren eigenen Fundamenten zu überwinden. Die alternative Spiritualität der christlich längst Distanzierten kann erst so von der Öffnung und Aufbereitung der traditionellen religiösen Schätze der Kirche profitieren.

Der Autor:

Professor em. **Matthias Kroeger** lehrte Kirchen- und Theologiegeschichte an der Universität Hamburg und ist Mitglied im Lehrkörper des Werkstattinstituts für Lebendiges Lernen (Themenzentrierte Interaktion, TZI).

W. Kohlhammer GmbH
70549 Stuttgart · Tel. 0711/7863 - 7280 · Fax 0711/7863 - 8430